NSR 新丝路世界人文经典

[罗马尼亚] 格里戈雷·杰奥尔久 著

董希骁 译

罗马尼亚现代文化史

外语教学与研究出版社
北京

京权图字：01-2020-5246

© Foreign Language Teaching and Research Publishing Co., Ltd.
The moral rights of Grigore Georgiu and Dong Xixiao to be identified as the author and translator of this work have been asserted.

图书在版编目 (CIP) 数据

　　罗马尼亚现代文化史／（罗）格里戈雷·杰奥尔久著；董希骁译. —— 北京：外语教学与研究出版社，2020.9
　　（新丝路世界人文经典）
　　ISBN 978-7-5213-2066-4

　　Ⅰ．①罗…　Ⅱ．①格…　②董…　Ⅲ．①文化史－罗马尼亚－现代　Ⅳ．①K542.03

中国版本图书馆 CIP 数据核字 (2020) 第 180009 号

出 版 人　徐建忠
项目策划　彭冬林　徐晓丹
项目统筹　徐晓丹
责任编辑　徐晓丹
责任校对　于　辉
封面设计　郭　莹
插图设计　郭　莹
版式设计　孙莉明
出版发行　外语教学与研究出版社
社　　址　北京市西三环北路 19 号（100089）
网　　址　http://www.fltrp.com
印　　刷　三河市紫恒印装有限公司
开　　本　710×1000　1/16
印　　张　39.5
版　　次　2020 年 9 月第 1 版　2020 年 9 月第 1 次印刷
书　　号　ISBN 978-7-5213-2066-4
定　　价　99.00 元

购书咨询：（010）88819926　电子邮箱：club@fltrp.com
外研书店：https://waiyants.tmall.com
凡印刷、装订质量问题，请联系我社印制部
联系电话：（010）61207896　电子邮箱：zhijian@fltrp.com
凡侵权、盗版书籍线索，请联系我社法律事务部
举报电话：（010）88817519　电子邮箱：banquan@fltrp.com
物料号：320660001

记载人类文明
沟通世界文化
www.fltrp.com

出版说明

　　2013年9月和10月，习近平主席在访问哈萨克斯坦和印度尼西亚时，先后提出共建"丝绸之路经济带"和"21世纪海上丝绸之路"（即"一带一路"倡议）。"一带一路"倡议，继承和弘扬了"团结互信、平等互利、包容互鉴、合作共赢，不同种族、不同信仰、不同文化背景的国家完全可以共享和平，共同发展"的丝路精神，倡导沿线各国之间实现互联互通，促进相互间的经贸合作与人文交流。特别是习主席关于"构建人类命运共同体"的理念和主张乃人心所向，众望所归，不仅得到了国际社会的高度响应，写进了联合国大会决议，而且也是中华民族站在新的历史起点上对人类和平发展的智慧贡献。

　　"国之交在于民相亲，民相亲在于心相通。"在推进"一带一路"建设、促进各国互联互通、构建人类命运共同体的进程中，民心相通是基础。实现民心相通的前提和最直接有效的手段，是通过阅读了解彼此的文化，克服文化偏见，增进文化理解，促进相互信任，加深人民友谊。不言而喻，文化理解是实现民心相通的基础和前提。

　　"一带一路"沿线国家，大多为文明古国，在历史上创造了形态各异、风格不同的灿烂文化，是人类文明宝库的重要组成部分。但毋庸讳言，这些国家大多数是发展中国家，又多为中小国家，他们的母语或官方语言大多是"非通用语种"。囿于译者和阅读人数较少，过去我们对这些国家的人文经典著作的译介和研究远远不够。"一带一路"倡议提出以来，我国已经与"一带一路"沿线多个国家开展了政府间人文经典互译项目的合作，其中中国与俄罗斯、阿拉伯国家、阿尔巴尼亚、葡萄牙、以色列、斯里兰卡等多个国家和地区的经典互译工作已经产生了丰硕成果。但总体来说，目前的译介还不能满足今天读者对"一带一路"国家人文经典阅读日益增长的需求。为此，我们组织翻译出版这套"新丝路世界人文经典"丛书，其目的就是重点翻译介绍"一带一路"沿线国家的哲学思想、文学艺术等领域的经典作品，以期填补空白，为我国读者了解这些国家的文化打开一扇窗户。

这套丛书有以下几个特点：1. 所涉猎的学科、领域和题材丰富，涵盖哲学、思想、历史、文学、文化等，便于对对象国文化有较为全面的了解；2. 以挖掘"新"作为重心，不求面面俱到，对于已经在国内有比较好的译本的名著，不重复翻译；3. 这套丛书是开放式的，随着认识和研究的不断深入，我们会及时补入新篇目；4. 力求从原著的语言直接翻译，避免因其他外语转译而减损对原著的理解。

我们深知，此项工作并非易事。很多语种译者资源非常有限，甚至不过寥寥数人。限于学识和经验，我们对"一带一路"国家的人文经典梳理不足，或许挂一漏万。但我们相信有广大专家学者的鼎力支持，一定能够有所建树，为促进文明互鉴与文化交流贡献绵薄之力。

"文明因交流而多彩，文明因互鉴而丰富。"我们期盼，这套丛书的翻译出版将有助于我国读者通过对这些国家人文经典的阅读，更多了解"一带一路"沿线国家的人文传统和民族特质，促进民心沟通，夯实"一带一路"建设的民意基础。

外语教学与研究出版社
2019年12月

本译著为2018年度国家社科基金
冷门"绝学"和国别史等研究专项"罗马尼亚通史"
（批准号：2018VJX092）的阶段性成果

致读者

本书可作为硕士研究生教材使用。

从各种思潮、主题和名人名著入手，紧密联系欧洲文化和思想运动，追溯历史。

系统再现罗马尼亚文化的现代化历程，探究罗马尼亚民族精神的基本特征。

本书具有文化导论性质，有助于读者深入阅读其他罗马尼亚文化专著。

名人名言：

历史是一个民族的第一本书，它揭示过去，记述现在，指引未来。

——N. 伯尔切斯库

文化是世上最强大的力量，也是民族团结的新堡垒。

——S. 伯尔努丘

一个民族真正的文明并非照搬现成的法律、形式、制度、标签或对奇装异服的模仿，而是自身能力和决策力的自然有机发展。文明没有普遍的标准和面貌，每个民族都有自己的文明，尽管与其他民族存在共通之处。

——M. 埃米内斯库

我们很难断言罗马尼亚的风格本原属于何方。但只要简单观察一下就能发现：我们既不处于西方，也不处于东方，我们就是我们。我们和所有的邻国一样，处于东西方交汇之地。

——L. 布拉加

每个民族都代表着一种独一无二的价值观。

——D. D. 罗什卡

只有你自己语言中的词汇才会让你回想起你从未学过的事情。

——C. 诺伊卡

各种文化都有着同样的能力，但实现这些能力的手段却有着巨大差异。

——M. 马利查

序言

首先，谨向中国的读者朋友们致以诚挚的问候。希望这本书里包含的信息，所做的分析和阐释，能够让你们对罗马尼亚民族及其文化的印象变得更为鲜活和丰满。阅读一部关于别国文化的书籍，就好似首次踏上一片陌生的土地。当我们接触到别国语言和文化作品时，会不自觉地将其与本国文化进行比较。其中有些方面似曾相识，另一些方面则大异其趣；某些思想和观点可能与我心有戚戚，另一些看法和阐释则源自完全不同的人文体验。我希望，当属于另一个精神家园的读者们看完这本书后，罗马尼亚文化会在你们眼中变得熟悉和亲切起来。全人类都盼望着彼此团结、友好交流、相互了解，这一心愿在各国文化中均有体现，而中国文化中的表现形式尤为细腻和高贵。罗马尼亚文化形成于欧洲文化的坐标系之内，身处多种外来影响相互碰撞和交融的十字路口，也曾为开拓人类视野，促进跨文化交流而不断求索。

基于此，我有理由相信这本书在"丝绸之路"上跋山涉水之后，终将在这片广袤富饶的土地上结出硕果，让虚怀若谷的中国人对罗马尼亚文化有更深的认识。众所周知，自第二次世界大战结束以来，罗马尼亚和中国一直保持着良好的合作关系，这为进一步推动罗中文化交流铺平了道路。两国的文化之所以不同，是因为在诸多地理、社会、历史因素的影响下，社会组织形式和民众生活方式存在差异。但无论何种文化，无论其在某些特定领域的成就高下，都有一种普遍的内在属性，它们都希望用其特有的方式来表现人类生存状况。这种热望被铭刻在各民族的文化发展进程之中。正如罗马尼亚作家、文学评论家乔治·克利内斯库所言："世界上的每一个民族都有理由相信，他们注定要立足自己所在之地，来表达普遍的真理。"

一个民族创造出来的文化，体现了这个民族的内在面貌和独特身份。因此，为一种文化撰写历史意味着重大的责任。在这本书里，我重建了罗马尼亚现代化进程曾走过的曲折复杂的道路，对一些引导罗马尼亚文化走向的主要思想、重大主题、标志性人物给予了重点关注。我还将这些要素与欧洲的思想和文艺运动紧密联系，因为我国的政治和文化精英一直将其作为灵感之源。在加速实现文化和社会现代化的同时，罗马尼亚人一直为民族团结和国家统一不懈努力。第一次世界大战结束后，随着中东欧地区几大帝国的崩解，这一梦想终获实现。之后，在统一国家的框架内，罗马尼亚文化经历了飞速发展，无论体量和质量都可圈可点，在某些领域甚至达到了欧洲先进水平。如果把罗马尼亚文化比作计算机软件的话，可以说当时我国落后的经济和社会基础好比一台故障百出的电脑，罗马尼亚文化则在极为落后的硬件平台上运行着无比复杂的原创程序。

这本书能够在中国面世，对于推动文化间的对话不无裨益，文化层面的相互了解是开展有效交流的重要前提。文化的真正意义在于，它能够在保持各自差异的同时，增进对"他人"的认识和了解，促进全人类的团结与合作。希望这本书在中国出版，能够激起中国读者对罗马尼亚的兴趣，从而为巩固两国文化关系发挥些许作用。罗马尼亚在成为欧盟成员国后，我们愈发体会到挖掘本国历史，重塑文化身份的必要性。在全新的世界格局下，应以开放包容的态度来展现自身的创造力。

在此，我想由衷地感谢董希骁先生。凭借着对罗马尼亚语言和文化的深入了解，他为译介此书付出了长期艰苦的努力。他对搭建两国文化交流的桥梁怀有如此巨大的兴趣和热情，使我深为感佩。鉴于董希骁先生在译介过程中付出的辛劳，以及展现出来的专业精神，将其作为本书的合著者亦不为过。此外，本书能够得到享有盛誉的外研社的认可，使我倍感荣幸。借此机会，谨向编辑团队致以诚挚的谢意。他们为本书的出版创作了极佳的条件，使这一跨文化合作项目终成正果。

有一位拉丁诗人曾经说过："书籍也有自己的命运。"一本书，可以通过译介重获新生，并通过读者在陌生的人类生活区域延续自己的生命。

G. 杰奥尔久

2020 年 5 月

目录

第一章

引言：罗马尼亚现代文化的阐释原则和标准
* 传统与现实的关系 * 文化是民族身份的体现

第一节　文化与历史

1. 重新解读罗马尼亚文化的必要性

罗马尼亚社会在 1989 年后发生了剧变，之后又作出了加入北约和欧盟的重大抉择，这一过程同时也是罗马尼亚文化自我重建的过程。无论何时，我们都必须从批判的视角出发，与悠久的历史文化传统、宝贵的文化遗产进行全面对话。现代民族文化建设需要从两方面入手：一方面是对内在传统的重建，另一方面则是与各种文化形式的建设性对话。随着国际交流的深入，各种文化间的沟通和依存关系日益紧密，文化发展也呈现出全球化趋势。因此，现代民族文化既包含本土内容，也包含借鉴自其他文化的新理念、新模式和新风格。一个民族的文化史就是对自身的反复解读，就是根据内在和外在环境对一些重大事件的不断重判。

随着社会形态、政治体制和地缘政治格局的变化，罗马尼亚文化正经历着一个自我评估的过程，这一过程往往充满戏剧性和矛盾冲突。之所以要进行此类评估，是因为在新的历史背景下，需要用不同的视角和标准对现代化进程中的一些片段进行反思。尤其是两次世界大战之间和社会主义时期的历史，亟需用新的观点来阐释。只有在当代文化潮流的考验下，罗马尼亚文化才能发现自身不足，挖掘自身潜力，并顺应时代精神不断进行自我定位。但这种带有批判性的评估难免遭遇压力和误解。

如何将民族身份与欧洲一体化、全球化进程联系起来，成为近年来人们热议的话题。相关争论引发了人们对民族身份的普遍关注，而构成民族身份的主体结构和精神主轴，就是文化。在当今世界，民族文化的发展并不是孤立的。现代信息技术将当代民族文化置于相互依存的动态机制中，使民族文化呈现出全球化倾向，以及一种随时随地都能具体展现本民族生存状况的能力。所有民族都期盼自己的文化能够在世界上脱颖而出，正如 G. 克利内斯库（George Călinescu，1899-1965）所说："世界上任何一个民族都期望并注定要从自己的立场出发来表述普遍真理。"① 显然，这一愿望能否实现取决于这种文化的价值。无论在哪个领域，只有优秀的作品才能得到世界的认可和推广，也只有优秀的作品才有资格代表一个民族。

当今世界的文化发展一直在全球性与民族性之间徘徊。在各种先进传播手段的推动下，文化趋同倾向在各个层面大行其道，那么文化差异性又如何彰显呢？人们尝试着从政治、文化、哲学的角度出发来解答这一问题，给出的答案也千差万别。后现代主义理论家认为，我们即将进入一个基于后工业文明和信息社会的新时代，而在精神层面，新传媒手段和"媒体文化"将占据主导。这种大众消费型的视觉文化呈现出不断破碎、拼接、融合、多极发展的趋势，在文化多元化的大旗下鼓吹生活方式和艺术风格多样化，但缺少成熟的价值衡量标准和层级。与此同时，各民族的传统价值观却时常被看作欧洲一体化的对立面，在全球化时代已经失去了存在的意义，必须被抛弃。

社会学家和人类学家又给出了另一种解答。有人认为随着物流和通信市场的繁荣，全球化进程将激活沉睡已久的民族性。即使欧盟成员国将以泛欧洲联邦的形式存在，地域和民族文化也不会被淡忘。民族精神必定会在全球化背景下得以复兴，尤其是在那些发达国家，本民族的价值观非但没有被抛弃和遗忘，反而得到了前所未有的重视，文化遗产也得到了妥善的保护和开放。对文化差异性和特殊性的保护已然成为各民族的基本权利之一。西方文明的全球推广并未割裂人类文化与其存在环境之间的内在关联，也未割裂文化共性与特性之间的内在关联，并不是对文化创作形式多样化的扼杀或制约。

---

① G. 克利内斯库：《何谓古典主义》，收录于 G. 克利内斯库：《审美原则》，布加勒斯特，文学出版社，1968 年。第 367 页。

虽然欧洲各国文化的差异性和特殊性不会在欧洲政治—经济一体化进程中消失，但必须在全球化、多极化的世界中对其重新定义。正如法国人类学家列维-斯特劳斯（Claude Lévi-Strauss，1908-2009）所说，在全球化背景下，各民族文化的特殊性是在相互依存中产生的，而非彼此孤立的结果。他提醒那些急于为全球化的胜利欢呼，并断言民族文化已经衰亡的人："人类文化的多样性普遍存在于我们身后、身边和身前"。[①] 各国文化目前都面临着严重的同质化倾向，特别是在利益的驱使下，娱乐产业和消费型文化的扩张已经超越了国界，各种品位低下的"伪文化"通过电视泛滥成灾。即便如此，民族文化依然保持着旺盛的生命力，不断从传统中汲取养分，从本民族特有的世界观和人生观中获取灵感，并以丰富多彩的形式展现出来。

本书的目的即在于，在当今纷繁复杂，甚至奇谭百出的文化论争中，引导读者去思考以下问题：民族文化在当今有何意义？在欧洲一体化进程中，我们应该保留自己的民族特色，还是将其看作无用过时的累赘，如弃敝履？青年人应当如何了解民族传统文化？我们对传统文化的认识究竟有多少？传统文化中还有多少东西应当被认同，又有何种局限性？1990 年后，罗马尼亚社会一步跨入了转型期，急于为自己书写新的命运，迫不及待地想要重建民主制度，融入欧洲文明。在这一背景下，我们对自己的传统文化是应该继续关注，还是要刻意遗忘呢？D. 坎泰米尔（Dimitrie Cantemir，1673-1723）、N. 伯尔切斯库（Nicolae Bălcescu，1819-1852）、S. 伯尔努丘（Simion Bărnuţiu，1808-1864）、T. 马约雷斯库（Titu Maiorescu，1840-1917）、M. 埃米内斯库（Mihai Eminescu，1850-1889）、D. 德勒吉切斯库（Dumitru Drăghicescu，1870-1945）、N. 约尔加（Nicolae Iorga，1871-1940）、L. 布拉加（Lucian Blaga，1895-1961）、N. 约内斯库（Nae Ionescu，1890-1940）、M. 武尔克内斯库（Mircea Vulcănescu，1904-1952）、T. 维亚努（Tudor Vianu，1897-1964）、E. 萧沆（Emil Cioran，1911-1993）、M. 伊利亚德（Mircea Eliade，1907-1986）、C. 诺伊卡（Constantin Noica，1909-1987）、G. 克利内斯库等文化巨匠说过的话，对今天的我们又有何启示呢？他们说过的话是

① 列维-斯特劳斯：《种族与历史——种族主义面对科学》，布加勒斯特，政治出版社，1982 年。第 46 页。

否有助于我们更好地认识自己，为"（再次）融入欧洲"做好思想准备，迎接 21 世纪的挑战呢？

今天的学者们必须牢记，欧洲一体化对于罗马尼亚人而言有着复杂的背景和重大的意义。早在（20 世纪）90 年代，这一问题就引发了罗马尼亚各大文化派别间的频繁论战，成为最具争议性的话题。本书将在最后一章中详细阐述民族性与欧洲一体化之间的关系。需要注意的是，一个民族或族群的特征虽然由恒定的历史性因素决定，但其构成并非一成不变，而是随着社会形态的演变不断进步的。民族性是一个有着多层次含义的复杂概念，不能囿于传统的理解将其看作一个实体，这种狭隘的定义只会使民族性的理论基础愈加薄弱。

10 年前（译者注：1989 年）发生的剧变，冲破了持续几十年的封闭状态，民族性与全球性的矛盾愈发凸显。通过与外界的对比，我们发现了与西方发达国家之间的历史差距，印证了 E. 萧沆所说的"历史和心理空白"。糟糕的经济状况，困难重重的改革进程，以及转型期出现的种种乱象都使人感到沮丧和自卑。在这种情况下，并未出现某些蛊惑人心的政客和记者吹嘘的"知耻而后勇"的反应，人们反而陷入听天由命、妄自菲薄的情绪之中，对民族身份的认识也大多是负面的。欧洲一体化已然成为一次严苛的考验，迫使罗马尼亚文化再次打开自己的身份档案，用更为激进的话语来回应新的历史挑战。

许多广受关注的史料直到最近才揭开神秘的面纱。通过对这些史料的了解，我们必须重新审视一些历史事件，以改正其中的谬误或歪曲。近几年来，我们见证了对史实的全面重建，一些尘封已久的重要史料得以公布。民族文化也经历了类似的重建过程：在 1989 年之前的一段时间，一批优秀作家因其作品未能全部发表而招致诸多误解。另有一些作家的作品虽被收入教科书中，却被误读，一些平庸的作家则成为旧教科书中的宠儿。

因此在 1989 年后的转型期，亟需对民族文化史进行再解读。如何用当代人的视角来认识和评判我们的文化遗产，是全民族普遍关心的问题。正如 N. 伯尔切斯库所说，这些遗产是"一千八百多年来罗马尼亚民族不断自我塑造"的结果，体现为在不同时期产生过重要影响的思潮、作品、思维范式、民族心理、生活方式、政治制度和社会组织方式。我们认为，要为罗马尼亚文化在过去两个世纪的发展寻找更贴切的范例，勾画其发展历程，首先必须对重大历史事件和文化巨著进行回顾。笔者发现，高中历史课程提供的信息来自各个相互割裂的创作领域，将这些领域整合起来才能构成完整的罗马尼亚民族文化。青年人对于罗马尼亚文化的印象往往是片面的，对于时代、风格、人物之间的关联，他们所掌握的信息经常是支离破碎的，更何况一些罗马尼亚文化名人尚未盖棺定论。要纠正这种印象，就必须按照时间对各个历史时期进行重新梳理，并对相关文献加以注释。

必须从多方面入手重构罗马尼亚文化的价值谱系，根据新掌握材料重新定义一些历史人物，特别是对两次世界大战之间的文化名人进行重新审视，肯定其为现代科学、艺术、哲学所作的贡献。对文化史的再次解读在学界和政界引发了巨大争议，观点冲突频频出现在报纸、电视和学术刊物上。历史是最易受政治操控和攻击的人文学科之一。[①] 以往一些辞书、百科全书、理论著作中记载的历史，经常因短期政治利益而被歪曲和篡改。我们的所有言论必须对历史负责，但"历史"已经在教科书中被按照特有的视角重新编排过了。

2. 本书希望达到的教学目的

当代媒体对罗马尼亚文化名人的解读时常出现分歧，对相关史料也争议不断。我们国家在近现代如何与"欧洲"发生关联，我们的文化与欧洲大西洋一体化进程又是怎样一种关系，更是众说纷纭。笔者认为，大学生不仅要密切关注罗马尼亚文化动态，还应掌握辨别和阐释文化现象的基本方法，并作出正确的判断。鉴于此，本书力求实现以下教学目的：

（1）帮助学生深入了解罗马尼亚现代文化史上的代表性事件、人物、思潮和思想体系，还原一些作品在特定历史背景下的真实内容和意义，消除误解。

（2）通过对一些基础性著作的阅读和分析，掌握不受意识形态禁

[①] 2000 年 8 月 6-12 日在奥斯陆举行的世界历史学大会上，出于政治目的而"操控历史"成为热议的话题之一。大会强调，史学家们在学术上和道义上有责任还原真相，并解密各种舆论控制方式。其中既包括篡改史实的方式，也包括误导舆论的方法。

锢的阅读方法。鼓励学生直接阅读原著，培养其独立思考、分析和批评的能力。

（3）在罗马尼亚社会历史背景和欧洲文化背景下对相关文化名人及其作品进行解读，恰当、准确、思辨地勾画罗马尼亚民族形象。

（4）建立一套对比分析和评判机制，对相关历史人物及思潮进行正确的价值评估。

（5）了解学术界和媒体对一些历史问题的立场，以及对相关文献的争议，熟悉当代罗马尼亚文化研究中的前沿课题。

3. 本书的研究对象：领域、课题、人物和作品

从教学角度看，本书只是对罗马尼亚文化史上的某些特定时期、人物和作品的一个概述。我们无法对所有重要作品和人物进行回顾和分析，因此只选择了最有代表性的作品，以及最能针砭时弊并引领思潮的人物。因此，我们的关注点主要包括：各种思潮、文化和政治运动、思想体系、标志性作家及其作品、罗马尼亚和世界级文化名人，以及罗马尼亚学者关注的其他重要课题。

研究领域：本书研究的内容涉及哲学、社会学和政治学。正是在这些领域中形成了一个民族对其生存状况的理性认识和批判解读，将具体问题公式化、概念化之后寻找答案并规划未来。史学、哲学、社会学、政治学等人文学科与自然科学共同构成了内容丰富的文化理论体系。只有基于这一体系，一个民族才能确立自己的社会和政治理念，为自己规划未来，决定以何种姿态面向世界和全人类。

在介绍某个历史时期时，我们会尽可能地涉及一些自然科学成就、文艺运动、文学风格、舆论焦点，从而使这个时代的面貌更为丰富。一些在国民教育中未能得到充分重视的本土文化思想，也会被赋予应有的地位。本书旨在厘清哲学、科学、政治和社会思想发展的脉络，并结合一些代表性人物和文艺作品，分时期进行介绍。

重大主题和主要思想：本书着重介绍罗马尼亚文化发展史上出现的重大课题与主流思想，并将其与整个欧洲的文化变迁加以关联。例如在探讨人文主义运动、启蒙运动和"1848 年革命"（译者注：以下简称"'四八'革命"）时，我们特别关注传统思想与理性主义之间的矛盾冲突，以及民族觉醒问题。而在探讨 19 世纪的文化时，则将实现现代化、保留民族特色、处理罗马尼亚文化与西方文化的关系、

"无内容的形式"理论等主题作为主要研究对象。在两次世界大战之间，上述"文化档案"又被人们重新开启，但视角和关注点已然发生了变化。这一时期的学者凭借全新的理论基础和更广博的视野，从宗教史、社会学、文化哲学、人类学、美学、群体心理学、地缘政治等角度重新定位并剖析了现代与传统、新潮流与东正教、民主思想与极权理念之间的矛盾冲突。

代表人物：具有创造性的文化人物在一个民族的文化史中占据着核心地位。他们代表了一个时代、一种思潮、一种风格或一次文化运动，赋予了文化实质内容。D. 坎泰米尔、I. H. 勒杜列斯库（Ion Heliade Rădulescu，1802-1872）、T. 马约雷斯库、M. 埃米内斯库、N. 约尔加、N. 约内斯库、C. 诺伊卡等人的思想都在其所处的时代留下了深刻烙印。两次世界大战之间的文化思想尤为丰富和活跃，标志性人物有 N. 约尔加、V. 珀尔万（Vasile Pârvan，1882-1927）、C. 勒杜列斯库 - 莫特鲁（Constantin Rădulescu-Motru，1868-1957）、L. 布拉加、E. 洛维内斯库（Eugen Lovinescu，1881-1943）、N. 克拉伊尼克（Nichifor Crainic，1889-1972）、D. 古斯蒂（Dimitrie Gusti，1880-1955）、M. 拉莱亚（Mihai Ralea，1896-1964）、T. 维亚努、M. 伊利亚德，等等。上面提到的每一个名字都与某项文化贡献、某种文化表现形式、某次文化运动、某一文化立场或某种文化研究方法息息相关。通过对上述人物的专题研究，以及对其作品的分析，可以从中提炼出他们所处时代主导思想。

代表作：本书的主要目的之一就是鼓励和引导学生去阅读或重读罗马尼亚文化史上的重要作品。为此我们在书中援引了相关作品中一些具有代表性的段落，并在书后列举了一批重要作家和书目。

4. 文化发展中的传承与创新

各民族都会用一系列文化作品来诠释其历史经验，这些作品是民族生命中不可或缺的组成部分。这些作品中凝聚了在文学、哲学、宗教、艺术、科学、社会和政治思想中形成的价值观，并通过教育体系世代流传下去。这些价值观既具多样性又有一致性，构成了我们宝贵的文化遗产。罗马尼亚民族凭借一系列特色鲜明的文化作品，形成了独特的文化传统，并在欧洲现代文明中占据了一席之地。民族传统是一个由思想和情感汇成的宝库，我们有时将其神化，更多的时候却忽略或无视它。

文化传统是一个由精神和物质共同构成的特殊天地，兼具实用性和象征性。在与其他文化、文明的碰撞中，罗马尼亚民族不断用新的思想、形式和经验来充实自己的文化，在继承文化遗产的同时不断将其解构并重建，在现代世界中维持着自身的精神特质。

文化传统同时也记录着我们民族的心路历程，并通过艺术作品、科学创造、哲学著作、政治和社会思想等各种形式将其外化，展现着我们的思维与认知模式，以及我们与历史，与其他民族的沟通方式。在文化中汇聚并积淀的价值观构成了一个民族最宝贵的精神财富，并通过那些万古流芳的作品世代传承下去。这些作品至今仍有着现实意义，它们想要传达的信息并未随时间的流逝而消失。从荷马到莎士比亚，从 M. 埃米内斯库到 L. 布拉加，这些伟大的作者似乎永远与我们处于同一个时代，因为他们的作品直指人性的本质。C. 彼得雷斯库（Camil Petrescu，1894-1957）曾经说过："在一个伟大作家的笔端可以全面体现其所处时代民众的精神"。[①] 只有更深入研读和分析优秀的民族文化作品，才能更好地认识我们自己。

传承与创新之间的冲突始终是所有文化发展的内在动力。在文化史上，每当有人试图改变文化走向或象征体系时，都会出现沉默、变调或回响，所有这些现象都是文化演进链条上的重要环节。传统不能被机械地等同于过去，而是一种被不断沿袭，并在各个时代都有其独特表现形式的价值观。文化价值观是对某个时代，某种认知世界方式的归纳，体现了一个社会的集体意识，凭借其强大的概括性和表现力经久不衰。人们从不同的角度不断重新诠释文化价值观，并将其引入新一轮的文化演进中。

一些问世之时曾引起轰动的作品，后来被湮没在历史的尘埃之中，成为文化中的"消极内容"。另一些经典作品则一直充满活力，历久不衰。这些有着极高价值和丰富内涵的优秀作品具有开放性的特征，能够被不断赋予新的解读。各个时代的人们都可以通过各自的视角从中发现新的含义，并按全新的标准来评判作者。例如，包括 E. 洛维内斯库在内的一些评论家都认为 I. L. 卡拉迦列的作品已经失去

---

① C. 彼得雷斯库：《民族心》，载 Fl. 米哈伊列斯库（Florin Mihăilescu，1937-1943）选编：《喀尔巴阡山 - 多瑙河意识》，布加勒斯特，密涅瓦出版社，1981 年。第 167 页。

现实意义，并断言其作品中描述的政治丑态在罗马尼亚社会必将不复存在。但不幸的是，他讽刺的现象时至今日仍在不断上演着。

传统是文化遗产中积极和活跃的一面，能够对现实产生重大影响。T. 维亚努这样定义传统："简言之，传统就是过去的文化创作对当今文化创作的影响。"[①] 人们普遍认为传统存在于作品之中，并通过学校、图书馆、档案馆，以及口耳相传的民间记忆得以流传。传统与创新之间的矛盾是文化层面的一对主要矛盾。

对于传统我们会看到传统主义与现代主义这两种截然相反的立场。传统主义大多崇古抑今，对过去不加批判的颂扬经常伴随着对创新思想的排斥。另一个极端则是厚今薄古的反传统主义和现代主义思想，它们在鼓吹新兴和前卫事物的同时全盘否定传统，其中最典型的当数经验主义和虚无主义。罗马尼亚文化也曾经历这两种具有强烈排他性的极端思潮，文化生命力在两种立场的对峙中得到了检验。对罗马尼亚文化的回顾中，必然会涉及上述两种思潮。具体内容我们将在相关章节中详细介绍，并从多个方面入手揭示相关作品的创作动机。

第二节　阐释与评价民族文化的标准

在民族文化史的编纂过程中，必然在文献搜集和方法选用上会遇到诸多难题，但更困难的是对评判视角的选择。为避免出现随意性和主观性，撰写文化史必须遵循明确的标准和原则，依照下述三个步骤还原历史真相：（1）尊重史实，了解原著；（2）分析作品内容，阐释作品意义；（3）评估和判断作品价值。了解、阐述、评判是还原作品本来面貌，提炼民族文化传统必不可少的三个阶段，每个阶段都要遵循一系列特定的要求。

1. 尊重史实，了解原著

全本再版经典作品：这是重建文化遗产，了解文学、哲学、社会学、政治学著作，并将其纳入当今文化研究视野的最基本前提。目前仅有少数罗马尼亚作家的作品全集得以出版，并得到科学、严谨、恰当的评价。最近几年，一些重要作家的作品得以再版，但尚未被学术

[①] T. 维亚努：《文化哲学》，收录于《维亚努全集》（第八卷），布加勒斯特，密涅瓦出版社，1979年。第245页。

界充分了解，更未被广大民众接纳。许多作品的校汇版和评注版已经进入了出版流程。在 1989 年后的转型期，在民族艺术遗产的留存和保护问题上也发生过激烈的争论。有专家谴责政府对古建筑保护不力，未针对文化遗产的保护专门立法。这里所指的不仅是对文化遗产的物质性保护（这一点固然很重要），还要揭示和开发其蕴含的历史价值，使其在当今的文化生活中再次焕发活力。对罗马尼亚作家和思想家们的著作进行校注后再版，是帮助青年人重新认识传统的重要手段，这些出版计划得到了文化主管部门的大力支持。[①]但同时也应看到，由于缺乏合理的规划，相关部门扶持力度有限，加之商业利益的驱使，我们的文化传统正逐渐淡化。在当今文化生活中，对一些决定着我们民族性和价值观的重要人物只有零星的介绍，导致公众对其认识极为肤浅。

全面了解某一作家的作品：这是一个重要的前提。由于政治原因，某些作家的作品以前只出版了删节本，导致了我们对其片面甚至歪曲的认识。只有结合相关历史背景、社会环境、作品特点及其引发的反响进行全面分析，才能对某一个作家或某一种思潮形成全面的看法，从而做出恰当的评判。由于着眼点和视角的变化，一些作家的作品可能呈现出不同，甚至矛盾的面貌，片面的解读必然会导致误判。在意识形态的干扰下，许多罗马尼亚文化名人曾经遭受简单粗暴的评价，他们的作品也被武断地贴上了负面标签。

尊重史实：这是史学研究中必须普遍遵循的基本原则。如果在一部文化史中，某部作品的真实内容和含义，或某个作家的真实立场被刻意隐瞒或歪曲，这部文化史就毫无可信度。我们过去的一些史书曾过分强调了某些历史人物名不副实的"突出贡献"，对一些真正的贡献却视而不见。与作品、作家及其活动（特别是政治活动）相关的信息必须绝对准确，要经得起史料的验证，不得篡改作品的内涵。

重建和弘扬民族传统离不开上述三个前提。只有基于对作品内容的深刻了解，才能对某一作品进行全面细致的评价，正确阐释其历史

---

① 已有一系列作品都被纳入《罗马尼亚文化经典》丛书的出版计划中，多家出版机构参与其中。还有信天翁出版社推出的《民族》丛书，近年来已再版了大量罗马尼亚现代文化代性著作。

意义和对罗马尼亚文化的贡献。本书编写过程中曾面临诸多困难，例如：一些重要著作的全本尚未面世；关键性工具书和参考文献（词典、百科全书、专题论文）缺失；资料管理效率低下（处于不同机构的管理下），尚未建立全国性的数据中心，难以对相关文献进行系统化整理和归纳。在 A. 马里诺（Adrian Marino, 1921-2005）看来，由于百科全书、教科书、史学论著、专业词典等资料极度匮乏，文化建设难以为继，罗马尼亚文化难以具备自我认知和自我描述的能力。与其他国家相比，罗马尼亚的文化研究仍处于各自为战的状态，许多研究成果是"新闻式的"，肤浅的即兴发挥和信口雌黄的评论触目皆是。只有坚持理性和批判的态度，将文化建设与史学研究结合起来，方能克服上述缺陷，从而创造出一种"扎实、专业、严谨、系统化、职业化"，具有崇高目标和浓厚学术色彩的文化研究模式。

2. 分析和阐释的标准

就我们这个学科而言，分析和阐述是深入了解作品内容，揭示作品文化内涵的最基本研究方法。在分析和阐述哲学、社会学和政治学等不同领域（有时也可能延伸至艺术领域）的作品时，应遵循以下几个必要步骤：

（1）描述作品并了解其思想内涵：相关历史背景和作者的生平对于作品的时空定位是不可或缺的。必须精确提炼作品中蕴含的思想、观点和立场，并给出合乎逻辑的解释。在对一部（哲学、政治、文学或其他）作品进行总结时，无论语句多么精简，都不能忽略作品中可能存在的重要理念、特有立场和独到见解。对作者观点的引用必须完全忠实原文。

（2）分析和阐释作品内容：这对思想史研究者而言是最为重要的步骤之一。必须深入阅读作品，忠实研判其中的论据，切不可断章取义，曲解作者的想法、动机或目的。这一步骤旨在阐明作者的思路，并将其与民族传统、时代背景结合起来。

（3）联系作品产生年代的主要思潮：对作品意义的解读不可脱离其产生的内部环境、时代背景和整个欧洲的思想运动。此外还需注意作品问世后，对其所处时代产生的影响。

（4）在历史和社会背景下审视作品和作家：如何将文化史中涉及的作品、人物、思潮与社会史、政治史、经济史、思想史联系起来，取决于我们的历史观。我们必须了解作品是如何反映"时代精神"，又是如何回应时代挑战的。只有将作品置于当时的社会和文化背景下，方能深刻理解其反映的社会问题。我们不能要求一个"四八"革命时期的作家去解决两次世界大战之间才出现的理论或美学问题。而将后世出现的文化因素（包括视角、风格、理念）套用在早期的作者身上，不失为一种有效的阐释方法，但极易导致对历史的曲解。

（5）辨别各种评判标准的适用性：T. 马约雷斯库率先提出了价值自主原则，要求我们用专业的标准去分析和阐释每一部作品。例如在文学领域应优先（但非仅仅）用美学原则去评判作品；在自然科学领域需要用相关学科的专门标准去评判科技成就；而适用于政治领域的标准又不相同。我们不应将不同领域的评判标准相混淆，同一个创作者可能在某一领域成绩斐然，在另一个领域却碌碌无为。

3. 价值评判标准

这是一部民族文化史亟需解决的，也是最具争议的问题。只有权衡创作者各方面的贡献和能力，方能确定其人及其作品所属的价值层级，从而对作家和作品进行排序，整理出一份民族文化瑰宝的清单。但对历史标准与现实标准的抉择常让我们感到困惑。应该以何种标准去评判作家和作品呢？历史上曾经有过重要意义的文化现象，如今仍然具有同样的重要性吗？在某一特定历史时期曾经主导着民族精神走向的思潮、作品或作家，其价值依然存在吗？在对作品进行解读时，下列问题常常困扰着文化史的编写者：

（1）应将作品置于罗马尼亚文化背景下还是在欧洲文化背景下，置于民族范围内还是全球范围内进行分析？

（2）作品对本土文化的影响与其国际认可度孰轻孰重？

（3）应该更加重视作品的历史价值还是现实意义？

（4）作品的知名度是否可与自身价值划等号？

（5）评判作品应单纯以价值论为准绳，还是要参照附加的（商业、道德、政治）标准？

这些问题反映了民族文化史编纂的困境，虽然难以给出统一的答案，但笔者认为应兼顾以下标准和原则：

价值论优先原则：必须首先通过批评与对比来确定作品的真实价值，并依此做出评判。每个创作领域都有其独特的检验方法和评判标

准，应合理选用这些标准，根据作品的价值来确定作者的贡献。

对意识形态和政治标准加以限制：意识形态化的解读和批评极大制约了研究视角，一些作品的价值遭到扼杀，其在文化史上应有的地位也被挤占。T. 马约雷斯库提倡按专业领域的划分来解析文化作品的价值，提出"民族主义只应存在于真理边缘"的原则，并对政治标准至上的危险性发出警告。他的主张并没有绝对的排他性，因为一种文化或哲学思想必然与某种政治思想有着千丝万缕的联系。在政治学和社会学研究领域，政治和意识形态标准显然是适用的。但即便在这种情况下，我们也必须认识到相关研究成果的价值并非由作者的政治立场决定，而是取决于其理论是否扎实，内容是否详尽，论证是否严谨，观点是否独特，成果的应用前景是否广阔，等等。

作者评注：简言之，文化史研究者必须谨记"政治具有排他性，文化具有兼容性"。政治意味着对某种价值观的直接支持，将各种价值观置于竞争或敌对关系中，其排他性在政党政治中尤为明显。文化则对来自所有领域的优秀成果都兼收并蓄，无论其是否带有某种政治色彩。文化研究强调作品本身的价值，对于价值的认定，每个创作领域都有其独特的标准。政治的排他性会导致价值观的分化，文化的兼容性则会促进价值观的聚合。人们可以依照政治标准来对作品进行纵向分割，将其分为不同时期的作品；或依照文化标准来对作品进行横向分类，将其分为不同价值层级的作品。

这两种标准之间没有泾渭分明的界线，但仍有必要对它们进行辨别。作者的政治背景和意识形态具有一定的历史成因，不应成为对其作品价值进行专业评论的羁绊。两位曾经完全属于敌对政治派别的作家，在世时可能在作品中、媒体上、公众面前针锋相对，甚至相互诋毁，今天他们的作品却被放在图书馆的同一个书架上。从罗马尼亚文化史的角度看，他们已经被同质化解读了。岁月抹去了曾经的政治分歧，当今的文化视角将其融合在了一起。政治标准与文化标准的悖论在历史上比比皆是。按照当今的价值标准，很多作家被归入了同一类别，无论他们的作品属于何种类型和风格，也不管他们曾经表达过何种政治理念。曾经不共戴天的政治立场在文化史中得到了调和，从前背道而驰的观点也因此产生了互补性。

我们必须全方位地重建罗马尼亚文化发展历程，不受政治的左右。只有这样才能把 N. 伯尔切斯库和 I. H. 勒杜列列斯库、T. 马约雷斯库和 B. P. 哈斯代乌（Bogdan Petriceicu Hasdeu，1838-1907）、M. 埃米内斯库和 A. 马切东斯基（Alexandru Macedonski，1854-1920）、C. 斯泰雷（Constantin Stere，1865-1936）和 C. 多布罗贾努-盖雷亚（Constantin Dobrogeanu Gherea，1855-1920）、N. 约尔加和 E. 洛维内斯库、C. 勒杜列斯库-莫特鲁和 D. 古斯蒂、L. 布拉加和 N. 约内斯库、D. D. 罗什卡（Dumitru D. Roşca，1895-1980）和 N. 克拉伊尼克、Şt. 泽莱廷（Ştefan Zeletin，1882-1934）和 D. 斯特尼洛阿耶（Dumitru Stăniloae，1903-1993）、L. 雷布雷亚努（Liviu Rebreanu，1885-1944）和 C. 彼得雷斯库、M. 伊利亚德和 L. 珀特勒什卡努（Lucreţiu Pătrăşcanu，1900-1954）、E. 萧沆和 T. 维亚努等人平行比对，勾勒出罗马尼亚文化的完整面貌。只拨动一根琴弦永远无法构成丰富的曲调，只有在广阔的音域中进行无限组合，方能弹奏出华美的文化乐章。

无论在何种情况下，我们对作者的评判都必须不偏不倚，方法必须清晰细致，立场必须公正平和，坚决不为极端论调推波助澜。在对作品进行分析时，首先必须揭示其内在逻辑，探究作者的动机和推理过程，那些政治因素则应该被放在括号中，仅供参考。在研究过程中应保持心平气和，认真地阅读原著，诚实地评判历史，避免过分夸大或全盘否定。那些经典巨著的作者从不同视角，通过不同风格表达着罗马尼亚民族的精神特质，切忌单纯按政治标准去评判他们的价值，从而造成人为的障碍与隔阂。

在一些作家、社会学家和哲学家生活的年代，自由和民主思想尚未成熟，但其作品的文学和审美价值并不会因此而降低。在不同的文化领域之间，文学与意识形态之间，哲学理论与政治主张之间时常会发生融合、关联与并行的现象。揭示这种关联性需要大量的文献支撑、全方位的视角和高度的批判精神，现行的大学教材显然无法满足上述要求。最需警惕的是不能在文学、哲学、社会学领域中将政治标准泛化。

关注作品的现实意义：一部作品能否经受时间的考验，能否在当今社会引发共鸣，是确定其地位和价值的重要标准。所谓"现实意义"就是指"这部作品向今天的我们传达了怎样的意义或信息"。对作品价值的评判标准取决于文化和历史背景，因此价值不是绝对的，而是相对的。如何用今天的视角来评判罗马尼亚思想家及其作品呢？由后世的人来做裁断，并不能确保完全公正。我们不断在传统中寻找和发掘某些价值观的现实意义，另一些价值观则被历史尘封。

作者评注：每一种文化都在与其他文化的交流中不断审视自己的传统，从中筛选出经久不衰的价值观、作品、人物，探究其现实意义，用以塑造当代人的思想。当代人必然会将自己的立场带到对作品的解读中，甚至还会受当今政治生活的影响。当代文化不仅会继承历史传统中的积极内容（或称之为"有价值"的内容），也会延续某些在特定历史时期产生的矛盾和争议。前人留下的作品是由形式、思想、立场和各种信息构成的综合性遗产，当代人只有在深入了解作品后，方可接受或剔除其中的某些信息。从某种意义上说，我们只能按今天的偏好和价值标准评判过去的作品，必须意识到我们的判断标准是相对的。

厘清作家、作品与民族文化"机体"间的关系：T. 马约雷斯库、N. 约尔加、N. 约内斯库、D. 古斯蒂、C. 诺伊卡等人曾对罗马尼亚民族文化产生重大影响，他们开创的"学派"至今为人乐道。另一些人物或作品虽然具有一定价值，但影响不够深远。对民族文化影响的深度和广度，以及与民族精神特质的相关度，是衡量一位作家或一部作品价值的重要标准。

兼顾作品的国际影响力：将作品置于欧洲乃至全球文化背景下加以评判，有助于我们在比对中确定作品及其作者对某一学科作出了何种贡献，是否在相关领域提出了颠覆性的思想或理论，是否具有国际影响力。通过此类分析，我们还可以判定作品仅仅具有"潜在的国际影响力"还是"已经在世界上广受瞩目"。[1] 国际影响力取决于作品的流通范围、接受程度，以及它对相关文化领域带来的影响。

作者评注：罗马尼亚文化人物及作品的价值经常被低估，有时是由于对作品的认识不足，更多时候则是由于对比分析时未能顾及罗马尼亚国情。如果与同时期的西方作品平行比对（这是必不可少的工作），罗马尼亚人的作品可能会显得缺乏原创性，甚至是对西方同类

---

① 上述差别的定义见本书作者 G. 杰奥尔久：《民族、文化与身份》，布加勒斯特，第欧根尼出版社，1997 年。第 410-433 页。

作品的效仿。但我们不应忘记，罗马尼亚的现代化进程是在独特的地缘政治背景下发生的，只有将作品与罗马尼亚社会的特点相关联，才能发现其意义所在。忽视了罗马尼亚和中东欧文化背景，就无法理解一些作家对本国思想和文化发展的贡献，也无法理解其作品的原创性所在。罗马尼亚作家的理念虽然会受到外部因素的影响，但他们的作品却反映了本国的现实。任何一个民族建立自己的文化模式或思想体系的目的，都是为了表达自己的见解，向外界传达某种"原创"的信息，绝不是仅仅为了附和国外现成的思潮。因此，除了与西方思潮平行比对之外，还需将民族文化的发展与罗马尼亚社会的内部环境关联起来。

"解释的冲突"：和许多欧洲国家一样，罗马尼亚文化发展的内部环境充满冲突和矛盾，各种文化理念、美学风格、意识形态、历史观点、政治立场、教育思想、宗教信仰之间不断交锋。民族文化发展就是不断重写重大主题，不断解读历史，从不同角度不断重塑自我意识的过程。随着 19 世纪下半叶批判精神的兴起，罗马尼亚文化中出现了法国哲学家利科（Paul Ricoeur，1913-2005）所说的"解释的冲突"。历史学是受时代背景和政治影响最深的学科，甚至连史学之父希罗多德（Heródotos，约前 484- 前 425）也无法幸免——他曾被指控同情波斯人，同情野蛮人，被斥为希腊的敌人。尽管史学家们努力捍卫他们的学术领地，但史学时常被用作挞伐的工具。一些情况下，重建历史只是为了替某种势力或某种思想辩护。人们阐释历史事件的依据，往往只是它们给当代人和现代社会生活带来的后果。

这样就出现了因果倒置的现象：人们看待历史的视角源自历史产生的"果"，又从这种视角出发去不断重写历史的"因"，导致"果"经常会改变"因"的内涵。所以说，我们的历史都是从现实出发去追溯过去，是将现实社会矛盾投射到过去的场景中。对罗马尼亚现代文化史中的某些人物或事件进行再现时，也会出现此类状况。S. 亚历山德雷斯库（Sorin Alexandrescu，1937- ）是这样看待这场客观性与主观性之间的"游戏"的："客观并不一定意味着中立，在学术研究中也没有必要完全排斥政治性解读。我总是尽力避免将一些本世纪（20世纪）末的新标准想当然地套用到两次世界大战之间。这种生搬硬套一方面是对史学原则的双重践踏——既无视两次世界大战之间的史实，也忽视了当代标准的局限性；另一方面也违背了'政治正确'的原则，尽管它看似合理——就像在社会主义时期那样，认为一些'积极'的偏见有时是必要的。"①

因此，在罗马尼亚文化史的撰写过程中，必须从价值论出发对经典作品进行阐释，结合作品的历史和现实意义来判断其价值。在政治因素的影响下，对同一个人或同一部著作会出现不同的阐释，在"解释的冲突"中往往能发现当代政治冲突的影子。观点的差异是由于史学家、评论家等"观察者"所持的政治立场造成的。因此，在20世纪50年代，曾经从意识形态出发，将 M. 埃米内斯库、T. 马约雷斯库、C. 布朗库西（Constantin Brâncuşi，1876-1957）、L. 布拉加、O. 戈加（Octavian Goga，1881-1938）等人一律批为反动保守的"资产阶级作家"，他们的许多作品因此长期被禁。

既然我们已经认识到多种评判标准和不同观点的存在，就不禁会问："是否可能撰写一部完全尊重史实的罗马尼亚现代文化史，就如古罗马史学家塔西佗（Publius Cornelius Tacitus，约56-117）所说的'无怨无嗔，不偏不倚'的历史呢？"无论对于社会史、政治史、经济史，还是一个民族的文化史而言，这都是至高要求。完全的客观性只是一个愿望、一个参照点、一种理想。无论用何种方式重建历史，客观性都是相对的，受到技术条件、文献资料、题材选择等一系列因素的制约，更取决于作者的研究方法和价值观。每部文化史的作者不仅有其个人视角，在摇笔成文时更受到各种"无法言表"的压力。

1989年以后，意识形态的限制消失了，新的民主氛围逐渐形成，各种自由的、批判性的论争频繁出现。史学家得以接触与世隔绝多年的史料，对20世纪一些重大事件有了新的认识，并开始重新评价许多历史事件。一些罗马尼亚文化名人此前由于种种荒谬的原因长期遭禁，其作品也被曲解，社会对他们的偏见已经根深蒂固，必须立刻得到平反。

"解释的冲突"普遍存在，对同一作家或作品的评论可能大相径庭，甚至截然相反。在民主的多元化环境下，此类分歧不仅是自然

---

① S. 亚历山德雷斯库:《罗马尼亚悖论》，布加勒斯特，宇宙出版社，1998年。第9-10页。

的，而且是有利的，但前提是必须尊重史实，不再用狭隘的政治标准去衡量文化作品。撰写一部新的罗马尼亚现代文化史，就意味着对罗马尼亚民族文化特色的挽救。罗共退出历史舞台后，大部分知识分子面对信息轰炸和全新的舆论控制手段手足无措，致使民族文化又一次遭受曲解，新的偏见纷纷出现。只有在尊重史实的基础上，摆脱政治压力，才能重塑罗马尼亚现代文化的整体形象，揭示它与欧洲文化之间千丝万缕的联系。曾经由于政治原因，让我们对 D. 坎泰米尔、N. 伯尔切斯库、M. 埃米内斯库、N. 约尔加等人感到十分陌生和疏远。如今这反而有利于我们从一种更为公允的视角，不带成见地研究他们的作品和文化活动，揭示其对罗马尼亚文化发展的真正意义。

第三节　补充章节：文化与民族

1. 文化是一种价值体系

在进入正题之前，我们有必要明确一下文化的概念及其涉及的范畴。人们对文化的定义和看法千差万别，我们尝试着从这些定义中提炼出以下特征：文化既是一种由价值观、思想和立场构成的体系，同时也是一种创作方式。个人、群体和社会通过文化来阐释自身的历史经验，并借助文化作品世代流传，以此来维持人类文明的延续。值得一提的是，罗马尼亚思想家们一直以来都热衷于文化研究。在 L. 布拉加看来，文化作品反映了人们对于存在的基本认知和态度，具有揭示事物本质，并将其象征化的功能。人类借助文化超越了自身存在的环境，并使生命更为多姿多彩。

在苏联符号学家洛特曼（Юрий Михайлович Лотман，1922-1993）看来，文化就是"非遗传信息的总和"。这些信息通过经验获得，并通过符号系统来实现历史积累和传承。对于有组织的人类群体和社会而言，文化具有一种"百折不回"的特征。文化回应人们的物质需求，对经验加以组织、编码、保存，使之世代流传。美国文化人类学将文化定义为一种由信仰和行为方式构成的系统，这些信仰和行为方式在社会经验中获得，并在社会中得以推广和传播。

文化这个大范畴可以被细分为各种理论体系（如自然科学体系和哲学体系）、符号体系（如语言、艺术、宗教、神话，以及各种人工信息编码）、规范系统（如法律、道德、习俗）、组织系统（如政治和经济）。其中的某些形式，例如宗教，同时兼有符号功能、规范功能和组织功能。此外，各类文化机构（如教育机构、科研机构、传媒机构、剧院、博物馆，等等）也是文化的重要组成部分，发挥着组织文化创作并传播价值观的功能。

2. 文化是民族性的构成要素

当代人类学研究表明，无论社会处于何种发展阶段都不能脱离文化而存在。失去文化就意味着失去了一种智性手段，无法对经验和知识进行编码，也无从表达人类存在与超验、历史、自然之间的关系。文化涵盖了所有象征形式，一个民族可以通过这些形式获得自我认知并将其展现出来。C. 诺伊卡曾说，当文化达到很高的水平时，便能够将一盘散沙凝聚成一个民族。理论家们普遍认为，文化形式与其表达的群体心理之间存在着密切、有机的联系。

文化的特殊性在于其存在基础、历史基础、社会基础和精神基础都各具特色。现代民族就是在共同的历史生活中，在多种因素相互作用下形成的，其中最重要的当数文化、政治和经济因素。统一的语言和文化是一种黏合剂，可以确保构成民族生活的不同成分共同运作。尽管民族性在政治和经济层面也有体现，但主要存在于文化中，通过民族的历史传统和创造力表现出来。文化是对历史、经济、社会、心理、宗教、政治等多个领域的象征化映射。

为了说明文化在民众生活中的作用，以及文化与民族性的关系，我们引用了 C. 勒杜列斯库 - 莫特鲁的一段话："人类活动通过文化获得了更高级的含义，并拥有了自己的历史。没有文化的乌合之众是没有历史的，因为他们缺乏用以衡量过往事件的价值标准（……）人类的行为只有超越了生存所需，才能获得历史意义，被有意识有目的地传承（……）一个国家可以通过文化获得其历史身份，与其他国家相区分（……）真正的文化可以使一个民族不断繁荣，并展现出鲜明的特点。在文化中可以找到一个民族的所有特质，以及来自这个民族的所有伟大原创作品。一个民族对往昔的回忆、对未来的展望、对自外部世界的印象，以及内心迸发出的想法，都在文化中和谐地、不可分割地融合在一起。成熟的文化无疑是民族性的最高体现，它决定着各民族间的本质差异。"① 尽管民族性植根于现实的最深处，埋藏在精神、信仰和价值观的历史积淀中，但它并不是玄妙虚幻的。民族性与其各种文化表现形式融为一体，既有象征性也有实际性，既有社会性也有个体性。

民族性与欧洲一体化之间的关系是当今的热门话题，我们将在本书最后一章详细讨论。有学者和政治家坚持认为，欧洲一体化进程与民族性水火不容，日趋衰微的民族性必将被超越国界的欧洲性所取代。我们的当务之急并非弘扬民族价值，而是适应欧盟的规范和标准。从另一个角度看，对民族文化的关切通常伴随着民族主义或反西方的立场。正是那些将民族性和民族主义混淆的人危言耸听，声称"欧洲化"会使我们特色尽失，丧权辱国。实际上，我们完全能够避免极端民族主义倾向，理智地认识和弘扬自身价值，在为一体化而努力的同时保留本民族的记忆和价值观。

人们逐渐认识到应该将欧洲性与民族性加以调和，而不是将两者对立。建设统一的欧洲，其目的并不是要消除各国的文化差异，而是要在宽容、合作、互动的大环境下保留民族性，使其成为欧洲精神特质的体现。当前，消费型文化已经成为全球化进程中最具侵略性的现象，对民族文化构成了严重威胁。对民族特色的留存、保护和培育并不意味着排外或民族沙文主义，后者只是民族情感的畸变和扭曲。我们必须采取平和理智的态度，切忌矫枉过正，更不能像 C. 彼得雷斯库所说的那样，将文化多样性理解为"肤浅的对抗"。

3. 文化与文明

在此需要澄清的还有文化与文明这两个争议不断的概念。传统的观点将文化看作是构成一个社会的精神因素的总和，文明则是物质因素的总和，从而导致了文化与文明的割裂，各种争议也由此而生。我们更倾向于 T. 维亚努的观点，将文化看作一种价值体系，而文明则是一种财富体系，是前者的外在表现。

文化的核心部分由信仰、立场、价值取向共同构成。M. 马利查（Mircea Maliţa，1927-2018）认为："文化常以复数形式出现（……）

---

① C. 勒杜列斯库 - 莫特鲁：《罗马尼亚文化与权术》，收录于 C. 勒杜列斯库 - 莫特鲁：《能量人格说和其他著作》），布加勒斯特，埃米内斯库出版社，1984 年。第 9-10 页。

决定了个人、群体、种族、民族的基本特征。"[①] 文明则恰恰相反，它具有普遍性和实用性，涵盖了用以维持人类生存和发展的各种技术手段。因此，"文明这个词只能以单数形式出现"，因为其内容超越了领土和文化的边界，带有一致性和同质性。文化与文明互相渗透、互相影响。E. 洛维内斯库曾在《罗马尼亚现代文明史》中提到，西方文明形式最初是被当作外在元素引进的，后来逐步内化为罗马尼亚文化元素，并通过全新的精神面貌和思维方式表现出来。

亨廷顿（Samuel Phillips Huntington, 1927-2008）等理论家则认为，当代世界在文明层面也显示出了复数形式。他按照宗教信仰来对现代大型文明群落进行定义。按照这种划分方法，我们就会在各大文明的核心部分发现从前被划入文化范畴的东西。亨廷顿指出："在这个新世界中，地域政治是种族层面的政治，而全球政治则是文明层面的政治。超级大国间的对抗被文明的冲突所取代（……）在后冷战时代的世界，文化是一种同时兼有聚散功能的力量。"[②]

4. 跨文化交流

民族文化生来就是向全世界开放的，能够与其他文化和宗教开展对话和价值交流。随着现代传媒产业的迅猛发展，价值观的对话日益频繁，不同文化间的相互依存关系也日趋紧密。当代人重新解读了文化统一性与差异性的关系，认为二者在全球化进程中呈现出一种互补趋势。各国文化彰显其特征的目的并非自我孤立，而是为了更好地融入全球文化交流之中。

不同文化间的相互影响与交流通常发生在特定的地域范围或文明框架内（例如拜占庭世界、阿拉伯文明、现代欧洲文明），或是以一种影响深远且具有历史普遍性的形式表现出来（例如欧洲文艺复兴、古典主义、启蒙运动、浪漫主义，等等）。在广泛的交流中，当代世界正在走向后现代主义文化。政治和艺术层面的主流意识形态被淡化，精英文化和大众文化的界线逐渐消失，消费型文化和娱乐产业大行其道。文化创作在地域上呈现出多中心化，在形式上也呈现出多元

---

① M. 马利查:《一万种文化，同一种文明》，布加勒斯特，奈米拉出版社，1998年。第13-55页。

② 亨廷顿:《文明的冲突与世界秩序的重建》，布加勒斯特，安代特出版社，1998年。第36页。

化态势。保持一个民族的文化特色，通过隔绝和专制是无法实现的。唯一的方法就是鼓励高效的创作，积极参与竞争，并在国际舞台上充分的展示这些特色。

5. 文化与社会发展

文化是由社会、群体或个人创造出的作品，而这些作品中确立的价值观、思想和行为方式又可以对社会和个人的需求做出回馈。在特定的社会和历史背景下，各种文化作品包含的内容、传递的信息、呈现的风格往往都是相互关联的。尽管文化创作具有自主性，但必须融入社会生活才能够被他人接受，并在制度、立场、行为或社会关系中体现出来。每一个社会成员的成长和教育都离不开价值观、语言、知识、行为方式等文化要素。其社会归属则取决于他崇尚何种价值观、为何种理想或目标而努力、遵守何种规范、遵循何种行为方式、用何种符号阐释其经验。

在我们所处的这个时代，文化维度在社会发展中正变得越来越清晰。人类社会发展不仅仅意味着经济和科技的进步，同时也是一个文化发展的过程。众所周知，西方国家文化产品，特别是科技产品的密集出现将其推到现代文明的最前沿。我们也很清楚，学术信息与基础学科研究在当今世界的竞争中占有何等重要的地位。现代化进程必须以文化的发展作为支撑，它需要一种新的文化结构，需要价值观的转变，还需要象征表现形式的创新。文化填补社会的缝隙，脱离了与之匹配的文化范式，新兴的科技手段也将无用武之地。

传统与创新的交锋不断影响着社会发展进程，对其起到塑造、促进、帮助或延缓的作用。各种思想体系、科学知识、道德观念、政治理念、意识形态、文艺理论构成了所谓的"公共智力"，教育则保证了社会成员对前人经验、科学遗产、行为模式、道德品行的传承。现在人们所说的"社会发展非经济指标"，主要针对的就是教育，以及其他获得信息和知识的途径。当代经济发展对信息的依赖度越来越高，正在从基于物资掌控的"实体经济"向基于知识和信息运用的"虚拟经济"转变。[1] 对于处于政治、经济、文化转型期的罗马尼亚而言，当今世界文明中发生的所有这些深刻变化都意味着巨大的挑战。

---

[1] A. 托夫勒（Alvin Toffler，1928-　）:《权力的转移》，布加勒斯特，安代特出版社，1994年。第31-32页。

6. 文化与社会环境

　　各国在社会、政治、经济、文化等层面存在着巨大的差异，正是这些差异为文化创作提供了动力，确保了文化的自主性。价值自主化程度是衡量社会进步的重要指标之一，文化领域也同样拥有相对独立的价值体系，但文化的发展从未曾完全脱离社会环境。步入现代后，文化创作逐渐呈现出职业化态势，出现了专门的创作人员和创作机构。在罗马尼亚，最早认识到这一变革的是 19 世纪下半叶出现的文化团体——青年社。此后，各类媒体、文化团体、教育机构将文化创作与文化传播领域紧密地联系在一起。

　　罗马尼亚现代文化是在特殊的社会历史条件下形成的。当我们重建其发展历程，或者将其与西方文化发展历程相比较时，应该充分考虑到这种特殊性。解读和评价罗马尼亚文化名人及其著作时，必须与当时的社会背景相结合。C. 彼得雷斯库就曾对自己所处的学术环境极为不满，而他面对的问题当时在罗马尼亚学术界普遍存在。许多知识分子身兼数职，同时在政治、行政、教育、新闻、外交等领域扮演不同角色。其创作活动时常因处理紧急公务，或个人遭受不公待遇而"功亏一篑"，文化建设的持续性严重缺失。下面这段话反映了罗马尼亚大多数创作者曾经不得不面对的社会状况："为了给挥动信号旗的人划根火柴点烟，我必须把全速行驶的火车停下来（……）我经常梦想着像那些著名思想家一样，能够几十年如一日，每天十几小时研究同一课题，两耳不闻窗外事，即使喧嚣笼罩着他们的寓所也不为所动。那时候，他们不会被人鄙夷地从工作中揪出来，被人用枪顶着脑袋押出寓所，被人威逼着为外界的战争日夜输送弹药"。[1] 尽管这只是 C. 彼得雷斯库个人的陈述，但他生动地揭示了罗马尼亚文化发展所受的环境制约。只有在有利的外部条件下，才能树立起原创的思想体系和不朽的艺术丰碑。但罗马尼亚的创作者们却面临特有的困境，主要原因是罗马尼亚社会历史发展滞后，而现代化的任务又极为紧迫。

　　M. 伊利亚德曾说，1918 年三个公国统一后，罗马尼亚实现了民族和政治独立的夙愿。知识分子们得以从并不擅长的工作中解放出

---

[1] C. 彼得雷斯库：《物质学说》（第一卷），布加勒斯特，科学和百科全书出版社，1988 年。第 32 页。

来，全神贯注地进行文化创作。因此，两次世界大战之间涌现的一批知识分子充分证明了其创作能力。他们利用短暂的和平时期创作出了极具竞争力的作品，在题材、方法、风格、形式等方面，与其他欧洲国家同时期的作品相比不遑多让。这一时期出现的诸多杰出人物不仅证明了自身的天赋，还提升了罗马尼亚文化的整体水平，使罗马尼亚参与到欧洲丰富多彩的文化运动之中。

第二章

罗马尼亚人居住区域的前现代文化分期 * 罗马尼亚中世纪文化 * 人文主义运动和民族意识的形成 * 从 N. 巴萨拉布到 D. 坎泰米尔

第一节　罗马尼亚人居住地区的前现代文化分期

1. 罗马尼亚文化断代

从文化发展分期和各个时期的主要思潮可以反映出罗马尼亚历史发展的特殊性。罗马尼亚文化现代化进程究竟始于何时呢？在步入现代之前，我们的文化基础又是什么呢？罗马尼亚人是如何度过那"漫长而黑暗的一千年（中世纪）"的呢？我们可以说"罗马尼亚现代文化具有本土发端"吗？其具体所指又是什么呢？上述种种问题仍然扑朔迷离。甚至对罗马尼亚人的人种属性，以及他们在古老达契亚领土上存在的连续性，至今依然有人存疑。

一些史学家对中世纪史料进行论证后指出，罗马尼亚现代文化正是在这一时期孕育生成的。按照他们的说法，在中世纪文化的基础上，罗马尼亚各公国在公元 17-18 世纪出现了具有准现代性质的文化形式和文化机构。这一时期涵盖了罗马尼亚的人文主义和启蒙主义阶段，我们可以从中发现民族文学和史学的萌芽，以及出版业和教育业的发端。在此期间出现了一批具有广阔学术视野的学者。C. 布伦科韦亚努（Constantin Brâncoveanu，1654-1714）大公统治时期还形成了一种建筑艺术流派，各类法典相继编制完成，并开始实施体制改革。之后，阿尔迪亚尔（译者注：特兰西瓦尼亚地区的旧称）学派的代表人物和 19 世纪上半叶的其他文化先驱一起继承并发扬了这一伟大事业。

从文艺复兴以来，罗马尼亚人居住的区域就与西方有着频繁的接触，受西方文化熏陶的罗马尼亚政治和学术精英开始初露峥嵘。罗马尼亚现代文化的形成与社会现代化进程基本同步。随着启蒙主义思潮的进入，罗马尼亚各公国在政治和经济层面发生了重大变革，民族凝聚力日益增强。19世纪初的自由新风吹遍了社会各个角落，罗马尼亚创作者们从西方文化中汲取灵感，用传统的民族文化元素对其加工润色后将其本土化。数百年积淀而成的民族文化传统在现代化进程中或被继承或被扬弃，但在总体上得到了彻底的调整和丰富，以全新的面貌呈现出来。在罗马尼亚现代文化形成之初，各种本土元素与外来元素相互掺杂。为了对其加以甄别，我们有必要对罗马尼亚各公国的文化分期和各个时期的主要风格进行回顾。

2. 前现代文化分期和类型

葛特—达契亚文化：这是罗马尼亚人最早的本土文化，在世界古代史上独树一帜。无数史料都证明达契亚文化形成于公元前最后一千年，具有不同于希腊文化和罗马文化的特征。它以色雷斯文化为基础，吸收并融合了这一文化交汇区域（库库泰尼文化、古梅尔尼查文化、哈曼吉亚文化——代表作有"思想者"雕塑）的古代和史前文化形式，间或受到希腊、凯尔特、日耳曼和罗马文化的影响。希罗多德、斯特拉博（Strabo，前63-23）、卡西乌斯（Dio Cassius，150-235）等古代史学家详细记述了达契亚人的生活方式、传说、宗教、世界观等，为研究达契亚文化提供了丰富的佐证。

史料证明，葛特—达契亚人生存的环境及其创造的文化具有鲜明的乡村特征。这与在城邦中发展起来，孕育了理性主义和批判精神的希腊文化截然不同。现代学者对葛特—达契亚人的宗教信仰进行过透彻的分析和阐释。B. P. 哈斯代乌 [1]、V. 珀尔万 [2]、M. 伊利亚德 [3] 等人对此都做出了令人信服的假设，在罗马尼亚思想界引发了广泛的回响，我们将在相关章节中详细介绍。此处仅举一例：V. 珀尔万在其代表作《葛特史——达契亚的最初历史》（1926）中提出了一种颇具争议

---

[1] B. P. 哈斯代乌：《罗马尼亚人历史评判》，布加勒斯特，密涅瓦出版社，1984年。
[2] V. 珀尔万：《葛特史——达契亚的最初历史》，布加勒斯特，子午线出版社，1982年。
[3] M. 伊利亚德：《从查摩西斯到成吉思汗》，布加勒斯特，科学与百科全书式出版社，1980年。

性的观点：他认为达契亚人具有很高的道德水准和独神信仰，超越了希腊人及其他周边民族的多神信仰，这一特质为达契亚人后来接受独神论的基督教奠定了基础。^①到两次世界大战之间，"色雷斯问题"再次成为人们关注的焦点。L. 布拉加提出了不同的看法，他认为达契亚人和处于相同发展阶段的其他所有印欧民族一样，有着多神论信仰。

达契亚—罗马文化：它存在于罗马占领达契亚时期和后罗马时期，此间产生了罗马尼亚民族、文化和语言。在罗马人对达契亚（当时因其富庶而被认为是"黄金之国"）大规模殖民统治期间，罗马元素和拉丁语逐渐渗入当地社会。达契亚人和罗马人在经济、宗教、贸易和日常生活中的交融日益紧密。新的行政和法律形式被引入，罗马军队长期驻扎，重要岗位由帝国官员担任，罗马士兵在当地定居，城市生活日趋繁荣，教育机构开始出现，罗马人的信仰和习俗广为传播，所有这些使达契亚人的生活方式发生了翻天覆地的变化。通过几代人的融合，达契亚人逐渐接受了罗马占领者的文化和文明模式。这些模式对当地的土著无疑有着巨大的吸引力。

除了经济层面的"罗马化因素"（引进先进的农业和采掘技术、采用罗马式建筑和帝国货币、改变服饰和节庆习俗）外，"更本质的罗马化"在于对罗马人语言、文化、信仰和习俗的接纳。"语言和精神的罗马化，才是最持久的。古老的达契亚特征也由此发生了永久性

---

① V. 珀尔万：见本页脚注②第 81-100 页。根据其掌握的史料，V. 珀尔万笔下的达契亚人形象完全不同于南部色雷斯人："在古代史料中我们能够找到一系列值得这个民族的值得引以为豪的证据。首先，他们相信灵魂不灭，这使他们有别于希腊人和其他色雷斯人（……）其次，他们的政治和社会生活宁静祥和（……）他们看起来是一个平和的民族（……）最后，他们对祖国有无尽的热爱，也有着巨大的勇气和严明的纪律（……）面对外来蛮族的侵袭，无论是面对来自南方的色雷斯人，来自北方的日耳曼人，或来自西方的凯尔特人，他们都勇敢地挺身而出。"（第 99、100 页）V. 珀尔万认为这才是基于古代第一手资料得出的达契亚人真实形象，他驳斥了 E. D. 罗斯勒（Eduard Robert Rösler，1836-1874）和 W. 图玛沙克（Vilém Tomášek，1841-1901）等人的观点："E. D. 罗斯勒和 W. 图玛沙克认为他们必须把对当代瓦拉几人的喜恶延伸到其祖先达契亚人身上。因此，他们可以无视或排斥对达契亚人有利的证据，并搜集了古代喜剧中所有有关色雷斯民族的拙劣笑话和野蛮习俗——但只是针对色雷斯人而非专门针对达契亚人的——从而捏造出一种特别野蛮的形象：暴力、偷窃、酗酒、不尊重女性、一夫多妻、自吹自擂（……）懒惰、放纵、吵闹、掠夺成性，常常只因好勇斗狠而使双方血溅当场。"V. 珀尔万笔下的达契亚人与这种形象完全相反："（他们是）一个安居乐业的农耕民族，性格坚定且敬畏神明"，他们"心地善良，坚守其古老的信仰，无论对神对人都乐观相待。"

的变化"。[1] 后者的历史比前者更为悠久。早在图拉真（Marcus Ulpius Nerva Traianus，53-117）征服达契亚之前，葛特—达契亚人就已经与罗马人已经长期共居，在喀尔巴阡山—多瑙河地区存在大量罗马化的居民。他们在之后的几个世纪不断共同抵御哥特人、匈奴人、安瓦尔人和斯拉夫人等游牧民族的入侵。"如果说在罗马帝国东部的其他地区，罗马特征最终注定要消亡，那么在曾经被图拉真征服的达契亚，罗马人和被罗马化的达契亚人不仅留存了下来，还形成了一个新的民族——罗马尼亚民族"。[2]

罗马行政当局从多瑙河以北撤离之后才开始了罗马尼亚民族的形成期，对这一时期鲜有史料记载。但可以肯定的是，在罗马帝国曾经的疆域内，东西部之间的关联仍在延续。几个世纪后，我们依然可以在当地的语言、习俗、神话故事、罗马时代的建筑遗迹中找到达契亚人与罗马人融合的证据。主要体现在以下方面：

首先是基督教的传播：早在公元后的最初几百年，基督教就已开始在罗马帝国占领下的达契亚地区传播，基督教元素与继承自罗马人的其他特征一并融入了罗马尼亚人的精神世界。可以说罗马尼亚人是这一地区最早实现基督化的民族，[3] 罗马尼亚民族形成的时间与基督教在喀尔巴阡山—多瑙河地区以及在罗马帝国内部传播的时间基本一致。"（罗马尼亚民族）与周边其他民族的不同之处在于，那些民族历史上都有一个确切的、官方的基督化时间，而我们则是在公元初的一段时间内逐步接纳了基督教，这一时期长达几百年。这一过程几乎与罗马尼亚民族的形成是平行的，既有零散的皈依，也包括大范围的传教活动"。[4]

达契亚—罗马社群的早期基督化也得到了史学界的认可。新旧史料都表明，使徒安德烈、腓力、保罗等都曾在该地区传教，而彼得的

---

① I. A. 波普（Ioan-Aurel Pop，1955-　）：《罗马尼亚人和罗马尼亚》，布加勒斯特，罗马尼亚文化基金出版社，1998 年。第 32 页。

② A. 阿姆布鲁斯特（Adolf Armbruster，1941-2001）：《罗马尼亚人罗马属性的历史根源》，布加勒斯特，百科全书出版社，1993 年。第 17 页。

③ 教皇约翰·保罗二世（Ioannes Paulus PP. II，1920-2005）在 1999 年 5 月访罗时肯定了这一点。他表示非常高兴踏上罗马尼亚的土地，因为"罗马尼亚民族自诞生之日就已被福音化"。他还说："我要对罗马尼亚人民及其延续至今的基督教传统表示敬意，这一传统可以追溯到西蒙·彼得的兄弟和使徒安德烈时代。"

④ N. 沃尔尼切斯库（Nestor Vornicescu，1927-2000）：《我国文学史上最早的宗教典籍研究——4 - 16 世纪》，克拉约瓦，奥尔特尼亚教区出版社，1984 年。第 27 页。

兄弟——使徒安德烈更是将基督教传播的范围延伸至达契亚的黑海沿岸地区。公元后 500 年间，基督教在多布罗加，乃至整个多瑙河下游地区都建立了教会机构。来自这些地区的主教们曾参加了著名的基督教议会会议（如 325 年会议），在宗教典籍研究的"黄金时代"（公元4 世纪）还参与了多次重要的神学辩论。

公元 313 年，在罗马军队和行政机构撤离达契亚约 40 年后，基督教在君士坦丁大帝（Gaius Flavius Valerius Aurelius Constantinus，272-337）治下的罗马帝国得到了官方认可。君士坦丁大帝肯定了多瑙河北部地区的重要性，并在该地区重建了一些要塞。有史学家认为，穿越奥尔特尼亚和蒙特尼亚的"图拉真之波"（亦称"勇士之路"）卫护墙也是在这一时期修建的，旨在保卫帝国北部位于多瑙河左岸的领土。之后的几个世纪中，多瑙河南北两岸间的经济和文化交流持续繁荣，这一点在许多史料中得到了印证，用拉丁语撰写的基督教文学作品也在此期间广为流传。

罗马尼亚现存最早的宗教典籍是《哥特人——圣萨瓦的苦难》，约成书于 373-374 年。由于该书是写给当时最重要的神职人员之一，卡帕多奇亚的圣瓦西里牧首的，因此也被称作《哥特教会致卡帕多奇亚教会的一封信》。这一珍贵的历史文献披露了萨瓦传教士的悲惨命运。当时哥特人曾在多瑙河北岸定居（332-376 年之间），并在当地居民和一些传教士的影响下开始接受基督教，但遭到了首领的抵制。由于哥特酋长阿塔纳里克（Athanaricus，?-381）推行反基督教政策，萨瓦于 372 年被刑讯后投入布泽乌河溺死。曾将《圣经》译为哥特语的乌菲拉（Wulfila，311-381）被认为是哥特人的使徒和主教，他曾在布泽乌地区定居，最终也遭到了阿塔纳里克酋长的迫害并流亡到罗马帝国。公元 376 年，哥特人在匈奴的打压下撤至多瑙河南岸，并将其宝藏埋藏于比耶特洛瓦塞莱村，被称为"金母鸡和小鸡"，直至 1837年才被发现。

达契亚—罗马地区从此皈依了新的宗教，基督教思想在此扎下根基。一批一流的基督教作家和思想家在此定居，他们撰写了大量有关基督教教义的著作，为基督教会的建立作出了卓越贡献。[①] 在公元

---

① N. 沃尔尼切斯库：《我国文学史上最早的宗教典籍研究——4-16 世纪》，克拉约瓦，奥尔特尼亚教区出版社，1984 年。第 33-98 页。

初的几个世纪中，托米斯、希斯特里亚等地处多瑙河下游的城市成为重要的基督教传播中心。史料中记载了很多托米斯地区的主教，例如公元392年担任托米斯主教的泰奥提姆一世（Teotim I，?-?），他参与了当时的神学论战，驳斥各种异端邪说。在该地区传教的L. 德诺瓦（Laurenţiu de Nova，4-5世纪）和N. 德雷梅西亚纳（Niceta de Remesiana，约335-414）是著名的拉丁语作家。除此之外，"托米斯学派"还有三位在宗教领域作出杰出贡献的人物，即I. 卡西安（Ioan Cassian，360-435）、E. 迪奥尼谢（Dionisie Exiguul，470-555）、L. 拜占庭努斯（Leontius Byzantinus，485-543）。

I. 卡西安公元360年前后生于多布罗加，一生致力于传教和学术活动，撰写了多部基督教教义论著以驳斥异端邪说。他为该地区以及高卢南部马赛地区（约公元420年）修道院的建立奠定了基础。卒于公元435年前后。[①] 另一个在基督教世界被载入史册的名字是E. 迪奥尼谢（也称"小迪奥尼谢"）。他生于多布罗加，公元555年前后卒于罗马。其作品被神学家认为是用基督徒点化世人的重要著作。他将众多基督教圣人和史学家的作品从希腊文翻译为拉丁文，并于公元525年在罗马编制了第一部基督教教历。L. 拜占庭努斯创立的神学研究方法被西方基督教世界广泛采纳。I. 卡西安、E. 迪奥尼谢和其他托米斯与多瑙河地区的思想家、作家一样，都是联系东西方基督教世界的使者。多瑙河—黑海地区基督教宗教生活的开展和宗教典籍的广泛传播足以证明，罗马尼亚民族在形成之始就已基督化，这同时也是达契亚—罗马人长期居住于这一地区的有力证据。

其次是罗马尼亚人的"罗马印记"：N. 约尔加指出，东欧地区的基督教化早于罗马帝国的军事占领，基督教早已通过农民、牧民、商人等"民间元素"逐渐向东渗透。[②] 从公元前3-前2世纪开始，基督教先是渗透进多瑙河南岸，之后又向北岸延伸。图拉真对达契亚的军事占领是长期罗马化进程之后发生的政治事件。各种经济、文化、语言因素在前期罗马化进程中潜移默化地为罗马帝国后期的军事行动铺平了道路，使得这些地区最终被归入帝国的版图。这些深层次的原因

① 2002年10月，他的遗骸被送回罗马尼亚雅西市。
② N. 约尔加：《罗马尼亚人史》（第一卷），布加勒斯特，科学与百科全书出版社，1988年。第16-22页。

鲜有人提及，因为相关史料"只关注政治事件"。[①]前期罗马化进程也解释了为何罗马尼亚语具有与拉丁语如此一致的内在特征。"罗马帝国的东部版图"（从"罗马帝国的西部版图"中分裂出了法兰西、意大利、西班牙、葡萄牙等国）由此确立，它是本土因素与罗马因素结合的产物。罗马帝国在巴尔干地区也可能分裂出多个民族，但只有罗马尼亚人将继承自"东部罗马"的特征，即所谓的"罗马印记"留存在自己的生命中。即使后来被卫护墙隔绝在帝国版图之外，罗马尼亚人仍然坚守着几百年来形成的语言和文化传统，保持着对罗马的归属感，甚至在拜占庭时期亦是如此。因此，要厘清罗马尼亚民族作为东部拉丁民族的起源，就必须了解罗马元素在东欧地区存在与演变的整体状况。

公元 587 年，一个拜占庭帝国军队的士兵所说的"torna, torna, fratre（回来，回来，兄弟）"被 C. C. 久雷斯库（Constantin C. Giurescu, 1901-1977）等史学家认为是罗语出现的最早例证。拜占庭史学家塞奥法尼斯（Theophanes Confessor, 758-817）在《编年史》（成书于公元 800 年前后）中是这样描述的："公元 587 年，在对阿瓦尔人的战斗中，克曼狄奥鲁斯（Commentiolus, ?-?）将军麾下（军队正在山路上追击敌人）的一名士兵用自己的母语呼唤他的战友，让其回转身把从马背上掉落的褡裢托上去。但'torna, torna, fratre（回来，回来，兄弟）'这句话被其他士兵听见，理解成了撤退的命令。结果整个团都开始撤退，溃不成军，导致了战役的失利"。[②]史学家们由此推断，拜占庭军队的士兵可以大致理解上面故事中的表述，说明他们中的大部分人都说罗曼语。而在该地区保留并发展了罗曼语族语言的仅有罗马尼亚人。

罗马尼亚人一直用"român"一词自称，以此纪念自己的罗马起源。最早的基督教元素就是以拉丁语为媒介进入罗马尼亚人的精神世界的。罗语中至今仍有许多来自拉丁语的宗教词汇，例如："altar（祭坛）、botez（洗礼）、biserică（教堂）、cer（天空）、credinţă（信

---

① N. 约尔加:《罗马尼亚人史》（第一卷），布加勒斯特，科学与百科全书出版社，1988 年。第 18 页。

② 对塞奥法尼斯描述的这一事件，早在一个世纪前就被拜占庭史学家 Th. 西莫卡泰斯（Theophylaktos Simokattes，约 585-641）提及。他指出"torna"或"retorna"等词汇来自"乡下口音"，并非怂恿军队从阿瓦尔人面前撤退。

仰）、creştin（基督徒）、cruce（十字架）、cuget（思想）、cuvânt（词）、domn（大公）、duminică（星期天）、Dumnezeu（上帝）、înger（天使）、paşti（复活节）、păcat（罪孽）、rugă（祈祷）、scriptură（雕刻），等等"。罗马尼亚人的日常祷告也用源自拉丁语的词汇完成，例如："Tatăl nostru care eşti în ceruri / Sfinţească-se numele tău / Vină împărăţia ta / Facă-se voia ta / Pâinea noastră cea de toate zilele / Dă-ne-o nouă astăzi...（我们的天父 / 你的名字无比神圣 / 愿你降临人间 / 愿你的意旨实现 / 愿我们每天都有面包 / 今天就将它赐予我们）"。

拜占庭史料中还最早提及了罗马尼亚人的种族属性，将其称作"罗马人"或由图拉真带到达契亚的"罗马殖民者的后裔"。拜占庭皇帝君士坦丁七世（Constantin al VII-lea Profirogenet，912-959）编纂的一部文献中也曾提道："他们被称作罗马人，并将这一名称沿用至今。"这说明"罗马尼亚人是根据其母亲城邦（罗马）的名称给自己命名的"。[1]

在别国的中世纪史料中，有时将罗马尼亚人称作瓦拉几亚人（vlah）。这一名称首次出现于公元 980 年拜占庭皇帝瓦西里二世（Vasile al II-lea Bulgaroctonul，958-1025）撰写的一篇文献中。公元 1000 年后，与罗马尼亚民族拉丁属性相关的称谓频频出现在各类史料中。"Vlah"一词源自日耳曼语的"walh"，日耳曼人以此来称呼被罗马化的民族，尤其是高卢人。之后这一词汇被斯拉夫人借用，从公元 10 世纪开始被保加利亚人用来称呼操罗曼语的非斯拉夫民族。总之，对于凯尔特人、日耳曼人、斯拉夫人、匈牙利人和希腊人而言，"vlah 一词就意味着操罗曼语的非斯拉夫人"。这一称谓有多种变体："拜占庭人（……）和南部斯拉夫人的说法是'vlah'，东部斯拉夫人说'voloh'，西方拉丁—天主教世界说'valachus'，匈牙利人说'blach'，在特兰西瓦尼亚地区的萨斯人那里又变为'olah'或'Bloch'，等等"。[2]所有这些变体都用于指称一个具有拉丁起源，不同于斯拉夫民族的民族，这体现了周边民族对罗马尼亚人拉丁属性的认同。

---

[1] N. 约尔加：《罗马尼亚人史》（第一卷），布加勒斯特，科学与百科全书出版社，1988 年。第 26 页。

[2] A. 阿姆布鲁斯特：《罗马尼亚人罗马属性的历史根源》，布加勒斯特，百科全书出版社，1993 年。第 18 页。

N. 约尔加所说的"罗马印记"深深铭刻在罗马尼亚民族精神和民族文化之中,在语言、宗教、法律,以及中世纪各公国的行政组织中均有体现。在中世纪早期,罗马尼亚人的国家以名为"țară"的乡村社群为基本行政单位,如"Țara Loviștei、Țara Făgărașului、Țara Lăpușului、Țara Hațegului"。和当时许多国家一样,罗马尼亚各封建公国在很长一段时期内都是遵照不成文的规范进行管理的。这些规范来自长期的政治生活实践,是习俗和传统的结合。"Țară"一词在罗语口语中还保留着拉丁语"terra(地球)"的含义,并由此引申出新的含义或构成新词,例如"țară(罗马尼亚封建国家)、legea țării(国家法律法规)、țăran(泛指从事各种行业的乡村居民)",还有后来出现的"boieri de țară(地主)"。此外,从中世纪教会斯拉夫语强势语境下幸存还有很多源自拉丁语的法律术语。

众所周知,阿尔迪亚尔学派夸大了拉丁成分在罗马尼亚语言和民族形成中所起的作用,有意忽视了达契亚本土因素。B. P. 哈斯代乌最先提出了"达契亚基质"理论,有力驳斥了那些否定罗马尼亚人本土属性,否定罗马尼亚人在达契亚地区连续存在的观点。这些谬论以奥地利史学界 E. D. 罗斯勒为代表。他在《罗马尼亚研究》一书中提出的"移民理论"认为达契亚人早已被彻底消灭,随着罗马行政机构和军队的撤离,多瑙河北岸的所有民众也都一同离开了。他企图从理论基础上否定该地区的罗马化进程,罗马尼亚人拉丁起源,及其在这一区域的历史延续性。按照他的说法,匈牙利人最到达潘诺尼亚时,发现在其东部有一片"不毛之地",并占据了它,而罗马尼亚人则是公元 12-13 世纪迁移到特兰西瓦尼亚的"外来者"。B. P. 哈斯代乌针锋相对地指出,达契亚基质、民族元素和达契亚本土文化元素广泛存在于罗马尼亚民族的语言、习俗、神话、传统和生活方式中。[①] V. 珀尔万在《葛特史》(1926)中科学重建了前罗马时期的达契亚历史。他在支持本土元素连续性观点的同时,还强调了罗马元素发挥的主导作用。

---

① N. 登苏西亚努(Nicolae Densușanu,1846-1911)持同样的观点。他在 1913 年出版的《史前达契亚》中证明达契亚的多瑙河北部地区是一片神奇的土地。爱奥尼亚人、阿卡亚人、多利安人等部落从这里向南迁徙并奠定了古希腊文明的基石,并将"泰坦"等神话形象和俄耳甫斯和阿波罗式文明带到各地,这些民族被合称为"来自北方的人"。

1921 年 L. 布拉加发表了题为《我们非拉丁背景的反抗》一文，指出罗马尼亚民族的精神特质除了具有鲜明的拉丁特点外，还包含丰富的非拉丁性的达契亚本土元素。这种复杂的精神特质不能被简单理解为对拉丁性的继承，认为它仅仅带有西方理性主义色彩。L. 布拉加认为，罗马尼亚人生活在一片"东西方抗衡的区域"，他们的文化兼具东西方特色。罗马尼亚民族就是在这样的民族文化基础之上形成和发展起来的，后来又受到拜占庭和斯拉夫文化的影响，罗马尼亚人的精神特质由东西方元素共同构成。这一观点后来也被 M. 伊利亚德接纳，他认为罗马尼亚文化是向东方和西方双向开放的，罗马尼亚民族天生能与东西方的伟大文明对话，对二者兼收并蓄。罗马尼亚是个"边陲国家"，其文化是"边陲文化"，因为这个民族就是在罗马帝国东部卫护墙上形成的。[①]

　　传统民间文化： 民间文化不应被仅仅看作罗马尼亚文化发展的一个阶段，而是一个构成文化的永恒要素，从古至今一直是文化发展的基调。民间文化是对罗马尼亚民族两千多年来精神和物质积淀的熔炼，是民族性的源泉。它不仅赋予我们活力和耐力，同时也是罗马尼亚现代艺术作品的题材和风格之源。民间文化主要由农业文明中形成的价值观构成，随着几百年的交流与融合，一些文人创作的元素也渗入民间文化之中，被乡村文明所接纳。正如 B. P. 哈斯代乌所说，民间文化是一部罗马尼亚农民的"日常生活百科全书"。L. 布拉加认为这种"非主流文化"早在罗马尼亚民族形成期就已融入民族文化的永恒结构中，并在中世纪得到巩固，为罗马尼亚现代文化发展提供了深厚的底蕴。

　　民间文化的构成十分复杂，不应被片面地理解为民俗（如民间诗歌、传说、歌谣、音乐、咒语，等等）。按 L. 布拉加的说法，民间文化形成于神话和传统观念中。这些神话和观念类型多样，可能带有基督教色彩，也可能是源自其他宗教或者是世俗的。其艺术和哲学内涵

---

① 有些政治分析家将这一观点进行延伸，认为罗马尼亚即使在现代仍然是一个"前沿国家"。它位于东西方之间，介于北约国家和俄罗斯之间，即地缘政治家们所说的"灰色地带"。在这一区域可以看到多种文化和宗教形式。既有基督教（东正教、天主教、新教）文化，也有非基督教（伊斯兰教）文化，既有西方的实用主义，也有东方的宿命论。该地区还受各种地缘政治因素的影响。按照美国政治学大师亨廷顿的理论，在文化上罗马尼亚是一个被"撕裂"的国家。如今人们也从地缘政治角度来阐释罗马尼亚人种起源的问题。

无比丰富，当代学者根本无法对其进行全面还原或阐释。民间文化形式涵盖神话、传说、谚语、绘画、圣像、建筑、饰品、舞蹈、音乐、道德、法规、世俗和宗教习俗，以及各种仪式。L. 布拉加认为所有这些文化形式中都包含着一种世界观，一种对生与死的理解，一种"形而上学"。《小羊》《马诺莱工匠》《长生不老与长命百岁》等民间文学作品，堪称罗马尼亚民族对于世界和人类命运认知的典范。

　　我们从下面这段话可以看出一些来自民间的智慧："民间生活的全部历史经验都最大限度地浓缩在谚语中，广为流传，妇孺皆知。它们用最为贴切和直观的方式反映着罗马尼亚人的性格特征。罗马尼亚人知道'早起者可致远''秋天才能算收成'的道理。他们知道'拿到手的才是真的'，因此不会'用手里的麻雀去换取树桩上的乌鸦'。'衬衫总是比大衣更贴身'这句谚语则出自古罗马剧作家普劳图斯（Titus Maccius Plautus，约前 254- 前 184）之口。此外还有'择友须三思''血浓于水''锯末不会溅得离圆木太远''见其人知其行''小树墩能掀翻大马车''狗尾巴毛织不出好绸缎''一个疯子朝井里扔块石头十个聪明人也捞不起来''一根大棒能毁了一车罐子''小心无大错''不要去徒有其表的树底下摘果子''自吹自擂惹人厌''一花不成春''饱汉不知饿汉饥''别从湖里掉进井里''秃瓢想戴珍珠帽——非分之想'。尽管 I. 克良格曾夸张地说，罗马尼亚人很难真正着手做一件事，但他们知道要'三思而后行'，因为'最后的主意总是最好的'。凡事不要着急，因为'欲速则不达'，但也有'趁热打铁'的说法。当然还有我们熟知的'水逝石留'。谚语和俗语实际上是一种言简意赅，具有最强大、最直接表现力的隐喻形式。它们将存在于客观事物中的哲理释放出来，便于人们快速公正地进行道德评判。"[①]

　　民间文化经久不衰，记录了罗马尼亚民族文化的稳定性和持久性，是民族自我意识的根源。L. 布拉加认为民间文化揭示了罗马尼亚民族的"风格本原"。他对乡村生活大加赞誉，并提出要"退出历史"和"抵制历史"（主流文化形式发展受阻的情况下，采取"退出"主流文化，回归非主流的乡村文化的策略。这种现象曾出现在 13 世纪之前，以及法纳里奥特大公统治时期）。我们将在介绍 L. 布拉加的章

---

① I. 罗塔鲁（Ion Rotaru，1924-2006）：《罗马尼亚古代文学》，布加勒斯特，教育出版社，1981 年。第 15 页。

节中详细阐释这两个命题的意义。

罗马尼亚中世纪文化：罗马尼亚中世纪文化是在各封建公国建立并蓬勃发展的背景下形成的新型本土文化。其中既包含来自民间文化的本土元素，也带有中欧和东南欧地区公元后近千年时间里基于罗马和拜占庭传统形成的文化特点，还受到来自西方世界的影响。源自西方的思想和文化表现形式大多带有文艺复兴、人文主义、新教、天主教和启蒙主义特征。罗马尼亚中世纪文化最初受拜占庭文化，以及使用古斯拉夫语的东正教会影响。1600 年后，拉丁语逐渐在宗教生活、教会文件、官方交往中取代了教会斯拉夫语。罗马尼亚各公国的中世纪文化也随之从刻板的形式中解脱出来，更多宗教文献得以译介和出版，许多圣徒传记和世俗读物也被翻译成罗马尼亚语，政治和文化精英阶层越来越倾向于接受现代文化视角。

罗马尼亚中世纪文化涵盖了 15-17 世纪，断代时可精确到 1400-1700 年间。勇敢的米哈伊（Mihai Viteazul，1558-1601）大公在 1600 年实现统一后，罗马尼亚文化迅速向西欧靠拢。在这一时期，教育机构如雨后春笋般建立，史学研究和文学创作百花齐放，建筑和雕塑也呈现出多元化发展态势。到 1700 年后，开始了以 C. 布伦科韦亚努和 D. 坎泰米尔为代表的文化繁荣期，罗马尼亚文化已经开始呈现向现代过渡的苗头。不幸的是，这一进程后来被法纳里奥特大公的统治阻断了。

第二节　罗马尼亚中世纪文化的特点

罗马尼亚人建立了三个较大的封建公国，它们各具特色，反映出罗马尼亚中世纪文化的不同发展类型。在此期间对拉丁性的继承并未中断，源自罗马的文化结构和体制也没有消亡。建立在农业文明基础之上的乡村经过长期的融合，开始以准国家的形式出现，并最终演变为国家。这些社群最初被称为"ţară"，其法规则被称为"legea ţării"，后来根据教会斯拉夫语的译法也被称为"社群习俗或乡土习俗（obiceiul ţării/obiceiul pământului）"。在中世纪的另一些文献中，为了彰显罗马尼亚民族法律传统的特殊性，将这种习惯法称为"瓦拉几亚法（Jus Valachicum / Lex Olachorum）"。16 世纪、17 世纪出现了书面法规，"lege"一词开始被用来指称成文法，而"obicei"一词则被用来指称非成文法。

这一时期的罗马尼亚文化在三个封建公国得到了长足发展，文化的繁荣也使这三个公国赢得了世界的认可。中世纪罗马尼亚文化所取得的非凡成就离不开一些重要人物，如摩尔多瓦公国的善良的亚历山德鲁大公（Alexandru cel Bun，?-1432）、斯特凡大公（Ştefan cel Mare，1433-1504）、P. 拉雷什大公（Petru Rareş / Petru al IV-lea，1483-1546）；蒙特尼亚公国（译者注：或称"罗马尼亚公国"，本书中在用"蒙特尼亚公国"的说法，以免与现代罗马尼亚国家混淆）的老米尔恰大公（Mircea cel Bătrân，1355-1418）、N. 巴萨拉布大公（Neagoe Basarab，1482-1521）；特兰西瓦尼亚公国的 N. 奥拉胡斯（Nicolae Olahus，1493-1568）、I. 胡内多瓦拉（Iancu de Hunedoara，1407-1456）、M. 科尔温（Matei Corvin，1443-1490）。

中世纪罗马尼亚各公国的文化普遍具有以下特点：

- 罗马尼亚各公国是在强敌环伺之下建立的，它们在 1360-1600 年间的蓬勃发展对中东欧乃至整个欧洲都具有重大的意义。这些公国成为奥斯曼帝国扩张道路上的一道关隘，罗马尼亚人与周边民族一起构成了保护西欧各国的堤坝。特殊的地缘政治环境决定了罗马尼亚人必须长期竭尽所能为生存而战，从而导致社会和文化发展相对滞后。

- 罗马尼亚中世纪文化的结构和形式带有拜占庭文化特征，属于东南欧文化范畴。直至 15 世纪中叶，拜占庭文化都将这一地区的所有文化包容在内。它有着与西方中世纪文化截然不同的内部结构、形式和发展机制。罗马尼亚各公国与其拜占庭帝国的教会有着长期联系，并非处于拜占庭文化的边缘地区。1453 年君士坦丁堡沦陷后，巴尔干半岛各民族在土耳其人的铁蹄下土崩瓦解，罗马尼亚各公国保持了内部自治，并成为地区文化中心。这些公国重拾了拜占庭文化遗产，被 N. 约尔加称为"后拜占庭时期的拜占庭文化"。因此，拜占庭文化影响对罗马尼亚中世纪文化的发展起到了决定性的作用。

- 拉丁语在西方中世纪发挥的作用，在东南欧地区则由教会斯拉夫语来承担。教会斯拉夫语自 11 世纪开始成为东正教会和大公宫廷的官方语言，是一种仅供文人使用的"晦涩"的书面语言。因此，在探讨罗马尼亚各公国的主要文化思想时，我们必须首先了解拜占庭和东正教文化的特点，以及当地民间文化和传统的特点。

- 罗马尼亚各公国的文化发展受东正教各种思想流派的影响。对宗教典籍的研究，以及宗教生活中的某些仪式在拜占庭时期得以延续，并向着神秘主义和温和理性主义（新亚里士多德主义）两个方向发展。神秘主义也被称为静修主义（指通过参悟、冥思、苦行、缄默、禁欲等方式来修行），修士通常在修道院，特别是在希腊阿陀斯山的修道院中修行。这种修行方式在 14 世纪被 G. 帕拉马斯（Grigore Palamas，1296-1359）理论化。而温和理性主义则与西方的经院哲学相似，主张依靠理性来阐释宗教教义，同时借用基督教先哲的话语来解读古代哲学思想。这一流派以 I. 达马斯金（Ioan Damaschin，约 675-749）为代表，他以宗教研究的名义探讨了分属不同范畴的重大哲学问题，如物质、存在、本原、自然、心灵与肉体、理性与意志，等等。

- 基督教人文主义的影响。来自修道院的各种手稿和抄本曾在罗马尼亚各公国曾广泛流传，其作者均为宗教典籍研究者或东正教代表人物，包括卡帕多奇亚三杰（Părinţii capadocieni）、金言圣约翰（Ioan Gură de Aur，347-407）、I. 达马斯金、G. 帕拉马斯等神学家。他们思想中表现出来的基督教人文主义理念是对古代思想传统的延续，在中世纪罗马尼亚各公国的宗教界十分流行（在 N. 巴萨拉布著作的一些片段中亦有体现）。东正教神父们基于希腊古典哲学，从斯多葛学派汲取灵感，继承并发展了"理性至上"的思想。1670 年，N. 米列斯库（Nicolae Milescu，1636-1708）将约瑟夫斯（Titus Flavius Josephus，37 / 38-93）关于绝对理性的论文由希腊文译为罗语（这是第一部被译为罗语的哲学文献），并将其收入 1688 年布加勒斯特版《圣经》中。在 N. 巴萨拉布、D. 坎泰米尔等人看来，罗马尼亚文化正是通过拜占庭宗教传统维持着与古代希腊—罗马哲学的联系。教会也对古典哲学研究采取了宽容的态度，在宗教中融合了基督教元素与古典哲学元素，从而形成了一种"东正教理性主义"思想。因此在拜占庭世界并未发生过真正意义上的"文艺复兴"。由于这一地区经济和社会发展水平的局限，世俗思想也无法得到充分发展。

- 西方文化的影响。从文艺复兴到宗教改革，西方文化元素一直不断向罗马尼亚中世纪文化中渗透，在建筑、绘画、王公服饰、宫廷礼仪方面表现尤为突出。一旦某种新的建筑或绘画风格被引进罗马尼亚各公国，就立即会在当地文化中反映出来。大量教会斯拉夫语、希腊语、拉丁语宗教文献和文学作品被翻译成罗语。

- 民间文化和传统文化元素在整个中世纪都异常活跃，只是在宫廷文化和官方文化中备受冷落。在西方世界，拉丁语在"蛮族语言"的进逼下步步退让，最终演变成各种现代罗曼语族语言。中世纪文化在罗马尼亚各公国也呈现出这种二元性：一方面是用教会斯拉夫语书写的宗教文化和官方文化，另一方面则是保持着传统形式的民间口头文化。这是中世纪文化中的两个平行层面，共存于同一个社会中。它们相互影响，又有着独立的结构和不同的发展机制。教会斯拉夫语在罗马尼亚人宗教生活中的主导地位一直延续到 16 世纪，之后随着越来越多宗教书籍被译成罗语，它沦为一门"死语言"，逐渐在宗教生活和公文中被罗语取代。

- 罗马尼亚各公国的中世纪文化具有一致性。在罗马尼亚人居住的所有区域，文化演进过程中的重大事件超越了封建公国的边界，几乎都是同时发生的。例如印刷术的出现，在宗教生活和公文中用罗语代替教会斯拉夫语，人文主义思潮的出现几乎都是同时发生的。各公国在语言使用、历史传统沿革、宗教机构设置、建筑和绘画创作形式等方面也存在较高的一致性。罗马尼亚民族在种族和语言上是一个整体，其生存与发展的基础就是这种一致的文化生活。史学家 P. P. 帕纳伊泰斯库（Petre P. Panaitescu，1900-1967）在深入研究罗马尼亚中世纪文化的形成条件后指出："罗马尼亚文化发展的一致性超越了封建公国的国界，这对于罗马尼亚文化史，乃至整个罗马尼亚历史都具有重要意义"。①他通过确凿的证据表明，在引进外来文化形式之前，罗马尼亚各公国就已经具备了源自本土的社会组织形式和文化表现形式，文化发展具有连续性。他说："从政治需要出发，将罗马尼亚人看作中世纪来自多瑙河南部的游牧民族的说法是无稽之谈。一些语言学家认为罗马尼亚人在中世纪居住在山林中，之后才迁移到原先由斯拉夫人、匈牙利人和萨斯人居住的平原地区，这种理论是极其荒谬的。我们坚信罗马尼亚文化早已存在于这片土地上，生生不息"。

按照 L. 布拉加的说法，14 世纪末和整个 15 世纪，从 N. 巴萨拉布到老米尔恰大公再到 V. 采佩什大公（Vlad Țepeș / Vlad Drăculea，1431-1476），从波格丹一世（Bogdan I, ?-1367）大公到善良的亚历山德鲁大公再到斯特凡大公，罗马尼亚各公国都处于蓬勃发展之中。各类行政机构和宗教机构为文化发展提供了"有利的庇护"，罗马尼亚人的创造性"以前所未有的力量爆发出来，不断创造着繁荣景象，再现了本民族最真实的历史面貌"。②

罗马尼亚中世纪文化发展的最高潮出现在斯特凡大公统治摩尔多瓦公国时期。他在 L. 布拉加笔下不仅是英勇无敌的领袖，还是文化史上的一座丰碑。在斯特凡大公的统治下，公国在政治和宗教上取得了非凡成就，为罗马尼亚民族开辟了一片新天地。罗马尼亚各公国当时正处于历史的十字路口，拜占庭文化与西方文艺复兴的影响在此交汇。尽管西方的影响是间歇性的，且缺乏重大标志性事件，但同样对罗马尼亚文化有着深刻和长远的意义，主要体现在建筑和绘画、文学翻译、政治和外交关系，以及一些宗教热点问题中。

拜占庭风格和哥特风格，东西方文化在斯特凡大公的统治下完美地结合在一起，而在其底层则是丰富多样的本土文化精神和艺术风格。L. 布拉加由衷感叹道："看呐！这才是（文化的）本质和具有历史性的形式！"，"我们（文化中）不起眼的永恒性及时得以彰显（……）过去从来没有任何一个时期让我们如此自豪，罗马尼亚历史

①P. P. 帕纳伊泰斯库：《罗马尼亚文化史导论》，布加勒斯特，密涅瓦出版社，2000 年。第 4 页。
②L. 布拉加：《文化三部曲》，1969 年，收录于《布拉加全集》（第九卷），布加勒斯特，密涅瓦出版社，1985 年。第 230 页。

似乎发展到了顶点。但是在这最关键的发展阶段，我们却时运不济。这种运气并不是指和平，因为历史本不是在和平中产生的。在一些突发事件来临时，我们未能幸免，一些毁灭性因素的介入使我们的希望化作泡影"。所谓"毁灭性因素"即指奥斯曼帝国强大军事机器的扩张。此时的罗马尼亚人刚想重演勇敢的米哈伊大公史诗般的事迹，实现统一的夙愿，就被迫在军事和政治上退居守势。这导致在之后的两个世纪（1600-1800），罗马尼亚人的历史只是支离破碎的"准历史"。

即便在如此恶劣的政治环境下，人文主义运动仍然在17世纪蓬勃兴起，并在M. 巴萨拉布（Matei Basarab，1580-1654）和V. 卢普（Vasile Lupu，1595-1661）两位大公统治期间取得了辉煌的成绩。罗马尼亚人在继承民间文化传统的同时积极接纳西方文化的影响，构建了本民族文化的大体框架，并创造出极富表现力的文学语言。到C. 布伦科韦亚努大公统治时期，罗马尼亚文化成就达到了当时条件下所能实现的极致。

17世纪是一个伟大的编年史家和学者辈出的年代，他们翻译并用罗语撰写了大量文献。这标志着罗马尼亚文化开始脱离中世纪的教条，接受理性思想，开启了通往现代的大门。这一时期的哲学、政治、伦理和宗教思想极为庞杂，主要通过以下方式和运动表现出来：

- 大量宗教文学作品问世，其中既有教义著作，也包括普及读物。
- 社会运动和农民起义频发，例如1437年博巴尔纳起义，1514年Gh. 多扎（Gheorghe Doja，1470-1514）起义，1784年霍雷亚（Horea，?-1785）起义。
- 除东正教外，出现了各种"异端邪说"。阿里乌教派、伯格米教派、胡斯教派等都曾在罗马尼亚人生活的区域产生过有限的影响。天主教的影响主要集中在摩尔多瓦和特兰西瓦尼亚两个公国，16世纪后新教的影响逐渐增强。
- 普及型读物和民间读物大量出版。前者由宗教典籍研究者或修道士（在8-9世纪或更晚）编纂，其中收录了大量具有伦理价值或现实意义的寓言故事，以及宗教文献的节选，还包括一些非基督教作家的作品选段。之后逐渐出现了针对世俗读者的书籍，题材多来自古代文学作品。例如，13世纪由意大利作家创作的《美德之花》在15世纪被译成罗语，17世纪后在罗马尼亚各公国广为流传，并于 1700 年由 A. 伊威列亚努（Antim Ivireanu，1650-1716）整理出版。其他民间读物，如《辛迪巴谈话录》和《亚历山大大帝》，也同样在罗马尼亚各公国广为传播。

第三节　N. 巴萨拉布的作品——集罗马尼亚中世纪文化大成之作

N. 巴萨拉布在 1512-1521 年间曾任蒙特尼亚公国大公，也是阿尔杰什修道院的创办人，是那个时代的杰出文化人物。他的著作不仅对中世纪宗教文化进行了总结，还提出了许多新的命题，开拓了人们的视野，为人文主义思想的引入和文化现代化奠定了基础。他生活的年代与西方的宗教改革（1519-1521）基本同期。

1. N. 巴萨拉布作品的特点

N. 巴萨拉布的代表作《巴萨拉布致其子特奥多西耶的家训》（译者注：以下简称《家训》）用教会斯拉夫语写成（手稿残缺），相传由 U. 讷斯图雷尔（Udrişte Năsturel，1596-1659）在 17 世纪将全本翻译成罗语。此外还有当代学者 Gh. 米赫伊勒（Gheorghe Mihăilă，1930-2011）完成的全译本，以及史学家 Dan. 扎姆菲雷斯库（Dan Zamfirescu，1933- ）完成的校注本。[①]《家训》校注本在 1970 年面世后引发了一场史学大论战，争论的焦点就是这部著作是否属于罗马尼亚文化范畴。有希腊和保加利亚学者认为 N. 巴萨拉布只是抄录了一些希腊语和教会斯拉夫语的手稿，以此来证明他作为蒙特尼亚公国大公的正统性。D. 扎姆菲雷斯库从语言和文体上寻找佐证，并结合相关史料还原了这部著作产生的历史背景。

这部著作的内容涉及哲学、伦理学、政治学，有着深刻的教育意义和道德内涵。它对民间传统、宗教思想与各种知识兼收并蓄，融汇了各种流行思潮，并对东正教文化进行了总结，堪称那个时代的文化集大成之作。B. P. 哈斯代乌将 N. 巴萨拉布比作"蒙特尼亚公国的马可·奥勒（Marcus Aurelius Antoninus，121-180），是艺术和哲学王子"。

[①]《巴萨拉布致其子特奥多西耶的家训》的抄本由 Gh. 米赫伊勒翻译成罗语并撰写引言，由 D. 扎姆菲雷斯库作序，1996 年于布加勒斯特风之玫瑰出版社出版。第一部校注版于 1971 年面世，由密涅瓦出版社出版，D. 扎姆菲雷斯库和 Gh. 米赫伊勒作引言和注释。

马可·奥勒略·安东尼是罗马皇帝和哲学家，在古代思想史上以提倡禁欲的斯多葛哲学闻名，N. 巴萨拉布《家训》的很多观点与其不谋而合。理性地生活、控制自身情感、明智地决策、严肃看待生活都是N. 巴萨拉布提倡的美德。

史学家 P. P. 帕纳伊泰斯库将 N. 巴萨拉布与同时代一些世界级思想家相提并论，并将他们所处的时代背景进行了比对：1513 年，马基雅维利（Niccolò Machiavelli，1469-1527）完成了代表作《君主论》（1532 年出版）；1516 年，伊拉斯谟（Erasmus din Rotterdam，1466-1536）的《基督教王子的教育》出版；同年，托马斯·莫尔（Thomas More，1478-1537）完成了《乌托邦》一书。马基雅维利与 N. 巴萨拉布有着相同的创作目的，即"为统治者制定大政方针提供指导"。二人对于中央集权国家的看法也很相像，都认为应将封建贵族们束缚在其领地上，从而遏制他们的分裂。N. 巴萨拉布坚持认为，国家的统一是确保其防卫实力的前提。但两人的执政理念存在较大分歧，这显然是由他们所处的社会和文化背景造成的。N. 巴萨拉布的著作植根于东正教传统，沿用了很多先例和旧有模式。马基雅维利则有着全然不同的政治经验，他所在的国家呈现出明显的世俗化倾向，行政机构与宗教机构间严重对立。

N. 巴萨拉布在其著作中提出了很多建议和嘱托，试图从学识、道德、政治等方面入手培养一个开明的大公，一个理想化的人物。这部著作看似一部文献汇编，其中既有对宗教书籍的大段摘抄，也有教会圣贤和各种评论家作品的节选。但作者用自传式的评述将这些内容串联起来，并结合政治现状表述自己的理念。为了使其观点更具权威性，作者对基督教思想、宗教典籍和传统文献极为重视。因此，当代用于评判作品原创性的标准并不适用于对中世纪文献的认定。那时所有作家都从传统文献中借鉴或摘录有用的思想，并在适当的地方谨慎地插入自己的阐释。传统即是权威，在当时的思想框架下鲜有作者敢越雷池一步，提出超前的思想或全新的观点。

2. N. 巴萨拉布对人的看法

N. 巴萨拉布作品中的人物兼具中世纪传统风范与新时代特征。他认为个人在社会中最应具备的美德有：出众的智慧、理性的判断、强大的自制力、谦和的举止、节俭的生活、理智的行为、庄重朴素的外表、得体的尺度、温和的处事风格。N. 巴萨拉布作品中提到的这些美德体现了罗马尼亚文化中一直崇尚并努力发扬的价值观，是对历史经验的总结和凝练。在他的价值取向中，传统美德（崇尚智慧、尊重习俗和信仰、维护民族团结）和现代特质（理性的举止、谦逊的作风、任人唯贤、基于理性的通融、权衡利弊得失）和谐地交融在一起。他还从人文主义的视角出发，针对社会关系、人文主义哲学、君臣关系提出了自己的看法。

他的作品带有浓厚的世俗色彩，不单单从宗教视角来阐释史实，而是更多地借助经验和理性。作者不仅具有丰富的生活阅历，还对当时的学术新思想求知若渴。他相信人类的才智，也相信自己对经验和知识的驾驭能力，认为上帝创造的世界同时也是人类的世界。他说："天下的一切都是上帝的杰作，一切又都是为了服务于人类而设的：太阳、月亮、星辰、空气、风、雨、陆地和海洋都各得其所"。人类被赋予了思想和理性，能够在善与恶之间"自由选择"。这也正是当时的天主教和东正教的知识分子时常探讨的问题。

N. 巴萨拉布的立场显然是以人为本的，具有典型的文艺复兴色彩。人被看成世界的主宰，是凌驾于世间万物之上的"帝王和胜者"。人类是处于自然界金字塔顶端的灵长，他们不仅具有广泛的认知力，还拥有强大的执行力。"只要我们想，我们就能做到"，人类的生存状况取决于其自身。他将人看成是由肉体和灵魂构成二元统一体，低层次的肉体必须屈从于灵魂，即屈从于精神。他所说的灵魂与肉体的对立，与后世 D. 坎泰米尔提出的"理智与俗世的争论，心灵与肉体的审判"不谋而合。在传统的理性主义思想中，灵魂被理解为理智、想法和智慧。肉体属于俗世，灵魂则属于天国。在俗世中，"人们必须谨慎处理肉体与灵魂之间的关系"，"以免沉迷于肉体的满足和世俗的欢愉，它们无比腐朽，且转瞬即逝"。他和 D. 坎泰米尔都认为俗世的欲望、激情和情感必须受理性的掌控。道德规范是灵魂深处固有的准则，而人类的实际行为却往往出自本能，不受理性的支配。N. 巴萨拉布提倡自我节制，但并不主张禁欲。他说："人类的肉体是上帝更好的居所"，但这一居所必须是洁净的。他从温和的斯多葛式立场出发，反对自私、贪婪、放荡和暴饮暴食，但同时又持有温和的理性主义态度，并不排斥享受生活的乐趣。

对理性的颂扬是 N. 巴萨拉布文化视角的另一要素。他和当时众多思想家一样，主张用理性来判断善恶，指引人们走出生活的迷宫，因为"上帝给了我们头脑，就是为了让我们自己判断善恶"。在他看来，自主判断力是执政者的必备素质："作为一国之君，头脑必须足够清醒。"在其所处的时代流传着一句文艺复兴时期的名言："人的头脑是取之不尽的宝藏。"

3. N. 巴萨拉布的政治观和道德观

N. 巴萨拉布对于统治者的政治和道德使命有着非常明确的认识，极力主张中央集权并限制贵族的特权。他的理想是成为一个专制君主，在强调君权神授的同时，公正并人性化地对待臣民。一国之君须热爱正义和真理，要勇敢而睿智，要谦逊而不能傲慢，要阳光、慷慨和大度。这些素质都是通往成功的秘诀，只有这样才能使人既敬且畏。他以马其顿帝国的亚历山大大帝（Alexandru Macedon，前356-前323）为榜样，将其与恺撒（Gaius Julius Caesar，前102-前44）和居鲁士大帝（Cyrus al II-lea cel Mare，前590-前529）等独裁者对比后总结出君主应该具备的三种品质：诚实而坚定的话语，公正的判断，以及对臣民的宽仁。

N. 巴萨拉布从基督教典籍中援引了许多关于政治和道德的例证，鞭策未来的大公不应刚愎自用，处理政务时要做到兼听则明。他说："我的孩子，你要保持沉默，在他们开口前不要先说话。"而在贵族和高官们给出意见后，要"用自己的头脑来思考"他们所说的话，择其善者而从之。马基雅维利的著作中也有类似的段落，建议执政者应该小心谨慎，并懂得自我控制。大公要喜怒不形于色，仔细听取并权衡各种意见，无论他人说的是好还是坏。N. 巴萨拉布还说："你对这一切都要铭记不忘（……）这样别人就无法看透你的心思"。后世的 A. 勒普什内亚努（Alexandru Lăpuşneanu，1499-1568）就听从了他的教诲，成为一个把真实思想藏在心底，深谙韬晦之计的大公。N. 巴萨拉布还强调，大公不应一时激愤就贸然回应，因为"言出如风，一旦说出口就收不回来了，日后即使痛心疾首也于事无补"。

他处理政务时谨言慎行的态度为推行现代治国理念打下了基础。他认为大公必须是一个出色的心理学家，要了解世人的想法，洞悉他们对成功和财富的渴望，并通过利益掌控他们。同时，大公必须主持正义，维护国家的福祉和利益。除了要妥善管理国家资产，还要重视维护社会安定，并争取获得外部支持。收入分配的比例必须有所侧重：官员和军人优先，其次是辛勤劳作为国家创造财富的广大人民，最后才是修道院和教堂。国防是大公的首要职责，因为罗马尼亚民族自产生之始就面对巨大的外来威胁。在《家训》第 8 章（"外交和战争"），N. 巴萨拉布阐述了他为国家安全制定的一整套政治、外交和军事战略。他曾告诫子孙"不要穷兵黩武"，当军事冲突无可避免时应采取步步为营的渐进战略。当敌强我弱的时候，他建议首先通过外交协商来避免争端，如协商无果，就向军队和人民发出动员，让他们形成严密的组织。在遭遇失败时，则应且战且退撤至安全区域。他还为罗马尼亚人制定了一条无比重要的原则，那就是"不得兴师于国门之外"。

N. 巴萨拉布借此确立了一种开明君主统治模式。在这种模式下，大公不仅要品行高尚，其言行还需符合其所处时代的价值观，在理性的指导下谋求社会的和谐安宁。君权是公国的最高权力，神圣不可侵犯，不应被贵族的利益和意愿左右。这一点尤为重要，因为在罗马尼亚历史上，作为国家权力中心的大公和结成各种派别的贵族间存在着长期的博弈，两者都凭借自己的权力对重大决策施加着影响。

尤其值得称道的是，N. 巴萨拉布主张依照现代人事原则，任人唯贤，根据个人的才干来来任命国家的公职（部长），而不是将财产和社会地位作为标准。他反对不顾个人品行，仅按财富和权势来授予爵位。他明确主张"陈力就列"，在薪金分配上则遵循"按劳取酬"的原则，"让每个人都恪尽职守，并取得相应的回报"。

4. N. 巴萨拉布作品的意义

C. 诺伊卡将 N. 巴萨拉布的《家训》誉为"首部罗马尼亚文化巨著"。该书具有极高的文学价值和极强的表现力，从古典文学、民间文学、歌谣和中世纪作品中采集了诸多典故。N. 巴萨拉布的著作生动再现了其所处年代的思想状况，他陈述的理念虽未突破中世纪的宗教框架，但预示着全新社会思想和政治思想的萌芽，为罗马尼亚文化开启了人文主义复兴之路。他在书中表述的理念总结起来有以下几点：

- 颂扬人类的认知力，用信仰和理性来定义人类，将理性作为指导生活和实践的手段。

- 强调利益的作用，它不但主导着人类活动，同时也是采取何种政治立场的重要动机。
- 主张任人唯贤，将个人贡献作为评估和晋升公职的标准，不受封建特权、地位和主观喜恶的制约。
- 为公国制定了最基本的外交原则，例如：和平与信任、保卫祖国、拒绝对外用兵。

第四节　从中世纪向现代演进的几个阶段

1600 年，罗马尼亚人的三个公国在勇敢的米哈伊大公领导下首次实现了统一，这是一件具有里程碑意义的事件。罗马尼亚历史从此进入了新纪元，开始了长达两个世纪的现代化进程，直至 1821 年才告一段落。在此期间，属于新时代的文化元素逐渐融入了带有旧时代特征的政治、经济和社会结构中。在这两百多年间，罗马尼亚文化主要由人文主义运动和启蒙运动两大潮流引领着。为了对这个演进过程进行梳理，我们确定了以下时间点以供参考：

- 1521 年——N. 巴萨拉布的《家训》完成。这一年可以被看作罗马尼亚中世纪文化的巅峰期，同年还出现了存世最早的罗语文献《尼亚克舒书信》。
- 1550-1700 年（具体年代仅供参考）——这一阶段通常被认为是"罗马尼亚人文主义时期"。其发端可以追溯到 1544 年，F. 摩尔多维亚努（Filip Moldoveanu，1521-1553）在锡比乌出版了第一部罗语图书《罗马尼亚教义问答》。从 1560 年开始，科列西（Coresi，?-1583）在布拉索夫出版了一系列罗语图书。1640-1691 年间，罗马尼亚的人文主义运动发生了质的飞跃。1640 年，在 M. 巴萨拉布的主持下，蒙特尼亚公国历史上第一部罗语书籍《袖珍法典》于戈沃拉出版，而 M. 科斯廷（Miron Costin，1633-1691）之死则标志着罗马尼亚人文主义走向衰落。在此期间，罗马尼亚人的民族认同感和文化批判意识进一步增强。在 M. 巴萨拉布和 V. 卢普两位大公的统治下，文学创作和史学研究进展神速。这一时期的代表人物还有摩尔多瓦教区主教 V. 莫措克（Varlaam Moţoc，1580 / 1585-1657）、S. 斯特凡（Simion Ştefan，?-1656）、多索夫泰伊（Dosoftei / Dimitrie Barilă，1624-1693）；人文主义者 U. 讷斯图雷尔、N. 米列斯库；编年史家 G. 乌雷凯（Grigore Ureche，约 1590-1647）、M. 科斯廷、R. 格雷恰努与 Ş. 格雷恰努兄弟（Radu Greceanu，1655-1725 / Şerban Greceanu，?-1710）。在 Ş. 坎塔库济诺（Şerban Cantacuzino，1640-1688）大公主持下还完成了两大创举——1688 年在布加勒斯特出版的《圣经》标志着罗马尼亚文学语言走向成熟，而科特罗切尼宫（译者注：现为罗总统府）则成为罗马尼亚建筑史上的一座丰碑。

- 1700 年——在 N. 巴萨拉布《家训》问世后两百年，罗马尼亚文化经历了巨大变革，呈现出全新的精神面貌。到 C. 布伦科韦亚努大公统治时期（1688-1714），罗马尼亚文化开始了全面复兴。这是一个属于新型知识分子 C. 坎塔库济诺（Constantin Cantacuzino，1655-1716）和 D. 坎泰米尔的时代。这一时期，在特兰西瓦尼亚成立了希腊天主教会，少数罗马尼亚东正教教士和信徒接受了与罗马教廷的"宗教联合"。这一事件在宗教界引起了广泛争议，并在文化和政治层面产生了重大影响。1754 年，在布拉日成立了多所罗语学校，这些学校后来成为阿尔迪亚尔学派和现代民族精神的策源地。

- 1723 年——罗马尼亚近代文化史上的泰斗级人物 D. 坎泰米尔辞世。N. 巴萨拉布的《家训》的完成（1521）和 D. 坎泰米尔逝世这两个时间节点标志着罗马尼亚文化向现代演进的最关键阶段。在这两百年时间里，中世纪文化与现代文化之间，信仰与理性之间的冲突不断升级。D. 坎泰米尔留下的皇皇巨著不仅是集罗马尼亚人文主义大成之作，同时也开启了现代启蒙主义的新视野。自 1750 年起，罗马尼亚各公国进入了漫长的"文化启蒙时代"，直至 1821 年。摩尔多瓦、蒙特尼亚两公国在法纳里奥特大公的统治下实行了一系列政治、文化现代化改革措施，阿尔迪亚尔学派则在特兰西瓦尼亚公国蓬勃发展。

- 1821 年——C. 布伦科韦亚努和 D. 坎泰米尔等人创造的辉煌已经过去近一个世纪。在此期间，阿尔迪亚尔学派倡导的民族精神使罗马尼亚政治、文化精英的思想发生了巨变。法纳里奥特大公实行的改革虽然在文化界引发了全面反响，但对社会和政治的影响极为有限。在 19 世纪初，罗马尼亚文化已开始积极融入欧洲的现代化进程，努力追赶着欧洲文化发展的脚步。

罗马尼亚文化从 1821 年起正式步入现代，之后的发展可以被划分为以下五个阶段：

- 1821-1859 年——在这一时期，理性主义与自由主义、革命浪漫主义并存，罗马尼亚文化与西方文化紧密关联。"四八"革命是在西方自由主义思想影响下发生的一场声势浩大的革命运动，为各公国的统一奠定了思想基础。这一时期也被称作"英雄主义文化"时期，在文化和政治层面发生了诸多重大变革。知识精英开始接受西方思想，"道德风向标发生转向"，[1] 罗马尼亚文化定位开始从东方向西方转移。这一时期出现了一批罗马尼亚现代文化的奠基人，如 Gh. 拉泽尔（Gheorghe Lazǎr，1779-1823）、Gh. 阿萨基（Gheorghe Asachi，1788-1869）、I. H. 勒杜列斯库、G. 巴利丘（George Bariţiu，1812-1893）、M. 科格尔尼恰努（Mihail Kogǎlniceanu，1817-1891），等等。"四八"革命一代肩负起了罗马尼亚民族和文化发展的伟大使命，并将其发扬光大。他们不仅实现了三个公国的统一，还为现代罗马尼亚国家的建立奠定了制度和文化基础。罗马尼亚文化发展紧跟西方潮流，实现了从传统的东方视角转向西方理性主义的历史跨越。在西方国家的影响下，现代文艺创作形式不断丰富，科学研究手段逐渐完善，哲学、史学和社会学思想日趋成熟。随着地缘政治格局的变化，罗马尼亚正逐渐挣脱来自东方的掌控，进入西方资本主义大国的势力范围内。1859 年，蒙特尼亚公国和摩尔多瓦公国实现统一，并于 1877 年脱离奥斯曼帝国，获得完全独立。这些转变为统一民族国家的建立创造了有利条件。

- 1859-1920 年——这是统一的罗马尼亚民族国家和罗马尼亚现代文化的巩固期。民族统一理想将所有的文化精英和政治精英紧密团结在一起，直至 1918 年，三个公国统一的夙愿终于实现。在大量吸纳西方文化思想和文化形式，努力实现现代化并

---

[1] G. 克利内斯库：《罗马尼亚文学史概要》，布加勒斯特，文学出版社，1968 年。第 38 页。

融入欧洲的同时，本土文化内容被重新发掘，批判精神也日益彰显。文化界人士积极投身于各项事业中，他们力求用批判精神来建设具有原创性的，高品质的民族文化。为推动社会、文化和经济改革，他们的政治立场普遍较为激进，为民族统一大业不惜一切代价。三个公国的统一将罗马尼亚现代史推向了高潮，在民族历史上写下了浓墨重彩的一笔。

- 1920-1940 年——两次世界大战之间，罗马尼亚文化的创作潜能得到了充分验证，文化创新不断，硕果累累，取得了众多举世瞩目的成就。本书将用最大篇幅对这一时期及其代表人物进行介绍。

- 1947-1989 年——社会主义时期，以 1960 年为界分为两个阶段。在第一阶段，罗马尼亚文化特色被扼杀殆尽。之后，罗马尼亚传统文化的地位逐渐恢复，尽管这种回归是有选择性且支离破碎的。即使在意识形态审查极为严苛的年代，文艺创作仍取得了令人瞩目的成就。一些知识分子采取了迂回的策略，将文艺创作当作对抗极权制度的阵地。

- 1990-2000 年——后共产主义转型期。在欧洲一体化的新形势下，对罗马尼亚文化亟需进行重新构建和评估。罗马尼亚社会和文化进入转型期后，价值观的迷失和改革受挫导致了长期混乱和制度危机，体制和意识形态的变革在学界和民间引发了热议。这一时期的文化纷争主要集中在两大议题：其一是如何对社会主义时期的文化进行评价，其二是如何处理欧洲一体化进程与民族性之间的关系。

第五节　人文主义运动——民族意识的彰显

人文主义是文艺复兴时期（14-16 世纪）的主流思潮，其影响普遍存在于文艺创作和哲学、科学理念中。从历史和哲学的角度看，人文主义运动将对人的关注放在首位，是一场席卷了整个西欧的声势浩大的精神变革。人文主义高度颂扬人的认知和创造能力，以及人类文化和道德的自我完善能力。

人文主义运动最初目的仅仅是为了摒弃西方中世纪的繁文缛节，

"回归古代希腊—罗马文明"，后来逐渐成为各种伟大思想的发酵期。在西方国家，科技大发展伴随着地理大发现，艺术风格不断创新，社会思想和经济理念也发生了重大转变。所有这一切拓宽了人们的视野，为人类重新认识宇宙和自身创造了前提。这场文化变革的核心则是对人的看法，这种看法与中世纪的主流思想截然不同。

在"以人为本"思想的指引下，人被赋予了最高的价值，精神的完美和生活的幸福也成为最高的追求。这种对于个体的关注源自新兴的社会阶级——资产阶级，是他们将对人的看法逐渐世俗化、功利化。资产阶级对自然科学和实用知识怀有极大的兴趣，希望借此改变人类的生活状况和生活方式。随着思想和世界观的转变，人们更为关注现实生活和劳动生产。在日耳曼国家，新思想与天主教教义发生了激烈冲突，从而引发了路德（Martin Luther, 1483-1546）的宗教改革，产生全新的宗教和经济理念。韦伯（Max Weber, 1864-1920）将其称为"资本主义的精神柱石"。

在哲学和自然科学领域，这种全新世界观的代表人物有培根（Francis Bacon, 1561-1626）、哥白尼（Nicolas Copernic, 1471-1543）、布鲁诺（Giordano Bruno, 1548-1600）、伽利略（Galileo Galilei, 1564-1642）、开普勒（Johannes Kepler, 1571-1630），等等。他们从科学的视角来看待世界，推崇古典理性主义。在人文思想领域的杰出人物有米朗多拉（Giovanni Pico della Mirandola, 1463-1494）、坎帕内拉（Tomaso Campanella, 1568-1639）、托马斯·莫尔、蒙田（Michel Eyquem de Montaigne, 1533-1592）、伊拉斯谟。美术领域也同样发生了一场变革，代表人物有丢勒（Albrecht Dürer, 1471-1528）、米开朗琪罗（Michelangelo Buonarroti, 1475-1564）、拉斐尔（Raffaello Sanzio, 1483-1520）、达·芬奇（Leonardo di ser Piero da Vinci, 1452-1519）等。文艺复兴时期的文学则以但丁（Dante Alighieri, 1265-1321）、彼特拉克（Francesco Petrarca, 1304-1374）、拉伯雷（François Rabelais, 1494-1553）、薄伽丘（Giovanni Boccaccio, 1313-1375）、卡尔德隆（Pedro Calderón de la Barca, 1600-1681）、莎士比亚（William Shakespeare, 1564-1616）、塞万提斯（Miguel de Cervantes Saavedra, 1547-1616）等为代表。

来自西方的文艺复兴精神席卷了包括罗马尼亚各公国在内的整个欧洲。人文主义使人们重新审视古代文化，重新体悟到生命的本质和愉悦，重新思考人与生活的关系，重新主张理性和思想自由。罗马尼亚各公国缺乏城市化基础，对人文主义思想的接纳也较西方国家更晚一些，而且其中掺杂了很多欧洲古典主义元素。

1. 罗马尼亚人文主义的特点

罗马尼亚各公国有着不同于西方国家的文化和社会背景，那里的人文主义运动具有较大的特殊性。首先需要指出的是，尽管某些来自西方的影响可以追溯到斯特凡大公统治时期（例如吸收了一些西方建筑元素，并将其与拜占庭和本土元素融合，此外还有绘画、服饰和装饰风格的改变），但人文主义在罗马尼亚各公国的真正兴起却滞后很多，直至17世纪才迎来高潮。其次，人文主义思想通过与西方国家的经济、政治和文化交流传入罗马尼亚各公国。其中某些交流活动主要是依靠个人力量实现的，如 P. 切尔切尔（Petru Cercel，1556-1590）和 N. 米列斯库。另一些交流活动则是出于政治目的，为了与西方大国结成反奥斯曼同盟才开展的。除了 G. 乌雷凯和 M. 科斯廷等人通过天主教会与波兰文化界保持着频繁的交往外，人文主义在罗马尼亚各公国的传播还得益于新教的向东渗透。新教徒 I. 索默尔（Ioan Sommer，1542-1574）和 J. 洪特鲁斯（Johannes Honterus，1489-1549）曾在罗马尼亚人居住地区传教。还需要注意的是，罗马尼亚人文主义的代表人物几乎都来自贵族、地主和教士阶层，还有 U. 讷斯图雷尔、N. 米列斯库等知名学者，群众基础较为薄弱。如果说西方人文主义运动的目的是为了挣脱封建势力和宗教的束缚，那么罗马尼亚人文主义运动的最大意义则在于揭示了罗马尼亚民族和语言拉丁起源，这是由独特的文化环境决定的。

东正教对思想的控制并不十分严酷，也从未建立像天主教宗教裁判所之类的机构。作为一种较为宽容的宗教，东正教并未像西方那样激起强烈的反抗。天主教曾经历过多次声势浩大的运动，如路德的改革（1520）和多次宗教战争，而东正教从未有过彻底的大规模改革运动。在罗马尼亚各公国，除修建学校外，宗教机构还大力支持各类文化活动，如兴建印刷所、出版书籍、组织翻译和写作、促进文学语言的形成，等等。教会还为抵抗奥斯曼帝国入侵作出了重大贡献，成为文化创作的庇护所。东正教会的很多重要人物，例如 V. 莫措克、P. 莫维勒（Petru Movilă，1596-1646 / 1647）、多索夫泰伊等，同时也是民族文化的代表人物。因此，罗马尼亚的人文主义者虽然从宗教思想中得以解放，但并未完全脱离宗教，更未与教会发生正面冲突。他们试图调和信仰和理性之间，宗教权威和世俗政权之间的矛盾。

人文主义旨在实现思想世俗化，并将得自理性研究的知识与信仰区分开。人文主义者打开了全新的文化视野，他们反对教会的绝对权威并打破了宗教教义的桎梏，提倡理性地认识世界，对人与历史的看法与教会大相径庭。罗马尼亚人文主义者具有以下特征：

- 重视个人创作；
- 颂扬知识、文化、教育的作用；
- 关注伦理道德和现实生活；
- 渴求知识，提倡对自然和历史进行理性的阐释；
- 关注社会、历史和政治问题；
- 最先明确主张罗马尼亚民族和语言的拉丁起源。

在罗马尼亚各公国，信仰与理性之间、宗教与世俗之间、教会与政权之间的关系虽非剑拔弩张，但人文主义运动仍对当时的哲学思想产生了一定影响。由于拜占庭帝国的存在，东正教与古代文化之间的联系并未被完全割裂，罗马尼亚人对欧洲人文主义思想也有着不同的理解。西方的人文主义者热衷于对自然和人类的探索，崇尚理性和思想自由。但在东正教世界，理性与信仰之间的激烈冲突并不存在，可以用一种宽容、理性、人文主义的方式来阐释宗教教义。罗马尼亚人文主义者的态度是温和的，他们在理性和信仰间寻求一条中间道路，希望与宗教达成和解。

罗马尼亚人文主义思想与中世纪文化分离较晚，两者在道德、宗教和政治理念上具有诸多共性。正如 C. 诺伊卡所说，罗马尼亚人的思想在 N. 巴萨拉布时期就已根深蒂固，直至 D. 坎泰米尔生活的年代才遭遇危机，并感受到"走出历史"进行变革的必要性。

罗马尼亚各公国的编年史家和学者们引进印刷术，译介宗教典籍，在教会和公务机构中用罗语代替教会斯拉夫语，为人文主义的发展作出了重大贡献。他们奠定了民族史学的基础，帮助各公国逐渐融入西方人文主义精神体系中。16 世纪与路德教派和加尔文教派宗教改革家的接触促进了翻译和出版事业，并推动了罗语教育机构的建立。

2. 印刷术的引进和罗马尼亚语书写的演变

现存最早的罗语文献出现于 16 世纪初，印刷术也在同一时期被引入罗马尼亚各公国。在中世纪，用教会斯拉夫语书写的宗教典籍只在修道院里被传抄，流通范围有限。摩尔多瓦公国的著名修道院有胡默尔修道院、普特那修道院、尼亚姆茨修道院等，著名书法家 G. 乌里克（Gavril Uric，?-?）曾在尼亚姆茨修道院工作，在蒙特尼亚公国则有蒂斯马纳修道院。修道院中完成的教会斯拉夫语抄本多来自 15 世纪、16 世纪，其中的书法和插画具有极高的艺术价值，现被多家博物馆收藏。教会斯拉夫语仅为学者和教士所掌握，对于社会底层而言是一种"死语言"。它长期被用作文学语言和公国的官方语言，1600 年后才逐渐被罗语取代。直至 19 世纪中叶，蒙特尼亚和摩尔多瓦两公国的大多数罗语文献仍使用西里尔字母书写。特兰西瓦尼亚公国的罗马尼亚族学者受阿尔迪亚尔学派影响，早在 18 世纪就开始使用拉丁字母书写罗语文献。

1440 年古登堡（Johannes Gensfleisch zur Laden zum Gutenberg，1398-1468）发明的丝网印刷术完全改变了社会生活。这项技术在 16 世纪被引入罗马尼亚各公国后，对文化发展起到了至关重要的作用。在拉杜大公（Radu IV cel Mare，1467-1508）统治期间（1495-1508），马卡列（Macarie，?-1558）教士在特尔戈维什泰附近的山丘修道院创办了罗马尼亚各公国第一家印刷所，字模需从维也纳进口。1508 年，马卡列印制了教会斯拉夫语版的《祈祷书》，这是在罗马尼亚历史上印刷的第一部书籍。1512 年，他又印制了教会斯拉夫语的《福音书》，所用的技术在当时广受赞誉，被认为是一部印刷艺术品。同时代的其他重要印刷所分布在布拉索夫和雅西，最早的罗语图书也在这两个城市诞生。

随着西方国家的影响日益增强，宗教改革思想通过各种渠道向东渗透，教会斯拉夫语逐渐被罗语取代，印刷术也由此成为罗马尼亚文化书面传播的有效手段。这一时期出现了许多对罗马尼亚文化进程具有深远影响的文献，例如：

- 存世的最早罗语文献：20 世纪初，N. 约尔加在布拉索夫档案馆发现了 1521 年写成的《尼亚克舒书信》。经语言学家考证，这封信札是基于罗语口语书写的，其中 92% 的词汇源于拉丁语，这成为罗语拉丁性的又一明证。

- 第一部罗语书籍：1544 年 F. 摩尔多维亚努在锡比乌印制了罗马尼亚语的《教义问答》(亡佚)。

- 1557 年，东正教执事科列西开始在布拉索夫从事印刷事业，至 1583 年共出版了 17 部罗语图书和教会斯拉夫语—罗语双语对照图书。其中，1560 年罗语版的《四福音书》和 1581 年版的《福音书教程》为宗教语言的统一和文学语言的形成作出了巨大贡献。

- 1559 年，布拉索夫的什凯伊学校开始使用罗语教材。

- 1560 年，存世最早的教会斯拉夫语和罗语双语对照手抄本《使徒》由一名叫布拉图的神父（popa Bratu）在布拉索夫翻译完成。

- 1582 年，《旧约》(节选)的第一个罗语译本出版。该书的印刷工作由特兰西瓦尼亚主教 M. 托代拉什（Mihail Toderaş, ?-?）主持，在罗马尼亚各公国广为流传，促进了罗语在教会中的使用。M. 托代拉什主教明确指出拥有一部罗语《圣经》的必要性，并多次用"罗马尼亚兄弟们"来称呼读者。

- 16 世纪还出现了最早的罗语抄本，包括一些译自教会斯拉夫语的宗教文献和朝圣文学作品，例如：《沃罗内茨修道院抄本》《斯凯亚努版圣经诗篇》《沃罗内茨修道院圣经诗篇》《胡尔穆扎基版圣经诗篇》。专家们将这些抄本的年代定位在 16 世纪，但确切的成书年份已无从考证。由于这些抄本中存在"颤音化（元音间的 n 转化为 r）"特征，因此成书地点被确定在特兰西瓦尼亚北部或马拉穆列什地区。另一重要文献——《耶乌德教堂抄本》也来自马拉穆列什地区，有专家认为其成书时间约在 1391-1392 年间，[①] 比上述抄本早两个多世纪，是最为古老的罗语文献。

- 1580 年，一位佚名抄写者试图将 16 世纪所有罗译本都汇编在同一部抄本中。到勇敢的米哈伊大公统治时期，特兰西瓦尼亚地区默哈契村的格里戈雷神父（popa Grigore din Măhaci, ?-?）

---

① 该抄本的信息参见 I. 罗塔鲁：《罗马尼亚古代文学》，布加勒斯特，教育出版社，1981 年。第 61-62 页。

继承了这位抄写者未竟的事业，终于在 1620 年完成了《斯图尔扎抄本》。

这些文献足以证明罗语正逐渐取代教会斯拉夫语的地位，成为书面语言和教会用语。在 17 世纪的人文主义运动中，罗语的地位将进一步得到巩固。特别是在 M. 巴萨拉布（1632-1654 年在位）和 V. 卢普大公统治时期（1634-1655 年在位），文化得到了空前繁荣。

3. 教育的发展，宗教和法律典籍的出版

公元 1000 年后，第一所拉丁语学校在切纳德（阿拉德省）成立；1495 年，布拉索夫什凯伊学校开班授课；1544 年，人文主义者 J. 洪特鲁斯在布拉索夫创办了一所萨斯人学校；1559 年，布拉索夫什凯伊学校开始开展用罗语授课；1562 年，I. 索默尔创办了科特纳里拉丁语学校。到 17 世纪，教育迎来了蓬勃发展期。1640 年，三圣修道院在雅西创办了拉丁语、希腊语和教会斯拉夫语高等学校；1646 年，特尔戈维什泰的拉丁语和希腊语学校成立；17 世纪末（1694），布加勒斯特圣萨瓦王公书院成立。

15 世纪后，随着罗马尼亚各公国中央集权的加强，除了基本法《国法》之外，各种成文法以教会或宫廷法规形式出现。罗马尼亚各公国最早的成文法产生于 16 世纪、17 世纪，是参照拜占庭帝国的法律用教会斯拉夫语制定的。1521 年的《N. 巴萨拉布家训》中就包含了一系列法律、执政原则和道德准则。

最早具有法律性质的罗语文献是 1632 年在摩尔多瓦编制完成的《法律选编》。受 M. 巴萨拉布大公之命，M. 默克萨（Mihai Moxa，1585/1590-1650）将《袖珍法典》（戈沃拉修道院版）从斯拉夫语译成罗语，并于 1640 年印刷出版。这也是蒙特尼亚公国印制的第一部书籍。上述两部法律在三个公国流传甚广。1646 年，大臣欧斯特拉蒂耶（Eustratie，?-1646）奉 V. 卢普大公之命在摩尔多瓦国的雅西编制了第一部罗语法典，名为《帝国及其他省份法律的罗马尼亚语教程》。1652 年，M. 巴萨拉布下令在蒙特尼亚公国的特尔戈维什泰印制了名为《法律修订》的法典（后改称《大法典》），该法典由 D. 潘诺尼亚努尔（Daniil Panonianul，17 世纪）修士（后成为特兰西瓦尼亚的东正教主教）主持编制。在欧洲各国用民族语言印制的法典中，上述文献属于成文较早的。它们相互参考借鉴，内容大同小异，

多涉及土地所有权法、民法和刑法、司法组织形式等。

要更全面地了解那个时代的文化面貌，就不能不提 P. 莫维勒的神学著作《东正教忏悔书》。该书最初于 1640 年用拉丁语编纂，后被翻译为教会斯拉夫语和波兰语，1691 年由格雷恰努兄弟翻译成罗语。在基辅教区主教 P. 莫维勒的帮助下，该版本被引进到摩尔多瓦。1642 年，在 V. 莫措克主持的雅西教区会议上讨论并通过了 P. 莫维勒提交的文件，决定将该著作在摩尔多瓦印刷出版。

1648 年，在特兰西瓦尼亚教区主教 S. 斯特凡的授意下，《新约》的罗语全译本在阿尔巴 - 尤利亚问世。S. 斯特凡在前言中明确指出，亟需确定并使用一种让所有罗马尼亚人都能理解的统一的文学语言，并呼吁蒙特尼亚公国的学者们用罗语来阐释宗教典籍。他与同时期的摩尔多瓦教区主教 V. 莫措克一样，表达了对凝聚民族意识的强烈诉求。他们为实现民族和语言的统一理想而奋斗，预示了现代思想的到来。在这部《新约》的前言中，S. 斯特凡还流露出对特兰西瓦尼亚、摩尔多瓦、蒙特尼亚三个公国罗语词汇统一的关注。他指出："我们都知道货币要在各国都通用才好。词汇也是一样，要所有人都理解才好。"随着书面语言、宗教术语和史学术语的统一，现代罗马尼亚民族的自我意识进得到一步巩固。

多索夫泰伊主教的作品《圣经诗集》（1673 年版）对民族意识的塑造也起到了不可忽视的作用。多索夫泰伊拥有阿罗马尼亚族血统，他和 M. 科斯廷都是罗马尼亚诗歌的奠基人，同时也是罗马尼亚诗歌语言的创造者。他继承了 V. 莫措克未竟的事业，在摩尔多瓦教会实现了罗语官方化。尽管今天的读者需要翻译才能理解多索夫泰伊的诗作，但仍能体会到极高的艺术水准。

一些重要宗教和世俗文学作品的译介工作主要是由 U. 讷斯图雷尔、N. 米列斯库、Ş. 格雷恰努和 R. 格雷恰努兄弟等人文主义者完成。此外还有 V. 莫措克的作品和 G. 乌雷凯（1647）、M. 科斯廷（1675）的编年巨著。1688 年布加勒斯特版《圣经》的出版将 17 世纪的文化成就推向了顶点。这部《圣经》由 Ş. 坎塔库济诺大公提议翻译，包括格雷恰努兄弟在内的来自罗马尼亚各公国的学者都为此倾注了心血。该译本参考了来自马拉穆列什、特兰西瓦尼亚、蒙特尼亚、摩尔多瓦等地的《圣经》版本，还有 N. 米列斯库的译本。布加勒斯特版《圣经》

在罗马尼亚各公国的流传最为广泛，极大促进了语言和文化的统一。

18世纪末至19世纪初，中世纪传统与文化新思潮在摩尔多瓦和蒙特尼亚两公国有机结合。蒙特尼亚公国的文艺创作在C.布伦科韦亚努统治时期迎来了前所未有的辉煌，同一时期的摩尔多瓦公国则出现了D.坎泰米尔这一标志性人物。除了这两位文化奠基者，这一时期的重要人物还有C.坎塔库济诺、A.伊威列亚努（著有《布道集》）、N.科斯廷（Nicolae Costin，1660-1712）、A.乌里卡留（Axinte Uricariul，1670-1733）、I.内库尔切（Ion Neculce，1672-1745），等等。不幸的是，1711年和1716年，摩尔多瓦和蒙特尼亚公国先后进入法纳里奥特大公统治时期，罗马尼亚文化的有机发展也因此被阻断。

4. 罗马尼亚人文主义的代表人物

N.奥拉胡斯（1493-1568）：N.奥拉胡斯出生于锡比乌的一个贵族家庭，与I.胡内多瓦拉以及蒙特尼亚公国大公都有亲缘关系。他被认为是罗马尼亚第一位人文主义学者，因其渊博的学识和广阔的文化视野而享誉欧洲。他用拉丁语撰写了众多文学和史学著作，借此跻身当时最负盛名的人文主义者之列。由于曾在西方国家长期生活，并曾凭借出众的才能在匈牙利王国身居高位，先后担任国王顾问、主教、大臣、主教、摄政王等职（1526年匈牙利军队兵败莫哈奇后流亡到布鲁塞尔），因此对西方思想和文化运动了如指掌。此外，N.奥拉胡斯还与当时最博学的思想家伊拉斯谟保持着频繁的书信往来。

作为一位文艺复兴式的人物，N.奥拉胡斯是杰出的作家、神学家、编年史家和地理学家。尽管在天主教会担任要职，他仍坚持按照自然和人类活动规律来阐释历史现象，其著作带有浓厚的人文主义色彩。他非常关注社会和政治状况，批判贵族滥用特权，并为改善农奴命运而奔走。除了各类信札和神学著述外，其主要作品还有《匈牙利与阿提拉》（1536），以及一些史学和地理学著作。作为一位风格独特的作家，N.奥拉胡斯还创作了许多颇具古风的挽歌和讽刺作品。

尽管N.奥拉胡斯并不能算作真正意义上的罗马尼亚中世纪文化名人，但有他对罗马尼亚民族属性的看法有着重要意义。他率先明确提出并论证了罗马尼亚民族和语言的拉丁起源，证明罗马尼亚人自古以来就在特兰西瓦尼亚、摩尔多瓦和蒙特尼亚三个地区长期居住，属于同一个民族。这一观点在其1536年的论著《匈牙利》中得到了进一步证实，并为西方世界所了解，其中有这样一段话是这样说的："摩尔多瓦人与蒙特尼亚人有着相同的语言、习俗和宗教，只是在服饰上略有差异。他们比蒙特尼亚人更注重族群，更为勤劳、勇敢。他们的马匹无与伦比。尽管他们曾多次参与针对波兰王国的战争，但始终无法得到匈牙利国王的承认。据说他们能够动员起四万多人的军队。他们和其他瓦拉几亚人的语言都来自罗马人，来自从前的罗马殖民者。尽管今天的罗语和拉丁语有很大差别，但其中许多词汇还是能被拉丁民族理解的（……）瓦拉几亚被认为是罗马殖民者的后裔。证据是罗语中能找到很多与拉丁语共同的元素，在这一区域还发现了很多罗马人使用的钱币。毫无疑问，古代的罗马统治者对这一地区有过深刻的影响。"①

J. 洪特鲁斯（1498-1549）：J. 洪特鲁斯是布拉索夫地区著名的萨斯族人文主义学者，在各类学术和教育活动中十分活跃。他曾在奥地利维也纳、波兰克拉科夫和瑞士巴塞尔求学，是当时先进科学理念的倡导者。在克拉科夫学习期间，他掌握了哥白尼的日心说，并成为这一理论的坚定支持者。1530 年，其科学巨著《宇宙元素》在克拉科夫出版，之后又分别在布拉索夫和苏黎世出版了修订本。由于哥白尼的著作直至 1541 年才得以出版，当时的学者们从《宇宙元素》中更早了解到了相关观点。J. 洪特鲁斯的著作曾多次再版，在那个时代曾被当作地理学和天文学教科书使用。

1533 年回到布拉索夫后，J. 洪特鲁斯创办了布拉索夫福音高中、一家活版印刷所和一座图书馆。图书馆收藏了很多来自罗马尼亚各地的书籍和手稿，其中一些藏书是 1526 年土耳其人从布达著名的 M. 科尔温图书馆掠走的。他在布拉索夫创办的印刷所印制了大量教科书和拉丁语、希腊语语法论著，还有柏拉图（Plato，约前 427-前 347）、亚里士多德（Aristotle，前 384-前 322）、西塞罗（Marcus Tullius Cicero，前 106-前 43）、塞内加（Lucius Annaeus Seneca，约前 4-65）等人的古代哲学著作选集，以及《查士丁尼法典》（又称《民法大全》）。

I. 索默尔（1542-1574）：I. 索默尔是一位著名人文主义者、作家。

---

① 罗马尼亚社会主义共和国科学院哲学研究所编：《罗马尼亚思想集》（第一部分），布加勒斯特，政治出版社，1967 年。第 21 页。

他出生于德国萨克森州，以德斯波特大公（Despot Vodă，1511-1563）秘书的身份来到摩尔多瓦，并在其支持下创办了科特纳里的拉丁学校，但短短几个月后就关闭了。德斯波特大公被推翻后，I. 索默尔流亡到布拉索夫，在 J. 洪特鲁斯创办的学校担任教师和校长，之后又在比斯特里察和克鲁日执教。32 岁时死于鼠疫。

I. 索默尔是一位论派的信徒，该派别是宗教改革派的重要一支。他从路德的改革立场对天主教进行了深刻批判，并将这种批判思想传播到罗马尼亚各地。作为诗人，他创作的拉丁语挽歌闻名欧洲，用拉丁文撰写的《摩尔多瓦人的大公——德斯波特大公生平》也是一部珍贵的史料。

P. 切尔切尔（?-1589）：P. 切尔切尔一生命运多舛。他是勇敢地米哈伊大公的兄弟，曾短暂担任摩尔多瓦公国的大公（1583-1585），在失去王位后流亡法国和意大利，寻求法王亨利三世（Henri III，1551-1589）和教皇的庇护。P. 切尔切尔能娴熟地使用拉丁语创作诗歌。意大利作家 S. 古阿佐（Stefano Guazzo，1530-1593）在 1586 年出版于威尼斯的一部论著中将其誉为"文艺复兴王子"。他文化修养深厚、天赋超群、博学多才、精通多种语言、举止优雅，很快被西方世界接纳。1589 年，他再次冲击蒙特尼亚大公的宝座，但因政敌 M. 土耳其图（Mihnea al II-lea Turcitul，1564-1601）的阻挠而失败，最终被其谋害。

M. 默克萨（1585 / 1590-1650）：M. 默克萨来自奥尔特尼亚地区的比斯特里察修道院，被认为是首位用罗语写作的编年史家，其学术生涯可以追溯到勇敢地米哈伊大公统治时期。他倾其一生心血撰写的《历史纪事》中收集了许多圣经故事和民间传说，于 1620 年成书。这部著作主要是对拜占庭史学家马纳塞斯（Constantin Manasses，1130-1187）所作编年史的编译，并补充了一些保加利亚语、希腊语和塞尔维亚语史料。1878 年，这部著作被 B. P. 哈斯代乌收录在《祖先的语言》中出版。M. 默克萨对罗维奈战役和尼科波莱战役的描写后来成为 M. 埃米内斯库创作《第三封信》的灵感来源。

U. 讷斯图雷尔（1596-1659）：U. 讷斯图雷尔是一位具有深厚古典文化修养的人文主义者。他与蒙特尼亚公国大公 M. 巴萨拉布有姻亲关系，是当时的文化领袖之一，译介并出版了大量宗教、史学和文学著作。他曾将托马斯·阿·坎贝（Thomas à Kempis，1380-1471）的《效法基督》（该著作在欧洲广为流传，其中包括书信、对话、祈祷文和歌曲）从拉丁语译为教会斯拉夫语（1647 年出版），并将朝圣小说《瓦尔拉姆和约萨夫》（1649）（这部小说是描写释迦牟尼生平的基督教版本）从教会斯拉夫语译为罗语。此外，他还用教会斯拉夫语创作了诗歌《致国徽》。

V. 莫措克（?-1657）：在 V. 卢普统治摩尔多瓦公国期间，V. 莫措克主教是除 G. 乌雷凯外最为重要的文化名人。其代表作《瓦尔拉姆布道集》1643 年于雅西出版，其中包含布道文等内容，因极强的语言表现力而成为很多现代作家的灵感之源。在罗马尼亚人的三个公国，V. 莫措克的作品妇孺皆知，为民族语言和民族精神的统一作出了重要贡献。V. 莫措克为国徽所作的赞诗是第一首由文人创作的罗语诗歌。

V. 莫措克精力充沛且极具实干精神。1645 年，他在 U. 讷斯图雷尔的支持下在特尔戈维什泰出版了《驳加尔文教派》，对新教（路德教派和加尔文教派）在特兰西瓦尼亚地区的宣传进行反击。不能否认的是，信仰新教的萨斯族和匈牙利族人文主义者为特兰西瓦尼亚地区的文化和教育发展做出了突出贡献。那一时期的代表人物有以下两位：一位是 M. 欧比茨（Martin Opitz von Boberfeld，1597-1639）。他在 1621-1622 年间曾在阿尔巴 - 尤利亚任教，在诗歌《兹拉特纳——或许是来自心灵的平静》中描写了罗马尼亚民族的语言和习俗。另一位是 A. C. 雅诺什（Apáczai Csere János，1625-1659）。他曾在阿尔巴 - 尤利亚和克鲁日任教，在诸多人文领域都有建树，著有《匈牙利百科全书》和《匈牙利小逻辑》。

G. 乌雷凯（1590-1647）：G. 乌雷凯是罗马尼亚最重要的编年史家之一，也是首位用罗语编写摩尔多瓦公国史的学者。他参照和引用的史料来源广泛，从斯特凡大公时期用教会斯拉夫语书写的佚名史料，到马卡列、埃夫蒂米耶（Eftimie，?-1561）、阿扎列（Azarie，16 世纪）等教士编纂的史书，不一而足。他对史实的阐释逻辑严谨，方法得当，使史书编纂风格发生了质的提升。他将历史看作"人生的导师"，开创了罗马尼亚史学研究的先河，其代表作《摩尔多瓦公国编年史》是罗马尼亚文学和史学领域的第一座丰碑。

在罗马尼亚文化史上，G. 乌雷凯在编年史撰写方面堪称典范。他对历史事件的定位精准、评判直接、阐释通俗，对人物的刻画及对细节的描述使人过目难忘。他从心理描写和政治分析入手对斯特凡大公进行刻画，所用的修辞手法和描述方式极具古风。他有力论证了罗马尼亚民族的拉丁起源和一致性，以及罗语的拉丁属性，并提出了"我们来自罗马人"的论断，对后世的史学研究产生了深远影响。G. 乌雷凯深刻认识到摩尔多瓦公国所处的不利地缘政治环境，指出这个国家位于"所有邪恶势力的必经之路"上，必须时时"如履薄冰"。下面这段文字节选自其编年史：

"我们的语言由当地方言和周边民族的语言融合而成。由于我们来自罗马，因此也融合了罗马人的词汇。正如这部摩尔多瓦编年史前言中所说，我们的语言和罗马人密不可分：我们说 pâine（面包），他们叫 panis；我们说 carne（肉），他们叫 caro；我们说 găina（母鸡），他们叫 galena；我们说 muierea（女人），他们叫 mulier；我们说 fămeia（女人），他们叫 femina；我们说 părinte（父亲），他们叫 pater；我们说 al nostru（我们的），他们叫 noster，不一而足，几乎我们知道的所有词汇都来自拉丁语（……）在特兰西瓦尼亚地区不仅居住着匈牙利人，还有萨斯人和无处不在的罗马尼亚人，罗马尼亚人的分布甚至比匈牙利人更广（……）居住在匈牙利各省、特兰西瓦尼亚和马拉穆列什的人们和摩尔多瓦人一样，都源于罗马人（……）特兰西瓦尼亚地区盛产粮食，产量远远超出了生活所需。由于无人购买，很多面包都霉烂了。所有人都生活富足，葡萄酒随处可见，无人稀罕。还有大量优质的蜂蜜，酿成的蜂蜜酒是那么甘甜"。[1]

M. 科斯廷（1633-1691）：M. 科斯廷是一位视野广阔的学者，曾在波兰多所拉丁语大学和乌克兰巴尔耶稣会学院深造，求学期间广泛接触了人文主义和古典主义思想。他明确指出，一个民族的文化活动不应局限在史学研究方面，还应大力发展教育和文学。在他看来，史学和文学是民族意识的体现。看到罗马尼亚人对自己的历史懵懂不知，他和 G. 乌雷凯一样痛心疾首，因而愈加笔耕不辍。

M. 科斯廷既有宏大的历史视角，对现实的批判也极为精准。他对 V. 卢普大公统治时期稳定的社会环境和突出的文化成就给予了最

---

[1] 罗马尼亚社会主义共和国科学院哲学研究所编：《罗马尼亚思想集》（第一部分），布加勒斯特，政治出版社，1967 年。第 40-41 页。

大肯定，尤其推崇雅西三圣修道院和戈里亚修道院的建筑之美，将其誉为不朽的经典。在这位编年史家和哲学家看来，"如果说这个国家也曾有过幸福时光的话，无疑就是那个年代了"。但此后这个国家每况愈下，从公元17世纪下半叶起"进入了最为艰难的时期"。[①]

M. 科斯廷深刻意识到书面文化的重要性以及作家肩负的重任。他从G. 乌雷凯手中接过了编年史编纂的使命，与"一些外国作家的胡编乱造"进行不懈的斗争。他注重运用史料来还原罗马尼亚民族身份，从批判的视角来为罗马尼亚民族起源和各公国罗马尼亚人语言的一致性正名。在《关于摩尔多瓦民族》一文的前言中，我们可以体会到M. 科斯廷对文化发展预测的准确性及其心中的使命感：

"匈牙利统治地区的人们和摩尔多瓦、蒙特尼亚人都有着同样的起源，从古至今他们都有着同一个名字——罗马尼亚人。我们心中有一杆秤，清楚地知道他们从哪里来，属于什么种族，何时来到这片土地上定居。在这片曾经被罗马皇帝图拉真征服的土地上，从各公国建国伊始，我们经历的苦难罄竹难书。让人痛心的是，没有人用文字将这种深刻的屈辱记录下来。因此，我鞭策着自己开始这项艰苦卓绝的工作，将我们民族的真实面貌呈现给世人，告诉世人摩尔多瓦公国、蒙特尼亚公国，以及匈牙利统治下的各地居民是何起源，是何种族。就像上文所述，他们都属于一个民族，祖祖辈辈居住这里。他们起初沿用了罗马人的名字，后来逐渐分化成现在的摩尔多瓦人和蒙特尼亚人。我们要让所有希望了解这些公国的人都知道：我们位于世界何处；最初的边界在哪里；自古以来使用何种语言；这片土地上在我们之前有谁居住过。

也许您会说：太晚了！已经过了几百年，那么久以前的事情谁能说得清楚呢？我的回答是：万能的上帝在人们心中留下了一面明镜，那就是文字，它让人们能够了解许久以前发生过的事情（……）那些胡编乱造的人应该了解这种屈辱。记录一个民族长期的屈辱非同儿戏，因为文字是一种永久的凭证。即使是一天的屈辱也让人难以忍受，更何况是几个世纪？我很清楚自己写的是什么（……）尊敬的、亲爱的读者，在经历了这么多年的屈辱之后，让万能的上帝给你一些美好时光吧。让你在闲暇时能将读书作为有益的消遣，因为在人的一

---

① M. 科斯廷:《科斯廷全集》（第二卷），布加勒斯特，文学出版社，1965年。第110页。

生中没有比阅读更有用、更美好的事情了（……）如我所言，这个民族生活在上述几个公国中，他们古老而正确的名字是罗马尼亚人，源自罗马（……）只是在历史上，由于时间的推移和某些外国人的口音，对他们才有了别样的称呼，但罗马尼亚人（rumân）这个古老的名字已经根深蒂固。我们如今只会问摩尔多瓦人'你懂罗马尼亚语吗？'，而不是'你懂摩尔多瓦语吗？'"①

除史学著作外，他的文学作品也代表了那个时代的最高水准。1672 年，他创作了第一首罗语哲理诗《尘世间》。下面是这首诗歌的节选：

> 我为可怖的尘世悲唱，
> 烦恼和危险连绵不断，无比漫长。
> 生命太过脆弱，太过短暂，
> 哦，活在这充满凶险和欺诈的尘世上。
> 光阴似箭，短过夏日的阴凉，
> 时光像车轮疾驰，岁月如野马脱缰。
> 逝者不复来，往事难回首。
> 年华稍纵即逝，无处寻访。
> 世间的一切翻腾着奔向远方，
> 无人能将其阻挡。
> 世界的潮流也如那滚滚波涛，
> 不尽流淌。
> 梦想和愿望，都是过眼云烟，
> 世间何物不会陨落？
> 又有何物永不消亡？
> 好似天上的浮云，海中的波浪。

N. 米列斯库（1636-1708）：N. 米列斯库不仅当时最伟大的罗马尼亚学者之一，还是享誉欧洲的人文主义者，有着不同寻常的经历。他在东西方各国的游历中接触到了各种思潮，从而具备了广阔的文化视野。他曾在君士坦丁堡牧首堂的希腊语学院学习，后来又作为摩尔多瓦大公的外交代表出使这一城市。他以 1597 年在法兰克福出版的

---

① M. 科斯廷：《科斯廷全集》（第二卷），布加勒斯特，文学出版社，1965 年。第 9-13、44-45 页。

希腊语《圣经》为母本，完成了《圣经》的首部罗语全译本。在得到Ş. 坎塔库济诺的授权后，1688 年经格雷恰努兄弟修订出版，史称布加勒斯特版《圣经》。在这部译本中，N. 米列斯库插入了一篇献给约瑟夫斯的文章《关于主导性理念》，虽未获教会认可，但得到了伊拉斯谟的赞许。

N. 米列斯库周游西方列国，曾旅居柏林、斯德哥尔摩、巴黎，并在法国国王路易十四（Louis XIV, 1638-1715）的宫廷中供职。1669 年，他在巴黎发表了一篇用拉丁文撰写的基督教神学论文。1671 年，他辗转抵达莫斯科，在那里担任外交官等各类公职，并开始了其一生中最为重要的经历——率领沙皇的使团出使中国（1675-1678）。他将这次旅行的见闻用俄语记录下来，汇编为《中国纪行》和《中国游记》两部著作。作者凭借敏锐的洞察力，在书中详细记述了中国的地理、物种、水文、气候、自然资源、人文、习俗、经济活动和宫廷礼仪。这部汉学巨著备受后世西方学者的推崇，成为珍贵翔实的史料。

C. 坎塔库济诺（1650-1716）：C. 坎塔库济诺是罗马尼亚文化史上一位举足轻重的人物，其渊博的学识令当时的人们叹为观止。在意大利帕多瓦学习期间，他周游欧洲并广泛吸收当时的先进思想。作为 C. 布伦科韦亚努时期的"灰衣主教"，他发起了多项文化改革，还拥有一座自己的图书馆。除了在编年史编纂方面的贡献外，他对哲学和史学理论研究也有很深造诣。根据他确立的历史发展理论，每种社会形态必然要经历初始、高潮、衰落三个阶段，这一理论也可被泛化为适用于所有事物发展的普遍规律。这充分说明早在那个时代，C. 坎塔库济诺就已经将事物置于动态变化中看待。他对文明也有着独到的见解，认为文明即良好的教育、理性的行为、通晓自然科学并知书达理。他将教育与野蛮对立起来，认为人不能仅仅依从本能，而不遵守规则和法律。他支持"人生而平等"的观点，可以被看作是一位启蒙思想的先行者。

1700 年，C. 坎塔库济诺撰写的《罗马尼亚公国史》于帕多瓦出版。该书具有很强的学术性，不仅信息翔实，还勘定了蒙特尼亚公国地图。他和 M. 科斯廷、D. 坎泰米尔一样，高度重视民族统一大业，这表明在新旧时代之交，罗马尼亚人的民族意识有了大幅提升。他指出："我们所有人都是罗马尼亚人，我坚信古往今来最优秀、最诚实的编年史家都可以证明这一点。他们所说的瓦拉几亚人，以及我们自称的罗马尼亚人，都是真正的罗马人，而且是罗马人中最为杰出、最有信仰、最为勇敢的。德切巴尔（Decebal，?-106）死后，图拉真皇帝完全征服并清洗了这一地区，并将罗马人带到这里定居（……）但罗马尼亚人所指的不仅仅是这一地区的人，还有土生土长的特兰西瓦尼亚人和摩尔多瓦人，以及其他所有操这种语言的人。他们都属于同一个民族，只是因为语言中掺杂了一些外来词而显得略有差别。之所以说所有这些人都是罗马尼亚人，是因为他们同源同流（……）各地的政局并不稳定，财富流失，政权崩坏，皇帝朝令夕改。有些人失去的，被另一些人得到，有些人错过的，又被另一些人偶遇，都任凭盲目的命运驱使。一件事物腐败消亡，必有另一事物滋生成长。有史以来，我们曾读到或目睹多少朝代，多少君王。他们起初是那么弱小，名不见经传，之后逐渐强大，又渐渐衰落并最终消亡，以至从此被人遗忘（……）我们应该知道世间万物的发展都要经过这三个阶段——上升期、停滞期和衰落期，即增长、停滞和消亡"。[1]

　　I. 内库尔切（1672-1745）：I. 内库尔切是一位语言表现力超强的作家，他续写了 G. 乌雷凯和 M. 科斯廷的《摩尔多瓦公国编年史》，并在开篇加了一段《絮语》，其中包括 42 篇有关公国历史的民间传说。他的作品具有无可否认的文学价值，对罗语各种表达方式的运用炉火纯青，对民间语言的使用尤为自如，从中提炼出无数成语、俚语、谚语、传说和生活感悟。他的作品是后世罗马尼亚作家的重要灵感来源。

5. 人文主义运动对罗马尼亚文化的意义

　　17 世纪的罗马尼亚编年史家和文化泰斗将源自文艺复兴时期的人文主义思想融入罗马尼亚文化之中。通过他们的努力，罗马尼亚文化现代化实现了一次飞跃。他们最重要的贡献在于对民族意识的培养，以及对现代文化表现形式的引进。他们努力论证罗马尼亚民族的拉丁起源和罗语的拉丁性，认为罗马尼亚民族的发展必须符合其自古形成的民族心理特征。对西方文化思想的解读为罗马尼亚民族自我意识的形成创造了良好的精神环境，大量宗教和世俗图书的译介则促进了文学

---

[1]《罗马尼亚公国史》，收录于罗马尼亚社会主义共和国科学院哲学研究所编：《罗马尼亚思想集》（第一部分），布加勒斯特，政治出版社，1967 年。第 60-61 页。

语言的形成。

G. 克利内斯库将 16-18 世纪的罗马尼亚文化比作一块璞玉，经过后世的雕琢，"从中孕育出了 M. 埃米内斯库、I. 克良格（Ion Creangă，1837-1889）、I. L. 卡拉迦列（Ion Luca Caragiale，1852-1912）和 M. 萨多维亚努（Mihail Sadoveanu，1880-1961）"。这一时期带有浓厚的人文主义色彩，对教育和科学极为重视，民族意识逐渐觉醒。罗马尼亚民族开始将实现语言和宗教统一，融入欧洲主流文化作为最主要的诉求。

如果我们对这一时期的文化加以审视，就可以发现罗马尼亚人的民族意识在当时处于何种水平，自我身份认同经历了怎样的发展过程。这几个世纪的政治、宗教和哲学文献表明，罗马尼亚民族对自身的历史起源和精神归属有了较强认知。他们称自己为"罗马尼亚人"，以此表示对罗马帝国的缅怀。那里是他们的精神归宿，将他们与周边的其他民族区分开来。除了为高贵的起源而自豪外，知识精英们（包括 D. 坎泰米尔和各公国的编年史家）也形成了一种批判意识，对本民族的缺点和问题进行深刻揭露。他们指出，"我们没有自己的历史（……）罗马尼亚人分散居住在三个公国，学校教育尚未起步，科学和艺术也极为落后"。他们对罗马尼亚民族"衰败"境况的描述常常被人们片面地理解为一种历史宿命论，被认为仅仅是在悲叹时光易逝，世事无常。

6. 对"胡编乱造"的揭批和民族意识的巩固

人文主义时期的学者都具有强烈的民族意识。他们在留给后世的作品中用"罗马尼亚人"这个名字来称呼自己，以此来纪念其发源地罗马，并为民族身份正名。与此同时，他们对各种歪曲事实，抹黑罗马尼亚人民族身份的说法进行了有力驳斥，与"胡编乱造"的学者坚决斗争。

抄写员 S. 达斯克卢（Simion Dascălul，?-?）根据匈牙利史书擅自篡改了 G. 乌雷凯的《摩尔多瓦公国编年史》，将罗马尼亚人的祖先说成一群来自罗马帝国监狱的"盗匪"，他们听从匈牙利国王的号令，帮助其将鞑靼人赶出了特兰西瓦尼亚地区。此后，这些罗马尼亚人被匈牙利国王安置在马拉穆列什地区，并在那里建立了摩尔多瓦公国。根据这段描述，罗马尼亚人成了在公元 13 世纪随着鞑靼人的入侵而进入该地区的"无恶不作者"。这种赤裸裸的污蔑，被后世的匈牙利史学界大肆渲染。从 M. 科斯廷、D. 坎泰米尔、阿尔迪亚尔学派开始，罗马尼亚史学家都一直与这些"胡编乱造"进行着不懈的斗争，义无反顾地投入到这场揭示历史真相，重塑罗马尼亚人形象的旷日持久的"战役"之中。自此，罗马尼亚学者们开始了对民族身份的长期关注，开始弘扬真正的民族价值观，并以此评判文化史上的重要人物。D. 坎泰米尔凭借其广博的学识和崇高的学术声望，对这些"胡编乱造"发起了最为有力回击，并得到了西方学术界的认可。

D. 坎泰米尔对人文主义者和编年史家的作品加以总结和提炼，并将从中得出的观点传递给了阿尔迪亚尔学派的学者。作为处于当时欧洲学术界前沿的顶级学者，D. 坎泰米尔不仅借助各种理论和史料论证罗马尼亚人的民族身份，还与歪曲罗马尼亚人历史形象的各国学者（包括斯拉夫人、匈牙利人、日耳曼人）当面对质，揭露他们的政治企图。为了扩大影响，他不仅为自己的同胞用罗语写作，还用拉丁语为全欧洲的知识分子写作。

尽管 18 世纪初的罗马尼亚历史充满了挫折与悲剧（C. 布伦科韦亚努被斩首；"文艺复兴"被阻断；D. 坎泰米尔命运多舛；法纳里奥特大公统治时期开始；特兰西瓦尼亚地区宗教冲突不断），罗马尼亚文化仍然沿着自己的发展主线，在恶劣的环境中屡败屡战，百折不挠。

第六节　D. 坎泰米尔（1673-1723）

1. 处于时代十字路口的"独角兽"

D. 坎泰米尔用五十年短暂的生命完成了不朽巨著，开启了罗马尼亚文化史上的通才（百科全书式人物）时代。他通晓多种语言，兼编年史家、作家、东方学家、哲学家、政治家于一身，是罗马尼亚历史上最伟大的学者之一，在东西方各国享有盛誉。

由于被卷入钩心斗角的政治斗争中，D. 坎泰米尔一生命运多舛，危机四伏。L. 布拉加将这位有着传奇经历的摩尔多瓦大公比作一只"独角兽"，这种生物"一半来自现实，一半来自传说"。他指出，"D. 坎泰米尔生活在时代十字路口，历经艰险波折，大起大落，他的一生几乎是我们历史上最戏剧性时刻的缩影"。[①] 他有着良好的教育背景，博览群书，在国外的长期生活使其接触到了不同的人物、地区和思想，从而拥有了广阔的视野。他曾作为摩尔多瓦公国的使节在君士坦丁堡生活多年，并在隶属东正教牧首堂的学院深造，结识了众多知名学者和西方使节。在融入了君士坦丁堡的文化精英阶层后，他获得了研习古代语言、东方语言、哲学、文学和科学新思想的契机。[②]D. 坎泰米尔兴趣广泛，对土耳其音乐和东方音乐有着独到的见解，是扎里格拉德著名的作曲家和演奏家。根据 I. 内库尔切和 N. 科斯廷的记述，他能娴熟地演奏土耳其鼓，被称为"土耳其宴席上的乐手"，甚至撰写了一部土耳其音乐专著，独创了一套用字母记谱的方法。

D. 坎泰米尔在担任摩尔多瓦大公的短短一年间（1710-1711），曾试图摆脱奥斯曼帝国的宗主统治，实现公国独立。斯特尼莱什蒂战役失利后，他不得不投奔沙皇彼得一世（Petru I，1672-1725），[③] 担任沙皇的私人顾问，在莫斯科附近获得了广阔的领地。在此期间发表的论著使其蜚声欧洲，并于 1714 年入选柏林科学院。在 1722 年追随彼得大帝远征波斯的途中，D. 坎泰米尔不幸患病，回到莫斯科附近杜米特洛夫卡的领地后不久即与世长辞，享年不到 50 岁。其子 A. 坎泰米尔（Antioh Cantemir，1708-1744）后来成为俄国著名诗人。1935 年，D. 坎泰米尔的遗骸被迁回祖国，安葬于雅西的三圣修道院。

L. 布拉加为了对 D. 坎泰米尔所处的那个"乱世"进行准确定位，特别提到了同时期的三位伟大君主：开创了一代盛世的法国国王路易十四；热衷于开疆拓土，将版图扩至历史最大的瑞典国王卡尔十二世（Carol al XII-lea，1682-1718）；使俄罗斯自觉踏上欧洲化道路的伟大改革者，沙皇彼得一世。那时众多欧洲国家都进入了"流变与聚合期"，进入了一个被领土扩张和独裁野心主导的时代。D. 坎泰米尔对摩尔多

---

① L. 布拉加：《迪米特里耶·坎泰米尔》，载 L. 布拉加著：《手稿、散文、讲义和论文》，布加勒斯特，密涅瓦出版社，1972 年。第 143 页。

② D. 坎泰米尔与西方各国使节的密切联系，引发了他对各国原创文学的浓厚兴趣。有人推测 D. 坎泰米尔与共济会有一些神秘联系。也不排除他担任柏林科学院院士期间与红十字组织有过关联，详见 L. 布拉加：《迪米特里耶·坎泰米尔》，第 160 页。

③ 面对得胜的土耳其人，沙皇将 D. 坎泰米尔藏匿在自己的军营中。在和谈期间，土耳其人曾强烈要求沙皇引渡 D. 坎泰米尔，并治其"叛国"之罪。尽管自身难保，彼得大帝还是断然拒绝了这一要求，声称"我宁愿向土耳其人出让我整个国家，直至库尔斯克，也不愿意把为我呕心沥血的大公交给他们。因武力失去的东西可以通过武力夺回，但违背的诺言却无法挽回"。

瓦公国的短暂统治以悲剧告终——公国从此进入法纳里奥特大公统治时期。他短暂的一生跌宕起伏，大半生飘零海外，缺乏学术研究所需的安宁环境和基本条件。在 L. 布拉加看来，他能够在文学、哲学、史学、人类学、科学领域取得如此辉煌的成就，令人难以置信。

尽管他在国外生活多年并已成为欧洲文化名人，但仍保持了一颗属于罗马尼亚的赤子之心。在向外国读者介绍有关自己民族的地理、历史、习俗时，他总感觉"一颗心紧紧地揪着，心中流着热泪，希望以这种方式为祖国出一份力"。即使对祖国的感情如此之深，他在对阐述相关问题时仍然恪守客观公正的学术准则。正是这种客观性，使他在弘扬民族思想时能够秉持正确的立场和态度，从而跻身一流理论家之列。L. 布拉加曾说，在如此艰难的处境下，成就 D. 坎泰米尔这样的伟大人物几乎是不可想象的："可以毫不夸张地说，D. 坎泰米尔创作的文学、哲学、科学、音乐作品足以匹敌整个文学和科学协会。早在罗马尼亚科学院成立一百五十年前，D. 坎泰米尔就已凭借自己的著作和学术活动，成为院士们的楷模。"[1]

当时的西方世界处于"激情飞扬，思想放纵"的巴洛克时期，"看待世界和生命的视角飘忽不定"，各种新思潮正撼动着拜占庭世界业已僵化的根基。L. 布拉加指出，D. 坎泰米尔的生命和作品中充满矛盾，而这恰恰反映了这一时期的历史状况。一方面，他长期生活在东欧，思想中有传统的一面。在某种程度上，D. 坎泰米尔代表着西方巴洛克精神冲击下的拜占庭传统文化。另一方面，他又具有高尚的精神追求和巨大的政治勇气，冒险精神和全新理念促使他努力冲破传统思想的桎梏。

D. 坎泰米尔代表着罗马尼亚人文主义运动的最高潮。作为一位开明的思想家，他对理性主义思想充满兴趣，是罗马尼亚各公国文化现代化事业的先行者。他同时也是一位多才多艺的文艺复兴式人物，是一位百科全书式的学者。其著作涉及哲学、文学、伦理、史学、人类学等多个领域，成为 I. H. 勒杜列斯库、B. P. 哈斯代乌、N. 约尔加、M. 伊利亚德等后世学者的楷模。

2. D. 坎泰米尔的作品——著作、主题和思想

1698 年，D. 坎泰米尔的《灵与肉的审判》出版。这是第一部

---

[1] L. 布拉加：《迪米特里耶·坎泰米尔》，载 L. 布拉加著：《手稿、散文、讲义和论文》，布加勒斯特，密涅瓦出版社，1972 年。第 161 页。

用罗语写成的哲学和伦理学著作，后来由他的哲学老师 I. 卡卡维拉（Ieremia Cacavela，1643-?）翻译成希腊语。全书采用以对话和辩论为主的散文体裁，深入探讨了物质与精神、肉体与心灵间的矛盾。在受基督教和斯多葛派传统道德熏陶的同时，D. 坎泰米尔也受到人文主义和理性主义思想的影响。在分析理性与情感、精神理想和世俗诱惑之间的矛盾时，他时而引经据典，时而现身说法，将提倡清心寡欲的基督教理念与崇尚享乐的世俗思想对立起来，从辩证的角度进行了双向论证。在他看来，必须在肤浅的物欲和高尚的精神理想之间寻求平衡，在心灵与肉体、智慧与俗世之间实现调和。V. 莫措克和 N. 米列斯库等人曾经从事的研究是纯宗教性质的，《灵与肉的审判》则叩开了用罗语进行哲学思考之门。更值得称道的事，D. 坎泰米尔在书中总结并创造了许多罗语哲学术语。这部著作在 1705 年被译为阿拉伯语，在东方世界广为传播并赢得高度赞誉。

1700 年出版的《玄学》是一部形而上学著作，除受到基督教思想家和古代思想家的影响外，还体现了弗兰芒化学家海尔蒙特（Jan Baptist van Helmont，1579-1644）[①] 等人的观点。D. 坎泰米尔从圣师会奠定的东正教形而上学视角出发，结合上述思想探讨认知和自主判断的问题。他认为世界是神用两种物质创造出来的：一种物质是水，在地心之火的作用下，它通过发酵生成了大地上的各种事物，地心之火决定了物种属性；另一种物质是空气，由其生成了各类天体。神在创造自然界之后只是偶尔干预自然现象，自然界按照自身的"秩序"运转。玄学是一门"神圣的科学"，也是唯一正宗的科学，它既不基于理性，也不基于感知，而是源于神圣的启示。这是一种先于原罪的原生性认知，理性推理和逻辑只是两种带有局限性的认知方式。书中还从基督教哲学出发驳斥了亚里士多德主义，但这一立场在 D. 坎泰米尔之后的作品中发生了改变，神的秩序和自然秩序被明确的划分。《玄学》一书的最大价值，即在于从决定论角度提出了"自然秩序"理念。基于这一理念，包括偶发现象在内的所有自然现象都有一种内因。自然界的所有事物，包括生物体都处于循环演变，即生老病死的轮回之中。D. 坎泰米尔将这一法则加以延伸，将其运用到对世界史的阐释中。

[①] 炼金术向近代化学转变时期的代表人物，他将神学与自然科学融会贯通，使两种矛盾的思潮得以调和。

《逻辑学概要》（1701）是一部用拉丁语写成的教材，其灵感源自古代和西方文献。这部著作标志着 D. 坎泰米尔开始向新亚里士多德主义靠拢，承认理性和经验的价值，并将其看作真正的认知来源。逻辑是一条源自"理性之光"的道路，人们通过这条道路认知世界。他将逻辑称为"上古遗留下来的智慧宝库"，并对逻辑学之父亚里士多德推崇备至。在《象形文字史》一书的前言中，D. 坎泰米尔曾表达将亚里士多德的逻辑学著作翻译成罗语的想法，但未能如愿。

《象形文字史》（1705）是 D. 坎泰米尔的文学代表作，同时也是第一部用罗语写成的长篇小说。对现实的细致观察、细腻的心理描写、漫画式的讽刺，以及宏大的世界观和末日观共同构成了巴洛克式的繁复结构。作者在人们熟知的传统艺术框架内虚构了一系列寓言形象，例如走兽之国（摩尔多瓦）、飞禽之国（蒙特尼亚）和游鱼之国（奥斯曼帝国）之间的斗争。在魔幻的伪装下，D. 坎泰米尔巧妙地将其亲历的历史事件和政治阴谋移植到动物世界之中。G. 克利内斯库认为，这部作品的特点在于非同寻常的语言表现力、错综复杂的情节、对细节和角色的刻画，以及诗化的写作风格。作者缔造这个虚幻世界的同时，还创造了独特的哲学视角和新颖的文学语言。

这部作品将我们带到了那个年代的政治纷争中，我们能够从象征式的动物形象和各种影射中辨认出那个时代的一些人物，例如独角兽与乌鸦的斗争实际上隐喻了 D. 坎泰米尔与 C. 布伦科韦亚努之间矛盾。作者将受本能和利益驱使的低等动物融合到人类世界中，构成了一部极为辛辣的政治讽刺小说，无情鞭挞了"大型动物"的虚伪和贪婪（坎泰米尔家族与大地主之间存在长期矛盾）、人类的阴险狡诈和背信弃义、此起彼伏的政治纷争、大公的狂妄自大和奥斯曼帝国代理人的贪得无厌。D. 坎泰米尔作为未来的摩尔多瓦大公，在《象形文字史》中将奥斯曼帝国比喻为"贪婪之城"，表明了其政治立场。

这是一部由专业作家创作，有着极高文学旨趣的作品，同时也是作者生活经历的真实反映。书中用挽歌式的抒情口吻，从伦理学和哲学角度对人类的境遇进行了深刻反思。还以离经叛道的世俗视角对经院哲学进行了调侃和驳斥，而经院哲学正是他曾在《玄学》一书中大力推崇的。在《象形文字史》中，D. 坎泰米尔把自己假想成一只沉思中的独角兽，它居住在高山之上，忧郁、孤僻而清高。其高尚的品格不容许它与庸庸碌碌、道德沦丧的俗世同流合污。

许多评论家都认为，D. 坎泰米尔的作品中显现出一种天才无法得到理解，只得孤芳自赏的浪漫主义色彩，与 M. 埃米内斯库的《金星》有着异曲同工之妙。夸张的语句和错综复杂的角色关系之下隐藏着发人深省的情感，使作品充满了表现力和内在的乐感。作品中采用了大量民俗元素，并将野生动物的视角融入戏剧式、交响乐式的结构中，从而构成了多重象征关系，其中的痛苦反思和末世观常常使人联想起圣经诗句。

在百年后的浪漫主义运动中，D. 坎泰米尔作品中涉及的一系列主题被人们再次挖掘出来。E. 帕普（Edgar Papu, 1908-1993）总结道："他用浪漫主义的漫画和小品替代了传统的讽刺。书中蕴含的内容包罗万象，有全新的自然观和世界观、现代魔幻主义色彩、天才的忧郁与孤独、世界末日的宏大场景、悲观厌世的预言、鲜活的历史、人类心灵的堕落、丰富的民族元素、各种隐喻和暗示，以及作为诗人和作曲家独有的韵律感"。①

《象形文字史》是罗马尼亚文化史上的一部基础性著作，因无可否认的原创性，极强的表现力和全新视角而备受研究者重视。书中既保留了本土传统，也体现了当时欧洲的潮流。D. 坎泰米尔多样化的人格魅力在这部作品中展露无遗，作家的妙笔生花、史学家的博闻强识、哲学家和政治家的批判精神在书中得以完美结合。作为罗马尼亚文化现代化进程中的一座里程碑，《象形文字史》足以证明处于"启蒙时代边缘"的罗马尼亚文学语言和罗马尼亚文化已经达到了较高水准。

1714-1716 年间完成的《奥斯曼帝国兴衰史》是 D. 坎泰米尔最重要的史学著作。1735 年、1743 年、1745 年，该著作的英、法、德文版本相继问世，成为西方学者研究土耳其史和东方史的主要信息来源，D. 坎泰米尔也借此享誉欧洲。从书名中可以看出，早在维柯（Giovanni Battista Vico, 1668-1744, 著有《历史哲学原理》）和孟德斯鸠（Baron de La Brède et de Montesquieu, 1689-1755, 著有《罗马盛衰原因论》）之前，D. 坎泰米尔就已提出了"帝国兴衰轮回"的观点。他用现代理念书写并阐述历史，对史料来源进行批判对比，并深入分

---

① E. 帕普：《我国的经典作家》，布加勒斯特，埃米内斯库出版社，1977 年。第 48 页。

析政治生活、军事机构、宗教机构、行政机构、社会信仰、精神风貌、文化状况、职业构成等所有社会要素。与编年史家们的实证主义风格相比，这无疑是一次巨大的飞跃。伏尔泰（Voltaire，1694-1778）在《查理十二世》的序言中高度评价 D. 坎泰米尔的著作，认为其能够客观地反映史实，完全不同于那些四处散播土耳其帝国奇闻逸事的史学家。他说："如果你们参阅过 D. 坎泰米尔大公积累的土耳其真实史料，就会发现那些谎言是多么可笑。"

《帝制本性研究》（1714）是一部难得的历史哲学概要。D. 坎泰米尔从一个理性主义者的视角出发，通过"自然秩序和理性秩序"来解释历史现象。

《摩尔多瓦纪事》（1716）是罗马尼亚历史文学和政论文学的代表作，内容涵盖地理、人种、社会、政治等各个方面。这部用拉丁语写成的著作以西方知识分子为目标受众，旨在为其提供罗马尼亚民族历史、语言、生存状况等方面的相关信息。因为正如 D. 坎泰米尔所言，"了解（罗马尼亚民族）真实面貌的外国人屈指可数"。

D. 坎泰米尔曾应柏林科学院的请求，用拉丁文编写过一部《摩尔多瓦—瓦拉几亚史》。1717-1723 年间，他在此基础上用罗语撰写了《罗马—摩尔多瓦—瓦拉几亚古代史》，目前这部凝聚了 D. 坎泰米尔毕生心血的著作仅存罗语版本。他在引言中说道，"如果外国人比我们更为了解我们的历史，将是巨大的罪过"。尽管这部史书未能完稿，仍不失为 D. 坎泰米尔最重要的著作之一。他希望通过这部著作来对各省罗马尼亚人的历史进行完整的记述，时间跨度从罗马人占领达契亚开始，直至作者所处的年代。书中明确划分了神学与科学的界线，将史学纳入理性和批判研究的范畴，而非信仰或教条。D. 坎泰米尔沿袭了 I. 达马斯金的宗教观，认为教义中蕴含的真理取决于信仰，理性的作用则在于阐释教义，并对背离教义主旨的思想进行批判。史学研究与宗教不同，必须以史料为基础进行理性论证。通过区分理性研究与经院哲学，划清科学与神学的界线，D. 坎泰米尔独力构建了一套史学研究标准和方法。他为史学界制定的准则极具现代色彩，他指出：同时期的史料比后世的史料更为重要；国外史料对于外界如何看待一个民族的历史有着重要参考价值；文字史料的缺失无法说明某一史实是否存在；必须以严谨的态度对所有文献进行批判性的研究、比对和阐述。为了证明罗马尼亚民族和语言的拉丁起源，及其在古老达契亚领土上的延续性，D. 坎泰米尔突破了地域局限，将罗马尼亚人的历史置于全球视野之下，参阅了 150 余种拉丁语、希腊语、教会斯拉夫语、波兰语史料，以及无数碑刻。

《伊斯兰教体系》是 D. 坎泰米尔的另一部巨著，最初用拉丁文撰写（1718-1719），后被翻译成俄语，1722 年于彼得堡出版。尽管 D. 坎泰米尔是东正教的坚定捍卫者并与奥斯曼帝国不共戴天，但他仍全面公正地介绍和评价了伊斯兰文化。通过对这种文化的亲身体会，他对伊斯兰世界的艺术、文学、音乐和道德准则赞誉有加。

3. D. 坎泰米尔的哲学理念

D. 坎泰米尔的作品涉及范围广泛、引用信息翔实、分析鞭辟入里，充分反映了那一时期的思想变革。在罗马尼亚文化史上，他是史学、文学、历史哲学、人种学、东方学等多个领域的先行者。在其早期著作《玄学》中，D. 坎泰米尔只敢对传统的东正教教义稍作质疑。随着思想日臻成熟，其史学著作中的观点与西方主流思想更为贴近。L. 布拉加发现，D. 坎泰米尔在处理哲学基本问题和解释自然现象时采取的态度截然不同。他对前者会"追根问底"，而对后者则时常做出模棱两可的"天真"评判。在 D. 坎泰米尔的精神深处存在着两种相互矛盾的思想，一种带有神秘主义倾向，另一种则以数学经验为基础。这两种观点的交锋直至 18 世纪仍未分出高下，例如牛顿（Isaac Newton，1643-1727）和莱布尼茨（Gottfried Wilhelm Leibniz，1646-1716）的思想中仍残存着很多形而上学的理念，而德国浪漫主义哲学家谢林（Friedrich Wilhelm Joseph von Schelling，1775-1854）则基于神秘主义自然观建立了他的客观唯心主义理论。

由于受所处环境的限制，D. 坎泰米尔无从接触当时最新的自然科学知识、数理方法和先进经验，只对其有些许模糊的了解。尽管如此，他最后几部著作中显露出来的理性主义观点表明他正在向当时的主流思想靠拢。在其复杂的思想体系和广博的学识中"既有中世纪的拜占庭精神遗产，又有'启蒙主义'的超前思想"。[①]

我们可以从 D. 坎泰米尔的哲学观点中总结出以下主要特征：

---

① L. 布拉加：《迪米特里耶·坎泰米尔》，载 L. 布拉加著：《手稿、散文、讲义和论文》，布加勒斯特，密涅瓦出版社，1972 年。第 150 页。

温和的理性主义思想，试图在理性与信仰之间寻求和解：这体现出 D. 坎泰米尔生活在一个"新旧交替"的时代。他曾在《玄学》中驳斥宣扬理性与信仰双重真理的新亚里士多德主义。新亚里士多德主义揭示了人类感性和理性认知的局限性，曾受到希腊哲学家科里达莱乌（Teofil Coridaleu，1570-1646）的大力推崇。在阿拉伯思想家伊本·路世德（Abū l-Walīd Muḥammad bin ʾAḥmad bin Rušd，1126-1198）和伊本·西那（Abū ʿAlī al-Ḥusayn ibn ʿAbd Allāh ibn Sīnā，980-1037）的影响下，他最终接受了双重真理说，并抛弃了科学与宗教统一论观点。可见，D. 坎泰米尔的思想充满了矛盾，尽管理性主义占据着主导，但拜占庭哲学中的新经院主义仍占有一席之地，这在他的最后几部作品中表现尤为明显。

本体论和认识论思想同时存在：D. 坎泰米尔试图用东正教理性精神来调和这两个领域，既使用理性分析，又不排斥宗教教义。他认为世上有两种类型的存在，与之对应的是两种认知形式、两种处世方式、两种决定论。在《象形文字史》和《帝制本性研究》中，上帝和自然、神学和哲学、宗教和自然科学等几对概念被明确划分。他指出：

- 在自然科学和哲学领域中，知识是通过对自然事物的感性和理性认知获得的，这种类型的认知以经验和理性论证为基础。
- 在形而上学和神学领域中，知识是通过信仰和启示获得的。人类的理性无法完全理解教义，只能对教义加以近似地解读。

可见，D. 坎泰米尔的思想还未上升到主张理性自主和理性至上，直接反对信仰的境界。他采取的是一种温和的理性主义立场，理性与信仰、神圣与世俗在其中和谐共存。

下面是《象形文字史》一书中出现的部分格言：

"只有明眼人才能分辨色彩，而非瞎子；只有听力敏锐的人才会欣赏优美的诗句，而非聋子。同样，所有的知识都需要我们通过感知去探寻（……）

与搜索枯肠相比，靠经验与探索得出的结论更为真实，苦思冥想比不上对事实的论证（……）

如果某个地方的法规一味依赖强权，而不是为了伸张正义，那么人们也不会很好地去遵守它（……）

博学睿智的穷人提出的建议，是无法被疯狂无知的君主理解的。智慧和学识并不在位高权重者手中，而属于饱学谦卑的人（……）

所谓智慧，就是从所见所闻中预知未见未闻，以史为鉴判断未来（……）

在人世间，有权有势的疯子总是掌握着话语权，睿智的穷人却被排斥在外（……）

世间万物的发展有自己的秩序，延绵不绝此消彼长，不以人的喜恶而改变（……）"

4. 理性主义和现代文化的发端

从 1701 年出版的《逻辑学概要》开始，D. 坎泰米尔的立场就开始向理性主义转变，这一倾向在之后的作品中愈发明显。尽管《象形文字史》已经带有些许理性色彩，但理性主义作为一种哲学观点仍处于萌芽阶段。在 1714 年编写《帝制本性研究》时，D. 坎泰米尔意识到编撰史书必须科学客观，应该将历史看作认知过去和塑造民族意识的有效途径，并从历史入手，展开了政治探讨。这部著作的手稿直至 1950 年才被发现。

D. 坎泰米尔并未与上帝创世论彻底决裂，而是用一种与之并行不悖的理性主义决定论观点来看待自然界和人类社会。他认为除了神权决定论之外，还有适用于俗世的自然决定论。世界的发展须遵从一定的规律，从这一规律中衍生出来的万事万物都不是偶然的，而是可以被预知并解释的。他试图寻找历史发展的规律，用"兴衰轮回"说来阐释奥斯曼帝国和摩尔多瓦公国的历史。其思想也经历了从教义诠释到决定论，再到新亚里士多德主义和理性主义的转变。我们发现在《帝制本性研究》中，作者对社会和历史的评判标准掺杂了许多主观体会。他认为自然和历史的演进都须经历初始、高潮、衰落三个阶段，对初始阶段的认知最为关键，通过理性推导可以从中预知之后的两个阶段。

柏拉图和古希腊历史学家波吕比俄斯（Polybios，前 203- 前 120）的哲学思想中就曾出现过类似的三段论观点，近代的维柯和 C. 坎塔库济诺也曾提到过历史发展的"三个阶段"。这种循环演进的态势不仅体现在时间上，也体现在地域上，其轨迹从东方延伸至南方，再转向西方，直至北方的沙俄帝国在彼得一世的领导下崛起。这种历史观将帝国的兴衰看作可以通过理性渠道认知的自然现象。各大帝国的兴衰如车轮般滚动，国际地位交替上升，而作者所处的年代正值北方的沙俄兴盛之时。D. 坎泰米尔将史学研究纳入自然哲学范畴之中，按照"物化哲学"理论对中世纪四大帝国的存在进行了"理性"阐释。而这一理论的终极政治目标，就是证明奥斯曼帝国的存在缺乏本体和自然合法性，因此必须被消灭。

从 D. 坎泰米尔的史学著作中，我们可以发现有两点是与当时的哲学思想相契合的：其一，自然和历史的发展必须遵循一定的规律；其二，这种规律是可以被人类的理性所理解的。在新兴自然科学的影响下，D. 坎泰米尔的理念与理性主义日趋一致，自然和理性在他后期的作品中往往是同义词。他的观点与自然神论较为接近，认为上帝与自然是两种不同的本体，需要有两种不同的认知方式。上帝创造了自然，之后自然又按照自身的规律发展。尽管他也时常谈论与目的论相关的话题，但他坚持认为大自然的法则和秩序是从不间断，且不可违背的。在他眼中，自然法则同时也是一种逻辑和理性法则，任何自然现象都无法超越。如果在历史发展进程中出现了违背"自然规则和秩序"的偶发现象，也必须被看成是异端、事故或误区。"可怕的奥斯曼帝国"就属于此类现象，"自然法则对其十分震怒"，因为它是"历史的怪胎"，从本体论和历史角度看不具备合理性。

5. D. 坎泰米尔作品中的罗马尼亚人形象

D. 坎泰米尔在《摩尔多瓦纪事》等著作中深入探讨了罗马尼亚人的历史身份和人种—心理特征，形成了对这一民族的独特看法。他继承并发扬了一些编年史家的观点，使罗马尼亚民族和语言的拉丁起源深深植根于民族意识之中，为半个世纪之后的阿尔迪亚尔学派提供了理论支持。在争取民族权利的斗争中，阿尔迪亚尔学派赋予了这些思想全新的政治和文化内涵。D. 坎泰米尔可以被看作连接新旧时代的桥梁，极大地推动了民族思想的发展。

《摩尔多瓦纪事》是 D. 坎泰米尔应柏林科学院的请求，于 1716 年用拉丁文撰写的，1769 年被翻译成德文。最早的罗译本由 V. 沃尔纳夫（Vasile Vârnav，?-1827）完成，于 1825 年出版，1872 年又出版了 A. 帕皮乌 - 伊拉里安（Alexandru Papiu-Ilarian，1827-1877）和 I. 霍多什（Iosif Hodoş，1829-1880）翻译的版本，此外还有 P. 潘德雷亚（Petre Pandrea，

1904-1968）和 Gh. 古楚（Gheorghe Guţu / George Guţu，1906-1994）在 20 世纪翻译的版本。通过这部著作，D. 坎泰米尔向西方世界传达了有关罗马尼亚人和摩尔多瓦公国的信息，通过大量论据阐释了摩尔多瓦在社会、历史、政治、宗教、文化等各个领域发展进程，为这个国家塑造了全新的国际形象。《摩尔多瓦纪事》是一部全面介绍罗马尼亚封建社会的力作，作者从社会改革家的视角出发，将政治与其他社会层面紧密联系，对社会的批判入木三分。这部著作由下述三个部分构成：

第一部分描述了罗马人对达契亚的占领，罗马尼亚民族的形成，以及摩尔多瓦公国的建立。此外还详细介绍了摩尔多瓦公国的地理位置（邻国和边界），提供了地貌、水文、物种、资源矿产、城市方面的详实数据。他笔下的摩尔多瓦是一块得天独厚的宝地，拥有自然界所有的宝藏和美景。D. 坎泰米尔还在书中绘制了摩尔多瓦公国的首张地图。

第二部分介绍了摩尔多瓦公国的政治、司法、行政组织形式，大公的选举及其职权，大公与贵族间的关系，此外还有社会状况、军队和战争、立法和审判机构、公国的收入和向宗主国的进贡、宫廷礼仪、大公登基仪式，以及各种民间习俗。

第三部分涉及宗教信仰和语言、文字、教育。D. 坎泰米尔首先介绍了基督教在达契亚领土上传播的历史背景，解释了罗马尼亚人皈依"正信"——东正教的原因。还提到了天主教会在罗马尼亚各公国的存在，以及两个教会间日趋紧张的关系，特别强调了它们对文化和政治的影响。

通过引述大量的历史学、语言学和人种志文献，D. 坎泰米尔论证了罗马尼亚民族和语言的拉丁起源，及其在古老达契亚土地上的延续性。他指出，在费拉拉—佛罗伦萨高级教士代表会议（1439）之前，摩尔多瓦人就"和其他的操罗曼语的民族一样，开始使用拉丁字母了"。为了将天主教从摩尔多瓦公国斩草除根，剥夺年轻人阅读拉丁文典籍的机会，摩尔多瓦教区主教泰奥克蒂斯特一世（Theoctist I，?-?）（保加利亚族人）在君士坦丁堡普世牧首的支持下，建议善良的亚历山德鲁大公在其公国内不仅要禁止人们皈依其他宗教，还要禁止用拉丁字母代替斯拉夫字母。D. 坎泰米尔认为"正是这种无理要求使泰奥克蒂斯特一世成为摩尔多瓦久不开化的罪魁祸首"。①尽管 D. 坎泰米尔是东正教的坚定捍卫者，但他对剥夺罗马尼亚人拉丁文化传统的做法极为不满，认为在教会和官方文化中强制使用教会斯拉夫语导致摩尔多瓦公国长期处于落后衰败的境地。

D. 坎泰米尔是拉丁主义的积极推动者，一生致力于回归拉丁字母和拉丁文化，后世的阿尔迪亚尔学派继承了他未竟的事业。他的著作中提到了一些"文化启蒙"的迹象，例如将宗教典籍翻译成罗语，还有在 V. 卢普和 Ş. 坎塔库济诺创办的学校中不仅使用教会斯拉夫语，还用希腊语和拉丁语授课。D. 坎泰米尔理解的"启蒙"即指"让摩尔多瓦从（教会斯拉夫语主导的）野蛮文化中苏醒过来，并逐步走向光明"。启蒙进程的一个重要标志，就是"一个世纪前（17世纪）有几个摩尔多瓦人在波兰学习拉丁语和其他现代科学（……）M. 科斯廷就是其中的佼佼者，他后来成为摩尔多瓦有史以来最好的编年史家"。②

《摩尔多瓦纪事》文风淳朴，忠于史实，不仅体现了作者严谨的治学态度，更是将其两大特质——科学精神和文学天赋展露无遗。在历史回顾、社会批评、细节描写中时常穿插着来自民间的神话元素，显现出作者深厚的文学功底。史学家 P. P. 帕纳伊泰斯库将这本书称为"罗马尼亚人的第一部学术专著"，其学术价值不仅在于历史、地理、政治信息的丰富性，还在于它"首次深入探讨了罗马尼亚人的人种特征和民族心理"。民族传统、宗教信仰、艺术形式、婚丧习俗在书中得到了充分展示，形成了一张颇具启发性的民间文化清单。这部著作好比一座人种志数据宝库，记述了大量传说、谚语、婚礼祝词、节庆习俗、民间音乐、民间舞蹈（霍拉舞、圣灵降临节舞）、民间迷信（裸女求雨、命运女神、仙女、飞仙）、咒语、巫术等内容。

书中还提到了后世学者们极为关注的两大矛盾现象：其一是富饶的自然资源、如画的美景与落后的经济、政治状况间的严重对立；其二是辉煌的历史与没落的现实间的严重对立。摩尔多瓦公国的"可悲"状况也反映出了作者的危机意识和不幸遭遇。当时公国正处于奥斯曼

---

① D. 坎泰米尔：《摩尔多瓦纪事》，P. 潘德雷亚译，布加勒斯特，密涅瓦出版社，1981年。第 257 页。
② 同上书。第 259 页。

帝国的完全奴役之下，贪得无厌的土耳其人疯狂掠夺资源和财富，使得经济满目疮痍，古老的城堡变为荒地，整个国家沦为一片废墟。D. 坎泰米尔所处的时代与斯特凡大公统治下的辉煌形成了强烈反差：这个国家曾经强大，令人生畏，但眼下已全面沉沦。大贵族分裂成多个敌对阵营，被迫接受宗主国"赏赐"给他们的大公，套在"可怜的摩尔多瓦人"身上的枷锁被越收越紧。摩尔多瓦农民从此沦为"世上最不幸的农民，缺衣少食，日益贫困"。D. 坎泰米尔从农民阶级每况愈下的经济状况中看到了国家的衰败。根据他掌握的数据，1500-1700 年间，摩尔多瓦向宗主国的进贡额度从 4000 金币增长到 65000 帝国货币，而国民收入却大幅下降，不及从前的六分之一。土耳其的统治在他眼中如同世界末日，只有摆脱奥斯曼帝国，获得民族独立，才能将这个国家从水深火热中拯救出来。D. 坎泰米尔希望摩尔多瓦的困境能够博得西方国家的同情，在反抗奥斯曼帝国的斗争中施以援手。除经济低迷外，他还提到国家机关和军队腐败盛行，各种裙带关系导致行政体系效率低下。高级公职人员任人唯亲，而非任人唯贤，"狂傲自大，对国家事务一无所知，且本性恶劣"的人窃据高位。国家衰败最主要的原因是大公和大贵族间永无休止的内耗，以及通过向宗主国巨额进贡或向贵族行贿来窃取王位的恶习。

从《摩尔多瓦纪事》中可以看出 D. 坎泰米尔反对暴政，倡导开明君主制的政治理念。他主张实行大公领导下的中央集权制度，教会必须从属于国家。他认为只有使大公脱离贵族间的利益纠葛，建立一个独立自主的世袭君主制集权国家，才能提高行政效率，抗击奥斯曼帝国。他坚信，如果摩尔多瓦能够挣脱奥斯曼帝国的桎梏，限制贵族权力，建立开明君主制，必将重现往日穆沙丁家族（Muşatini）统治时期的辉煌。这样的政治信条支撑着他义无反顾地投入到斯特尼莱什蒂战役（译者注：摩尔多瓦与沙俄联合对抗奥斯曼帝国的战役）中。他将沙皇当作救世主，希望信仰基督教的民族能够将罗马尼亚人从土耳其的奴役下解救出来。

D. 坎泰米尔从历史中为实行世袭君主集权，限制贵族权力寻找依据，认为摩尔多瓦在世袭君主的专制统治下曾经强大，而贵族永远是混乱的制造者。这种看法与 N. 巴萨拉布《家训》中某些观点不谋而合。尽管他也曾有意强调自身的血统，但并不希望出现独裁统治，而是主张依法治国。只有国家内部固若金汤，才能阻止外国势力干预其内政。不幸的是，由于大贵族一直觊觎大公的王位，不惜卖国求荣，使得大公软弱无能且受制于人。正是只顾自身狭隘利益的贵族阶层让国家陷入了被外族奴役的境地。

《摩尔多瓦纪事》中还对罗马尼亚人的民族性进行了深入剖析。作者从社会学、政治学、人种志角度入手，将零距离的观察和远距离的批判巧妙结合，客观反映了1700年之前罗马尼亚民族的生存状况，尤其是第17章"摩尔多瓦人的劣根性"引起了史学家和分析家的广泛争议。D. 坎泰米尔旁征博引，勾勒出了罗马尼亚民族的精神轮廓。尽管他总结出的特征是概括性的，但兼顾正面与负面，极具说服力。他肯定了罗马尼亚民族的诸多优秀品质：罗马尼亚农民虽然贫困，但他们能够坚守"正信"、热情好客、心地善良、对人坦诚。他们宽容大度，绝非宗教狂热分子。但他用更多笔墨描绘摩尔多瓦人负面形象的做法触怒了许多评论家。他不留情面地说，摩尔多瓦人"除了信仰真理和热情好客外，实在乏善可陈"。对摩尔多瓦人"毫无原则"这一"劣根性"，更是予以猛烈抨击。他指出，"摩尔多瓦人是最善变的"，很多方面的问题都可以归结到"他们反复无常的本性"，高官们甚至可以用从公国攫取的财富来对抗自己的君主。即使在战争中，摩尔多瓦人的立场仍然摇摆不定："他们'胜易骄败易馁'，起初往往很勇敢，遇到挫折就开始退缩；开始时他们觉得一切都很容易，一旦遇到挫折就会不知所措，追悔莫及，但悔之已晚；他们在失败者面前时而宽容，时而暴戾；他们能轻易地忘记仇恨，但友谊也不能维持多久；他们英勇善战，疾恶如仇，但又常常轻易与敌人妥协；他们喜欢饮酒作乐，虽然不至于夜夜笙歌，但一旦饮宴就不醉不休；他们热爱生活，却经常因相信宿命而轻易放弃生命；他们不学无术，对最尖端的科学技术一无所知。"

D. 坎泰米尔的指控不可谓不严厉，上述特征与古典主义作家笔下的罗马尼亚民族大相径庭，可见其对"民族劣根性"深恶痛绝。D. 坎泰米尔为何要使用如此犀利的言辞呢？有评论家认为他只是为了泄私愤。由于未能被重新召回王位，其建立世袭君主制、实行中央集权、反抗奥斯曼帝国的政治主张得不到支持而对摩尔多瓦人心存不满。C. 诺伊卡则从历史和哲学的角度进行解读，认为D. 坎泰米尔的批判性实际上源于他"用西方的价值标准去衡量摩尔多瓦人",他的批评"既公正又不公正"。[①] 他的视角来自"更为光明的西方世界",必须在"爱国"与"爱真理"之间做出两难的抉择。揭露摩尔多瓦人不学无术、行为怪诞、纵欲过度、缺乏原则,只是因为爱之深责之切,希望他们更为理性、坚毅、执着,并保持言行一致。

6. D. 坎泰米尔与罗马尼亚民族意识;"永恒"与"历史"间的矛盾

C. 诺伊卡对 D. 坎泰米尔赞誉有加,因为他的作品反映了罗马尼亚人在步入现代之初,其民族意识遭遇的危机。D. 坎泰米尔在《摩尔多瓦纪事》中写道:"我们之所以要揭露摩尔多瓦人的劣根性,是因为一方面,对祖国的热爱激励我们去颂扬养育我们的土地和这片土地上的人民;而另一方面,对真理的热爱又阻止我们去夸赞那些本该受谴责的事情。对摩尔多瓦人而言,逆耳忠言比文过饰非更为有益。只有这样,当更为光明的世界看到这些恶习并进行谴责时,他们才能从善如流。"

D. 坎泰米尔极为注重罗马尼亚人的国际形象,但同时他也清楚地意识到,主观性(对民族的爱)与客观性(对真理的爱)之间的矛盾普遍存在于社会、历史和人文层面。这种矛盾贯穿了罗马尼亚现代思想史,甚至在当今的后现代文化中也时时显现出来。我们在历史长河中选取几个标志性的时间节点,来说明 D. 坎泰米尔在罗马尼亚文化史上的地位:1521 年,N. 巴萨拉布逝世;两百年后的 1723 年,罗马尼亚文化史上的另一高峰 D. 坎泰米尔轰然倒塌;又过了两百年后的 1918 年,罗马尼亚人的三个公国实现了大统一,L. 布拉加在次年出版了《我的神庙的基石》和《光明诗集》,成为罗马尼亚现代文化领军人物。换言之,在 N. 巴萨拉布《家训》问世 4 个世纪后,即 D. 坎泰米尔的《罗马—摩尔多瓦—瓦拉几亚史》问世 2 个世纪后,罗马尼亚文化结束了漫长的转变,全面步入现代,在欧洲艺术、科学、哲学、经济、社会思想领域崭露头角。C. 诺伊卡将 N. 巴萨拉布、D. 坎泰米尔和 L. 布拉加看作罗马尼亚文化史史上的三位标志性人物,各领风骚二百年。如果将 L. 布拉加换成 N. 约尔加或 D. 古斯蒂,这样

---

① C. 诺伊卡:《论罗马尼亚精神》,布加勒斯特,人性出版社,1993 年。第 46-72 页。

的说法也依然成立。重要的是通过这些伟大人物，可以更为准确地把握罗马尼亚文化发展的周期性和整体走向。

C. 诺伊卡将 N. 巴萨拉布称为罗马尼亚的良心，自我、世界、历史在他身上和谐共处。他生活的年代是罗马尼亚文化的幸运期，感受着两个世纪前文艺复兴的遗韵，"永恒"与"历史"间的悖论那时尚未显现。到 D. 坎泰米尔生活的年代，罗马尼亚人面临新的历史挑战，现代文化正逐渐取代传统的宗教文化，因此在他身上表现出了极强的批判意识和警觉性。新旧两个世界，东西方两种文明同时存在于他的思想中。他坚信罗马尼亚人应该创造"历史"，从拜占庭僵化的"永恒"中走出来，进入日新月异的"历史洪流"中。他将法国国王路易十四、瑞典国王查理十二世和俄国的改革家彼得一世引为楷模。两个世纪后，罗马尼亚人建立了统一的现代国家。"思想最为深邃的罗马尼亚哲学家"L. 布拉加凭借其极具"个性"和"概念性"的著作跻身现代文化前沿。但与此同时，他又大力弘扬非主流的民间文化，赞颂"非文人创作的、佚名的、未载入史册的作品"，推崇乡村生活和神话元素，显得与现代主流文化格格不入。在《教理始源》一书中，L. 布拉加甚至用某些源自拜占庭宗教思想的观点来对量子物理新发现进行哲学解释。从他的身上，可以看到罗马尼亚文化在现代世界历险后的回归。

让我们再回到 D. 坎泰米尔。尽管他本人是东方问题专家，但他是以西方精神代表的身份出现在东方世界的。在东正教和伊斯兰教世界（如君士坦丁堡、莫斯科、圣彼得堡）生活期间，他的写作语言既不是教会斯拉夫语，也不是希腊语，而是西方学者惯用的拉丁语。罗马尼亚文化兼收并蓄的特质在他身上得到了充分体现。两个半世纪后，M. 伊利亚德在新的历史背景下再次演绎了 D. 坎泰米尔的经历，两者的命运有着极大相似性。D. 坎泰米尔曾长期游学和流亡，最终客死他乡。虽然身处东方，但仍用拉丁语为西方读者撰写关于东方的故事。M. 伊利亚德也曾受过良好的教育，他博览群书，周游列国并吸收了东方思想。在长达半个世纪的流亡生活中，他笔耕不辍，终于扬名西方学术界。他撰写了许多关于东方世界的作品，旨在摆脱西方中心论，为古代文化、前现代文化和非西方文化平反。两人的共同点还有：他们都深谙罗马尼亚民间传统和信仰，对其充满兴趣和好感；都具有百科全书式的广阔视野；在学术研究中都善于运用比较法，学术思想带有人文主义色彩。

C. 诺伊卡指出，D. 坎泰米尔有着广博的历史文化视野，对摩尔多瓦和发达国家间的差距了然于胸，在其作品的字里行间经常能看到各种对比和评判。他常常依照源自西方的道德和历史标准对罗马尼亚民族提出严厉批判，揭露罗马尼亚民族的"劣根性"，例如东方式的宿命论，容易向恶势力妥协，做事不能持之以恒。因此，罗马尼亚人必须洗心革面，从内部改造自己的思想。用今天的话来说，就是需要一种新风气，融入"时代精神"之中。但他对现代化道路上的艰难险阻也有着清醒的认识。P. 安格尔（Paul Anghel，1931-1995）指出，17 世纪的编年史家们清楚地列举了罗马尼亚人所需面对的挑战、风险和障碍，例如：G. 乌雷凯曾说"从地缘政治角度看，我们所处的位置十分险恶，国家处于所有恶势力的必经之路上"；M. 科斯廷和 C. 坎塔库济诺一致认为"我们生活在一个可怕的时代，时局对我们非常不利"。D. 坎泰米尔根据这些编年史的叙述得出了一幅"惨不忍睹的图景"，让人感觉罗马尼亚历史就是"一出悲剧接着一出悲剧"。[①]他无奈地承认"我们面对历史洪流尚未做好心理准备"。

阿尔迪亚尔学派也同样认为罗马尼亚人尚未准备好迎接新时期的文化思潮、科技竞争和历史挑战，因为"他们尚不具备完善的教育体制和完整的民族历史，他们落后的语言无法表达现代思想，而他们的行为更是软弱无力"。D. 坎泰米尔只是众多批判者中的一个，他在现代的曙光来临之际，总结出罗马尼亚人具有以下弱点：对民族历史缺乏深入了解；书面语言尚未成形；科学教育水平落后；现代制度极不健全；缺乏进取心；文学、哲学、戏剧、出版发展滞后。这就是 E. 萧沆所说的"历史空白"，严重阻碍了罗马尼亚的现代化步伐。填补这些空白，将成为人文主义者和阿尔迪亚尔学派代表人物肩负的使命。他们为此制定了全面的现代化纲领，内容包括鼓励创作和翻译、紧跟西方现代思想、大力发展教育，等等。19 世纪的罗马尼亚文化主将们沿袭了这一纲领并将其发扬光大。

---

① P. 安格尔：《情感新档案》，布加勒斯特，埃米内斯库出版社，1975 年。第 10-30 页。

第三章

现代化的历史背景 * 阿尔迪亚尔学派和启蒙时代 *
18世纪和19世纪上半叶的现代化进程 *
文化奠基者的时代和"四八"革命运动

第一节　罗马尼亚文化启蒙时代和阿尔迪亚尔学派

1. 罗马尼亚文化启蒙时代

启蒙主义（或启蒙运动）是18世纪在西方国家兴起的一场浩大的思想运动，现代理性主义和全新的科学世界观最终在这场运动中取得了胜利。总的来说，人们思想的"启蒙"是通过文化和知识来实现的。通过这一过程，人们逐渐相信社会处于不断发展中，人类有能力主宰大自然，并按照一定的理性法则来管理世间万物。所有这些价值观和态度都凝聚成一句口号——"觉醒吧，你能行"。启蒙主义还表现为对宗教、传统和迷信的批判，以及对"野蛮"和"黑暗"的中世纪的批判。人们将理性看作真正的神，它不仅具有自主判断力和普遍认知力，还是所有价值评判的终极标准。这一时期的思想家对于人类道德和理性进步充满自信，开始对一系列矛盾加以探讨，例如人与自然的矛盾、理性与感性的矛盾、文明与野蛮的矛盾、进步与停滞的矛盾、自由与奴役的矛盾，等等。

在社会思想方面，启蒙主义倡导自由思想，主张理性治国。自然权利论（与封建时期占主导地位的"历史权利论"和神权相对立）、社会契约论等一系列新的理论相继产生。根据这些理论，社会应该建立在个人理性、自由、自愿的基础上，人类就是通过这一基础实现从自然状态向社会状态转变，并协调个人自由和集体意志之间的关系。

1789 年法国大革命期间发表的《人权宣言》是对这一时期人文与社会思想的写照，革命思想还普遍体现在当时的文学、哲学、政治中。在英国，笛福（Daniel Defoe，1660-1731）和斯威夫特（Jonathan Swift，1667-1745）用寓言式的作品辛辣讽刺了社会偏见。霍布斯（Thomas Hobbes，1588-1679）、洛克（John Locke，1632-1704）、休谟（David Hume，1711-1776）、牛顿等世界级思想家重新确立了人类的认知范式。在法国，伏尔泰、狄德罗（Denis Diderot，1713-1784）、达兰伯特（Jean le Rond d'Alambert，1717-1783）、孟德斯鸠、卢梭（Jean Jacques Rousseau，1712-1778）等一批"百科全书式人物"在文化和政治领域发挥了同样的作用。这些 18 世纪中叶的思想家深化了社会契约论、自然权利论等现代民主理论。德国启蒙时期的重要思想家有赫尔德（Johann Gottfried von Herder，1744-1803）、莱辛（Gotthold Ephraim Lessing，1729-1781）、歌德（Johann Wolfgang von Goethe，1749-1832）、康德（Immanuel Kant，1724-1804）等，其中康德是现代理性主义的集大成者。他们的思想产生于深刻的政治和社会变革之中，其影响力在 1789 年法国大革命之前就已遍布整个欧洲。

罗马尼亚各公国的启蒙运动在 18 世纪、19 世纪之交迎来了高潮，标志着学术和文化领域新旧思想的交替。启蒙思想最先在特兰西瓦尼亚公国萌芽，阿尔迪亚尔学派也在此兴起。到 18 世纪末，随着推翻法纳里奥特大公的斗争趋于白热化，运动的中心开始向摩尔多瓦和蒙特尼亚公国转移。在 1750-1840 年的漫长时间里，启蒙主义和革命浪漫主义思潮一同融入了罗马尼亚民族精神之中，为"四八"革命运动创造了有利条件。在罗马尼亚各公国和整个东南欧地区，启蒙主义与民族意识有机结合起来，进一步刺激了文化和政治的变革。反观西方国家，除了较晚实现统一的德国和意大利，民族意识主要通过法律形式表现出来，并未经历东南欧国家那样的"民族意识觉醒"阶段。

在这一时期，罗马尼亚知识分子的思想和行动基本围绕着两大主题展开：其一是传播现代理性主义文化和推动思想变革；其二是通过文化和政治启蒙唤醒民族意识。对罗马尼亚人而言，启蒙主义并不意味着像西方国家一样打破文化发展的连续性，而是通过人文主义者和进步学者的努力使从前的思想积淀进一步发展。西方的启蒙运动旨在对封建制度进行清算，消除中世纪的野蛮和蒙昧，而在罗马尼亚各公国，启蒙运动却重在对历史的研究和重建。罗马尼亚各公国的启蒙运动是在以下历史背景下展开的：

- 1691 年：特兰西瓦尼亚成为哈布斯堡王朝的自治公国；

- 1689-1701 年：特兰西瓦尼亚建立了与罗马教廷"联合"的希腊天主教会。联合教会主教 I. I. 米库 - 克莱因（Ion Inocenţiu Micu-Klein，1692-1768）推行了以下举措：制定民族和社会启蒙纲领、开展罗语教育、图书编撰和翻译、加强与西方思想的接触；

- 1711 年、1716 年：摩尔多瓦和蒙特尼亚公国分别进入法纳里奥特大公统治时期；

- 1759-1761 年：特兰西瓦尼亚公国爆发索夫罗涅（Sofronie de la Cioara，?-?）起义，反抗天主教对东正教的压迫。起义的导火索是奥匈帝国将军布克乌（Adolf von Buccow 1712-1764）拆毁了特兰西瓦尼亚地区东正教堂的高塔；

- 1774 年：《库楚克 - 凯纳尔吉和约》和约签订，摩尔多瓦和蒙特尼亚公国获得自治和贸易自由，俄罗斯的影响力在奥斯曼帝国统治地区持续增长；

- 1775 年：布科维纳被划归奥匈帝国。1777 年，G. 吉卡三世（Grigore III Ghica，?-1777）大公遇害；

- 1784 年：爆发了霍雷亚、克洛什卡（Ion Oargă Cloşca，1747-1785）和克里山（Gheorghe Crişan，1733-1785）领导的起义；

- 1785 年：神圣罗马帝国皇帝约瑟夫二世（Iosif al II-lea，1741-1790）改革，特兰西瓦尼亚的农奴制解体；

- 1791 年：《特兰西瓦尼亚罗马尼亚人请愿书》问世，这部历史文献充分展示了罗马尼亚人的民族意识；

- 1818 年：Gh. 拉泽尔开始在布加勒斯特的圣萨瓦王公书院中用罗语授课，这所学校后来在 I. H. 勒杜列斯库等学者的支持下得到了长足发展；

- 1821 年：T. 弗拉迪米雷斯库（Tudor Vladimirescu，1780-1821）革命爆发，主张实行本土大公统治，并提出了政治改革纲领；

- 1826 年：D. 戈列斯库（Dinicu Golescu，1777-1830）的代表作《我的游记》出版；

- 1828 年:《亚得里亚堡条约》签订，结束了土耳其对罗马尼亚各公国的贸易垄断。对西方国家，特别是对英国的农产品出口，引起了西方列强对罗马尼亚各公国的关注；
- 1831 年、1832 年:沙俄在蒙特尼亚、摩尔多瓦两公国颁布的《组织规程》生效，为两公国的政治现代化奠定了基础；
- 1840 年：M. 科格尔尼恰努在《达契亚文学》上刊文，制订了罗马尼亚文化重建计划；
- 1848 年：罗马尼亚各公国爆发资产阶级民主革命。

发生在政治、社会、文化层面一系列变革使封建制度逐步瓦解，西方影响日盛，罗马尼亚各公国的现代化进程开始启动。1829 年之后，各公国与西方国家的经济往来日益频繁。正如 E. 洛维内斯库所言，"罗马尼亚民族的发展轴线发生了改变"，开始从东方转向西方。罗马尼亚人通过以下途径与西方世界频繁交流，启蒙思想也随之深入人心：

- 阿尔迪亚尔学派代表人物在西方留学期间接受了理性主义思想；
- 一些希腊和法国学者随同法纳里奥特大公来到摩尔多瓦和蒙特尼亚公国；
- 俄国和奥匈帝国的军队因政治原因滞留在罗马尼亚各公国；
- 各公国与西方国家的贸易联系日益紧密；
- 与西方国家的文化和外交关系得以巩固；一些贵族和青年周游西方各国；对西方文学作品的译介；书籍的出版流通；图书馆的建立；
- 罗马尼亚知识分子赴西方国家高校深造。

2. 阿尔迪亚尔学派产生的历史背景及其民族发展纲领

在罗马尼亚各公国，启蒙思想传播的政治和社会环境并不相同。当时特兰西瓦尼亚公国刚刚从奥匈帝国的专制统治下获得自治，摩尔多瓦和蒙特尼亚公国仍在为脱离法纳里奥特大公统治而奋斗。要了解阿尔迪亚尔学派代表人物的思想和主张，必须首先了解 18 世纪初特兰西瓦尼亚公国的政治、社会和民族状况。

特兰西瓦尼亚公国最初的地位相当于一个自治省，大公是行政、军事、司法最高首脑。大公的权力受宗教代表大会制约，该组织由特权阶层构成，吸收了部分本土贵族和富人代表。宗教代表大会中原先也有罗马尼亚族代表席位，但 1437 年博巴尔纳起义后，匈牙利族、萨斯族和赛库伊族签订了《三民族联合协定》，将占人口大多数的罗马尼亚族排挤到政治生活之外。为了给农奴阶层争取更多经济权益，1514 年在 Gh. 多扎的领导下爆发了起义。1526 年，由于匈牙利军队在莫哈奇战役中失利后未能得到罗马尼亚族农奴的犒劳，匈牙利贵族颁布了《威尔伯茨法》，将农奴约束在土地上，用"有史以来最残忍的条约"[①]对占人口绝大多数的罗马尼亚人实行残酷剥削。

1541-1688 年间，特兰西瓦尼亚成为奥斯曼宗主国辖下的自治公国，地位与摩尔多瓦和蒙特尼亚公国相似。特兰西瓦尼亚大公拥有自己的内阁，原先的宗教代表大会演变为特兰西瓦尼亚议会，设 150-200 名议员，由贵族代表、各级行政区代表、高级官员等构成。作为农奴的罗马尼亚人在官方文件中被称为"瓦拉几亚草民"，无权从政或进入公务机构任职，对他们的"容忍"只是出于"公共利益"。换言之，罗马尼亚人只履行义务而不享受任何权利。对他们的压迫来自整个社会，他们的东正教会也仅仅被看作一个"被容忍的"教会。

16 世纪、17 世纪，路德和加尔文（Jean Chauvin，1509-1564）发起的宗教改革浪潮席卷了整个欧洲，对天主教教士唯利是图、道德败坏，对罗马教廷谋求政治霸权提出了严正批判。特兰西瓦尼亚地区也同样存在着复杂的宗教矛盾。经过长期斗争，新教从天主教手中夺取了大片阵地，该地区也成为新教扩张的据点。大量匈牙利人、萨斯人和赛库伊人皈依了新教。1571 年，特兰西瓦尼亚议会（由三大特权民族：匈牙利族、萨斯族、赛库伊族代表组成）通过一项决议，正式认定罗马天主教、路德宗、加尔文宗、一位论派为合法宗教。由于当时的大公信仰加尔文宗，信徒人数超过上述四种教派总和的东正教遭到排挤，但当局强迫罗马尼亚人皈依新教的企图亦未能得逞。

在摩尔多瓦和蒙特尼亚两国大公和教会的支持下，特兰西瓦尼亚的罗马尼亚人尽管未能阻止新教推广计划（如翻译出版宗教书籍，将罗语引入教会等），但成功抵制了加尔文派的同化。罗马尼亚人顶住了来自各方的压力和迫害，坚守信仰，粉碎了他人利用转变宗教信仰搞民族分裂的企图。由于新教徒在宗教生活中用匈牙利语替代拉丁语，因此罗马尼亚人的加尔文化也就意味着匈牙利化。实际上，少数

---

① C. 阿尔布（Corneliu Albu）：《追寻杨·伊诺琴丘·米库 - 克莱因的足迹》，布加勒斯特，体育和旅游出版社，1983 年。第 29 页。

皈依了这一教派的罗马尼亚富人也确实被匈牙利化了，逐渐丧失了罗马尼亚民族身份。在此期间，《威尔伯茨法》（1514）、《通行法律》（1653）、《法律汇编》（1669）等一系列限定罗马尼亚人权利的法案得以颁布。面对新教的扩张，罗马尼亚人坚决捍卫自己的古老习俗和宗教信仰，他们的诉求被阿尔迪亚尔学派的领袖们汇总在《特兰西瓦尼亚罗马尼亚人请愿书》（1791）中。

1690年，不断向东扩张的哈布斯堡王朝吞并了特兰西瓦尼亚公国，对江河日下的奥斯曼帝国构成严重威胁。在此后近两百年时间里，罗马尼亚人的三个公国分别处于奥斯曼帝国、哈布斯堡帝国和沙俄帝国的势力范围内。由于三大帝国间战事不断，罗马尼亚各公国长期处于不同军事力量的占领之下，政局动荡。不利的地缘政治格局使得三个公国的经济和文化发展严重受阻，特兰西瓦尼亚的罗马尼亚人处于经济上被奴役，政治上受排挤的地位，另两个公国的财富则遭到法纳里奥特大公的疯狂掠夺。

阿尔迪亚尔学派正是在这一背景下产生的，其创立和发展与17世纪末18世纪初的一些重大事件紧密关联。由于特兰西瓦尼亚的匈牙利人、萨斯人、赛库伊人的经济、政治、宗教精英早已皈依新教，因此哈布斯堡王朝占领当地后，在宗教上陷入了不利处境。为此，王朝当局对特兰西瓦尼亚地区发起了天主教再改造运动，以求重新分配各宗派的势力，为推行来自维也纳的政策扫清障碍。为实现这一战略意图，维也纳当局把目光转向了多数民族，即信奉东正教的罗马尼亚族。东正教高级教士和信徒陆续皈依天主教致使局势骤然紧张，地区冲突一触即发。奥匈帝国当局采纳了枢机主教 L. K. 科隆尼奇（Leopold Karl von Kollonitsch，1631-1707）的方案，恩威并施，分别于1697年和1698年成功说服 T. 塞雷米（Teofil Seremi，?-1697）主教及其继任者 A. 安格尔（Atanasie Anghel，?-1713）主教。后者带领38名罗马尼亚高级教士接受与罗马教廷"联合"，以换取一些物质回报（例如不再进贡，不再被看作"被容忍的"，享有与天主教教士平等的地位，等等）。①

---

① A. 安格尔曾师从 A. 伊威列亚努，在布加勒斯特被授予神职并被派到特兰西瓦尼亚去捍卫东正教，他的行为遭到了虔诚的罗马尼亚东正教僧众的强烈抨击。摩尔多瓦公国、蒙特尼亚公国、君士坦丁堡和耶路撒冷的教会领袖们诅咒攻击他，把他称为"又一个出卖信仰的犹大"。曾经给予其资助的 C. 布伦科韦亚努大公、C. 坎塔库济诺和许多知名人士纷纷谴责 A. 安格尔的"叛变"行径。

1699 年，奥匈帝国皇帝利奥波德一世（Leopold I，1640-1705）颁布了关于宗教联合的《特许证》。该文件中提出的条件苛刻无比，东正教神父在特兰西瓦尼亚公国的"农奴"身份，以及他们遭受当局迫害的处境并未得到改变。文件规定，特兰西瓦尼亚的东正教徒须接受佛罗伦萨高级教士代表会议在 1439 年确定的某些天主教教义，[①] 新成立的"联合教会"允许保留东正教的仪式、弥撒、教历，以及所有在罗马尼亚人心中根深蒂固的传统习俗。

早在 1697 年的高级教士代表会议上，联合教会的领袖们就提出了罗马尼亚农民的诉求。他们认为既然接受联合，就应与公国其他居民享有同等权利，不应再被认为是"被容忍的"。这一请求一旦获得通过，罗马尼亚人的赋税和徭役将被免除，因此遭到了由三个"特权民族"把持的特兰西瓦尼亚议会，特别是匈牙利贵族的否决。"宗教联合"无非是一种权宜之计，在罗马尼亚族民众中并未引发太大反响。为此，竭力推行天主教化的维也纳宫廷顺应民众的呼声，奥波德一世于 1701 年 3 月 19 日颁布了第 2 号《特许证》，在追加的第 3 条中规定："即便是农奴，在皈依联合教会后也应和国家的其他臣民一样被认为是当地土著，不再像如今那样被认为是'被容忍的'"。[②] 有利于罗马尼亚人的第 2 号《特许证》只在特兰西瓦尼亚议会秘密刊发，且遭到了匈牙利贵族的全力抵制。当罗马尼亚人敦促公国和奥匈帝国当局落实该文件时，得到的回复是该文件已经遗失，或矢口否认其有效性。尽管相关条款最终未能落实，但它们的提出使罗马尼亚人看到了获得与其他三个"特权民族"同等政治和经济权利的可能性，为罗马尼亚人的社会和政治诉求提供了法理依据，动摇了特兰西瓦尼亚公国封建制度的合法性。联合教会中的罗马尼亚族领袖们更是将宗教联合看作一种政治策略，为改善罗马尼亚人经济状况，争取民族平等地位而积极奔走。

---

① 宗教联合的前提条件是接受天主教四大教义：承认教皇为教会首脑；承认炼狱的存在；在分圣餐仪式中使用无酵面包（圣饼）；接受圣灵同时源自圣父和耶稣的理论，而不是东正教认为的仅仅来自圣父（即"和子句"纠纷）。

② C. 阿尔布：《追寻杨·伊诺琴丘·米库 - 克莱因的足迹》，布加勒斯特，体育和旅游出版社，1983 年。第 55-56 页。该文件第 8 条还规定："在阿尔巴 - 尤利亚、哈采格、弗格拉什等地为罗马尼亚人开办学校。"

3. I. I. 米库-克莱因的民族发展规划

经历了三十年的波折后，[①]I. I. 米库 - 克莱因最终当选联合教会的领导人，由此成为罗马尼亚人心目中的民族英雄和传奇人物。他1692 年出生于锡比乌附近萨杜村的一个农民家庭，曾在锡比乌、克鲁日和斯洛伐克特尔纳瓦市（曾是匈牙利的罗马天主教总教堂所在地）的耶稣会学校学习。[②]就学期间他骄傲地发现，罗马尼亚人 N. 奥拉胡斯曾在两个世纪前在此担任大主教。1728 年，年仅 36 岁的 I. I. 米库 - 克莱因当选特兰西瓦尼亚希腊天主教教会主教（1732 年得到官方认可），1751 年卸任。他凭借这一身份获得了皇室顾问的头衔，1733 年被册封为男爵并在特兰西瓦尼亚议会中获得一个席位。I. I. 米库 - 克莱因也因此成为首位有权参与议会事务的罗马尼亚人。

为唤醒罗马尼亚人的民族意识，I. I. 米库 - 克莱因制定了详细的政治文化发展规划。他将特兰西瓦尼亚的罗马尼亚人比喻为埃及人压迫下的犹太奴隶，而他自己就像摩西一样，听到了大众的呼声，有义务担负起领导民族启蒙的责任。他的规划已经超越了宗教范畴，旨在为罗马尼亚人争取政治、经济、社会和文化权利。他以联合教会主教的身份向奥匈帝国皇室和特兰西瓦尼亚议会递交了无数备忘录和请愿书，坚决要求实施帝国第 2 号《特许证》中第 3 款的内容，从法理和事实上承认特兰西瓦尼亚地区罗马尼亚人的政治、经济和公民权利。他呼吁当局给予罗马尼亚人公国中"第四个民族"的身份，和其他三个民族一视同仁，可入学接受教育或进入公务机关工作，并拥有接受

---

① 1703-1711 年，F. 拉科奇二世（Francisc Rákóczi al II-lea，1676-1735）发动了反对奥匈帝国的宗教战争。1713 年前，A. 安格尔一直担任特兰西瓦尼亚希腊天主教联合教会的领导，1715-1721 年间由 I. 杰奥尔久 - 帕塔基（Ioan Georgiu-Patachi，1680-1727）继任。后者是罗马尼亚族的罗马天主教神父，曾在罗马修习神学，后任弗格拉什主教。他死心塌地为外族势力服务，并强行推动宗教联合。对东正教的迫害导致了罗马尼亚人与联合教会间的严重对立。1727 年，I. 杰奥尔久 - 帕塔基逝世，年仅 46 岁。1728 年，I. I. 米库 - 克莱在高级教士会议上当选为联合教会主教，从此开启了一个新纪元。

② 据传记记载，I. I. 米库 - 克莱因直至十五六岁才学会说话。据说他第一次开口说话的环境很诡异：在一个暴风雨之夜，当这个"哑孩子"看见森林中的一队伐木工人时，就大声示警"树枝断了"。同年（约 1707），他陪父亲去锡比乌卖一车木材，在集市上遇到了一个耶稣会教士。教士对秀外慧中的 I. I. 米库 - 克莱因赞赏不已，建议他跟自己进耶稣会学校学习。虽然他父亲极力反对，但年轻人把握住了自己的命运，说："爸爸，我要去。"此后他再也没有回过故乡，一生致力于履行其肩负的艰巨使命，为苦难深重的罗马尼亚民族鞠躬尽瘁。见 C. 阿尔布：《追寻杨·伊诺琴丘·米库 - 克莱因的足迹》。

罗语教育的权利。I. I. 米库 - 克莱因指出，公国中的绝大多数居民没有丝毫权利，甚至被冠以"被容忍的"侮辱性称谓，这是极不正常的。必须废除匈牙利人、萨斯人和赛库伊人贵族享有的封建特权。他将宗教联合作为政治工具，为公国中的所有罗马尼亚人主张民族和社会权利。但他制定的规划推进得并不顺利，"宗教联合的热情在争议中被消耗殆尽——一方面是为了取悦奥匈帝国皇帝，另一方面是由于特权民族的阻挠，因为宗教信仰已经成为他们攫取利益和权力的基础"。[①]I. I. 米库 - 克莱因旁征博引，用各种证据来支持自己的诉求，并从中总结出了三大理由：

- 罗马尼亚人从古至今一直生活在此，拥有高贵的罗马起源，理应在特兰西瓦尼亚的土地上享有权利；
- 罗马尼亚人是特兰西瓦尼亚人口最多的民族，他们的权利缺失是极大的不公；
- 罗马尼亚人诚实劳动，依法纳税，为国家建设作出了贡献，应该与其他民族享有平等的政治、经济、文化权利。

在 I. I. 米库 - 克莱因援引的理论中，不仅有历史权利论，还有自然权利论，后者正是现代治国理念的基础。他主张依照自然权利论和特兰西瓦尼亚的实际情况，允许罗马尼亚人进入议会和行政机构，将其看作享有同等权利的"民族"，而非受尽歧视"草民"。他在请愿书中慷慨陈词："无论是赋税，还是支付给省内官员的工资，罗马尼亚人都承担着最大的份额和义务。那么为什么在政治、经济和文化权利方面不能将他们和其他民族一视同仁呢？自然权利论指出，责任承担者必须体会到自身价值所在"。[②]可见，I. I. 米库 - 克莱因将联合教会看作表达罗马尼亚民族政治诉求、主张同等经济权利、猛烈抨击封建特权的有力武器。匈牙利贵族正是通过这种特权机制来巩固其统治地位，达到长期奴役罗马尼亚人的目的。I. I. 米库 - 克莱因要求减少罗马尼亚农奴服徭役的天数，给予他们与匈牙利族、赛库伊族农奴同等的待遇，归还罗马尼亚人被侵占的土地，允许罗马

---

① L. 布拉加：《18 世纪特兰西瓦尼亚公国罗马尼亚人的思想》，布加勒斯特，科学出版社，1966 年。第 40 页。

② C. 阿尔布：《追寻杨·伊诺琴丘·米库 - 克莱因的足迹》，布加勒斯特，体育和旅游出版社，1983 年。第 137-145 页。下文中所引用的 I. I. 米库 - 克莱因的言论均同此出处。

尼亚城市手工业者参加行会，保障罗马尼亚农奴子弟受教育的权利。这一切都是为了将罗马尼亚人从"被容忍的草民"身份中解救出来，使其作为一个民族得到应有的权利和尊重。他说："这个民族可歌可泣，他们遭受着比犹太人在埃及更深重的奴役（……）他们必须在议会和政府中拥有自己的代表，保护其免遭荼毒（……）罗马尼亚族付出的劳作比其他所有民族的两倍还多，他们支付给政府官员的工资则更多，那为什么不按照他们付出的金钱，在政府中安排一个人来保护其利益呢？"

尽管 I. I. 米库 - 克莱因官至主教、男爵、皇室顾问，但作为罗马尼亚农民的儿子，他永远站在罗马尼亚民族的立场上，而不是从联合教会教士的立场来思考和发声。他成功叩开了维也纳宫廷的大门，却遭到特兰西瓦尼亚封建贵族的反对。他拉开了罗马尼亚各公国启蒙运动的大幕，将宗教诉求转化为政治和文化诉求，为争取罗马尼亚人的社会和政治权利不懈努力。他非常重视教育对民族启蒙的作用，为布拉日学校的建立提供了大量资助。I. I. 米库 - 克莱因还提出了极为明确的政治主张，要求在特兰西瓦尼亚议会中给予罗马尼亚人代表席位："即使不接受联合教会神父进入议会，也应该允许信仰希腊天主教的罗马尼亚非神职人员加入"。可见，他的诉求绝不仅限于宗教层面，更是为罗马尼亚人制定了长远的政治、社会、民族发展规划。

4. 从"瓦拉几亚草民"到"瓦拉几亚民族"

I. I. 米库 - 克莱因向维也纳宫廷和特兰西瓦尼亚议会递交了无数请愿书，要求当局履行 1701 年第 2 号《特许令》中的许诺。匈牙利贵族要求他在请愿书中沿用传统的说法"瓦拉几亚草民"，而非"瓦拉几亚民族"，遭到了断然拒绝。这一称谓对于 I. I. 米库 - 克莱因有着非同寻常的意义，他威胁说，如果不能所有罗马尼亚人看成一个"民族"，不承认罗马尼亚人的这些权利，就废除与罗马教廷的联合关系。此举激起了匈牙利贵族阶层的强烈不满，当他们在议会辩论中理屈词穷时，[①] 就用最恶毒的语言诅咒他，甚至企图将他从窗口扔出去。

---

① 下面是 I. I. 米库 - 克莱因与一些议员辩论的节选：—"罗马尼亚人只是些草民！"—"他们还能怎样，因为你们榨干了他们的血汗！"—"他们太懒惰！"—"懒惰？只有罗马尼亚人在盐矿、铁矿和金矿里劳作，有些人都已经皮开肉绽了！"—"罗马尼亚教士和民众并不是真心想要联合！"—"谁都没有资格评判他人内心深处的想法！"

为了维护其特权，一些匈牙利贵族甚至不惜抵制请愿书中有利于维也纳宫廷的条款。他们在一份备忘录中警告特蕾西娅（Maria Theresia，1717-1780）女皇："罗马尼亚农奴无论如何都不能算作一个民族，否则三个特权民族为捍卫国家和王位而赢得的荣誉将会灰飞烟灭。"三个特权民族的代表之所以有如此激烈的反应，正是因为罗马尼亚民族的人口超过了其他三个民族的总和，一旦承认了他们应有的权利，就"可能摧毁国家原有的法律"。

I. I. 米库 - 克莱因主教不仅亲自发起了这场伟大的斗争，而且孤军奋战了二十年，L. 布拉加因此称其为"特兰西瓦尼亚公国最伟大的罗马尼亚政治家"。[1] 这场残酷的政治斗争延续了近两百年，在后来者的不懈努力下，这块土地上的罗马尼亚人直至 1918 年才获得解放，彻底摆脱了被奴役的命运。I. I. 米库 - 克莱因主教以"罗马尼亚民族"的名义一再敦促，使得特兰西瓦尼亚议会中人数众多的匈牙利贵族惊慌失措。他们在 1736 年向维也纳宫廷的请示中说："他向我们提出的要求简直骇人听闻，妄图将从国王和大公处获得的最古老的特权和豁免权削减到最低限度（……）还要求给予瓦拉几亚神父和草民他们从来就不配拥有的权利。对于这些闻所未闻重大请求，我们这些参加本届议会的人无从回应，对于如此突然的重大事件既无授权也无准备。在将祖先抛头颅洒热血赢得的权利给予瓦拉几亚人之前，我们必须征求家里人的意见"。[2]

I. I. 米库 - 克莱因的部分诉求得到了神圣罗马帝国皇帝卡尔六世（Carol al VI-lea，1685-1740）的支持，但在具体实施过程中却遭到特兰西瓦尼亚议会的拖延、搪塞和阻挠。1740 年卡尔六世去世后，特蕾西娅女皇登基。她实行偏袒匈牙利贵族的政策，不仅断然拒绝了 I. I. 米库 - 克莱因主教的请求，还试图将其剪除。1743 年，I. I. 米库 - 克莱因向特蕾西娅女皇提交了最后一份备忘录（《请愿书》），用更为强硬的措辞重申了特兰西瓦尼亚地区所有罗马尼亚人的心

---

[1] L. 布拉加：《手稿、散文、讲义和论文》，布加勒斯特，密涅瓦出版社，1972 年。第218 页。
[2] C. 阿尔布：《追寻杨·伊诺琴丘·米库 - 克莱因的足迹》，第 9-10 页。

愿。① 在这些基本诉求被再次驳回后，I. I. 米库 - 克莱因意识到帝国和公国当局企图永久奴役罗马尼亚人，但他仍未放弃斗争。1744年6月，他又一次召集了高级教士特别会议，参会的有联合教会和东正教神父、罗马尼亚地主和农奴，以及来自特兰西瓦尼亚地区各阶层的罗马尼亚人。此次会议具有民族代表大会的意味，L. 布拉加这样评价这一盛事："与会代表的构成在当时是惊世骇俗的，这说明I. I. 米库 - 克莱因的斗争平台已扩展至整个民族，整个社会（……）经受的挫折促使他更趋激进。农奴也参加了这次教会会议，从而扩大了社会诉求主体的范围。而罗马尼亚民族的概念也不再仅仅包括皈依联合教会者，还包括东正教徒"。②

在这次重要会议上，I. I. 米库 - 克莱因不惜用解散联合教会来胁迫对手满足罗马尼亚人的政治诉求。在他看来，宗教联合并不意味着皈依另一种宗教，而是各方利益博弈中达成的"妥协"。③ 因此，他极力反对强制罗马尼亚人皈依联合教会。他坚决抵制联合教会天主教化，主张对罗马教廷拥有自主权，要求保留东正教会的习俗和传统。为了阻挠 I. I. 米库 - 克莱因的计划，天主教、加尔文宗、路德宗、耶稣会团体逐渐结成同盟，并得到了维也纳宫廷的支持。他们将这位无畏的主教视为对旧势力的最大威胁。与此同时，I. I. 米库 - 克莱因在罗马尼亚人中赢得了极高威望，在当时的民间文学作品中被描绘成民族英雄。

I. I. 米库 - 克莱因意识到，在特兰西瓦尼亚当局的频繁干涉下，敌对势力正试图剥夺他的主教职位。这意味着他将失去政治斗争的有

---

① I. I. 米库 - 克莱因 1743 年起草的《请愿书》经特兰西瓦尼亚宫廷委员会逐条论证后，被提交到宗主国宫廷委员会。后者回复的文件中只同意其中的几条有关联合教会教士的诉求，也就是 1699 年 2 月 16 日第 1 号《特许令》中的内容。但驳回了为所有罗马尼亚农民（无论是否皈依联合教会）争取社会、经济和政治权利的诉求，而承认罗马尼亚民族的平等权利正是 I. I. 米库 - 克莱因的根本目标。《请愿书》中的诉求是 I. I. 米库 - 克莱因根据 1701 年 3 月 19 日第 2 号《特许令》提出的。帝国官方给出的解释是"第 2 号《特许令》的原件已经遗失，即使重新颁布，也无法实施"。因为它与特兰西瓦尼亚的"原有法律规定"相悖，其中规定罗马尼亚人只是"被容忍的"，不可享受与其他民族同等的权利。1744 年再次启程赴维也纳之前，I. I. 米库 - 克莱因于 6 月 6 日召集了一次高级教士代表大会，声称如果不承认罗马尼亚人的权利，就废除宗教联合。

② L. 布拉加：《18 世纪特兰西瓦尼亚公国罗马尼亚人的思想》，布加勒斯特，科学出版社，1966 年。第 48-49 页。

③ 见 L. 布拉加：《手稿、散文、讲义和论文》，布加勒斯特，密涅瓦出版社，1972 年。第 218-220 页。

力工具，帝国当局对联合教会的一切许诺终将化作泡影。因此他在1744年远赴罗马，希望能够"在圣彼得和圣保罗的圣殿中为罗马皇帝图拉真"的后裔们寻得足够的支持。但教皇本笃十四世（Benedict al XIV-lea，1675-1758）仅仅提供了道义上的支持，未能阻止维也纳宫廷的报复。后者通过各种手段，迫使I.I.米库-克莱因于1751年退位。此后他独自居住在罗马，贫病交加，直至1768年带着对故土的思念抱憾离世。他在遗言中写道："只有在祖国的土地上，我才能得以复活。"[①]L.布拉加将I.I.米库-克莱因主教誉为罗马尼亚民族意识和宗教信仰的象征，他以大无畏的精神在历史上率先明确主张罗马尼亚民族权利，并将基督教信仰和民族意识紧密结合起来，是一位为民族事业而战的斗士。其遗骸于1997年从罗马迁回布拉日安葬。

I.I.米库-克莱因吹响了争取民族权利，唤醒罗马尼亚人的现代民族意识的号角。他将N.奥拉胡斯等人文主义者的作品和摩尔多瓦、蒙特尼亚公国学者的作品联系起来，为民族斗争指明了方向。1734-1735年在维也纳旅行时，他从一个来自圣彼得堡的商人那里偶然发现了一本D.坎泰米尔的著作《罗马—摩尔多瓦—瓦拉几亚古代史》。他立即买了下来，该书日后成为阿尔迪亚尔学派领袖们的重要思想来源。

5. 阿尔迪亚尔学派——代表人物、作品和思想

I.I.米库-克莱因死后，P.P.阿龙（Petru Pavel Aron，1709-1764）、Gh.科托莱亚（Gherontie Cotorea，1720-1774）、G.马约尔（Grigore Maior，1715-1785）、I.鲍勃（Ioan Bob，1739-1830）等联合教会先驱，以及V.莫加（Vasile Moga，1774-1845）、A.沙古纳（Andrei Şaguna，1808-1873）等东正教会领袖继承了他未竟的事业。在这样的政治、社会和宗教背景下，出现了以S.米库（Samuil Micu，1745-1806）、Gh.欣卡伊（Gheorghe Şincai，1754-1816）、P.马约尔（Petru Maior，1760-1821）、I.布达伊-德莱亚努（Ion Budai-Deleanu，1760-1820）等人为代表的阿尔迪亚尔学派。

阿尔迪亚尔学派是一场声势浩大的思想、文化和政治运动，旨在为特兰西瓦尼亚地区罗马尼亚人争取民族权利。它将教育、文化和理

[①] D.斯特尼洛阿耶：《特兰西瓦尼亚宗教联合——分裂罗马尼亚民族的企图》，布加勒斯特，圣经研究院和东正教传教团印书馆，1973年。第50-70页。

性思想看作巩固民族意识不可或缺的工具，是启蒙运动在罗马尼亚各公国的最独的表现。这场政治文化运动的主将们起先支持神圣罗马帝国皇帝约瑟夫二世推行的开明改革政策，正因为受这种温和改革思想的羁绊，他们无法理解霍雷亚起义中提出的废除农奴制的反封建诉求。

阿尔迪亚尔学派是由 I. I. 米库 - 克莱因一手创立的。从文化和政治诉求看，它似乎是一个统一的团体，但其成员有着不同的行事原则，可分为温和派和激进派。温和派的代表人物有 S. 米库、P. 马约尔、I. 皮瓦留 - 莫尔纳尔（Ioan Piuariu-Molnar，1749-1815）、Gh. 欣卡伊也趋向温和派；激进派的代表人物则有 I. 布达伊 - 德莱亚努和 P. 约尔戈维奇（Paul Iorgovici，1764-1808）。该学派的知识分子们通过其纲领性文件《特兰西瓦尼亚罗马尼亚人请愿书》（译者注：下文简称"《请愿书》"），号召特兰西瓦尼亚地区的罗马尼亚人争取民族权利。这份文件由 Gh. 欣卡伊、S. 米库、I. 皮瓦留 - 莫尔纳尔、I. 梅海西（Iosif Mehesi，?-?）、I. 帕拉（Ioan Para，1744-1809）、Ig. 达拉班特（Ignaţiu Darabant，1738-1805）等学者，以及联合教会和东正教会的领袖 I. 鲍勃和 Gh. 阿达莫维奇（Gherasim Adamovici，1733-1794）共同执笔并签署，1791 在克鲁日编印后递交给维也纳宫廷。

《请愿书》的起草者们和 I. I. 米库 - 克莱因一样，要求改变特兰西瓦尼亚地区罗马尼亚人的社会和政治地位，删除特兰西瓦尼亚公国的官方文件和史书中的所有侮辱性称谓，重塑罗马尼亚民族的形象。他们提出："将所有充满歧视的称谓，例如被容忍的、被允许的、被无视的，等等，彻底删除（……）脱胎换骨的瓦拉几亚民族应被赋予所有权利（……）"当《请愿书》被利奥波德二世（Leopold II，1747-1792）和特兰西瓦尼亚议会驳回后，阿尔迪亚尔学派的态度转向激进，旗帜鲜明地提出了带有反封建色彩的民主改革诉求。为了驳斥匈牙利史学界的谬论，为了罗马尼亚人重获民族尊严和政治文化权利，他们努力创作浅显易懂的作品，译介了大量书籍，并建立了几百所学校，广泛宣传理性主义思想。阿尔迪亚尔学派在语言学领域极有建树，完成了两大代表性著作：S. 米库和 Gh. 欣卡伊撰写的《达契亚罗马人或瓦拉几压人的语言要素》（1780），以及 S. 米库、P. 马约尔等人编纂的《罗马尼亚语—拉丁语—匈牙利语—德语词典》，史称《布达词典》

（1825）。这两部著作坚称罗语具有拉丁起源，主张根据词源用拉丁字母书写罗语，剔除罗语中的非拉丁元素（特别是斯拉夫词汇）。P. 马约尔提出了罗语源于民间拉丁口语，而非书面拉丁语的假设。

S. 米库（1745-1806）：S. 米库是 I. I. 米库 - 克莱因的侄子，他为阿尔迪亚尔学派奠定了哲学基础。在维也纳研习神学和哲学期间，他深受德国启蒙运动的影响，从此致力于用理性主义思想武装罗马尼亚人的头脑。在对历史事件进行理性阐释的同时，他还确立了一批罗语哲学术语，并译介了诸多宗教典籍和哲学著作，其中包括鲍麦斯特（Friedrich Christian Baumeister，1709-1785）编写的《哲学元素》。这部教程受德国哲学家沃尔夫（Christian Wolff, 1679-1754）的影响，其中也包含了康德提出的很多观点。

S. 米库的代表作是《罗马尼亚人历史大事记》。尽管该书早在 1805年就已完稿，但直至 1995 年才出版了全本。他将编年史家们和 D. 坎泰米尔对罗马尼亚民族起源的论证又推进了一大步，认为达契亚人已经在战争中被消灭殆尽，因此"罗马尼亚人是罗马人的直系后裔"。他援引了大量史料驳斥了"真空"理论。持该理论的史学家认为罗马皇帝奥勒良（Lucius Domitius Aurelianus，214-275）的军队撤离达契亚后，这一地区即被当地土著抛弃，因此匈牙利人部落到达特兰西瓦尼亚之后发现了一块"真空"地区。S. 米库从自然权利论出发，为罗马尼亚民族争取与其他三个民族平等权利寻找依据。他强调罗马尼亚民族拥有高贵的起源，并且是自古以来就一直生活在当地的本土民族。他们在特兰西瓦尼亚地区人口中占多数，所作的贡献也最大。

他的其他著作有：1799 年于布达出版的《逻辑》和 1800 年于锡比乌出版的《自然法则、伦理和政治》。手稿有：完成于 1787-1790年间的《形而上学》，以及 1781-1787 年间在维也纳完成的《伦理和习俗研究》和《政治研究》。《逻辑》是为沃尔夫和鲍麦斯特的著作撰写的一部哲学导读。作者在书中提到了三类知识，即历史知识、（通过感性获得的）经验知识，以及（需借助理性探究其原由的）哲学知识。他将经验主义和理性主义思想结合起来，认为"哲学就是对事物原由的充分探究和认知"，但通过理性和逻辑获得的知识必须靠经验知识来补充完善。S. 米库将哲学分为理论哲学和应用哲学两大类：理论哲学旨在探究抽象真理，还可被细分为自然哲学（物理学）和形而上学（本体论、宇宙论、心理学、自然神学、理性神学）；应用哲学包括各种思想规范，由普通应用哲学、自然权利、伦理和政治构成，指引人们在现实生活中追求幸福。作为罗马尼亚应用哲学的先驱，他将政治定义为"一种治国的智慧"。

除此之外，S. 米库还是罗马尼亚哲学术语的创造者。他的著作中出现了诸如形而上学、存在、自然、人、理性、真理、规律、经验、认知等一系列词汇，所有这些词汇都被赋予了明确的哲学定义。例如："理念"是"某一事物在思想中或明或暗的印象"；"逻辑真理"是"我们的思想与事物本身相契合"；"经验和实证"是"寻求真理和知识的两条路径"；"本体论"是"从人的视角出发，从孤立事物中寻求普遍性"；"原则"是一种"根源"，而"背反原则"就是"相互矛盾的根源"，莱布尼茨所说的"充足理由原则"则意味着"具有充分缘由的根源"。他还创造了一些专门用于哲学表述的词汇形式，将哲学概念与日常生活中已有的相似概念加以区分，例如："experienţă = sperienţă（经验）、pricină = cauză（原因）、mutare = schimbare（变化）、stâmpărare = moderaţie（节制）、spaţie = spaţiu（空间）"。

在《形而上学》一书中，S. 米库对鲍麦斯特的著作进行了独到的解释，反映出那个时代的一些主流思想，例如：理性主义与经验主义相结合；用经验去检验认知；对晦涩哲学语言进行温和的批判。在他看来，形而上学属于理性思维的范畴，包含"许多含混不清的问题"，是一门"对无处不在的普遍问题进行阐释的学问"。

《形而上学》（1806）节选："有人认为不该让青年人学习形而上学，因为对于那些含混不清的问题，知道还不如不知道。但我认为不该阻止青年人学习形而上学，他们思考得越多，收获也就越多。这本《形而上学》能帮助青年人摆脱晦涩的哲学造成的困惑（……）人类的所有知识都来自认知，然而我们认知到的所有孤立事物，呈现在我们面前时往往都被空间、时间伪装和掩盖（……）认知任何事物时，需要考虑的不仅仅是人（本体），还须注意事物的性质和存在，只有这样才能了解该事物。任何事物的存在方式都是唯一的，是一种就不可能是另一种。换言之，只要知道它属于哪种存在，我们就可以将某一事物从其他事物中甄别出来（……）经验告诉我们世间的事物如何消长，昼夜如何交替，日月星辰如何运行。世间万物应该是什么样，它们如何变化都一目了然（……）我们所说的，就是希腊人所说的逻各斯（logos），罗马人所说的理性（ratio）。我们没有必要去理会这些词的发音，关键是要真正懂得用头脑去判断，它会告诉你该学习什么，为何要表达，该如何表达。"

《逻辑》（1799）节选："我们有两种方法来检验某一事物是否真实，即：经验和证据（……）关于经验要注意以下几点：我们所有的感觉、理解和认知，或来自内部，或来自外部（……）通过经验我们只能认知孤立的事物，也就是那些可以被感觉到的事物（……）我们所说的证据，是一个与话语紧密相关的概念。证据就是在真实无误的基础之上，对话语或事物加以证明（……）我们通过自然权利论来阐释规范，告诉人们应该做什么，不该做什么。道德则为如何行使自然权利提供了范例。因此有人说，自然权利论就是一种关于道德的理论（……）"

《罗马尼亚人简史》（1796）节选："有位哲人曾说过，希腊人不会希腊语是可耻的，那么作为罗马尼亚人不知道自己民族的历史也同样是可耻的。我们看到，所有民族都记述了他们伟人的事迹。任何有头脑的人都应该这样做，因为历史是讲述世间万事的教员（……）他不仅用语言，还用真实的事例来讲授。我思前想后，认为当务之急是尽量言简意赅地传授给人们有关罗马尼亚民族的知识，这种知识迄今为止还很贫乏。有些蠢材可能会万般诋毁我的努力，认为了解那些陈年旧事毫无用处。这些人真是愚不可及，因为只有禽兽才不知道他们祖先的事迹（……）我有幸成为罗马尼亚人的代言人，就要殚精竭虑地搜集整理自己民族的历史。当力不从心的时候，就要鼓励和帮助更多的人来撰写罗马尼亚民族的历史，将其发扬光大。我们要让全民族都知道这些历史，让君子流芳千古，小人遗臭万年。让人们抛弃愚蠢的想法，知耻而后勇。"

Gh. 欣卡伊（1754-1816）：Gh. 欣卡伊是阿尔迪亚尔学派代表人物中最为活跃多产的一位。他在梵蒂冈深造期间深受古典文化熏陶，打下了扎实的理论和历史基础。其代表作是1811年完稿的《罗马尼亚人与其他民族编年史》，书中引经据典，对罗马尼亚民族在古老达契亚土地上的形成和延续进行了翔实的论证。作者面对那些为了政治目的，罔顾史实恶意污蔑罗马尼亚民族的谎言据理力争。他和 S. 米库、P. 马约尔一样，力图还原罗马尼亚人的真实历史，重塑其古老高贵的拉丁民族形象，并主张通过改革来改变罗马尼亚人的命运，使他们摆脱卑微的农奴身份。

Gh. 欣卡伊对自然科学和现代理性主义思想怀有极大的兴趣，这一点在 1800 年出版的《摧毁民间迷信的自然知识》一书中显露无遗。此书标题中的"自然知识"即指对大自然的"性质"进行研究后获得的认知，而"民间迷信"则指人们头脑中的超自然解释和偏见。作者将科学与迷信的对立起来，表现出鲜明的启蒙主义色彩。他努力证明所有自然现象都有一种合乎理性的解释，必须将超自然的，神话式的解释从人们的思想中剔除。在他的著作中，自然科学对中世纪的愚昧显现出咄咄逼人的态势。

尽管 Gh. 欣卡伊在罗马接受过神学教育并皈依了联合教会，但他最终却脱离了教会，成为教士阶层的严厉批评者，痛斥与罗马教廷的宗教联合。他在权衡宗教联合实行一个世纪以来的利弊后指出，宗教联合不应仅仅对神父有利，除了信奉天主教的匈牙利人之外，还应将罗马尼亚人纳入其中。然而罗马尼亚人只是空欢喜一场，他们发现并不能通过联合获得期盼已久的权利，相反只能引来仇恨。宗教联合只是一些人试图分裂罗马尼亚民族，并永久奴役他们的诡计。这一观点得到了众多有识之士的认同。1848 年 5 月 2-14 日在布拉日举行的一次集会上，S. 伯尔努丘指出宗教联合只是匈牙利人奴役罗马尼亚人的一种策略，是坑骗善良的罗马尼亚人的陷阱。史学家 A. 帕皮乌 - 伊拉里安在还原了相关事件及其影响后也得出了相似的结论。值得一提的是，Gh. 欣卡伊、S. 伯尔努丘和 A. 帕皮乌 - 伊拉里安都出生于皈依了联合教会的家庭。

Gh. 欣卡伊是罗马尼亚文化奠基人之一，曾在特兰西瓦尼亚开办了 300 余所罗语学校。他怀揣着《罗马尼亚人与其他民族编年史》，在罗马尼亚人聚居的村落间奔走，最终在当局的迫害下贫病而死。

P. 马约尔（1761-1821）：P. 马约尔曾在罗马修习神学，在维也纳修习法学，既是一位具有现代意识的史学家，同时也是满怀激情的学者和优秀的教师。P. 马约尔持温和的改良主义立场，推崇约瑟夫二世实行的开明专制。他基于大量论据，在史学和语言学领域大胆主张罗马尼亚民族和语言的拉丁属性。其代表作是 1812 年出版的《达契亚的罗马尼亚人起源》，其中的论证既有学术目的（驳斥那些否定罗马尼亚人拉丁起源及其在特兰西瓦尼亚延续性的谬论），也有政治目的（为特兰西瓦尼亚的罗马尼亚人争取与其他民族平等的权利）。他的另一部重要著作是《罗马尼亚教会史》，该书部分章节于1813年出版，但未公开发行，直至1995年才出版了全本。

P. 马约尔性格刚毅，与公国当局水火不容，与教士阶层也存在嫌隙。他与F. J. 苏尔泽（Franz Josef Sulzer，1727-1791）、J. K. 埃德尔（Joseph Karl Eder，1761-1810）、B. 马尔顿（Bolla Marton，1751-1831）、J. C. 恩格尔（Johann Christian von Engel，1770-1814）等匈牙利和日耳曼史学家针锋相对，对其歪曲罗马尼亚人历史的论调予以坚决驳斥。他指出，这些外国史学家毫无根据地篡改捏造了罗马尼亚民族史，"长期以来一直以讹传讹，丝毫不对史实加以印证就出版了那些图书。罗马尼亚人越是沉默，不对那些诽谤加以澄清，他们就越是嚣张地丑化和嘲笑罗马尼亚人"。P. 马约尔非常重视罗马尼亚人在外国作家笔下的形象，因为他清楚地意识到在一个以文字为传播媒介的时代，这些作品有何等重要性，也完全了解特兰西瓦尼亚当局和维也纳宫廷御用文人的杀伤力。各种诽谤不但渗入了主流文化层面，还向更广阔的范围蔓延，遗患无穷。他警告罗马尼亚人，如果继续缄口不言，必将在文明世界中对其民族形象造成极为恶劣的影响，并导致严重的政治后果。要回应这些诽谤，就必须拥有探究真相的智慧，能够摆出史实，在学术争论和政治斗争中赢得认可。

P. 马约尔提出了罗语是起源于民间拉丁口语，而非书面拉丁语的观点。但他过于追求语言的"纯洁性"，主张将所有非拉丁成分从罗语中剔除。

I. 布达伊 - 德莱亚努（1760-1820）：I. 布达伊 - 德莱亚努既是作家、史学家，又是一位启蒙主义思想家。在维也纳学习哲学、神学和法律期间，他接触到了欧洲各国的文学作品和当时流行的政治、司法理念。在孟德斯鸠、卢梭、伏尔泰，以及法国大革命思潮的影响下，他的立场比同时代的温和改良派同仁更为激进。由于和特兰西瓦尼亚当局矛盾不断，他被迫流亡波兰，并在利沃夫担任行政职务。

I. 布达伊 - 德莱亚努凭借其代表作《茨冈史诗》在罗马尼亚文化史上占据了举足轻重的地位。这是第一部用罗语写成的鸿篇巨制，是一部富含政治意义的民族史诗。作者对人物和社会面貌的刻画极具表现力，手法丰富多样，使该作品具备了极高的文学价值。这部 19 世纪初写成的著作直至 1875-1877 年间才得以出版。《茨冈史诗》和 D. 坎泰米尔的《象形文字史》一样，也是一部由文人创作的寓言，具有深刻的教育和讽刺意义。在浪漫主义思潮的浸染下，新古典主义与巴洛克风格在作品中并存。作者对茨冈族这个少数民族的生存状况进行了剖析，通过漫画式的讽刺将这个如同一盘散沙的群体呈现在读者面前。作者通过虚构和象征手法，借助斯洛博赞（Slobozan）、巴罗莱乌（Baroreu）、贾纳勒乌（Janalău）等人物，以戏剧化的形式展现了当时的社会状况和主要思潮。他将社会上关于政体的争论转化为文学作品中的矛盾冲突，并用实现民主共和的愿望将整部作品串联起来。

I. 布达伊 - 德莱亚努对于罗语的属性有着不同以往的看法。他在《罗马尼亚语语法基础》中指出，罗语基于拉丁语形成，并受到（斯拉夫语、匈牙利语、希腊语等）一系列其他语言的影响。在他看来，政治诉求与为民族理想是不可分割的，它们的实现可以使罗马尼亚民族成为一个"先进民族"。他在《罗德词典》中表明了自己的愿望："除了想通过文化来促使罗马尼亚民族追赶欧洲其他先进民族外，别无他求。"

I. 皮瓦留 - 莫尔纳尔（1749-1815）：I. 皮瓦留 - 莫尔纳尔是一位著名眼科医生，同时也是为争取罗马尼亚人权利而战的斗士。他出生于萨杜，和 I. I. 米库 - 克莱因是同乡，曾在克鲁日医学院任教。他早期的政治立场较为温和，在其参与起草的《请愿书》被当局驳回后开始转向激进。1790 年，他试图发行第一份罗语报纸——《罗马尼亚经济报》，但未获批准。I. 皮瓦留 - 莫尔纳尔涉足的领域十分宽泛，曾翻译了诸多历史和自然科学论著。1788 年，他编纂的一部《罗德词典》在维也纳出版。此外，他还编写了教程《修辞学——遣词造句的学问》和《养蜂经济》等多种科普读物。

I. 皮瓦留 - 莫尔纳尔还与 R. 滕佩亚（Radu Tempea，1768-1824）、A. 布达伊（Aron Budai，1763-1847）、Gh. 阿达莫维奇等知名学者一起创建了阿尔迪亚尔大公国罗马尼亚族哲学协会。该协会针对罗马尼亚所有民众创办了《哲学与道德资讯》，主张"通过实用的科学来实现罗马尼亚民族启蒙"。由于当局的禁止，该刊物未能正式发行。

P. 约尔戈维奇（1764-1808）：P. 约尔戈维奇生于巴纳特地区靠近蒂米什瓦拉的一个小村庄，曾在维也纳和罗马修习法律和哲学。他在巴黎求学时恰逢法国大革命，因此深受激进民主思想的影响。1799年，P. 约尔戈维奇编写的《罗马尼亚语语法论》得以出版。在这部系统介绍罗语语法的教材中，他摆脱了拉丁主义的局限性，认为必须从语言使用者的经验出发来看待语言问题。在卢梭和康狄拉克（Étienne Bonnot de Condillac，1715-1780）等人的现代语言学思想影响下，他把词汇看作"可以被思维理解的符号"。

其他代表人物：19世纪后，特兰西瓦尼亚公国的众多史学家、哲学家、经济学家、语言学家和作家继承了阿尔迪亚尔学派的思想，代表人物有：G. 巴利丘、S. 伯尔努丘、T. 奇珀留（Timotei Cipariu，1805-1887）、A. T. 劳里安（August Treboniu Laurian，1810-1881）、I. 马约雷斯库（Ioan Maiorescu，1811-1864）、I. 科德鲁 - 德勒古沙努（Ion Codru-Drăguşanu，1818-1884）、I. 武尔坎（Iosif Vulcan，1841-1907）、D. P. 马尔强（Dionisie Pop Marţian，1829-1865）、A. 帕皮乌 - 伊拉里安，等等。

6. 阿尔迪亚尔学派的教训

"拉丁主义学者们意识到，要终其一生才能使一个落后了几百年的民族在'辉煌的时代'重新崛起，这让他们焦虑万分。他们迫不及待地承担起了这一使命，仿佛要在鸿蒙初辟的一片混沌中，开启被遗忘了千年的历史"

——L. 布拉加

要真正了解罗马尼亚文化现代化进程，就必须对阿尔迪亚尔学派在罗马尼亚各公国引发的政治和精神回响进行全面公正的评价。I. I. 米库 - 克莱因凭借一己之力，将宗教联合计划成功转变为一项具有战略性和历史意义的民族发展规划；S. 米库一生醉心于学术研究，他从哲人的视角，为罗马尼亚民族解放运动奠定了理论基础；Gh. 欣卡伊从史学角度出发，为社会改革寻求依据，并在实践中获得了巨大成功；P. 马约尔作为无畏的斗士，在与敌对势力的论战中毫不退缩。他们的言行给当时的罗马尼亚社会带来了决定性的影响，成为罗马尼亚现代文化遗产的重要组成部分。

阿尔迪亚尔学派是一个具有现代意识和反封建色彩的组织，他们基于各公国罗马尼亚人在人种、语言、习俗上的共同起源，构建了一种现代民族理念。在中世纪的特兰西瓦尼亚公国，"民族"一词仅用于指称拥有经济或政治特权者。I. I. 米库-克莱因从未将罗马尼亚人与其他特权民族或宗教团体区别对待，他指出："无论皈依何种宗教，他们都是一个独特的民族。"[①]《特兰西瓦尼亚罗马尼亚人请愿书》的起草者们更是在西方先进思想的指引下，明确主张罗马尼亚民族应该与其他民族享有同等的权利。阿尔迪亚尔学派明确区分了"民族""宗教团体""特权阶级"等概念，将古老达契亚土地上的所有罗马尼亚人都当作一个民族来看待。正如美国史学家 K. 希特金斯（Keith Hitchins, 1931- ）所说："他们有着不同以往的民族理念，从'民族'角度出发来探究其所属群体的历史演变，使这一群体获得了全新的内涵"。[②] 他们不仅论证了罗马尼亚民族的拉丁起源，还努力寻找现代拉丁民族之间的关联。他们在史学研究中，试图"将图拉真统治下的（古代）罗马和属于圣彼得、圣保罗的（现代）罗马关联起来"，[③] 从而对东欧的乡村传统与西欧蓬勃发展的都市精神加以融合，为罗马尼亚民族的"新生"寻求出路。

在现代改革精神的激励下，阿尔迪亚尔学派的代表们深信能够借助文化的力量改变人们的思想和社会面貌。遗憾的是，他们的论著未能在三个公国广泛流传，其应有的价值未能充分体现。直至1995年，S. 米库的《罗马尼亚人历史大事记》和 P. 马约尔的《罗马尼亚教会史》的全本才由罗马尼亚未来出版社出版。这两部著作对于罗马尼亚民族意识的形成有着至关重要的意义，但在完稿近两个世纪后才与读者见面。I. 布达伊-德莱亚努的《茨冈史诗》也在成书半个世纪后才得以面世。创作能力与传播能力之间的差距，在一定程度上反映了罗马尼亚人对文化遗产的漠视。曾参与整理这些文献的 I. 基德里什（Ioan Chindriş, 1938- ）警告说："对任何一个民族而言，无视阿尔迪亚尔学派著作这样的遗产都是可耻的。"这种冷漠的态度这不仅是一种耻辱，更会将罗马尼亚民族置于危险的境地。因为这些著作所

---

① K. 希特金斯：《1774 - 1866 年间的罗马尼亚人》，布加勒斯特，人性出版社，1996 年。第 251 页。
② 同上书。第 253 页。
③ 同上书。第 254 页。

揭示的，正是匈牙利史学家出于不可告人的目的而大肆歪曲的史实。I. 基德里什曾经设想："如果阿尔迪亚尔学派的全部著作能够及时付梓，罗马尼亚人的现代生活会始于何时呢？"这些著作的命运也折射出罗马尼亚文化的悲哀，如果民族文化中最具价值的作品在国内尚且无人问津，又如何在世界范围内传播呢？

阿尔迪亚尔学派参与的文化和政治活动数不胜数，其中一些产生了直接影响，另一些影响则在罗马尼亚民族历史长河中逐渐显现出来。阿尔迪亚尔学派的宗旨，就是要确立罗马尼亚人的民族地位，使其享有平等的权利，通过社会改革改善其经济和文化状况。他们将再现史实作为文化活动的重点，努力扭转在匈牙利史料中被污蔑和歪曲的罗马尼亚人形象。这是罗马尼亚人首次对民族形象进行积极和系统的维护，旨在以全新的面貌进入现代世界的大门。D. 坎泰米尔特别重视"他人"（也就是被他称为"更为光明的世界"的西方国家）对本民族的看法。与之相比，阿尔迪亚尔学派更为注重"自己"眼中的罗马尼亚民族形象，并从政治和文化入手对民族形象加以塑造。他们从历史、文化、军事、社会、人口、经济角度阐述了罗马尼亚民族的历史贡献，以及三个公国"复兴"的地缘政治意义。

无论是 19 世纪初统治统治特兰西瓦尼亚的奥匈帝国官员，还是后世的匈牙利学者，他们对于 S. 米库、Gh. 欣卡伊、P. 马约尔等人作品的理解都比我们更为深刻。他们非常清楚，如果罗马尼亚民族的形象能够依据史实得以重建，将会在政治斗争中形成一股不容忽视的力量。因此，匈牙利的所有文学和史学著作中都坚称，匈牙利部落在占领特兰西瓦尼亚地区时没有看见任何罗马尼亚人的踪迹。在"罗马尼亚人移民论"遭到阿尔迪亚尔学派的有力驳斥后，奥地利史学家 E. D. 罗斯勒仍然在《罗马尼亚研究——罗马尼亚早期历史探索》中捏造史实，进行强词夺理的狡辩。时至今日，匈牙利的官方史书中依然坚持这一源自 18 世纪的谬论。正是这一谬论让阿尔迪亚尔学派的学者们意识到了自己肩负的使命，不遗余力地去证明罗马尼亚人在这片土地上的延续性，以及他们理应享有的自然和历史权利。

L. 布拉加指出，尽管阿尔迪亚尔学派的学者们有过各种迷茫和谬误，但他们"比以往任何时候都更为务实"。也许有人会问：两百年前的阿尔迪亚尔学派从事的斗争是否仍有现实意义？当今我们是否还需要类似阿尔迪亚尔学派这样的组织？答案是肯定的，因为那些"经典"的谬论至今仍被匈牙利史学界广为传播，并成为其控制国际舆论的工具。1987年，匈牙利人民共和国科学院编写的《特兰西瓦尼亚史》出版后，被迅速翻译成各种国际通用语，其中的"罗马尼亚人移民论"被世界各国的辞书、百科全书、历史文献、地图册，以及其他各种政治和历史论著广泛援引。凭借有力的经济资助和强大的宣传攻势，匈牙利史学界的观点得到了西方国家的广泛认可。[①] 与之相比，S. 米库、Gh. 欣卡伊、P. 马约尔等人在19世纪初所做的辩驳后来只被A. D. 克塞诺波尔（Alexandru Dimitrie Xenopol，1847-1920）、B. P. 哈斯代乌、N. 约尔加、C. C. 久雷斯库等本国学者重提，在西方学术界鲜有人关注。

今天，探讨一个民族的古老起源已经不再具有像两百多年前那样的政治意义，但这并不意味着我们应该放弃对历史真相的探究。S. 米库、Gh. 欣卡伊、P. 马约尔等人的活动对罗马尼亚民族意识的觉醒起到了决定性作用，大大促进了罗马尼亚各公国的现代化进程。亨廷顿在《文明的冲突与世界秩序的重建》中表述的思想，也体现在18世纪的宗教冲突，以及阿尔迪亚尔学派的著作中。在宗教和文明冲突的背后，隐藏着错综复杂的政治利益。

阿尔迪亚尔学派代表人物的学术精神和民族精神都堪称后世楷模，但他们在向各种毁谤猛烈开火时，也难免出现谬误，提出了一些矫枉过正的观点。其中之一是"罗马尼亚民族纯罗马起源论"：S. 米库认为达契亚人在与罗马人作战时已经灭绝，罗马尼亚民族纯粹是占领达契亚的罗马殖民者的后裔。另一谬误则是阿尔迪亚尔学派所有学者普遍认同的"罗语纯拉丁论"，认为罗语直接继承自拉丁语，主张把后来进入罗语的所有非拉丁"野蛮"成分剔除，并遵照词源法则使语言回归"正统"。

L. 布拉加在1943年发表的一篇论文[②]中曾尝试对阿尔迪亚尔学

---

① 1996年，匈牙利举办了匈牙利部落抵达潘诺尼亚平原1100周年庆典，2000年又举办了匈牙利王国建立1000周年庆典，借机发起了传媒攻势，千方百计地"喊冤叫屈"。但在这场信息战中，我们应对无力，甚至毫不作为。究其根源，就是因为如今的我们没有阿尔迪亚尔学派！

② L. 布拉加：《拉丁主义的阿尔迪亚尔学派》，载《时代日报》，1943年11月28日。收录于L. 布拉加：《手稿、散文、讲义和论文》，布加勒斯特，密涅瓦出版社，1972年。第169-181页。

派这种做法进行解释。后来在 1921 年发表的《我们非拉丁背景的反抗》一文中，他再次对纯拉丁主义观点提出了批判。他主张对源自达契亚和东方国家的文化元素进行重新评估，引导罗马尼亚人走出对西方理性主义过度崇拜的误区。但是当欧洲思想界开始颂扬非理性主义时，L. 布拉加又转而为阿尔迪亚尔学派推崇的理性主义思想辩护。他指出，阿尔迪亚尔学派必须得到公正的评价。他们坚信教育和书籍中蕴含着温和而强大的力量，因此努力在神学、宗教、历史、语言学、自然哲学、逻辑、数学等各个领域著书立说，还编写了各类辞书、语法和正字法教材，并翻译了《圣经》，编制了罗语祈祷文。他们既是罗马尼亚人的精神领袖，也是伟大的实践者。为了帮助罗马尼亚民族脱离苦难，摆脱异族的压迫，很多人不得不背井离乡，到克鲁日、维也纳、布达等地查阅图书资料，或为了出版自己的著作而奔走游说。"是什么样的信念在驱使、鼓励、鞭策着他们呢？这种信念只有在圣徒的事迹中才能看到。在他们看来，书籍就是构建世界的砖石，他们则肩负着为罗马尼亚人构建新世界的重任。当其他民族生活在一片光明之中日夜欢歌时，罗马尼亚民族却长期处在落后的境地"。[①]

L. 布拉加这样颂扬阿尔迪亚尔学派："这些学者内心的火焰从来没有被人们充分认识到。他们越是克制，激情就越是高涨。然而这团火焰从来没有哗众取宠、歇斯底里地爆发过，只是让它的温度静静地渗入终身劳作者的内心，让这些人时刻听候着一个崇高的召唤。拉丁主义学者们意识到，要终其一生才能使一个落后了几百年的民族在'辉煌的时代'重新崛起，这让他们焦虑万分。他们迫不及待地承担起了这一使命，仿佛要在鸿蒙初辟的一片混沌中，开启被遗忘了千年的历史。他们觉得自己仿佛是在用杠杆将一座大山从深深的阴影中撬出，使其重见光明。因此他们必须尽快建立起一个精神帝国，以赎回早已逝去的几个世纪。在他们看来，'书籍'和'教育'是实现这一历史性转变的必备工具，必须千方百计地加以促进和推动。"[②]

阿尔迪亚尔学派之后的特兰西瓦尼亚学者们也坚信可以借助书籍

---

① L. 布拉加:《拉丁主义的阿尔迪亚尔学派》，载《时代日报》，1943 年 11 月 28 日。收录于 L. 布拉加:《手稿、散文、讲义和论文》，布加勒斯特，密涅瓦出版社，1972 年。第 174 页。
② 同上书。第 172 页。

和教育的力量来唤醒罗马尼亚民族。他们中的很多人翻山越岭来到摩尔多瓦和蒙特尼亚公国，继续主张特兰西瓦尼亚是罗马尼亚民族的固有领土。代表人物有 Gh. 拉泽尔、F. 阿龙（Florian Aaron，1805-1887）、A. T. 劳里安、E. 穆尔古（Eftimie Murgu，1805-1870）、I. 马约雷斯库、S. 伯尔努丘、A. 帕皮乌 - 伊拉里安、D. P. 马尔强、I. 科德鲁 - 德勒古沙努、Gh. 克尔赞（Gheorghe Cârţan，1849-1911）。

青年社的精神领袖 T. 马约雷斯库对阿尔迪亚尔学派提出了最为严厉的批评。他不仅批判了 T. 奇珀留和 A. T. 劳里安倡导的拉丁主义和词源主义、S. 伯尔努丘的法学理论，还基于语音和逻辑对罗语书写体系提出异议。他指出，在有关罗马尼亚民族和语言起源的问题上，阿尔迪亚尔学派的代表人物经常出于政治需要，为了捍卫民族利益而歪曲学术真相。在此后很长一段时期里，罗马尼亚知识精英们在接受和评判 S. 米库、Gh. 欣卡伊、P. 马约尔等人的思想时，都或多或少地受到 T. 马约雷斯库的影响。但 B. P. 哈斯代乌等人则提出了不同的看法。他们首先肯定了阿尔迪亚尔学派对于促进民族意识觉醒，推动民族文化发展作出的巨大贡献，并指出其过错在于矫枉过正，"夸大了事实"，而他们的对手则"夸大了谎言"。

L. 布拉加以全新的视角来看待阿尔迪亚尔学派在史学和语言学研究中陷入的误区。他运用"风格本原"理论证明他们的谬误源自其"建设性"。S. 米库和 P. 马约尔所提出的政治纲领是以罗马尼亚人的"高贵起源"为基础的，认为他们凭借这一血统，理应享有与特兰西瓦尼亚地区其他民族同等的权利。正是这种想法使得阿尔迪亚尔学派代表人物在史学和语言学研究中走向极端。L. 布拉加指出："他们的某些突出才能无可避免地导致了偏差，所谓突出才能即建设性。"鉴于哲学领域出现的诸多建设性成果，阿尔迪亚尔学派的代表人物顺应历史需要，将这种才能应用于最为紧迫的问题，即语言学研究中。在这种思想的指引下，他们"透过罗马尼亚语，隐约看见它的拉丁'本原'"，[①] 但忽视了语言是一个有机的整体。德国的狂飙突进运动和席卷欧洲的浪漫主义潮流力求使语言的表现力更为丰富，而阿尔迪亚尔

---

① L. 布拉加：《拉丁主义的阿尔迪亚尔学派》，载《时代日报》，1943 年 11 月 28 日。收录于 L. 布拉加：《手稿、散文、讲义和论文》，布加勒斯特，密涅瓦出版社，1972 年。第 170 页。

学派的拉丁主义学者却希望通过彻底的"创造性"改造，使罗语看起来更具拉丁性，以凸显其本原。这种还原罗语原始内核的倾向已经超出了语言学研究范畴，具有了别样的含义。他们极力探寻罗语本原的做法，就好像歌德致力于在各种自然科学中寻找带有原始意义的现象一样。L. 布拉加认为拉丁主义学者的建设性思想仅仅适用于哲学，但严峻的文化形势迫使他们将这种能力运用到了语言研究中。他说："拉丁主义学者们生活在一个特殊的历史时期。罗马尼亚人面临的文化和精神危机迫使他们将与生俱来的才能运用到最为紧迫的问题上，但这一问题对于他们的天赋而言过于狭隘了。为了立刻消除罗马尼亚民族长期以来形成的自卑感，拉丁主义学者们别无他法。罗马尼亚民族亟需一轮光芒闪耀的太阳，这轮太阳就是一种'带有原始意义的现象'，即罗语词汇的拉丁本原"。[①]

  P. 马约尔的理论充分体现了阿尔迪亚尔学派的"建设性"。他认为拉丁口语既是书面拉丁语的基础，也是现代罗曼语族语言得以衍生的根源。拉丁口语曾经是亚平宁半岛所有民族的共同语，之后又成为整个罗马帝国的共同语。随着时间的迁移，拉丁语在意大利等国发生了诸多变化，而在图拉真占领的达契亚和之后的罗马尼亚各公国，却未因"蛮族"语言影响而发生过于严重的扭曲。因此，罗语比意大利语更接近共同拉丁语。如果把罗语中的"蛮族"语言成分都剔除出去的话，会发现它非常接近于衍生出书面拉丁语的拉丁口语原型。在L. 布拉加看来，与那些学识渊博且具有整体视野摩尔多瓦编年史家相比，拉丁主义学者显然存在着差距。他们通过逻辑分析法来研究语言，"就好像用仪器将白光分解成七色光一样"，这种手法在现代科学和批判哲学中更为常见。"P. 马约尔作为一位无所畏惧的雄辩家，武断地得出了一个荒谬不堪的结论：'我们应直言不讳地说，罗马尼亚语是其他拉丁语族语言的鼻祖'"。[②] 这种"本末倒置"的说法实际上源自举证的错误，是"拉丁主义投机思想最为直白的表达"，也是阿尔迪亚尔学派学者思辨精神的反映。他们试图像康德一样，凭借"人

---

① L. 布拉加：《拉丁主义的阿尔迪亚尔学派》，载《时代日报》，1943 年 11 月 28 日。收录于 L. 布拉加：《手稿、散文、讲义和论文》，布加勒斯特，密涅瓦出版社，1972 年。第 177-178 页。
② 同上书。第 179 页。

为自然界立法"发起一场"哥白尼式的颠覆性变革"。在他们看来，必须遵循理性来制定语言规范，纯粹拉丁化和词源主义正是从这种哲学立场中衍生而来的。显然，他们的行为方式往往与常识、语言的自然演变规律、实际社会状况，甚至其个人经历相悖。例如 Gh. 欣卡伊长期在天主教会和联合教会接受教育，却极力反对宗教联合。P. 马约尔作为雷金联合教会的大司祭，却屡屡对天主教教义和教皇提出质疑。

拉丁主义后期的代表人物有 T. 奇珀留和 A. T. 劳里安。他们根据理性主义和先验论，进一步将这一理论系统化，并试图按照其语言学理论中的幻象和需求去对来自语言、文化和社会现实的经验加以修正。换言之，就是用逻辑和历史分析中得出的模式，将"现实状态"修正为"正确状态"。M. 埃米内斯库的老师 A. 普姆努尔（Aron Pumnul，1818-1866）也曾受语言"拉丁化"思潮的蛊惑，试图将罗语的拉丁原型套用到所有外来新词上。L. 布拉加认为他与阿尔迪亚尔学派有着极大的相似性："A. 普姆努尔自己也是一个阿尔迪亚尔人，阿尔迪亚尔人就意味着寻根溯源（……）追究事物的本质和根源，显然是一种哲人的特质"。[①]

通过 L. 布拉加的阐释，我们比较容易理解阿尔迪亚尔学派对于罗马尼亚文化现代化进程有着怎样的意义。不可否认的是，无论其观点正确与否，这些执迷于"寻根溯源"的学者促进了民族意识的飞跃，为各种思潮的涌现开创了崭新的文化环境。

7. 法纳里奥特大公统治时期的启蒙主义思想和文化现代化进程

特兰西瓦尼亚公国启蒙运动的主将是出身富农阶层的罗马尼亚知识分子，而在摩尔多瓦和蒙特尼亚公国，启蒙思想的代表除了法纳里奥特大公外，还有开明教士和革新派贵族。到 18 世纪末，两公国的开明贵族们频繁向西方大国，包括向拿破仑（Napoléon Bonaparte，1769-1821）请愿，要求解除与奥斯曼帝国的宗主关系，实现自治。在与西方国家的接触中，许多教士接受了启蒙主义思想。他们译介西方文学作品，撰写并出版了大量书籍来推动社会和政治改革。主要

---

① L. 布拉加：《拉丁主义的阿尔迪亚尔学派》，载《时代日报》，1943 年 11 月 28 日。收录于 L. 布拉加：《手稿、散文、讲义和论文》，布加勒斯特，密涅瓦出版社，1972 年。第 181 页。

代表人物有：V. 科斯塔凯（Veniamin Costache，1768-1846）、C. 勒姆尼克、N. 勒姆尼恰努（Naum Râmniceanu，1771-1839）、G. 勒姆尼恰努（Grigorie Râmniceanu，1763-1828）（1826 年翻译了 I. 达马斯金的《逻辑》）、D. 埃克莱谢尔胡尔（Dionisie Eclesiarhul，1740-1820）、D. 福蒂诺（Dionisie Fotino，1777-1821）、D. D. 菲利皮德（Dimitrie Daniil Philipide，1750-1832）（著有《罗马尼亚地理》）。

一些法纳里奥特大公，特别是来自马夫罗科达特家族的大公，在文化和艺术领域继承了"布伦科韦亚努式复兴"事业。例如蒙特尼亚大公 N. 马夫罗科达特（Nicolae Mavrocordat，1680-1730）和 C. 马夫罗科达特（Constantin Mavrocordat，1711-1769）实行了一系列社会改革措施，A. 伊普西兰泰（Alexandru Ipsilante / Ipsilanti，1792-1828）（1776）和摩尔多瓦的 G. 吉卡三世（1766）则大力扶持文化事业，鼓励开展希腊语教育。但由于法纳里奥特大公为满足私欲而疯狂掠夺国家财富，越来越多的开明贵族开始团结起来与其斗争，要求由本土大公执政。

罗马尼亚史学界对法纳里奥特大公的统治存在较大分歧。Z. 罗曼努尔（Zilot Românul，1787-1853）、D. 埃克莱谢尔胡尔、N. 勒姆尼恰努等人认为这种体制严重阻碍了罗马尼亚的现代化进程，对其发起了猛烈抨击。"四八"革命者、M. 埃米内斯库、青年社成员、B. P. 哈斯代乌、A. D. 克塞诺波尔等人更是将法纳里奥特大公的统治斥为民族的灾难，一场遗患无穷的瘟疫。现代化的前提是彻底推翻法纳里奥特大公的统治，而非对其进行改良。N. 约尔加则认为一些法纳里奥特大公深受西方启蒙思想的影响，主动推行改革，在一定程度上推动了现代化进程。近年来，越来越多的研究者开始支持这一观点，对法纳里奥特大公的开明立场及其实施的改革举措表示赞赏。

我们认为，尽管法纳里奥特大公推行的某些文化改革措施具有现代意味，但这一时期罗马尼亚社会的整体状况并不利于现代化进程的启动，经济和社会状况尤其令人担忧。[①] 由少数开明人士采取的进步举措只是孤立和偶发现象，不足以推动现代化变革的大潮。由于政治

---

① 对法纳里奥特大公统治时期的深入论述可参见 D. 胡雷泽亚努（Damian Hurezeanu，1929- ）:《罗马尼亚现代文明》，布加勒斯特，社会理论研究所出版社，2000 年。第 9-38 页。"尽管法纳里奥特大公统治时期出现了少量现代元素，但这些大公并不具备很强的包容性，也无从打破阻隔 18 世纪末 19 世纪初西方改革思潮的壁垒"。同上书。第 38 页。

和经济条件的制约，法纳里奥特大公发起的改革或是未能落实，或是收效甚微。他们"崇尚文化价值，却并未创作出实实在在的文化作品"，变革仅体现为宫廷中优雅的生活方式、奢侈的品位和新颖的休闲项目。"法纳里奥特人对旧体制的依赖性极强。即使他们有突破土耳其模式的意愿，也没有能力付诸实施。引领着时代潮流的仍然是拖鞋、法衣、圆筒皮帽和软沙发。新思想的光芒远不足以撕破旧社会厚重的帷幕"。[①]

尽管摩尔多瓦和蒙特尼亚两个公国的改革得到了以 Ien. 沃克雷斯库（Ienăchiţă Văcărescu，1740-1797）为代表的文学世家、大批进步知识分子和开明贵族的支持，但是这两个公国的文化发展"与特兰西瓦尼亚相比仍显得苍白无力"。[②] 导致这一现象的主要原因有三：其一是用希腊语，而非民族语言开展教育；其二是城乡严重割裂；其三是社会体制严重僵化。"由于缺乏民族语言的支持，教育体制极不稳固，教育形式也极其单一。在充斥着官僚主义色彩的体制中，包庇袒护、裙带关系、任人唯亲等现象层出不穷。这一切阻碍了具有社会性和民族性的知识分子阶层的形成"。[③]

可见，虽然法纳里奥特政权在表面上实行了一些与新兴改革思潮呼应的举措，但实质上却阻断了两个公国真正的现代化进程。罗马尼亚民族开创新纪元所需的文化、经济和政治基础极为薄弱。因此，"两个公国的现代化进程始于法纳里奥特大公统治结束之后"，[④] 罗马尼亚社会与文化真正步入现代发生在 19 世纪上半叶。1821 年在 T. 弗拉迪米雷斯库领导下爆发的大规模革命运动成为罗马尼亚社会挣脱困境的必由之路，这场革命既代表着与旧时代的决裂，也象征着现代社会姗姗来迟的开端。

在法纳里奥特大公统治时期，随着西方国家政治体制和意识形态的变化，自然权利论和民主思想对中东欧国家产生了深刻影响。在罗

---

① 对法纳里奥特大公统治时期的深入论述可参见 D. 胡雷泽亚努（Damian Hurezeanu，1929- ）:《罗马尼亚现代文明》，布加勒斯特，社会理论研究所出版社，2000 年。第 9-38 页。"尽管法纳里奥特大公统治时期出现了少量现代元素，但这些大公并不具备很强的包容性，也无从打破阻隔 18 世纪末 19 世纪初西方改革思潮的壁垒"。第 35 页。

② 同上书。第 31 页。

③ 同上书。第 35-36 页。

④ 同上书。第 39 页。

马尼亚各公国，来自西方的先进思想与当地的政治和经济发展需求紧密结合。率先提出政权重组方案的是中小贵族和萌芽中的资产阶级，以及一些主张社会和政治改革的开明知识分子，如 N. 勒姆尼恰努、I. 特乌图（Ionică / Ioniţă Tăutu，1798-1830）、Z. 罗曼努尔等。这些新兴文化的代表人物重新审视了封建时期的政治传统和议会制度，并从现代视角出发设计了公国的政治体制。

启蒙主义思想的传入大大推动了罗马尼亚社会和民族解放进程。来自三个公国的学者和思想家广泛传播西方理性主义思想，大量译介伏尔泰、洛克、费纳隆（François Fénelon，1651-1715）、康德等人的著作。在布加勒斯特和雅西各类院校中任教的教师们为此做出了巨大贡献，其中既有贵族聘请的私人教师，也包括带入了欧洲先进思想的希腊裔和法国裔教师。作家和知识分子们开始用进步、公益、理性、社会变革、教育、发展、民主、文化、文明等时髦的字眼来表述其思想。在新一代学者眼中，科学研究具有普遍的社会意义和教育意义，而对民族历史的研究更是被看作一种责任。这一时期的文化活动呈现出多样化和制度化态势，社会和政治改革规划相继制定，基于传统和民俗的民族文学理念得以巩固。为民族统一、民族解放和社会解放而奋斗的思想深入人心，文化发展与民族解放的紧密结合成为罗马尼亚启蒙主义的一大特点。

Ien. 沃克雷斯库是这一时期的代表人物之一。他是一位极具表现力的新古典主义诗人，也是当时的文坛领袖。他在遗言中说："沃克雷斯库家族的子孙们，我给你们留下的，是不断完善的罗马尼亚语，以及对祖国的忠诚。"1787 年，他编写的《罗马尼亚语语法规则和结构说明》出版，这部著作对于新型知识分子的培养和罗马尼亚文学语言的形成都有着重要意义。在入选阿尔迪亚尔大公国罗马尼亚民族哲学协会后，Ien. 沃克雷斯库在文化运动中发挥了更为重要的作用。19世纪初，随着政治和教育改革计划的出台，罗马尼亚学者的知识结构和学术视野逐步转变，对西方思想的接受度也越来越高。

8. 文化奠基人和推动者：Gh. 拉泽尔（1779–1823）

阿尔迪亚尔学派的代表人物都曾在西方国家受过高等教育，归国后继续以西方理性主义和科学思想为指导开展政治活动，并在文化生活中大放异彩，成为罗马尼亚现代文化的奠基人。在他们及其继任者的努力下，许多学校、文化机构、报社，以及各类文学和戏剧协会得以建立。1754年创办于布拉日的学校培养出了众多特兰西瓦尼亚知识精英。

N. 伯尔切斯库在《罗马尼亚人历史上的革命进程》（1850）一书中指出："在18世纪饱受压制而完全淡化的民族情感，如今又得到滋养并获得了新生。当民众被盘剥到一无所有时，多行不义的法纳里奥特大公们已经恶贯满盈，自行摧毁了旧体制。这时，沉睡了几个世纪的选手就要再次现身竞技场。民众的力量正在逐渐发展壮大，变得令人生畏，终将把法纳里奥特人赶出祖国（……）民族意识的觉醒一定程度上应归功于特兰西瓦尼亚公国出版的著作，喀尔巴阡山成为罗马尼亚民族永久的庇护所。那时，与我们隔山而居的同胞处境更为艰难，因为他们要在异族的统治之下争取解放。但他们凭借书籍和教育走上了快速发展之路，当地的学者们为被压迫民族的合法权利而奔走呼号。"

Gh. 拉泽尔是罗马尼亚现代教育奠基人之一。他出生于锡比乌附近的阿夫里格，自小受阿尔迪亚尔学派的熏陶，成年后赴维也纳求学。归国后，他以"教育事业开拓者"的身份来到蒙特尼亚公国，于1818年在圣萨瓦王公书院中开办了用罗语授课的学堂。他用44年的短暂一生，为罗马尼亚现代教育奠定了基石。Gh. 拉泽尔在维也纳求学期间打下了扎实的科学和哲学基础。尽管他最初选择的专业是测绘工程，但在阿尔迪亚尔学派精神的感召下担负起了更为沉重的历史使命，立志通过文化来促进罗马尼亚民族崛起。他率先用罗语开展自然科学和人文教育，标志着与旧社会、旧文化的决裂，在法纳里奥特大公统治下的布加勒斯特引发了一场精神变革。他指出，罗马尼亚人只有借鉴先进国家的经验，将教育作为立国之本，才能摆脱愚昧，了解自身历史，寻回"曾经失去的尊严"。

他不仅用罗语讲授数学、地理、历史和其他自然科学，还按照康德的理念讲授现代哲学。他的著作中仅有几部讲义和教材留存至今，根据康德著作编译的《哲学教程》和《逻辑和形而上学教程》均已亡佚。他创办的罗语学堂成为培养"四八"革命一代的摇篮，他的学生 I. H. 勒杜列斯库、E. 波泰卡（Eufrosin Poteca, 1786-1858）、P. 波埃纳鲁（Petrache Poenaru, 1799-1875）等人后来继承了这位特兰西瓦尼亚教育家未竟的事业。Gh. 拉泽尔为民族复兴事业倾注了毕生心血，被公认为最伟大的民族教育家，也是罗马尼亚现代文化发展战略的制定者之一。

其得意门生 P. 波埃纳鲁（也是罗马尼亚现代教育的积极推动者。曾在维也纳和巴黎求学，拥有地理工程学位，还是钢笔的发明者）在1871 年发表的一篇文章中这样评价自己老师："在整个民族都麻木不仁的年代，他所做的一切就像万丈阳光照亮了人们的心灵，唤醒了人们的自我意识，并指引着他们将民族精神发扬光大。我们祖国历史最应记住的一件事，就是伟大的导师和爱国者 Gh. 拉泽尔创办了那所学堂。它为罗马尼亚民族打开了知识之窗，使他们开始重视自己的语言和民族身份（……）学堂揭牌时，没有庆典也没有游行，只有几个好事者的围观。他们是来听新教师如何用罗语讲授哲学的，因为他们无法相信用罗语也能讲授如此高深的学科（……）Gh. 拉泽尔的思想永远活跃而炽热，他的话语总能深入人心。人们听到他用母语的发音来表述各种深奥的科学和哲学知识时，不禁欣喜万分（……）他创办的学堂发生着日新月异的变化，不断有学识渊博的哲学家举办讲座，使学生们流连忘返。学生在接受初级的语法、地理、算术、绘画教育后，又进一步研修哲学和数学，并将相关知识运用测绘、机械制造等领域中(……)罗马尼亚人从此开启了眼界和心智，重新认识了自我，凭借与生俱来的才能投入到文化竞争之中。Gh. 拉泽尔和 T. 弗拉迪米雷斯库的名字也被人们铭记在心，因为他们让民族语言重获新生，使我们的古老权利重见天日。"

在这所学堂"让民族语言重获新生，使我们的古老权利重见天日"后整整一个世纪，罗马尼亚人终于实现了民族大统一的夙愿。在这天翻地覆的一百年间，罗马尼亚人在现代化道路上付出了巨大的努力和牺牲。他们只争朝夕，期望尽快扭转几百年来形成的落后面貌。

Gh. 阿萨基是摩尔多瓦公国的文化奠基人，是与 Gh. 拉泽尔齐名的文化先驱。他从罗马和维也纳学成归国后，在摩尔多瓦创办了多所罗语学校，为摩尔多瓦的现代教育奠定了基础。同时他还是一位新古典主义作家和伟大的文化传播者，为国家剧院的建立（1816）和新闻出版业的发展做出了巨大贡献。1829 年，他在雅西创办了《罗马尼亚蜜蜂报》，同年 I. H. 勒杜列斯库在布加勒斯特创办了《罗马尼亚信使报》。

除上面提到的两位奠基人之外，这一时期的知名人士还有：从巴黎学成归国后在布加勒斯特讲授哲学的 E. 波泰卡；蒙特尼亚公国教育事业的领导者 P. 波埃纳鲁；曾在雅西和布加勒斯特讲授哲学的 E. 穆尔古；傅立叶（Charles Fourier，1772-1837）空想社会主义的信徒 T. 迪亚曼特（Teodor Diamant，1810-1841）；在雅西开设政治经济学课程的 I. 吉卡（Ion Ghica，1816-1897）。此外还有一批"四八"革命前成名的作家，例如 C. 科纳基（Costache Conachi，1777-1849）、Ian. 沃克雷斯库（Iancu Văcărescu，1792-1863）、V. 克尔洛瓦（Vasile Cârlova，1809-1831）、A. 潘恩（Anton Pann，1793-1854）、C. 内格鲁济（Constantin Negruzzi，1808-1868）、G. 亚历山德雷斯库（Grigore Alexandrescu，1810-1885），等等。特兰西瓦尼亚公国的 G. 巴利丘于 1838 年创办了《特兰西瓦尼亚报》及其副刊《思想、心灵与文学报》。

另一位不得不提的文化奠基人是 D. 戈列斯库。他根据自己周游西方诸国的经历在 1826 年发表了《我的游记》，揭示了"我们与西方的差距"。他主张引进西方理念，修建现代文化场所，使国家尽快走上文明之路。他从改革者的视角抨击社会不公，对教士和大贵族阶级提出了严厉的批判。他认为必须借鉴先进国家的改革经验，从教育和社会福利入手，建设一个普遍福利型社会。作为一个开明贵族，D. 戈列斯库的思想有着典型的启蒙主义特征。他十分敏锐地觉察到了与西方的差距，并为此寝食难安，以至于一些现代文化史研究专家用"戈列斯库情结"来指称罗马尼亚知识分子面对西方文明的自卑感。

总的来说，19 世纪上半叶是在罗马尼亚各公国文化蓬勃发展的时期。启蒙主义与浪漫主义思潮相互融合，一系列科学、艺术、文学、文化协会相继建立，科普活动方兴未艾，罗语教育得到了长足发展，出现了最早的期刊和学术杂志，罗马尼亚现代戏剧和文学创作也由此起步。

第二节 "四八"革命运动的理论和思想背景

1. 19世纪初的政治现代化进程

19 世纪初，罗马尼亚各公国出现了基于社会各阶层代表组建议会的呼声。这一倡议对于政治现代化具有重要意义，体现了在西方启蒙运动和资产阶级革命思潮的影响下，罗马尼亚人的改革精神正在形成。在这一时期，罗马尼亚各公国都在大力加强法制建设，制定了一系列法律和法规。T. 弗拉迪米雷斯库在 1821 年起义中提出的全新政治理念，充分体现了罗马尼亚人争取社会公平和民族权力的诉求。

机构和体制改革也逐步推进，新的政治组织原则逐渐形成，行政机构的工作细则也陆续出台。1741 年，《法兰西水星报》上刊载了 C. 马夫罗科达特起草的《宪法》，其中对国家的政治、行政和司法组织形式做出了规定，并主张实施一系列经济和社会改革措施。此类法律文献还有：1780 年由 A. 伊普西兰泰下令编制的蒙特尼亚公国《法律汇编》；1813 年编制，1817 年正式实施的《摩尔多瓦民法》；1818 年颁布的《卡拉贾法典》。上述法律的颁布和实施对国家的制度现代化起到了极大的推动作用。

18 世纪末 19 世纪初编制的宪法草案数不胜数，其中大多包含民主治国和重建"富人议会"的理念，要求吸纳富裕阶层的代表，建立广泛的代表大会制度。议会拥有立法权，其活动不受司法和行政机构的制约。1821 年爆发的 T. 弗拉迪米雷斯库起义促进了政体的变更，起义期间颁布的《帕德什宣言》《罗马尼亚民众的诉求》《布加勒斯特宣言》等文件提出基于现代民主原则建立君主立宪制。根据这些文件，大公应由社会各阶层志愿组成的"民众代表大会"选举产生，必须遵守《宪法》并尊重公国其他机构的自主权。尽管这些想法未能落实，但其中蕴含的民主思想将在罗马尼亚各公国的"四八"革命运动中得到发扬，并在《伊斯拉兹宣言》和 S. 伯尔努丘在布拉日发表的历史性演说中得以体现。

所有宪法草案中最著名、最先进、最完善的是 1822 年 9 月 13 日，由摩尔多瓦改良派贵族 I. 特乌图等人起草的《烧炭党人宪法》（译者注：烧炭党系 19 世纪由蒙特尼亚与摩尔多瓦公国的改良派组建的政党）。该草案经修改后更名为《摩尔多瓦公众的首要诉求》，被作为公国的内政改革方案提交给奥斯曼宗主国。草案基于民族自治原则制定了多项规定，内容涉及大公权力、司法机构设置、立法大会组织形式等，并主张基于广泛的代表性组建"公众协商大会"。根据该草案中的要求，作为国家元首的大公不再由宗主国委任，而应由公众协商大会选举出"本土"人士担任。公众协商大会的组成人员不仅有教会领袖，还应包括"贵族之下的所有民众，从宰相到游民皆在此列"。这部宪法草案发扬了罗马尼亚各公国的政治传统，赋予了公众协商大会更重要的职能，使其能够依法参与公国重大事务的决策。草案规定"行政大权由大公一手掌握，而立法权则由大公和公众协商大会共同执掌，大公拥有否决权，公众协商大会也可对大公进行弹劾"，明确体现了国家权力分立的原则。该草案充分借鉴了1789年法国大革命时期的纲领性文件《人权宣言》，从中引述的条款多达77条，包括法律面前人人平等、私有财产神圣不可侵犯、劳动和贸易自由、教育自由、住宅不可侵犯，等等。

由于奥斯曼帝国和沙俄都拒绝进行深入的民主改革，这部宪法草案未能获得通过。尽管如此，其中的一些条款仍被 I. S. 斯图尔扎（Ioniță Sandu Sturdza，1762-1842）大公采纳，并不顾大贵族和沙俄顾问的反对加以实施，为之后的政治改革创造了条件。摩尔多瓦也成为欧洲较早实行宪政的国家之一，但这一体制并未能维持太长时间。

各种宪法草案的不断出现，表明罗马尼亚人正努力探索现代化道路，憧憬着建立议会民主制度。所有这些草案都体现了罗马尼亚民族的意志，要求对奥斯曼帝国任命的大公加以制约，并逐步用代表制取代这一专制制度。对于处于奥斯曼和沙俄帝国统治下的蒙特尼亚和摩尔多瓦公国而言，这是罗马尼亚人争取自治地位最为普遍，也是最为有效的斗争方式。

2. 政治、文化和思想变革

从18世纪下半叶到19世纪上半叶，罗马尼亚各公国与西方国家的接触日益频繁，两公国在精神领域发生了深刻变革。宗教、政治和文化精英们对启蒙主义充满向往。由于所处学术环境的差异，罗马尼亚学者中既有传统的捍卫者，也有新文化的急先锋，但他们的思想"围绕着民族性和欧洲性这两个重要概念逐渐聚合"。[①]

罗马尼亚人在与西方世界的接触中意识到了自己在文化、经济和科技上的落后，他们对理性和教育的作用深信不疑，并向旧体制发起了冲击。但罗马尼亚各公国的宗教生活有着自身的特点，因此那里的启蒙运动也具有极大特殊性。由于许多教士同样也是受压迫者，因此

[①] K. 希特金斯：《1774-1866年间的罗马尼亚人》，布加勒斯特，人性出版社，1996年。第145页。

来自西方的新思潮并未受到教会的阻挠,C. 勒姆尼克、L. 盖乌卡（Leon Gheuca，1730-1788）、V. 科斯塔凯等教会领袖反而成为坚定的改革派。

席卷欧洲的"四八"革命蔓延到罗马尼亚各公国后，在文化、政治、经济层面引发了一系列变革。文化变革体现为人们的思想逐渐从东正教向现代理性主义转变；政治变革始于 1821 年，从那时起开始由本土大公执政，现代民族国家的雏形逐渐显现；经济变革体现为封建经济向资本主义经济的缓慢过渡，各公国与西方国家间贸易关系初步建立，国内的新经济关系也得以巩固。与此同时，随着克里米亚战事的变化和巴黎和会的召开，罗马尼亚各公国周边的地缘政治格局不断改变，三个公国开始摆脱东方帝国的控制，进入西方大国的势力范围内。

在这样的社会和历史背景下，几乎所有罗马尼亚思想家都在以下方面达成了共识：

- 生活在三个公国的罗马尼亚人属于有着共同拉丁起源的同一民族。他们的语言、文化、习俗具有一致性，持续了几个世纪的密切经贸往来也加深了罗马尼亚人在精神和语言上的彼此认同。因此，实现罗马尼亚民族的政治统一是历史发展的迫切需要和必然趋势。"重建古老达契亚"的主旋律引领着"四八"革命一代的政治活动。
- 罗马尼亚人在获得现代民族意识后，必须通过一系列改革或革命来实现现代化，从而在欧洲占据一席之地。政治改革即意味着国家制度的民主化，以及对现代国家机构组织原则的确立。
- 经济层面的迫切任务有：废除农奴制、授予农民土地、扶持工业发展、进行交通和通信基础设施建设，等等。
- 上述改革措施的推行既要依托文化（包括各种思潮、文学创作、教育机构、新闻出版，等等），也要依托政治。"四八"革命一代坚信，所有这些变革必须通过政治体制的改变方能实现。文化变革须为政治变革创造条件，只有通过文化和教育开启民智，让他们认识到自己的权利，才有可能实现现代化。因此，文化启蒙被看作政治和经济启蒙的前提。
- 罗马尼亚民族文化建设离不开对历史、语言、民间传统文化的研究，以及对本民族所处特殊政治、社会环境的分析。

在 N. 伯尔切斯库看来，罗马尼亚各封建公国的权力结构在历史上经历了多次演变，每况愈下：从最初的"完全本土大公统治的国家"变成"地主、贵族统治的国家"，最终沦为"法纳里奥特大公统治的国家"，使得"百年的历史充斥着压迫、掠夺、腐化和堕落，民族日趋衰亡"。19 世纪上半叶，随着《组织规程》的颁布，蒙特尼亚和摩尔多瓦两公国成为"豪绅与官僚统治的国家"。而"四八"革命的任务，就是将其进一步转变为"罗马尼亚人的民主国家"。尽管 1832 年颁布的《组织规程》存在诸多漏洞，但其预示了议会制的出现，开启了现代代表制度的先河，使权力分立的基本原则得以落实。两个公国《组织规程》的内容十分相似，是首部具有宪法性质的成文法。其中规定了基于纳税额进行普选的现代代表制度，并首次明确提出了国家权力的分立。N. 伯尔切斯库认为："尽管（这些章程）有着很多不合理之处，但它多少引入了一些实际的原则，是一种进步举措。它承认贸易自由，司法、行政和立法三权分立等原则，并确立了议会制"。

依照《组织规程》，"行政协商会议"履行行政职能，"普通公众大会"拥有立法权，而"特别公众大会"的职能则是选举大公。唯一通过该程序选举出的大公是 1843 年当选的 Gh. 比贝斯库（Gheorghe Bibescu，1804-1873）。公众大会在演变为真正的议会后，立刻被各种矛盾和利益纠葛所充斥。由于大贵族掌控着这些机构，中小贵族为了主张其权利，逐渐向"第三等级"靠拢，并开始接受自由主义思想。公众大会的成立标志着立法程序的现代化，是当时革新思想的最集中体现。公众大会上形成了保守派和自由派两股势力，后者作为反对派，多次呼吁加快民主化步伐，并提出了民族统一方案。

在蒙特尼亚公国的公众大会上，一些议员强烈抗议俄国对公国主权的践踏。1835-1839 年间，约 20 名议员组建了由 I. 肯皮内亚努（Ion Câmpineanu，1841-1888）领导的反对党"民族党"，要求严格按照国际公约赋予国家的权利，实现内政自主。1838 年，该党派的议员制定了一部宪法草案以及各公国统一方案，并抄送各国使节。这些文件要求将摩尔多瓦和蒙特尼亚公国合并，基于民主和权力分立原则建立一个独立的达契亚王国，全国代表大会则是王国的最高立法机关。

3. "四八"革命提出的现代化理念和纲领

"四八"革命一代继承了来自启蒙时代的哲学理念，并将理性主义、革命浪漫主义与自由主义应用于本国实践之中。来自西方的各种风格、走向、思潮逐渐获得了本土形式。在罗马尼亚各公国，启蒙主义、批判理性主义、革命浪漫主义、实证主义进化论围绕着民族统一和自由这两大主题相互碰撞、融合。

"四八"革命不仅表达了罗马尼亚民族的经济和社会诉求，还提出了各种政治改革主张，旨在基于民众至上、权力分立、立法机关普选产生的原则，确立现代民主和宪政制度。革命者们摒弃了《组织规程》，并重新定义了议会在国家政治体制中的地位。议会作为立法机关，必须通过普遍、平等、直接选举产生，"所有社会阶层"都应有其代表席位。

摩尔多瓦革命者在其制定的《我们为祖国改革制定的原则》中要求废除特权，选举出能够代表所有民众利益的立法机关。在 M. 科格尔尼恰努拟订的《摩尔多瓦宪法草案》中，同样规定立法权应归于公众大会。公众大会完全独立于司法机关，它涵盖所有社会阶层，由贵族、教士、工商业人士、国家公务人员、军人、自由职业者、农民等界别构成，每个乡镇有权选举出两名代表。M. 科格尔尼恰努本着务实的态度，建议在选举中按阶级分配代表名额，以免因过多社会底层的代表进入议会而遭到大贵族和外国势力的阻挠。他还在宪法草案中明确规定，公众大会代表不可侵犯，不得因其表达的观点而被"控告、停职或审判"。公众大会的具体职能有：选举国家元首和宗教领袖；通过预算、税种、税率；指导农、工、商发展；制定国防、教育、卫生政策；改革民法、商法、刑法，等等。

蒙特尼亚革命者颁布的《伊斯拉兹宣言》也同样具有宪法意义，其中第 4 条规定："（立法）大会由所有社会阶层的代表构成"，必须通过"广泛、自由、公正的选举产生；所有罗马尼亚人都有选举权，只有能力出众、清正廉洁、德高望重者才具有被选举权"，代表资格不再取决于财产和特权；每五年举行一次大公选举。这些现代政治原则公布后，立即被革命者付诸实施。1848 年 8 月召开了一次具有全国制宪代表大会性质的特别大会，"全国所有利益方，各行各业"均有代表参加。大会的主要议程就是制定一部民主国家的根本大法——《宪法》。大会提出各部部长和公务员须对立法大会负责，大会有权对司法和行政机关加以制约。这次全国代表大会原计划通过若干基本法律并解决棘手的农业问题，但由于时局的变动和对选举模式的分歧，这一议程被迫推迟。

此次大会由 250 名代表组成，名额按"首都和各省份的人口比例"分配，每一万名居民可选举出一名代表。蒙特尼亚公国临时政府颁布的一项法令中不仅包含了上述规定，还规定"凡年满 21 周岁，具有自主行为能力且品行端正的罗马尼亚人，无论其宗教信仰，均可获得选举权"，议员候选人则必须年满 25 周岁。激进派人士起初极力主张实行普选，但最终被迫接受普选和分类选举结合的折中方式，即通过初期选举和后期选举两个阶段投票。1848 年 8 月 16 日，选举因宗主国的干预而中断，奥斯曼帝国主张只有会写字的公民才能获得选举权。尽管如此，选举活动已经引起了社会各界的广泛关注，因为这是首次号召社会各个阶层向国家的决策层选派代表。革命运动和竞选活动大大提高了民众的政治意识，人们开始具备通过代表机构来维护自身权利的现代观念。这次制宪大会原本可能成为蒙特尼亚公国民主政治的肇端，但由于国际环境的限制和国内条件的缺失，最终不了了之。"四八"革命失败后，统一民族国家的建立面临着新的挑战，但基于民众至上、普选、三权分立原则建国的民主理念已经深入人心。

在特兰西瓦尼亚公国和哈布斯堡王朝统治下的其他罗马尼亚人聚居地区，"四八"革命不仅是对社会和政治理念的明确表达，还将民族解放斗争推向了高潮。在封建时期，代表制（公国议会）是以财产和所处阶级为依据的，占人口绝大多数的罗马尼亚人饱受歧视，无法拥有自己的代表，因此他们对政治体制改革极为关注。1848 年 5 月 3-5 日在布拉日举行的"特兰西瓦尼亚罗马尼亚族全国代表大会"上，罗马尼亚族军官 S. 伯尔努丘基于自然权利、个人自由、民众至上等现代原则，要求当局承认"罗马尼亚人是特兰西瓦尼亚独立自主的民族，拥有与其他民族同样的自由"。大会还要求将特兰西瓦尼亚的罗马尼亚人和其他特权民族一视同仁，给予他们完全的政治权利，并使其"在公国议会中拥有与其人口比例相符的代表席位"。如果上述主张得到认可，将会动摇特权民族的执政根基，并彻底改变公国的政治格局，因此遭到了匈牙利贵族的强烈抵制。通过民主选举实现民族解放的尝试失败后，罗马尼亚人组建了一些带有全民公决性质的大型民间团体，通过了诸多民间认可的决议。

尽管"四八"革命遭到镇压，但它激发了追求民族统一的热情，大大推动了罗马尼亚各公国的政治现代化进程。罗马尼亚人期盼着拥有社会基础更为广泛、构成更为多样、职能更为全面的立法大会。民族统一理想贯穿了各公国"四八"革命的始终，为实现这一夙愿，罗马尼亚人的政治意识大幅提高，为民主制度的建立打下了思想基础。M. 科格尔尼恰努指出，民族统一理想"好比穹顶上的锁扣，如果没有它，罗马尼亚民族的大厦就会坍塌"。

根据 1849 年 4 月签订的《巴尔塔—利曼协定》，奥斯曼帝国和沙俄分别以宗主国和保护国的身份，解散了摩尔多瓦和蒙特尼亚两公国基于《组织规程》成立的公众大会，取而代之的是没有立法权，只有参政权的"临时国会"。尽管公众大会存在诸多缺陷，但它毕竟具备了议会制的雏形，是对旧体制的一种制衡，有效遏制了大公专制和滥权现象的出现。鉴于公众大会已经成为宣扬自由和民主思想的阵地，国内保守势力和外国列强决定取缔这一立法机构，取而代之的是由"身世最显赫、最可信任的贵族和高级教士"组成的所谓"临时国会"这一伪机构。

沙俄在克里米亚战争（1853-1856）中失利后，奥斯曼帝国、沙俄和欧洲列强重新划分了势力范围，罗马尼亚各公国的国际地位也随之发生改变。在这一背景下，各公国的命运一方面取决于俄土两国的博弈，另一方面取决于西方列强的态度。后者出于经济和贸易的考量，希望通过这些公国来遏制东方两大帝国，并提升自己在东南欧的地缘政治地位。

***

"四八"革命一代构成了罗马尼亚人历史上影响最为深远的政治和文化团体，在罗马尼亚民族现代化进程中起到了至关重要的作用。无论在思想还是在行动上，"四八"革命者都是各条战线的急先锋。他们在民族统一崇高理想的感召下努力创作，坚决斗争，在抨击旧体制的同时宣扬社会改革理念，为 1859 年摩尔多瓦与蒙特尼亚两公国的统一铺平了道路。

在文化层面，"四八"革命者用来自国外的现代艺术形式弘扬传统思想、振兴民间文学、普及民族历史，为现代教育、文学、艺术（戏剧、音乐、美术等）奠定了基础。到 19 世纪中叶，罗马尼亚人开始拥有了自己的学术和政治精英阶层。尽管这一阶层的成员构成复杂，家庭出身和教育背景迥异，但普遍具有现代欧洲精英人士的特质，并有着强烈的历史使命感。他们作为一个极具批判性的群体，积极推动体制变革，指引着罗马尼亚人朝着民族统一和现代化大业迈进。

19世纪中叶（1840-1860年间），罗马尼亚各公国涌现出一批文化和政治人物，其中包括史学家、语言学家、诗人、小说家、剧作家、民俗学家、画家、音乐家、哲学家、社会学家、政治家、法学家、教师和记者。对罗马尼亚文化作出突出贡献的有：I. H. 勒杜列斯库、Gh. 阿萨基、M. 科格尔尼恰努、N. 伯尔切斯库、I. 吉卡、E. 穆尔古、E. 波泰卡、P. 波埃纳鲁、C. 内格鲁济、I. 约内斯库·德拉布拉德（Ion Ionescu de la Brad，1818-1891）、D. 博林蒂内亚努（Dimitrie Bolintineanu，1819-1872）、A. 潘恩、G. 亚历山德雷斯库、A. 鲁索（Alecu Russo，1819-1859）、C. 博利亚克（Cezar Bolliac，1813-1881）、C. 内格里（Costache Negri，1812-1876）、V. 亚历山德里（Vasile Alecsandri，1821-1890）、M. 米洛（Matei Millo，1814-1896）、C. A. 罗塞蒂（Constantin Alexandru Rosetti，1816-1885）、I. C. 布勒泰亚努（Ion Constantin Brătianu，1821-1891）、S. 伯尔努丘、A. 扬库（Avram Iancu，1824-1872）、G. 巴利丘、T. 奇珀留、A. T. 劳里安、A. 帕皮乌-伊拉里安、A. 穆雷沙努（Andrei Mureşanu，1816-1863）、A. 沙古纳、S. L. 罗特（Stephan Ludwig Roth，1796-1849）、B. 亚诺什（Bolyai János，1802-1860）（非欧几何学的创始人之一）、I. 科德鲁-德勒古沙努、A. 普姆努尔、N. 克雷祖列斯库（Nicolae Kretzulescu，1812-1900）、E. 胡尔穆扎基（Eudoxiu Hurmuzaki，1812-1874）、A. 哈日德乌（Alexandru Hâjdeu，1811-1872），等等。

第三节　N. 伯尔切斯库（1819-1852）

N. 伯尔切斯库是罗马尼亚民族历史上最杰出的史学界和思想家之一。他在短暂的一生中积极推动社会改革，弘扬民族理念，成为"四八"革命的重要领导者。N. 伯尔切斯库具有深厚的史学和社会学造诣，全面而精准的政治见解，以及高超的文字表现力，在"四八"

革命者中显得卓尔不群。除 A. 扬库之外，他的立场最为激进，这与其个人经历不无关系：

- 他曾在 Gh. 拉泽尔创办的学堂中学习历史和哲学，1840 年因参与密谋颠覆旧政权而被判入狱 2 年；
- 1843 年，他参与创办具有共济会性质的秘密组织"兄弟会"。1844 年，他与 A. T. 劳里安共同创办《达契亚史刊》，主要刊载史学和社会哲学研究成果；
- 1846 年赴巴黎求学，师从基内（Edgar Quinet，1803-1875）和米什莱（Jules Michelet，1789-1874）研习历史哲学，在此期间深受坎杜（Cesare Cantù，1804-1895）和马奇尼（Giuseppe Mazzini，1805-1872）政治哲学思想的影响；
- 1848 年参加法国二月革命，回国后为罗马尼亚革命的筹备和开展作出了决定性贡献。他主张授予农民地产、建立国家军队、组建现代化国家机构；
- 在临时政府中领导一支由革命警官组成的武装部队，并负责宣传工作；
- 蒙特尼亚公国革命失败后，N. 伯尔切斯库远赴特兰西瓦尼亚。他与 A. 扬库分别找到 L. 科舒特（Lajos Kossuth，1802-1894）进行协商，试图与匈牙利革命者达成共识。在特兰西瓦尼亚期间，罗马尼亚人誓死捍卫民族权利的决心给他留下了深刻印象。1851 年，他在巴黎发表了题为《1848 年阿尔迪亚尔的罗马尼亚人运动》的讲话；
- 他在流亡中度过了余生。1850 年在巴黎创办了《未来罗马尼亚》杂志（其中刊载了他撰写的《罗马尼亚人历史上的革命进程》，还有他翻译的《罗马尼亚之歌》片段及序言）。N. 伯尔切斯库还在流亡期间撰写了一系列史学和经济学专著。1852 年卒于意大利巴勒莫。

由于英年早逝，N. 伯尔切斯库留下的著述并不多，但思想内涵极其丰富。主要论著有：《瓦拉几亚公国建国以来的军队和兵法》（1844）、《特殊时期罗马尼亚各公国农民的社会地位》（1846）、《罗马尼亚人对于宗主国的权利》（1848）、《罗马尼亚人历史上的革命进程》（1850）、《多瑙河各公国的经济问题》（1850）、《勇敢的米哈伊大公治下的罗马尼亚人》（1852）。

1. N. 伯尔切斯库的社会观

在 N. 伯尔切斯库的社会学理论中，理性元素与宗教元素相互交织，充满矛盾。他认为人类社会"处于无尽的进化发展之中"，而这种发展必须遵从"固有的进化法则"。上帝赋予每个民族某种特定的历史使命，各民族按照自身的性格和天分参与到发展进程之中，这些民族的多样性构成了整个人类的全面发展。上帝决定了社会进步的意义和目标，即构建公正和友爱的社会，这一目标须通过人类的活动方能实现。

尽管 N. 伯尔切斯库的遣词造句带有宗教色彩，但其内容却带有可贵的理性主义特征。在历史浪漫主义、理性主义和启蒙主义思潮的影响下，为了使其思想更具权威性，N. 伯尔切斯库将社会发展的许多特性和法则都归结于上帝。按他自己的说法，"基督教自此拥有了新的历史面貌和发展道路，表现为人类不断征服自然，认知与行为能力不断发展，道德和经济水平不断提高"。历史发展的必然趋势就是善良战胜邪恶、精神战胜自然、正义战胜邪恶、友爱战胜强权、自由战胜盲从。

"公正和友爱"被书写在"四八"革命的大旗之上，N. 伯尔切斯库对这一理念推崇备至，将其看作所有民族都力求实现的人类最高目标。人类的使命就是建立社会的公平与正义，使人与人、民族与民族之间和谐共存，这是人类实现"救赎"的必由之路。这种"救赎"不应通过舍弃生命或脱离历史来实现，而是要在真实的历史中完成。公正与友爱也非抽象概念，它们在历史中有着具体表现形式。神明监守着尘世，但不会直接干预人类历史。在 N. 伯尔切斯库看来，历史活动的主体是以个人、群体、民族形式出现的人，历史发展则是人类活动的结果。人类不仅创造了自己的命运，还通过其思维和行动能力创造了文明。难能可贵的是，他突破了传统的宗教视阈，认为实现"公正与友爱"不应仅仅依靠上帝的臣仆（教会和教士），更需要所有人众志成城。唯灵论只是 N. 伯尔切斯库思想的起点，更能彰显其理性主义立场的观点有："人不是盲从于命运的工具"，他们被上帝赋予了意愿、自由和选择权，能够在历史中以一种或另一种方式行事，一切都取决于人们的选择和行动。历史在本质上就是人们将自己从暴政下解放出来，赢得公正和友爱的过程。

对于精英和社会大众的关系，N. 伯尔切斯库认为历史的主体是民众，而非高官或名流，精英阶层必须按照民众的需求和利益来调整自己的行为。因此，他对以民为重的勇敢的米哈伊大公赞誉有加。

2. N. 伯尔切斯库的历史观

在罗马尼亚各公国，N. 伯尔切斯库是与 M. 科格尔尼恰努齐名的现代史研究元老。他深信，"历史是一个民族的第一本书，它揭示过去、记述现在、指引未来。一个没有历史的民族是一个野蛮民族，而那些丧失了宗教传统的民族则是可悲的"。[①] 他满怀热情地研究罗马尼亚民族的过去，并率先采用批判分析法撰写历史，将社会进步、时代更替与人类活动关联起来。他用 19 世纪上半叶流行的新理念、新视角来阐释历史变迁，注重主观因素与客观因素之间的相互影响。

N. 伯尔切斯库批判地继承了前人的历史观，不再仅仅记述统治者的生平和重大政治事件。他认为历史作为一门科学，应当涵盖不同领域内的所有重大事件，着重关注经济现象、生产关系、社会结构、阶级构成、风俗习惯、组织制度、生活方式等内容。他希望历史能够全面反映社会生活，将各种经济和政治现象、物质和精神现象、必然和偶然现象关联起来。N. 伯尔切斯库在《瓦拉几亚公国建国以来的军队和兵法》（1844）中指出，"我们缺少真正的民族历史，因为书写历史的人只是为统治者树碑立传（……）从来没有人为我们精确地再现从前的社会制度、思想、情感、习俗和经济状况"。而记录历史的真正目的正在于此。他是最早关注民众经济生活的史学家之一，其观点极具前瞻性，触及了当时史学和社会学研究的前沿。

他从现代阶级理论出发来看待问题，明确指出农民阶级和其他阶级的生存状况是由土地所有制决定的，阶级分化的根源在于土地所有关系。他指出，大地主土地所有制虽然不是罗马尼亚各公国独有的现象，但有其特殊的历史成因。罗马帝国将达契亚变为殖民地后又将其抛弃，农民因此获得了对土地的所有权，但后来这一权利逐渐被军阀、贵族、行政机关和大公攫取。大公将其私人领地附近的公共土地作为恩赐封赏给军官或教士，使其成为免交税赋的特权阶层的领地。

---

① 引自《达契亚史刊》发刊词。1845 年。

大地主、大贵族阶级由此产生，他们雇佣了大量自耕农为自己耕种土地。农民在沉重的政治和经济压力下，要服兵役并承担各种赋税，不得不放弃土地所有权，成为雇农。罗马尼亚各公国的封建等级制度，也就是自耕农被迫在贵族领地上出卖劳动力的制度由此产生。在经历几个世纪后，农民日益贫困，而贵族则越来越富有。农民逐渐沦为农奴，他们的土地最终成为贵族的财产。在 N. 伯尔切斯库看来，农民土地所有权被剥夺，经济状况不断恶化的原因主要有三个：首先，农民"乐于"将土地出售给贵族以逃避赋税；其次，农民长期以来为生活所迫，不得不向贵族借贷，并出卖土地来抵债；最后，贵族（通过暴力或其他手段）强迫农民出让土地。大地主土地所有制就是这种"巧取豪夺"的产物。"在我们国家，平等的权利和地位就此消失了，出现了整个国家被少数几个人奴役的状况"。[①]大地主土地所有制是随着经济关系的转变而出现的，正如 N. 伯尔切斯库所言："奴役是徭役制度的必然结果。"勇敢的米哈伊大公迫于贵族的压力，颁布法律将农民束缚在土地上，使得封建压迫行为被制度化。

到公元 1600 年，封建制度已然根深蒂固，社会分裂为两大敌对阶级，农民为夺回曾经拥有的权利奋起抗争。到法纳里奥特大公统治时期和 19 世纪上半叶，农民的生存状况进一步恶化，蒙特尼亚公国的农民每年服徭役的时间高达 56 天，在摩尔多瓦则为 34 天。除了贪得无厌的法纳里奥特大公之外，这一时期还出现了一个新的剥削阶级，即豪绅阶级："这是一个被民众称为豪绅的官僚阶层，他们在国内既无背景又无根基，但极端腐朽堕落。他们是随着传统贵族的没落，和法纳里奥特大公一同出现的。"随着社会的进步，农民重新拥有土地已经成为必然趋势。《伊斯拉兹宣言》第 13 条对农民的土地所有权进行了规定，这一条款体现了"四八"革命的实质。在 N. 伯尔切斯库看来，这就是革命的内在动因和最终目标。

N. 伯尔切斯库的历史观集中体现在《多瑙河各公国的经济问题》（巴黎，1850）一文中。这是一份递交给奥斯曼宗主国的备忘录，旨在从经济层面为"四八"革命运动中提出的改革诉求提供理论支持（附有一篇题为《罗马尼亚人的社会改革》的摘要）。这篇用法文发表

---

① N. 伯尔切斯库:《罗马尼亚人的社会改革》，收录于《伯尔切斯库全集》（第二卷），布加勒斯特，罗马尼亚社会主义共和国科学院出版社，1982 年。第 139 页。

的文章揭示了罗马尼亚各公国经济关系的演变，被认为是罗马尼亚人完成的第一篇理论扎实、论证严谨、论据充分的社会分析报告，在欧洲学术界引起了广泛反响。法国史学家米什莱在 1854 年发表的《北方民主传奇》一文中极力夸赞 N. 伯尔切斯库及其著作，称其"是一流的学者，且极富实干精神。在他们国家，他不仅是伟大的史学家，无疑也是最为英明的领袖之一。对于相关问题的真知灼见无人能出其右"。

I. 吉卡、A. G. 戈列斯库（Alexandru G. Golescu，1819-1881）、A. 奥多贝斯库（Alexandru Odobescu，1834-1895）等革新派思想家都曾多次援引 N. 伯尔切斯库的理念。M. 科格尔尼恰努在 1857 年临时代表大会上发表演讲时，曾借用 N. 伯尔切斯库的观点来支持其在农民问题上的立场。当时极负盛名的法国政论家雷格诺（Elias Regnault，1801-1868）在 1855 年发表的《多瑙河各公国的政治和社会史》一文中大量，甚至成段引用 N. 伯尔切斯库的言论，并加以概括和引申。经雷格诺加工整理过的很多信息和数据被马克思（Karl Heinrich Marx，1818-1883）撰写的经济学著作（包括《资本论》在内）援引，用以证明由徭役制度造成的剩余劳动是地主剥削农民的重要手段。[1]

3. N. 伯尔切斯库的革命观

N. 伯尔切斯库认为革命的目的在于解放受压迫的民众，使其在政治上获得主体地位，在经济上成为自由人和财产所有者，最终实现民族的统一和独立。他创立了一套完整的革命理论，将革命和阴谋、外因和内因、主体和客体加以区分。他认为革命是社会发展的必由之路，是实现进步的必要手段，因为剥削阶级不会心甘情愿地放弃手中的政治权利，接受经济和社会改革，必须通过暴力来实现变革。同时他也承认，"四八"革命者的社会构成具有局限性："'四八'革命是一场为民众而进行的革命，但并非由民众主导的革命，它是由城市居民和进步青年主导的"。[2]

革命要有扎实的社会基础，就必须发动群众，因此开启民智成为

---

[1] 有关 N. 伯尔切斯库论著的信息可参见《伯尔切斯库全集》（第二卷）（历史、政治和经济论著，1848-1852），布加勒斯特，罗马尼亚社会主义共和国科学院出版社，1982 年。第 220-229 页。

[2] N. 伯尔切斯库：《过去与当今》，载《罗马尼亚青年》，1851 年第 1 期。

当务之急。学术精英和政治精英的首要任务就是要让民众意识到自己应有的权利，并有能力争取这些权利。在看到特兰西瓦尼亚的实际状况后，N. 伯尔切斯库强调除了实现"内部自由"（政治、社会、经济自由）之外，还必须实现"外部自由"，即从外族统治下解放出来，而革命的最终任务将是开展一场"民族革命"。他指出，周边大帝国的干涉严重阻碍了革命目标的实现。从特兰西瓦尼亚的罗马尼亚人革命经验可以看出，在特定情况下，社会自由与民族解放这两个目标高度重合。如果民族自由得不到认可，其他自由也就无从谈起。因此，N. 伯尔切斯库在后来的论著中更为强调革命的民族性。

A. 扬库在 1849 年 7 月 15 日（当时 N. 伯尔切斯库正在特兰西瓦尼亚）写给匈牙利革命者的信中指出，自由思想已经席卷了整个欧洲，罗马尼亚人也深受其影响，而这些自由思想的根本就是"确保民族的存在"。他要求匈方承认罗马尼亚民族的存在，并将其作为罗匈两个民族长期互信的基础，因为两个民族间的关系"永远不应由武器来决定"。[①]A. 扬库提出的"民族存在"原则被 N. 伯尔切斯库看作实现其他目标的前提。他在《罗马尼亚人历史上的革命进程》中指出，在特兰西瓦尼亚的罗马尼亚族革命者的心中，"内部自由"是以获得民族自由为前提的，"如不能获得外部自由，内部自由就无从谈起"。

N. 伯尔切斯库将现代化进程看成是一连串相互关联的革命，就好比一个个环节构成的链条，他说："1848 年爆发的罗马尼亚革命不是毫无规律的突发事件。其起因不仅仅是某个民族突发的意愿，也不仅仅是对欧洲革命运动的追随。欧洲革命大潮是一个契机，但不是罗马尼亚革命的直接原因（……）革命的内因由 1800 多年来罗马尼亚民族所承受的艰难困苦积聚而成。革命是一条必经之路，它不可避免，自然会发生，一系列其他运动构成了其前提。在无尽的发展道路上，罗马尼亚民族和全人类一起经历了这些运动。发展之路有着自身

---

① 由于匈牙利革命者不承认罗马尼亚人的"民族存在"和民族权利，导致特兰西瓦尼亚在 1848 年发生了流血冲突。四万多名罗马尼亚人为了捍卫 A. 扬库提出的民族自由而丧生。萨斯族开明知识分子 S. L. 罗特反对当局将匈牙利语定为特兰西瓦尼亚公国的官方语言，并要求承认罗语的官方语言地位，因为公国的绝大多数人口都使用这种语言。为此，匈牙利族革命者将其视为"叛徒"，在进行了"血腥审判"后于 1849 年春处决了他。还有很多罗马尼亚族革命先锋在这次审判中被处决。正是在这一背景下，N. 伯尔切斯库来到了特兰西瓦尼亚公国，以寻求罗匈两族革命者之间的和解。

的规律，其最终目标却被上帝隐藏了起来（……）在今后的革命运动中，罗马尼亚人不仅盼望着成为自由平等的土地和财产所有者，还希望成为（与其他民族）共同发展的亲密兄弟。革命也不仅限于争取内部自由，更应追求民族统一和民族自由。如果没有外部自由，不能从外族统治下获得解放，内部自由就无从谈起。因此，我们将'公平、友爱、统一'作为革命的口号。民族革命才是罗马尼亚革命的出路（……）罗马尼亚同胞们，坚持勇敢和信仰吧！上帝和全人类都将与我们共同奋斗！'"[1]

第四节　I. H. 勒杜列斯库（1802-1872）

I. H. 勒杜列斯库是一位极具复杂性、争议性的人物。他是 19 世纪中叶罗马尼亚"英雄主义文化"的代表，和 D. 坎泰米尔同属百科全书式人物，兼史学家、作家、思想家、文学理论家、政治家于一身。作为罗马尼亚现代文化的先驱，他在诸多创作领域都有建树，还将他的老师 Gh. 拉泽尔开创的文化事业发扬光大。他创办了多家学校、报社、出版社和印刷所，并计划建立一座囊括欧洲文化重要著作译本的百科图书馆。

1826 年, I. H. 勒杜列斯库与 D. 戈列斯库共同创建了"文学协会"，1833 年更名为"交响乐协会"，极大促进了罗马尼亚音乐和戏剧的发展。1828 年，他编写的《罗马尼亚语语法》出版，并在一年后创办了蒙特尼亚公国第一份报纸——《罗马尼亚信使报》。尽管其文学作品良莠不齐，政治态度左右摇摆，语言理论也有失偏颇，但 I. H. 勒杜列斯库仍被公认为罗马尼亚现代文化的积极倡导者。他呼吁青年人:"写吧，孩子们！只要写就行"，鼓励他们积极填补文化空白，努力探寻文化创新之路。

I. H. 勒杜列斯库最重要的哲学和政治学著作是《对立间的平衡》（1859-1869）。作者对各种现代哲学思想加以综合，不偏不倚地看待英国经验主义与德国理性主义、启蒙主义与浪漫主义、温和保守主义

---

[1] N. 伯尔切斯库:《罗马尼亚人历史上的革命进程》，收录于《伯尔切斯库全集》（第二卷）（历史、政治和经济论著，1848-1852），布加勒斯特，罗马尼亚社会主义共和国科学院出版社，1982 年。第 107-113 页。

与温和自由主义。其立场可以被归结为："我痛恨专制，但更害怕无政府主义。"他在颂扬启蒙主义和人文主义进步思想的同时，强调保留原有社会形态的必要性，这一点明显不同于激进的"四八"革命者。他无法接受过于激进的变革，不赞成消灭贵族阶级，并反对农民拥有土地。这种"骑墙"立场既代表了正在向资产阶级转变的小贵族的利益，又代表了大地主阶级的利益。

I. H. 勒杜列斯库提出了同步性理论，认为发达国家的进步趋势会带动落后国家共同发展。"世界终将走向大同"——所有民族都在通往现代文明的道路上前进，而进步趋势就像管道中输送的液体一样流向四面八方，使得人类社会更趋和谐。其历史理论的基础是一种宽泛的哲学思想，他将"对立间的平衡"称之为"善"，而打破这一平衡即为"恶"。在他看来，世界的本原具有精神和物质二元结构，精神是一种积极主动的本原，物质则是一种消极被动的本原。世界就是由两者的对立统一构成的，它们之间存在着一种平衡，一种和谐，是友非敌。这是一种接近于客观唯心主义的本体二元论思想。I. H. 勒杜列斯库试图调和唯物主义与唯心主义，创造一种包容性的折中理念。人类思想中的所有二元对立，例如自然界与人类社会、时间与空间、进步与保守、政府与民众、权利与义务、自由与权威，都被他和谐融合在一起。他心目中的理想状态就是在这些对立之间实现平衡，如果一方压倒了另一方，就会出现"二元畸变"，但如果将二者结合起来，就会得到第三种因素。他经常用一些隐喻来说明社会发展中无处不在的三元性，例如新郎与新娘结合产生了家庭，政府与民众结合产生了国家，精神与物质结合产生了世界，等等。I. H. 勒杜列斯库想方设法地将所有哲学问题都纳入这一"三元论"体系中。

这一体系与黑格尔（Georg Wilhelm Friedrich Hegel，1770-1831）的辩证法有些许相似之处，德国古典哲学中所说的绝对理念即来自二元对立，最终又融合为一个综合体。与黑格尔辩证法的区别在于，I. H. 勒杜列斯库试图将对立性维持在一种平衡的关系中。因此他反对社会对抗和带有破坏性的激进变革，认为必须在谋求发展和保护传统之间保持平衡。他依此将各个历史时期划分为创建平衡的"有机时期"，以及平衡难以为继的"临界时期"。

在法国思想家蒲鲁东（Pierre-Joseph Proudhon，1809-1865）的影

响下，I. H. 勒杜列斯库对空想社会主义极为推崇。他认为未来社会的特点就是不同阶级、民众与政府和谐共存。他从基督教的视角出发提出了"福音社会主义"理论，试图调和阶级矛盾，主张社会改革必须遵循"使人们普遍受益，而不伤害任何人"的原则。他主张先由教会掌握包括土地在内的所有生产资料，而后将这些资产转为国有，国家有义务将其用于公共利益。通过这种方式，所有公民都变成了国家的公务人员或雇员，实现按劳分配，以确保所有人共享繁荣。

I. H. 勒杜列斯库还建议对贵族和豪绅加以区分：贵族即旧式地主，来自合法拥有土地的本土贵族家庭。豪绅则是一个介于贵族与农民之间的阶级，他们出现于 18 世纪、19 世纪，通过贪腐而飞黄腾达。这是一个寡廉鲜耻的阶层，一边靠管理贵族的土地致富，同时通过不正当手段谋取贵族的合法土地，最终取而代之。就像 N. 菲利蒙（Nicolae Filimon，1819-1865）的小说《新旧豪绅》中描写的一样，豪绅的形象完全是负面的。在 I. H. 勒杜列斯库看来，他们是一群道德低下的暴发户，其中有些人来自外族，靠贪赃枉法而一夜暴富。为了建立一种正确的价值取向，他对豪绅阶层大加鞭挞，但有时对世袭贵族过于美化。

第五节　S. 伯尔努丘（1808-1864）

在特兰西瓦尼亚的革命者和知识分子（包括 A. 扬库、A. T. 劳里安、A. 帕皮乌 - 伊拉里安、A. 沙古纳、G. 巴利丘、T. 奇珀留、A. 穆雷沙努、I. 马约雷斯库等）中，S. 伯尔努丘有着较为特殊的地位。他是"四八"革命一代中最具深度的思想家，目光如炬的政治家，也是主张罗马尼亚人民族权利的卓越理论家。他在罗马尼亚人民族解放运动失败后远遁摩尔多瓦，在雅西讲授哲学和法学。A. I. 库扎（Alexandru Ioan Cuza，1820-1873）大公于 1860 年创办雅西大学后，S. 伯尔努丘成为该校的首位教员。

S. 伯尔努丘的哲学、政治和法学思想深受康德的影响，极力主张自然权利，与特兰西瓦尼亚公国的统治者势不两立。与康德的差异在于，他认为可被感知的世界是一种自主的客观存在。自然界无须借助超自然因素，就可以对自身的各种现象做出解释。他强调经验对于认知必要性，批判精神至上的唯心主义思想，并试图将经验主义和理性主义融合起来。

S. 伯尔努丘继承了阿尔迪亚尔学派的社会哲学思想，在其著作中将民族自由和统一作为核心理念。其代表作是 1848 年 5 月 14 日布拉日会议上发表的演说，文中表达的观点与卢梭如出一辙，认为人生而平等，不公正的社会契约使一部分人沦为奴隶。启蒙主义思想和自然权利论、社会契约论是 S. 伯尔努丘用以捍卫个体和民族的自由的有力武器。他指出，国家作为社会契约的产物，必须维护人的自由和"自然权利"，而权利就是"所有与人的自由不相悖的东西"。权利哲学的研究对象，就是如何才能让所有人在国家中享有平等的自由。S. 伯尔努丘基于这一理念建立了自己的政治学说，旨在将民众的权利合法化，使特兰西瓦尼亚公国的罗马尼亚人能够决定自己的命运。他主张将个人自由和民族自由统一起来："脱离民族实现自由是无稽之谈"，因为"只有民族自由才是真正的自由"，而 19 世纪则是各民族大解放的世纪。

下面是他 1848 年 5 月 14 日在布拉日会议上演讲的节选："如果脱离了民族，民众的自由就毫无意义，他们的文化与福祉也无从谈起。只要了解这一点，我们就能看到（匈牙利族革命者置公国多数人口的选择于不顾，宣布特兰西瓦尼亚与匈牙利）统一会将我们带向何方，会对民族造成怎样的危害（……）在当今世界，一个民族的文化已然成为衡量其幸福和独立的尺度，那么就让我们来近距离地研究一下文化和民族自由的关系吧（……）文化是世上最强大的力量，也是民族统一的新堡垒，因此全民族必须齐心协力来弘扬文化传统，促进文化传播，共享文化成果。但如果没有民族语言，我们又如何传播民族文化呢？（……）一个民族的文化要发展，就必须实现统一。但不是和一个企图剥夺我们民族身份和民族文化的异族统一，而应首先与本民族实现统一，从而获得一致的民族文化（……）总之，离开民族，就没有自由，也没有光明（……）民族自由就是我们的终极自由，也是我们美好未来的港湾。蛮族已经夺走了罗马尼亚人的一切，唯有夺走民族自由的企图至今未能得逞（……）广大罗马尼亚人以全民族的名义大声疾呼：不要去投靠那些匈牙利族的自由团体，因为他们施舍的食物都被下了毒。不要出卖我们的祖国和语言，因为一旦失去就再也无法挽回。去团结所有民众，所有的神父、贵族、市民、军人、学者，一起为民族复兴而献计献策。因为你们都是同一个母亲的孩子，为共同的事业而奋斗。和民众在一起就不会迷失方向，因为民众不会迷失其本性，不易像其他阶级那样被外族笼络，为虎作伥。不要因为害怕斗争而动摇民族大业，要想想其他民族也曾为争取自由斗争了数百年"。

第六节　M. 科格尔尼恰努（1817-1891）

在 19 世纪罗马尼亚历史上，M. 科格尔尼恰努是一位标志性人物，其从事的政治和文化活动对罗马尼亚历史走向具有决定性意义。他不仅是最具远见卓识的政治家、作家、史学家、思想家，还是罗马尼亚现代国家的奠基人之一。

M. 科格尔尼恰努曾游学德国，回到摩尔多瓦后即投身于繁忙的文化和学术活动中，创办了《达契亚文学》（1840）、《罗马尼亚档案》（1841-1845）、《进步》（1844）、《多瑙河之星》（1855-1860）等杂志。1843 年，他在雅西的米赫伊莱亚纳书院首次开设了民族史课程（后来发表了《民族史课程导论》）。能够反映其社会观和历史观的其他论著有：《罗马尼亚档案》的发刊词（1841）、《摩尔多瓦公国编年史》的前言（1852）、《关于文明》（1845）、《奴隶、邻居和贵族》（1855）。在 1848 年发表的《摩尔多瓦民族党的愿望》一文中，他提出了全面的政治和社会改革纲领。

1. M. 科格尔尼恰努的历史观和社会观

M. 科格尔尼恰努和 N. 伯尔切斯库共同创造了一种书写历史的新方法，将着眼点从政治事件转向经济和社会现象。他将历史学看作具有极高道德和文化价值的学科，称其为"唯一可以揭示未来的预言"。如果不还原历史，不了解那些记述祖先事迹的文献，罗马尼亚民族的自我意识就无法得以巩固，也无法为建设罗马尼亚现代原创文化确定方向。

下面这段文字节选自《罗马尼亚档案》发刊词："我们应恪守古老的习俗，只有这样才不会偏离正确的思想。我们要坚守自己的语言和历史，就像溺水者抓住救命稻草一样。罗马尼亚历史应该成为我们的枕边书和我们民族的保护神。通过历史我们可以知道以前做过了什么，还应该做什么；通过历史我们可以预知未来；通过历史我们才能成为罗马尼亚人，因为历史是评判一个民族进步或倒退的标尺。向历史发问，就能知道我们是谁，从哪里来到哪里去（……）但我们的历史在哪里呢？有谁知道呢？又有谁在读呢？在这样一个物欲横流自私成性的年代，又有谁在反思历史，关注民族，憧憬未来呢？（……）我们的历史就深藏在民间传统之中，在我们广袤土地上的无数柴垛中，在我们勇敢的大公为纪念胜利而修建的修道院中，在各种古老文献中，以及格雷恰努兄弟、R. 波佩斯库（Radu Popescu，1655-1729）、G. 乌雷凯、M. 科斯廷等人撰写的编年史中。他们一手持剑保家卫国，一手执笔记述丰功伟绩"。

M. 科格尔尼恰努十分重视历史的教育意义，并在历史中为罗马尼亚人的权利寻求佐证，寻找有关罗马尼亚民族存在和延续的重大线索，探寻诸多现实问题的答案。在他的不懈努力下，几百年前的学者们写成的编年史得以出版。此外他还撰写了一部宗教考古著作，通过历史来鼓励人们担负起现代化改革的重任。在他看来，历史不应被仅仅看作教训，它更包含了众多宝贵经验和社会发展原则。

M. 科格尔尼恰努是最早本着科学精神，将忧国情怀与批判精神结合起来，客观评判历史的罗马尼亚现代思想家之一。他认为民族归属感是人类普遍具有的本性，在现代社会，个人和群体为了维护其政治和文化身份而整合成了民族。只有科学地重建历史并深入了解先人的事迹，才能提升民族意识，增强社会和民族凝聚力。他满怀激情地说："每当听到善良的阿列克山德里大公、斯特凡大公、勇敢的米哈伊大公等人的名字时，我就不禁心潮澎湃。对，他们是我的大公！我可以毫不羞愧地告诉你们，这些人对我而言比亚历山大大帝、汉尼拔（Hannibal Barca，前247-前182）、恺撒还要重要。尽管后者是全世界的英雄，前者只是我祖国的英雄。对我而言，勒兹博耶尼战役比温泉关战役更有意义，而拉霍瓦大捷、克卢格雷尼大捷比马拉松大捷、萨拉米岛大捷更为辉煌，因为罗马尼亚人获得了胜利！在我看来，祖国的大好河山比异域风光更引人入胜，更宏伟壮丽。苏恰瓦和特尔戈维什泰在我心中比斯巴达和雅典更有分量！"

在《民族史课程导论》中，M. 科格尔尼恰努将欧洲人普遍具有的强烈民族情感融入政治、经济改革纲领之中，希望尽快实现现代化，巩固现代文明。但即便在"四八"革命这种激情燃烧的年代，他依然能够保持理智、务实的态度，对一些过激的非理性行为提出批判："你们会发现我内心是个罗马尼亚人，尽管我从未狂妄地鼓吹过罗马化，吹嘘自己是罗马人。这种现象如今在一些作家，特别是在特兰西瓦尼亚和瓦拉几亚作家的作品中极为常见（……）这种狂妄急剧膨胀，以至有些人对古罗马人的事迹，从罗慕路斯（Romulus，约前771-约前717）到奥古斯都路斯（Flavius Romulus Augustus，约 463-?）都如数家珍（……）先生们，我们必须戒除这种会引起外国人耻笑的狂妄。就我们目前的处境而言，当务之急是戒骄戒躁。正如 I. H. 勒杜列斯库先生所说，只有破产的没落贵族才会整天对自己祖先的辉煌念念不忘。我们要摆脱自卑感，如果我们自轻自贱，全世界都会鄙视我们。相反，即使我们来自成吉思汗的游牧部落，只要避免道德崩坏和钩心斗角，就不会衰落。我们应更为友爱，更为爱国，去追求健康的文明，而不是现在这种肤浅的文明，只有这样才能赢得欧洲的尊重。先生们，无须讳言我们的法律、习俗、语言都源自罗马人，这些历史真相早已被证实。但是我还要告诫各位：我绝对不会吹捧这种夜郎自大的做法，把罗马人的事迹说成是我们的。我要做更有用的事情，要对你们进行鞭策。如果想要真正被认作罗马人的子孙，自己的所作所为就要与大国子民的身份相称"。他坚持用批判的态度去看待当时在欧洲不断高涨的民族情绪，并与学术活动中的夸夸其谈划清了界线。他警告国人，如果仅仅满足于自己的拉丁起源，而无法做出可以印证这一"高贵起源"的事迹，终将被人耻笑。可见，民族身份并非某种实在的物质，而是取决于民众的具体表现，必须将辉煌的历史现实化。此外，他还阐明了"健康文明"与"肤浅文明"之间的区别，后来青年社成员们赋予了这一理论更为深刻地内涵。

M. 科格尔尼恰努坚信一个民族的历史有着永恒的价值，是这个民族未来发展最为坚实的保障。历史发展的大趋势总是积极向上的，社会的公正和平等则是衡量文明程度的重要标准。这里所说的"文明"即指科技、经济、社会的进步，其最根本目的就在于对人类的"解放"。文明的进步与科技、政治因素密切相关。所谓"科技因素"就是指"艺术、科学和工业成就"，人类通过这些成就来征服自然；所谓"政治因素"则指"人际关系，以及个人与社会的关系"，体现为个人或群体获得政治权利、公民权利或社会权利。文明的本质就是精神解放、经济解放和政治解放。人类通过科技、艺术、工业发展和经济进步来摆脱自然界的束缚，从而主宰大自然，并在社会和政治层面将人从受奴役、受压迫的状态下解救出来。

封建体制严重阻碍了罗马尼亚的发展，必须通过深刻的政治和经济变革打开阻塞已久的经济现代化和社会发展之路。1831 年颁布的《组织规程》将罗马尼亚人与其历史割裂，导致其根基变得异常脆弱。现代国家由自由和平等的公民构成，如果政治和经济权利仅仅掌握在一小撮特权阶级手中，作为国家基石的广大民众被剥夺了所有权益，只是承担赋税的话，就失去了立国之本。1860-1864 年间，议会就农业改革问题展开辩论。M. 科格尔尼恰努慷慨陈词，从历史、经济和社会角度大力支持农民土地所有制。他指出，特权阶层的规模已经缩小至几千个大贵族，而他们远不足以构成一个现代国家。一个国家必须依靠多数人的力量来维持，必须坚持"民众至上"，这是现代社会的基本理念。他在 1848 年发表的《摩尔多瓦民族党的愿望》中写道："一个国家的力量和幸福源于大众，源于全民族的力量和幸福。一个国家如果只有三千多人是拥有权利和财产的真正公民，就不配被称为国家。"

M. 科格尔尼恰努认为进步并不一定要靠革命来实现，也可以通过渐进的改革，即有机的演进来实现。在那个如火如荼的革命年代，他的思想显得独树一帜，使其成为 19 世纪下半叶罗马尼亚自由主义温和派的代表人物之一。

2. 民族特色纲领

M. 科格尔尼恰努在《达契亚文学》杂志（仅发行了三期）中提出的纲领在当时引起了强烈反响，并成为罗马尼亚现代文化全面发展的标志。他在那个时代扮演了文化导师的角色，是文化运动的一面旗帜，其地位堪比 1866 年之后的 T. 马约雷斯库。M. 科格尔尼恰努是最早将批判精神和民族特色标准运用到文学作品批评中的罗马尼亚理论家。他认为《达契亚文学》杂志应该刊登"达契亚各地所有罗马尼亚人的优秀作品"。面对刚刚起步的罗马尼亚现代文化和良莠不齐的作品，他意识到批判精神的重要性，必须"用筛子筛选它们，去芜取精"。他将美学标准与政治、道德标准明确分离，主张必须以建设性的视角评判文学作品，因为"我们要评价的是作品，而不是人"。

针对当时很多作家不加批判地照搬西方文学题材和风格，M. 科格尔尼恰努提出了严厉的批评，指出"翻译无法造就文学"："我们对模仿的狂热已近令人发指，它扼杀了我们民族的灵魂（……）几乎每天都有罗语书被印刷出来，但是有什么用呢？！这些书都是从其他语言翻译过来的，而且未必都是精品！译介无法造就文学（……）我们将竭尽全力消除这种扼杀原创性的狂热，只有原创性才是文学最为宝贵的特质"。外来文化形式的影响固然不能忽视，但必须与本国的内容相符。只有将罗马尼亚人民特有的历史经验通过现代艺术形式表现出来，方能构建现代民族文化。M. 科格尔尼恰努通过身体力行证明，罗马尼亚文学可以靠发掘历史素材、使用民间语言、弘扬本国传统来获得原创性和话语权："我们的历史上不乏英雄事迹，我们美丽的祖国幅员辽阔，我们的习俗如诗如画，因此我们不用从别的民族那里借用，就可以找到无数写作题材。"

《达契亚文学》第一期序言后刊登的第一篇小说，就是 C. 内格鲁济的代表作《亚历山德鲁·勒普什内亚努》，极大提升了杂志的艺术水准。M. 科格尔尼恰努将原创性和批判精神作为民族文化建设的纲领，主张对外来文化进行必要的过滤和筛选。他对于传统和创新的关系有了更为全面的理解，率先区分了真正健康的文明和未加批判就引进的虚假文明。他并不排斥文化交流，但要求文学作品必须表达"民族的灵魂"，展现罗马尼亚民族的个性。

很多人认为 M. 科格尔尼恰努的立场偏向保守。这一论断脱离了当时的时代背景，显然有失偏颇。在 G. 克利内斯库看来，M. 科格尔尼恰努是"四八"革命者中少有的不矫揉造作，且具有建设精神的人物。"他的长处在于有着当时人们少有的批判精神"，而他作为政治家的一面则比他的作品更为精彩。这一评价丝毫没有贬低其文学作品的价值，只是凸显了 M. 科格尔尼恰努在罗马尼亚历史发展关键时期（19 世纪）发挥的重大作用。他的主要贡献有：制定摩尔多瓦"四八"革命纲领；参与 1859 年的统一运动和 A. I. 库扎大公统治时期的改革；为现代罗马尼亚国家的巩固，以及 1877 年国家独立作出巨大贡献。他在所有重大历史时刻都保持着清醒的头脑，是一位具有远见卓识和实干精神的政治家、外交家。

第四章

19 世纪下半叶的文化走向 * 社会现代化 与民族理想 * 青年社 * T. 马约雷斯库的 "无内容的形式" 理论和 M. 埃米内斯库

罗马尼亚社会在 19 世纪下半叶全面步入快速现代化的阶段，文化事业蓬勃发展，高水平作品层出不穷。罗马尼亚文学迎来了伟大的经典作家时代，文艺创作形式百花齐放，在美术、戏剧、音乐、建筑、城市规划等领域逐渐形成了鲜明的民族原创风格。教育现代化改革不断推进，新闻出版呈多样化发展态势，在经济学、医学、建筑学和多个自然科学领域涌现出一批一流专家。在这个各种思潮澎湃激荡的时代出现了一批本土思想家，他们对西方思想的认识入木三分，在对其批判地继承后创立了自己的思想体系。

这一时期，文、史、哲等人文社科领域硕果累累，罗马尼亚文化快速向现代价值标准靠拢。政治家和知识分子虽然在改革的具体步骤上存在分歧，但已就全面现代化和融入欧洲等问题达成了共识。

第一节　政治与经济变革

"四八"革命后，罗马尼亚社会进入了从封建旧体制向现代民主制度快速过渡的时期。罗马尼亚人统一国家的建立、政治体制现代化、国家的独立成为这一时期的重要节点。社会结构在此期间急剧变化，与西方世界逐渐接轨。但现代化进程的飞速推进也引发了一系列新的矛盾和问题。

1. Al. I. 库扎大公统治时期

政治体制在这一时期发生了重大变革。随着立法和行政改革的深入，建立了与西方发达国家相似的现代民主宪政制度。在三个公国统一之前，曾经就政治和文化问题展开过大讨论，并为此在 1857 年秋天先后于雅西和布加勒斯特召开了两次特别国会会议。这两次会议首次吸纳了农民代表参与，支持统一者在与会代表中占了绝大多数。会议决定将三个公国统一成一个国家，国名为罗马尼亚，从国外的王室邀请一位大公执政，实行宪政和议会制。会议还做出了以下规定：大公的地位神圣不可侵犯；参照公众大会的模式组建能够表达社会各阶层诉求的代表大会；政府对代表大会负责。

这两次特别国会会议具有立法大会的性质，参会代表从民众中选举产生，大会决议经各大国（译者注：法国、普鲁士、撒丁王国、英国、奥地利、俄国和土耳其）代表组成的委员会讨论通过。在此基础上，摩尔多瓦和蒙特尼亚分别在 1858 年 8 月 7 日和 19 日签署了《巴黎协定》，标志着国家重组的宪法框架得以建立，为这两个公国在次年的统一创造了条件。《巴黎协定》并未对三个公国的统一作出具体承诺，只是规定每个公国都各自拥有一个大公、一个政府和一个选举大会。1859 年 1 月 5 日和 24 日在雅西和布加勒斯特先后举行选举，A. I. 库扎成功当选摩尔多瓦和蒙特尼亚两个公国的大公，罗马尼亚人的统一愿望得以实现（译者注：不含特兰西瓦尼亚），现代罗马尼亚国家也由此形成。

尽管《巴黎协定》并未批准两个公国在组织机构上的统一，但包含了实行社会改革、取缔阶级特权、建立现代政治制度、国家权力分立、代表大会选举须受审查委员会监督等条款。立法权由大公、选举大会、（两公国共有的）福克沙尼中央委员会共同执掌；行政权归大公和政府；司法权则由法院履行。两个公国的通用法律草案由中央委员会拟定后提交选举大会讨论通过，并由大公颁布。每个公国的专门法律草案则由大公拟定后提交大会通过。统一后的罗马尼亚依照现代民主原则对政体进行重组，实现立法、行政、司法三权分立，建立一院制议会。在特殊时期大公有权召集或解散选举大会。

要真正实现统一，必须组建唯一的政府和议会。A. I. 库扎与各大国长期磋商后，西方列强在 1861 年年底与土耳其达成共识，同意两个公国组建唯一的政府，并将两个选举大会合并为一个立法大会。在 1861 年 12 月 11 日向全国发布的公告中，A. I. 库扎宣布"统一已经实现"，全民族紧密团结在"唯一的罗马尼亚"。1862年1月24日，两个公国的选举大会合并，总部设在布加勒斯特，布加勒斯特自此成为罗马尼亚首都。同一天，A. I. 库扎大公向罗马尼亚立法大会递交了全面改革纲领。

由于《巴黎协定》中规定了投票审查机制，大地主代表在议会中仍占多数，A. I. 库扎大公及其追随者提出的民主改革方案在议会中遭到了他们的激烈反对。保守派对选举制度改革最为抵触，这项改革方案要求降低选举人的纳税准入标准，大幅扩大选举范围。此外，他们还反对实行农业改革。上述两项改革方案旨在将农民从封建制度下解放出来，允许所有社会阶层都参与到政治生活中。在反复推行农业改革未果后，A. I. 库扎于1864年5月2日解散了立法会，并通过全民公决获得了民众对《农业法》和《选举法》，以及《巴黎协定补充章程》（译者注：下文简称"《补充章程》"）的支持。依照《补充章程》中的相关规定，参议院得以建立，罗马尼亚正式实行两院制。尽管A. I. 库扎在《补充章程》的前言中就强调，罗马尼亚的根本大法仍是《巴黎协定》，但章程中的具体规定和"罗马尼亚"这一正式名称表明他正试图摆脱奥斯曼帝国和西方列强的"保护"，为国家谋求完全自治的地位。这份文件可以被看作是罗马尼亚的第一部宪法，体现了国际社会对罗马尼亚内政自主的认可。A. I. 库扎大公在此基础上发起了更为深入的立法和体制改革。

1864-1866年间，A. I. 库扎推出了若干重大的政治和经济改革举措，全方位推动立法现代化，巩固了已有制度体系，完成了行政机构重组，使国家具备了与欧洲发达国家相似的法制框架。其间出台的法律法规有《公务机构法》《刑法》《刑事诉讼法》《民法》《民事诉讼法》《司法机关组织法》《军队组织法》《公务机构常设委员会组织法》，以及有关民兵组织的规定。这一时期还引进了现代计量单位，成立了工商会和储蓄所，并宣布罗马尼亚东正教会实行自主，确定了公共事务优先原则。正如M. 埃米内斯库所说，在A. I. 库扎大公统治时期，罗马尼亚建立了"行使内政外交全部主权的机制"，为资本主义的发展奠定了基础。

2. 1866-1918年间的政治生活

1866年1月11日A. I. 库扎退位，卡罗尔一世（Carol I，1839-1914）

亲王登基，他制定的新《宪法》于7月1日获得通过。这部《宪法》是顺应进步思潮，基于民主和自由原则制定的，并从当时最先进的宪法——1831年《比利时宪法》中借鉴了大量内容。《宪法》对 A. I. 库扎缔造的统一国家予以认可，并确定国名为"罗马尼亚"，且对奥斯曼帝国的宗主国地位只字未提。新《宪法》成为推进民主改革，促进社会和经济现代化的有效手段，为个人自由和私有财产提供了有力保障。此外，这部《宪法》还明确了议会制、三权分立、限制国家元首权力、部长对议会负责等基本原则。1879年、1881年、1884年（彼时已更名为罗马尼亚王国）先后三次本着民主精神对1866年《宪法》进行了修订，罗马尼亚政体向西方国家进一步靠拢。

直至第一次世界大战末，罗马尼亚的参众两院都由国家自由党和保守党这两大政党把持。由于国王有权解散议会，任命或罢免部长，因此他可以通过两党轮流执政来实施制衡。在反对党和公众舆论的压力下，国王可以任命新的政府并解散两院，重新组织选举。如君主不够强势，政府也可能运用各种手段向其施压，以维持执政党在两院中的多数席位。对于这种"轮流执政"机制，P. P. 卡尔普（Petre P. Carp，1837-1919）的观点在当时很有代表性。他认为"在罗马尼亚没有议会制的政府，只有政府式的议会"。这位青年社的先锋比喻说："把政府交给我，我就给你一个议会"。尽管1866年《宪法》中确立的君主立宪制沿袭了旧体制中的诸多弊端，民主体制仍逐步得以巩固，罗马尼亚现代化进程步入了新一轮高潮，迅速与欧洲各国接轨。

1866年《宪法》中规定的选举制以纳税额为基础，须缴纳高额税金方能获得选举权，因此各阶层获得的选举名额的比例是不平等的。这种选举制度对保守派、大地主和自由派的上层人士十分有利，而人数最多的农民只能作为第四类竞选团间接选举出极少数众议员。新型民主制度与现实状况之间的落差成为当时最具争议的话题。T. 马约雷斯库和 M. 埃米内斯库提出的"无内容的形式"理论后来被广泛接受，这一理论不仅是从保守主义视角对新体制的批判，同时也反映出了罗马尼亚社会的真实状况。"形式"与"内容"的矛盾构成了罗马尼亚社会现代化进程中不得不面对的严峻挑战。

20世纪初，选举制问题再度引发热议。极富民主和战斗精神，主张普选的民粹主义代表和国家自由党最终于1913年9月战胜了保守势力。1917 年，被战争阴云笼罩的罗马尼亚对《宪法》进行了彻底修订，宣布实行新的农业改革，并用普选取代纳税选举制。这些政治和经济改革举措为实现三个公国的大统一提供了坚强保障，罗马尼亚历史新纪元即将开启。

3. 经济问题及其文化反映

在 A. I. 库扎统治时期，封建时代的经济关系依然存在，因此经济层面的首要任务就是推行现代化改革并建立资本主义生产关系。当时罗马尼亚的经济结构较为混乱，一些改革措施有失严谨，资本主义弱肉强食的野蛮特征开始显现，而大地主阶级依然势力惊人。1864年实行的农业改革是一项重大的政治和经济举措，但并未完全清除带有封建性质的经济关系。在 A. I. 库扎和 M. 科格尔尼恰努领导下推行的农民土地私有化也未能彻底解决棘手的农业问题。多数农民虽然获得了土地，在形式上摆脱了封建压迫，但其独立的经济地位未能得到巩固。主要原因是 A. I. 库扎被迫退位后，罗马尼亚立即颁布了《农业制度法》，其中的规定对农民过于严苛。农民在经济上隶属于大庄园主，且要向政府缴纳各种苛捐杂税，落后的土地租赁制度和农业技术使得农民的处境不断恶化。C. 多布罗贾努 - 盖雷亚将这种体制称为"新农奴制"。加上工业发展滞后，20 世纪初的罗马尼亚经济已经处于岌岌可危的境地。到 1919-1921 年实行新一轮农业改革之前，农业问题一直困扰着罗马尼亚社会，成为半个世纪以来最具争议的政治问题。第一次世界大战后，以纳税选举制为基础的政治体制，以及杂乱无序的"新农奴制"经济体制才被废除。

在对外贸易方面，虽然罗马尼亚已经与西方发达国家建立起资本主义式的贸易关系，却没有可供出口的工业产品。农业在经济结构中仍占极大比重，竞争力低下，不得不依靠出口农产品和原材料来换取消费品和少量设备。

Şt. 泽莱廷指出，罗马尼亚在 1830-1880 年间实行的资本主义属于高利贷资本主义和贸易资本主义。虽然旧式地主阶级的经济实力已一蹶不振，但未能建立起稳固的中产阶级来取代它。换言之，民族资产阶级尚无力承担起政治、经济现代化的重任。[1] 在工业基础极为

---

[1] Şt. 泽莱廷:《罗马尼亚资产阶级的起源和历史作用》，布加勒斯特，人性出版社，1991 年。第 87 页。

薄弱，除农产品外无其他商品可供出口的情况下，罗马尼亚就向外国资本敞开了大门。这导致经济发展停滞，与发达国家的差距进一步拉大，不可避免地在经济上沦为西方国家的附庸。

社会学家 I. 伯德斯库（Ilie Bădescu，1948- ）认为资本主义可以分为两大类：一类是在西方大国发展起来的向心式、建设型资本主义；另一类则是在落后小国出现的离心式、伴生型资本主义，罗马尼亚就属于后者。[①] 罗马尼亚经济发展的最大特点在于，自然发展之路曾被法纳里奥特统治阻断，19世纪上半叶刚刚摆脱奥斯曼帝国的统治，到19世纪下半叶又再次沦为西方发达资本主义国家的附庸。正如 E. 洛维内斯库所说，罗马尼亚历史生活的轴线彻底从东方转向西方，虽然引进了现代民主制度，但经济结构却极为落后。在与西方国家的经贸往来中，罗马尼亚总是被边缘化。这种伴生型资本主义使得罗马尼亚成为西方国家的资本倾销市场和原材料的供应国，经济发展受国内外多种因素的束缚。

当时罗马尼亚正处于三大帝国的交锋地带，社会发展的使命与民族独立的使命相互重合。这种落后的资本主义形态就是在几大帝国的夹缝中形成的，在经济、社会、文化层面引发了一系列负面效应。Şt. 泽莱廷指出，这一时期出现的多种思潮都是在理论和文化层面对经济边缘化现象的一种回应，有助于罗马尼亚寻找正确的经济和政治发展方向，真正走上现代化道路。罗马尼亚批判主义文化的代表 M. 埃米内斯库希望国家能够摆脱经济从属地位，并建设具有原创性的现代文化。他深刻地认识到，政治独立离不开相应的经济基础，"政治自由和经济独立是同一个概念"。而建设具有原创性、民族性的罗马尼亚现代文化，则是证明国家和民族生命力的迫切需要。

罗马尼亚民族必须从政治、经济、文化三个层面对新的历史挑战作出回应。在政治层面，A. I. 库扎大公那一代人实现了统一，并建立了西方式民主制度；在经济层面，由于罗马尼亚长期以来积贫积弱，发展步履维艰；文化层面的情况则较为特殊，两种互补的趋势主导着当时的罗马尼亚文化界：一方面是对西方文化思想和创作模式的借鉴和吸收，另一方面则是从本民族特有的视角出发进行创作。人们迫切

[①] 参见 I. 伯德斯库：《欧洲同步化与罗马尼亚批判主义文化》，布加勒斯特，科学与百科全书出版社，1984年。

希望扭转历史造成的落后局面，实现跨越式发展，创造出一种在欧洲具有竞争力的文化。正如 M. 伊利亚德所言，那个时代对罗马尼亚文化而言有着创世意义，罗马尼亚人表现出非同寻常的，文艺复兴式的创作热情，紧紧追赶着西方文化潮流的脚步。尽管文化发展的内部平衡时常被各种极端立场打破，但总的来说，罗马尼亚现代文化正在逐步走向成熟。

第二节　文化生活的制度化

1. 文化机构和文艺团体

罗马尼亚现代国家的政治和思想上层建筑在这一时期逐步建立，现代教育体制基本成形。教育、新闻、宗教、行政、军事、外交、文化向正规化、制度化全面迈进，各级各类文化教育机构得以建立。在 A. I. 库扎大公统治期间，雅西大学（1860）和布加勒斯特大学（1864）相继成立。这一时期成立的文化和科研机构还有：罗马尼亚科学协会（1862）、罗马尼亚自然科学协会（1865）、罗马尼亚雅典娜宫（1865）、罗马尼亚文学协会（1866）。新闻出版物日趋多样化、现代化。在仍受外国统治的地区（特兰西瓦尼亚、布科维纳、比萨拉比亚）也出现了各类文化团体，例如 1861 年成立于锡比乌的特兰西瓦尼亚罗马尼亚文学和民族文化联合会［简称"阿斯特拉"（ASTRA）］，为实现民族大统一发挥了巨大作用。

1866 年 4 月 1 日，摄政官署（译者注：A. I. 库扎大公退位后成立的临时行政机构）下令成立文学协会。该协会是罗马尼亚科学院的前身，其 21 名会员由各省选举产生，其中 4 名来自蒙特尼亚公国，摩尔多瓦、特兰西瓦尼亚和比萨拉比亚各 3 名，马拉穆列什、布科维纳、巴纳特和马其顿各 2 名。次年，文学协会在 G. 巴利丘的建议下更名为罗马尼亚科学协会，1879 年再次更名为罗马尼亚科学院。科学院的成立经历了长期酝酿和摸索，I. H. 勒杜列斯库、G. 巴利丘、A. 普姆努尔、I. 马约雷斯库、V. A. 乌雷基亚（Vasile Alexandrescu Urechia，1834-1901）、A. T. 劳里安、G. 西翁（Gheorghe Sion，1822-1892）等大批学者为此倾注了心血。科学院（及其前身）的成立标志着文化体制改革步入了关键期，其成员肩负起了"四八"革命一代提出的使命，力求围绕民族统一这个核心来拓展罗马尼亚人的精神生活。1867 年 8 月，来自各地的罗马尼亚族文化代表在布加勒斯特举行了第一次大会。会场上既弥漫着忧国情怀，也燃烧着爱国热情。是年，奥地利和匈牙利合并为奥匈帝国，开始全面抹杀其治下罗马尼亚人的民族特征。科学院第一次会议就是为实现"各地罗马尼亚人的文化统一"的理想而召开的，对境外（当时罗马尼亚版图之外）罗马尼亚人所受的民族压迫提出了强烈抗议。

这一时期还发生了许多其他重要事件。1863-1864 年，青年社在雅西成立，成为罗马尼亚新文化的代表。1867 年 3 月 1 日创刊的《文学谈话》杂志明确表达了青年社的基本立场和原则。1866 年，M. 埃米内斯库在《家庭》杂志上发表了他的处女作，并开始周游全国。同年，A. 奥多贝斯库和 B. P. 哈斯代乌相继登上文化舞台。后者天分极高，几乎对文艺创作的所有领域均有涉足。

科学院成立之际，正值文化观念不同的新旧两代人严重对立之时。除了青年社成员之外，新文化代表人物的思想并不完全一致。与老一代相比，他们对文化，以及文化与社会间的关系有着全新的理解，并制定了不同以往的现代化战略。"四八"革命一代在这一时期仍然活跃，他们与新兴文化力量之间既有联合也有冲突，在某些方面分歧严重。

2. 教育和学术生活

教育的发展与 Gh. 阿萨基、Gh. 拉泽尔这两位奠基人息息相关。前者 1814 年在雅西王公学院开设了植物学课程，后者则于 1818 年在布加勒斯特开创了罗语教育的先河。开明贵族 D. 戈列斯库毕生致力于教育发展和社会变革。1826 年他与 I. H. 勒杜列斯库共同创立了一个文学社团，将扶持原创文学作为其宗旨。1827 年，D. 戈列斯库在自己的领地戈列什蒂创办了一所村民学校，并聘请 I. H. 勒杜列斯库和特兰西瓦尼亚人 F. 阿龙执教。同年，I. H. 勒杜列斯库编写的《罗马尼亚语语法》在锡比乌出版。这部语法著作同时也具有教科书的性质，提出用语音拼写规则替代词源拼写规则。语言学家 T. 奇珀留则坚持正字法应以词源为基础，并于 1841 年在布拉日出版了《拉丁字母正字法摘录》。

1833 年、1835 年，蒙特尼亚和摩尔多瓦的教育法规先后出台，学校教育被分为四个层级，涵盖小学、中学、大学和各类进修。1835年成立于雅西的米赫伊莱亚纳书院作为一所高等教育机构，下设历史、法律、建筑、滑雪、数学等学科，对现代教育的发展起到了至关重要的作用。1843年，M. 科格尔尼恰努在这里发表了著名的《民族史课程导论》。同年，I. 吉卡在此首次开设了政治经济学课程。当时教育界的知名人士还有 E. 穆尔古、P. 波埃纳鲁、I. 马约雷斯库、S. 伯尔努丘、T. 奇珀留、C. 达维拉（Carol Davila，1828-1884）。教育机构开始出现多样化态势，一批专业院校相继成立，例如：

- 1841年，艺术和技术学校在雅西成立，奠定了艺术教育和职业教育的基础；
- 1850年，布加勒斯特音乐学院成立；
- 1852年，布加勒斯特农业学校成立，1869年由经济学家 P. S. 奥雷利安（Petre S. Aurelian，1833-1909）改建为位于海勒斯特勒乌的中央农林学校，后更名为布加勒斯特农学院；
- 1857年，国立医学与外科学校在布加勒斯特成立，后更名为布加勒斯特医药学院；
- 1860年、1864年，雅西大学和布加勒斯特大学先后成立；
- 1860年，雅西音乐学院成立；
- 1864年，国立路桥、矿业和建筑学院在布加勒斯特成立，1867年更名为国立路桥学院，成为后来布加勒斯特理工学院的主体；
- 1864年，布加勒斯特贝莱艺术学校成立。

在 A. I. 库扎大公统治期间，教育体制经历了全面重组。1864年出台的《公共教育法》规定实行4年制免费义务教育。通过 P. 波尼（Petru Poni，1841-1925）和 S. 哈雷特（Spiru Haret，1851-1912）推行的教育改革，罗马尼亚教育在19世纪末得到了飞速发展。

学术专著的撰写和出版也迎来了新一轮高潮。1843年，N. 克雷祖列斯库开始出版多卷本的《解剖学详解教材》。1844年，N. 伯尔切斯库撰写的《瓦拉几亚公国建国以来的军队和兵法》出版，次年他又与 A. T. 劳里安共同创办了《达契亚史刊》，专门刊发民族历史文献和相关研究成果。D. 福蒂诺继续从事1818年开始的工作，呕心沥血地编纂《古代达契亚，即今日之特兰西瓦尼亚、瓦拉几压和摩尔多瓦史》。1845年，M. 科格尔尼恰努在雅西出版了三卷本的《摩尔多瓦公国编年史》。

科技领域在这一时期也取得了诸多重大成就，现代科学术语逐渐形成。在 C. 沃尔纳夫（Constantin Vîrnav，1806-1877）、Şt. 米克莱（Ştefan Micle，1817 / 1820-1879）、T. 斯塔马蒂（Teodor Stamati，1812-1852）。他在 1840 年建立了一个物理实验室，并著有《技术语汇小词典》》）等人的努力下，出现了最早的罗语版物理、数学、生物、化学教科书。随着人们对实证科学的兴趣不断增长，校内图书馆和各类专业图书馆纷纷建立，印刷技术日趋现代化，蒸汽机、电报（1853）、发电机（1882）等新发明也被引进。1857 年，布加勒斯特在欧洲率先将煤油灯用于公共照明。1884 年，蒂米什瓦拉成为欧洲第一个使用电灯照明的城市。1867 年，罗马尼亚参加了巴黎世博会。

这一时期成名的学者还有社会学家、经济学家、农艺家 I. 约内斯库·德拉布拉德。他曾在"四八"革命期间参加了由临时政府组建的地产授予委员会。在职期间，他凭借丰富的经验主持了一系列专题研究，如 1850 年出版的《多布罗加平原农业之旅》。之后他继续从事学术研究，出版了多部此类著作，成为社会学专题研究的先驱。

继 N. 伯尔切斯库、M. 科格尔尼恰努、S. 伯尔努丘等人为代表的"四八"革命一代后，罗马尼亚文化界出现了新一代史学家、语言学家、民俗学家、作家、经济学家和其他各领域的专家。19 世纪下半叶组建的学术团体广泛参与各类学术活动，资助科研机构，创建实验室，并创办了多种知名学术刊物。除了青年社汇聚的知识分子外，还有一大批学者在各个现代科学领域为罗马尼亚民族作出了贡献，例如：史学界的 B. P. 哈斯代乌、A. 帕皮乌 - 伊拉里安、A. 奥多贝斯库、G. 托奇列斯库（Grigore Tocilescu，1850-1909）、A. D. 克塞诺波尔、D. 翁丘尔（Dimitrie Onciul，1856-1923）、N. 约尔加、V. 珀尔万；经济学界的 D. P. 马尔强、P. S. 奥雷利安、A. D. 克塞诺波尔；语言学界的 T. 奇珀留、A. T. 劳里安、B. P. 哈斯代乌、A. 菲利皮德（Alexandru Philippide，1859-1933）、O. 登苏西亚努（Ovid Densusianu，1873-1938）；自然科学界的 G. 科伯尔切斯库（Grigore Cobălcescu，1831-1892）、Gr. 斯特凡内斯库（Grigoriu Ştefănescu，1836-1911）、E. 巴卡洛格卢（Emanoil Bacaloglu，1830-1891）、D. 布伦德泽（Dimitrie Brândză，1846-1895，系布加勒斯特植物园的奠基人）、N. 泰克卢

（Nicolae Teclu，1839-1916）、S. 哈雷特、P. 波尼、E. 拉科维策（Emil Racoviță，1868-1947）；医学界的 C. 达维拉、N. 卡林代鲁（Nicolae Kalinderu，1835-1902）、V. 巴贝什（Victor Babeş，1854-1926）、Gh. 马里内斯库（Gheorghe Marinescu，1863-1938）、I. 坎塔库济诺（Ioan Cantacuzino，1863-1934）；民俗学和人类学界的 Gh. D. 特奥多雷斯库（Gheorghe Dem Theodorescu，1849-1900）、T. 布拉达（Teodor Burada，1839-1923）、P. 伊斯皮雷斯库（Petre Ispirescu，1830-1887）、L. 舍伊内亚努（Lazăr Şăineanu，1859-1934）、T. 帕姆菲莱（Teodor Pamfile，1883-1923）、S. F. 马里安（Simion Florea Marian，1847-1907）、A. 戈罗韦伊（Arthur Gorovei，1864-1951）、E. 尼库利策 - 沃龙卡（Elena Niculiţă-voronca，1862-1939），等等。

工程师 A. 萨里尼（Anghel Saligny，1854-1925）在全球率先将钢筋混凝土用于建筑，并用这一新工艺建成了当时世界上最长的桥梁——切尔纳沃德大桥（1890-1895 年修建），全长超过 4 公里。20 世纪初，罗马尼亚人在航空领域也取得了举世瞩目的成就，代表人物有 T. 武亚（Traian Vuia，1872-1950）、A. 弗拉伊库（Aurel Vlaicu，1882-1913）和 H. 柯恩达（Henri Coandă，1886-1972）。后者于 1910 年设计建造了世界上第一架喷气式飞机，并于 1934 年发现了用其名字冠名的流体力学效应（译者注：科恩达效应或康达效应）。

第三节　从"四八"革命到青年社

1. 从英雄主义时代向专才时代的转变

1859-1866 年是"四八"革命一代与青年社一代的交接期。在此期间，不仅政治结构发生了改变，罗马尼亚的整体现代化战略也不断变更。文化和政治精英们开始重新审视自己肩负的历史使命。

在"四八"革命一代的推动下，来自西方的各种风格、思潮、意识形态、科研方法、美学原则和政治取向一齐涌入了罗马尼亚。与西方国家的不同之处在于，这些现象的出现并无明显的先后次序，它们几乎是在 1821-1859 年这短短几十年内同时发生的。一时间，启蒙主义、理性主义、浪漫主义、新古典主义、人文主义、现实主义、自由主义、社会主义、空想英雄主义、民族英雄主义、天意论、进化论、历史主义、实证主义等各种思潮林立。

为回应时代的需求，填补罗马尼亚文化空白，出现了英雄主义（或泰坦主义）倾向。罗马尼亚人的精神领袖们紧跟西方国家的步伐，努力不被现代化大潮所抛弃。M. 伊利亚德将"英雄主义文化"的特征总结如下："我们关注的话题纷繁复杂；我们遍览世界文化愿望无比热切；我们开展的活动丰富多彩，有时甚至是过于仓促和随意。所有这些都源自一种渴望，渴望着罗马尼亚文化实现飞跃，达到国际水准，以此来证明罗马尼亚人的创造力（……）在那个时代，人们的创作欲望是如此强烈，并很快树立起了几个代表人物！ 1821-1880 年这半个多世纪，可以说是罗马尼亚人历史上鲜有的妄自尊大，自认为是全球焦点的时代。这一时期的突出特点就是好大喜功（……）文艺复兴风格在 20 世纪的罗马尼亚占据着主导地位，人们力求创作宏大的作品，制订宏伟的计划，认识崇高的人性，形成了一种罗马尼亚式的英雄主义文化"。[①]

Gh. 拉泽尔, T. 弗拉迪米雷斯库, Gh. 阿萨基、I. H. 勒杜列斯库、G. 巴利丘、M. 科格尔尼恰努、N. 伯尔切斯库、V. 亚历山德里、A. 鲁索、S. 伯尔努丘、T. 奇珀留、A. T. 劳里安、B. P. 哈斯代乌、I. 武尔坎等文化奠基人都多多少少具有英雄主义情怀。此外还有上文提到的开创各领域先河的专家，例如 I. 约内斯库·德拉布拉德、I. 吉卡和 D. P. 马尔强。

I. H. 勒杜列斯库、G. 巴利丘、T. 奇珀留、A. T. 劳里安、B. P. 哈斯代乌、I. 武尔坎等英雄主义文化代表人物同时也是科学院创立初期（即 1866-1867 间的罗马尼亚科学协会）的重要成员。他们在退出历史舞台之前完成了自己肩负的使命，为罗马尼亚现代文化奠定了基石。随着科学院这个现代文化核心机构的成立，民族统一的热情再一次高涨。从某种意义上说，罗马尼亚科学院已然成为民族统一的象征之一。B. 斯特凡内斯库·德拉弗朗恰（Barbu Ştefănescu Delavrancea，1858-1918）在 1916 年的一次演说中指出，由于科学院从建立之初就将所有罗马尼亚人居住地区的民族文化代表都聚集到了"同一个屋檐下"，经过半个世纪的发展，它已经显现出"大罗马尼亚的潜在形象"，

[①] M. 伊利亚德：《埃米内斯库和哈斯代乌》，雅西，青年社出版社，1987 年。第 59-61 页。

成为政治统一的"前期象征"。可见，对罗马尼亚而言，文化统一是政治统一的催化剂和先兆。

整个 19 世纪都带有典型的英雄主义特征，百科全书式人物占据着主导地位。但随着"四八"革命浪潮的消退，英雄主义日渐式微，取而代之的是各个具体学科的专家。这一时期出现了一批职业经济学家、专门研究某一课题或某一时期的史学家、钻研某一特定自然科学领域的学者、从事某一特定体裁（散文、诗歌、戏剧等）创作而无政治野心的作家。文化巨匠（如 B. P. 哈斯代乌和 M. 埃米内斯库）依然存在，但不再是主流。T. 马约雷斯库指出，罗马尼亚文化发展的内在需求使得文化活动范围和价值评判标准发生了分化，他的文艺批评理论就是从这一观点衍生而来的。

2. 从"英雄主义文化"到"批判主义文化"

如果将新旧两个时代加以对比，就会发现 1859-1866 年间发生了显著分化，可以被看作"英雄主义文化"和"批判主义文化"的分水岭。这一观点是 I. 伯德斯库首先提出的，用以说明这两个时代的差异性和连续性。[①]

英雄主义文化在 1821-1866 年间最为兴盛，其代表人物创办了各类政治机构、文化中心、社团、学校、报纸、杂志、印刷所、图书馆，成为各个领域的奠基者。他们多才多艺，既是各种方案的制订者，也是未知领域的开拓者、全新观点的提出者。他们努力吸收西方先进理念，力求使罗马尼亚文化紧跟时代精神。为了弥补法纳里奥特时期形成的与西方世界的巨大差距，他们满怀创作激情，希望通过跨越式的发展使罗马尼亚民族尽快跻身欧洲先进民族之林。

M. 伊利亚德指出，这些文化奠基者将《圣经》，以及荷马（Homer，前 873-? ）、塞万提斯、莎士比亚、拉斐尔等人的作品作为范本，渴望着"在创作中实现合作与团结"。他们希望将每一个人都动员起来，因为"所有人都是杰出的，整个罗马尼亚民族都是无与伦比的"。M. 伊利亚德感叹道："还有什么是 19 世纪上半叶的罗马尼亚人做不到的呢？他们可以缔造一个国家，可以发起一场让全欧洲瞠目结舌社会变革，可以创造一种全新的罗马尼亚语。我认为后人所说的'对欧洲发

---

① I. 伯德斯库:《欧洲同步化与罗马尼亚批判主义文化》，布加勒斯特，科学与百科全书出版社，1984 年。第 115-250 页。

达国家的拙劣模仿'的评判过于草率。他们只是感受到了'人类的新曙光'，迫切希望赶超欧洲发达国家，揭开历史的新篇章"。[①]英雄主义文化带有预言性质，引领它的是一种前所未有的"创作欲望"，M. 伊利亚德将其称为现代化的催化剂。

在 A. I. 库扎大公奠定了现代国家的基础之后，英雄主义文化逐渐被批判主义文化所取代。T. 马约雷斯库认为，具有批判精神的新一代知识分子代表着罗马尼亚文化发展的"新走向"。他们希望从本质内容上提升罗马尼亚文化水平，与欧洲各国一较高下。这一新风向并未背离民族统一的主旨，只是希望通过另一种手段来实现这一目标。在 M. 科格尔尼恰努看来，批判精神可以在任何一种创作形式中得到体现。T. 马约雷斯库则认为除了辨别作品有无价值外，批判精神还可以抑制某些创作冲动。

当时的罗马尼亚文化正在实证主义和批判精神的引领下，经历着价值自我定位的过程。T. 马约雷斯库不断探寻"真理"，对经验科学尤为重视。他主张学术研究必须具有丰富的经验、超凡的能力、扎实的基础、适当的标准。1880 年后，他从普遍的社会批判转向了具体文化创作领域内的专业批判，批判对象也从文化发展的整体状况变为具体的作品。他坚决反对信口雌黄、标准含混，以及毫无实际用途的万金油式的全才，指出"理想的价值在于它具有可行性"。"四八"革命中提出的崇高理想对民族的影响力和感召力正在逐渐消退，当务之急是找到实现这些理想的适当手段。现实主义和实用主义思想取代了乌托邦式的空想。M. 埃米内斯库在其诗作《不肖子孙》中揭示了英雄主义一代与他这一代人的思想对立。前者有着"与理想对话"的"幻想型人格"，后者则显得"麻木不仁"。T. 马约雷斯库认为这种极为夸张的对立恰好体现了思想的重大转变。

第四节　青年社与 T. 马约雷斯库（1840-1917）

1. 青年社的成立

青年社 1863 年成立于雅西，创始人有 T. 马约雷斯库、P. P. 卡尔

[①] M. 伊利亚德:《罗马尼亚预言》（第二卷），布加勒斯特，风之玫瑰出版社，1990 年。第 168 页。

普、V. 波戈尔（Vasile Pogor，1833-1906）、I. 内格鲁济（Iacob Negruzzi，1842-1932）、Th. 罗塞蒂（Theodor Rosetti，1837-1923）。这一团体广泛参与各类文化活动，创办了一家出版社、一家印刷所，以及著名的《文学谈话》杂志（1867），掀起了 19 世纪下半叶影响最为深远文化和思想运动。青年社作为一个著名的文学社团，许多作家在此崭露头角，对文艺理论，以及罗马尼亚在现代化进程中面临的各种问题展开探讨。其骨干成员多年来举办了一系列"通俗讲座"，宣扬其文化思想和政治理念。在英国进化论思想和德国历史学派的影响下，青年社成员对民族身份有了更为深刻的批判性认识，并在新的时代背景下提出了民族文化重建纲领。

2. T. 马约雷斯库的文化活动

作为 19 世纪下半叶罗马尼亚文化的杰出代表，T. 马约雷斯库一手缔造了青年社并为其确立了宗旨，被公认为"罗马尼亚现代文化的奠基人，罗马尼亚文化现代化的一面旗帜，最具真知灼见的思想家，一代又一代罗马尼亚知识分子的精神导师"。他将批判精神融入罗马尼亚政治与文化生活中，被誉为罗马尼亚批判主义文化的象征，他创立的"无内容的形式"理论在罗马尼亚现代文化上产生了深远的影响。

T. 马约雷斯库长期受日耳曼文化熏陶，曾在维也纳、柏林、巴黎求学并取得了优异的成绩。1859 年，他的博士论文《关联——哲学新基础浅谈》（德文）在德国吉森通过答辩，获得哲学博士学位。次年，他的另一部著作《哲学思考》出版。这两部著作探讨了逻辑学、人类学、认知理论等问题，其中的一些观点深受康德、赫尔巴特（Johann Friedrich Herbart，1776-1841）、黑格尔、叔本华（Arthur Schopenhauer，1788-1860）、费尔巴哈（Ludwig Andreas Feuerbach，1804-1872），以及进化论思想的影响。他的哲学立场介于唯物主义和唯心主义，经验主义和理性主义之间。他虽然接受了康德的先验论思想，但并不认可其"限制知识，为信念留地盘"的主张。相反，在进化论思想和费尔巴哈的影响下，他坚信随着知识的不断进步，人类必将从宗教霸权下得到解放。此外，他极为重视科学和哲学对社会进步的作用。

在 T. 马约雷斯库的推动下，罗马尼亚现代哲学教育取得了迅猛的发展。他在 E. 波泰卡、E. 穆尔古、S. 伯尔努丘等人的基础上，将哲学教育理念和方法提升到了一个新的层次，使其达到了欧洲水准。在布加勒斯特大学开设的"逻辑学"和"现代哲学史"两门课程对学生带来了不可估量的影响。他为引进西方先进思想和学术研究方法不懈努力，尽管没有创立自己的思想体系，却为其弟子树立了治学典范。

T. 马约雷斯库还是罗马尼亚首位现代美学家和现代文学评论家。他的文艺理论源自黑格尔，认为"美是理念的感性显现"，科学和哲学则以抽象概念的形式向我们揭示真理。艺术作为一种具有精神自主性的活动，可以引发一种"超越个体的激情"，从而使个体的精神得以升华。他的文艺理论带有些许形式主义色彩，导致后来有人从社会学和心理学角度对其发起了批判。

3. 无内容的形式理论

T. 马约雷斯库的文化哲学思想中兼有理性主义、进化论和历史有机论元素，并以此为基础制定了罗马尼亚现代文化建设纲领。他的文化思想包含以下三个核心理念：

- 价值自主原则：这一原则是对康德思想的沿袭，要求对文化领域加以划分，并用特定的标准来对不同的领域进行评判。T. 马约雷斯库指出，价值观混乱的现象在罗马尼亚文化中比比皆是。例如阿尔迪亚尔学派，就出于政治和爱国的考量将罗语的拉丁性过度夸大。他从康德的审美自主原则出发，首次在罗马尼亚文化中划清了审美价值与道德价值、实用价值、政治价值的界线，并遵照这一原则广泛开展文化和社会批评活动，将价值标准纳入所有创作活动中。在他的努力下，美学标准被确定为评价文艺作品的最高准则。T. 马约雷斯库是罗马尼亚首位明确支持审美自主原则的评论家，也是本土美学思想的创立者。
- 文化与社会的统一：文化是社会生活的组成部分，是一个民族生命力的表现。文化的存在有其精神基础和经济基础，与社会现实紧密相关，是广大民众创造力的结晶。总而言之，文化是一个社会历史背景和生存方式的体现，它由科学、艺术等形式构成，这些形式取决于一个社会的"内在基础"。
- 内容与形式在文化与社会发展中的统一：T. 马约雷斯库将"内容"这一概念理解为由各种物质活动和社会活动构成的体系，是蕴含在人类实践活动之中的民族文化积淀、群体意识、心理结构、宗教传统和精神遗产。"形式"这一概念则被理解为一个国家的政治和司法体制，以及能够凝聚创造力、传播价值观的教育和文化体制。T. 马约雷斯库的基本观点就是社会应该从内容向形式"有机发展"，并时刻保持二者之间的契合。

T. 马约雷斯库在其代表作《驳罗马尼亚当代文化走向》（1868）中指出，罗马尼亚社会正面临着内容与形式间的矛盾。"四八"革命一代和之后的自由派团体将西方国家现代体制的形式嫁接到了罗马尼亚落后的社会和文化基础上。由于缺少与之契合的内容，这些形式本身并不代表着真正的进步，而只是流于表面的肤浅的进步。他认为西方的形式既然已经被引进就不该被抛弃，必须通过内容的发展，使这些形式适应本民族的需求，"为今日空有抱负之地奠定真正的根基"。鉴于此，T. 马约雷斯库提出了"无内容的形式"理论，用以揭露罗马尼亚社会中存在的结构性问题，主张从内容到形式，有机、平缓、渐进的发展。

内容的自然演进是一个长期的过程，但对于罗马尼亚人而言又时不我待。因此 T. 马约雷斯库主张加快现代化步伐，努力缩小与西方发达国家的差距："我们已经错失了最佳发展时机，当务之急就是要用加倍的干劲去弥补"。罗马尼亚人必须具有远见卓识，合理运用本民族的力量，在文化、经济、政治、行政等方面协调发展。这一过程必须慎之又慎，因为处于高速发展中的罗马尼亚人依然面临着严峻的历史危机，他们"已经失去了犯错而不受惩罚的权利"。T. 马约雷斯库通过其批判活动营造了一种严谨的学术氛围，为当时的创作者制定了极高的标准，激励着他们建设一种具有竞争力的，合乎欧洲水准的原创民族文化。尽管"无内容的形式"理论早在一百多年前就被提出，但直至今日仍有巨大的现实意义。

4. 从形式的神话到批判主义精神

青年社登上历史舞台之时恰逢罗马尼亚文化自我意识的重构期。针对"四八"革命者和自由派团体制定的发展模式，他们提出了自己的现代化战略，试图以全新的方式融入欧洲。青年社成员们认为以往的现代化模式只是对形式的模仿，未对社会、文化、精神层面的实质内容进行改造。T. 马约雷斯库指出："我国公众人物原先只崇尚外来形式，而青年一代则有着全新的方向。他们首先要找出内在基础的缺失点和薄弱点，摒弃不切实际的，拙劣的外来形式"。[①] 他们并不反对现代化，只是反对与社会现实不符，流于形式的现代化。我们并不否认"无内容的形式"理论的提出有其政治动机，但就文化层面而言，这一理论显然是有益的。青年社的导师 T. 马约雷斯库通过这一理论对罗马尼亚社会的症结加以概括，并提出了新的现代化建设纲领。M. 埃米内斯库后来将这一理论运用到罗马尼亚社会生活的各个层面，为现代社会学、历史学、经济学奠定了基础。

"无内容的形式"理论一经提出就激起了巨大反响，引发了罗马尼亚现代文化史上最为激烈，同时也是最富成效的思想交锋。事实上，正如 G. 依布勒伊莱亚努（Garabet Ibrăileanu，1871-1936）所说，即使在"英雄主义人物辈出"的年代，批判主义精神也并未完全消失。T. 马约雷斯库正是在 M. 科格尔尼恰努、C. 内格鲁济、A. 鲁索、V. 亚历山德里等前辈评论家的思想基础之上，凭借其无与伦比的记忆和归纳能力，总结出了罗马尼亚社会现代化进程中的根本矛盾，并将其提升到理论层面。"无内容的形式"理论的适用范围极广，可被应用于几乎所有处于资本主义世界边缘，照搬发达国家已有模式的发展中国家。

直至第一次世界大战爆发，批判主义文化一直在罗马尼亚占据着主导地位。它既是对舶来文化的一种回应，也是对西方国家将罗马尼亚排挤至资本主义世界边缘的一种控诉。批判主义文化是在崇尚实证精神的学术大环境下产生的，它注重对事实的探究和对社会现实的认知，拒绝用传统的思辨模式来解决问题。通过对事实的分析和对社会现实的考察，可以更好地了解各民族发展进程的特点和差异，从而批驳那些用某种普遍原理来阐释社会发展的学说。罗马尼亚的批判主义文化立足资本主义边缘地带，揭示了落后国家现代化进程的特殊性。这种特殊性与人类发展的普遍性并不相悖，它们只是普遍性在各国历史、经济、文化因素的影响下呈现出的不同结果。罗马尼亚现代文化发展的核心问题，就是如何使本土文化内容与时代精神保持同步，并将其与广泛流传的西方文化形式结合起来。T. 马约雷斯库是这样看待这个问题的："与日趋没落的文化发展旧走向相比，新走向的特点在于它崇尚

---

①T. 马约雷斯库:《罗马尼亚诗歌和散文的新走向》，1872 年。收录于《马约雷斯库全集》（第一卷），布加勒斯特，密涅瓦出版社，1978 年。第 185-186 页。

自然和真理，不仅要了解西方文明对人类的贡献，还要懂得保护，甚至刻意强调民族元素"。[1]

5. 探寻形式与内容的契合点

让我们再回到罗马尼亚文化发展的时间轴线上。1866 年，T. 马约雷斯库发表了《关于罗马尼亚语的书写》一文，标志着其思想日渐成熟。据文献记载，同年成立的科学院面临着一项艰巨而紧迫的任务，就是要实现语言规范化。鉴于罗语已经放弃西里尔字母，改用拉丁字母书写，因此亟需统一正字和语法规则。T. 马约雷斯库借此机会对"旧走向"发起了攻击。他指出，"四八"革命代表人物和 T. 奇珀留、A. T. 劳里安等人主张的词源主义已经误入歧途，I. H. 勒杜列斯库的语言学理论更是信口开河，而这些人恰恰是科学院的中流砥柱！文化新走向与科学院的冲突起初仅限于语言学领域，后来逐渐蔓延到罗马尼亚文化的各个层面。1867 年，T. 马约雷斯库当选科学院院士，后因反对词源主义路线而愤然离去。直至 1879 年重获院士头衔后，他在 1866 年编写的罗语书写规范才被科学院采纳。

这次冲突只是一个征兆。在 T. 马约雷斯库看来，罗语的书写仅仅是形式，日常话语（民间话语）才是内容，任何脱离内容的形式都是虚假的"幻象"。两者间正常的关系应该是形式服从于内容，而非本末倒置。这就是 T. 马约雷斯库文化发展理论的核心，在罗马尼亚文化史上享有崇高的地位。他反对词源主义，主张从语音原则入手，借助逻辑和理性的约束制定书写规则。语言与思维，语法与逻辑之间必须具有一致性。这是其思想体系中最具现代意识的理念，为 20 世纪罗马尼亚语言学理论的发展创造了条件。

T. 马约雷斯库将语言看作自然和历史产物，而语言中最活跃，最重要的成分就是民间话语，即语言在日常交际中的具体运用。词汇不应被看作是事物的符号，而是我们头脑中对事物的概念的符号。1876 年发表的《逻辑》一文指出，语言的象征性和语义关系是遵循"事物——概念——词汇"这一途径实现的。他是这样形容这条基本原则的："语言就像一团火，事物的物质性在这团火焰中几乎完全被象征性所消融，只留下抽象的概念。"

---

[1] T. 马约雷斯库:《罗马尼亚诗歌和散文的新走向》，1872 年。收录于《马约雷斯库全集》（第一卷），布加勒斯特，密涅瓦出版社，1978 年。第 158 页。

T. 马约雷斯库从语言出发，将这一理论延伸到文艺创作、科学研究、政治制度和社会结构等各个层面。他指出，无论是借用的形式还是拼凑的形式，甚至是凭空臆造出来的形式，都可能表现出些许进步性。正是这种表面的进步性导致我们"判断失误"，诱使我们将有限的创作精力投入到"徒劳的工作"中。甚至罗马尼亚科学院的前身——科学协会也被他看成是一种"无内容的形式"，遭到了毫不留情的批判："从前好歹还有一些原创学术活动的影子，后来我们建立了罗马尼亚科学协会（……）篡改了科学院的概念"。[①] 在 T. 马约雷斯库看来，科学院已经也陷入了徒有形式缺乏内容的窘境。由于原创学术活动的缺失，他直斥科学院"是死板僵化的产物，毫无根基却妄自尊大，犹如脱离躯干的鬼魂，虚妄不实的幻象"。

I. H. 勒杜列斯库、A. 普姆努尔、T. 奇珀留、A. T. 劳里安、G. 巴利丘等科学院创始人的作品显然未能达到 T. 马约雷斯库制定的文化标准。尽管他们是人们的精神领袖、百科全书式的人物、民族的先知，却不是 T. 马约雷斯库眼中的现代学者或专家。文化新走向更注重内容，反对形式上的欧洲化，形式救世论的神话也随之破灭。新时代对文化创作者们提出了新的要求，他们必须具备极高的创作天赋、扎实的文化基础、专业化的知识技能。T. 马约雷斯库将价值标准作为文化建设必须遵循的主线，指出"罗马尼亚人的民族身份不能建立在虚浮的基础上"，[②] "爱国主义也不等同于抱残守缺"。[③]

6. 从革命历史观向有机历史观的转变

"四八"革命者经常借助源自西方的历史发展理论来为其社会革命正名。他们的演说中往往掺杂着理性主义、自由民主主义、普遍主义、浪漫主义、人道主义、福音主义等各种学说，所有这些学中说都包含着单线进化论思想。在英雄主义文化一枝独秀的年代，只有 M. 科格尔尼恰努、S. 伯尔努丘、N. 伯尔切斯库等少数几位思想家能够游离在主流意识之外。

19 世纪下半叶，罗马尼亚学者的历史观发生了显而易见的变化，

---

① T. 马约雷斯库：《驳罗马尼亚当代文化走向》，收录于《马约雷斯库全集》（第一卷），布加勒斯特，密涅瓦出版社，1978 年。第 151 页。

② 同上书。第 150 页。

③ T. 马约雷斯库：《论战言论》，收录于《马约雷斯库全集》（第一卷），布加勒斯特，密涅瓦出版社，1978 年。第 131 页。

他们逐渐摒弃了普遍进化主义思想，开始关注罗马尼亚社会的特殊性。A. D. 克塞诺波尔在对罗马尼亚文化中的特殊性进行梳理后，反对将罗马尼亚历史进程纳入由"普遍规律"构成的抽象框架中。他认为历史不是一门"研究规律的科学"，而是一门"研究连绵不断的事实的科学"，其研究对象由分属不同"历史序列"的个例构成。为了揭示罗马尼亚民族的特点，深入阐释民族文化形式（包括语言、民俗、神话、符号、传统、制度、职业、信仰，等等），B. P. 哈斯代乌创立了一套异常复杂的，与进化论和实证主义背道而驰的诠释方法。他被那些独一无二、不可复制、千差万别、无法被纳入普遍规律的现象深深吸引，指出"人类历史中的任何一个逗点都有深刻的含义"。

M. 埃米内斯库也持有相似的观点，认为罗马尼亚社会与西方社会的形态差异是历史造成的。特别是在 1700 年以后，这种差异使得罗马尼亚远远落后于西方文明进程。同样是由于这种在特殊历史进程中形成的形态差异，西方文明形式一旦进入罗马尼亚社会就会引发一系列负面效应，与自由主义理论家的期望大相径庭。在对比罗马尼亚与西方国家的经济状况后，M. 埃米内斯库不禁感喟："遗憾的是，我们这里完全是另一回事。"值得注意的是，他提到了"结构"和"形态"差异，而不是用"发展阶段"和"发展速度"的差异来解释这种历史落差。在他看来，"并不存在一种能够使所有人都达到同等程度、同样面貌的普遍的人类文明。各个民族都有自己的文明，尽管各种文明间存在诸多共通之处"。现代文化差异源自欧洲各民族不同的历史，是各民族千差万别的生存和发展环境造成的。

在总结欧洲学术界的主流观点后，M. 埃米内斯库提出了一种有机历史观：社会是一个遵循自然规律发展的有机体，构成社会的各部分之间存在紧密的内部关联。随着这种有机历史观的确立，人们在社会生活的各个方面都更为注重差异性和原创性。尽管 T. 马约雷斯库在原则上仍然遵照康德提出的普世标准开展文艺批评，但其立场已发生了明显转变。他说："文化新走向的特点就是保留，甚至突出民族元素"，因为这些区别性元素才是文化身份和文化原创性的支点。人们开始从一种全新的视角看待罗马尼亚文化与西方文化的关系，意识到真正地融入欧洲不仅意味着善于学习和模仿，还要提升自身的竞争力和可持续发展能力，用原创的作品对欧洲文化作出回应。

可见，在西方国家仍受单线进化论主导时，罗马尼亚人就已经开始转向有机历史观。这种转变也体现在语言学研究中，按照 T. 马约雷斯库的说法："语言是个有机体而非几何体。它像自然界的树木一样，应该自由地生长，而不能对其进行刻板的限制，像路易十六（Louis XVI，1754-1793）那样把凡尔赛宫花园里的苹果树都修剪成规则而丑陋的金字塔形"。① 除此之外，赫尔德和洪堡特（Baron von Wilhelmvon Humboldt，1767-1835）的语言学理论在 T. 马约雷斯库的论著中也时有反映。

有机历史观的提出标志着历史、社会和文化视角的转变。启蒙时代的人们崇尚理性主义，坚信理性具有规范和调节功能；之后普遍主义和自由主义者又宣扬单线进化论；而此时，所有这些经典理论都遭到了质疑，被有机历史观取而代之。有机历史观更为注重社会与文化的独特性，而不是将其纳入某种唯一的发展模式中。"四八"革命一代是在法国思想范式的熏陶下成长起来的，而文化新走向的代表人物则更多受德国文化的影响，同时也借鉴了现代自由主义思想和英国保守思想。1860-1870 年间，新旧两个时代的思想范式渐行渐远。

7. T. 马约雷斯库论著节选

为了更好地理解"无内容的形式"理论的内涵，以及 T. 马约雷斯库批判活动的意义，我们在此引述了《驳罗马尼亚当代文化走向》（1868）和《罗马尼亚诗歌和散文的新走向》（1872）中的几个段落：

"直至 19 世纪初，罗马尼亚社会仍然处在东方蛮族的统治之下。1820 年前后，法国大革命思潮蔓延到了欧洲的边陲，人们才开始从昏睡中觉醒过来。我们的年轻人看到了曙光，纷纷涌向法国和德国这两个科学策源地。这股移民潮一直延续至今且不断壮大，使刚刚获得自由的罗马尼亚晕染上了些许来自异域的光辉。遗憾的是，这仅仅是来自外部的光辉！我们的青年人还是和从前一样，一直未能得到良好的教育。现代文化各种宏伟的外观让他们惊叹，但他们只看到了结果，却未深入思考原因，只看见了文明的表层形式，却未看到深层次的历史根基。形式正是产生于这种历史根基之上，否则一切都无从谈起。就这样，罗马尼亚的年轻人满怀极易被煽动热情，被肤浅的形式

---

① T. 马约雷斯库:《论战言论》，收录于《马约雷斯库全集》（第一卷），布加勒斯特，密涅瓦出版社，1978 年。第 206-207 页。

蛊惑着回到了祖国，决心模仿和复制西方文化。他们急于进行文学、科学和艺术建设，迫不及待地想在一个现代国家实现自由。他们不断重复着这些幼稚的幻想，以至于真的在罗马尼亚社会中营造出一种文化氛围，形成了一股强大的潮流。无论老幼，无论出国求学还是学成归国的人都被这股大潮裹挟着（……）

由此看来，危险不仅在于缺乏根基本身，还在于公众对这种根基的必要性毫无意识。这导致我们仅仅从国外引进或翻译了一些空洞的形式，就心满意足了。这种判断力彻底迷失的现象在我们的学术界比比皆是。问题是如此严峻，每个诚实的知识分子都有义务去研究并关注这一现象，探寻这种现象在罗马尼亚文化中出现的原因，并向青年人揭示其本质。只有这样，青年一代才能了解并担负起自己的使命。如果他们不想同流合污的话，就要毫不留情地批判并消灭这种现象（……）

从外来形式的数量上看，罗马尼亚人如今似乎拥有了整个西方文明。我们有政治和科学、报刊和科学院、学校和文学、博物馆、音乐学院和剧院，甚至还有宪法。但实际上所有这一切是死板僵化的产物，毫无根基却妄自尊大，犹如脱离躯干的鬼魂，虚妄不实的幻象。罗马尼亚上层社会的文化是空洞的，毫无价值的，使我们与下层民众之间的鸿沟日益加深。唯一真实的阶级是罗马尼亚农民，但他们却生活在无尽的苦难中，在上层社会的压迫下痛苦地呻吟。他们每天挥汗如雨换来的物质财富，却被用来支撑我们称之为罗马尼亚文化的空中楼阁，被用来向画家、音乐家、科学院院士、布加勒斯特雅典娜宫的艺术家们支付高额薪酬，向他们颁发各种文学和科学奖励。而作为回报，我们却无法为农民创作一部能够提振其精神，使其稍稍忘却每日疾苦的作品（……）一方面，底层民众的怨言与上流社会的荒唐已经无以复加；另一方面，由于交流的便利，西方文化轻而易举地进入了罗马尼亚，让我们亦步亦趋。在西方文化光辉的映衬下，我们自己的'文明'愈加显得矫揉造作。我们曾经引以为傲的空洞形式，也会因为无法从外部获得扎实的内容而烟消云散（……）

即便没有（现代）文化，一个民族照样可以满怀希望地生存。只要到了某个特定发展时期，自然会出现有益于人类生存的形式。但一个民族靠着虚假的文化是无法生存的。如果坚持要这么做，只能再次印证一条古老的历史法则：如果一个民族要与真正的文明进程抗争的话，最终消亡的只可能是那个民族，而真理永远不会消亡"。[1]

"解释差异性对于我们而言是个极其重要的课题。罗马尼亚民族的心境在历史上可能是绝无仅有的，苦难越是深刻，就越需要对文学活动的关注，因为文学是反映现实的镜子（……）当一个民族接触到一种更高端的文化时，必定会受其影响。判断文化高度的标志之一，就是能否在不丧失民族性的同时超越民族利益的局限，为全人类发现或构建新思想。新思想的发现和产生常常源自最为痛苦的经历，但只要作出了牺牲，新思想就会喷涌而出，并召唤人们共享其福祉。你无法拒绝这种召唤，因为文化的统一是欧洲各民族注定的命运。问题在于是去积极地追随这种命运，还是成为它的奴隶；是要争取并巩固民族独立，还是要屈从于外国势力。能否解决这一问题，取决于一个民族的经济和文化活力，以及这个民族正确理解并吸收先进文化的意愿和敏锐度（……）我们已经丧失了最佳发展时机，因此当务之急就是靠加倍的努力迎头赶上（……）我们必须将所有空洞的形式转变为实实在在的东西。由于从欧洲发达国家引进了过高的标准，只有全力提升民众的素质才能理解这一标准，并构建与之相应的政治组织形式（……）一个民族不可能在享受外来高端文化形式的同时死守自身的野蛮习俗。我们的民族已经没有退路，要继续生存，就必须要求我们的知识分子头脑足够清醒，知识足够渊博（……）罗马尼亚人提前拥有了一种过于高端的文化形式，也就离循序渐进的自然发展之路越来越远，从而失去了犯错而不受惩罚的权利。对我们而言，文学和科学复古主义的黄金时期已经一去不复返了。无论忠言多么逆耳，都是我们民族延续和繁荣不可或缺的要素。即使付出再大的牺牲，我们也要将真理的大旗树立在废墟之上！"[2]

"在任何一个特定时期，一个民族的精神和物质能量都是有限的。罗马尼亚的民族如今拥有的资产总数是固定的，知识能力同样有个上限。一个民族有限的力量和文化资产经不起折腾。时间、财富、道德

---

① T. 马约雷斯库：《驳罗马尼亚当代文化走向》，收录于《马约雷斯库全集》（第一卷），布加勒斯特，密涅瓦出版社，1978 年。第 147-154 页。
② T. 马约雷斯库：《罗马尼亚诗歌和散文的新走向》，收录于《马约雷斯库全集》（第一卷），布加勒斯特，密涅瓦出版社，1978 年。第 211-213 页。

和知识应该被用来从事有益和正确的工作，而不是被浪费在无用的工作中，更不用说错误的事情了。这一切无法并行不悖，因为一个民族的能量之源终会枯竭。如果说我们缺少一千个谦虚勤奋的学者、技艺高超的工匠和技师、优秀的诗人和作家、真正的科学家，那是因为我们民族有限的能量都被庸庸碌碌的教授、公务员、院士、秘书、名誉成员、文化协会会员、记者、音乐家、诗人，以及各种尸位素餐者消耗殆尽了（……）你只有一块大理石，如果用它塑造一个小丑，就无法再用它雕刻智慧女神密涅瓦。"[1]

第五节　M. 埃米内斯库（1850-1889）

　　M. 埃米内斯库不仅是最伟大的民族诗人，也是罗马尼亚精神的象征，他的作品堪称罗马尼亚文化史上的一座丰碑。很多学者一致认为M. 埃米内斯库的文学作品、政论文章、哲学论著是现代罗马尼亚民族精神在的综合体现。G. 克利内斯库称其为"无与伦比的诗人"，C. 诺伊卡将其誉为"罗马尼亚文化的完美代表"，N. 约尔加则认为他是"罗马尼亚精神的全面展现"。无论这些评价是否恰当，无论人们如何看待他的作品，有一点是肯定的：M. 埃米内斯库处于罗马尼亚文化的核心地位，是罗马尼亚民族精神之魂。

　　长期以来，人们一直从不同角度对 M. 埃米内斯库的诗歌和理论著作进行解读。其中蕴含的意义非但没有因此衰减，反而愈加深刻。在所有研究者中，N. 约尔加、G. 克利内斯库、M. 伊利亚德、I. 内戈伊采斯库（Ion Negoițescu，1921-1993）、E. 帕普、C. 诺伊卡和 L. 布拉加的阐释最为精辟。L. 布拉加甚至说罗马尼亚文化中存在一种"埃米内斯库理念"，G. 克利内斯库则认为不应将其偶像化，丝毫不加批判。无论后人如何评判，M. 埃米内斯库在罗马尼亚文化史上的地位永远无人可以撼动。

1. M. 埃米内斯库其人

　　作为一名政论家，M. 埃米内斯库有着广阔的视野和深邃的思想，他发表的文章数量在当时无人能及。在 M. 伊利亚德看来，其渊博的

---

[1] T. 马约雷斯库：《批评》，收录于《马约雷斯库全集》（第一卷），布加勒斯特，密涅瓦出版社，1978 年。第 4 页。

学识只有 B. P. 哈斯代乌才能媲美。他的思想体系建立在扎实的政治经济学、社会学、政治学、文化哲学、语言学和自然科学基础之上。百余年来，对他的作品有着多样的阐释，其中不乏歪曲与误解。要重建其生平和思想，就必须从 T. 马约雷斯库的评价入手，因为没有人比他更为了解 M. 埃米内斯库了。

T. 马约雷斯库将其称为"思想的王者"，认为他智力超常，思想极具感染力、现代性和包容性，一生都在孜孜不倦地认识和了解全人类的文化遗产。"M. 埃米内斯库的最大的特点就是无与伦比的睿智和过目不忘的记忆力（……）对他而言，他所生活的世界可以被轻而易举地概括成各种普遍概念，并毫不费力地加以掌握"。[①]对知识的渴求，尤其是对世界文化和民族文化的痴迷，成为 M. 埃米内斯库最本质的特征。T. 马约雷斯库称其为"最勤奋的人，他永远在阅读、思考和写作"。面对民族主义者的无理指责，他指出"M. 埃米内斯库融会了当时各种相互对立或互补的思潮，对欧洲文化中各种独具特色的艺术、科学、哲学理念加以吸收，并用现代形式来表现民族精神"，"其抒情诗中包含的这两个方面（译者注：现代形式和民族精神）为我们的文学运动开启了一个新纪元"。

在谈到 M. 埃米内斯库的思想体系时，T. 马约雷斯库认为最令人吃惊的就是"几乎所有文章中都体现出一种高屋建瓴的视角"。他在《时代日报》上发表的政论文章"鞭挞了虚妄不实的夸夸其谈"，并"总结了民族历史的走向"，为罗马尼亚社会的现代化进程指明了方向。有意思的是，M. 埃米内斯库在世时，人们津津乐道的并不是他才华横溢的诗歌和寓意深远的文学作品，而是其入木三分的经济和社会分析，极其敏锐的政治洞察力和判断力。凭借 1880-1883 年间发表的政论文章，M. 埃米内斯库已然成为社会思想的风向标。

尽管很多人给 M. 埃米内斯库贴上了"迟来的浪漫主义者"的标签，把他看作一个厚古薄今的怀旧者，但 T. 马约雷斯库坚持认为他是一位集欧洲多种思潮于一身的现代知识分子："M. 埃米内斯库是一个属于现代的人，他的个人修养完全符合当今欧洲文化水准。他孜孜不倦地阅读、学习、求知，用古典和现代文学名著充实着自己的头脑。他

[①] T. 马约雷斯库：《埃米内斯库及其诗歌》，1889 年。收录于《从马约雷斯库到克利内斯库》（第一卷），布加勒斯特，埃米内斯库出版社，1971 年。第 55 页。

精通哲学，深谙柏拉图、康德、叔本华等人的哲学思想，对宗教，尤其是基督教和佛教有着极深的造诣，还曾精研《吠陀经》。他对各个时期的诗作都充满兴趣，对迄今为止出版的所有罗马尼亚历史和语言专著了然于胸。他从人类思想宝库中撷取具体素材并将其高度抽象化，通过诗作为我们开启了无边的视野"。[①]

在 1889 年发表的《埃米内斯库及其诗歌》一文中，T. 马约雷斯库这样描述 M. 埃米内斯库天才的塑造力，以及他对于罗马尼亚文化的影响："罗马尼亚的诗歌创作将在这位天才的预言中开启 20 世纪的大门。在 M. 埃米内斯库的诗作中，民族语言则拥有了有史以来最完美的表现形式，成为罗马尼亚人思想外壳（译者注：语言）走向未来的起点。"[②]

G. 克利内斯库在为 M. 埃米内斯库书写传记时，首次对他包括诗歌、散文、政论在内的全部作品进行了分析，揭示了其丰富的内心世界。他用《圣经》般的语言勾勒出这位诗人流芳百世的形象："罗马尼亚土地上空前绝后的最伟大诗人在其生命的第八道光泽中（译者注：39 岁）逝去了。河床将会干涸，他的墓地将会湮灭在森林或城堡中，一颗星辰将消失在遥远的天际。直至这片土地再一次汇聚她所有的养分，并将其输送给另一株芬芳的百合。"

2. M. 埃米内斯库的哲学、社会学和政治思想

在 M. 埃米内斯库的诗歌、散文和政论文章中无处不体现出深邃的哲学思想。他在康德（他曾翻译了《纯粹理性批判》的部分章节）、叔本华、黑格尔等人，以及德国浪漫主义哲学和印度哲学的影响下建立了自己的思想体系。社会哲学是其著述最丰，也是最具争议的领域。M. 埃米内斯库用其独创的社会学理论来阐述罗马尼亚追随西方步入现代后的社会现实，比 T. 马约雷斯库和其他青年社成员的见解更为深刻。

T. 马约雷斯库在《罗马尼亚诗歌和散文的新走向》一书中说，尽管 M. 埃米内斯库"还很不成熟"，但仍不失为一位"有着强大语言驾驭能力的诗人"。除此之外，他还有着诸多令人惊叹的特质："他是

[①] T. 马约雷斯库：《埃米内斯库及其诗歌》，1889 年。收录于《从马约雷斯库到克利内斯库》（第一卷），布加勒斯特，埃米内斯库出版社，1971 年。第 59 页。

[②] 同上书。第 68 页。

一个具有现代特质的与众不同的人，有时会沉浸在冥想之中。他对二律背反的执迷近乎痴狂，常常会提出惊世骇俗的思想。"① 实际上，"对二律背反的执迷近乎痴狂"这句评语也适用于 T. 马约雷斯库本人，他在早期的活动中对"旧走向"与"新走向"这对背反命题同样执着。M. 埃米内斯库作品中的背反命题不胜枚举，例如：《不肖子孙》和《第三封信》中过去与现实的对立；《金星》中星宿生活的广阔天地与凡人狭隘世界的对立。此类对立命题还有：有机历史观与理性主义、自由主义；"积极阶级"与"上层阶级"；内容与形式；现代化理想与民族现实；政治体制与经济基础；罗马尼亚与西方国家国情的差异；等等。M. 埃米内斯库通过其社会学和政治理念对上述种种矛盾的成因进行了深入的阐释。

3. M. 埃米内斯库对社会和国家的看法

"劳动是现代世界的法则，懒惰者将无处容身"

M. 埃米内斯库采取了与自由主义或抽象理性主义截然不同的视角，从有机历史观出发来看待社会和国家。在他看来，国家和社会应遵从"自然法则"发展，而不是屈从于主观意志。国家不是社会契约的产物，而是由客观因素决定，基于一定的实质内容（劳动、经济活动、积极阶级、文化作品、传统、语言，等等）建立的，其形式（体制、法律、政党，等等）必须与内容相符。经济基础与政治结构之间的关系类似于亚里士多德所说的"物质"与"形式"之间的关系，应该将重点放在实质内容上。M. 埃米内斯库认为从事生产的"积极阶级"才是经济活动的主体，他说："一个国家的根基在是劳动，而非法律（……）一个民族是否富有也不应用金钱来衡量，而应该用劳动来衡量。"② 他从这个角度出发，对社会契约论提出了进一步批判："《罗马尼亚人报》和大多数自由主义者都把国家看作是一种双务契约的结果，是全体公民间达成的一种共识。而我们的看法恰恰相反，认为国家是自然的产物。就好像森林里的一棵树，有着自身的发展阶段，其他所

---

① T. 马约雷斯库：《埃米内斯库及其诗歌》，1889 年。收录于《从马约雷斯库到克利内斯库》（第一卷），布加勒斯特，埃米内斯库出版社，1971 年。第 160 页。

② M. 埃米内斯库：《埃米内斯库全集》（第十卷），布加勒斯特，罗马尼亚社会主义共和国科学院出版社，1989 年。第 25 页。

有有机体都是如此"。①

M. 埃米内斯库严词谴责罗马尼亚仅仅流于形式的现代化，主张结合本民族过去、现在和未来的特点实现真正的现代化。他力主通过贸易保护主义来扶持罗马尼亚民族工业的发展，努力保护民族传统和习俗。他这样解释自己的理念："任何一个国家要日复一日地存在下去，都离不开一些必要条件。对于那些传承有序，拥有几百年司法和行政传统的国家，一切都是顺理成章的。脱离了法律的传统无所不能，而脱离了传统的法律则一无是处，这是一条适用于所有国家的普遍真理。我们看到，那些公民享有更大公平和自由的国家必然有着古老的传统和习俗。即便这些习俗尚未被编制成法律，也能够发挥成文法的作用"。② 英国式的现代化模式之所以广受赞誉，是因为它"在已有的传统形式和日新月异的内容之间找到了契合点，从而保证了国家及其制度长期存在并不断发展"。③

M. 埃米内斯库是这样理解社会和国家的："一些具有超前政治思想的作家已经不再相信国家和社会是一种共识，是公民间自由达成的相互谅解。除了那些无良的记者，没有人会认为选举自由、代表大会和议会是一个国家的基础（……）真正的自由主义是以创造财富的中产阶级为基础的。他们可以点石成金，将大理石变成雕塑，将大麻变成细布，将钢铁变成机械，将羊毛变成呢料。但我们有这样的中产阶级吗？他们能为自己的利益说话吗？不幸的是，我们的中产阶级是由一些教书匠，甚至臭名昭著的讼棍们构成的。"④

4. 政治与经济的关系

从事经济和社会研究时的 M. 埃米内斯库一改其"诗人气质"，严格遵照学术规程，在分析过程中不断援引当时伟大经济学家的理念。其政论文章的科学性和严谨性完全颠覆了我们对他的一贯印象，无法再将他看作是一个脱离实际，漂浮在幻想世界和诗化空想中的浪漫主义者。正如 N. 约尔加所言，这是一个"新的埃米内斯库"。他积

---

① M. 埃米内斯库:《埃米内斯库全集》(第十二卷)，布加勒斯特，罗马尼亚社会主义共和国科学院出版社，1985 年。第 161-162 页。

② 同上书。第 181 页。

③ 同上。

④ M. 埃米内斯库:《旧形象与新形象》，收录于《埃米内斯库全集》(第十卷)，布加勒斯特，罗马尼亚社会主义共和国科学院出版社，1989 年。第 17-18 页。

极参与政治辩论，大力弘扬民族精神，深入探析罗马尼亚社会和经济状况，夜以继日地研读西方政治经济学著作，只求用最新的理论和方法来分析本国的经济现象。为了对罗马尼亚社会进行全面的分析和阐释，他搜集了大量信息，融汇了各种观点。为支撑自己的论点，他密切关注西方经济学动向，大量引用和译介西方学者的著作。

M. 埃米内斯库一直从形式和内容的角度来看待政治与经济的关系，认为一个国家的政治结构必须与经济结构相符。他说："一个民族的道德品质与环境或人种无关，而是取决于经济状况（……）换言之，一个国家的文明即经济文明。在缺乏相应经济条件的情况下引进外国的文明形式是徒劳之举。"①

在当时的话语体系中，"形式"即指未加批判就被引进，与本国现实脱节的现代政治体制。这种体制最初是在西方发达国家"有机"生成的，之后逐渐传入包括罗马尼亚在内的落后国家。这些国家处于西方文明体系的边缘，缺乏相应的经济和社会基础。M. 埃米内斯库认为任何国家的政治结构都应该与其经济基础相符。在他看来，经济基础即表现为生活富足且知书达理的中产阶级、实力雄厚的工业体系、集约化的农业体系、多样化的产业门类。因此，必须实现现代化的社会分工，建立一种能够使资本和人力高效运作、生产高于消费、福利不断提高、贫困逐渐消除、利润快速增长、资产难以流失的资本主义制度。换言之，所谓现代民主制度与经济基础之间的关联，就意味着基于市场经济建立真正的资本主义制度。M. 埃米内斯库因此断言："有史以来，从未有过政治高度发达而经济极端落后的国家。经济文明是政治文明之母"。②他之所以如此频繁地提及政治与经济之间的关联，是因为一个国家的发展潜力即取决于两者间的一致性。而当时的罗马尼亚，正是一个政治体制与经济基础不同步，无法和谐发展的国家。

为了说明社会发展的有机性，M. 埃米内斯库提出了"经济文明"和"政治文明"这两个概念。"经济文明"意味着经济和科技达到较

---

① M. 埃米内斯库：《埃米内斯库全集》（第十卷），布加勒斯特，罗马尼亚社会主义共和国科学院出版社，1989 年。第 30 页。

② M. 埃米内斯库：《埃米内斯库全集》（第八卷），布加勒斯特，罗马尼亚社会主义共和国科学院出版社，1988 年。第 182 页。

高水准、社会分工细化、生产模式与消费模式相符、生产力与社会需求相符、生产资料所有者与劳动者关系明确。"政治文明"则与权力结构、政治体制、政权更替、宗教信仰、价值观、意识形态、理论与学说、政治党派，以及人们的态度和立场有关。

M. 埃米内斯库所说的"自由主义的幻象"，就是指"政治高度发达而经济极端落后"，政治与经济严重脱节的状况。他对罗马尼亚一直以来的现代化模式不以为然，认为那个时代被"肤浅的理性主义"所主导，"外来理性主义元素取代了自主判断"。外来理性主义元素只是未加批判就被引进的"形式"，只有通过自主判断才能真正贴合"内容"。这些"形式"与其策源地固然是相适应的，但并不符合罗马尼亚社会的"内容"，必然会造成错位。"将最完美的法律引进到一个不适合的国家，无论初衷多么美好，都只会导致社会分崩离析"。[①]

在政治活动中，M. 埃米内斯库崇尚现实主义，拒绝空想。他指出"所有政治活动都应该依托实际具备的条件开展，而不是想当然"。他和青年社的很多代表人物都坚信应该像西方国家那样，实现从内容到形式的自然演进。遗憾的是，正如 C. 多布罗贾努 - 盖雷亚、Şt. 泽莱廷、E. 洛维内斯库等人所言，罗马尼亚作为一个落后国家，已经失去了有机发展的最佳时机，因此迫不得已在外部影响下发生了非有机的、仓促的变革。

M. 埃米内斯库对罗马尼亚社会的研究通常按两个步骤进行：首先对社会状况进行全面调查、描述和诊断，然后阐释政治体制对社会生活造成的短期、中期和长期影响，从而分析形式与内容直接的契合度。他大量援引西方社会学经济学和政治学理论，并将其代入罗马尼亚的社会现实中，论证其适用性。他总是能将研究对象凝练到最为本质的元素，从形式层面逐层深入下去。在他看来，内容永远重于形式，所以经济改革应先于政治改革。政治体制与社会现实的贴合度必须通过政党体现出来，因为"政治团体必须代表相应的经济团体，但罗马尼亚的大多数政党并不具备这种关联"。罗马尼亚现代化进程中出现的种种乱象，都应归咎于自由主义者本末倒置，夸大了形式层面的政治改革，却对实质内容的变革推三阻四。罗马尼亚因此进入了徒

① M. 埃米内斯库：《埃米内斯库全集》（第十卷），布加勒斯特，罗马尼亚社会主义共和国科学院出版社，1989 年。第 23 页。

有空洞形式的时代，社会形态日趋畸化。

他反对照搬国外的改革经验，并提出了自己的现代化原则。他指出："所有人都渴望着享受国外发达的文明成果，却不想将孕育这种发达文明的文化环境引入国内"，[①] 只有摒弃机械模仿，"将文化环境引入国内"，通过有机生成来拥有现代文明，这才是真正的发展之道。他用经济决定论来驳斥自由主义者推崇的政治决定论，明确表示"经济文明是政治文明之母"。在有机发展的西方国家，经济文明为政治结构的产生提供了环境和土壤，而在落后国家两者却严重脱节。他将经济基础看作国家的根基，而文化对于培育这一根基有着重要作用："真正的自由和经济独立是两个一致的理念。我们所说的经济独立，即意味着通过文化普及和授予土地来不断解放人数最多，也是唯一从事生产的阶级——农民阶级"。[②]

为了分析罗马尼亚的现实状况，探讨现代化进程中出现的矛盾，M. 埃米内斯库提出了一系列全新的概念、理论和视角。下面我们就对其思想体系中最为重要的几个理论进行分析。

5. 赘生阶级理论

赘生阶级理论是 M. 埃米内斯库针对落后国家社会的结构和政治精英的特征提出的。他发现与西方国家相比，罗马尼亚社会存在一种"怪异现象"，即现代化进程中出现了庞大的官僚体系和臃肿的行政机构。这些机构被"操笔杆子的无产者"和麻木不仁的公务员所占据，而他们都需要当时唯一从事生产的"进步阶级"——农民阶级来养活。这个无比臃肿又开销巨大的公务员群体构成了一个"赘生阶级"，以一种新的形式对民众进行剥削。M. 埃米内斯库是这样定义他们的："这是一个完全不事生产的阶级，他们不学无术，好吃懒做。曾经一无是处的他们如今却主宰着那些饱读诗书、出身高贵、辛勤劳作的人们。他们并非贵族，只是一个彻头彻尾的剥削集团。"[③]"（这是）一个没有文化、寡廉鲜耻的阶级。也正因为此，他们才能够不择手段，为剥削

① M. 埃米内斯库：《埃米内斯库全集》（第八卷），布加勒斯特，罗马尼亚社会主义共和国科学院出版社，1988 年。第 201 页。

② M. 埃米内斯库：《埃米内斯库全集》（第十卷），布加勒斯特，罗马尼亚社会主义共和国科学院出版社，1989 年。第 301 页。

③ M. 埃米内斯库：《埃米内斯库全集》（第七卷），布加勒斯特，罗马尼亚社会主义共和国科学院出版社，1977 年。第 24 页。

他人无所不用其极"。[①]

西方资本的进入导致了本土中产阶级的衰落，他们的地位被赘生阶级取而代之。这个阶级填补了上层阶级和下层阶级之间空隙，他们完全不事生产，是国家财政的寄生虫。在 M. 埃米内斯库看来，罗马尼亚的悲剧正在于现代化的中坚力量——中产阶级的缺失。

6. 社会补偿理论

继赘生阶级理论之后，M. 埃米内斯库又提出了社会补偿理论，指出每个社会阶层都应通过履行其社会职能来对劳动者做出补偿。他指出，"劳动是现代社会的铁律，懒惰者应无处容身"。政治和文化精英有义务理性地治理国家，尽心尽力组织经济生产和文化创作。如果上层阶级无法履行自己的这些职能，就会沦为一个纯粹的寄生和掠夺阶级。在西方国家，有一种通过艺术创作、科学研究和高效的管理来"对下层民众的苦难进行补偿"的机制。然而在罗马尼亚，中上层阶级"开销巨大却毫无产出"，无法用自己的创造性劳动成果来对农民阶级进行补偿。

M. 埃米内斯库从这种不正常的社会关系中找到了国民经济每况愈下的根源："无论生产者的人数还是生产力都没有明显增长。非但如此，在生产者人数不变的基础上，还出现了一个规模庞大，严苛而又腐朽的消费阶级。贫穷的根源即在于不断壮大的消费阶级无法为养育他们的生产者提供任何补偿（……）是什么造成了这样的恶果呢？我认为是社会的堕落，是不劳而获者无限增加，而生产者的数量却维持不变。在其他国家，上层阶级用他们的脑力劳动来补偿下层阶级的体力劳动（……）但在罗马尼亚，人们并不是凭成就、学识、劳动来提升自己的社会地位。那些无知的懒汉通过阴谋和谎言为自己贴上了爱国的标签"。[②]

劳动与政治权利之间应该存在着某种自然关联，"当一个国家的某个社会阶级享有的权利与其付出的劳动不成正比时，它就是个腐败的阶级"。M. 埃米内斯库将这种反常现象称为"社会负面选择"，它颠倒了劳动付出与社会地位提升之间的关系，从而阻碍了价值的创

---

① M. 埃米内斯库:《埃米内斯库全集》(第七卷)，布加勒斯特，罗马尼亚社会主义共和国科学院出版社，1977 年。第 20 页。

② 同上书。第 163 页。

造。他说:"对于一个国家而言,没有什么比腐败横行、劳而无获、无能者窃据高位更危险的事情了。"

7. 需求与能力间的关系

基于社会补偿理论,M. 埃米内斯库确定了一个国家的需求及其经济和知识能力之间的关系。他指出,尽管赘生阶级的需求和期待不断提高,但国家的生产力并未因此得到提升或实现多样化。"当一个国家像我们一样产生了新的需求,就必须拥有新的能力",而在罗马尼亚,突然提升的需求与期望显然凌驾于国家所能提供的生产力之上。

在他看来,所谓现代化就是要实现能力与需求的协调增长。在罗马尼亚,上层社会的需求在外来先进文明的刺激下持续增长,但生产能力远远不足以满足这些需求,从而造成社会处于"半野蛮"或"伪文明"的状态。人们希望尽快享有财富和服务,但他们的手段、资金和其他客观条件又极为有限,只能依靠国外的力量。M. 埃米内斯库因此提出,"随着需求的增长,当务之急是提升生产力,而不是让买办横行"。[①]需求的增长必须对生产力起到刺激作用,使人们能够通过提升自我能力来满足新的愿望。与此同时,需求与能力的落差必须被控制在临界点之下。罗马尼亚之所以会陷入困境,主要原因之一就是赘生阶级的消费需求与国家的经济实力严重失衡。

当需求无法通过自身的能力得到满足时,特权阶级就会诉诸进口,为发达国家的商品倾销提供了突破口。M. 埃米内斯库援引了德国经济学家 G. 李斯特(Georg Friedrich List,1789-1846)的观点,认为要主宰或毁灭一个落后国家,就不仅要向他们出售廉价商品,还要向他们要提供免费商品。当市场上充斥着进口的廉价商品时,一个民族就会逐渐丧失生产技能,人的素质也会退化。发达国家极高的生活水准激起了他们的热望,但他们已经不习惯于通过自己的劳动来满足这些愿望了。

在 M. 埃米内斯库看来,自由主义者主导的现代化进程仅仅流于表面。他们通过吸引商业投资和高利贷使罗马尼亚沦为"为发达国家做农活的苦工",在经济上严重依赖西方列强。赘生阶级的需求是现

---

① M. 埃米内斯库:《埃米内斯库全集》(第十卷),布加勒斯特,罗马尼亚社会主义共和国科学院出版社,1989 年。第 30 页。

代，甚至是"超现代"的，是工业国所特有的，而罗马尼亚却滞留在农业社会。行政机构无比臃肿且开销巨大，所有这些花费都要靠农民阶级一成不变的有限生产力来支撑。M. 埃米内斯库将"消费增长与经济增长、能力增长不同步"的状况斥为"伪文明"，而这正是当时推行的改革模式。他说，"无论把我们污蔑为反动派还是老古董"，[①]这都是不争的事实，可以用经验和数据来验证。

M. 埃米内斯库不仅揭示了经济问题的本质，还超越了政党和派系之争，从民族大义出发看待问题。他坦言："为了维护罗马尼亚民族利益和国家独立，我们可以是自由主义者；为了表达罗马尼亚民众的诉求，我们也可以是民主主义者。但我们不能容忍的是，在一个民族国家中打着自由的旗号肆意剥削他人，不能容忍那些不劳而获者以民主之名，通过所谓的普选窃据高位，中饱私囊（……）在我们看来，一个国家的理性应该高于所有不切实际的野心和蛊惑了民众二十多年的华丽辞藻。我们希望国家能够自我重建，使广大的生产阶级参与国家决策，参与法律的制定。而不是让那些游手好闲者通过层层代理，对我们开出貌似无所不能的处方，许下水月镜花般的诺言。民族的真实合法意愿不得受压制和误导，不应任由一些人争权夺利而将国家引入歧途。"[②]

8. 社会发展的边缘化和依赖性

M. 埃米内斯库是最早觉察到罗马尼亚出现"掠夺型资本主义"的社会学家之一。这种资本主义热衷于投机而不事生产，与西方国家的建设型资本主义截然不同。[③]区分两种类型的资本主义，有助于我们更好地理解 M. 埃米内斯库对罗马尼亚社会现代化的看法。他基于对社会、经济、地缘政治状况的分析，断然摒弃了当时在欧洲占主导地位的单线进化论，将"特殊发展"与"普遍发展"加以区分。这一理念与后世出现的新进化论思想有着异曲同工之妙。[④]事实上，许多

---

① M. 埃米内斯库:《埃米内斯库全集》（第八卷），布加勒斯特，罗马尼亚社会主义共和国科学院出版社，1988 年。第 202 页。

② M. 埃米内斯库:《埃米内斯库全集》（第十一卷），布加勒斯特，罗马尼亚社会主义共和国科学院出版社，1984 年。第 52-53 页。

③ 这一论点是由 I. 伯德斯库在《欧洲同步化与罗马尼亚批判主义文化》中首次提出的。

④ I. 伯德斯库、D. 敦加丘（Dan Dungaciu, 1968- ）、R. 巴尔塔休（Radu Baltasiu, 1969- ）:《社会学史·当代理论》，布加勒斯特，埃米内斯库出版社，1996 年。第 144 页。

支持新进化论的罗马尼亚思想家都曾以不同方式将"无内容的形式"理论用于对社会发展的阐释之中。这一理论由 T. 马约雷斯库提出，后经 M. 埃米内斯库、C. 斯泰雷、G. 依布勒伊莱亚努、C. 勒杜列斯库 - 莫特鲁、C. 多布罗贾努 - 盖雷亚、Şt. 泽莱廷、E. 洛维内斯库等思想家的不断完善，充分印证不同社会发展形态之间的差别。"无内容的形式理论引发了人们对（引进西方的形式）普遍发展与（基于本国实际内容）特殊发展间差异性的关注。如何处理两者间的矛盾，是落后国家在现代化进程中面临的关键问题"。[①]

社会发展的形态差异构成了新进化论的理论核心。这一理论是第二次世界大战以后，基于怀特（Leslie Alvin White，1900-1975）、斯图尔德（Julian Haynes Steward，1902-1972）、瑟维斯（Elman Rogers Service，1915-1996）、萨林斯（Marshall David Sahlins，1930-　）等一批人类学家和社会学家的研究成果，在美国兴起的。[②] 新进化论用多线发展理念取代了单线进化论，认为全人类的整体发展是由若干个特殊发展进程构成的。每个国家都应根据其具体的历史、经济、地缘政治状况选择不同的发展道路。

M. 埃米内斯库指出罗马尼亚与西方国家在发展道路和资本主义形态上存在巨大差异。他以英、德、日，以及斯堪的纳维亚半岛国家为例来说明采用何种发展模式取决于各国的实际情况。像罗马尼亚这样的落后国家为学习西方发展模式付出了巨大的牺牲，但仅仅获得了一些（思想和制度层面的）表面形式。这些形式与本国的经济与历史现实存在严重冲突，导致社会各阶层间的鸿沟日益加大。在经济层面，借自西方的经济体制阻碍了社会正常发展，导致经济不断倒退，社会疾患丛生。外来形式非但未能促进生产方式的多样化和劳动效率的提升，反而催生了流于形式的虚假需求。因此，社会发展绝不能由形式出发向内容过渡，因为在与之不相符的社会环境下，先进的政治体制非但无法运作，还会退变为"扼杀发展潜力，而非激发发展潜力"的因素。[③]

---

① I. 伯德斯库、D. 敦加丘、R. 巴尔塔休:《社会学史・当代理论》，布加勒斯特，埃米内斯库出版社，1996 年。第 150 页。
② 同上书。第 132-147 页。
③ I. 伯德斯库、D. 敦加丘、R. 巴尔塔休:《社会学史・当代理论》，布加勒斯特，埃米内斯库出版社，1996 年。第 144 页。

上述种种外部和内部因素使罗马尼亚最终沦为工业化世界中"做农活的苦工"。在 1881 年发表的《我们国家的痼疾》一文中，M. 埃米内斯库列举了这种社会状况带来的恶果："法律面前人人平等这一基本原则变成了党同伐异的武器。所有社会规范都被摧毁殆尽，社会处于一片混乱之中。国家的传统被完全遗弃，一个新的统治阶级开始崛起。他们既无传承也无权威，使得治国之道与整个民族的根基格格不入（……）当一个国家的公职被不事生产，只知耗费财政资源的人们所占据时，这个国家注定是荒蛮落后的。"①

罗马尼亚只是西方国家的原料供给国和工业品销售市场，在经贸关系中处于长期逆差地位。M. 埃米内斯库因此认定，自由贸易政策必然使罗马尼亚经济成为西方经济的附庸，因此必须实行保护主义的政策，通过发展工业来应对现代全球竞争。在他的描述中，位于西方资本主义世界边缘的落后国家普遍存在着以下典型状况：形式脱离内容而存在；不切实际的体制导致贪腐横行；社会负面选择让"无德无才"窃据高位；上层阶级与生产阶级间的补偿关系无法建立；需求与能力、消费与生产、政治与经济严重失衡；农民阶级有限的生产力无法供养臃肿的行政机构；上层建筑与经济基础严重脱节；理想与现实间存在巨大落差；政党与其代表的经济利益明显不符……上述种种乱象都是在引入西方发达国家的模式后，社会结构不正常发展的恶果，都是发达工业国与落后农业国之间不平等关系不断加剧造成的。

与来自俄国的政治和军事威胁相比，M. 埃米内斯库更关注来自西方的经济威胁。新型的扩张战略不再是军事上的，而是体现在经济和思想层面，西方国家对罗马尼亚实行的这一战略已经使这个国家沦为"做农活的苦工"。他对一些地缘政治问题的见解至今仍有现实意义："当前的社会舆论高度关注两大问题：其一是有效组织农业生产，其二是大力发展并保护工业生产。二者同等重要，都是对于民族国家的存在性命攸关的大事。只有这样才能够抵御来自东北方的政治威胁，以及来自西方的经济威胁（……）一直以来罗马尼亚人都有一个梦想，就是统一起来，并探寻一条最为实用最为爱国的发展之路。

---

① M. 埃米内斯库：《埃米内斯库全集》（第十二卷），布加勒斯特，罗马尼亚社会主义共和国科学院出版社，1985 年。第 15-17 页。

（……）我们希望脑力劳动者能够做出补偿，认真研究国家的需求，在协调农业利益的同时，大力推动工业发展（……）社会中存在着极大的不健康因素——在民众与统治阶级之间出现了一个中间阶级。他们寡廉鲜耻且掠夺成性，置国家和传统于不顾，使另外两个阶级饱受摧残（……）这种状态注定无法持久，因为除了自身缺陷外，它还隐藏着巨大的政治危机（……）外部势力对罗马尼亚的侵袭从未停止过。且不说来自四面八方斯拉夫人的政治侵略，对此每个人都有记忆犹新。此外还有来自西方的经济侵略，对此我们可以更为自由地谈论。只有在我们愚昧无知时才会被其摧毁，只要团结起来齐心应对，便可变害为利。前者之所以成为威胁，是因为我们自身太过弱小。后者之所以也被称为威胁，是因为它能够使我们的民族更为羸弱，完全丧失发展能力，最终沦为做农活的苦工（……）如今我们确信，一些德国政治家企图将东方（东欧）国家当作殖民地，以弥补因移民美国而流失的本国劳动力（……）这两种威胁同样严峻，我们身处其间，只能自强不息，依靠本国的力量来提升国力。"[1]

M. 埃米内斯库明确指出只有摆脱农业国地位，罗马尼亚才有可能在经济上免受剥削，不被边缘化。他说："采取保护措施来扶持民族工业的发展，是罗马尼亚应对国外资本侵袭的唯一战略。"可笑的是，至今仍有很多学者无端指责他的思想是"重农主义"或"反工业主义"的。M. 埃米内斯库曾基于详尽的统计数据，对工农业的运行和流通机制，以及两种产业的生产力水平差异进行长期关注，这足以说明他对工业生产优越性的了解。他指出："所有人都认为，我们国家注定是一个纯农业国的论调已经不合时宜了。除了 V. 博埃雷斯库（Vasile Boerescu，1830-1883）先生和少数吃皇粮的自由贸易拥护者会教唆民众自取灭亡之外，没有人会怀疑发展工业的重要性。工业生产的意义并不在于货物的贵贱，而在于它对一个民族的塑造能力。一个民族必须依靠自己的工业才能强大起来，人们的道德品质、艺术品位、知识素养都会在工业生产中被激发出来。在此过程中，人们逐渐拥有了前所未有的技能与智慧，从而使全民族的力量得以增强（……）

---

[1] M. 埃米内斯库：《埃米内斯库全集》（第八卷），布加勒斯特，罗马尼亚社会主义共和国科学院出版社，1988 年。第 34-35 页。

完全的自由贸易严重危害一个民族整体素质的提升。正如 G. 李斯特所说：敌人能对我们做的最坏的事情，不是不把货物贱卖给我们，而是把它们免费送给我们。一个民族所有的力量和本能都会因此而退化，最终沦为一个孱弱无力，可以被任何人一脚踢开的民族。这种外来的恩赐，就好比奥斯曼帝国的苏丹想消灭一个附庸国时送给该国高官的绸缎。"①

可见，工业化正是 M. 埃米内斯库为罗马尼亚指明的发展方向。在新的全球经济关系中，一个仅从事于农业生产的国家将必败无疑。他多年来一直坚持认为民族工业体系只有依靠贸易保护政策才能建立，这一原则当时甚至得到了自由主义领袖之一，经济学家 P. S. 奥雷利安的支持。他非但不是重农主义者，还反复强调工业国的优越性："我们并不否认，一个国家靠生产小麦也可以丰衣足食，但这样的国家永远无法达到发达工业国的水平。我们无论如何不能继续当一个农业国，哪怕为了满足自身的需求，也必须成为一个工业国。"②

鉴于罗马尼亚的行会、公司、商人在与外国资本竞争中损失惨重，M. 埃米内斯库提出了这样的疑问："我们不禁要问，25 年来成千上万的人为自己和国家做了什么有益而光荣的事情呢？曼彻斯特学派的回答是发生了产业转移，如今他们正从事着另一种劳动。另一种劳动？实际上就是什么都做不了，因为在与国外产品的竞争中所有的产业都萎缩了。我们的需求发生了变化，民众和上流社会日常穿戴的东西都需从国外进口，而我们只能在农业生产中充当苦力"。③

9. 真正的社会进步

M. 埃米内斯库坚信历史发展具有连续性，不应被随意割裂，真正的社会进步就是历史发展正面结果的不断积累，是传承与创新的有机结合。他主张平缓渐进的发展，将英国的发展模式引为典范，认为现代化就是通过一系列连续的形式表现出来的内容变革。他说："想要进步就必须接受自然规律，接受其连续性和渐进性。人为地让一个

---

① M. 埃米内斯库:《埃米内斯库全集》(第八卷)，布加勒斯特，罗马尼亚社会主义共和国科学院出版社，1988 年。第 110 页。
② M. 埃米内斯库:《埃米内斯库全集》(第十卷)，布加勒斯特，罗马尼亚社会主义共和国科学院出版社，1989 年。第 21 页。
③ M. 埃米内斯库:《埃米内斯库全集》(第七卷)，布加勒斯特，罗马尼亚社会主义共和国科学院出版社，1977 年。第 178 页。

孩子变得老成，种下无根的植物并让它们在两个小时内长成一座花园，这种揠苗助长的做法不是进步而是毁灭（……）真正的进步只能是在坚守传统的同时加以革新，在当下和未来之间保持充分联系，而非无序的跳跃。"[1]

"一个民族赖以生存的社会和经济环境不可能在一夜之间发生改变，而是慢慢变化的，这样人们才有必要的时间来适应新环境。如果像我们国家一样，改革和变化在一夜之间发生，使所有的传统付诸流水，就会陷入和我们一样的处境。曾经具备的条件无法满足当今的要求，而被浪费的力量已远远超过新增长的力量。"[2]

"妄想实现跨越式发展的人，最终结果只能是不进反退（……）我从未设想过我们国家通过实行某种制度，就能一下子重现 17 世纪 M. 巴萨拉布统治时期的辉煌。有识之士都会发现，人类社会存在的秘密就是内容的不断更新和形式的留存，即所谓的旧瓶装新酒。例如在各方面都开文明之先的英国，至今仍保存着被赋予现代精神，并与现代化生产方式结合起来的古老历史形式。"[3]

M. 埃米内斯库认为英国与其他在社会变革大潮中摇摆不定的西方国家不同，它固守着自己的传统，经受住了时代的阵痛，"即使在共产主义大潮的冲击之下也岿然不动"。罗马尼亚则在现代化进程中偏离了正常的轨道，"在外来文明的侵袭下世风日下"，最终沦为一个"半野蛮""腐化堕落"的社会。社会变革应遵循的是自然规律，而不是社会成员的自由意志。面对各种无端指责，M. 埃米内斯库这样为自己的立场辩白："我们不是那些逆时代潮流而动、墨守成规、食古不化、沉迷于过去而不能自拔的人。作为 19 世纪的这一代人，我们从事的研究只有两方面的内容：援引确凿的事实并对它们加以总结。"[4]

10. 文化的民族性与世界性

T. 马约雷斯库将 M. 埃米内斯库称为罗马尼亚现代文化的集大成

---

① M. 埃米内斯库:《埃米内斯库全集》(第十一卷)，布加勒斯特，罗马尼亚社会主义共和国科学院出版社，1984 年。第 17-18 页。

② M. 埃米内斯库:《埃米内斯库全集》(第八卷)，布加勒斯特，罗马尼亚社会主义共和国科学院出版社，1988 年。第 201 页。

③ M. 埃米内斯库:《埃米内斯库全集》(第七卷)，布加勒斯特，罗马尼亚社会主义共和国科学院出版社，1977 年。第 159-160 页。

④ 同上书。第 179 页。

者。在 M. 埃米内斯库看来，文学不仅是民族精神的表现形式，其本身也是民族精神和民族文化的重要组成部分，语言则是"衡量一个民族文明程度的准绳"，也是罗马尼亚民族统一的标志，因为"语言的高度一致性证明了民族起源的一致性"。在现代社会，民族身份逐渐与宗教脱离了关系，与语言和文化遗产的关联更为紧密。他指出："我们的语言并不是一门新语言，而是历史悠久，成熟稳定的语言（……）我们不是语言的主人，相反，语言是我们的主人。"文化伴随并促进着物质进步，是推动社会走向文明的重要因素："可以肯定的是，没有文化的同步发展，一切发展都是徒劳的。因为真正的进步无法依靠外力实现，只能从人们的内心生成。"① 与此同时，M. 埃米内斯库还将文化的外在形式与真正的文化创作加以区别："文化的表现形式永远不能等同于真正的智力劳动，自由的表现形式也永远不能等同于真正的自由（……）没有劳动，自由和文化就不复存在。如果有人鼓吹可以通过某些表现形式来代替创作活动，代替自由和文化，那么他们就会无意间沦为该死的社会寄生虫，腐蚀并毁灭他们的民族。"② 一个民族在历史舞台上的自我表现，实际上就是一种文化、经济、社会、政治进步。文化既是民族存在的一种表现形式，也是其组成部分。

　　M. 埃米内斯库对于民族性与世界性之间关系的理解同样具有现代意味。在他看来，民族身份是一种通过长期历史积淀形成的复杂现象。罗马尼亚民族在历史上长期以一种特殊方式存在，因此实现政治自主，赢得国家独立，还原民族身份成为罗马尼亚人的共同理想。继承民族传统、实现民族统一、争取民族权益、弘扬民族精神成为"我们历史生活的全部"。他从价值论角度出发，既反对以直白、露骨、浮夸的方式将民族性降格为人种概念，也反对以名族性的名义创作内容浅薄，表述粗鄙，毫无内涵的作品。T. 马约雷斯库曾说："民族性位于真理的边缘。"（或可理解为"价值的边缘"）M. 埃米内斯库依照这一理论澄清了民族性与价值的关系："没有价值的东西不可能因为其具有民族性而成为有价值的；丑的东西即不可能因为其具有民族性

① M. 埃米内斯库：《埃米内斯库全集》（第七卷），布加勒斯特，罗马尼亚社会主义共和国科学院出版社，1977 年。第 159-160 页。

② M. 埃米内斯库：《埃米内斯库全集》（第十一卷），布加勒斯特，罗马尼亚社会主义共和国科学院出版社，1984 年。第 18-19 页。

而成为美的；恶的东西也不可能因为其具有民族性而成为善的。"①

他还依照价值论标准，对民族性与世界性之间的关系进行了进一步阐述。全球各民族的文化相互依存，各种理念、价值观、风格之间自然会相互借鉴与交融。因此，普遍性与特殊性并不是对立的，每一种文化都显示出一种探析人类生存状况的独特视角，它们之间的相互渗透有利于文化创作的开展。M. 埃米内斯库曾用光谱来比喻文化的个体差异性和宏观连续性。他指出，人类文化即统一又千差万别，"对于全人类而言，各个民族只是棱镜中折射出的各色光束。它们之间存在差异再正常不过，就好像是人与人之间存在差异一样是不言自明的"。②

11. 报界名人M. 埃米内斯库

1992 年，在 D. 帕纳伊泰斯库（Dumitru Panaitescu，1891-1971）、A. 奥普雷亚（Alexandru Oprea，1931-1983）、D. 瓦塔曼纽克（Dumitru Vatamaniuc，1920- ）、P. 克雷茨亚（Petru Creţia，1927-1997）等人的不懈努力下，罗马尼亚科学院完成了 M. 埃米内斯库的全部著作的整理出版工程。这项计划将这位天才的所有成果都展现在世人面前，为全面解析"埃米内斯库现象"提供了极大便利。使人们在一个多世纪后仍能从多种角度分析和研究他的精神遗产。

作为一位报界名人，他的许多社会和政治理念都体现在其发表的政论文章中。这些在当时颇具争议的文章成为 20 世纪初罗马尼亚出版界发现的一块"新大陆"。通过对这些文献的搜集和整理，我们对 M. 埃米内斯库有了更为全面和深入的了解。在他的第一部政论文集问世后，N. 约尔加立即意识到其重大价值，指出 M. 埃米内斯库在罗马尼亚人心中有了"全新的形象"。《埃米内斯库全集》编委 D. 帕纳伊泰斯库认为，M. 埃米内斯库的手稿和政论作品如同湮灭的亚特兰蒂斯遗迹，其价值堪比埃及研究专家心中的国王谷。全集的出版是罗马尼亚文化界的一大盛事，对于罗马尼亚民族意识的树立具有重大意义。特别是那些政论文章"重见天日"，有利于我们揭示 M. 埃米内斯库作品的真谛，理解其为何一个多世纪以来一直在罗马尼亚民族精神中占

---

① M. 埃米内斯库：《关于文化与艺术》，第 92-93 页。
② M. 埃米内斯库：《埃米内斯库全集》（第七卷），布加勒斯特，罗马尼亚社会主义共和国科学院出版社，1977 年。第 180 页。

据着核心地位。

1880 年 2 月到 1881 年 12 月担任《时代日报》主编期间，M. 埃米内斯库凭借惊人的才干跻身当时最伟大的新闻人之列。这一时期同样也是其文学创作（其间完成了著名的《第一封信》至《第五封信》）和社会学理论的成熟期。他以传教士般的热忱对待新闻事业，亲身参与到从采稿到发行的各个阶段中，用言行诠释着自己倡导的新闻工作原则，即尊重事实、尊重自己写下的文字。凭借广博的文化视野和无双的文采，他的新闻报道妙语连珠。良好的职业素养和崇高的职业道德使他意识到，新闻界应该担负起反映民族苦难和期望的重任。

M. 埃米内斯库的政论作品极具表现力，对百年前的罗马尼亚社会有着近乎全面地反映，让今天的读者过目难忘。他的新闻报道围绕着两大主题展开：其一是农民问题，其二是国民经济和民族独立的巩固。他在《时代日报》上刊发社论和专栏文章侧重经济学、自然科学、历史学、社会学等方面的理论研究。除此之外，他还撰写了大量文学和戏剧评论，并对文化和政治事件、贸易盈亏、财政预算、金融政策等广泛发表点评。他的政论活动视野极为宽泛，曾参与对 V. 孔塔（Vasile Conta，1845-1882）教育改革方案的公开探讨，报道议会对某些法案的辩论，翻译国外报刊中有关罗马尼亚的时评，揭露西方资本主义国家将罗马尼亚变为其经济殖民地的企图。M. 埃米内斯库好似一个罗马尼亚社会的地动仪，在所有文化和政治热点事件中都有其身影。他的文字中既有天才的泪水，也有对时局的怒火。直至今日，我们仍能够从中看出他对罗马尼亚民族命运的关注、担忧和期盼。

M. 埃米内斯库的政论文章言辞犀利，批判入木三分。在当时的新闻界，与之齐名的只有 B. P. 哈斯代乌。后者的思想更为激进，经常在报刊上撰文宣扬其语言学和史学理念。之后的 N. 约尔加、N. 约内斯库、M. 伊利亚德等人则将报刊作为一种引导公众舆论、宣扬某种思想、指引文化走向、解读世界和历史的有效途径。与他们相比，M. 埃米内斯库的文章能够对所有日常事件加以凝练，将其归结到某种带有普遍性的思想体系中，并从社会学角度出发去挖掘其内涵。他在罗马尼亚新闻史上的地位无人可以取代。

12. M. 埃米内斯库思想的意义

M. 埃米内斯库指出，虽然罗马尼亚社会已经步入西方资本主义的发展轨道，但在经济上饱受排挤，处在资本主义世界的边缘。罗马尼亚社会的种种乱象，究其根源是由错误的发展模式导致的。在全新的地缘政治格局中，作为农业国的罗马尼亚必然处于西方资本的隐性经济剥削之下。由于产业结构单一，产品附加值低，在与工业国的贸易关系中"农业国总是损失惨重"。[①] 长此以往，罗马尼亚必将沦为发达国家的商品倾销市场和原料供应地。

　　E. 洛维内斯库曾说，长期以来很多人对 M. 埃米内斯库有着极深的误解，将其看成一个"多愁善感的怀旧者"，认为他"用浪漫主义的手法批判资本主义"是逆历史潮流而动。在 I. 伯德斯库、[②]I. 温古雷亚努（Ion Ungureanu，?-?）[③]等社会学家的努力下，他的理念被重新解读，特别是赘生阶级理论和社会补偿理论得以发扬光大。I. 温古雷亚努将 M. 埃米内斯库誉为"全面的社会学家"，而非某些评论家笔下的因循守旧者："在欧洲当时的社会背景下，他的社会学理论极具远见。这一理论的创新性在于它揭示了政治体制对经济结构的重大影响，而这一政治体制是国外势力借助武力或资本强加给罗马尼亚的。他的学说与韦伯有着些许相似之处，都认为一个社会结构不合理的落后国家如果被资本主义经济裹挟，会导致其民族复兴受阻，使国家与民族面临存亡危机。"[④]

　　M. 埃米内斯库的理论是基于对罗马尼亚社会的深入分析提出的。关于罗马尼亚在现代化进程中遭遇的波折与困境，在其著作中有着最为详尽的论述。我们不应像从前那样，轻易地给他贴上各种意识形态的标签。他的学说不是"开倒车"，而是对罗马尼亚社会边缘化发展倾向的控诉。他并不反对现代化，只是反对错误的现代化模式。罗马尼亚所走的资本主义道路绝非自主发展之路，而是一条在发达国家的排挤下，逐步走向边缘，走向"没落"的不归路。M. 埃米内斯库不仅揭示了这种发展模式对罗马尼亚造成的危害，还针对西方的主流社

---

① M. 埃米内斯库：《埃米内斯库全集》（第十卷），布加勒斯特，罗马尼亚社会主义共和国科学院出版社，1989 年。第 31 页。

② I. 伯德斯库：《欧洲同步化与罗马尼亚批判主义文化》，收录于《埃米内斯库的社会学学说》，加拉茨，波尔多—弗朗科出版社，1994 年。

③ I. 温古雷亚努：《社会理想与民族现实》，布加勒斯特，科学和百科全书出版社，1988 年。

④ 同上书。第 102 页。

会学学说，提出了"帝国主义社会学"和"边缘国家社会学"这两个新概念。[①]

M. 埃米内斯库社会学思想的核心是社会补偿理论，I. 伯德斯库将其誉为一种"用资产阶级自由思想来取代个人平均主义和阶级平均主义"的理论。[②] 从这一理论中衍生出了赘生阶级理论和社会负面选择理论。这些理论是罗马尼亚民族在那一历史时期自我批判意识的集中体现，也是 M. 埃米内斯库思想的精髓。面对罗马尼亚社会的种种弊病，他深切地感受到发展经济和维护民族独立的重要性。他深知创造性劳动是文明的基石，因此对不劳而获、巧取豪夺的赘生阶级恨之入骨，将其斥为玩弄权术的败类。

G. 克利内斯库指出 M. 埃米内斯库所做的社会学分析都是"从经济角度出发"，丝毫未受种族主义或反犹太主义的影响。只要仔细研读他的作品就能明白，那些将他斥为浪漫悲观主义者的批判是极其荒谬的。他追忆曾经的辉煌，绝不是要倒退回从前的状态，只是将其作为顺应历史大潮有机发展的象征，为批判活动提供论据。他用一种温和的方式将其目睹的社会现象与历史经验紧密结合起来，成为罗马尼亚批判主义文化的集大成者。批判主义文化为民族的自主发展提供了有力的思想保障，使罗马尼亚人能够在重大历史问题上做出正确决策。M. 埃米内斯库提出的政治和经济主张引发了广泛的社会反响，甚至 P. S. 奥雷利安、布勒泰亚努家族等自由派政党的领袖也逐渐接受了相关理念。他们开始以"依靠我们自己"为信条，提倡通过关税保护来激励民族工业发展，通过扶持民族资本来应对外国资本的侵袭。

必须承认，批判主义文化的代表人物构成复杂，其中一些人的理念和立场多少带有保守主义的色彩。因此，批判主义文化带有明显的历史局限性。但我们不应该像某些人那样刻意夸大这些次要方面，对其缺陷纠缠不休，从而忽视了批判主义文化的主旨：巩固经济、加强团结、维护罗马尼亚民族的政治统一。

M. 埃米内斯库的思想极具现实意义。在他所处的年代，许多社

---

① 见 I. 伯德斯库：《埃米内斯库的社会学学说》，加拉茨，波尔多—弗朗科出版社，1994 年。第 103-114 页。
② 同上书。第 124 页。

会现象与当今有着明显的相似之处。彼时的罗马尼亚刚刚脱离奥斯曼帝国的监护，逐步向西方靠拢。那是一个新旧体制交替的时期，充斥着各种"空洞的形式"和自上而下推行的变革，社会结构杂乱无序。在产能下降的同时，买办阶级的规模与消费需求却在大幅增长，贸易逆差日趋严重。M. 埃米内斯库敏锐地捕捉到了这些乱象，并通过独到的理念和方法做出了最具说服力的解释。罗马尼亚当前的处境与那个时代有着诸多共同点，只是在程度上稍有差别。在探讨某些专业问题（例如民主与市场经济的关系、法治社会与现实社会的关系、休克疗法与渐进过渡间的关系）时，完全可以借鉴 M. 埃米内斯库对相关问题的论述。例如针对民主与市场经济间的关系，他就曾经明确指出"有史以来，从未有过政治高度发达而经济极端落后的国家。经济文明是政治文明之母"。当前，我们正面临着与百年前极为相似的历史挑战。在政治巨变之后，经济层面并未显现出与之相应的改变。换言之，民主制度的建立并未给经济生活带来预期的改观。

第五章

19 世纪的文化发展（机构、流派和人物）*
社会和哲学思想（进化论、实证主义、保守
主义、自由主义）* V. 孔塔的哲学理念

第一节　19世纪的文化发展：机构、流派和人物

罗马尼亚现代文化机构在 19 世纪上半叶大量涌现。各领域的奠基人大力吸收现代文化成果，广泛译介西方文学作品，建立了一大批教育机构，以及各类文化、戏剧、音乐和美术协会。通过不断从民间传统和西方文学中汲取养分，诗歌、小说、散文、戏剧等现代文学形式在这一时期实现了质的飞跃，题材日益广泛，风格也更为多样化。在此期间，文学语言不断完善，文学创作更为专业化，文化生活规范化程度日益提高。

1. 文学和报业

1829 年，Gh. 阿萨基和 I. H. 勒杜列斯库两位报业先驱分别在雅西和布加勒斯特创办了最早的罗语报纸——《罗马尼亚蜜蜂报》和《罗马尼亚信使报》。1837 年，这两份报纸各自发行了文学副刊《罗马尼亚勒乌德（译者注：一种类似琵琶的弹拨乐器）》和《男女皆宜信使报》。

罗马尼亚最早的诗歌创作以沃克雷斯库家族为代表，主要成员包括 Ien. 沃克雷斯库、A. 沃克雷斯库（Alecu Văcărescu，1767-1799）、N. 沃克雷斯库（Nicolae Văcărescu，1786-1825），他们收集整理了大量民间抒情诗和歌谣。在此之后出现了更为专业的诗人 Ian. 沃克雷斯库、C. 科纳基，以及 I. 布达伊 - 德莱亚努。他们在浪漫主义运动的大潮

下追溯历史，被 G. 克利内斯库称为"迟来的古典主义者"。V. 克尔洛瓦于 1830 年发表了诗作《特尔古维什蒂的遗迹》和《罗马尼亚军队进行曲》。此外还有集新古典主义和浪漫主义于一身的 G. 亚历山德雷斯库，他在 1832 年出版的诗集中刊发了代表作《米尔恰在科奇亚的影子》。I. H. 勒杜列斯库的诗作在当时流传最广。在拉马丁（Alphonse de Lamartine，1790-1869）和雨果（Victor Hugo，1802-1885）的影响下，他的作品兼具浪漫主义、形而上学和宇宙起源说的特点，其代表作《飞仙》意蕴悠长。

1847 年，A. 潘恩的成名作《谚语和俗语》在布加勒斯特出版。这部作品集民间文学与文人创作之所长，收录了大量谚语和俗语，既有教育意义，又具有高超的表现力和写作技巧。在他的另一部作品《爱情医院》中也能找到同样的特点。另一位活跃的浪漫主义现代作家是 C. 内格鲁济，他创作了罗马尼亚首部历史小说《亚历山德鲁·勒普什内亚努》。书中生动描绘了当时的社会状况，开展了深入的心理和社会批判，成功塑造了诸多人物形象。他同时还是一位出色的诗人，与 D. 博林蒂内亚努、C. 博利亚克、A. 鲁索、V. 亚历山德里等 19 世纪中叶脱颖而出的诗人一起，为罗马尼亚文学语言的形成和发展作出了不可磨灭的贡献。他们对民俗和民间文化充满兴趣（V. 亚历山德里对民间文化进行系统梳理后，于 1852 年出版了《民间诗歌》），大力弘扬民族传统，为 19 世纪下半叶经典作家时期的到来做好了准备。

文学现代化进程中出现了一大批勇于创新的作家，例如长篇小说《新旧豪绅》的作者 N. 菲利蒙、希腊裔作家 G. 巴龙奇（George Baronzi，1828-1896）、小说家和政论家 B. P. 哈斯代乌。A. 奥多贝斯库的创作体裁极为多样，不仅创作有历史小说《佳什娜夫人》和《米赫尼亚大公》、笔触细腻的散文《伪狩猎书》，还撰写了学术论著《彼得罗阿萨的宝藏》。I. 吉卡既是一位善于分析的经济学家，又是一位阅历丰富的散文家，这在他与友人的书信往来中可见一斑。著有《特兰西瓦尼亚人朝圣之旅》的 I. 科德鲁 - 德勒古沙努被 G. 克利内斯库称为"探险家"，他具有敏锐的社会洞察力，语言带有拉丁化特征。在这个百花齐放而又充满争议的年代崭露头角的作家还有：1848 年创作了《革命进行曲》的 I. 卡蒂讷（Ioan Catină，2828-1851）、《一声回响》

（后改编为罗马尼亚国歌《觉醒吧，罗马尼亚人》）的作者 A. 穆雷沙努、爱国政治家 C. 内格里、专门研究 1821-1848 年间社会运动的史学家 C. D. 阿里切斯库（Constantin D. Aricescu，1823-1886）、传记作家 G. 勒库斯泰亚努（Grigore Lăcusteanu，1813-1883）。

报业的发展为文学和戏剧创作提供了广阔的平台，极大促进了现代艺术观的形成。1838 年，G. 巴利丘在布拉索夫创办了《特兰西瓦尼亚报》（1946 年前从未停刊），其文学副刊《心灵与文学之页》极大丰富了罗马尼亚人的精神生活，推动了民族解放运动。当时最具影响力的文学刊物是 1840 年创刊的《达契亚文学》，由 M. 科格尔尼恰努担任主编。该刊物以提倡民族原创文学，促进罗马尼亚人精神统一为宗旨，主张刊发"来自达契亚任何地区罗马尼亚人的优秀作品"，以求"让所有罗马尼亚人都拥有共同的语言和文学"。

在特兰西瓦尼亚、布科维纳、巴纳特等处于哈布斯堡王朝统治之下的省份，罗马尼亚知识分子一直为争取使用母语而斗争，并努力将罗马尼亚东正教徒从卡尔洛夫奇大主教区的监管下解放出来。这些地区的代表人物有 V. 莫加、A. 沙古纳、S. 武尔坎（Samuil Vulcan，1758-1839）、M. 尼夸勒（Moise Nicoară，1784-1861），等等。特兰西瓦尼亚当局实行的匈牙利化政策，特别是 1841 年克鲁日议会立法将匈牙利语定为官方语言的行径激起了罗马尼亚知识分子的强烈抗议。S. 伯尔努丘发表了《耻辱的协议和不公正的法律》来抨击这一政策，甚至连萨斯族人文主义者 S. L. 罗特也宣称："我认为没有规定官方语言的必要。因为我们国家已经有了一种国语，它既不是德语，也不是匈牙利语，而是罗马尼亚语。"当地罗马尼亚族人在 1848 年发起的革命是以维护民族权利为目的的，因此未能得到匈牙利革命者的认可。

报刊在革命年代发挥了重要作用。其中最为著名的革命报刊有 C. A. 罗塞蒂担任主编的《罗马尼亚赤子报》，以及 N. 伯尔切斯库担任主编的《主权民族》杂志（发表了《罗马尼亚人对于宗主国的权利》一文）。1855 年于雅西创刊的《罗马尼亚文学》由 V. 亚历山德里任主编，沿袭了《繁荣》和《达契亚文学》的传统，以推动文学原创和学术研究，弘扬批判精神为宗旨。该刊物吸引了 D. 博林蒂内亚努、G. 亚历山德雷斯库、G. 西翁、C. 内格鲁济、A. 奥多贝斯库、A. 鲁索（发表了《罗马尼亚之歌》）、M. 科格尔尼恰努、V. 亚历山德里、I. 约内斯库·德拉布拉德等当时最具影响力的作家为其撰稿，遗憾的是短短一年后就被迫停刊。

从 A. I. 库扎统治期间至 19 世纪末，罗马尼亚报业进入了飞速发展期。B. P. 哈斯代乌、A. 奥多贝斯库、T. 马约雷斯库、I. 内格鲁济、I. 武尔坎等人撰写的文章内容多样，大大提升了各类学术刊物的专业化水准。罗马尼亚文学史上光辉夺目的伟大经典作家 M. 埃米内斯库、I. L. 卡拉迦列、I. 斯拉维奇（Ioan Slavici，1848-1925）也在这些刊物上崭露头角。

在经典作家时代，罗马尼亚文学开始从浪漫主义向现实主义转变。青年社推崇的美学标准和价值取向对文学创作和出版产生了重大影响，使许多优秀作品从平庸之作中脱颖而出。尽管浪漫主义题材仍然存在于 B. P. 哈斯代乌和 M. 埃米内斯库的作品中，在 A. 弗拉胡策（Alexandru Vlahuță，1858-1919）的诗歌和 B. 斯特凡内斯库·德拉弗朗恰的戏剧中也时有体现，但在 N. 菲利蒙、I. 斯拉维奇、I. 克良格、I. L. 卡拉迦列、Duil. 扎姆菲雷斯库（Duiliu Zamfirescu，1858-1922）等人的作品中，现实主义已然成为主流。诗人 A. 马切东斯基与青年社、《文学谈话》杂志针锋相对，于 1880 年创办了《文学家》杂志，大力宣扬象征主义。O. 登苏西亚努担任主编的《新生活》杂志（1905年创刊）沿袭了象征主义和现代主义潮流，与坚守传统的《播种者》杂志各执一词。

在文学、史学、民俗学、语言学、考古学、美术领域都出现了重新审视罗马尼亚民族历史的迹象。很多人意识到，在文艺创作中不断探寻并重新定义民族身份，并不意味着对新兴表现形式的抵触。一种文化要在欧洲范围内彰显个性，自然会与其他审美取向发生冲突。鉴于旧式乡村与不断西化的城市间存在巨大差距，一些传统主义者试图在全盘西化与审美自主之间寻求平衡。针对上层阶级推崇的西方生活模式，他们提出了回归历史传统，弘扬乡村文化的主张。虽然他们有时将乡村生活过于理想化，但这种做法客观上有助于民族意识的形成，增强了罗马尼亚民族的文化自信。到 20 世纪初，现代主义与传统主义的对抗达到了平衡，为两次世界大战之间的文化融合奠定了基础。雕塑家 C. 布朗库西和音乐家 G. 埃乃斯库（George Enescu，1881-1955）也在此时声名鹊起。

2. 民族戏剧的发展

直至 19 世纪初，戏剧只存在于贵族府邸中或宗教庆典上，内容仅限于插科打诨或一些传统剧目。1816 年，经 Gh. 阿萨基的细致筹划，首部真正意义上的话剧《米尔提尔和奇洛埃》在雅西上演。在布加勒斯特，首次话剧演出则始于 1819 年。随着布加勒斯特交响乐协会（1833）和雅西交响乐和戏剧学院（1836）的建立，罗马尼亚戏剧运动取得了长足的发展。

1846 年，布加勒斯特国家剧院建成，并于 1885 年成为世界上最早采用电灯照明的文化场馆之一。到 19 世纪中叶，公众对戏剧的热情持续高涨，不断有国外演出团体到布加勒斯特和雅西两地巡演，使用罗语表演的专业剧团也纷纷建立。"四八"革命期间，剧院成为宣扬民族统一和社会改革思想的平台，戏剧也被当作国民艺术教育的重要手段。

V. 亚历山德里在戏剧创作领域占有举足轻重的地位。1840 年，他的处女作《赫尔勒乌的巫师》首演。作为民族戏剧的奠基人，他在 1850 年后陆续推出了系列剧《基里察太太》（1850 年《基里察在雅西》先后在雅西和布加勒斯特举行首演），伦理喜剧《萨达古拉的约尔古》《狂欢节的雅西》，以及历史剧《德斯波特大公》。

1864 年，雅西和布加勒斯特两地的戏剧学院相继成立，戏剧教育步入了专业化、现代化的轨道。继 B. P. 哈斯代乌创作《勒兹万和维德拉》之后，I. L. 卡拉迦列将罗马尼亚戏剧运动推向了高潮。他作为罗马尼亚最伟大的剧作家，在 1880 年后陆续完成了《暴风雨之夜》《一封丢失的信》和《狂欢节游戏》。著名荒诞剧作家 E. 尤涅斯库（Eugen Ionescu，1909-1994）曾说："他的喜剧极具伦理价值和艺术特色，可惜这些作品不是用一种全球通用的语言写成的，I. L. 卡拉迦列可能是鲜为人所知的最伟大的剧作家之一。"同一时期的剧作家还有《弗拉依古大公》的作者 A. 达维拉（Alexandru Davila，1862-1929），以及创作了一系列历史剧的 B. 斯特凡内斯库·德拉弗朗恰。

许多演员对戏剧的蓬勃发展作出了巨大贡献，其中包括 C. 卡拉迦列（Costache Caragiale，1815-1877）、M. 米洛、M. 帕斯卡利（Mihail Pascaly，1830-1882）。他们跟随剧团周游罗马尼亚各地，对加强不同省份之间的文化交流，坚定民族统一信念发挥了重要作用。

3. 美术和建筑

从 19 世纪初开始，出现了一种不同于传统教堂绘画的现代绘画形式，即新古典主义架上油画。继最早的肖像画家 A. 克拉德克（Anton Chladek，1794-1882）和历史题材画家 C. 莱卡（Constantin Lecca，1807-1887）之后，19 世纪中叶成名的大批画家将创新元素和革命浪漫主义精神带入罗马尼亚绘画中，通过美术作品抒发爱国情怀。这一时期的代表人物有 I. 内古利奇（Ion Negulici，1812-1851）、B. 伊斯科韦斯库（Barbu Iscovescu，1816-1854）、C. D. 罗森塔尔（Constantin Daniel Rosenthal，1820-1851）（代表作《革命中的罗马尼亚》）、C. P. 德萨特玛利（Carol Popp de Szathmáry，1812-1887）、Gh. 塔塔雷斯库（Gheorghe Tattarescu，1820-1894）、Th. 阿曼（Theodor Aman，1831-1891）。其中 Gh. 塔塔雷斯库和 Th. 阿曼还是罗马尼亚美术教育的奠基人。

19 世纪中叶罗马尼亚美术界最具影响力的人物是 Th. 阿曼。其作品风格多样，以肖像画和历史题材见长，最著名的作品有《土耳其使臣代表苏丹穆哈迈德二世向勇敢的米哈伊大公敬献礼物》。他具有极强的组织才干，是布加勒斯特国立美术学校（1864）的主要创办人之一，并一直担任该校校长，直至离世。

19 世纪下半叶，新一代画家在开始崭露头角。N. 格雷戈雷斯库（Nicolae Grigorescu，1838-1907）和 I. 安德烈埃斯库（Ion Andreescu，1850-1882）深受巴比松画派影响，凭借其艺术独创性脱颖而出。N. 格雷戈雷斯库在巴黎求学期间专攻学院派绘画，后来在现实主义和印象主义的影响下，开始采用"外光派"绘画手法。凭借无与伦比的天赋和全新的表现手法，N. 格雷戈雷斯库迅速成为罗马尼亚现代风景画派的创始人。他是第一个描绘对大自然直接感受的罗马尼亚画家，其作品多取材于自然风光或乡村生活。现实素材经敏锐的情感过滤后，以汹涌澎湃的抒情手法表现出来。他笔下的乡村生活场景（《经过河道的牛车》《乡村教堂》）和乡村人物（《牧羊女》《纺纱的农妇》《戴头巾的农妇》）色调明朗清新，引人遐想，展现出一种乐观的生活态度。他不仅深情地讴歌罗马尼亚大地，还开启了肖像创作的新纪元。肖像画代表作《犹太人肖像》和《沉思》体现出画家对人物敏锐的观察力和老到的笔触。作为独立战争的目击者，N. 格雷戈雷斯库用画笔描绘了一系列士兵的形象和战争场景（如《斯莫尔丹攻势》）。英年早逝的 I. 安德烈埃斯库是罗马尼亚美术界的另一位标志性人物。他的画作着力表现严肃、沉重、发人深省的主题，与 N. 格雷戈雷斯库有着截然不同的视角。

Şt. 卢基安（Ştefan Luchian，1868-1916）是 20 世纪初罗马尼亚绘画的代表人物，其作品有着深刻人文内涵。他是色彩运用的大师，其花卉作品以色彩明丽著称，显得新鲜而充满活力，代表作有《菊花》《银莲花》《花卉》，等等。

在借鉴欧洲美术经验的基础上，N. 格雷戈雷斯库、I. 安德烈埃斯库和 Şt. 卢基安赋予了罗马尼亚绘画极高的原创性和现代性。三人在罗马尼亚艺术史上分别代表着三类创作风格。N. 格雷戈雷斯库的农妇肖像情感丰富，衣着鲜明；I. 安德烈埃斯库的风景画风格朴实，引人遐想；Şt. 卢基安的花卉作品则优雅凄美。

在罗马尼亚雕塑界，19 世纪的主要代表人物有古典主义雕塑家 K. 斯托克（Karl Storck，1826-1887）、I. 杰奥尔杰斯库（Ion Georgescu，1856-1898）和浪漫主义雕塑家 Şt. 约内斯库 - 瓦尔布代亚（Ştefan Ionescu-Valbudea，1856-1918）。

19 世纪建筑的发展与城镇化进程紧密相关，民宅建设迎来了高潮。1830 年后建成了大量带有新哥特式浪漫主义风格的地标性建筑，如舒楚宫（现为布加勒斯特市立博物馆所在地）和利布莱希故居（现为布加勒斯特大学生之家所在地）。在西方折中主义潮流的影响下，这一时期的建筑风格中掺杂着新古典主义、浪漫主义和新文艺复兴主义元素。19 世纪下半叶出现了民族风格复苏的趋势，古老的本土建筑元素被广泛运用。总的来说，市中心的建筑极尽奢华，与破败的郊区形成了强烈反差，除了少数贵族的府邸外，乡村建筑仍保留着传统风貌。到 19 世纪末，通过从传统建筑，特别是 C. 布伦科韦亚努时代的建筑中汲取养分，民族建筑风格悄然形成。I. 明库（Ion Mincu，1852-1912）是这一风格的开创者，同时也是罗马尼亚建筑学派的奠基人，代表作有拉霍瓦利故居和布加勒斯特中央女校。首都的大部分民居和行政大楼仍沿用了法国式的折中主义风格（如司法部大楼和中央邮局）或洛可可风格（如布加勒斯特的科学家之家和坎塔库济诺宫），布加勒斯特也因此赢得了"小巴黎"之美誉。

4. 音乐家和音乐团体

罗马尼亚音乐是以民间音乐和拜占庭宗教音乐为基础，在传承和创新中发展起来的。第一部民间乐曲集是 17 世纪由 I. 格亚努（Ion Căianu，1629-1687）搜集整理而成的《卡约尼抄本》。19 世纪，现代声乐和器乐形式被引进，出现了根据民间曲调改编的曲谱，音乐风格开始脱离宗教传统，逐渐向现代转变。

最早的音乐团体是 1833 年成立于布加勒斯特的交响乐协会，网罗了 I. 肯皮内亚努、C. 阿里斯蒂亚（Costache Aristia，1800-1880）、I. H. 勒杜列斯库等知名人士。他们通过支持戏剧创作和音乐团体建设来推进改革和促进国家统一，将政治斗争与文化活动有机结合起来。

1830 年，A. 潘恩编写的《音乐诗集》在布拉索夫出版。1835 年，I. A. 瓦茨曼（Ioan Andrei Wachmann，1807-1863）开创了罗马尼亚音乐教育的先河，1851 年布加勒斯特音乐学院成立后即由其担任院长。1846 年，匈牙利钢琴家李斯特（Franz Liszt，1811-1886）在布加勒斯特举办了一场音乐会。1860 年，雅西音乐学院成立，F. S. 考德拉（Francise Serafim Caudella，1812-1868）担任院长。A. 弗莱希滕马赫（Alexandru Flechtenmacher，1823-1898）是一位兴趣广泛作曲家。他曾为罗马尼亚最早的滑稽歌舞剧和轻歌剧谱曲（如 M. 米洛作词的《赫尔卡老奶奶》），1847 年为 V. 亚历山德里的歌剧谱写序曲《摩尔多瓦》，还是《统一霍拉舞》的曲作者。

19 世纪下半叶，罗马尼亚音乐学派在浪漫主义大潮和激昂民族精神中诞生。现代民族音乐的源起与一些天才作曲家的名字紧密关联，例如：C. 波隆佩斯库（Ciprian Porumbescu，1853-1883），主要作品有《叙事诗》、歌剧《新国王》、合唱曲《我们的旗帜三色旗》；E. 考德拉（Eduard Caudella，1841-1924），曾为历史题材歌剧《彼得鲁·拉雷什大公》谱曲；以及分别在雅西和布加勒斯特两地开设音乐课程的 F. S. 考德拉和 I. A. 瓦茨曼。

在 I. A. 瓦茨曼的不懈努力下，1868 年成立了首家拥有常设乐团的交响乐协会。1885 年，G. 斯特凡内斯库（George Stephănescu，1843-1925）创办了罗马尼亚歌剧院。G. 穆济切斯库（Gavril Muzicescu，1847-1903）、Gh. 迪马（Gheorghe Dima，1847-1925）、I. 维杜（Ion Vidu，1863-1931）、I. 穆雷沙努（Iacob Mureşianu，1812-1887）等作

曲家搜集了大量民间歌曲，并将其改编为合唱曲。这些先行者为现代民族音乐的发展铺平了道路，在他们奠定的基础上，创作天才 G. 埃乃斯库在 20 世纪初闪亮登场，并通过音乐将罗马尼亚民族精神推向全球。

第二节　理论与政治走向

1. 进化论、实证主义、历史主义

19 世纪下半叶，除文学创作领域取得的重大成就外（这一时期被称为罗马尼亚文学史上的"经典作家时期"），各种哲学思想也成为罗马尼亚现代文化的重要组成部分。在风起云涌的哲学思潮和政治运动中涌现出 T. 马约雷斯库、V. 孔塔、M. 埃米内斯库、B. P. 哈斯代乌、A. D. 克塞诺波尔、P. S. 奥雷利安、C. 多布罗贾努 - 盖雷亚等一批代表人物。他们的哲学思想对社会和民族诉求加以提炼，使其抽象化、概念化，成为对人类认知、社会发展、人生意义、历史命运的普遍思考。

随着文化表现形式的进一步细化，哲学思想也呈现出专门化、自主化倾向，文学语言的形成和高等院校中哲学、人文社会科学课程的开设促进了哲学语汇的确立。T. 马约雷斯库、C. 杜米特雷斯库 - 雅西（Constantin Dumitrescu-Iaşi，1849-1923）、C. 莱奥纳德斯库（Constantin Leonardescu，1846-1907）等人在大学中广泛开设哲学类课程，内容涉及逻辑、哲学史、伦理学、美学、心理学。B. P. 哈斯代乌、A. 奥多贝斯库、A. D. 克塞诺波尔等人则开设了其他文史类课程，例如比较语言学、人类学、民俗学、历史学等。他们为全面提升了人文科学水平，培育新一代思想家作出了突出贡献。

总的来说，19 世纪下半叶的哲学和社会思想普遍具有的特征，就是与自然科学的发展紧密关联。思想家们力求从哲学角度对自然科学的进步加以阐释，对自然科学新知识进行归纳，从而形成了一股实证主义—自然主义思潮。E. 巴卡洛格卢、Gr. 斯特凡内斯库、G. 科伯尔切斯库、V. 巴贝什、Şt. C. 米哈伊列斯库（Şt. C. Michăilescu，1846-1899）等科学家同时也是这一时期哲学新思想的代表。他们在哲学思想中注入了科学精神和理性元素，试图从实证主义和进化论的角度来批驳宗教理论，大力普及科学新发现，强调科学知识的社会价

值。进化论和实证主义成为那个时代的主流思潮，影响了一大批罗马尼亚思想家。

进化论在不仅是自然科学界的主导思想，还被当时许多罗马尼亚思想家借以阐释社会和历史现象，乃至人类学和语言学问题。他们的核心理念是：所有社会的历史演进过程都包括几个必经阶段，每个阶段都有独特的认知模式、社会和政治组织形式、生活方式、世界观。

在社会学之父孔德（Auguste Comte，1789-1857）看来，实证主义的出现标志着人类发展的新纪元。欧洲文化自此开始脱离中世纪宗教思想的桎梏，进入思辨哲学的大规模构建期。人们日益注重现代科学，重视对真实事物的认知和对直接经验的分析，经验论和唯理论得到长足发展。科学的作用在于对经验加以分析，从混乱的现实存在中探寻普遍现象，从而归纳出某一领域的普遍规律。实证主义认为科学是推动社会发展的重要因素，并试图按照自然科学模式来构建人文、社会、历史学科。

19世纪的许多罗马尼亚思想家都将进化论和实证主义作为研究历史问题的基础。"四八"革命一代向青年社一代的过渡，同时也意味着从革命历史主义向有机历史主义的转变。罗马尼亚学者热衷于从历史角度出发来阐释社会和文化问题，这与欧洲当时的主流文化取向是一致的。不仅如此，19世纪末20世纪初的罗马尼亚思想家们还逐渐超越了经典进化论和历史发展单线论，更为关注社会和文化发展的多样性、多线性特征。

除了进化论和实证主义之外，对罗马尼亚学术界产生重要影响的还有新康德主义和马克思主义。新康德主义主张将人文科学与自然科学区别对待，这一理念在A. D. 克塞诺波尔和N. 约尔加的思想中均有体现。马克思主义在罗马尼亚主要通过《当代人》杂志和信仰社会主义的知识分子传播，其影响力一直持续到20世纪末。

19世纪下半叶的罗马尼亚文化已然初步具备了现代文化特征。在民族文化得以巩固的同时，思想更为多元化，与欧洲各国的文化运动紧密衔接。步入快速现代化进程的罗马尼亚面临着一系列新的社会和经济难题。在批判主义文化运动中，青年社成员们不仅意识到了这些问题，还从理论层面对其加以解读。他们指出罗马尼亚社会的主要矛盾，是由现代体制（形式）与落后的经济、社会基础（内容）之间的巨大落差造成的。其他各种思潮的代表人物也针对这一问题提出了各自的看法。

在革命高潮消退后，代表着英雄主义文化的"四八"革命者依然活跃，为现代体制和民主国家的建立作出了重大贡献。在那个时代，文化名人通常也是政治明星，他们在构建罗马尼亚现代文化的同时也缔造了罗马尼亚现代国家。这就是文化的社会功能，它不仅是社会生活的构成要素，还是社会变革和发展的推动力。在青年社主导的文化运动中，罗马尼亚批判主义文化得以建立，文化的双重属性也得到了明确阐释。青年成员在剔除糟粕的同时，为各个创作领域确立了真正的价值标准。

2. 自由主义和保守主义

在 19 世纪，自由主义和保守主义两种走向左右着罗马尼亚政治思想，各占胜场。1821 年，罗马尼亚文化界和政界的自由主义者发起了社会改革，这一改革进程贯穿了整个 19 世纪。在法国革命思想的影响下，罗马尼亚自由主义者从 19 世纪初就开始奋力抗争，旨在通过选举拥立本土大公，并基于普遍代表原则和权力分立原则组建议会。他们最初以反封建斗士的面貌出现，以颠覆性、革命性的方式反抗旧体制。从旧式的特权阶层代表大会制度向现代代表大会制度的转变一波三折，直至 1859 年摩尔多瓦与蒙特尼亚两公国实现统一后才正式确立了现代民主制度。

自由主义与保守主义的交锋贯穿了整个 19 世纪，对抗的高潮出现在"四八"革命、1859 年统一，以及 A. I. 库扎大公统治时期。A. I. 库扎大公执掌政权后，将自由主义写入了全面现代化纲领之中。1875年后，自由主义的政治和理论架构日益完善。是年，经过 I. C. 布勒泰亚努、C. A. 罗塞蒂、M. 科格尔尼恰努、I. 吉卡等人的组织筹划，国家自由党成立。该党基于自由主义原则制定了其政治和经济纲领，主要内容包括：实现个人自由、建立代表制度、国家权力分立、国家以社会利益仲裁者的身份存在、鼓励自由竞争，等等。上述宗旨在经济学家 D. P. 马尔强和 P. S. 奥雷利安的著述中得到了充分体现。很多罗马尼亚文化名人同时也是自由主义政治精英，例如 M. 科格尔尼恰努、P. S. 奥雷利安、V. 孔塔、A. D. 克塞诺波尔、S. 哈雷特、V. A. 乌雷基亚、P. 波尼，等等。

自由主义是 18 世纪在西方国家形成的一种政治哲学，罗马尼亚各公国的资产阶级改良派将其引进后，用来表达自己的文化和政治立场。在真正的自由主义政党建立之前，罗马尼亚文化界和政界已经拥有了一大批自由主义代表人物。为了担负起社会解放和民族统一的使命，他们根据国情做出了相应调整，但始终未曾偏离其宗旨，即实现个人自由和建立议会民主制度。在与保守主义的交锋中，罗马尼亚的自由主义思想家、政治家善于接受（如青年社提出的）建设性批评，在选择现代化道路时表现出沉稳务实的态度。他们的理论和实践都具有开放性，能够适应时代变化和社会需求。

1815 年召开的维也纳会议使地缘政治格局发生了变动，列强结成的"神圣同盟"主宰着欧洲。对于罗马尼亚而言，现代化就意味着深刻的社会变革，实现民族独立并使国家得到国际社会的认可。正如自由主义信徒 E. 洛维内斯库所说，罗马尼亚的自由主义"已经融入爱国主义之中（……）被民族主义思想所掩盖"。

保守主义最初是一种代表大地主阶级利益，反对政治民主化，反对现代化改革的政治思潮。保守主义者对 A. I. 库扎大公实行的农业改革极为抵触，之后又猛烈抨击资产阶级倡导的政治自由化理念。在政治层面，青年社经常被人看作保守主义的现代翻版。其代表人物主张通过平缓渐进的方式来巩固私有制、建立现代体制、改革行政模式、保护民族传统和特色，并将文化发展作为撬动社会进步的杠杆。1880 年，各大保守主义团体联合组建保守党，代表人物有 P. P. 卡尔普、B. 卡塔尔久（Barbu Catargiu，1807-1862）、M. C. 埃普雷亚努（Manolache Costache Epurereanu，1820-1880）、L. 卡塔尔久（Lascăr Catargiu，1823-1899）、T. 马约雷斯库、Gh. G. 坎塔库济诺（Gheorghe Grigore Cantacuzino，1832-1913），等等。19 世纪末，T. 约内斯库（Tache Ionescu，1858-1922）、A. 马尔吉洛曼（Alexandru Marghiloman，1854-1925）、N. 菲利佩斯库（Nicolae Filipescu，1862-1916）成为保守党的新一代领导人。

第三节　V. 孔塔（1845-1882）的哲学理念

V. 孔塔是罗马尼亚历史上首位构建了原创哲学体系的思想家。

其著作问世之时正值罗马尼亚与欧洲思潮紧密接轨、学术活动日益活跃、哲学研究日趋专业化之际。尽管他在 37 岁就英年早逝，但凭借其留下的不朽著作，足以跻身罗马尼亚最伟大思想家之列。

高中时代的 V. 孔塔曾经痴迷于文学和艺术，但后来为了继续深造而放弃了这一爱好。他在获得奖学金后远赴安特卫普和布鲁塞尔攻读经济学与法学，于 1872 年获得布鲁塞尔大学法学博士学位。回国后，V. 孔塔在雅西大学民法教研室任教，以教授、思想家、改良派政治家等多重身份蜚声文化界。他曾参与青年社组织的一些会议和讨论，也曾在《文学谈话》上发表哲学论文，但其政治与哲学主张更倾向于自由主义，与青年社背道而驰。1879 年，他当选雅西选区的自由派众议员，次年被任命为公共教育部部长。在任期间他曾提交过一份雄心勃勃的现代教育改革计划，但未获通过。

V. 孔塔在其有生之年共出版了三部著作，分别是《宿命论》（1876）、《普遍波动理论》（1877）和《形而上学导论》（1879）。这三本书均用法文撰写，在布鲁塞尔和巴黎出版。另两部法文著作《构成世界的最基本原则》（1888）和《形而上学基础》（1890）未能完稿。

1. 唯物主义决定论思想

在当时风靡欧洲文化的进化论思想的影响下，V. 孔塔基于自然科学理论建立了自己的哲学体系。本书中，我们仅对构成其思想体系的几个主要理念进行简要介绍。

V. 孔塔对唯心主义哲学持批判态度，并在科学新潮流的指引下，构建了一种唯物主义本体论。他这样阐述世界的物质性："在我们已知的世界中，只有在时间和空间中无尽运动变化的物质，而所有这些运动和变化背后都隐藏着某种具有决定性的法则。"[①] 需要注意的是，他在对世界的物质性进行论证时，所用的论据都是从实践经验中提炼出来的："当人们按自己的意志来从事某项活动时，就会遇到并非来自自身，而是来自其他人或物的阻力（……）因此外部世界是确实存在的。"[②] 可见，他对物质的定义仍未超出实体论的认知局限，认为物质是"对于那些可被触及或感知的事物的命名"。其思想的先进性则

---

① V. 孔塔：《哲学论著集》，布加勒斯特，罗马尼亚社会主义共和国科学院出版社，1967 年。第 97 页。本书中对 V. 孔塔论著的所有援引均来自该版本。
② 同上书。第 498 页。

体现在他对物质、运动、空间、时间之间紧密关系的阐述中："经验科学越来越清楚地证明，物质完全缺失的空间是不存在的。"这一论断可以被相对论和量子物理学证实，而他所说的"物质、空间、时间三者共同构成了物质性"后来也在相对论中得到印证。V.孔塔从辩证的视角看待世界的统一性和多样性，他明确指出，尽管世界具有物质统一性，但"并非单一同质的，而是有着质的区别"。同时他还认为原子不可分的理论是没有根据的，因为"外部世界的特点就是可以被无限分割"，只有这样科学才能够"不断发现世界的新特征"。

V.孔塔的最突出贡献之一在于对心理现象进行唯物解释。他尝试通过物理学和神经生理学原理来阐释心理现象的物质基础，以及心理活动的机制。他对唯心主义和朴素唯物主义思想提出了批判，指出心理与某种物质组织形式相关，是大脑的一种功能："精神并不是一个秘密，而是一种功能，所以说它是非物质的。"[1]这一论断触及了哲学的基本问题，将人类的心理看作是一种从人与环境的关系中产生的现象。他认为心理是基于思维活动产生的，而思维活动则是一种"将源自外部的印象转化为内在感知的现象"。在他看来，人类的认知过程可以分为两个阶段：在最初的"初级印记"阶段，感觉器官接受外部可感知事物的印象。这些印象被输入大脑后，在大脑中对这些被称为"感知"的初级印记进行转化；在第二个阶段，思维对这些被感知的数据进行加工，由此形成了"二级印记"，即表象和理念。V.孔塔将感知理解为一种具有能量和信息属性的现象："感知是某种空洞的、非实质的东西，按唯物主义的说法，可以将其称为一种与物质形式对应的能量形式。"[2]

他还用一种现代的视角来看待知识，认为人类的知识永远受自然、心理和社会因素的制约，因此所有真理都是相对的，所谓绝对真理只是人类愿望和内在精神趋向的表达。他和许多实证主义者一样，认为科学知识是社会现代化和人生理性化的基础，是历史进步的决定性因素。这种普遍决定论思想既是现代科学的基础，也是V.孔塔探讨的核心课题之一。他虽然对主观主义唯意志论和宗教宿命论提出了

---

① V.孔塔：《哲学论著集》，布加勒斯特，罗马尼亚社会主义共和国科学院出版社，1967年。第108页。
② 同上书。第126页。

批判，但难以超越机械决定论的局限。在分析经济危机等具体问题时，他已经意识到了社会现象的复杂性，也承认社会法则不同于统计学法则，但总的来说他仍然沿袭了19世纪的进化论思想，将自然决定论和地理决定论移植到人类社会中，进行自下而上的阐释。

V. 孔塔认为所有物理、生物、心理和社会现象都取决于固有的、必然的自然法则，不以人的意志转移。在一个完全受规律掌控的世界中，人的自由意志无足轻重。因此，他既反对带有非决定论色彩的唯意志论，也反对基于前定论思想的宗教宿命论，声称"所谓的人类自由意志和上帝意志其实都是子虚乌有"。包括经济危机在内的各种看似偶然的社会现象背后，都隐藏着不变的因果关系。在其最后的几部论著（生后得以出版）中，V. 孔塔意识到社会决定论的复杂性和人类活动的重要性，认为与心理规律、生物规律和物理规律相比，社会规律具有其特殊性，表现形式也更为多样。

他的哲学理念是在对当时的科学知识进行批判性总结后提出的。他针对宇宙和人类世界的演变提出了一整套极具创见的理论，认为世间万物的运动必须遵循两大法则：其一是世界发展须遵循的"普遍波动法则"，其二则是各种因素之间普遍相互作用须遵循的"同化法则"。他指出，运动和物质同样都是无穷尽的，宇宙万物之间普遍联系且不断相互作用："实证科学告诉我们，宇宙中的任何力量，从给予一个动物生命的力量，到推动最遥远恒星运转的力量，都是相互关联的。一切都处于变化和相互影响中（……）不存在，也永远不可能存在完全独立于其他事物，只受自身意志支配的力量"。[①] 如果各种物质性的形式或体系之间未能达到平衡，对应的力量间就会发生对抗，运动和演变也随之发生。尽管 V. 孔塔所说的对抗仅仅是机械式或生物式的，但就当时的文化环境而言，这一观点的提出仍然极具价值。按照这一观点，世间万物和人类社会的运动可能处于两种状态，即普遍的力量对抗状态，以及相对的力量平衡状态。任何形式的平衡都不是绝对的，而是相对的、孤立的。所有孤立的平衡都被涵盖在一个对立的体系之中，并受这个上层体系的支配，而且任何平衡的状态中都隐含着打破这一平衡的"次级对抗"。

---

① V. 孔塔：《哲学论著集》，布加勒斯特，罗马尼亚社会主义共和国科学院出版社，1967年。第228-229页。

V. 孔塔将生物进化原则延伸到了整个宇宙中，把宇宙的运动分为进化型运动和非进化型运动两大基本类型。在进化型运动中达成的力量平衡，会在次级对抗中转变为一种进化过程。这一过程就像汹涌的波涛一样，在经历了一段时间的增长期并到达顶点后，便进入衰退期。当一个波浪处于浪尖时，另一个波浪正在生成，后浪推前浪，每一个波浪都是一个发展阶段。这些波浪前后相接，生生不息，最终汇聚成宇宙的普遍波动。非进化型运动则指火山喷发、社会革命等突发的变化，是被包含在进化型运动中的特殊阶段。如果没有这些变化，"整个自然界就会了无生气"。

在英国哲学家斯宾塞（Herbert Spencer，1820-1903）的影响下，他将社会与生物体进行了类比，试图将普遍波动理论应用于社会层面。生物进化的规律、作用和机制被引入人类社会中。他认为社会是自然界的一部分，受自然因素的支配，它由个人构成，就好像人体由细胞构成一样。这种机械而僵化决定论思想显然有其局限性。值得称道的是，V. 孔塔十分关注地理环境对特定民族和国家的影响，认为自然环境在很大程度上决定了社会组织形式、制度体系，以及人们的思想和行为。

2. 宗教观

V. 孔塔甚至从实证主义和进化论视角来看待宗教，尝试将其纳入普遍的人类认知体系之中。他对宗教的源流进行了细致探查，并提出了诸多有趣的假设。在斯宾塞看来，科学与宗教是两种并存不悖的文化形式，只是阐释的对象不同。科学阐释的是可被认知的事物，宗教阐释的是不可认知的事物。V. 孔塔则将科学与宗教看作人类认知发展的不同阶段。他指出，人类在认识世界的过程中认为万物有灵并将其人格化，从而产生了宗教。后来人们逐渐意识到精神是独立于肉体存在的实体，可以在睡梦中脱离肉体。人类存在的这种双重属性导致其对世界的认识也具有两重性，一类认识来自日常生活中的世俗经验，另一类认识则来自宗教经验。宗教源于原始人类对未知世界的人格化，是人类出于对宇宙巨大力量的敬畏而体现出来的自我保护本能。这种宇宙中无处不在的力量可能属于未知世界，也可能属于已知世界。

V. 孔塔发现，随着人类知识和经验的积累，以及人脑抽象归纳能力的提升，宗教也经历了多个发展阶段，这些阶段与人类认知模式经历的发展阶段是一致的。他深入分析了不同社会组织形式与主流宗教信仰之间的关联，揭示了社会差别与政治等级在神话与宗教中的体现，并将人类认识的发展过程概括为以下六个阶段：

- 宗教的最原始阶段是物神崇拜阶段：人们将宇宙中蕴藏的未知力量等同于某一具体事物。正是在这一阶段出现了对逝者和祖先的崇拜；
- 第二个阶段是偶像崇拜阶段：在此期间出现了英雄崇拜。英雄人物逐渐被神格化、偶像化，英雄逝去后的灵魂化身为神和偶像。社会凝聚力在这一时期得以加强，出现了世俗庆典、宗教仪式和祭祀活动；
- 第三个阶段是多神崇拜阶段：随着人们在社会生活中从事的活动日益细化，出现了掌管人类不同领域的神祇，如战神、智慧之神等；
- 第四个阶段是独神崇拜阶段：人们从对多个神祇的崇拜转向对唯一万能之神的崇拜，并将其置于超凡脱俗的地位；
- 第五个阶段是泛神崇拜阶段：在神圣与世俗完全分离之后，人们又开始宣扬二者的统一，认为神迹在自然界中俯仰皆是。上帝无处不在，且是自然界内在的。在这一时期，欧洲的现代思想和科学方始起步，认为神即自然；
- 最后一个阶段是唯物主义阶段：上帝已经被逐出自然界，人们认为自然界可以依靠其自身独立存在。在这一时期，现代科学在实证经验的基础上得以建立。

通过对现代社会中宗教现象的分析，V. 孔塔了解到了宗教形式的复杂性。例如：在发达宗教内依然留存着一些落后历史形式的"遗骸"。即使在基督教之类的独神崇拜宗教中，仍保留着来自其他各个阶段的产物，譬如源自物神崇拜时期的十字架等圣物，以及源自多神崇拜时期的不同神明。因此，在文化特征与知识发展水平各异的现代社会中，也会存在各种宗教现象。在 V. 孔塔看来，无论何种宗教中都存在着具有阐释和规范功能的形而上学思想。

* * *

V. 孔塔的哲学理念对罗马尼亚学术界产生了深远的影响，其鞭辟入里的分析、细致的观察、广泛的兴趣、独到的见解一直为人们所称道。M. 埃米内斯库曾在《雅西邮差报》上撰文盛赞其哲学天赋和独特观点："V. 孔塔先生极为注重独立思考，是为数不多的不照抄国外著作的作家。此外，他还有着阐释艰深问题的天赋，虽然言辞简洁，阐释对象的内涵却丝毫无损（……）通过对'最艰深'哲学课题的研究，V. 孔塔为罗马尼亚文化史留下了一部不朽巨著。遗憾的是他英年早逝，未能深入阐述其先进的理念，后人只能从他遗留下的手稿中寻找蛛丝马迹。在那个时代，V. 孔塔就像一颗明亮的彗星划过夜空，成为罗马尼亚人创造力的象征和思想的标杆。在其留下的宝贵思想中，可以清楚地看到他对哲学、伦理和美学问题的理解，以及他对生活的感悟。例如：

> 教育比研究更为困难，故学者众多而教育家寥寥。
>
> 艺术家要出人头地只需凭借一样东西——天赋。
>
> 庸才就好像受潮的木炭，只能产生烟雾，却无法发光发热。
>
> 恶念笼罩心灵就如乌云遮蔽光明。

时光用其观点和印象写成的书就是历史。历史是反映真理的镜子，每一章都代表着一个民族生活的一个方面，充满爱国情怀、智慧、自由和友爱。历史的编纂凝聚了前人宝贵的经验和巨大的牺牲。为了更好地了解民族生活，就必须让我们的子孙熟读这些伟大的篇章。我们可以从历史的字里行间看到人类文明的最伟大丰碑，即利他主义。

阳光永远不可能被尘埃玷污，高尚的情操也同样不会被人性中卑劣的尘埃遮蔽。"

第六章

B. P. 哈斯代乌、A. D. 克塞诺波尔、
N. 约尔加、V. 珀尔万的历史哲学

第一节　B. P. 哈斯代乌（1838-1907）

1. B. P. 哈斯代乌——博学的天才

B. P. 哈斯代乌是一位罗马尼亚文化巨匠，与 D. 坎泰米尔同属百科全书式的人物。他的一生充满矛盾和争议，既是在诸多学术领域均有建树的学者，又是一位极具文字表现力的作家，还是当时最为多产的记者之一。M. 伊利亚德将其誉为博学的天才，是"19 世纪最为渊博的罗马尼亚人"。[①]

B. P. 哈斯代乌博闻强识，对语言和民族史研究怀有极大热忱。他不仅对社会生活体察入微，还精通各种文化表现形式，被 M. 伊利亚德认为是罗马尼亚现代文化的开创者之一。他天才的创造力在当时唯有 M. 埃米内斯库方能媲美，两人在思想、理论和历史观上存在诸多共性。B. P. 哈斯代乌对某些问题的看法与青年社不谋而合，他们共同致力于"在真理的框架内弘扬民族性"，希望构建真正的罗马尼亚民族文化并将其推向欧洲。然而这位天降奇才性情暴躁且极易冲动，他总是追根问底，有时态度极端，显得缺乏条理，这与 T. 马约雷斯库倡导的严谨作风格格不入。他与青年社及其导师 T. 马约雷斯库之间发生过多次论战，双方在思想和文化发展战略上存在较大差异。

[①] M. 伊利亚德：《埃米内斯库和哈斯代乌》，雅西，青年社出版社，1987 年。第 94 页。

B. P. 哈斯代乌学究天人（据说掌握 26 门语言），工作孜孜不倦，还善于在语言学和史学研究方法上推陈出新。这不仅让同时代的人感到震撼，甚至连研究其生平的传记作家们也为之瞠目。在 1860-1888（是年其女尤利娅去世）年间，他是罗马尼亚文化界真正的"杂家"，兼作家（诗人、小说家、剧作家）、政论家、史学家、语言学家、民俗学家、人类学家于一身，同时还是历史哲学家和文化哲学家。可以毫不夸张地说，那时他一个人就堪比一个国立文化机构。G. 克利内斯库指出："B. P. 哈斯代乌是一个博学的天才，几乎在所有学术领域均有建树"，他倾注毕生心血完成的巨著《罗马尼亚词源大全》堪比"一部科幻文学作品，一部发人深省的小说"。他将 B. P. 哈斯代乌誉为史学界的大仲马（Alexandre Dumas，1802-1870）和语言学界的爱伦·坡（Edgar Allan Poe，1809-1849）。《罗马尼亚词源大全》是一部罗马尼亚民族历史生活百科全书，这部鸿篇巨制好似一座受人膜拜的庙宇，在罗马尼亚文化史上享有独一无二的地位。那个时代的 B. P. 哈斯代乌还是一位令对手生畏的政论家和雄辩家，曾为多家杂志撰文，其中以《罗马尼亚历史档案》（1864）、《图拉真凯旋柱》（1870-1883）等史学研究刊物最为著名。

其代表作有：《罗马尼亚人历史评断》（1873-1875）、《祖先的语言》（1878-1881）、《罗马尼亚词源大全》（1886-1898）、《比较语言学原则》（1875）、《所以我认为》（1900）。

2. 包罗万象的历史学

B. P. 哈斯代乌对史料有着极强的阐释能力，他的史学著作不仅立论严谨、资料翔实，还提出了很多大胆的假设。他学识广博，总是怀着浪漫主义的热忱去探寻真理，同时又有着怀旧情结，痴迷于古代文化，试图通过最原始的现象去探究各种历史形态。他曾说："最伟大的力量，就是能够借助丰富的想象力去解读过去和现在，能够基于零碎的片段即刻构建出煌煌大观。"他统合了浪漫主义和有机论观点，认为历史具有一个内核，有一个可以生发出不同表现形式的古老本原，史学家们可以从不同表现中发现某种相似性。他试图通过全面的阐释将支离破碎的历史片段串联为一个整体。他说："人类历史中的任何一个逗点都有深刻的含义（……）通过一门语言中的片言只语就

能再现很长一段隐晦的民族历史"。^①

B. P. 哈斯代乌极为注重对史料来源的考证，并将自己的史学理念称为"历史实证主义"。他试图将当时的各种思潮和研究方法融会贯通，其理念兼有进化论、实证主义和浪漫主义的色彩。在他看来，历史学"必须通过经验来研究物质，通过理性来研究精神，而对于自然和精神属性兼具的事物，则必须同时借助经验和理性来探究"。只有将经验和思考相结合，方能够获得客观性。他认为一个尊重历史的实证主义者必然也是自然主义者、唯灵论者和自然神论者，但并不愿意与唯物主义分庭抗礼。

他的学术活动可以被大致分为两个阶段：早期（1860-1870）的活动呈现出浪漫主义色彩，倾向于将历史理想化，强调历史人物的作用。按照他自己的说法，"史学家既是工匠又是艺术家"，而史学研究则是一项需要考证与想象充分协作的重建工作。历史人物能够在重大历史事件中指明方向，英雄人物能够引领历史发展的规律，而非屈从于这一规律，凶恶的约安大公（Ion Vodă cel Cumplit，1521-1574）就是一例。他的后期学术思想更具批判性，旨在依照自然科学模式将历史学改造为一门阐释性科学。在这个阶段，他更为注重考证，在史学研究中确立了一系列批判方法。他认为所有自然和社会现象都有其存在的历史背景，应该将史学研究与整个自然科学和社会科学体系紧密联系在一起。

B. P. 哈斯代乌由此建立了一种具有宏大视野的史学理念，认为历史学科必须注意积累并总结来自不同学科的信息，在此基础上重建社会生活的所有关键节点。他将历史学称为"所有学科类别中最为高端的部分"，因为它涵盖了地理学、人类学、断代学、政治学、军事学、神学、法学、经济学、文学和艺术等各种具体学科的研究成果。历史学是以人文社会科学体系为基础，依托对文献学、自然科学、哲学、政治经济学的了解建立起来的。史学家必须通过大量共时文献来印证历史事件，多方位了解史实，免受政治或爱国因素的误导。

他为史学家们制定了以下十条"戒律"：

"一、在缺乏共时文献印证的情况下，史学家不得妄下断言；

---

^① B. P. 哈斯代乌：《罗马尼亚人历史评判》，布加勒斯特，密涅瓦出版社，1984 年。第604 页。

二、单一的史料来源不足以印证相关历史事件，还需一系列旁证；

三、只有在证明时间和地点与史实相符，或有其他真实的史料支撑时，新出现的证据方可被用作史料来源；

四、不要引用从未读过的文献，在进行援引时应注明出处，否则难以区分文责；

五、除了确认无疑的史料来源外，在史学研究领域不存在任何权威人士；

六、对于特定的史料，必须结合相关历史背景，并用源语言的思维模式进行解读；

七、任何歪曲或捏造史实的做法都是不可原谅的，在任何一个环节造假都有可能殃及对整根链条的理解；

八、一个人可能生来是特兰西瓦尼亚人、摩尔多瓦人、蒙特尼亚人或比萨拉比亚人，但作为史学家，他必须是充满理性的罗马尼亚人，因为狂热和狭隘的地域观念是学术的大敌；

九、全人类共同的本性构成了颠扑不破的普遍规律，这些规律适用于所有具体情况，甚至可以弥补史料的缺失；

十、历史学是所有学科类别中最为高端的部分，人类活动的所有枝节都会生动地反映在历史中。"[①]

3. 自然与历史的关系

自然与历史关系是 B. P. 哈斯代乌关注的核心问题之一。赫尔德认为人类历史同时也是自然历史，始终受一种必然性的支配。B. P. 哈斯代乌将其理解为一种互动关系：一方面，自然界对人类历史发展施加影响和限制，并将其塑造成某种形式；另一方面，人类历史又对自然界进行回应和改造。在他看来，人类是一种可以基于自然条件积极组织自己生活的生物。自然因素与社会、人文因素相互交织，人类社会与自然界的互动关系永远是人类发展的前提。自然与历史相互作用，因此罗马尼亚民族史同时也是罗马尼亚人对其生活的自然环境做出回应的历史。他说："人类不仅仅受自然支配，同时也改造自然。在这种物质与精神间的相互作用中，很难断言某一现象的发生是由自

[①] B. P. 哈斯代乌：《罗马尼亚人历史评判》，布加勒斯特，密涅瓦出版社，1984 年。第7-8 页。

然还是人类导致的，其实是两者兼而有之"。换言之，历史的发展可以被看作是自然与人文因素相互缠绕交织的结果。人类社会与自然界之间存在有机联系，自然科学与社会科学之间同样也是相互依存的关系。

B. P. 哈斯代乌提出的这一理念超越了地理决定论，他认为自然因素的作用是有限的，人类活动在历史发展进程中起到了重要作用。他指出："我们必须看到一个民族可能在何种程度上受自然界的支配"，自然界只是决定性因素之一，但不是唯一决定因素，很多时候甚至不是最重要的因素。除了自然因素之外，还有社会制度、人口构成、人类活动、历史人物、上天意志等其他因素的介入。"不加分析就全盘接受土地的支配，一味迷信血统，忘记传统规范，无视上天意志，面对土地和神灵无所适从，这都是不了解历史的表现"。

可见，B. P. 哈斯代乌对影响历史发展进程的各种因素有着全面的认识，反对地理宿命论和宗教宿命论。他摆脱了机械决定论的束缚，认为所谓上天意志就是"一种无处不在又无法言说的主导力量，人们对其无法认知又无从否认"。上天对历史的干预具有偶然性，并不是直接加以裁定。一个民族比另一个民族发达并不是命中注定的，而是一种"上天意志的选择"。只有懒惰的民族，而没有注定野蛮愚昧的民族。天命对于所有人都是公允的，尽管某些民族的先天条件更为优越，也只是意味着他们的发展有着"更大的可能性，而非必然性"。上天赋予了所有民族发展的可能性，但是人类的自主判断不会因为上天意志或自然因素而丧失，各民族的自由活动也不会因此而受阻。他一方面坚持历史发展最终是由人类活动决定的，另一方面又经常影射天命的作用，这种思想显然存在矛盾性。在他看来，历史人物必须服从历史发展的需要，根据具体条件在"恰当的时间和地点"开展活动。

人的因素介于自然环境和社会环境之间，通常包含血统、种族、人口、人类活动等方面的内容。上述因素在历史发展进程中不断变化，往往可以战胜自然环境的影响和制约。构成一个民族的有两大要素——土地与种族，换言之就是自然因素和人文因素。前者是持续作用于历史的恒定因素，后者则是随环境而变化的历史变量。"民族在土地与种族结合的基础上形成。两者关系如此紧密，以至于土地无时无刻不在不影响着种族的面貌，而种族也无时无刻不在不改变着土地的面貌"。在 B. P. 哈斯代乌眼中，社会制度并不会起决定性作用。这一观点与启蒙主义和理性主义宣扬的理念大相径庭，与"无内容的形式"理论却有着共通之处。他警告说："盲目引进国外制度，或者领导者刚愎自用，都可能毁掉一个拥有最好自然条件的民族。"

4. 文化中的哲学元素

B. P. 哈斯代乌认为文化与整个民族历史，以及社会生活的方方面面都息息相关。文化中蕴含了丰富的物质手段，一系列表现形式，以及巨大的精神价值。他特别关注佚名文化作品、民间文化作品、口头文化作品，以及生活习惯和传统习俗，因为它们体现了一个民族的整体历史特征。这些作品具有极高的实用价值和现实意义，构成了"一部浩瀚的百科全书，哲学家可以从中窥见一个民族究竟知道什么，相信什么"。他批驳了实证主义者对民俗和神话的无视，指出神话"从普遍规律衍生而来"，具有极强的表现力和现实性。神话中蕴含着民间文化的普遍性，不应被看作野史。它影射现实，表现人类的典型生存状况，对人类的行为有着规范作用。M. 伊利亚德也认同这一观点，他在 1937 年整理出版了 B. P. 哈斯代乌的著作选并为之作序，对 B. P. 哈斯代乌学术思想的深度和广度赞不绝口。

跨文化交流和不同文明间的对话是 B. P. 哈斯代乌学术研究的另一重要课题。在他看来，各种主题在不同文化中传播的过程与词汇在不同语言中流通的过程有着相似之处。文化不是封闭的，而是时刻处于相互影响之中。他对纷繁复杂的文化现象进行了深层次解读，在挖掘其历史积淀后指出："一个民族现有的文明只是某些古老文明迟来的结果。"

在他所处的时代，这种文化理念不仅极富原创性，而且是相当超前的。他所说的文化不仅包括各类现象、信仰、神话、符号、规范、习俗，还涵盖了所有能够彰显民族身份的文艺作品、制度形式和社会风气。他是首位用科学方法全面研究民间文化的罗马尼亚思想家，不仅为罗马尼亚民俗学和人类学研究奠定了基础，还使其达到了欧洲先进水平。

B. P. 哈斯代乌主张将不同文化形式，或同一种文化的不同发展阶段进行关联和比对。他认为文化的整体面貌通过局部体现出来，并可以通过局部得以重建。研究者发现他对史料的阐释极为大胆，有时甚至过于武断或激进。他希望自己能够研究罗马尼亚文化中的所有问题，填补所有空白，为此不惜在严谨的学术研究中掺杂了寓言成分。G. 克利内斯库将他称为"博学的天才"，M. 伊利亚德则认为他是 19 世纪罗马尼亚文化上除 M. 埃米内斯库之外最富创见的人物。

5. 语言——社会的基石

B. P. 哈斯代乌提出了一种极富现代色彩的语言学理论。他将语言看作一个系统，是整个社会体系的组成部分。语言与社会历史紧密联系，它们是"一个和谐的整体，方方面面都相互关联"。在探讨罗马尼亚民族发展进程时，如果某一时期的史料缺失，B. P. 哈斯代乌会将语言作为一种基本的参考，因为语言是极为重要的史料，有着鲜明的社会特征。语言学作为一门基础性的社会科学，被其喻为"人文学科中的代数学"。他说："没有任何东西比语言更具社会性，即便称不上社会的基础，也是最重要的枢纽（……）语言相当于一个民族的国籍，好比对父母的记忆，有如新生儿的摇篮。语言是民族之母，因此被称为'母语'"。[1]

他在语言学研究中将共时层面与历时层面剥离，对思维与语言的关系也有着深刻的认识。其重要贡献之一，就是为罗马尼亚语中曾被阿尔迪亚尔学派刻意掩盖的达契亚基质平反。他这样解释阿尔迪亚尔学派领袖们的行为："对罗马尼亚民间语言最早的系统性研究，应归功于 Gh. 欣卡伊、S. 米库、P. 马约尔等阿尔迪亚尔学派的先驱们。其伟大之处并不在于他们做了什么，而在于他们希望做的——不惜一切代价唤醒罗马尼亚人的民族意识。他们高声疾呼'你们是罗马人的后裔'，将罗马尼亚人从睡梦中惊醒，开始思考自己的命运"。[2]

B. P. 哈斯代乌作为杰出的语言学家，为这门学科确立了最基本的研究方法，他提出理论和规则直至今日仍被沿用。他在政治经济学原理的启发下提出了词汇流通原则，指出某一种语言形式的价值取决于

---

① B. P. 哈斯代乌：《祖先的语言》，1878 年。第 8 页。
② 同上书。第 9 页。

它在"活语言"中的流通性。他借用 S. 斯特凡的观点，认为"词汇和货币一样"，其价值随着它们在社会中流通速度的增长而递增。根据这一理论，只要罗列活语言中出现最为频繁的成分，可以重建一门语言的谱系和面貌。在有关罗语属性的论争中，他指出由阿尔迪亚尔学派发起，当时受 T. 奇珀留和 A. T. 劳里安追捧的拉丁主义夸大了事实，而 A. 奇哈克（Alexandru Cihac, 1825-1887）主张的反拉丁主义更是无稽之谈。B. P. 哈斯代乌在这两种对立的观点间采取了折中的立场，为语言学和其他人文学科确立了全新的研究框架。

A. 奇哈克基于对罗语词源的统计得出了错误结论，认为只有五分之一的罗语词汇具有拉丁词源，五分之二源于斯拉夫语，此外还有很多从其他语言中借用的词汇。B. P. 哈斯代乌指出这种统计毫无意义，因为它并未揭示这些词汇的流通价值，即词频。为了批驳 A. 奇哈克的理论，他援引了一首 T. 布拉达收集的多布罗加地区民间诗歌："夏天来了，冬天走了，/ 无人与我相伴；/ 我曾经拥有的人啊，/ 天呐，已经烟消云散！/ 在教堂的坟墓，/ 他已没入一抔黑土。（*Vara vine, iarna trece, / N-am cu cine mai petrece; / Şi cu cine am avut, / Vai de mine, l-am pierdut! / L-a mâncat negru pământ, / La biserică-n mormânt.* ）"。虽然多布罗加地区曾受多种语言影响，但诗中所用的所有单词都具有拉丁词源。B. P. 哈斯代乌由此向 A. 奇哈克提出挑战，要求他在某一首民间诗歌中找出所有单词都具有斯拉夫词源的段落。在 B. P. 哈斯代乌看来，"严谨的语言学统计就应该像在政治经济学中一样，其对象不是原始的单位，而是其中各个元素的有效流通性（……）在政治经济学中，货币是普遍用于商品交换的流通工具，而在语言学中，话语就是普遍用于思想和观点交流的工具"。[1] 如果 A. 奇哈克的荒谬说法成立的话，"罗马尼亚民族几乎什么语言都不说，当了近八个世纪的哑巴"。

B. P. 哈斯代乌曾反复强调词汇流通原则的重要性："时至今日，语言学中重要的流通原则几乎完全被遗忘。这一原则好比是大厦的基石，因为一门语言的面貌取决于词汇流通的结果。语言的整体面貌由局部构成，例如语音、语调、词法、句法、词汇、思维方式等，每个部分都在各自的流通体系中形成。因此，有时会发生语音、词汇、句

---

① B. P. 哈斯代乌：《祖先的语言》，1878 年。第 70 页。

法、语调属性不一的情况，所有这些局部的流通最终汇成语言的全貌。"① 只要将积极词汇和消极词汇加以区分，罗语的归属问题也就迎刃而解。他指出，从词汇流通的角度看，罗语的基本结构源自拉丁语，这一事实能够在鲜活的民间语言中得到印证。此外，他还极为重视辞书的编纂，因为"一种语言的词典必须是这个民族过去和现在全部生活的百科全书。通过研究语言，一个民族仿佛在审视自己各个历史时期的一幅幅画卷"。

尽管阿尔迪亚尔学派的拉丁主义学说难辞矫枉过正之嫌，但仍具有重大的意义，在其影响下出现了两个"所有罗马尼亚人都应顶礼膜拜的人物——T. 奇珀留和 A. T. 劳里安"。前者对罗马尼亚古代文献进行了批判性研究，后者则先于西方学者提出了现代语言学中的两大基本理论，即方言连续性理论和原型重建理论。② 基于二人的研究成果，B. P. 哈斯代乌提出了自己的方言理论，将方言看作民族语言形成的基础。他指出，语言学的"原始素材"存在于民间语言中，而非官方语言中，存在于茅屋中，而非宫殿中。他明确区分了"抽象语言"和"具象语言"（日常使用的通用话语，其形式未经学者刻意规范）这两个概念。这与索绪尔（Ferdinand de Saussure，1857-1913）对语言和言语的划分有着异曲同工之妙。③

所谓"具象语言"也被称作"方言"，既可以是人种志意义上的方言（包含两种或更多具有相同起源的方言，相互融会之后可能形成一种民族语言），也可以是人类学意义上的方言（被某一特定人群所使用的特定语言）。B. P. 哈斯代乌认为，"语言是全人类所共有的，每一个人类群体所使用的都是这种语言中的一种方言，无论这些方言或人类群体之间有多大的异质性"。④ 语言学家必须明确这些概念，才能在相距遥远，历史上又从未发生过接触的语言之间寻找"亲缘关系"。某些语言之间的共同点"仅仅在于它们具有人类的属性"，体现在以下方面：

- 语言属于人类学范畴，是全人类固有的属性；

---

① B. P. 哈斯代乌:《祖先的语言》，1878 年。第 78-79 页。
② 同上书。第 9 页。
③ 参见 Gh. 米赫伊勒在《祖先的语言》中第 113-114 页的注释。
④ B. P. 哈斯代乌:《祖先的语言》，1878 年。第 52 页。

- 某种特定的语言或民族语言，都是这一种共同的"人类方言"的变体；
- 某一种族或地域的方言，都是某种共同语言的变体，从同一主干分化而来。

B. P. 哈斯代乌坚持认为"种族方言"是一个连续体，其连续性可以在上面提到的第三个方面得到体现。民间语言是一门"活语言"最为基础的层面，确保了一个人类群体的存在。不同地域方言之间相互影响，其中一些逐渐取得主导地位，并成为民族语言和文学语言基础。他指出："任何方言的地理分布都是各种终端变化的结果，其核心是清晰的，边界却是模糊的，因此我们必须更为重视方言生成的谱系"。B. P. 哈斯代乌与同时代的西方语言学家一样，已经开始从共时和历时两个角度来对语言现象加以分析，这对罗马尼亚的语言学研究有着非同寻常的意义。他指出，为了用科学的方法来研究种族方言，必须要解决两个基本问题：首先，同一群体使用的两种方言之间有何关联？其次，这两种方言与其共同起源又有何关联？因此我们必须用两种视角来审视种族方言：一种是从共时的角度对各种方言进行平行比对；另一种则是依次追溯每一种方言的各个发展阶段，并进行历时比对。[①]

当我们研究"人类方言"，即凌驾于种族方言之上的民族语言时，同样可以采用这两种视角："共时研究用于比对同一时期不同方言间的同质性因素，例如所有语族语言中对复数的表达方式。但这些从某一特定时期话语中选取的样本，是经过长短不一的前期发展才形成的，只有追溯各种方言的流变才能明白这一点。换句话说，人类方言和种族方言一样，不仅要在空间范围内进行共时分析，探讨其所处的位置，还要在时间范围内进行历时研究，阐明它是如何形成的。语言存在的每一个瞬间都是一个发展阶段，各个阶段延绵不绝。"[②]

综上所述，B. P. 哈斯代乌为语言学研究确立了三大原则：共时分析和历时分析相结合的原则、词汇流通原则、方言连续性原则。这三个原则对于共同语研究尤为重要。

[①] B. P. 哈斯代乌：《祖先的语言》，1878 年。第 48 页。
[②] 同上书。第 53 页。

6. 补充章节：罗马尼亚人的历史观和语言观

19 世纪的罗马尼亚人开始涉足众多学术研究和文化创作领域，如历史学、语言学、文化哲学、民俗学、社会学、政治学、文学，等等。特别是对于历史和语言，罗马尼亚文化界一直怀有极为浓厚的兴趣。我们的文化生活其实是沿着历史学和语言学思想发展的轴线展开的。正如 N. 伯尔切斯库所说，"历史是一个民族的第一本书"。M. 科格尔尼恰努则认为罗马尼亚人出于内在的冲动去反思历史，试图从中寻找民族存在的基础，从而探寻民族发展的宿命和意义。语言则被看作是民族身份的基础、支点和象征，千百年来语言的延续就是民族的延续，罗马尼亚人对语言的思考也是顺理成章的。

历史（包括所有文化传统）和语言（民间语言及在此基础上出现的文学作品）是罗马尼亚民族一致性和延续性的最有力证明，是构成民族身份的要素。在民族存亡的危难关头，罗马尼亚人必然要思考关于历史和语言的问题，并从这两个最能体现民族身份的人文学科入手去重建罗马尼亚人的其他所有特征。无论对编年史家、人文主义者，还是 19 世纪阿尔迪亚尔学派的领袖们而言，历史学和语言学都是立足之本。罗马尼亚人的现代哲学、社会学、政治学、艺术思想，都建立在历史学和语言学研究基础之上，这两门学科一直是学术研究的重中之重。

到 19 世纪末，罗马尼亚已经形成了悠久的历史学和语言学研究传统，拥有了诸多经典著作。M. 科格尔尼恰努极为重视史学研究的道德规范功能，将历史称为"唯一能够预知我们未来的神示"。罗马尼亚人通过研究历史实现了自我认知，了解了自身权利，看到了民族的未来。坦白地说，罗马尼亚人的历史并无太多波澜壮阔之处，因此他们不得不创造出了一种历史哲学，试图从精神上对现实的缺失加以弥补。C. 诺伊卡曾戏言，罗马尼亚人有成为"教练员"的天赋，因为他们"曾经站在岸边看着别人是怎么淹死的"。

D. 坎泰米尔等学者曾号召人们在历史和语言中探寻真理，阿尔迪亚尔学派则为探寻这一真理发起了一场声势浩大的思想运动。S. 伯尔努丘指出，只有民族自由才是真正的自由，而民族自由则意味着拥有自己的文化。由于奥匈帝国史学家信口雌黄，对罗马尼亚人的历史形象肆意歪曲，必须通过文化斗争来揭示真理，并为政治建设提供有力支持。

S. 伯尔努丘、M. 埃米内斯库、B. P. 哈斯代乌、A. D. 克塞诺波尔等思想家一致认为语言是思想和情感的表达，是民族文化的瑰宝。M. 埃米内斯库曾说，"只有使用自己的语言，才能完全明白自己的内心"。他还强调罗语不是一门新生的语言，而是"古老而稳定的"，如果说民族身份从前靠宗教来体现，现在则与语言的关系更为密切。尽管罗马尼亚民族在历史上命运多舛，但语言作为深藏于民族生命中的宝藏，始终未被夺走。

M. 埃米内斯库认为"语言是衡量一个民族文明程度的准绳"，因为它可以全面地反映社会面貌，并描述其他所有民族文化表现形式。通过语言看文化，如管中窥豹，可以将文化的整体面貌凝练为抽象的符号。B. P. 哈斯代乌举例说："通过一门语言中的两三个单词就能够再现民族历史中一段悠长隐晦的时期（……）有时甚至一个字母就能反映一个民族的特点（例如英语中的'我'——大写字母 I 即表现出英国人自大的岛民特征）"。[1] 按照 L. 布拉加的说法，"任何一门语言中都有隐含着某种形而上学"，[2] 这一观点与萨丕尔（Edward Sapir, 1884-1939）和沃夫（Benjamin Lee Whorf，1897-1941）提出的语言相对论不谋而合。在他们看来，语言不仅具有反映文化整体的功能，还能够决定语言使用者对于现实世界的认知，影响其对民族生活其他构成要素的"记忆"。

除语言之外，其他以象征手法表现民族生活整体面貌的创作形式也或多或少具备这一功能。C. 诺伊卡曾试图基于这一理念来构建一种罗马尼亚人独有的世界观，通过一种"似收实放"的视角，"将外部环境转化为内心感悟"。[3]

第二节　A. D. 克塞诺波尔（1847-1920）

A. D. 克塞诺波尔是罗马尼亚最伟大的史学家和史学理论家之一，他编纂了首部完整的罗马尼亚民族史。他的主要论著有：《民族文化》

---

[1] B. P. 哈斯代乌：《罗马尼亚人历史评判》，布加勒斯特，密涅瓦出版社，1984 年。第 604、436 页。

[2] L. 布拉加：《岛屿的崛起》，克鲁日—纳波卡，达契亚出版社，1977 年。第 180 页。

[3] C. 诺伊卡：《有关赫尔墨斯逻辑的信札》，布加勒斯特，罗马尼亚图书出版社，1986 年。第 69-74 页。

（1868）、《始于图拉真达契亚时期的罗马尼亚人历史》（1880-1910，共14卷）、《罗马尼亚政党史》（1910）、《史学基本原则》（1899，法文）、《史学理论》（1899，法文）。

由于深受 T. 马约雷斯库的赏识，他于1866年在青年社的资助下留学柏林，并在归国后成为青年社的杰出一员。但他坚持认为罗马尼亚在近代实现的进步是实实在在的，而非仅仅流于表面，这与 T. 马约雷斯库批判的"无内容的形式"格格不入。因此，A. D. 克塞诺波尔在1879年后开始倾向于自由主义思想，彻底与青年社分道扬镳。在1868年发表的《民族文化》一文中，他对民族的精神生活（精神状态、智力水平、认知能力、创作形式）与外部环境间的关系进行了分析，指出来自外部的影响能够赋予本民族某种精神特质。尽管他也受到地理决定论的影响，但并不否认人类拥有改造自然、征服自然的能力。在他看来，民族性仅仅体现在语言、伦理、文学、艺术中，自然科学和经济活动是不带民族色彩的。

1. A. D. 克塞诺波尔的哲学理念

A. D. 克塞诺波尔信奉进化论和实证主义，这与当时的主流思想是一致的。他认为物质世界经历了多个发展阶段，而精神则是有机物的一种"绽放"，是其发展的最终结果。他在时空客观性问题上坚持唯物主义立场，反对康德的先验论。他说，"如果脱离（唯物主义）这一基本理念，历史就成了空穴来风"。他从科学、理性的视角出发，指出社会发展要经历三个阶段，即非有机阶段、有机阶段和精神阶段。随着欧洲文明的不断进步，物质层面的发展必将让位于精神层面的发展。上述三个阶段具有一致性，因为"人的生命和精神具有共同的物质元素"。

历史与自然的发展不仅是量变，还是质变，因为"发展永远是一种不断完善的过程"。针对康德的唯心主义理论，A. D. 克塞诺波尔指出"知识源自经验，其丰富性取决于研究的深度和广度"。科学能够反映现实，自然规律也同样具有客观性——"掌控着各种现象的规律绝不是来自我们精神的产物"。在他眼中，科学可以对概念与现象进行关联，而不是像新康德主义者那样，认为科学只是对经验进行加工，并确立了某些概念之间的关联。

2. A. D. 克塞诺波尔的史学理论

A. D. 克塞诺波尔一生致力于对历史认识论的研究，并创立了自己的史学理论。他根据自然界和人类社会中各类现象与时间、空间的关系，将其分为重复性事实和连续性事实：

- 重复性事实既存在于自然界，也存在于人类社会中，不会因空间和时间发生本质变化，其中普遍、持续、相对稳定的同质性因素多于异质性因素；
- 连续性事实则随时间的推移而发生质变，其中的异质性元素占据多数。它们体现为独一无二，且永远无法复制的个别现象。换言之，连续性事实就是我们所说的历史现象。

在 A. D. 克塞诺波尔看来，理论科学的研究对象（既包括物理现象、化学现象、天文现象、四季交替，也包括社会经济现象、法律规范、逻辑法则，以及心理现象）是重复性事实，而史学则是对历史进行本体研究的学科，它以各种连续性事实作为研究现象。尽管做出了上述区分，但他并未像新康德主义者那样将自然界与历史割裂开来。他指出，重复性事实会逐步转变为连续性事实，并建议依照这一思路来对科学进行重新分类：

- 理论科学可被下位划分为物质科学（例如物理学、化学、天文学）和精神科学（例如数学、逻辑学、政治经济学）；
- 历史科学也可被下位划分为物质科学（例如地理学、古生物学、进化论）和精神科学（例如历史学及其所有分支，所有研究社会生活的科学）。

换言之，科学认知的对象具有本体两重性，必须通过共时和历时两种视角加以研究，历史则是一种理解世界的方式。A. D. 克塞诺波尔据此提出了以下问题：是否可能存在一门专门研究非重复性孤立现象的科学？这样一门科学的逻辑基础或认识论依据是什么？历史学是一门科学吗？为了回答上述问题，他全面分析了自然界和人类社会中的各种现象，并针对其中的因果关系和规律进行了扎实、严谨、深入的探讨。他的结论是："我们的研究对象本身就具有（重复性和连续性）两种存在方式，并不是由我们的意志将这两种性质赋予它们的"，史学的研究对象是无法构成规律的孤立事实。

A. D. 克塞诺波尔坚持认为，实证主义过于重视规律性，忽视了因果性，而因果性在重复性事实和连续性事实中有着不同的表现。重复性现象发生的环境相对而言比较相似，也就是说它们具有同样的成因，因果关系可以表现为某种规律；连续性现象发生的环境则千变万化，因果关系也各不相同，不可能通过规律加以总结。理论科学研究的目的就是探究各种现象的成因，并将其总结为规律，例如万有引力定律和自由落体定律。在具有连续性的历史现象中，因果关系发挥着决定性作用，其引发的结果是特殊的、孤立的，因为相关现象的发生条件处于不断变化中，是不可复制的。因此在历史学中，我们的研究对象是孤立的现象，因果关系只是把这些现象串联起来，编入一条主线之中。

3. 历史主线理论

A. D. 克塞诺波尔用"历史主线"这一概念取代了"历史规律"的概念，试图依据这一基本理念来调和历史的科学性及其研究对象的无规律性。他认为因果关系是将连续性现象串联起来的唯一因素，它们从一个现象传递到另一个现象，因此我们能够一环接一环地研究这一链条。他并不否认历史具有普遍性，但这种普遍性并非永恒不变的。即便是我们所说的社会规律，也仅仅指出了大致的发展方向，而非历史事实的发生方式，在历史中只能进行大致的预测。历史主线涵盖了一组具有共同成因的现象，构成了普遍适用于一系列连续历史现象的"共同框架"。阐述因果关系对于历史而言是至关重要的，A. D. 克塞诺波尔甚至认为历史学比理论科学更为高端。

历史主线以一种特有的方式体现出历史的"普遍性"。每一个时代都被分属经济、政治、文化层面的若干条主线所贯穿，将这些跨时代的主线整合起来，就构成了史学研究的基础。A. D. 克塞诺波尔举例说，A. I. 库扎大公统治时期就具有以下几条历史主线：以 1821 年为开端，并贯穿了 19 世纪所有重要时期的民族复兴主线；罗马尼亚文明与西方文明相互交融的主线；罗马尼亚人在外族统治下实现启蒙的主线；雅西作为政治中心逐渐衰落，被布加勒斯特取而代之的主线。

可见，历史主线展现了社会生活的各个重要方面，社会以各种方式遵循着这些主线发展，使历史发展进程体现出一定的条理性和系统性。由于这些主线包含了时代发展的内在趋势，因此从表面上看，与通过统计得来的规律十分相近。A. D. 克塞诺波尔特别强调历史科学有着不同于理论科学的逻辑结构。[①] 这种逻辑不会像"经典科学"中依

---

① A. D. 克塞诺波尔：《社会学和哲学作品集》，布加勒斯特，科学出版社，1967 年。第 231 页。

靠"推理逻辑"得出的规律那样，将各种历史现象的个体特征消融在同质化的普遍性之中。几乎在同一时期，狄尔泰（Wilhelm Dilthey，1833-1911）也提出应该建立一种新的逻辑，使个性、特征、差异、个案、特例等得到认可。不仅要从本体论角度将这些"个例"看作人类社会生活的某种存在状态或表现形式，还要从认识论角度将其看作科学认知的合理对象。

古典理性主义认为科学只应研究普遍性问题，个例不是其研究对象，A. D. 克塞诺波尔旗帜鲜明地批驳了这一观点。以往人们在阐释事物时过多借助规律，或从规律中推导出事实，从整体中引申出个案，从前因推理出后果，甚至形成了 D. D. 罗什卡所说的"推理普遍存在于自然界中"的观点。然而在处理带有创造者主观性的社会、文化等问题时，这种推理模式的弊端日益凸显，因而产生了与其分庭抗礼的诠释学理论。①A. D. 克塞诺波尔作为一名罗马尼亚思想家，为认识世界新范式的建立作出了突出贡献，使日益式微的古典二元论思想重获新生。他通过"为个别事物平反"，反对给历史设定先验的规律，从而走出了唯名论的误区。

4. 历史主线和历史要素

历史要素理论是 A. D. 克塞诺波尔对历史主线理论的补充。这一理论形成于两种文化走向的交会期：一方面，实证主义倾向于将自然科学的方法论原则应用于历史学，将自然规律（特别是生物学规律）移植到社会生活中。这同样也是进化论主张的做法，试图通过低等的事物来解释高等的事物。另一方面，新康德主义一味强调人类社会的特殊性，将其与自然界完全割裂。在 A. D. 克塞诺波尔看来，历史决定论是一系列要素在不断变化的环境中相互串联的结果。他将历史要素划分为静态要素和动态要素两大类，此外还有一些辅助性要素：

- 静态要素包括种族（不是生物学意义上的，而是文化意义上的种族）和自然环境——它们构成了历史发展的框架；
- 动态要素指精神层面的决定性因素，是历史发展的驱动力之一。它们取决于人的兴趣，以及人类适应、改造自然的需求。智力是最重要的精神因素，是兴趣与行动间的介质；

---

① 李德尔（Manfred Riedel, 1936-2009）：《理解抑或阐释？》，克鲁日—纳波卡，达契亚出版社，1989 年。第 29-30 页。

• 辅助性要素指上层建筑、知识分子、社会名流，以及各种突发事件。

历史主线是由上述三类要素（包括种族和自然环境，不断变化的经济、社会、文化、政治环境，以及人类的能动性）共同构成的。A. D. 克塞诺波尔希望通过历史主线理论赋予历史学一种不同以往的逻辑思维模式，将孤立的事件涵盖在具有包容性的上层结构，即历史主线中，使其更易于理解。只有找到各类孤立现象间的因果关系，并将其纳入不同历史主线后，才能准确地描述和阐释历史。

在 A. D. 克塞诺波尔看来，即便历史发展存在某种规律，其结果也必然是孤立和具体的。例如，自然选择须遵循适者生存法则，商品生产须遵循供求法则，但这些具有普遍性的法则在不同的自然和社会背景下产生的结果千差万别。我们将理论科学中所说的"规律"与历史科学中所说的"主线"加以对比后就能发现，前者忽略了孤立的事实，后者则将其涵盖在内。"主线"与"规律"同样具有逻辑性和阐释功能。从空间上看，历史主线可能具有普遍性，但是从时间上看，历史主线是由一系列孤立的历史现象构成的。正因为此，A. D. 克塞诺波尔主张史学研究的逻辑基础应该有别于理论科学。单纯的演绎或归纳都不适用于史学研究，只有通过综合的推理才能将各种孤立现象串联起来。

第三节　N. 约尔加（1871-1940）

N. 约尔加是罗马尼亚举足轻重的史学家，在全球文化界也具有一定知名度。他涉猎广泛，著作等身，属于 M. 伊利亚德所说的百科全书式人物。作为一位伟大的民族教育家，他在大学生和青年人中有着巨大的影响力。

N. 约尔加出生于博托沙尼，并在家乡接受了小学和初中教育。从雅西国立高中毕业后，他仅用一年（1888-1889）就完成了雅西大学的所有学业。其异乎寻常的记忆力、刻苦勤奋的精神和广博的知识让教师们惊叹不已。在 M. 埃米内斯库和 I. 克良格逝世一年后，N. 约尔加远赴巴黎学习历史，后辗转柏林和里斯本，最终在著名史学家兰普雷希特（Karl Lamprecht，1856-1915）的指导下，于 1893 年在里斯本获得博士学位。次年，这位年轻的学者通过竞聘进入布加勒斯特大学历史教研室任教，并在民族史研究和美学领域崭露头角。他在 23 岁时就当选科学院候补院士，1911 年正式当选罗马尼亚科学院院士。

1903-1906 年间，N. 约尔加担任《播种者》杂志社主编，1906年创办了《罗马尼亚民族》杂志，持续发刊至其 1940 年逝世。1908年和 1913 年，他先后创建了沃莱尼—德蒙泰人民大学和东南欧研究所。N. 约尔加不仅著述等身，在文化和政治活动中也异常活跃，为实现罗马尼亚民族理想而奔走呼号。1910 年，他创建了国家民主党，并在 1931-1932 年间担任政府总理。由于坚定不移地反对法西斯主义，他在 1940 年 11 月 27 日被铁卫军残忍杀害。

作为罗马尼亚文化的标志性人物，无论从数量还是深度上看，N.约尔加的论著都令人瞠目结舌（发表论著超过 16000 篇，其中包括1000 篇论文，10000 篇文章，5000 篇研究报告），几乎每天都有新的论著问世。有人将其誉为罗马尼亚史学界的荷马，他不仅记述历史、憧憬未来，还确立了一种现代批判意识。代表作有：《国家形成期的罗曼民族历史》（两卷，1902 年）、《史学研究概述》（1911 年第一版）、《18 世纪罗马尼亚文学史——1688-1821 年》（两卷，1901）、《19 世纪罗马尼亚文学史——自 1821 年始》（三卷，1907-1909）、《罗马尼亚当代文学史》（两卷，1934）、《关联发展中的罗曼文学史》（三卷）、《勇敢的米哈伊大公传》《罗马尼亚军队史》（两卷）、《罗马尼亚贸易史》（两卷）、《人类历史综述》（四卷，1926-1929）、《自由思想的发展》（1928）、《拜占庭生活史》（三卷，1934）、《罗马尼亚人在世界历史上的地位》（三卷，1935）、《罗马尼亚人史》（十卷，1936-1939）。

除此之外，他编辑出版的史料数不胜数，其广博的学识和过目不忘的能力令人叹为观止。他对史学研究的所有领域均有涉猎，其著作内容涵盖了罗马尼亚文学史、罗曼文学史、政治史、经济史、贸易史、思想史等方面。G. 克利内斯库将博古通今的 N. 约尔加称作"一个全才，堪比一大群单科的专家"。N. 巴格达萨尔（Nicolae Bagdasar, 1896-1971）则认为："N. 约尔加的皇皇巨著为罗马尼亚民族的政治统一奠定了基础。"

1. N. 约尔加的历史观

尽管未能建立系统的史学理论体系，但 N. 约尔加的著作中除了一些带有普遍性的观点和方法外，还隐含着一种历史哲学思想，这一思想主要包含以下特点：

理性主义与人文主义，客观主义与主观主义相结合：N. 约尔加的著作带有浓厚的人文气息。他认为史学家用主观的方式重现过去的岁月，必然将自己的人文经验，以及人类固有的精神状态投射到其研究对象中。他常说，人类的生活在本质上具有一致性，我们能够通过这种一致性再现历史，重温那些曾经让社会活动家和政治家们热血沸腾的激情。

对阐释与理解的关系加以权衡：N. 约尔加拒绝采用不近人情的、冷冰冰的实证主义模式。他认为对于史学研究而言，20% 依靠文献，80% 取决于阐释。他自己的生活精彩纷呈，因此他的著作也融合了严谨的学术性和丰富的想象力，将知识与生活紧密结合。在史学研究中，阐释和理解这两种方法相辅相成。他一直强调史学研究具有实际的道德规范功能和教育意义，能够为人类揭示其文化传承和历史发展轨迹。

将历史和生活看作一个整体：N. 约尔加常说"历史是一个整体"，是和谐的有机体，源自全人类的活动。历史生活的主体是民众，而非某些杰出的个体。历史人物只是表达了民众意志，或某一时代的主流思想。他曾说，"民众是江河而非浪花，我们应该关注的不是浪花，而是江河本身"。政治史与文化史相互交融，民族历史同时也是世界历史的组成部分，而世界历史本身也是由众多孤立历史事件构成的，具有人类生活的共同特征。在 N. 约尔加未能完成的鸿篇巨制《人类史料》中，虽然人物始终在变化，但历史场景却在不断重复。

在方法论层面，他主张遵循以下四项原则来再现历史真相：

- 对研究对象进行全面考证，尽量采用同时期的遗迹或文献，通过真实的史料来认定史实。史料来源包括文字资料、物质文化遗产，以及各种非物质遗产。这与法国年鉴学派所用的方法十分相似。艺术被 N. 约尔加看作是记载一个时代精神生活的文献；
- 根据相关性和可信度对上述史料进行批判和甄选；
- 根据史实的价值对其进行整理、综述、分级和排序，突出其特点。这项工作需要依照人文价值标准，将相关史实与其历史意义结合起来；

- 通过某种表现手法对历史进行再现。史学家必须具备重塑历史，并赋予其生命力的才能。人们得到的真相不是绝对的，而是可以被不断阐释，不断深化的。历史学家应该具有艺术家的天赋，能够将各类社会现象作为一个有机体加以再现。在史学研究中，普通的文献被赋予了活力和悲情。

2. 历史恒量理论

N. 约尔加是理性主义的忠实信徒，反对相对主义和主观主义思想。他对抽象的思辨哲学同样厌恶，认为那只是 "智慧的干瘪外壳"。哲学只有从最基本的人文价值出发对事实加以阐述，才是合理的。历史学是一门极具自主性的学科，历史哲学则将其与其他学科联系起来。为了不陷入经验主义的误区，囿于史料堆砌，N. 约尔加提出了历史恒量理论。他指出，在历史中存在着一系列恒定的因素，所有历史事件都受其影响或与其关联。

为了让史学成为一门真正的科学，N. 约尔加最初沿用了他的老师 A. D. 克塞诺波尔的理念，将具体完整的事实作为史学研究的对象。各种史实是在具体的环境下，由具体的人创造的产物，因此具有唯一性和不可复制性。鉴于历史是由各种错综复杂的史实交织而成的，我们从中无法找到不变的普遍联系，因此历史学无法像自然科学那样确定规律。史学家所关注的也不应是规律，而是具体的现象。N. 约尔加反对从自然主义和实证主义的视角出发，将自然科学理念套用在人文社会研究中，试图寻找放之四海而皆准的普遍规律。他指出，史学研究的意义在于确定各类史实之间的时空延续性和关联性，从而重建某个时期的整体面貌。各类史实之间虽然没有固定规律可循，但存在某种关联，可以按照一定的标准对其进行分类。按照他的说法，"要让这些史实成为历史，就必须将其系统化"，用一根链条将其串联起来。

但在 1926 年发表的一篇文章中，N. 约尔加的观念发生了转变。他指出："历史事件很少有全新的，如果我们不那么肤浅地看待它们，就能看到它们在不断重复"。如果我们将历史现象与生命的本质、历史的深层结构结合起来，就会发现不同时期的历史人物和历史事件之间存在诸多相似性和共同点。他说："事物千差万别，都有各自的渊源。人类历史的魅力正在于此（……）在对某人进行评价时，必须突出其独特性，只有从细节中才能发现新的东西（……）另一方面，历史发展遵循着一条主线。尽管细节是新的，但其历史发展范式却得以留存。史学家必须能够透过范式，将缺失的细节补充完整。"[1]

尽管 N. 约尔加反对带有实证主义色彩的决定论思想，但他依然认为，如果我们能够看透人类生活中各具特色的现象，就能找到一些恒久不变的因素。这些因素即 A. D. 克塞诺波尔所说的恒量，它们影响着历史的走向，决定着历史发展的主线。把握这些恒量的过程，就是由果溯因探究历史的过程。这些恒量主要包括：自然环境；历史和人文意义上的种族；社会演进应遵循的原则、民族的理想和传统、集体心理、宗教信仰、精神特质，等等。

将史实与上述因素关联起来，史学家们就可以依据历史事件带来的影响和后果来确定和阐释其价值、作用和意义。尽管 N. 约尔加非常重视精神因素在史学研究中的作用，但他仍然坚持应该通过客观事实来阐述历史，而不应依赖超验或纯主观的因素。

3. N. 约尔加对罗马尼亚历史的看法

"东部罗马文明"形成理论：根据这一理论，随着罗马帝国西部的"民间因素"（通过农民、牧人、商人）逐渐向东部渗透，从公元前 3 世纪到公元前 2 世纪，多瑙河南北两岸先后出现了东部罗马文明区域。早在图拉真的军队占领达契亚之前，（亚得里亚海和黑海之间）的东方地区就已经历了长期的罗马化进程。在这一进程中，经济、语言和文化因素带来了潜移默化，但根深蒂固的影响。但在"只关注政治事件"的史料中，对图拉真占领达契亚之前的罗马化进程鲜有提及。[2] N. 约尔加在重建这一进程的过程中发现，经济和社会因素起到了重要作用，为罗马的军事占领铺平了道路，最终使这一地区归入罗马帝国的版图。"罗马帝国东部文明"就是本土元素与罗马元素结合的产物。他指出，"除了后来分化出法国、意大利、西班牙、葡萄牙等国的西方罗马文明外，还有一种位于东方的'罗马文明'。几百年来，这片土地从未屈服于日耳曼和土伦国王的野蛮统治。这里曾经生活着土生土长的当地人和被'收养'的拉丁民族，至今还能找到他

---

① N. 约尔加：《史学研究概论》，雅西，波利罗穆出版社，1999 年。第 178-179 页。
② N. 约尔加：《罗马尼亚人史》（第一卷），布加勒斯特，科学与百科全书出版社，1988 年。第 18 页。

们留下的遗迹"。[①]

久而久之，这些地区的民众被烙上了深深的"罗马印迹"。无论在拜占庭时期还是更晚的年代，尽管这些族群处于罗马帝国的护墙之外，但他们仍然保留着传承了几个世纪的语言和文明，以及他们对罗马的归属感。本土元素，例如色雷斯元素、伊利里亚元素、马其顿元素、达契亚元素等，都是构成东方罗马文明的民族基础，并由此分化出巴尔干地区的诸多现代民族。罗马尼亚民族即东方罗马文明的代表，要追溯其起源，就必须厘清"罗马文明在东欧地区的整体状况"，并"了解生活在这一广阔天地内的各个民族的变迁"。N. 约尔加指出："我们不应被现状所迷惑：在保加利亚人所在的地区曾长期居住着色雷斯人；在塞尔维亚人的领地曾有罗马人生活；黑山人的居住区曾是伊利里亚人的故土；而希腊人的人文特征与古希腊毫无血脉关联。名称使不同的族群具备了自我意识，有时他们虽然被冠以占领者的名字，但有着共同的本质。"[②]

当罗马帝国江河日下，不得不从包括多瑙河北岸在内的地区撤出其行政机构时，多瑙河两岸的民众为了抵御外族入侵，基于传统的乡村生活模式重新搭建了罗马帝国的经济和文化体系，从而形成了"民间罗马文明"。基于这种文明形式，在很多地区出现了被称之为"国（ţară）"的准国家组织，罗马尼亚至今还有"Ţara Haţegului、Ţara Crişurilor、Ţara Maramureşului、Ţara Bârsei"等地名。公元 9 世纪至 10 世纪，一些"国"相互联合为封建公国，例如在格拉德（Glad, ?-?）、杰卢（Gelu, ?-?）和梅努莫鲁特（Menumorout, ?-?）领导下的公国。后来这些小型公国进一步融合，形成了三个著名的罗马尼亚人公国。由于一直在战火中求生，这些代表着民间罗马文明的小型准国家组织长期以乡村社群的形态存在。

在这样的历史背景下，罗马尼亚人从一开始就朝着民族国家，而非帝国的方向发展。周边国家则恰恰相反，都渴望参照外来模式建立帝国。例如保加利亚人曾构想建立一个保加利亚沙皇国来替代拜占庭帝国，匈牙利人则直接从游牧部落一跃成为帝国。1054 年基督教分

---

① N. 约尔加:《罗马尼亚人史》(第一卷)，布加勒斯特，科学与百科全书出版社，1988 年。第 75 页。
② 同上书。第 74 页。

裂为天主教和东正教之后，匈牙利人受命向东扩张，并向当地信仰东正教的罗马尼亚人宣扬天主教。这种帝国式的扩张一直持续了几个世纪。周边的波兰人、俄罗斯人、土耳其人的情况也是如此。作为原住民的罗马尼亚人仍处于农耕社会，在这些"帝国强盗"面前几无还手之力。从游牧民族（哥特人、阿瓦尔人、匈奴人、库曼人、蒙古人、鞑靼人）到奥斯曼帝国和沙俄帝国，他们的军队由东向西席卷了欧洲。然而罗马尼亚人千余年来始终保持着民族国家的发展方向，不断抵御着奥斯曼帝国、沙俄帝国、奥匈帝国的侵袭。

N. 约尔加的另一创举是提出了"后拜占庭"理论。他指出在拜占庭帝国消亡之后，罗马尼亚各公国对其文化和宗教传统进行了继承和发扬，成为该地区东正教文化传播的枢纽。

在 1938-1949 年讲授"当代帝国主义的发展"课程期间，N. 约尔加指出欧洲大陆面临的最大威胁来自不断扩张的纳粹德国和苏联。他认为"新帝国主义"野蛮好斗、崇尚暴力的习性源自 19 世纪的资本主义、历史唯物主义、社会进化论、种族不平等论、非理性主义思想。针对这种野蛮现象，N. 约尔加主张建立民族国家，实现各民族自由平等，并基于人文精神通力合作。他指出："千百年来的历史经验使我们相信，依靠暴力和蛮横无法创造出任何持久的东西。"[1]

第四节　V. 珀尔万（1882-1927）

V. 珀尔万是罗马尼亚最杰出的史学家之一，同时也是一位极富创见的思想家，伟大的民族教育家，对 20 世纪初的罗马尼亚学术界产生了重大影响。他在德国求学期间主修古代史，1909 年后回国从事科研工作，很快在罗马尼亚文化界声名鹊起。他的史学观点极具创新性，考古研究成果丰硕，治学严谨且孜孜不倦。他在 45 岁时英年早逝，其短暂的一生犹如流星划过夜空，为罗马尼亚文化留下了不朽的著作，开辟了全新的史学研究道路，成为后世师表。其代表作有：《碑刻对于达契亚—罗马地区基督教史研究的作用》（1911）、《史学思想和形式》（1920）、《回忆录》（1923）、《多瑙河口最初的罗马化生

---

[1] N. 约尔加：《当代帝国主义的发展》，布加勒斯特，信天翁出版社，1997 年。第 17 页。

活》（1923）、《葛特史》（1926）、《达契亚—喀尔巴阡山多瑙河地区的古老文明》（1928）。

V. 珀尔万积极参与和组织各类学术活动，在国外期刊上发表了大量专题论文和考古报告，其中包括一部罗马皇帝、哲学家马可·奥勒留的传记。为了培养史学家和考古学家，他在罗马创办了罗马尼亚学校（后发展为罗马尼亚学院）。他的最大贡献在于创立了罗马尼亚考古学派，主持了无数考古发掘。其中最重大的考古发现是希斯特里亚古希腊城邦遗址，包括150余块希腊文和拉丁文碑刻在内的一批珍贵文物得见天日，再现了罗马尼亚境内最早的城市生活场景。[①]

作为布加勒斯特大学的古代史教授，V. 珀尔万不仅博闻强识，且治学严谨、阐述精辟、话语发人深省。1913 年当选罗马尼亚科学院院士时，他在致辞中这样表述其哲学和史学理念："我所从事并衷心热爱的科学让我对生命产生了沉重，甚至可以说是悲观的看法（……）我通常只能看到两种值得我们去努力，去爱的东西：其一是值得虔诚膜拜的历史遗迹，其二是值得狂热崇拜的人类天才。"

1. 宇宙的变迁和人类历史

V. 珀尔万的哲学思想深受斯多葛学派，以及 20 世纪初兴起的精神哲学和生命哲学的影响。G. 克利内斯库将其称为"道德导师"，认为他不仅是勤奋克己的典范，还有着英雄主义情怀，"在 V. 珀尔万看似平常的头脑下，有一颗英雄般的心"。他崇拜历史上的英雄人物，试图"使人们在已经消逝的世界中深刻缅怀永恒的历史"。为培养民族意识，提振民族精神，他积极参与各类文化活动。

他的历史观受进化论理性主义和生命能量学说的影响。在他看来，宇宙处于永不停歇的能量变化过程中，所有存在形式都是某种宇宙能量的体现，而精神则是宇宙能量的一种积极伴生物。在进化过程中，积极的精神总是与处在消极惯性运动中物质相对抗。精神是一种不断催生变化的宇宙能量，它最初以光、电、重力等特殊形式出现于混沌无序的世界中，之后又出现在有序的世界中，最终在人类的心理活动和各民族的历史发展进程中体现出来。社会生活也是宇宙变迁的一个方面。历史作为一门科学，必须将其研究对象置于时间的流逝和

---

① 见 V. 珀尔万：《达契亚》，第 7-19 页。

宇宙的变迁之中，并将其与人类历史中的特殊因素关联起来。人类历史既是整个宇宙的组成部分，还和道德、宗教、哲学、美学一样，体现了人类对现实的某种态度。现实中的事物以客观中性的方式存在，人类赋予了它们某种态度或观点。换言之，历史学的研究对象脱胎于我们自身的视角。

这并不意味着 V. 珀尔万持有主观主义立场，他只是摒弃了天真的实在论思想，不再将人类认知中的事物和现实中的事物混为一谈。他指出，"史学家面对的不是历史事实，而是宇宙事实。他们用一种创造性的方式将宇宙事实转化为历史事实"。换言之，史学家所做的，就是将宇宙事实置于某种自然或人文参考系之中。宇宙的变迁有其周期性，精神就是这种周期变化的动因。他并不赞同柏拉图的精神第一性的观点，因为在他看来精神与宇宙能量是同质的。那么那些思想又是从何而来的呢？他认为"思想只是精神的积极表现形式。精神不仅存在于我们内心，也作为有机世界的特殊能量存在于整个宇宙中。宇宙中普遍存在的能量在有机世界中变成了精神，在无机世界中则为光、热、电和重力"。

在人类历史上，这种宇宙能量在民族和文化的形成中，在对各种物质产品和精神产品的创造中得以体现。这种将人类历史与宇宙变迁相提并论的做法，是 V. 珀尔万所独有的。为了描述和阐释历史变迁，他引入了历史周期与震荡周期、形式与内容、表象与实在、要素与价值等一系列概念。

2. 历史要素和历史价值

在民族发展过程中起决定性作用的历史要素包括宇宙因素、地理因素、人类因素、物质因素和精神因素。所有历史现象都是这些因素的相互影响或协同作用的结果，因此可以从以下三个层面来对这些历史现象加以分析：

- 在地球层面（体现人与自然间的关系的物质文化）；
- 在人类层面（体现人类创造力的精神文化）；
- 在宇宙层面（宇宙的整体变化）。

人类历史发展过程中形成了各种历史价值，表现为引导人类活动的各种立场、理想和思想。历史价值也可以被细分为以下三类：

- （构成物质文化的）实用价值；

- （构成民族文化的）生命价值；
- （构成具有专业性的高端文化的）理性价值。

文化是人类在宇宙中的积极自我展现，理性价值（体现为哲学思想、科学思想、宗教思想、道德准则、政治原则、文艺思想）在其中起着至关重要的作用，它指引着各民族的发展方向。理性价值由天才和英雄从人类生活中不断凝练出来的，体现为各种带有抽象性、象征性、建设性的形式。前两类价值则代表着民族文化的水准。民族文化是一种保守的静态文化，它囿于原型结构中，具有实用目的。它是无名大众创造出来的传统文化，带有各个民族的特性，是更高端文化形式的基础。V. 珀尔万认为这两个层面的文化是不同精神状态下的产物，不能混淆。理性文化的发展离不开天才的个人创造，因此他对具有创造性的历史人物无比崇拜。在他看来，理性文化并非民族文化的延续，而是一种质的飞跃。

为了描述历史变迁的模式，V. 珀尔万引入了"周期"这一概念。人类历史的周期是宇宙变迁周期的一种特殊表现形式，因为人类的创造是具有周期性的，这在历史人物身上表现尤为明显。与缺乏组织、消极被动的民众相比，历史人物能够通过他们的思想推动历史发展并为其确定某种基调。思想本身就是一种呈周期性波动的能量。根据波动的幅度变化，历史发展进程中既有被动周期，也有主动周期。前者表现为广大民众在重大历史运动余波的影响下开展平缓、渐进的活动；后者则取决于历史人物的创造性活动，取决于他们提出的改革或革命思想。

V. 珀尔万认为各民族的历史有其自身的特色，其发展周期和侧重点也各不相同。在民族文化中形成的被动周期主要是感性的、自发的，而主动周期的形成则更多受理性因素的影响。具有创新性的主动周期需要有"无穷无尽的动力"来支撑，这种动力体现为人们有意识、有目的、有价值的行为。这些行为既是历史内在的，同时又能够超越历史。在历史发展的主动周期中，永远存在着现实与理想间的冲突，即"是怎样"和"应该怎样"间的冲突。

除此之外，V. 珀尔万还对物质发展周期和精神发展周期加以区分：前者是侧重广度的量变，由集体实现，属于文明的范畴；后者则是侧重深度的质变，是个体的创造，属于文化的范畴。精神发展周期具体表现为各种思潮和流派（如佛教、基督教、希腊古典主义、罗马法精神，等等），往往与一些历史人物的作用密不可分。

在人的内心同时存在着两种永恒的动力，即死亡带来的恐惧和生命带来的愉悦。前者催生了保守、实用、缺乏原创性的思想；后者则使人们勇于创新，义无反顾地追求更高层次的知识和道德。在人类文化中，融合、延续的倾向与差异化倾向并存。人类文化就是融合与差异的统一体，也是传统与创新的统一体。

3. 对本土背景的重新发掘

V. 珀尔万在其代表作《葛特史》（1926）中重新发掘了罗马尼亚民族的葛特—达契亚背景，对公元前 1000 年间的达契亚远古历史进行了全面回顾。他在书中强调了本土背景在罗马尼亚民族形成过程中所起的作用，指出达契亚人的宗教带有独神论特点，信仰一个至高无上的神，这一点与其他古代民族截然不同。在他看来，多瑙河南北两岸的色雷斯人在精神层面有着显著区别，属于北部色雷斯人的达契亚人与北欧民族更为接近。他认为凯尔特人曾经给达契亚文化带来重要影响，这种精神特质体现在葛特—达契亚人的生死观、宗教信仰、道德观念之中。

达契亚人的宗教在当时极具先进性。他们只信仰一个至高无上的天神，并相信灵魂不灭，人死后精神能够永生。是德切内乌（Deceneu，公元前 1 世纪）实行的宗教改革将达契亚人引向禁欲主义和精神净化论。V. 珀尔万提出的这一观点在当时得到了广泛支持，但也存在反对的声音。有人认为达契亚人的精神世界具有唯灵论特征，这使得罗马尼亚民族有着与生俱来的神秘主义特质，表现为相信长生、敬畏死亡、遵从宿命、喜好冥想，等等。

V. 珀尔万自己也承认他的观点还有待完善，随着研究的深入和新史料的发现，需要被重新审视。但他的一些支持者忽视了其所处的历史背景，将其观点无限放大，V. 珀尔万也因此遭受了不公正的指责。L. 布拉加在为其辩护时说："大师的谬误后来被放大了，他的信徒们难辞其咎。"在 1941 年发表的一篇文章中，Ş. 乔库列斯库（Şerban Cioculescu，1902-1988）将这种流于神秘主义的现象斥为"色雷斯狂热主义"，并大加鞭笞，认为其贬低了拉丁成分对于罗马尼亚民族构成的重要性。尽管 V. 珀尔万提出这一观点并非出于政治目的，但很多人利用其鼓吹民族主义，并为一些政治恶行开脱。

罗马尼亚史学界对本土背景的发掘早在 B. P. 哈斯代乌的时代就开始了。L. 布拉加在 1921 年发表的《我们非拉丁背景的反抗》一文中也提出了类似的观点。他指出，有人片面地认为罗马尼亚民族有着纯粹的拉丁起源，但事实上罗马尼亚人的种族背景极为复杂。我们必须重新审视祖先留下的遗产，尽管其中的色雷斯和东方特质可能会打破罗马尼亚人心中的平衡与和谐，但我们不该像对待"穷亲戚"那样对待葛特—达契亚人。这一观点可以被看作是特兰西瓦尼亚地区思想家对阿尔迪亚尔学派矫枉过正做法的批判。但在随后（1921、1940、1941、1943）发表的多篇文章中，L. 布拉加的立场开始与 V. 珀尔万发生疏离。他认为后者将自己的精神结构投射到了罗马尼亚人祖先的身上，对史实的阐释过于片面，在没有充分根据的情况下进行了夸大和泛化。

L. 布拉加反对达契亚人具有独神论和唯灵论信仰的观点。他在比较分析后指出，所有印欧民族的神话传说都具有多神论和神人同形的特征，身处这些民族之中的达契亚人也不可能例外。他对此问题看法较为中庸，认为罗马尼亚民族形成过程中保留了双重印记。其实 V. 珀尔万也持有相似的立场，但他的一些观点被错误地夸大了。他的贡献在于重建了罗马帝国占领前 1000 年间的历史，为罗马尼亚史学研究开辟了一个全新的领域。

在重建葛特—达契亚人历史的同时，V. 珀尔万并未贬低罗马尼亚民族构成中的拉丁成分，只是将其置于更宽泛的东方民族西方化进程中加以讨论。这一进程早在图拉真占领达契亚之前就开始了。他明确指出，"整个罗马尼亚文化的思想之母是罗马思想。自从我们发现了自己的罗马起源，我们的民族文化就获得了巨大的创造力，完全不同于古老的达契亚—罗马民间文化（……）直至 17 世纪，罗马尼亚人的三个公国才通过不同渠道同时发现了这一点，并迅速获得了同样巨大的创造力"。

拉丁因素的发现对于塑造民族意识起到了至关重要的作用，也是不断激励着罗马尼亚人走向现代的精神动力，他们在罗马模式中寻回了自己的欧洲身份和文化特征。在罗马尼亚民族产生的家园，罗马精神已经与达契亚本土背景融为一体，并将世代长存。

第七章

20 世纪初的重要人物、
文化走向和思想运动

第一节 历史背景：当时的社会问题和各种思潮

20 世纪初，罗马尼亚步入了历史发展的关键时期。为改善农民和其他弱势群体的处境，实现政治民主化，激励文化创作，经济、社会和政治改革已刻不容缓。针对罗马尼亚应如何推进改革，实现何种所有制，走何种发展道路，各种思潮之间产生了激烈碰撞。在当时的社会和历史背景下，各种文艺走向、社会思潮、哲学命题似乎都丧失了自主性和距离感，成为反映社会动荡共鸣器。尖锐的社会问题不断冲击着文化和政治领域，使得远离现实的抽象研究逐渐被人们淡忘。

自由主义与保守主义之争主导了当时的政界。围绕着 19 世纪末存在的社会问题，出现了社会民主主义、播种派、民粹主义等思潮。这三股重要思潮对罗马尼亚文化界的影响一直延续到 20 世纪前二十年。

- 社会民主主义（或称社会主义运动）在罗马尼亚出现于 19 世纪末，最初是由一些受西方社会主义思潮影响的知识分子发起的。它以马克思主义为理论基础，旨在通过社会主义革命来建立无产阶级政权。
- 播种派是在政治精英与农民阶级严重割裂的背景下出现的文化思潮，旨在弘扬传统和巩固民族意识。播种派的倡导者们恪守传统价值观，注重对古老民间文化的发掘，并将其看作民族文化的活力之源。他们希望民间传统能够发挥更大的社会功能，增强民族意识。

- 在罗马尼亚，民粹主义被认为是一种具有民主改革性质的社会和政治学说。民粹主义者认为马克思主义、社会民主主义与罗马尼亚民族所处环境格格不入，同时他们又与保守主义者势不两立。他们有着与 20 世纪初的自由主义者相似的立场，主张彻底的政治和经济改革，建立普选机制，实现耕者有其田。在新进化论思想的影响下，民粹主义者认为罗马尼亚应该走有别于西方的经济发展道路。到两次世界大战之间，民粹主义者提出的农业合作制理念被重农主义者采纳。

这三种文化思潮的交锋始终围绕着农民问题和民族问题展开，并各自提出了解决方案。它们之间的碰撞都是为以下问题寻求答案：

- 与西方国家相比，罗马尼亚面临的问题有何特殊性？从什么样的理论出发才能对这些问题进行更为贴切的定义和阐述？
- 在完成现代化使命的同时，罗马尼亚应如何实现民族理想？
- 针对罗马尼亚社会面临的一系列特殊问题，西方的社会理论和政治学说能够在何种程度上被罗马尼亚采用？
- 罗马尼亚应该选择怎样的现代化道路，才能成为欧洲强国？

这些问题引起了哲学界、社会学界、政界和文化界的广泛关注，但人们给出的答案大相径庭。农民问题牵涉到经济和社会生活的方方面面，其重要性不言而喻，解决这一问题是解决罗马尼亚现代化进程中其他重大问题的前提。民族问题更是事关重大，在新的地缘政治背景下，罗马尼亚各公国实现统一的诉求更为强烈，罗马尼亚社会各界对增强民族意识的愿望也更为炽热。经济发展模式的问题同样棘手，由于罗马尼亚各公国长期实行自由主义政策，外国资本大量渗入，在社会上引发了巨大争议。

在民族文化问题上，罗马尼亚人的文化身份面临着国内因素和地缘政治因素的直接挑战。鉴于政治精英们大肆贬低民族文化，一些知识分子开始为本土文化平反。能否在文艺创作、教育、新闻等重要领域全方位扶持罗马尼亚原创文化，是当时亟需解决的问题。增进民族情感必须重拾本土元素，回归那些铭刻着罗马尼亚民族精神特质，并传承了千百年的价值观。弘扬民族文化传统既是时代的要求，也是凝聚各方力量，实现民族统一理想的策略。

针对上层社会肤浅的西方化行为，一些知识分子援引亨廷顿的理念，提出了文化和经济政策"本土化"的主张。M. 埃米内斯库早在19 世纪就已指出，"流于形式的现代化只会使上层阶层受益，实际上却会阻碍经济和文化现代化进程"，20 世纪初的知识分子为这一观点提供了全新的佐证。播种派认为所谓现代化就是对本土传统文化的振兴，以及对民族潜力的发掘。民粹主义者也认为罗马尼亚各公国有着特殊的国情，西方国家的工业化模式无法被全盘复制。

第二节　播种派

播种派产生于 20 世纪初，以研究社会问题见长，在罗马尼亚各公国引发了广泛反响。播种派不仅是一种政治学说，还是一种涉及罗马尼亚文化各个层面的复杂思潮。其影响遍布社会学、历史学、文学、音乐、美术、人类学、美学、哲学、群体心理学、新闻等领域。

播种派运动的核心思想是：所有教育和文化形式都应体现民族精神，成为培育民族意识，决定社会发展方向的手段。S. 哈雷特后来将这些空泛的理念加以整合，提出了一项覆盖面极广的启蒙计划，旨在提升乡村文化水平，普及科学知识，发掘农民阶级的潜力。这一计划的最终目标就是创造一种能够表达民众诉求，并为民众服务，使其受益的文化。播种派最大的成功，就是在 20 世纪最初 10 年（当时正与民粹主义学说各执一词）将其理念引入文学创作中，并拥有了一位杰出的代表人物——N. 约尔加。他在社会生活中异常活跃，在课堂上更是旁征博引，对民族历史进行了全面回顾，给他的学生带来了深远的影响。他同时还是文化界的权威、渊博的史学家、雄辩的文学评论家、民族统一的积极推动者、报界的领袖。

罗马尼亚社会当时面临着两大问题，即农民问题和民族问题。播种派正是在围绕着这两大问题的争论中产生的。其代表人物试图定义罗马尼亚社会的特点，为其发展出谋划策。播种派思潮的影响最初仅限于文学和文化领域，后来逐渐延伸到思想和政治层面，并成为那个时代的主流思潮之一。

1. 播种派思潮的产生

播种派思潮源于 19 世纪末一些作家对农民命运的深切关注，这种关注逐渐发展为一场声势浩大的思想运动。1900 年前创刊的一系列刊物预示了这一思潮的出现，例如：1884 年在锡比乌创刊，由 I. 斯拉维奇担任主编的《论坛》杂志；A. 弗拉胡策 1893 年在布加勒斯特创办的《生活》杂志；I. 斯拉维奇、G. 考什布克（George Coșbuc，1866-1918）、I. L. 卡拉迦列 1894 年在布加勒斯特创办的《家园》杂志。这些刊物的共同特征是提倡回归传统、重视民间文化，向往乡村生活，关注农民命运，致力于加强民族意识。

在 S. 哈雷特的提议下，《播种者》杂志于 1901 年 12 月 2 日在布加勒斯特创刊。作为杰出的学者和政治家，S. 哈雷特大力倡导普及国民教育，提升农村文化水平，为罗马尼亚的教育现代化作出了不可磨灭的贡献。《播种者》杂志的名称极富象征意义，指明学者（包括作家、艺术家、教师、教士等所有知识分子）的使命就是在民众心中"播种"理想和信念，并"耕耘"民族精神的田园。

杂志创刊之初由 G. 考什布克和 A. 弗拉胡策领导，1902-1905 年间由 I. 肯迪（Ilarie Chendi，1871-1913）和 Șt. O. 约瑟夫（Ștefan Octavian Iosif，1875-1913）担任主编，1905 年开始由 N. 约尔加接任。后者从 1903 年起为该刊物撰稿，并为播种派制定了文化和理论纲领。1906 年 10 月，N. 约尔加辞去《播种者》主编职务，于同年创办了《罗马尼亚民族》杂志（发行至 1940 年），以民族意识引领者和政治家的身份阐述自己对民族和民主的看法。1906-1908 年，《播种者》由 Șt. O. 约瑟夫、M. 萨多维亚努、I. 斯库尔图（Ion Scurtu，1877-1922）、D. 安格尔（Dimitrie Anghel，1872-1914）、C. 桑杜 - 阿尔代亚（Constantin Sandu-Aldea，1874-1927）共同领导。在该杂志停刊前的最后两年，即 1908-1910 年间，由 A. C. 波波维奇（Aaurel C. Popovici，1863-1917）担任主编，走上了反对民主的保守主义道路。

《播种者》杂志的鼎盛期出现在 1903-1906 年间，N. 约尔加在这一时期发表的文章使播种派思想日益完善。杂志网罗了一批高水准的编辑、作家和支持者，包括当时极负盛名的 G. 考什布克、M. 萨多维亚努、O. 戈加、Șt. O. 约瑟夫、I. 肯迪、I. 斯库尔图、C. 桑杜 - 阿尔代亚、I. 阿格尔比恰努（Ion Agârbiceanu，1882-1963）、I. A. 布勒泰斯库 - 沃伊内什蒂（Ioan Alexandru Brătescu-Voineşti, 1868-1946）、E. 法拉戈（Elena Farago, 1878-1954）、E. 格尔莱亚努（Emil Gârleanu, 1878-1914）、G. 穆尔努（George Murnu, 1868-1957）、O. C. 塔斯勒瓦努（Octavian Codru Tăslăuanu, 1876-1942）、I. 斯拉维奇, 等等。[①] 播种派思潮不仅在作家、知识分子群体中引发了巨大反响, 还得到了其他一些刊物的大力支持, 例如 O. 戈加和 O. C. 塔斯勒瓦努在布达佩斯创办的《金星》杂志, 以及克拉约瓦的《支流》杂志。其影响力也从文化界和政界逐渐蔓延到普通民众中。

反对播种派的声音主要来自新文学流派的拥趸, 与其立场对立的刊物主要有: O. 登苏西亚努在 1905 年创办的《新生活》杂志; H. 萨涅列维奇（Henric Sanielevici, 1875-1951）在同年创办的《新潮流》杂志; 1906 年在雅西创刊, 由 C. 斯泰雷和 G. 依布勒伊莱亚努担任主编的《罗马尼亚生活》杂志。

2. 民族传统与民族理想

播种派所倡导的理念, 与 M. 科格尔尼恰努在《达契亚文学》（1840）中制定的民族发展纲领、青年社运动, 以及整个罗马尼亚批判文化密不可分。它们的共同特征在于对执政者和官方文化的猛烈抨击, 以及对当时学术界崇洋媚外、模仿成风的无情批判。

播种派之所以对乡村传统尤为重视, 将其视作激发民族情感的源泉, 是由当时的历史背景决定的。日益严峻的农业问题导致了 1907 年农民起义的爆发, 执政者与上层社会日益脱离民众, 对民间文化漠不关心。阶级矛盾不断激化, 城乡差异逐渐拉大, 民族主义者与唯西方马首是瞻者之间的矛盾更是无法调和。播种派的立场是由罗马尼亚当时的文化环境和尖锐的社会矛盾决定的, 是社会状况在文化层面的反映。尽管在那一时期, 欧洲各国普遍兴起了"针对资本主义的新浪漫主义和重农主义批判", 播种派也同样带有传统主义和重农主义色彩, 但如果仅仅将其看作对西方思潮附和, 就忽视了其本土根源。

A. 弗拉胡策曾撰文指出,《播种者》杂志应着重关注以下方面:"重要历史人物、重大历史事件、激励人心的丰功伟绩、乡村生活场景、

[①] 其中很大一部分是来自特兰西瓦尼亚的作家, 如: G. 考什布克、I. 斯拉维奇、O. 戈加、I. 阿格尔比恰努、Şt. O. 约瑟夫、I. 肯迪、O. C. 塔斯勒瓦努、A. C. 波波维奇, 等等。

积极健康的模范形象。"M. 萨多维亚努的文学创作生涯就是从此类主题起步的，而 G. 考什布克、I. 阿格尔比恰努、Şt. O. 约瑟夫、C. 桑杜 - 阿尔代亚、O. 戈加等人的大部分作品也都表现上述题材。通过刻画历史人物来提振民族精神的作品还包括 B. 斯特凡内斯库·德拉弗朗恰的戏剧三部曲《日落》(1909)、《风暴》(1910)、《金星》(1910)。他塑造的斯特凡大公的形象深入人心，激励着 20 世纪初的人们时刻准备为实现民族理想而奋起斗争。

很多人将播种派思想简单地理解为对往昔岁月的追忆和对田园生活的向往。实际上，播种派作家的作品中也时常反映农民阶级遭受的压迫和苦难。无可否认，播种派过于注重伦理和传统，对象征主义等新文学流派持抵触态度，有着自身的审美局限性。但它对社会痼疾的批判有着独到之处，为一战后罗马尼亚文学的蓬勃发展铺平了道路。这一思潮体现了当时众多知识分子的文化诉求。他们胸怀民族理想，并清醒地意识到要实现这一理想，必须建设一种坚实的民族文化，并使其发挥社会塑形剂和催化剂的积极作用。正如 M. 埃米内斯库所说的，只有"基于本民族的特质，体现本民族的精神"，文化才能够发挥塑形剂的作用。所谓"基于本民族的特质"就是要重视文化中的民间佚名内容，并挖掘其历史根源。民间文化具有十分广泛的群众基础，完全不同于生搬硬套而来的法国式沙龙文化。后者只流行于上层社会中，毫无社会感召力和可行性。

从社会学角度看，播种派思想是由青年社的有机进化论发展而来的，主张平缓渐进的发展，反对社会革命。其代表人物在否定当下的同时颂扬过去，认为"舶来"的现代文明与源自民间的文化格格不入。在他们看来，文化政策的制定必须契合传统，以体现民族精神为宗旨。N. 约尔加从播种派学说中凝练出以下几条重要理论。

3. 罗马尼亚社会有机发展理论

在 N. 约尔加看来，一个民族的历史发展必须契合传统，通过平缓、有序、有机的社会变迁来实现。任何突然偏离传统的现象都可能导致严重的失常或冲突。然而在罗马尼亚现代史上，此类因革命运动而割裂历史、打破社会平衡有机发展的事例比比皆是。他指出，在 18 世纪法国大革命的影响下，罗马尼亚人试图基于抽象、理性的普遍原则来重建罗马尼亚社会。但 19 世纪在罗马尼亚爆发的革命实际上阻断了社会的有机发展，致使异状频出。与之相比，N. 约尔加更为青睐美国革命的模式，因为它具有民族革命特征，不易导致传统的沦丧。

可见，N. 约尔加对"四八"革命是持批判态度的，因为革命中倡导的政治理念并不符合罗马尼亚民族的特点。他认为变革是必须的，现代化是历史的必然，但应该通过有机的途径来实现，而非随意引进改革理念，自上而下强制推行。他明确指出，上层建筑与历史、社会、文化背景之间的巨大差异是导致罗马尼亚社会动荡的主要原因。通过这些观点，N. 约尔加使青年社的"无内容的形式"理论拥有了更为广泛的社会和历史基础，焕发了新生。

4. 统治阶级与农民阶级间的鸿沟

N. 约尔加指出，资产阶级文明形式的实际拥有者只是凌驾于罗马尼亚社会之上的统治阶级。那些政治精英们，无论是为了阶级利益而卖国求荣的地主贵族，还是醉生梦死的城市新兴资产阶级，都与民众渐行渐远，沦为了只知消费却不对下层阶级的生产劳动给予任何回报的寄生虫。他将罗马尼亚社会中的所有乱象都归咎于两个原因，其一是有机发展被阻断，其二则是政治精英脱离民众。他的这一观点显然脱胎于 M. 埃米内斯库的政治理念。

在他看来，农民阶级虽然保持着民族特征，却无法通过文化或政治形式将其表现出来。处于社会上层的资产阶级则是"去民族化进程"的产物，原本是一些靠侵吞传统贵族资产发家的豪绅和二地主。上层阶级享有的外来都市文化完全脱离了罗马尼亚社会的传统与现实。罗马尼亚社会为何会发生如此严重的两极分化呢？为了对这一现象进行了解释，N. 约尔加一直追溯到了 15 世纪、16 世纪。那时各个社会阶层都怀有同样的民族理想，这一理想使他们超越了阶级藩篱，达到了空前的团结。但是在国内外的经济和政治压力下，这种团结在之后几个世纪逐渐瓦解，以至于从勇敢的米哈伊大公统治时期开始，"罗马尼亚人被分化成了两个敌对阶级，即富裕的贵族阶级和贫困的农民阶级"。

贵族阶级不断巩固自己的特权并加重对农民的剥削，甚至为了阶级利益而出卖民族利益。到了 17 世纪，贵族阶级愈加贪得无厌，农民则备受压迫，罗马尼亚社会分崩离析，再也无力对抗土耳其人和希腊人的统治。罗马尼亚人"由于自己的过错而陷入了被外族长期奴役的悲惨境地"。到法纳里奥特大公统治时期，贵族阶级被彻底"去民族化"，完全脱离了民众，政府完全无法代表民族利益。农民与统治阶级之间的鸿沟在 19 世纪进一步加深。统治阶级在肤浅的外来文化氛围中自我陶醉，他们在沉迷于法国式沙龙文化的同时，极力贬低民族传统和乡村文化。

5. N. 约尔加的文化纲领 * 重建民族凝聚力

播种派是对上述种种反常现象做出的回应和反击。N. 约尔加主张让社会回归有机发展轨道，重建社会和民族凝聚力，而这一重建过程必须超越阶级利益和政党利益的局限。他认为各阶级之间的关系严重扭曲，上层阶级则是各种因素在革命中杂糅而成的畸形产物，唯有乡村才是没有社会差别的理想化社会。他在阐释社会和经济问题时，也先行用这样的文化和道德标准对其进行了过滤。

N. 约尔加提出的文化纲领旨在基于乡村文化重建民族文化，这一纲领在播种派领导的思想运动中得到了贯彻。N. 约尔加反复强调文化具有社会功能，但前提是这种文化必须首先回归传统和乡村价值观。他期待着实现"文化飞跃"，以巩固民族意识，重建民族凝聚力为最终目标，构建一种能够展现民族精神的文化。他甚至将社会差异解释为文化差异，在对社会进行了"病理分析"后指出，如果统治阶级不接纳民族文化，终将一事无成。N. 约尔加猛烈抨击当时的消费文化，认为这种舶来品有百害而无一利，根本不是其推崇的"由人民辛勤创造出来的伟大的西方文化"。在他看来，那个时代"精神颓废"的文学作品同样也是消费文化的产物。它对罗马尼亚社会面临的严重问题避而不谈，只会毒害民众心灵，瓦解民族意志，玷污社会道德。

N. 约尔加还对资产阶级的生存状况和商人习性进行了深刻批判。但必须指出的是，他所批判的只是肤浅轻佻的沙龙文化，非但不排斥真正的西方文化，反而对其赞誉有加。他不断号召人们脱离有害的文化环境，回归有机发展的乡村文化，因为只有在那里保存着民族的血脉，是文化复兴的希望所在。

文化应该成为增强社会和民族凝聚力的工具，这一观点对于播种派思潮有着至关重要的意义。在 N. 约尔加看来，农民问题并非单纯的社会或经济问题，同时也是一个文化问题。播种派因此主张从文化改革入手，以此来带动经济和政治变革。与民粹主义的分歧在于，N.约尔加认为社会进步不应通过政治和经济改革来实现，而应通过提升文化水平来实现。他指出："它（《罗马尼亚生活》杂志）希望通过政治活动改善文化生活，而我们则希望各国的罗马尼亚人（此处指的是处于外族统治下的罗马尼亚人）都能拥有一种伟大的文化，并由此获得最大的福祉。"

他坚信文化是推动变革、振兴民族的决定性因素。一种新的文化可以重建罗马尼亚社会曾经丧失的凝聚力、弥合社会差距、缓解阶级矛盾，从而实现道德和精神层面的复兴。学校应该真正成为一个民族的礼拜堂，必须通过学校来提升农民的文化水平，使其意识到自己的力量和价值。文化在社会生活中发挥着凝结核的作用，能够保证社会发展回归有机的轨道。

N.约尔加希望通过激进而又不失分寸的方式建立一种富有民族特色的文化，使民族精神融入文学、艺术和政治体制之中。他将文学看作救世主，认为其具有重大的教育意义，能够重塑民族意识、增强民族实力。他从社会学和意识形态的角度，而非仅仅从美学角度来看待文学。他眼中的文学和艺术已经融入了思想发展的整体进程之中。

播种派运动在兴起之初引发了广泛的反响，后来由于 A. C. 库扎（Alexandru C. Cuza，1857-1947）、A. C. 波波维奇等人的片面引导和过度阐释，变得日益保守。为了更深入了解播种派对于那个时代的意义，我们从 N. 约尔加在 1903-1906 年间发表的《一场文学之争》第一、二卷（布加勒斯特，密涅瓦出版社，1979 年）中援引了一些经典段落，以飨读者。

6. N. 约尔加论著节选

"在我们自由的罗马尼亚王国，到处可见四轮马车、闲庭信步、歌舞升平、各类报纸、象征主义诗人，以及所谓的'政治'联合会和俱乐部。我们还有各种杂志、法律和监狱。别的民族同样也有这些东西，但他们还有一个更高远的终极目标。我们有吗？（……）有人将扩大自由度，并最终达到无政府状态，随心所欲地争名逐利作为目标。另一些人则认为应该发展现代工业，进而实现社会主义理想。这一理念表达了在城市和矿场中受压迫的工人阶级的理想，但我们并没有这个阶级（……）甚至还有人说，我们应该替那些地主、豪绅，以及那些贪得无厌的外国佬（外国资本）创造财富，让他们变得像美国人、迦太基人、犹太人、巴比伦人那般富裕。这些理想主义者最终走到了一起，相信举着三色旗招摇过市，哗众取宠就能收复阿尔迪亚尔……

所有这些都纯粹是妄想、圈套、谎言、无稽之谈！

我们已经足够自由了，缺乏的是道德的约束。我们需要的是一种公正的、能够怜老恤贫的政策。正是那些老年人和缺少文化的贫苦农民被我们毫无意义的虚荣压得不堪重负。舶来的成果，无论是文学、科学、艺术，还是光耀夺目的符号，都无法推动民族进步。依靠那些哗众取宠的年轻人和幼稚的口号，是无法像占领菲律宾群岛那样收复阿尔迪亚尔地区的。在某个遥远的地方，民族再次统一的理想如同一幅圣像般浮现在银色的天空。有朝一日，古老的领土终将回归！

然而此时此刻，我们却没有什么可占领的。那些被月光所蒙蔽了双眼，游走在峭壁边缘的危险的梦想家，不应被人们当作向导。我们的政治变革正陷于停滞，也许还将长期停滞。我们在（罗马尼亚）王国内所做的，都脱胎于舶来的宪政形式，这并不是新一代人的理想。

我们的第一要务，就是要净化、整合、发展，并大力弘扬我们的文化。罗马尼亚是所有人的国家，但文化却只为贵族和暴发户服务。我们作为一个民族国家却没有民族文化，只能靠外国文化，特别是法国文化来装点门面。我们梦想着在同一种政治体制下实现民族统一，但只是流于空谈，并未用实际行动来响应这一号召。（公国的）国界依然制约着我们的文化发展，虽然我们希望实现统一，却不愿彼此认可。

这种状况不应再持续下去，否则我们拥有的一切都将烟消云散。在罗马尼亚人的全部领土上，我们需要一种适合从上到下所有人的，属于自己的文化。书籍必须能反映民族的心声，字里行间表达的信息，能够让上自王公下到平民都为之动容。摒弃那些舶来的、庸俗的、不知所谓的都市沙龙文化吧！为了支撑这种文化，我们在田野中辛勤劳作，流尽了血汗。丢弃那些矫揉造作、颓废腐朽的书籍吧！西方用这些书籍毒害着那些浑浑噩噩的国家。停止那些可耻的模仿吧！

我们必须开启文化新纪元，否则将死无葬身之地！面对列祖列宗，我们无权让子孙后代发生异化！[①]

先生们，民众会被自然而然地划分到不同的阶级，而阶级又会分化成个体。个体利益难以调和，各阶级之间也势同水火。民族归属感必须凌驾于个体利益和阶级利益至上，成为全社会共同的情感。这种情感能够确保一个民族生生不息，并在任何环境下都能取得胜利。

这是怎样一种情感呢？这种归属感必须建立在下述坚实的基础之上：

首先，这个民族的所有成员，无论老幼贫富，地位高下，都必须以同样的热忱，同样的忠实度使用民族语言。只有这样才能为民族归属感奠定基础。

其次，民族归属感离不开对民族传统的认同。所有人都必须发自内心地，而不是仅仅通过书本和课堂去了解过去，去了解全民族几个世纪以来的丰功伟绩。

再次，民族归属感并没有物化的特征。换言之，我们能够在一起并不是因为有同样的海关制度、同样的行政体系和同样的日常生活环境，而是因为我们有着同一种精神。要培养这种归属感，必须从培育同一种文学、热爱同一首诗歌、吟唱同一首歌曲、关注同样的事迹、穿着同一种服饰开始。这些元素具有很高的价值和美感，不仅是对当今和过去生活的写照，还表达了全民族对未来的憧憬。

这有在这样的基础上才能实现精神的统一，进而使国土之上有着相同血脉的所有居民团结起来，推动民族不断进步（……）

勇敢的米哈伊大公去世后，我们更深地陷入土耳其人的奴役之下。我们之前没有受土耳其的奴役是因为我们更凶狠，但后来自卫手段日益匮乏，民族生命力每况愈下。当一个民族的生命力减弱，其他生命力更为强大的民族就会乘虚而入。生命力衰减的原因，在于构成这个民族的各个阶级之间缺乏团结。

17 世纪，罗马尼亚本土贵族的势力被削弱，贵族阶级变得比以往更加贪婪，农民承受的苦难也更深重。我们彻底沦入土耳其人暗无天日的奴役之中。后来希腊人来统治我们，他们带来了贵族、商人、发达的文化，还有高级教士。这不是希腊人的错，而是我们的错。由

---

① N. 约尔加：《文化新纪元》，载《播种者》，1903 年 5 月 18 日；收录于 N. 约尔加：《一场文学之争》，布加勒斯特，密涅瓦出版社，1979 年。第 8-10 页。

于我们采用了错误的发展模式，构成罗马尼亚民族的各个阶级相互仇视，无法团结起来应对困难，抵御外侮。贵族有着错误的归属感，农民则毫无归属感，沦为只会在土地上劳作的牛马，处于野蛮的土耳其人和狡诈的希腊人的双重奴役之下。由于缺乏民族凝聚力，我们付出了一百二十年的代价（……）

很多民族都会遭遇同样的问题：19世纪，一些民族实现了复兴，另一些民族却湮灭了。而在20世纪，只有那些能够推陈出新，顺应全新生存环境的民族才能脱颖而出。只有勇敢、繁荣、团结的民族才能在20世纪生存下去。我们已经迎来了1901年，愿上帝保佑我们的子孙后代也能迎来21世纪，但愿他们到那时不再处于外族统治之下。受外族奴役比全民族的彻底消亡更为可悲，因为后者是肉体的消亡而精神不朽，前者则如行尸走肉般苟延残喘！

为了实现民族复兴，与其他民族比肩而立，我们意识到必须借鉴西方文化。

我并不厌恶西方文化，也没有人会厌恶它。它是西方各民族长期辛勤劳动的结晶，但没有参与构建西方文化的民族只能按照其实际需要加以借鉴，不应不顾自身情况全盘照搬（……）

先生们，又有一批游历西方的青年人回来了。但他们出国既不是求学，也不是为了（像"四八"革命一代那样）追求自由理想，只是为了穿着法国的衣衫鞋履招摇过市。

他们的所作所为显然不符合我们所处的时代背景。在平静地度过四五十年后，会有一位铁面无私、言辞犀利的史学家质问这一代人：你用上帝赐予你的天赋做了什么？你用勤劳勇敢的祖先留下的遗产做了什么？这四十年来，保加利亚族等民族已经崛起，在某种程度上已经赶上甚至超越了我们，你们又在做什么？他们只能回答：四十年来我们一直在说法语、读法语书、剥削农民。我们去巴黎是为了回来嘲讽自己的祖国，在临死时可以为自己不再像罗马尼亚人而骄傲。

这就是我们的统治阶级去民族化的过程，就是我们虚度光阴的故事，就是统治阶级日益堕落，导致民族发展偏离了自然轨道的历史。"①

---

① N. 约尔加：1906年3月13日的讲话；收录于 N. 约尔加：《一场文学之争》，布加勒斯特，密涅瓦出版社，1979年。第321-329页。

第三节　社会主义运动 * C. 多布罗贾努-盖雷亚

随着 1881 年《当代人》杂志在雅西创刊，社会主义运动在罗马尼亚各公国蓬勃兴起，其主要代表人物有 C. 多布罗贾努 - 盖雷亚、I. 纳代日德（Ioan Nădejde，1854-1928）、S. 纳代日德（Sofia Nădejde，1856-1946）、V. G. 莫尔聪（Vasile G. Morţun，1860-1919）、Şt. 斯滕克（Ştefan Stâncă，1865-1897）、R. 约内斯库 - 里翁（Raicu Ionescu-Rion，1872-1895）、P. 穆绍尤（Panait Muşoiu，1864-1944）。他们活跃在政论领域，翻译了马克思和恩格斯（Friedrich von Engels，1820-1895）的部分著作，大力宣扬马克思主义思想，与那个时代的其他思潮针锋相对。1893 年，罗马尼亚工人社会民主党成立。1899 年解散后，该党的大部分骨干转入自由党。社会民主党在 20 世纪得以重建，但并未在政治生活中发挥特别重要的作用。

在理论层面，马克思主义文学评论家、文学理论家、社会学家 C. 多布罗贾努 - 盖雷亚作出了巨大贡献。他凭借《罗马尼亚社会主义者想要什么？》（1886）、《新农奴制》（1910）、《落后国家的社会主义》（1911）等文章跻身著名理论家之列。此外，他还发表了一系列评论文章阐述艺术对社会和意识形态的影响。其文艺理论与 T. 马约雷斯库大相径庭，两人之间曾爆发过多次激烈论战。

1. 新农奴制——畸形的社会经济体制

C. 多布罗贾努 - 盖雷亚关注的最基本问题是如何将马克思主义应用于落后国家。他的分析结果与 M. 埃米内斯库、T. 马约雷斯库、N. 约尔加、C. 斯泰雷等人殊途同归，认为罗马尼亚社会向资本主义演变的过程明显不同于西方国家，悬而未决的农业问题引发了一系列乱象。在一个被农业问题困扰，乱象丛生的落后国家，社会现实明显与马克思主义原理不符。为此，C. 多布罗贾努 - 盖雷亚必须对马克思主义进行改造，使之适应罗马尼亚国情。

1907-1908 年，C. 斯泰雷在《罗马尼亚生活》上发表了《社会民主主义还是民粹主义》一文。作为回应，C. 多布罗贾努 - 盖雷亚撰写了其代表作《新农奴制》。这篇文章从马克思主义视角出发，结合社会学理论对罗马尼亚的经济和政治状况进行了深入分析。文章旨在证明工业化是罗马尼亚实现社会进步的必由之路，在发展工业的同时进行必要的农业改革，增强无产阶级的力量，从而为社会主义思潮和罗马尼亚工人社会民主党正名。

C. 多布罗贾努 - 盖雷亚首次提出了"新农奴制"这一概念，用以指称一种汇集了封建制度与资本主义制度所有弊端的社会经济体制。在这种体制下，罗马尼亚拥有现代资本主义政治结构，然而生产关系在很大程度上仍带有封建性质。这一矛盾的根源在于 1864 年实行的农业改革并不彻底，且目的不明。大地主阶级为了眼前的利益发起了这次改革，并建立了一种"杂乱、荒谬、怪异的社会经济体制。结果这一体制既不利于小地主，也不利于大地主，反而使双方都蒙受了损失"。[①]农奴制虽然在名义上被废除，但《农业制度法》的出台实际上复辟了这一制度，使罗马尼亚陷入"资本主义政治体制与半封建生产关系"的矛盾之中。C. 多布罗贾努 - 盖雷亚指出，在"毫无生机，且后继乏力"的制度下，"罗马尼亚社会生活发生的畸变超乎人们的想象，我们就在这种畸形的社会中生活了半个多世纪"。[②]

与 C. 斯泰雷的著作（我们之后会提到）一样，C. 多布罗贾努 - 盖雷亚在《新农奴制》一书中对罗马尼亚 20 世纪初的社会经济状况进行了一次全面诊断。这两部著作对于研究罗马尼亚社会和政治思想有着重要的参考价值。两人对社会痼疾的描述大致相同，但提出的解决方案大相径庭。有意思的是，两人的著作都是从 M. 埃米内斯库的经济分析出发展开论述的。M. 埃米内斯库指出，拥有创造力的中产阶级才是一个现代国家的中流砥柱，而罗马尼亚的国情并不利于中产阶级的形成。这一观点得到了 C. 多布罗贾努 - 盖雷亚和 C. 斯泰雷的一致赞同。他们认为由于民族工业的缺失，农民阶级成为唯一创造价值的阶级，但他们饱受资产阶级自由主义体制的盘剥。而中产阶级则被贪婪腐朽、不劳而获的上层阶级所取代。G. 依布勒伊莱亚努指出，尽管 M. 埃米内斯库的政治主张与社会主义相去甚远，但其批判视角，以及他针对罗马尼亚社会所做的分析，与社会主义运动的先驱有着诸多共通之处。C. 多布罗贾努 - 盖雷亚在描述罗马尼亚社会状况时显然借鉴了 M. 埃米内斯库的观点："国力积贫积弱：人均生产值仅

①C. 多布罗贾努 - 盖雷亚：《新农奴制》，收录于《多布罗贾努 - 盖雷亚全集》（第四卷），布加勒斯特，政治出版社，1977 年。第 48 页。
②同上书。第 61 页。

50 元。这样的生产力连人民最基本的物质需求都无法满足，国家还要从中抽取三分之一来供寄生虫一样的官僚阶级挥霍。剩下三分之二中的很大一部分被少数人攫取，过着穷奢极欲的生活。就这样，需求变得永无止境，品位变得高不可攀，越来越无法满足。人们变得自私自利、不择手段、道德败坏，民族似乎正走向末路。"[1]

　　M. 埃米内斯库还将当时最新的经济学理论融入自创的比较方法之中，援引了大量例证来说明工农业生产在效率和质量上的差异，以此反驳亚当·斯密（Adam Smith，1723-1790）和李嘉图（David Ricardo，1772-1823）的理论。他指出，工业生产的"附加值"和"劳动效率"明显高于农业生产。在与西方工业国的经贸交往中，农业国不可避免地被吸引和同化，工业国通过各种手段使农业国沦为其附庸。这种经济从属关系必将影响到地缘政治格局。1882-1883 年，M. 埃米内斯库在担任《时代日报》主编的最后几年间撰写了一系列文章，明确主张罗马尼亚"哪怕为了满足自身的需求"也应该成为一个工业国。到两次世界大战之间，经济学家 M. 马诺伊列斯库（Mihail Manoilescu，1891-1950）基于上述观点提出了保护主义理论，并为落后国家制定了工业化战略。

　　让我们回到 C. 多布罗贾努 - 盖雷亚的理论。我们注意到，这一理论是在 19 世纪、20 世纪之交剧烈动荡的时代背景下形成的。继 M. 埃米内斯库的经济学理论提出之后，民粹主义、保守主义、马克思主义等各种思潮在罗马尼亚纷纷出现。C. 多布罗贾努 - 盖雷亚的视角与青年社较为接近，他认为罗马尼亚社会的各种乱象主要是由于理想和现实之间的落差导致的。但他同时强调，这种内在的矛盾在过渡阶段是不可避免的，必须通过社会改革和工业化来弥合理想与现实之间的差距。他指出，尽管罗马尼亚已经引进了西方的现代体制，投身到现代化大潮之中，但薄弱的社会经济基础使其陷入了困境："西方的制度、道德、文化建立在雄厚的物质基础之上，我们并不具备这一基础，因此一切都是空中楼阁。我们没有大型的工业设备和发达的工业体系，也没有高度集约的农业，工厂、作坊和农业部门资金匮乏。我们的生产力达不到这个高度，因此没有这样的物质基础。只有在相应

---

[1] C. 多布罗贾努 - 盖雷亚：《新农奴制》，收录于《多布罗贾努 - 盖雷亚全集》（第四卷），布加勒斯特，政治出版社，1977 年。第 355 页。

的物质基础上，才能够通过教育提升文化水平。道德水平的提升当然更为困难，但只要具备有利条件，这种转变就会相对容易一些。引进纸面上的政治和社会制度是最容易的，但要拥有西方制度、道德、文化存在的基础却十分困难，简直太难了！为此我们必须不怕牺牲、勇敢斗争、辛勤劳动，这需要几代人的努力。"[1]

在 C. 多布罗贾努 - 盖雷亚看来，罗马尼亚社会的一切乱象都是由新农奴制这种经济体制造成的。那我们如何才能走出困境呢？解决问题的关键在于扩大国家的生产基础，通过深化改革来提高农业生产力，更重要的是实行工业化。民粹主义者认为罗马尼亚缺乏高利润的大工业，而且在未来也没有条件建设大工业体系，社会进步只能通过农业现代化来实现。C. 多布罗贾努 - 盖雷亚无法接受这一观点。他认为不应将国家的未来寄托在乡村，使之永远成为农业国，因为"一个典型的农业国必定是一个经济文化落后的典型穷国"。作为工业化的拥护者，他坚信要赶超西方资本主义国家，就"必须脱离原来的道路，踏上他们曾经走过的经济文化发展之路"。[2]

他指出，尽管落后国家面临诸多问题（例如"封建残余"、新农奴制、形式与内容的落差），但这些问题不是另选历史发展道路的借口。这些国家应该重走西方资本主义国家曾经走过的发展道路，其终点就是"社会主义社会"。这个理想虽然遥远，但在马克思主义者看来，是符合历史发展逻辑的。他总结道："即使国家的未来真的在乡村，乡村自身的未来也有赖于城市化和工业化进程。今后整个国家都会达到与西方国家相似的水平，并在未来与这些国家一起向着更高的目标——社会主义社会迈进。"[3]

2. 社会发展的"相互依存法则"和落后国家的"依附地位"

要改善落后的经济基础，推动社会发展，引进"资本主义自由制度"是一条必由之路。T. 马约雷斯库将罗马尼亚现代化进程中面临的主要问题概括为"无内容的形式"，之后 M. 埃米内斯库和 C. 斯泰雷又对其进行了深入的社会学分析。C. 多布罗贾努 - 盖雷亚博采前人之所长，提出了包括"相互依存法则"（亦称"轨道法则"）在内的诸多

---

[1] C. 多布罗贾努 - 盖雷亚：《新农奴制》，收录于《多布罗贾努 - 盖雷亚全集》（第四卷），布加勒斯特，政治出版社，1977 年。第 38、39 页。
[2] 同上书。第 365 页。
[3] 同上书。第 362 页。

社会学理论。他指出："落后国家进入了先进资本主义国家的发展轨道，在那些国家身后亦步亦趋。其命运完全受发达国家的左右，在资本主义时代随波逐流。发达国家对落后国家命运的支配已然成为落后国家的必要生存条件。"[1] 这一进程有着历史必然性，因为 20 世纪是资本主义的时代，所有国家，无论处于何种阶段，都被西方资本主义浪潮裹挟着。这是历史发展的大势所趋，某个国家自身所处的发展阶段与资本主义大时代相比显得微不足道。C. 多布罗贾努 - 盖雷亚在分析落后国家与西方资本主义国家的经济关系后明确指出，全球历史发展的总体进程终究会压倒某一具体国家的自身发展进程，这是一条颠扑不破的法则。处于不同地区、不同发展水平的国家会无可避免地受到地缘政治和地缘经济因素的影响。

落后国家在资本主义萌芽时期，经济基础与上层建筑是倒置的。马克思所说的经济基础与上层建筑（政治体制）基本等同于青年社理论中的内容与形式。C. 多布罗贾努 - 盖雷亚和青年社成员一样看到了内容与形式间的落差，但他用另一种方式来解释这种差异，并提出了解决办法。他首先肯定了资本主义政治形式存在的意义，认为形式先于内容出现，是一种适合落后国家的现代化模式。在发达国家，科技和经济先行发展，然后催化了上层建筑，即政治和文化的变革。在落后国家这一进程恰恰相反，[2] 自由主义思想和现代政治体制都是先于资本主义经济和科技基础出现的。

C. 多布罗贾努 - 盖雷亚的立场与保守派大异其趣，他认为即使西方的政治体制与本国的经济基础不相符，也依然应该引进："在半资本主义的落后国家，自由制度比在西方国家更为重要。在那里（西方国家），资本主义是在与封建制度斗争过程中发展起来的。当资产阶级最终获得胜利，摧毁了封建体制后，他们建立了新的制度，为之后的繁荣提供了保障。可以说，那里的资产阶级自由制度是追随着资本主义变革而来的。而在落后的半资本主义国家，制度先于资本主义变革出现，为其开辟道路并指引方向。"[3]

① C. 多布罗贾努 - 盖雷亚：《新农奴制》，收录于《多布罗贾努 - 盖雷亚全集》（第四卷），布加勒斯特，政治出版社，1977 年。第 34 页。
② 具体分析参见 I. 伯德斯库、D. 敦加丘、R. 巴尔塔休：《社会学史·当代理论》，布加勒斯特，埃米内斯库出版社，1996 年。第 11 页。
③ C. 多布罗贾努 - 盖雷亚：《新农奴制》，1910 年。第 39 页。

他还指出，马克思主义理论最初并未专门针对落后国家的社会状况，从历史学和社会学的角度加以分析。因此，C.多布罗贾努-盖雷亚努力将"无内容的形式"理论与马克思主义抽象原理结合起来。虽然这项工作迫于外界的巨大压力半途而废，但他的做法充分说明现实比理论更为重要。

C.多布罗贾努-盖雷亚的观点在罗马尼亚文化界掀起了一场重大变革，人们开始以一种全新的视角来审视"无内容的形式"理论。在此之前，T.马约雷斯库、M.埃米内斯库、N.约尔加、C.勒杜列斯库-莫特鲁等人都认为从形式向内容的发展是一种本末倒置的畸形现象，罗马尼亚应该走"自然"的发展道路，基于内容逐步建立现代化的形式。C.多布罗贾努-盖雷亚则将"特例"变为适用于落后国家的"规律"和"法则"，指出"在落后国家，现代政治形式理应先于经济基础出现"。在他看来，T.马约雷斯库和M.埃米内斯库眼中的"畸形现象"正是落后国家发展的"法则"。无内容的形式可以激发创造性，是一种积极的发展机制。Şt.泽莱廷和E.洛维内斯库也接受了这种新观点，指出罗马尼亚的发展只能是从形式到内容的逆向变革，而非从内容到形式的有机演进。

由于在社会发展进程中实现了"跳跃"，这种逆向发展模式可能会面临一系列传统资本主义国家从未有过的困境。从形式向内容的演进违背了经典模式，引发了很多落后国家特有的现象。这些现象从未被人研究过，相关信息和分析手段严重缺失，因此无法用经典理论进行解释。直到20世纪下半叶，这些理念才重放异彩。美国社会学界在对殖民地国家的特殊发展进程进行分析后，提出了与罗马尼亚思想家相似的理论，得出的结论也殊途同归。[①]

第四节　民粹主义——政治主张和文化纲领

我们要为民族制定一个纲领

而非为纲领去创造一个民族

——C.斯泰雷

---

① 见 I.伯德斯库、D.敦加丘、R.巴尔塔休:《社会学史·当代理论》，布加勒斯特，埃米内斯库出版社，1996 年。第 132-169、246-251 页。

1. 民粹主义的定义

民粹主义作为一种政治主张和文化思潮，对 20 世纪上半叶罗马尼亚社会思想的发展产生了深远的影响。使学者们倍感困惑的是，这种思潮糅合了各种民主改革思想，有着不同以往的理论架构，很难将其归入已有的类别之中，也无法扼要地对其进行定义。其代表人物从社会学和经济学角度出发来反驳马克思的社会革命理论，试图为罗马尼亚寻得一条介于保守主义和自由主义之间的现代化道路。从表面上看，民粹主义致力于解决农民问题，实际上却主张引进西方民主政治体制，[①]同时预言罗马尼亚的经济发展之路必然有别于西方工业国。在当时的思想家看来，民粹主义代表人物 C. 斯泰雷主张的很多观点都带有矛盾性，他也因此招致马克思主义者和自由主义者的夹击。C. 斯泰雷自己也意识到了这种矛盾性，他辩解道："对于已经熟悉了某些形式的人来说，确实很难给我贴上一个恰当的标签。"[②]

民粹主义融合了 20 世纪初的各种民族主义思想，是罗马尼亚批判主义文化的全新表现，全面回应了罗马尼亚当时面临的各种问题。为了将其与 20 世纪初的自由主义、保守主义、社会民主主义等主流思潮相区分，就必须基于对比和分析找出甄别和定义民粹主义的标准。民粹主义者在政治上力主实施政治和经济改革（例如举行普选、实行农业改革），在文化上极力推崇具有浓厚民族特色的现实主义文学作品。他们并不排斥西方文化的影响，认为通过批判的吸收，这些影响对于本土文化是有益的。他们一致认为，知识分子应肩负起唤醒民众，并充当其政治代言人的使命。

民粹主义者坚定不移地推行政治和文化改革，并取得了一定成效。其立场比保守主义者，甚至比一些摇摆不定的自由主义者更为激进。他们坚信可以通过改革使农民阶级摆脱政治和经济从属地位，成为社会生活的主力军，在国家政治体制中发挥重要作用。资产阶级的

---

① G. 依布勒伊莱亚努：《转型期》，载《罗马尼亚生活》1920 年第 4 期，收录于《依布勒伊莱亚努全集》（第五卷）[I. 罗塔鲁、A. 皮鲁（Alexandru Piru，1917-1993）评注版]，布加勒斯特，密涅瓦出版社，1977 年。第 20 页。

② C. 斯泰雷：《民主主义与波波维奇先生》，载《罗马尼亚生活》1908 年第 6 期。收录于 C. 斯泰雷：《斯泰雷作品集》（Z. 奥尔内亚评注版），布加勒斯特，密涅瓦出版社，1979 年。第 575 页。

民主体制只有得到"乡村民主"的补充，才能体现罗马尼亚的社会构成。

在经济层面，民粹主义者主张罗马尼亚的经济和社会发展必须另辟蹊径，其现代化进程必须围绕着农业，而非工业展开。C. 斯泰雷指出，罗马尼亚是一个落后的农业国，农业人口占总人口的 90% 左右，已经输在了工业化的起跑线上。由于西方资本主义工业国已经掌控了国际市场，罗马尼亚在经济上长期处于从属地位。鉴于已经丧失了大规模发展工业的机遇，罗马尼亚不得不（通过农业私有化）转而巩固中小型农业生产，按照丹麦等国的模式实现农业和农村现代化。以中小农户为代表的社会经济单元应被纳入合作制网络之中，只有这一体制才能有效抵御工业资本和金融资本的侵袭，在国内外贸易中保护中小农户的利益。

在罗马尼亚现代历史上，民粹主义是唯一能在理论深度、社会调查广度、文化和社会影响力上与青年社主义媲美的思潮。尽管借鉴了青年社的很多理论，但民粹主义对它们进行了重新定义，使其成为另一种思想的载体，获得了更为广泛的社会和经济基础。因此，民粹主义思想对现代罗马尼亚社会中的各类现象均有涉及，具有广泛的适用性。无论对其立场是否认可，民粹主义在罗马尼亚社会和政治思想史上的地位都不容置疑。

2. 民粹主义产生的社会、政治和文化背景

在成为一种纲领明确的政治思想之前，民粹主义是 19 世纪末 20 世纪初罗马尼亚知识分子持有的一种含义宽泛的道德立场，最初体现在文学作品和政论文章中。在当时的罗马尼亚社会，精英阶层不知广大农民的疾苦，资本主义政治制度与经济基础严重脱节，迟滞的现代化进程无法满足国家发展的需要，这些问题引起了各种思潮的广泛关注。在与保守主义、社会民主主义、自由主义代表人物的论战中，民粹主义的政治主张日益明朗，并在 20 世纪初逐渐发展成为一种具有坚实理论基础的政治理念。

为了深入理解民粹主义产生的社会背景，我们首先要了解 19 世纪下半叶罗马尼亚的经济和政治改革状况。卡罗尔一世国王当政之后，君主立宪制政体得以巩固，罗马尼亚被纳入西方国家的利益体系之中，并获得了国家独立。当时的政治理念和文化创作都紧跟西

方潮流。罗马尼亚社会在飞速发展的同时，也面临着严重的社会问题。现代化进程引发了一系列前所未有的矛盾，不同利益阶层之间的冲突也日趋白热化。由于受客观条件的制约，现代民主制度不得不建立在半封建的经济基础之上，工业发展疲软无力，农业成为国家赖以生存的根本。广大农民不但饱受大地主的剥削，还要承担国家的苛捐杂税。农民阶级的政治和社会权益仍受到选举法和土地法的严重制约，不得不屈从于大地主的专横意志。民粹主义就是在这样的社会背景下出现的。农业问题引起了知识分子（包括作家、史学家、社会学家、经济学家、人类学家、语言学家）的广泛关注。他们意识到饱受压迫的农民才是国家和社会存在的根基，并担负起了为农民阶级发声的使命。

谈到民粹主义产生的文化背景，就必须追溯到 T. 马约雷斯库的贡献。早在 1868 年，他就指出罗马尼亚在现代化进程中必须完成以下任务：首先是缩小与西方发达国家的差距；其次是解决落后国家在制度上"虚假繁荣"的问题，走出"无内容的形式"的误区；此外还要处理融入欧洲与保持民族身份之间的矛盾。所有这一切都必须全民族众志成城方能实现。时至今日，这些事关现代化转型的问题仍是罗马尼亚思想界争论和探讨的焦点。

M. 埃米内斯库率先在社会学层面针对上述问题进行探讨。到 20 世纪初，同样的问题又被 N. 约尔加、C. 勒杜列斯库 - 莫特鲁、C. 多布罗贾努 - 盖雷亚、C. 斯泰雷、G. 依布勒伊莱亚努等人重提。C. 斯泰雷直接切入了罗马尼亚现代化进程中的核心问题，即经济现代化问题。20 世纪头二十年关注过这些问题的思想家还有 S. 哈雷特、A. C. 波波维奇、V. 戈尔迪什（Vasile Goldiş，1862-1934）、V. 珀尔万、S. 梅海丁齐（Simion Mehedinţi，1868-1962）、D. 古斯蒂、D. 德勒吉切斯库。正是这些学者塑造了那个时代的公共精神。他们怀着紧迫的历史使命感，竭尽其才能和热情，反复论证罗马尼亚社会在当时历史背景下的发展道路。无论他们持何种立场，主张何种意识形态，都高度重视青年社和 M. 埃米内斯库提出的社会有机发展理论。在激烈的思想碰撞中，青年社对相关问题的看法已经成为一种理论范式。到两次世界大战之间，这些理论在 Şt. 泽莱廷、E. 洛维内斯库、C. 勒杜列斯库 - 莫特鲁、V. 马德贾鲁（Virgil Madgearu，1887-1940）、M. 马诺伊列斯库等人的论著中被再次发扬光大。

19 世纪末，保守主义、青年社主义和自由主义在罗马尼亚文化界呈三足鼎立之势，然而在文化创作领域却出现了"民族潮流"复兴的趋势。学术界对民间文学、民俗和历史传统的研究兴趣日益增长。G. 依布勒伊莱亚努认为这一潮流与民粹主义宣扬的政治理念不无关系。G. 克利内斯库指出，1880 年后的文学创作中出现了浓郁的乡村气息（G. 克利内斯库也称其为自然主义），涌现出一批农民出身的作家，其中很多人来自特兰西瓦尼亚和布科维纳地区。他们标志着民族精神的新走向，"对文学创作产生了颠覆性的影响，使其具备了全新的精神风貌"。[1] 这种精神风貌也就是后来所说的民粹主义，它极为关注乡村文明，重视农民问题在政治和经济层面的体现。特兰西瓦尼亚地区的乡村生活最具特色，因为"在阿尔迪亚尔人生活的省份，那里的罗马尼亚人只属于一个社会阶层，即农民阶层。无论牧民还是市民，所有人的父母或亲属都在农村，人与人之间的距离因这种准亲属关系而消弭"。[2]

1900 年后，民族意识逐渐在历史舞台上成为主流，人们开始主张"消灭城市中的腐朽阶级"，提倡"健康的乡村文学"。1901 年由 A. 弗拉胡策和 G. 考什布克创办的《播种者》杂志引领着时代潮流，被 G. 克利内斯库誉为"新的救世主"。1902 年由 O. 戈加和 O. C. 塔斯勒瓦努在布达佩斯创办的《金星》杂志也沿袭了这一传统。在那个时代，由于统治阶级、知识分子与民众日益疏离，必须有一种新的文学来表达民众的疾苦，唤醒民众的意识。播种派和民粹主义者提出的文化纲领借鉴了"四八"革命者和青年社的部分主张，但他们更为重视文学和艺术的社会功能，强调其对民族精神的塑造作用。这与 T. 马约雷斯库倡导的文艺自主性理念显然存在差异。

3. 民粹主义思潮的兴起＊代表人物C. 斯泰雷（1865–1936）

C. 斯泰雷是民粹主义的奠基人和主要代表。作为杰出的政治家，

---

[1] G. 克利内斯库:《罗马尼亚文学史发展源流》，布加勒斯特，密涅瓦出版社，1985 年。第 447 页。
[2] 同上。

其个人命运在第一次世界大战后充满戏剧色彩。[①] 民粹主义的另一位奠基人和代表人物是 G. 依布勒伊莱亚努。他是一位文学评论家，也是民粹主义文化纲领的制定者。除了这些为民粹主义指明政治方向、奠定理论基础的先驱外，当时还有众多作家和知识分子持有相似的立场。

1906 年 3 月 1 日，C. 斯泰雷和 P. 布若尔在雅西创办了《罗马尼亚生活》杂志，后来 G. 依布勒伊莱亚努成为该杂志的灵魂人物。从创刊伊始（在 1906-1916、1920-1940 年间发行），这本刊物就以极高的学术水准和欧化的形式著称，在罗马尼亚文化界享有盛誉。《罗马尼亚生活》不仅是宣扬民粹主义政治主张的论坛，还兼具民族和欧洲视野，对各类风格和潮流兼收并蓄。杂志创刊号上刊登了民族文化纲领，与之前的《文学谈话》《时代》《论坛》《文学事件》《家园》《播种者》《金星》等刊物一样，都表现出对民族文化的极大重视。《罗马尼亚生活》杂志团结了一批具有民主改革精神的作家和政论家，如 M. 萨多维亚努、Şt. O. 约瑟夫、O. 戈加、I. A. 布勒泰斯库 - 沃伊内什蒂、D. 安格尔、G. 加拉克迪翁（Gala Galaction，1879-1961）、J. 巴尔特（Jean Bart，1877-1933）、D. D. 珀特勒什卡努（D. D. Pătrăşcanu，1872-1937）、I. 阿格尔比恰努等。

---

① C. 斯泰雷 1865 年出生在比萨拉比亚索洛卡地区霍多利什泰村的一个罗马尼亚小贵族家庭，祖籍博托沙尼，其家族在切莱普克乌村有一块领地。他曾在基希讷乌和敖德萨求学。1884 年，由于参与比萨拉比亚民粹主义社团的活动在敖德萨被捕，后被判流放西伯利亚并在那里度过了 7 年。他用这段时间广泛阅读西方学术著作，打下了扎实的哲学、社会学和经济学基础。1892 年获释后回到罗马尼亚，在雅西大学法学系完成了学业。之后专门从事政论写作并在雅西的社会主义者中产生了较大影响，导致其中一部分人于 1899 年脱离了社会民主党，转而加入自由民族党。1901 年，C. 斯泰雷当选为自由派众议员，在亲 I. C. 布勒泰亚努的团体中获得了巨大的影响力。这种影响力一直延续到第一次世界大战爆发。1906 年，他与 P. 布若尔（Paul Bujor，1862-1952）、G. 依布勒伊莱亚努共同创办了《罗马尼亚生活》杂志。1907 年 3 月一度担任雅西省长。一战期间，C. 斯泰雷反对罗马尼亚与俄国结盟，他认为沙皇俄国是"世界反动堡垒"，与其结盟会对罗马尼亚人造成危害。由于在德国占领期间滞留在布加勒斯特，一战后他被指控为叛国者。1918 年春，C. 斯泰雷来到了基希讷乌，为推动比萨拉比亚议会通过与罗马尼亚统一的决议作出了决定性贡献。他在一战期间的暧昧态度使其备受责难。C. 斯泰雷利用自己的社会影响力，为农民党与罗马尼亚民族党在 1926 年的合并作出了突出贡献。但迫于 I. 马纽（Iuliu Maniu，1873-1953）和其他国家农民党领导人的压力，他于 1932 年退出政坛。直至 1936 年逝世前，他一直在撰写一部长篇连载小说《革命前后》。这部小说既是对其所处社会与政治环境的再现，也包含着他自己一波三折的人生经历。参见：I. 卡普雷亚努：《回顾——C. 斯泰雷》，雅西，青年出版社，1988 年；C. 斯泰雷：《虽败犹荣》（M. 特奥多罗维奇整理版），布加勒斯特，火山口出版社，1997 年。第 11-17 页。

民粹主义与青年社思想、社会主义思想相互交织，与播种派则有更大的交集。两者形成于同一时期，探讨同样的主题。当时很多作家同时投身于这两种潮流，尽管研究问题的动机和立场略有不同，但在文化理念上相差无几，不同之处主要体现在政治理念上。两种思潮都特别关注精英阶层与农民阶级割裂的问题。与那些将乡村生活理想化、过于强调传统的刊物相比，《罗马尼亚生活》杂志对农村现代化持开明态度。正如 G. 克利内斯库所言，民粹主义者意识到罗马尼亚民族远远落后于欧洲主流文明，因此他们基于"四八"革命理念和青年社思想为罗马尼亚确立了新的发展道路，指出"最主要问题是不仅要贴近群众，更要摒弃一切浪漫思想来提升他们。而这就是民粹主义"。①

C. 斯泰雷最早提出了民粹主义理念。1892 年移居雅西后，他活跃于当时的政论界，与 I. 纳代日德、G. 依布勒伊莱亚努、R. 约内斯库 - 里翁、S. 波佩斯库（Spiridon Popescu，1864-1933）、V. G. 莫尔聪等社会运动领袖交往甚密。他的早期政治理念形成于 1893-1894 年间，主要通过雅西的大学生文化社团"责任社"（其宗旨是向民众普及文化知识）进行传播。他还用笔名 C. 谢尔戈莱亚努（C. Şărcăleanu）② 为各类报刊撰文，其中包括雅西的《事件报》，1893 年由 C. 斯泰雷和 I. 纳代日德、S. 纳代日德、R. 约内斯库 - 里翁、C. 米勒（Constantin Mille，1861-1927）、V. G. 莫尔聪、G. 依布勒伊莱亚努、I. 珀温 - 平乔（Ion Păun-Pincio，1868-1894）等社会主义知识分子共同创办的《文学事件》杂志，以及布加勒斯特的《真理报》。这些文章使 C. 斯泰雷成为 20 世纪前三十年罗马尼亚政界和理论界最具争议的人物之一。

1893 年夏，C. 斯泰雷在雅西《事件报》上首次使用了"民粹主义"这个说法，呼吁社会主义者和自由主义者联合起来，共同解决社会问题，实现民族理想。1897 年，他发表了《个人的发展与法律中人的概念》一文。1901 年起在雅西大学宪法教研室任教，1913-1916

---

① G. 克利内斯库：《罗马尼亚文学史发展源流》，布加勒斯特，密涅瓦出版社，1985 年。第585 页。

② 按 Z. 奥尔内亚的说法，这一笔名来自西伯利亚的萨尔卡勒（Sarcalî）村，C. 斯泰雷遭流放时曾在此居住。

年间任雅西大学校长。作为罗马尼亚工人社会民主党成员，C. 斯泰雷在社会主义团体中有着极大影响力，因此在早年间曾被认为是一位社会主义思想家。19 世纪末，他与自由主义改革派团体的关系日趋紧密，并成为自由党领袖 I. I. C. 布勒泰亚努（Ionel I. C. Brătianu，1864-1927）的追随者。1899 年，他凭借自己的学术声望鼓动 V. G. 莫尔聪、A. G. 拉多维奇（Alexandru G. Radovici，1860-1918）、G. 迪亚曼迪（George Diamandy，1867-1917）、I. C. 阿塔纳休（Ion C. Atanasiu，1868-?）、G. 依布勒伊莱亚努等知识分子脱离社会党，转投自由党。这一政治事件在历史上被称作"慷慨分子的背叛"。[①] C. 斯泰雷政治立场突变的根源在于其社会和政治理念的转变。在他看来，必须进行更为务实的、有利于农民的民主改革和经济改革，而这一改革进程只能由自由党来领导。1901 年当选自由党议员后，他在议会发表的演说引发了广泛反响。在成为自由党领袖之后，C. 斯泰雷依然没有放弃激进的主张。《罗马尼亚生活》杂志的创办更是使其政治影响力在自由主义者，特别是支持 I. I. C. 布勒泰亚努的青年人中飙升，激励着他们以前所未有的热情担负起政治和经济改革的重任。

在很多史学家看来，民粹主义代表着第一次世界大战爆发前最为激进的改革立场。民粹主义者坚信能够通过政治和农业改革来改变国家命运。C. 斯泰雷在担任自由党雅西地区领导人期间（1907 年一度担任雅西省长），顺应日益高涨的社会呼声，主持制定了政治与经济改革政策。在 1914 年的议会特别会议上，他坚决要求修改《宪法》，主张农民持有土地，并建议废除按土地决定选举权的规定。[②] 由于客观条件的限制，这些改革措施到一战结束后才得以实行。正如 G. 依布勒伊莱亚努所言，在实现民族统一、引入普选机制、完成农业改革后，激进的民粹主义即完成了政治使命，可以退出历史舞台了。接下来需要做的，就是保卫这些改革成果，并进一步推动国家的现代化建设。

C. 斯泰雷在一战中明确反对罗马尼亚加入协约国一方，尤其反

---

① "慷慨分子"是对混入罗马尼亚社会民主党领导层的机会主义分子的蔑称。
② 他提出必须修订 1866 年《宪法》中的几项基本内容，以便引入普选机制，使国家有权剥夺大地主土地，并实行新的农业改革。

对与俄国结盟，认为这必将给罗马尼亚人带来一场灾难。尽管在比萨拉比亚与罗马尼亚统一的进程中，他曾作出过重大贡献，为此还受到费迪南一世（Ferdinand I de Hohenzollern-Sigmaringen，1865-1927）国王的嘉奖，但是在一战后仍被斥为"叛国者"，并于1919年被捕。他被指控滞留在德国占领的布加勒斯特，并与主张罗马尼亚退出协约国的《光明》杂志合作。尽管在被关押了几周后，未经审判就被释放，但之后很长时间他都遭受着不公正的指控和政治迫害（不仅被剥夺了议员身份，还被雅西大学除名），社会形象一落千丈。C. 斯泰雷生性耿直，在政治立场上拒不妥协，这注定他在曲折多变的政治生活中成为一个悲剧式的人物。①

　　早在一战期间，C. 斯泰雷就已脱离了自由党，但他并未放弃自己的政治理想。他在战后致力于组建农民党，并为其制定了政治纲领，主张实行一系列有利于农民的民主改革和社会改革。他与左翼政治家 V. 马德贾鲁通力合作，就罗马尼亚社会发展问题达成了共识。在 C. 斯泰雷的推动下，农民党与罗马尼亚民族党在1926年合并为国家农民党。但国家农民党的新任领导人很快就与其发生了龃龉，并迫使其在1930年退出政坛。此后，他完成了具有里程碑意义的小说《革命前后》。全书共 8 卷，再现了 C. 斯泰雷跌宕起伏的一生及其所处的社会和政治环境。1945—1989 年间，他的著作中仅有几部无足轻重的评论性作品得以出版，他的小说直至 1989 年后才得以再版。

　　从 1893 年发表处女作到 1936 年逝世，在近四十年时间里，C. 斯泰雷一直是罗马尼亚学术界和政界的核心人物。他的一生跌宕起伏、波澜壮阔，被誉为"唯一洞悉罗马尼亚特殊现象的社会学家"。M. 拉莱亚在他逝世后哀叹："罗马尼亚土地上出生的一位伟人逝去了。"② 遗憾的是，罗马尼亚学术界对 C. 斯泰雷思想的理解过于肤浅，广大民众对于民粹主义在罗马尼亚思想史上的重要性更是不甚了了。90 多年过去了，C. 斯泰雷的代表作《社会民主主义还是民粹主义》

---

① C. 斯泰雷在 1930 年撰写《C. 斯泰雷案件的论证和政治解释》一文中阐释了其政治态度，并就针对他的指控做出了回应。
② M. 拉莱亚：《C. 斯泰雷》，收录于《拉莱亚作品集》（第五卷），布加勒斯特，密涅瓦出版社，1972 年。第 321 页。

仍然鲜有人问津，仅仅在 1907-1908 年间出现过一些评论文章。他本人则被贴上了负面的标签，备受责难，仅在受批判时才被人提及。而他的辩论对手，特别是 C. 多布罗贾努 - 盖雷亚的著作则被多次再版。

必须指出的是，民粹主义作为一种激进的资产阶级民主改革思潮，与马克思主义存在对立性。这股思潮主导了罗马尼亚思想界长达四十年（1893-1920）之久，其最根本的理念甚至延续到两次世界大战之间，对重农主义、新自由主义、改良主义、反极权主义、反法西斯主义思潮产生了巨大影响。M. 拉莱亚对 C. 斯泰雷给予了高度评价，认为其政治思想"适用于当今所有政党"。他说："三十年来，所有政党都依靠其纲领过活。合作化、宪政、行政诉讼、重农主义、公共自由、国有化、普选，所有这些改革思想都源自 C. 斯泰雷的理论。"[①]

C. 斯泰雷的学说在当时产生的影响如此之大，而对于这位杰出人物的凄惨的命运又该如何解释呢？为了捍卫自己坚持的政治立场和外交政策，他必须面对各种对手。多年以来，这位伟大的思想家饱受攻击，其社会学观点和理论频频被肢解或歪曲。在被尘封多年后，民粹主义这股曾经波澜壮阔的政治、文化思潮等待着人们去重新审视和深入评判。罗马尼亚文化界有责任对 C. 斯泰雷的作品和思想进行重新阐释，并结合现实做出评价。

C. 斯泰雷的视角兼顾了民族理想和欧洲民主精神，《罗马尼亚生活》杂志正是通过这一视角广泛宣扬民粹主义的文化理念和政治主张。1933 年前，该杂志一直由 G. 依布勒伊莱亚努担任主编。M. 拉莱亚接任后，结合两次世界大战之间的时代背景对杂志的导向进行了调整。他认为欧洲的民主政治形式必须适应罗马尼亚特殊的经济和社会结构，形式与内容之间的差距需通过政治和经济改革来弥合，而文化创作必须受批判精神的监督。只有这样，民族文化才能赶上欧洲文化和世界文化发展的步伐。

4. 民粹主义的理论基础和局限性

为了更确切地了解民粹主义产生的背景，确定其理论基础，必须

[①] M. 拉莱亚：《拉莱亚作品集》（第五卷），布加勒斯特，密涅瓦出版社，1972 年。第 339 页。

对 19 世纪下半叶罗马尼亚社会的思想格局加以重建。1868 年，青年社导师 T. 马约雷斯库发表了《驳罗马尼亚当代文化走向》一文，对无内容的形式发起了批判。一些新兴思潮将 T. 马约雷斯库的社会和文化分析与其趋于保守的政治理念剥离开来，并以此为基础提出了自己的政治主张。

民粹主义的核心纲领中就包含 T. 马约雷斯库对社会的评判（例如精英阶层脱离民众；农民阶级是"唯一真实的阶级"，是社会的基石；作家有义务创作出可以提振劳苦大众心灵的作品，等等）。1886 年，T. 马约雷斯库通过《诗人与评论家》一文对青年社的批评活动进行总结，他指出："（我们）正在向一股危险的潮流发起全面进攻。在纯文学和理论科学的核心层面，这股潮流已经被消灭了，但仍遗留在政治层面。"[1] 他所说的"（危险潮流）仍遗留在政治层面"即与民粹主义的产生背景有关。如果说语言起源的困惑、辞源主义、历史浪漫主义、无知与狂妄、各种学术骗局已经被清除的话，政治领域（无论在理论还是实践层面）的情况还很不明朗，极端的自由主义或保守主义都不足以代表多样而深刻的社会变革。

C. 斯泰雷在 1894 年发表的《我们需要怎样的艺术家》一文中确定了"民粹主义"这一说法。他在这篇纲领性文章中对唯美主义提出批判，提出"艺术家必须对人民负责"，主张依照社会和道德标准来评判艺术作品。他是这样说的："（我们要）诚挚地热爱民众，坚决维护其利益，通过诚实劳动来提升其文化水准，使之成为有意识的、自主的社会元素（……）如果要用一个词、或一个标签来概括我们的学说，我们会在自己的旗帜上写下一个能够完美诠释我们事业的新词：民粹主义。"[2]

因此，民粹主义具有两个维度的含义：它既是一种兼收并蓄的文化潮流，也是 20 世纪初一种极具罗马尼亚特色的政治学说。它既存在于文化精英的意识中，也反映在极具煽动性的政治话语中。这种文化和政治双重属性使其既有广泛的社会接受度，又对罗马尼亚政治走

---

[1] T. 马约雷斯库：《诗人与评论家》，收录于《从马约雷斯库到克利内斯库》，布加勒斯特，埃米内斯库出版社，1971 年。第 47 页。

[2] C. 斯泰雷：《我们需要怎样的艺术家》，以笔名 C. 谢尔戈莱亚努（Constantin Şercăleanu）发表于《文学事件》，1894 年 3 月 7 日。C. 斯泰雷在 19 世纪最后 10 年发表了诸多理论著作。

向产生了重大影响。在思想上，民粹主义者继承了"四八"革命者的浪漫主义精神，把民众看成救世主，是民族的主体，是富有创造性的集体。他们还有选择性地从青年社的理论宝库中继承了部分遗产。鉴于青年社既是罗马尼亚批判主义文化的象征，又代表着保守政治势力，因此 G. 依布勒伊莱亚努和 C. 斯泰雷坚决与青年社的政治主张划清界限。青年社思想在蒙特尼亚地区的影响根深蒂固，民粹主义思想则在摩尔多瓦文化界有着更为稳固的基础，雅西（译者注：摩尔多瓦的政治文化中心）也因此成为民粹主义的发祥地。①

19 世纪最后十年是民粹主义的首个重要发展阶段。在这一时期，"民粹主义就意味着青年知识分子通过其掌握的知识来拯救和教育人民。四处宣扬这种思想的不仅有社会主义团体和学生社团，甚至还有一些官方组织，例如 S. 哈雷特领导下的组织"。② 民粹主义基于罗马尼亚特有的社会现实，在不同程度上融合了进化论、实证主义、自由主义、历史主义、新康德主义、社会民主主义、（俄国）民粹主义、马克思主义等在 19 世纪风靡欧洲的思想。在 C. 斯泰雷大力完善民粹主义理论的同时，各种修正思想也不断出现。

罗马尼亚民粹主义有一个不容忽视的理论来源，即 19 世纪下半叶出现的俄国民粹主义思潮，C. 斯泰雷在求学和流放西伯利亚期间曾受到这一思潮的直接影响。俄国民粹主义的主要代表人物有车尔尼雪夫斯基（Никола́й Гаври́лович Черныше́вский，1828-1889）、米哈伊洛夫斯基（Никола́й Константи́нович Михайло́вский，1842-1904）、拉夫罗夫（Пётр Ла́врович Лавро́в，1823-1900）、丹尼尔逊（Никола́й Фра́нцевич Даниел́ьсон，1844-1918）、沃龙佐夫（Васи́лий Па́влович Воронцо́в，1847-1918），等等。他们认为农民是俄国现代化进程的决定因素，因此极力迎合民众，大力弘扬传统伦理道德，主张提升处于俄国社会底层的农民的地位。那时，俄国的社会民主主义者关注的问题是马克思主义能否适应俄国社会。俄国的情况与西方完全不同，那里的农业生产十分落后，土地仍属于农庄和教会。有观点认为，东欧落后农业国可以遵循不同于西方的发展轨迹，农

---

① G. 依布勒伊莱亚努：《罗马尼亚文化中的批判精神（评注）》，布加勒斯特，密涅瓦出版社，1984 年。第 11-23 页。
② Z. 奥尔内亚：《民粹主义》，布加勒斯特，密涅瓦出版社，1972 年。第 65 页。

业小私有制不必集中为大私有制，农民也无须转变为"雇员"和"无产者"。[①] C. 斯泰雷参与的反沙皇革命团体曾针对这些问题展开广泛的讨论。

俄国民粹主义运动是由一批一流知识分子和理论家领导的，它阻挠了马克思主义和欧洲社会民主主义思潮的传播。农业国历史发展的特殊性成为民粹主义者反驳普列汉诺夫（Гео́ргий Валенти́нович Плеха́нов，1856-1918）的社会民主主义理论，以及列宁和托洛茨基（Лев Дави́дович Тро́цкий，1879-1940）的共产主义理论的重要依据。C. 斯泰雷的思想形成之时，俄国民粹主义正趋于式微，其代表人物或是不问政事，或是转向了马克思主义。到 19 世纪末，俄国社会关注的热点已非是否保留农庄，而是工业化和乡村小私有制存废的问题。罗马尼亚的情况与俄国还有所不同：当时罗马尼亚尚无俄国式的农庄，小私有制刚刚起步，工业发展滞后，无产阶级力量薄弱，民主制度举步维艰。因此，与俄国旧民粹主义思想相比，C. 斯泰雷的理论更接近于 1900 年后出现的重农主义思想。

到 1900 年，罗马尼亚的理论家和政治家们陷入了俄国人曾经面临的两难抉择之中：一种选择是"加快工业化和农民无产化"；另一种选择则是"实行有限的工业化并巩固小私有制"。[②]工业化既是右翼自由主义者的选择，也是信奉马克思主义社会经济学原理的社会主义者的选择。巩固小私有制则是民粹主义者（包括 S. 哈雷特、C. 斯泰雷、G. 依布勒伊莱亚努，以及社会民主党中机会主义分子），以及一些保守主义温和派的选择。民粹主义者希望用巩固小私有制来替代工业化，主张扶持"城乡中产阶级，以及从事公职或自由职业的本地士绅"，力求维护社会稳定、增进内需、加强民族团结。罗马尼亚民粹主义学说借鉴了修正主义思想，同时也从德国和法国的新康德主义、重农主义中汲取营养。

S. 亚历山德雷斯库指出："无论是广义的民粹主义，还是《罗马尼亚生活》杂志中宣扬的狭义民粹主义，都不能将其等同于 1850-

---

① 见 V. 马德贾鲁：《东欧资本主义》，收录于 V. 马德贾鲁：《重农主义、资本主义、帝国主义——罗马尼亚社会发展研究》，克鲁日—纳波卡，达契亚出版社，1999 年。第 139-162 页。

② S. 亚历山德雷斯库：《现代化回顾》，布加勒斯特，宇宙出版社，1999 年。第 119-120 页。

1870 年间出现在俄国的旧民粹主义。与其关系更为密切的是主导着 1900 年前后俄国新民粹主义运动的律法主义和修正主义思想，以及来自俄国、法国、德国的社会民主主义思想。C. 斯泰雷的精神导师并非赫尔岑（Алекса́ндр Ива́нович Ге́рцен，1812-1870）和巴枯宁（Михаил Александрович Бакунин，1814-1876），而是斯特鲁维（Пётр Бернга́рдович Стру́ве，1870-1944）和伯恩施坦（Eduard Bernstein，1850-1932）。罗马尼亚民粹主义者并不指望找到第三条道路，绕过资本主义来实现社会主义。他们和欧洲其他国家的民粹主义者一样，寻求可控的资本主义发展方式，力求使其更为人性化，更为贴近大众。他们的目的不是要消灭资本主义，而是要拯救资产阶级。资本与劳动之间的矛盾已经不可调和。民粹主义者看到了这样一种情况：第三阶级的崛起带来了新的问题，同时也提出了不同于马克思主义的解决方案。落后国家的民粹主义与发达国家的修正主义间的最大差异在于，前者以农业和乡村生活为出发点，后者则以工业化和城市生活为出发点。如果说自由主义者和正统社会主义者的思想和行为都是二元冲突性的，那么民粹主义者和修正主义者的思想和行为就是三元式的，冲突双方之间存在第三方的缓冲与调和。中产阶级的出现使得改良主义和实用主义思想在革命之后的政治运动中大获成功。正因为此，罗马尼亚能够在第一次世界大战后顺利实施改革，改变了这个国家继承自 19 世纪的荒谬社会结构。"①

C. 斯泰雷分别从历史、种族、社会等角度出发，对"popor（人民 / 民族 / 国民）"一词做出了不同的阐释。他在《社会主义者与民族运动》一文②中指出，自由主义者作为罗马尼亚资产阶级的代表，应该牺牲部分阶级利益来为"人民利益"服务："我们相信，罗马尼亚资产阶级中已经有很多人能够为人民的利益贡献自己的力量，发起一场带有民粹主义性质的国民运动"。这段文字中的"国民"一词内涵丰富，将所有经济组织、社会团体和职业群体都囊括在内，而"人民"这一概念所指的只是国民中的最重要组成部分，即农民占绝对

---

① S. 亚历山德雷斯库：《现代化回顾》，布加勒斯特，宇宙出版社，1999 年。第 119-120 页。
② C. 斯泰雷：《斯泰雷作品集》（Z. 奥尔内亚评注版），布加勒斯特，密涅瓦出版社，1979 年。第 611 页。

多数的"劳动阶级"。从事生产的农民、数量有限的工人和中产阶级共同构成了"人民"。与之对立的概念是"赘生阶级",包括靠预算过活的公务员、寄生官僚、不事生产的地主贵族、(从事高利贷、贸易、金融投机活动的)买办资产阶级。显然,民粹主义者重新定义了M. 埃米内斯库的赘生阶级理论和社会补偿理论,并将其作为自身的理论基础。之所以说"人民"而非"国民",C. 斯泰雷是这样解释的:"'国民'一词涵盖所有群体,'人民'则指所有劳苦大众,对我们来说特指农民。事实证明,文化活动对改变他们的落后面貌有着重大意义"。[①] 1895 年,他在 A. 巴卡尔巴沙(Anton Bacalbaşa,1865-1899)担任主编的布加勒斯特《真理报》发表了《疑病症观察者笔记》一文,重申了上述观点。

尽管在这一时期,C. 斯泰雷经常借社会主义之名发表言论,也常被认作社会主义者,但他自己的思想已日益明晰。将民粹主义说成是适应罗马尼亚民族现状的社会主义,只是一种策略而已。他在后来的论著中进一步澄清了"民粹主义"一词的内涵,指出作为一种政治主张,"popor(民)"有着三个层次的含义:在种族层面,"民"即"民族";在历史层面,"民"即在某一历史时期从事生产的"积极阶级";在社会层面,"民"即"劳苦大众"。[②] 这三个层面并不冲突,因为"劳苦大众"正是前两层含义的基础,他们构成的"积极阶级"是国家存在和发展的基础,也是最能代表"民族特点"的一群人。在西方国家,占人口多数的工业无产阶级构成了"积极阶级",而在罗马尼亚这样的落后国家,"积极阶级"主要指农民阶级。只有和小资产阶级、知识分子、"中间阶级"等其他所有"积极阶级"联合起来,他们才能表达自身政治诉求。民粹主义就是一种兼顾"popor(民)"所有三个层面含义的学说。

还需指出的是,狭义的民粹主义是指以 C. 斯泰雷为代表的一种为"中间阶级"代言的学说。S. 亚历山德雷斯库所说的"广义民粹主义"运动则囊括了播种派、部分社会主义者、以 Gh. 帕努(Gheorghe Panu,1848-1910)为首的激进主义者、以 S. 哈雷特为首的温和自由

---

① C. 斯泰雷:《斯泰雷作品集》(Z. 奥尔内亚评注版),布加勒斯特,密涅瓦出版社,1979 年。第 36 页。

② C. 斯泰雷:《社会民主主义还是民粹主义》,加拉茨,波尔多 - 弗朗克出版社,1996 年。第 237-243 页。

主义者，以及以 T. 约内斯库（Take Ionescu，1858-1922）为首的保守主义民主派。他们一致认为介于农民和富裕阶级之间的城乡小资产阶级是最应在选举中努力争取的群体。按照 S. 亚历山德雷斯库的说法，这些学说都是"环绕在'狭义民粹主义'，即《罗马尼亚生活》杂志倡导的民粹主义周边的星云"。狭义民粹主义提出了自己的道德和审美标准，反对唯美主义倾向。

19 世纪，作为中间阶级的罗马尼亚本土资产阶级开始崛起，填补了地主阶级与农民之间的空白，新的价值观也随之产生。为证明资产阶级价值观的合法性，知识精英们引入了全新的美学和政治理念。青年社将"四八"革命期间混为一谈的"思想家、政治家、知识分子"等概念加以区分，明确了各自不同的社会职能。[①]自从 T. 马约雷斯库提出文艺价值自主性原则后，社会的话语结构也变得更为多样。资产阶级价值观的形成和弘扬离不开商人，但同样也要依靠知识分子中的精英阶层——高级官员。尽管他们无力在社会构成上填补由于实业家和银行家数量过少造成的空缺，却能够在话语层面填补这一空缺。因此，在资产阶级尚未能填补地主与农民之间的空白，掌控经济和政治舞台时，知识分子已经替他们构建了现代话语体系。

S. 亚历山德雷斯库基于青年社的理论框架对民粹主义做出了新的解释，明确了民粹主义理念的倡导者、主要对象和最终政治目标。他指出，一些来自社会底层，接受了现代思想的知识分子虽然名义上为农民阶级说话，实际上却代表着"本地名流"和小资产者的利益。到 20 世纪初，知识分子中产生的高级官员已不再为小资产阶级或广大农民发声。民粹主义者号称代表着小资产阶级和农民的利益，但是在其政治主张中，已经"用资产阶级价值观对其所代表的利益先行过滤加工了"。S. 亚历山德雷斯库认为"本地名流"（包括地方官僚、自由职业者、小公务员、教员、乡村教士等等）才是民粹主义的积极倡导者。本地名流介于两个世界之间，他们扮演的角色既代表理想，也反映现实。虽然不同于资产阶级，却是他们思想上的盟友，能够代表其利益，并建立起既有利于自身又有利于乡村资产阶级的政治理念。

[①] S. 亚历山德雷斯库：《现代化回顾》，布加勒斯特，宇宙出版社，1999 年。第 342 页。

"民粹主义造就了乡村资产阶级,同时也是由乡村资产阶级创造的(……)是由本地名流替城乡资产阶级发表的主张"。[①]民粹主义者通过一系列文学、美术作品和政治、历史文章反映了农民阶级和乡村生活的面貌,提出了罗马尼亚的社会发展应围绕农业,而非工业进行的理论。C. 斯泰雷认为这种基于乡村的发展模式与丹麦有着些许相似性。S. 亚历山德雷斯库坦言:"很明显,民粹主义并非农民阶级自己的主张,而是其他阶级借农民阶级的名义,并越过农民阶级发出的主张。"[②] G. 依布勒伊莱亚努在 1924-1925 年间发表的文章中也同意这一观点,他说:"民粹主义的倡导者并非农民(城里人喜欢称农民为'乡村小资产阶级')。民粹主义并非一种阶级情感,而是对其他阶级的慷慨态度。"[③]

5. 民粹主义的哲学和社会学原则

民粹主义是西方政治理论与(包括罗马尼亚在内的)东欧国家现实碰撞的结果。民粹主义者认为,东西方国家之间的形态差异由历史、地域、社会层面的特殊性积淀而成,并非现代化进程中的阶段性差异。因此,C. 斯泰雷在其著作中反复提到不同国家现代化发展道路的多样性。他这样阐述自己坚持的原则:"世界上所有国家和民族,不应只有一条社会演进和发展道路。这是显而易见的。"[④]

在西方发达资本主义国家,已经实现了工业化、城市化和文化普及,拥有强大的中产阶级和现代制度。这些国家中不但有民族国家,还有殖民帝国。然而罗马尼亚作为一个典型的东欧国家,在上述各个方面都与西方国家有着巨大差异。这些国家仍以农业生产为主,现代化进程滞后,经济、科技、制度层面存在重大缺陷。在这样的背景下,民粹主义理论既是对一系列民族和社会问题的回应,也是对当时各种西方思潮(自由主义、社会主义、保守主义、无政府主义等)的回应。民粹主义的产生在一定程度上削弱了马克思主义、单线进化

① S. 亚历山德雷斯库:《现代化回顾》,布加勒斯特,宇宙出版社,1999 年。第97-98 页。

② 同上书。第 92 页。

③ G. 依布勒伊莱亚努:《依布勒伊莱亚努全集》(第五卷)(I. 罗塔鲁、A. 皮鲁评注版),布加勒斯特,密涅瓦出版社,1977 年。第 141 页。

④ C. 斯泰雷:《社会民主主义还是民粹主义》,加拉茨,波尔多 - 弗朗克出版社,1996年。第 76 页。

论、重工主义在社会、经济、历史层面的影响力。

通过 1892-1895 年间发表在《文学事件》《档案》《真理报》上的一系列文章，C. 斯泰雷为民粹主义奠定了理论基础。在 1907-1908 年间发表的论著中，他在保留原有理论框架的基础上，在史学和社会学层面加强了对民粹主义的论证。[①] 这股新思潮既有紧迫的政治目标（选举制度改革和经济体制改革），也有着遵循罗马尼亚特有的经济发展道路长期努力地考量。民粹主义者断言，由于罗马尼亚没有工业，也没有无产阶级，因此社会主义政党缺乏存在的理由。农民问题对罗马尼亚而言是重中之重，通过农业改革和民主体制帮助农民走上政治生活的第一线，并不是社会主义政党独有的目标。民粹主义者认为，只有自由主义政党才是能够对抗保守势力，将资产阶级民主革命进行到底的政治力量。

C. 斯泰雷认为农民阶级是有史以来所有社会分化的基础。无论是大地主、手工业者、商人、知识分子，还是后来掌控现代国家政权与经济命脉的资产阶级和金融寡头，都是从农民阶级衍生出来的。所有上层阶级都脱胎于农业文明，包括资本主义制度在内的现代制度也是在此基础上发展而来的。在罗马尼亚这样的落后国家，工业发展必须依赖国家的税收补贴，而国家则"靠农民养活"，依靠剥削农民生存的工业已成为"农民阶级躯体上的寄生虫"。[②]

当时很少有理论家能够像 C. 斯泰雷那样坚决抛弃社会民主主义思想，构建完全不同的历史发展模式。尽管他接受了进化论思想，却在理论上勇敢地与主导 19 世纪的单线进化论划清界限，开辟了社会发展的新视角。这种视角从各国特有的历史背景和社会形态出发，结合经济、社会、文化、地缘政治等方面的具体情况，用多线进化思想取代了社会单线进化思想。[③]C. 斯泰雷坚决反对照搬西方国家的政治和经济模式，主张根据罗马尼亚 20 世纪初的特殊国情寻求一条新的发展道路，这在罗马尼亚乃至全欧洲的马克思主义者中引发了巨大争

[①] 对民粹主义分析最为深入的 Z. 奥尔内亚指出："随着新的学说逐渐深入人心，日趋成熟，其目标也更为明确，并朝着这个目标勇往直前"。见 C. 斯泰雷：《斯泰雷作品集》（Z. 奥尔内亚评注版），布加勒斯特，密涅瓦出版社，1979 年。序言第 9 页。
[②] 同上书。第 70 页。
[③] 参见 I. 伯德斯库、D. 敦加丘、R. 巴尔塔休：《社会学史·当代理论》，布加勒斯特，埃米内斯库出版社，1996 年。第 11 页。

议。他在研读马克思主义著作后指出，必须从根本上区分"社会主义完全抽象的理论基础和社会主义在某一政治纲领或某一政党中的具体表现"。[①] 只有这样，才不会将理论与实际相混淆，这实际上也是社会主义倡导的做法。为了证明社会主义理论在罗马尼亚缺乏实践基础，C. 斯泰雷特意引用了恩格斯的说法："想让一个落后国家来解决发达国家才能面对的问题，甚至连发达国家都无法解决的问题，这在历史上是不可能的（⋯⋯）任何经济形式都应该解决其自身的问题，也就是它内部产生的问题。如果有人试图解决一种完全陌生的经济形式中产生的问题，是荒谬之极的"。[②]

C. 斯泰雷雄辩地指出，罗马尼亚面临的问题具有其特殊性，在本质上不同于西方国家，也不是任何一个社会主义政党能够解决的。总之，社会民主党在罗马尼亚这样的国家只是"无内容的形式"。尽管民粹主义出现之时正值各种修正思想大行其道，但无论在理论上，还是在对社会发展的预期上，民粹主义都是与马克思主义对立的。

6. 与马克思主义的交锋

随着社会矛盾日益尖锐，农业问题成为引发 1888 年起义的导火索，统治阶级的地位也因此被撼动。在此之前，保守主义者作为大地主利益的代表，他们提出的改革方案均未触及农民问题的根本。1882-1883 年间，C. 多布雷斯库 - 阿尔杰什（Constantin Dobrescu-Argeş，1856-1903）试图建立一个农民党，还在 1892 年为这个政党制定了纲领，但以失败告终。19 世纪末，I. I. C. 布勒泰亚努和他的追随者希望对自由党进行改革，使其更重视对本土资本的保护。这一想法最初是由 M. 科格尔尼恰努提出的，并被自由主义经济学家 P. S. 奥雷利安及其追随者们所接纳。由于后者以《旗帜》杂志为主要阵地，因此也被称为"旗帜派"。

与农民问题同样紧迫的还有民族问题。1892-1894 年特兰西瓦尼亚发生的"备忘录运动"[③] 在罗马尼亚引起了强烈反响。但从之后罗

---

① C. 斯泰雷：《社会民主主义还是民粹主义》，加拉茨，波尔多 - 弗朗克出版社，1996 年。第 4 页。

② 恩格斯：《社会主义在德国》，转引自 C. 斯泰雷：《社会民主主义还是民粹主义》，加拉茨，波尔多 - 弗朗克出版社，1996 年。第 7-8 页。

③ 译者注：1892 年，特兰西瓦尼亚地区的罗马尼亚人领袖向奥匈帝国皇帝递交备忘录，要求其承认当地罗马尼亚人的政治和宗教权利。

马尼亚与德奥意三国同盟签订的秘密条约可以看出，罗政府对布达佩斯当局的去民族化政策采取了宽容的态度。D. A. 斯图尔扎（Dimitrie Alexandru Sturdza-Miclăuşanu，1833-1914）领导下的自由主义团体为了能够在 1895 年执掌政权，夸大了"备忘录运动"对国家统一的意义。以至于罗马尼亚当局后来为了修复与奥匈帝国的关系，不得不削弱了对特兰西瓦尼亚地区罗马尼亚人的支持。

多数民粹主义者也是自由党成员，在他们看来只有自由党才能将资产阶级民主革命进行到底。其中一些人在 1901 年以后当选议员，另一些人身居要职。民粹主义的代表人物间接参与了 1907 年的政治运动，后又接受同年 3 月成立的自由党政府任命，负责平息起义。还有四位被称作"慷慨分子"的民粹主义者被任命为省长，分别是：C. 斯泰雷（就任 4 周后辞职）、N. 卢普（Nicolae Lupu，1876-1947）、A. G. 拉多维奇和 I. C. 阿塔纳休。他们承认农民有权依法拥有土地并过体面的生活。在自由党内部，民粹主义团体的处境十分微妙。特别是 1909 年 I. I. C. 布勒泰亚努执掌自由党大权之后，他们一直处于寄人篱下的状态。民粹主义者努力制止过激行为，主张放松对起义者的镇压。[①]C. 斯泰雷揭示了起义爆发的真正原因，主张赦免被拘押者，尽快度过"罗马尼亚历史上悲惨的一夜"。他说："欧洲没有其他任何一个民族长期经受着这样的饥寒困苦。难道你们还看不出农民运动的原因吗？"[②]

在同一时期，欧洲出现了各种修正主义思想。这些修正思想同样是在农民（农业）问题、民族问题与马克思主义学说的冲突中产生的。罗马尼亚社会主义运动的多数代表人物片面重视社会和政治诉求，并将民族诉求（实现国家统一）与之对立起来。C. 斯泰雷则认为这是一种本末倒置的做法。如果对罗马尼亚人的社会诉求进行深入分析，就会发现它是与民族诉求有机联系在一起的。西欧国家"幸福的人民"已经实现了民族统一的理想，他们的国家没有长期受到外部威胁，能够保持正常发展。然而在东欧国家，民族问题的解决任重而道远。这些民族似乎受到了"历史的诅咒"，仍在为政治自

① 见 Z. 奥尔内亚：《民粹主义》，布加勒斯特，密涅瓦出版社，1972 年。
② C. 斯泰雷：《大赦》，载《罗马尼亚生活》第 6 期。见 C. 斯泰雷：《斯泰雷作品集》（Z. 奥尔内亚评注版），布加勒斯特，密涅瓦出版社，1979 年。

主而斗争。

C. 斯泰雷在对罗马尼亚社会进行分析后指出，"乡村小私有制不会受生产集中化和资本集中化法则的支配"，因为"它不甘就此消亡"。统计数据表明，随着资本主义生产关系的变化和政治多元化现象的出现，小私有制在西方国家所占的比重日益增加。中小私营企业在欧洲各国遍地开花，这已然成为资本主义新一轮发展的基础，C. 斯泰雷因此断言"社会民主主义学说正在经历一场灾难"。[1] I. 伯德斯库在研究了 20 世纪初的这场论战后指出："一个世纪后，C. 斯泰雷在被证明是正确的。"[2]

马克思主义预言农民阶级（小农户）终将消亡。C. 斯泰雷则引用伯恩施坦、考茨基（Karl Johann Kautsky，1854-1938）等修正主义者的观点来对这一预言加以批驳。他还援引了西方国家的经济数据，指出在农业领域既未出现资本集中化现象，也未出现土地集中化现象。面对这一事实，一些修正主义者仍诡辩称农业集中化进程只是暂时滞后了，但最终会实现。在考茨基等修正主义者看来，中小土地私有制属于"原始社会形态"，其生产模式"几乎游离于社会之外，是野蛮阶级所从事的"。[3] 他们还建议农民"保持中立"，不要成为资本集中化和生产社会化这一必经发展道路上的绊脚石。欧洲社会民主主义者也因此在农民问题上陷入了僵局。

C. 斯泰雷说反驳道："五十多年来，你一直用一种'妙方'蛊惑人心，说它可以打破一切枷锁。五十多年来，你一直刚愎自用地声称'社会民主主义不应该去迁就农民，而应该是农民经过彻底无产化之后主动走向社会民主主义'（……）但出于'党的利益'，你最终走向了劳苦大众（……）却发现这一'妙方'根本不适用于农业！由于农业不可能依照规律自动'进化'，你正在从一个僵局走向另一个僵局，如陷泥淖（……）你宣称纯农业国注定要陷入停滞，无法实现社会进步，因为没有人能够拯救它们。其他国家的农民正处于水深火热之中，在工业无产阶级取得最终胜利之前，农民不得不'保持中立'，因为他们有着资产阶级的本

---

① C. 斯泰雷：《大赦》，载《罗马尼亚生活》第 6 期，1979 年。第 30 页。

② I. 伯德斯库：(C. 斯泰雷著)《社会民主主义还是民粹主义》后记，加拉茨，波尔多 - 弗朗克出版社，1996 年。第 276 页。

③ I. 伯德斯库：(C. 斯泰雷著)《社会民主主义还是民粹主义》后记，加拉茨，波尔多 - 弗朗克出版社，1996 年。第 33 页。

质！还有比这更荒谬的说法吗？"①

在 C. 斯泰雷看来，社会民主主义者之所以怨天尤人是因为历史并未按照他们预言的方向发展。②他承认甚至羡慕马克思主义在西方各国的影响力，同时也指出它在时空上具有相对性，由于受特定社会经验的制约，"无法科学地纠正自身的谬误"。那些以农业为主，工业发展滞后的国家在西方资本掌控的国际市场上毫无竞争力，对它们而言"社会民主主义道路无异于痴人说梦"。③这些国家既不具备物质条件——发达的工业；也不具备社会条件——大量有组织的无产者；更看不到创造上述条件的希望——国际市场已被西方资本占据。在资本全球化带来的强大压力下，这些国家只能发展一些小型的资源加工业（石化工业）、食品工业和轻工业（纺织业、酿造业，等等）。

7. 从"反动"的农民阶级到作为社会发展基础的农民阶级

C. 斯泰雷在著作中提到，马克思主义认为在资本主义时代，只有无产阶级才能代表进步思想，其他所有阶级构成了一个对立群体。④按照这一理论，农民是旧制度的拥护者，是"反对进步的保守因素"。资本主义必将摧毁土地小私有制并将农民变为无产者。

C. 斯泰雷无法接受马克思主义关于农民问题的观点，并对农民和小地主发挥的经济、社会、政治作用给予了肯定评价。他指出，农民是"伟大的社会力量，尤其是强大的选举力量"。⑤恩格斯认为农民阶级注定会消失，因为他们是旧生产方式的孑遗，是"文明社会的野蛮人"。⑥很多马克思主义者认为农民无法理解历史辩证法，因为"他们克服不了内心深处对财产的占有欲"。私有制是农民赖以生存的根本，因此他们是马克思主义者眼中的"反动阶级"。按照 C. 斯

---

① I. 伯德斯库：（C. 斯泰雷著）《社会民主主义还是民粹主义》后记，加拉茨，波尔多 - 弗朗克出版社，1996 年。第 34 页。
② C. 斯泰雷援引了德国著名社会学家桑巴特（Werner Sombart，1863-1941）的说法，认为"随着剥削日益严重，民众将会被无产化，其必然结果就是社会主义"的理论"只适用于工业发展，而不适用于农业发展"。见桑巴特《19 世纪的社会主义与社会运动》，耶拿，1896 年。第 111 页。
③ 同上书。第 49 页。
④ C. 斯泰雷：《社会民主主义还是民粹主义》，加拉茨，波尔多 - 弗朗克出版社，1996 年。第 116、117 页。
⑤ 同上书。第 19 页。
⑥ 同上书。第 14 页。

泰雷的说法："社会民主主义者陷入了'必须说服农民自取灭亡'的窘境"。①

欧洲几乎所有社会民主主义政党都对农民和小地主怀有敌对态度，只是出于竞选的目的才会稍稍改变。恩格斯在1895年逝世前发表的论著中，②也承认在农业领域并未出现资本集中化现象，中小私有制也并未消失，最终只能说服农民参与合作化。

罗马尼亚的社会民主主义者并未提出明确的农业发展规划，只是把阐释工业发展机制的理念与法则生搬硬套到农业领域。自诩为精英的他们一直在寻找一种与之相应的社会力量，一种能够用革命言论对抗欧洲资本主义思想的"新贵族"。然而在20世纪初，罗马尼亚的资本主义刚刚起步，无产阶级力量薄弱，农业人口的比重超过90%。因此对于罗马尼亚而言，农业问题不应从属于其他问题，而是任何一个政党都必须高度关注的首要问题。只有厘清了经济、社会、政治等各个方面的问题，农业问题方能得到妥善解决。

8. 农业合作化和工业问题

C. 斯泰雷声称，他的目的就是要证明"社会民主主义根本不适用于罗马尼亚"，这种不适用性源自其基本原理，而非细枝末节。社会民主主义者坚持认为私有制必将消亡，然而农业有着完全不同于工业的发展规律，成为一个特例——得以保留的不仅有大土地私有制，还有乡村小私有制。

C. 斯泰雷在统计后指出，丹麦、比利时、荷兰、瑞典、法国、英国等发达国家在农业领域也是以中小所有制为主的，③而且这种中小型农业的生产力还在不断增长。这些国家的农民阶级非但没有陷入绝境，还找到了现代化之路，中小土地所有制与同样可以释放出巨大的效力。社会民主主义套用工业发展模式，夸大了大土地所有制的技术优势。农业领域的资本流通比较缓慢，一些技术优势也可以在中小型农业生产中得到应用。因此必须构建农业合作机制，在不触及所有制基础的前提下，将农业生产者纳入合作体系内，确保农产品的生产

---

① C. 斯泰雷：《社会民主主义还是民粹主义》，加拉茨，波尔多 - 弗朗克出版社，1996年。第21页。

② 恩格斯：《法国和德国的农民问题》，转引自 C. 斯泰雷：《社会民主主义还是民粹主义》，加拉茨，波尔多 - 弗朗克出版社，1996年。第20-26页。

③ 同上书。第52、53页。

和销售。这就是 C. 斯泰雷的合作化理论，同时也是民粹主义经济理论的基础。

C. 斯泰雷从西方国家的新型农业合作模式中获取了大量统计数据，用以证明保留农业小私有制，建立农业合作制的可行性。[①] 他的这一做法饱受正统马克思主义者和修正主义者的攻讦。由于 C. 斯泰雷从根本上对马克思主义社会和政治理论提出了质疑，罗马尼亚的马克思主义者们将批判民粹主义作为其首要宣传任务。

无可否认的是，C. 斯泰雷过分夸大了合作化的作用。他在第一次世界大战之前提出的观点明显带有乌托邦色彩，认为通过合作机制可以有效应对势力庞大的土地寡头，但这一过高的期望直至两次世界大战之前仍未成为现实。无论是列宁还是之后的共产党领导人，都将民粹主义这种思想斥为"小资产阶级思想"。他们认为民粹主义试图将农业合作制从资本主义体制中剥离出来，使之成为一种非资本主义的"中间成分"。民粹主义研究专家 Z. 奥尔内亚（Zigu Ornea，1930-2001）也不可避免地受到了马克思主义的影响，他在著作中经常这样评价民粹主义："这是一种浪漫主义的社会学（或社会哲学）观点"；"是反工业化和反资本主义的"；"是对资本主义的浪漫批判"；"是对资本主义的感性批判"；"蛊惑人们梦想着规避必然规律"。[②]

C. 斯泰雷质疑的正是这些"社会发展的必然规律"。民粹主义其实并不主张"规避资本主义"（民粹主义极力捍卫的私有制，这不正是资本主义的本质吗？），而是主张规避某种特定形式的资本主义。这些特定形式的资本主义使农民被无产化，使落后农业国沦为西方工业国的附庸。农业合作化的目的，就是为了阻止农民被大规模无产化，从而打破马克思主义的预言。G. 依布勒伊莱亚努指出："从《罗马尼亚生活》杂志和 C. 斯泰雷倡导的'乡村民主'理念可以看出，我们试图让罗马尼亚人民拥有私有财产，使最大的社会阶层成为通向社会主义道路上的最大障碍"。[③]

---

① 恩格斯:《法国和德国的农民问题》，转引自 C. 斯泰雷:《社会民主主义还是民粹主义》，加拉茨，波尔多 - 弗朗克出版社，1996 年。第 63 页。

② Z. 奥尔内亚:《民粹主义》，布加勒斯特，密涅瓦出版社，1972 年。第 212-253 页。

③ G. 依布勒伊莱亚努:《民粹主义、社会主义和国际主义》，载《罗马尼亚生活》1925 年第 4 期。

两次世界大战之间，乃至共产主义时期的罗马尼亚马克思主义者都陷入了一个严重的误区，就是将民粹主义说成一种"规避资本主义的幻想"。他们之所以将民粹主义斥为"反资本主义学说"，是因为他们的比照标准是马克思著作中的资本主义形象，而非20世纪上半叶资本主义的真实状况。修正主义者不得不承认，西方资本主义国家通过社会改革，为农业问题找到了新的出路，成功避免了马克思预设的"崩溃"状况。C. 斯泰雷既关注西方资本主义国家的真实转变，也关注修正主义者在罗马尼亚的努力。为推动资产阶级政治体制加速实现现代化，民粹主义者真实揭露了罗马尼亚农民几百年来的悲惨境况，将延续了几百年的体制看作罗马尼亚社会发展的痼疾。他们的所作所为绝非"对资本主义的浪漫批判"。在两次世界大战之间，以 Şt. 泽莱廷和 E. 洛维内斯库为首的自由主义者将民粹主义说成是一种"向非现代的、传统的中世纪旧体制回归"的保守学说，同样是站不住脚的。

我们应该摒弃各种成见，重新审视 C. 斯泰雷对罗马尼亚社会发展的看法。而要消除这些带有意识形态色彩的歪曲和误解，最好的办法就是重读他的原著。从他的作品中很容易看出，C. 斯泰雷并不否认工业发展的必要性和可行性，只是反对照搬西方国家的工业发展模式。他认为罗马尼亚民族工业的命运取决于农业现代化水平和内需的增长。西方国家的工业化进程有着特殊的地缘政治背景，19世纪末的英国、德国、法国、西班牙、荷兰都是殖民大国，但罗马尼亚不具备这些有利条件。他明确指出，如果依托原材料优势和国内市场，罗马尼亚的采掘业、林业和食品工业将会有良好的发展前景。

C. 斯泰雷的著作中还提出了以下几个关键问题：罗马尼亚能否复制西方国家的工业化模式？罗马尼亚是否拥有西方国家工业发展的全部有利条件？如果上述条件缺失，罗马尼亚是否应该走不同于西方资本主义国家的发展道路？他通过分析证明罗马尼亚与西方国家间存在着结构性差异，各种历史和地缘政治因素给罗马尼亚带来了巨大的压力。鉴于此，他提出了"乡村民主"理论，主张基于合作制发展农业，并通过这种模式将工农业发展紧密结合起来，确保工业生产的原材料供应和产品销售市场。随着农业现代化的深入，对机器设备的需求必将不断提升，工业自然会迎来其发展契机。工农业紧密联系，才能为社会的有机发展提供动力。在此过程中也不排除外资介入的可能性。

1901 年 12 月 2 日在众议院发表的演说中，C. 斯泰雷基于对民族工业发展状况的分析指出，"大工业"的发展离不开外部市场，但无论从技术、效率还是质量上来看，罗马尼亚都不具备占领国际市场的优势。尽管国家大力扶持工业发展，但低附加值的民族工业仍无法摆脱"寄生于农业"的特点。他同时还揭露了外资在落后国家运作，导致这些国家发生畸变的过程。他指出，外资进入罗马尼亚的目的是为了抢占市场和攫取利益，不但无助于本国生产力的发展，还会导致消费增长。一言以蔽之，外资对于落后国家有害无利。

罗马尼亚与西方国家之间的结构性差异，即落后农业社会与城市化、工业化社会的差异。由于各国的国情不同，它们的发展道路也不是唯一的，因此罗马尼亚不能走西方国家的工业化道路。这一观点既不同于马克思主义，也不同于自由主义。

9. 落后国家——国际游资的乐园

早在 20 世纪初，在与马克思主义者（以 C. 多布罗贾努 - 盖雷亚和社会民主党人为代表）的论战中，C. 斯泰雷就提到了"国际游资"的概念。一个多世纪的苦难和空想，已经证明了社会民主主义的失败。民粹主义者提出的方案虽然在两次世界大战之间被农民党采纳，但由于国际游资的介入而未能落实。国际游资已经成为发达国家掌控落后国家的手段，使这些国家的现代化道路变得更为艰难。资本全球化会给发达国家和落后国家带来截然不同的影响。在发达国家，资本家的数量不断增长，无产阶级的生活水平也日益提高；而在外资掌控的落后国家，民众却在滑向赤贫。

面对富国愈富、穷国愈穷的现象，C. 斯泰雷一针见血地指出："七年前我在众议院的发言中就曾说过，西方文明国家创造了巨大的商业资本和金融资本，我们称之为国际游资。这种资本四处逐利，尤其偏好在经济落后的国家施展拳脚。那时我就指出，英国已经成功地将这些资本投向海外，截至 1895 年已投出了 530 亿法郎的惊人数额。法国、德国和美国群起效仿，连小小的荷兰也向海外投放了大量贷款。如果全体国民都能分享利息收益的话，甚至可以实现莱奥尼达先生（译者注：Conul Leonida，系 I. L. 卡拉迦列戏剧作品中的人物）的梦想——所有人都可以只拿薪水而不用纳税。那时我就指出，这种资本所到之处，资本主义的所有负面效应都会发生，只有西方国家的受益人才能得到补偿。在落后国家只有收入被资本化了，生产方式却一成不变。鉴于此，落后国家出现了马克思所说的各种原始积累现象，却无法像西方国家那样创造出民族资本。因为国际游资就像一台巨大的抽水机，把积累起来的财富都抽到了境外。"[①]

　　20 世纪初的一些修正主义者也持有相似的观点。例如考茨基认为只有工业资本才是促进发展的力量，金融资本和商业资本则"不是革命力量"，无法推动社会和文明的进步。人们发现"在发达国家，富人的增长速度超过了人口增速，而社会矛盾正趋于缓和。"根本原因就在于向落后国家投资所获得的利润最终流回了西方发达国家。资本全球化在缓解发达国家社会矛盾的同时，却加剧了落后国家的社会分化，发达国家与落后国家间的对抗也愈演愈烈。换言之，发达国家将社会两极分化"出口"到了"国际游资的乐园"——不发达国家。面对理论与现实的矛盾，一些社会民主主义者意识到资本主义不会自动灭亡，罗马尼亚的无产阶级也没有能力承担起通过革命推翻资产阶级的使命。因此，社会民主党逐渐转变为主张社会改革和民主改革的政党，而非主张革命的政党。

　　C. 斯泰雷一针见血地指出，资本流通的战略方向已经发生改变。为了便于在境外运作，发达国家将工业资本转化为商业资本或金融资本，将其投向落后国家。正如考茨基所言，英国作为发达资本主义国家的代表，正在从"世界工厂"转变为一个"保险柜"。[②] C. 斯泰雷非常赞同这一观点，并用这一观点来阐释发达国家与落后国家之间的经济关系。早在 1900 年，他就预测到了 20 世纪经济全球化进程可能带来的严重后果："国际游资，也就是落后国家引进的外资，完全是商业资本和金融资本，在其来源国是一种反革命的资本。在经济受奴

[①] C. 斯泰雷：《社会民主主义还是民粹主义》，加拉茨，波尔多 - 弗朗克出版社，1996 年。第 116-117 页。
[②] 同上书。第 118 页。

役的国家，国际游资的进入只会阻碍社会发展"。[①]

通过在落后国家攫取利润，国际游资变得越来越雄厚。发达国家的海外投资不仅能使本国的资本持有者获利，还能使本国的无产阶级从中受益。一方面，这些国家资产阶级的财富和社会影响力大幅提升；另一方面，无产阶级的生活水平也得到改善，使很多人成为"心满意足的劳动贵族"，不再谋求通过革命手段推翻资本主义制度，社会矛盾因此得以缓解。美国经济学家高伯瑞（John Kenneth Galbraith，1908-2006）曾说，只有让穷人满意，他们才不会希望改变社会制度。换言之，资产阶级得以巩固，无产阶级的力量却被削弱，从而阻碍了这些国家的无产阶级革命进程，即阻碍了马克思所说的社会发展进程。在这层意义上，国际游资在其来源国确实是一种"反革命资本"。

将国际游资称为"反革命资本"的第二层含义在于，此类资本只会给落后国家带来资本主义的消费和剥削形式，却不能改变这些国家的生产方式。落后国家的这种资本化进程贯穿了整个 20 世纪。尽管人们对于穷国和富国之间的差距已经有了清醒的认识，但这一差距仍在不断加大。外国资本在占领了落后国家的市场后，并未促使当地的生产方式实现现代化，只是将收益资本化之后输回国内。C. 斯泰雷明确指出，资本主义发展的要诀就在于争夺和抢占海外市场。因此，通过代理人进入罗马尼亚的国际游资不会被用于产业升级或技术革新，劳动生产率自然无法提高。此类资本只会给落后国家带来破坏性的后果，使其无法成为富有创造力和竞争力的资本主义国家。罗马尼亚理论家 C. 斯泰雷早在 1900 年就能从落后国家的视角出发，揭示了全球资本主义的基本发展趋势，难能可贵。他也是继 M. 埃米内斯库之后又一个揭示了发达国家与落后国家间经济关系的学者。他指出："不幸的是，发达国家在资本主义发展进程中出现了向'保险箱'转变的趋势。就像从前率先发展工业一样，英国只是在这个方面领先了一步。德国和美国也随之创造出数额巨大的国际游资。这些国家在落后国家的资本运作规模日益扩大，落后国家发展面临的障碍也越

---

① C. 斯泰雷：《社会民主主义还是民粹主义》，加拉茨，波尔多 - 弗朗克出版社，1996 年。第 112 页。

来越多。"[1]

罗马尼亚思想家们在一百多年前创立的这些理论至今仍具有重大现实意义。C. 斯泰雷的理论已经在 20 世纪的经济、社会和政治发展中得到了印证。在长达九十年的时间里，其代表作《社会民主主义还是民粹主义》的真正的价值远未被罗马尼亚学者和民众所认识。这部著作的核心内容就是工业国与农业国之间，发达国家与落后国家之间的形态差异，即资本主义世界核心国家和边缘国家间的差异。这种差异是在历史长河中形成的，必然会影响到各国对发展道路的选择。[2]

10. G. 依布勒伊莱亚努 * 批判精神和民族特色

在文化层面，民粹主义自产生之初就将自己定义为一种"罗马尼亚特有的现代化策略"。它将批判精神看作"评判西方模式是否适用于民族现实的裁判所"，是"使历史诉求和欧洲价值观贴合当地国情的过滤器"，并希望通过创作来调和民族特色与西方价值观。

1909 年，文学评论家 G. 依布勒伊莱亚努在《罗马尼亚文化中的批判精神》中援引了《罗马尼亚生活》杂志上发表的多篇文章，指出罗马尼亚人民在西方文化数百年的熏陶下已经创造出了自己的现代文化。西方文化的影响从 15 世纪开始显现，并在之后几百年间体现在宗教、文化、学术、政治等各个层面。从 19 世纪开始，特别是在摩尔多瓦，M. 科格尔尼恰努、A. 鲁索、C. 内格鲁济、V. 亚历山德里等人开始用从批判的视角出发，对来自西方的社会理念和文化形式进行筛选。在青年社的批判活动（同样始于摩尔多瓦地区的雅西）大规模开展之前，上述知识分子已经开始尝试着对西方文化影响进行有益的批评，使之与本国国情相适应，从而建设原创的民族文化。

民粹主义者从另一个角度来看待这个问题。他们首先肯定了西方政治形式在现代化进程中所起的作用，因为正是这些形式促进了

---

[1] C. 斯泰雷：《社会民主主义还是民粹主义》，加拉茨，波尔多 - 弗朗克出版社，1996 年。第 118 页。

[2] 将 C. 斯泰雷的理论和当代经济学家的观点进行对比后可以发现，至少在后共产主义时期的罗马尼亚，迄今为止实行的所有改革措施的结果都是收益资本化而非生产资本化，都是迎合投机资本、商业资本和金融资本利益的。这些资本完全被国内或境外的大鳄控制着。

民族文化的内容发生质变。将西方文化引入罗马尼亚各公国能够削弱东方文化（指拜占庭—斯拉夫文化和土耳其—法纳里奥特文化）的影响力，有益于民智的开启，为罗马尼亚的现代化进程做好铺垫。G. 依布勒伊莱亚努高度赞扬自由主义思想和现代体制（当时的人们对复古潮流已经厌倦），认为"无论保守主义者如何狡辩，罗马尼亚民族文化的发展都与来自西方的影响紧密关联"。[①] 基于这样的观点，民粹主义者对现代化进行了重新定义，赋予其更为宽泛的社会和经济内涵。

据 G. 依布勒伊莱亚努推测，早在 17 世纪，西方文化的影响就已经通过波兰传入摩尔多瓦公国，并结出了硕果，至法纳里奥特大公统治时期趋于式微。18 世纪，特兰西瓦尼亚公国的学者从拉丁主义思想出发为罗马尼亚现代文化奠定了基础。拉丁主义被他们推向极致，成为一种政治思想，一种社会力量，一种"推动社会进步的催化剂"。在希腊和法国文化的熏陶下，蒙特尼亚公国出现了新的政治理念和革命精神。人们迫切期待着改变政治格局，实现各公国的大统一。到 19 世纪初，摩尔多瓦公国开始扮演文化先锋的角色。鉴于当时蒙特尼亚公国陷入全盘西化的误区，特兰西瓦尼亚的拉丁主义则走上了矫枉过正的歧路，摩尔多瓦公国的学者们用批判精神和民粹主义思想做出了回应。他们主张回归民族传统，使用生动鲜活的语言，将优秀的民间作品作为现代文学创作的范本。

批判精神之所以能够在摩尔多瓦发扬光大，是因为那里有悠久的学术传统，贵族阶级与农民的关系也更为密切。在蒙特尼亚，现代化进程的真正推手是资产阶级，因此那里的"革命精神"更为鲜明。与之相比，摩尔多瓦的批判精神带有审慎的"改良主义"色彩。G. 依布勒伊莱亚努指出，"蒙特尼亚注重意志和情感，摩尔多瓦则趋向于理智。蒙特尼亚的做法较为功利：为改变社会秩序而斗争，并试图将西方的新形式移植过来。摩尔多瓦的做法则近乎奢侈：试图将西方文化与罗马尼亚精神融合，使西方思维方式适用于罗马尼亚。因此，蒙特尼亚拥有一批'四八'革命者，在摩尔多瓦则出现了一批文学家和

---

① G. 依布勒伊莱亚努：《罗马尼亚文化中的批判精神（评注）》，布加勒斯特，密涅瓦出版社，1984 年。第 14 页。

评论家"。[①]

青年社导师 T. 马约雷斯库反对在相应内容缺失的情况下，就从西方国家引进现代文化形式。G. 依布勒伊莱亚努作为民粹主义理论家，非但没有像保守主义者和青年社那样对外来影响横加指责，还极力为其辩护。他认为这些外来形式有着积极的意义，可以本着批判的精神予以接纳，并借其推动罗马尼亚现代文化的发展，使之与西方保持同步。E. 洛维内斯库在很大程度上认可了这一观点，对 19 世纪前的罗马尼亚传统文化不以为然。然而 G. 依布勒伊莱亚努推崇的"旧批判学派"却被 E. 洛维内斯库斥为"反动势力"。

1933 年 G. 依布勒伊莱亚努卸任后，M. 拉莱亚与 G. 克利内斯库、D. I. 苏基亚努（Dumitru Ion Suchianu，1895-1985）共同担任《罗马尼亚生活》杂志的主编。他们用批判的视角看待民族特色，不再对其一味袒护。《罗马尼亚生活》杂志有力驳斥了政治极端化倾向，坚决与保守主义者和社会主义者划清界限，发起了一场声势浩大的批判运动。民粹主义的文化和政治理念在两次世界大战之间得到了高度认可，其经济理念则在重农主义思潮中得以延续。其代表人物以高昂的改革意志激励着人们捍卫民主价值观，抵制极左或极右思潮。

民粹主义者认为，艺术与科学、政治的不同点在于它具有民族性，能够反映民族精神。M. 拉莱亚从社会学角度对这一观点进行了充分论证，指出民粹主义的美学理念与其民族和社会理念是一脉相承的，主张文艺创作必须反映一个社会面临的最尖锐问题。对罗马尼亚而言，最迫切的就是实现民族统一并解决农民问题。农民问题归根到底是社会公平问题，在罗马尼亚特有的社会背景下，靠那些思想西化的知识分子鼓吹的国际主义空想是无法解决的。

G. 依布勒伊莱亚努将民族特色看成文艺作品中不可或缺的内在美学要素，而非用以表达政治诉求的外在因素。他说："所有伟大的作家都具有鲜明的民族性。拉伯雷、莫里哀（Moliere，1622-1673）和法朗士（Anatole France，1844-1924）可能不是法国作家吗？莎士比亚、狄更斯（Charles John Huffam Dickens，1812-1870）和哈

---

① G. 依布勒伊莱亚努：《罗马尼亚文化中的批判精神（评注）》，布加勒斯特，密涅瓦出版社，1984 年。第 17 页。

代（Thomas Hardy，1840-1928）可能不是英国作家吗？托尔斯泰（Лев Николаевич Толстой，1828-1910）和陀思妥耶夫斯基（Фёдор Михайлович Достоевский，1821-1881）可能不是俄国作家吗？拉布吕耶尔（Jean de La Bruyère，1645-1696）难道会是德国人吗？（最后这句话引自纪德，André Paul Guillaume Gide，1869-1951）所有伟大作家都具有民族特色——这是一个公理。对我们国家而言，人们公认的最伟大的作家，同时也被认为是最具民族性的作家。"[1]他进一步指出，并不是说某一种意识形态，或某一种文学流派认为哪些作家是"民族"的，他们就是"伟大"的。恰恰相反，只有在美学层面被认为是"伟大"的，他们才真正是"民族"的。艺术价值与民族特色之间存在一种对等关系。[2]一个作家的民族性取决于其作品的美学表现力，必须通过内在的美学价值标准去衡量。G. 依布勒伊莱亚努明确地将种族标准与美学标准加以区分，并未用某种狭隘的美学标准去定义民族特色。他反对像唯美主义者和现代派精英主义者那样，将自己放在审美自主的绝对制高点上，否认艺术具有社会性和民族性，甚至认为"所有具有民族特色的东西都是可耻的"。

　　民粹主义者和"四八"革命一代，以及青年社代表人物一样，十分注重民族身份与欧洲身份之间的关系。到两次世界大战之间，这一问题再次引发了广泛关注。民粹主义者以一种理性和温和的方式来阐释民族特色，对西方价值观采取了一种完全不同于传统民族主义的开明态度。作为民粹主义新一代代表人物的 M. 拉莱亚曾多次强调，应将民族身份与欧洲身份理智地关联起来："民族性不应脱离意识与理性（……）确立民族特征是一个求异的过程，而这一过程只能依靠理性来实现。要当一个优秀的欧洲人，首先必须成为优秀的罗马尼亚人。结论是什么呢？应该从欧洲精神中学习如何建立罗马尼亚精神。"[3]他对此问题的看法更倾向于融合而非割裂。在他看来，融入欧

---

① G. 依布勒伊莱亚努:《什么是民粹主义？》，收录于《依布勒伊莱亚努全集》（第五卷），第 148 页。

② T. 马约雷斯库、M. 埃米内斯库、G. 克利内斯库、O. 科特鲁什（Ovidiu Cotruş，1926-1977）也曾提到这种对等关系。见 G. 杰奥尔久:《民族、文化、身份》，布加勒斯特，第欧根尼出版社，1997 年。第 422-427 页。

③ M. 拉莱亚:《罗马尼亚现象》[C. 希菲尔奈茨（Constantin Schifirneţ，1945-　 ）校注并作序]，布加勒斯特，信天翁出版社，1997 年。第 152 页。

洲是巩固民族身份的前提。

新一代民粹主义者将民族身份看作是传统内容与现代形式的结合体，需要通过各个文化领域的创作来建立民族身份与欧洲一体化诉求之间的平衡。《罗马尼亚生活》杂志一贯奉行的立场，就是将民族性与西方价值标准结合起来，从而实现一种平衡关系。尽管在当时纷繁复杂的文化背景下，前卫主义、东正教原教旨主义等极端思潮纷纷出现，但《罗马尼亚生活》杂志一直秉持着温和内敛的立场。

C. 斯泰雷一生致力于民族统一和政治改革，G. 克利内斯库也因此将民粹主义者称为"民族民主主义者"。民粹主义者的信仰具有两重性：在坚守民族身份的同时，也努力推动民主化、现代化和欧洲化进程。凭借在战前打下的基础，《罗马尼亚生活》杂志在两次世界大战之间扮演了重要的角色，几乎成为罗马尼亚文化的代表，时代精神的向导，民众意志的代言人。民粹主义思潮兼收并蓄，融汇了 20 世纪初罗马尼亚思想界的主要理念，成为学术界的风向标。

11. 作为新进化论学说的民粹主义

如果在理论层面对民粹主义和青年社主义进行平行比对，就很容易发现它们之间的关联与差异。如果说青年社建立了一种保守的、反自由主义的现代政治学说，那么民粹主义就是与马克思主义对立的学说。青年社带有温和的保守主义色彩，后来出现的民粹主义则带有自由主义和左翼民主主义（乡村民主）的色彩。青年社用批判精神来抑制自由主义者的改革热情，呼吁他们回归现实，在声讨自由主义哗众取宠做法的同时，将罗马尼亚的保守主义思想介绍给欧洲。在新的历史背景下，民粹主义将民族思想和批判精神结合起来，兼顾民族传统与欧洲精神。它反对不合时宜的保守主义，重视西方文化的有益影响，认为其在唤醒民族理想，构建罗马尼亚现代国家的进程中起到了积极作用。

在接纳西方积极影响和全新政治形式的同时，民粹主义者对自由主义思想进行了过滤，使其脱离了刻板的进化论思想，更具民族视野。他们善于将对手的观点加以内化，收为己用。例如 M. 埃米内斯库提出的实行贸易保护、建立中产阶级、资本国有化、实行民族理想等理念就得到了民粹主义者 P. S. 奥雷利安的推崇，并被写入自由党的纲领之中。20 世纪初，自由党提出"自力更生"的口号。这表明当时的人们已经意识到只有通过保护和扶持本土资本，才能有效对抗外来资本的侵袭。

民粹主义对马克思主义和自由主义的理论基础，即流行于 19 世纪的进化论、历史发展单线论和西方中心论进行了讨论。这些理论虽然在表面上承认文化多样性，但最终目的却是将其纳入单一的历史发展进程中。民粹主义者从以下三个层面对马克思主义提出了质疑：

- 在政治层面：C. 斯泰雷反对罗马尼亚社会民主主义者提出的政治主张。他指出在一个非工业化国家，无产阶级力量薄弱，社会民主主义根基不稳，缺乏合理性。换言之，罗马尼亚的社会民主主义政党缺乏对应的社会和经济基础。

- 在理论层面：马克思主义作为社会民主主义的理论基础，并不适用于农业国。农业国的发展进程具有特殊性，不会遵循马克思主义预设的方向发展。

- 从基本范式看：无论是马克思主义还是自由主义，都是依据社会单线进化的范式建立的。C. 斯泰雷认为"不存在，也不可能存在适用于所有国家的单一的发展模式，每个国家都必须遵循自己的模式发展"。他另辟蹊径，基于历史发展多线论设计了全新的罗马尼亚的现代化之路。通过这一重大理论创新，C. 斯泰雷摆脱了经典进化论的桎梏，明确提出了多线进化论原则。[1]

修正主义者曾根据"具体国情"对马克思主义进行"调整"。C. 斯泰雷认真总结了他们的观点后指出，修正主义者为了自圆其说，不惜采取了"机会主义"的做法，如跳梁小丑一般进行诡辩。他在社会学研究中发现，追求普世意义的社会理论与各国具体的历史发展进程之间存在着严重冲突。[2] C. 斯泰雷的更深层次动机在于，要对基于单线进化论提出的所有社会学假说予以驳斥。他认为修正主义者止步

---

[1] I. 伯德斯库、D. 敦加丘、R. 巴尔塔休：《社会学史·当代理论》，布加勒斯特，埃米内斯库出版社，1996 年。第 11 页。

[2] 他列举了欧洲各国（法国、瑞士），特别是德国社会民主党对其纲领所做的历次修订，以及李卜克内西（Wilhelm Martin Philipp Christian Ludwig Liebknecht，1826-1900）、巴贝尔（August Babel，1840-1913）、考茨基等德国社会民主党领袖立场的转变。

于理论与现实之争，从而使他们的理论受到了局限。他在对社会民主主义学说与现实的矛盾进行分析后"得出了更为极端的结论"，[1] 这一结论完全超出了修正主义者的底线。C. 斯泰雷基于全新的社会学和史学观点，指出"全人类的整体发展是由多个特殊发展进程构成的"。即使各国的政治体制相同，也有权基于不同的历史和人文背景，弘扬其民族精神。

20 世纪初，新旧两种进化论在罗马尼亚思想界频频交锋。与旧有的单线进化论相比，新进化论承认社会和文化发展道路的多样性。19 世纪的历史主义者将西方文化模式看作值得其他各国文化效仿的典范，实证主义者的历史发展规则表现出同质性、单线性和单向性。他们认为尽管世界各国的文化形式丰富多样，但它们都朝着一个共同的理想前进，而这一理想只能通过西方文化的发展模式实现。正如 T. 维亚努所说："这种发展观，就是要将主导着西方文化发展的价值观投射到世界上其他国家文化的演进过程中。"[2]

后来，文化发展的同质性遭到越来越多的质疑，地域文化的异质性和多样性开始受到重视。人们意识到每一种文化都植根于其母体特有的环境中，在发展中遵循的价值观也各不相同。对于处在西方资本主义国家边缘，以及（沙俄、奥斯曼、哈布斯堡等）旧帝国势力范围内的落后国家，这一理念对于其思想和政治变革有着至关重要的意义。很多思想家认为，各具特色的民族应被看作历史发展的基础和主体。这种民族理念使各国文化重新回归传统，呈现出和而不同的趋势。19 世纪是民族的世纪，人们不仅在理论层面接纳了民族特殊性思想，还将其运用于文化创作和政治实践之中。

实证主义历史观中被注入了"纯理论的客观主义幻象"，[3] 使人们误认为某种历史理论可以丝毫不带主观色彩，完全脱离其原产国的历史、文化、社会和学术背景。基于这种幻象，人们自以为可以站在超越历史的高度上来描述历史。按照哈贝马斯（Jürgen Habermas,

---

① C. 斯泰雷:《社会民主主义还是民粹主义》，加拉茨，波尔多 - 弗朗克出版社，1996年。第 40 页。

② T. 维亚努:《文化哲学》，收录于《维亚努全集》（第八卷），布加勒斯特，密涅瓦出版社，1979 年。第 300 页。

③ 哈贝马斯:《认知与交流》，布加勒斯特，政治出版社，1983 年。第 124 页。

1929- ）的说法，史学家在认知和阐述历史时，会不可避免地"用先入为主的理解去歪曲历史"。[①] 在 19 世纪，包括马克思主义、自由主义在内的很多学说都带有这一特点。马克思不断总结西方国家的历史教训，揭示西方国家的发展机制，并将这种机制作为阐释所有国家历史发展的原则。其实马克思本人也已经意识到，在相似的历史形式（社会规范）下存在着内容的差异，必须深入分析各国政治结构、文化形态、民族构成的差别，但这一点经常被忽略或未能引起人们足够的重视。

一方面，人类历史发展有着普遍规律；另一方面，各国历史发展进程和民族构成具有多样性。C. 斯泰雷作为一个来自资本主义世界边缘国家的观察者，将马克思主义（历史唯物主义）称作一种优先适用于资本主义大国的"大国理论"。落后国家历史发展进程中时常会遭遇各种社会问题和民族问题，还要实现民族解放的理想，这些方面在依照西方国家经验建立的"普遍"理论范式中鲜有提及。尽管历史展现出了多样性和多中心的特征，但是单线进化论的支持者们仍然试图从理论上挽救社会发展一致性的论断。当时的很多学说宣称找到了历史发展的"普遍客观规律"，主张所有国家都必须服从这一规律。所有的地理、社会、人文多样性都被放置在同质化发展的时间轴线上，被解释为"历史差距"或同一发展向量上的"不同阶段"。换言之，对于不同的国家和民族而言，历史发展的大方向是一致的。社会和文化多样性在进入相互依存的发展体系后，被垂直投影在历史银幕上，成为人类社会的某一个发展阶段，其终极目标都是实现西方式的文明。

这就是 19 世纪的进化论思想给我们留下的最重要的理论框架，民粹主义从根本上否定了这种理论框架，展现出了与主流思潮针锋相对的巨大勇气。它基于落后国家的历史经验，在经济层面否定了 19 世纪的单线进化论思想，提出了社会差异化发展的命题。有意思的是，民粹主义在政治上宣扬西方式的价值观和民主制度（如议会制、三权分立、依法治国、个人自由、保障公民政治权利、法律面前人人平等、新闻自由），在经济上却为罗马尼亚制定了一条全新的发展道

---

① 哈贝马斯：《认知与交流》，布加勒斯特，政治出版社，1983 年。第 131 页。

路，完全不同于马克思主义和自由主义基于西方国家经济发展经验所做的预设。到 20 世纪初，民粹主义者成为民主改革最坚定的拥护者。他们主张废除按财产分配选举权的制度，要求实行普选制，这些做法充分体现了欧式民主的特征。

民粹主义者为罗马尼亚制定的经济发展模式是一项重大创新，如今我们可以用比较优势理论和竞争优势理论来对这一模式进行更好的阐述。由于历史原因，罗马尼亚已经失去了现代化和工业化的最佳机遇，再执着于工业发展必定事倍功半，因此必须重视发掘农业潜力。马克思主义认为，在各个生产领域都会出现资本集中化现象，与之对应的则是劳动社会化和劳动者的无产化。在随之而来的资本社会化进程中，私有财产终将被消灭。民粹主义者认为私有制在农业领域将得以保留和巩固，中小私有制不会被集中化，更不会被消灭。

正因为民粹主义与鼓吹单线进化模式的西方中心论存在巨大分歧，因此在第一次世界大战前遭到了自由主义者的强烈排斥，到社会主义时期又为马克思主义者所不容。

12. 非西方化的现代化？

在单线进化论思想占据主导的文化背景下，"现代化"往往被等同于"西方化"。民粹主义在力主现代化的同时，并不主张西方化，这与当时的主流文化显得格格不入。亨廷顿等当代理论家也指出，18 世纪末 19 世纪初的主流思想就是将照搬西方国家的价值观和发展模式作为唯一的现代化道路，以为只有意识形态先行西化，才能实现政治和经济的现代化。[①]

到 20 世纪末，人们对现代化有了新的看法，对民粹主义也有了全新的认识。我们在上文中提到，自由主义思想与保守主义思想在罗马尼亚势成水火（欧洲精神与本土精神、现代与传统、模仿与原创、西方形式与民族内容之间严重对立），但民粹主义者却能对其兼收并蓄。民粹主义的这一特点不禁让我们想起了瓦蒂莫（Gianni Vattimo，

---

① 亨廷顿：《文明的冲突与世界秩序的重建》，布加勒斯特，安代特出版社，1998 年。第 130-137 页。作者强调，在当今很多落后国家，人们日益重视自己的发展模式和本土文化，一些精英人士甚至将现代化理解为"非西方化"。如何走自己的现代化道路被提上了议事日程。此外，发达国家显然也步入了一种"本土化"和民族化进程。

1936-)的"柔软思想"理论，它消融了传统哲学观点间的"硬性对立"，承认思维和生活方式的多样性。各国的历史发展道路由于受具体客观条件制约，也同样具有多样性。这位意大利后现代主义哲学家认为，我们不仅要摒弃极端化的哲学和社会思想，还应超越历史单线发展观，接受历史多线发展，多种生活方式共存的观点。[1] 这同样也是民粹主义思想的真谛。在单线进化论和历史主义盛行的大环境中，民粹主义突破了当时的理论框架，对各种极端的言论加以融合，坚持认为现代化进程可以通过多种途径实现。这种观点与新进化论、后现代哲学不谋而合。

亨廷顿明确区分了"西方化"和"现代化"这两个长期混淆的概念，这种做法对我们有着重要意义。就在几十年前，落后国家还希望通过引进西方国家的价值观和政治体制来变得和它们一样。如今，"现代化"和"西方化"已经被剥离开，非西方文明也开始了自己的现代化进程，全盘西化的做法开始遭到排斥。[2] 亨廷顿认为落后国家的现代化进程可以分为两个阶段：第一个阶段需要依靠归国知识分子来启动。他们曾在西方高校接受教育，并希望自己的祖国也能实现"西方化"。当这些人在国内高校中培养出新一代知识分子后，落后国家的现代化进程就进入了第二个阶段，即本土化阶段。这已经成为当代世界发展的一股大潮，无论是东南亚国家和日本的"亚洲化"、印度的"印地化"，还是中东国家的"再伊斯兰化"都是这一潮流的体现。罗马尼亚民粹主义的主要代表人物显然就属于新一代知识分子。

除了 M. 埃米内斯库之外，其他青年社成员亦未能清楚地辨别"现代化"和"西方化"这两个概念。T. 马约雷斯库指出罗马尼亚的"欧洲化"仅仅流于形式而未触及内容，并为此忧心忡忡。他要求罗马尼亚依照进化论原理，重走西方国家的经济和文化发展之路。尽管他敏锐地发现了罗马尼亚社会面临的问题，并将其提炼为"无内容的形式"理论，却不承认除了照搬西方经济发展模式之外还存在其他发

---

[1] 瓦蒂莫:《现代性的终结》，康斯坦察，黑海出版社，1993 年。第 185-186 页。
[2] 当代有一些理论家认为落后国家的现代化进程被流于形式的西方化拖了后腿，使得落后国家处处受制于人。被西方化的只是少数政治精英，他们与广大民众日益疏离，整个社会并未实现现代化。19 世纪的罗马尼亚正处于这种境地，也就是罗马尼亚批判主义文化所指的"无内容的形式"。

展模式。民粹主义者主张对"现代化"与"西方化"加以分割,走不同于西方国家的发展道路,在罗马尼亚思想界掀起了轩然大波,甚至被斥为异端邪说。他们批判地吸收了西方思想,并将其与本民族的特点结合起来,使民粹主义与"四八"革命主义、自由主义、社会主义等思潮相比,显得卓尔不群。

作为一种民族思潮,民粹主义摆脱了单线进化论的束缚,将民族特色融入现代化主题之中。尽管当时的罗马尼亚尚处于俄国势力范围内,但民粹主义却是一股在政治上倾向西方,在经济和文化上兼顾民族特色的思潮。借用亨廷顿的说法,民粹主义是一种现代化思潮,而非西方化思潮。与之相比,播种派既反对照搬西方的经济发展模式,也反对政治现代化,自由主义者却不顾内容,只求形式上的西方化。E. 洛维内斯库的理论也同样受单线进化论的局限,认为人类历史发展规律是"趋同化而非差异化"。[①] G. 依布勒伊莱亚努认为,尽管现代文明发展进程中确实存在相互依存法则,但"并非所有情况下都会出现此类现象"。[②] E. 洛维内斯库对此并未做出明确回应,只是指责《罗马尼亚生活》杂志自相矛盾,并强调自己采用的理论范式与 M. 埃米内斯库、N. 约尔加、C. 斯泰雷、G. 依布勒伊莱亚努、C. 勒杜列斯库 - 莫特鲁、L. 布拉加等人具有"不可通约性"。[③]

E. 洛维内斯库将民粹主义与相互依存法则对立起来,G. 依布勒伊莱亚努则认为相互依存法则普遍存在于各国的现代化进程中,只是导致的经济和社会结果各异。为了说明这一点,他甚至引用了民粹主义的死敌 F. 阿代卡(Felix Aderca,1891-1962)所举的例子:荷兰资产阶级在与英国的工业竞争中落败后,"和丹麦人一样,沦为替英国人压榨他国的角色"。而在罗马尼亚,这一相互依存法则却导致了新农奴制的出现。

可见,G. 依布勒伊莱亚努虽然也接受相互依存法则,却得出了

---

① E. 洛维内斯库:《罗马尼亚现代文明史》,布加勒斯特,密涅瓦出版社,1997 年。第 394 页。

② G. 依布勒伊莱亚努:《依布勒伊莱亚努全集》(I. 罗塔鲁、A. 皮鲁评注版),布加勒斯特,密涅瓦出版社,1977 年。第 188 页。

③ E. 洛维内斯库:《罗马尼亚现代文明史》,布加勒斯特,密涅瓦出版社,1997 年。第 397 页。

不同的结论。他在下面这段文字中将现实主义者鞭辟入里的地缘政治分析与重农主义者的空想结合起来，为我们深入阐释了民粹主义经济学说的理论背景："阻碍我们成为资本主义工业国的正是这种相互依存法则。由于在国际市场上完全无法与欧洲大国抗争，所以我们不是，也无法成为资本主义工业国（……）罗马尼亚不得不实行了'乡村民主'，其实这也是相互依存关系的结果。如果没有法国大革命，没有引入欧洲的宪政思想，'乡村民主'无论作为事实还是理念都是不可能存在的（……）所谓'相互依存'的含义无外乎以下几点：世界上任何一个国家的发展都必须面临一种全球性的压力。这种压力主要来自高度发达的工业文明大国，其影响取决于各国的具体国情，可能是正面的，也可能是负面的。有些国家可能会成为工业大国，去压榨别的国家，去贩卖奴隶，去用玻璃耳环打扮霍屯督人（……）总之，这种相互依存法则导致一些民族去压榨他人，另一些民族则饱受压榨。如何不受压榨，成了最大的难题。像罗马尼亚这样的国家缺乏可用以压榨别国的工业，如果不想让自己只受剥削而得不到补偿，就必须发展农业，建立'乡村民主'。只有通过这种途径，才可以从工业大国那里挤压出些许利润（……）相互依存法则在罗马尼亚导致的结果，就是使其无法成为工业国，只能建立'乡村民主'（……）相互依存虽然是一种法则，但在不同环境下引发的结果却千差万别。重力法则告诉我们，所有物体都会受地心吸引而下落。但烟雾非但不会下落，还会上升。烟雾的上升正是由于遵循了重力法则，而非违背重力法则。法则依然有效，只是引发的结果不同寻常而已。如果胶柱鼓瑟地理解重力法则，那么烟雾也应落向地面才对。"[①]

总之，民粹主义是罗马尼亚第一种明确区分了"现代化"和"西方化"的思潮。它认为"现代化"就是要挖掘罗马尼亚民族文化和经济的潜力，对"西方化"则须有选择地接受，仅将其看作政治和文化欧洲化的起点和终点。必须基于民族身份，本着批判精神来对西方化进行过滤，使发展模式符合本国的政治和文化特殊性。

---

① G. 依布勒伊莱亚努：《再谈相互依存》，载《罗马尼亚生活》1925 年第 4 期，收录于《依布勒伊莱亚努全集》（第五卷）（I. 罗塔鲁、A. 皮鲁评注版），布加勒斯特，密涅瓦出版社，1977 年。第 186-188 页。

第五节 S.哈雷特（1851-1912）

S.哈雷特作为著名的社会学家和政治家，在历史上留下了浓墨重彩的一笔。1876年，他在巴黎完成的天体力学论文《论行星轨道半长轴的恒定性》获得极高评价，使其成为首位在西方国家获得数学博士学位的罗马尼亚人。1910年，他用法文发表了《社会力学》一文，凭借对社会的透彻认识和不同寻常的研究方法引起了学界的高度关注。作者认为某些社会现象"漂浮于真空之中"，只能通过数学量化法方能理解。统计学方法应该被广泛运用于经济学、人口学等研究领域。

S.哈雷特不仅是最先提出用数学方法来研究社会问题的学者之一，还指出力学体系和社会体系之间存在着同构性，但差别也是显而易见的。社会现象源于一系列不断相互影响的复杂因素，社会发展就是这些因素相互交织的结果。社会生活中的某些客观规律与自然规律并不矛盾，可以通过科学方法来解释。他认为决定社会状况的因素可以分为以下三大类：

- 经济因素：主要包括地理环境、自然资源、人口数量、劳动组织方式、生产技术水平、国民经济状况、社会财富分布，等等；
- 智力因素：主要包括教育状况、科学知识水平、哲学和社会思想、艺术创作、民众文化程度、创造性杰出人才的出现频率，等等；
- 道德因素：主要包括法律和道德准则、家庭伦理、个人品行、历史风貌、社会行为规范，等等。

在他看来，这些经济、知识、道德因素决定了一个社会的主要特征。这三类因素相互作用，构成了社会发展的三个维度。只有这三个维度协调稳定地推进，使所有社会成员公平享有上述三类因素，形成的文明才是完整的，否则就是有缺陷的、片面的、失衡的。他认为社会决定论远比机械决定论复杂，因此极为重视人类活动对社会生活带来的影响。他指出，尽管人类活动受客观条件的制约，但在某种思想或价值观的引导下同样能发挥改造世界的作用。人类和社会的发展总是面临着多种抉择，究竟选择何种方向取决于各种客观和主观因素。

S. 哈雷特坚持认为社会活动具有开放性，可以用概率论加以解释。他依托社会学研究来了解罗马尼亚社会，并为其制定文化发展纲领。其改革理念带有启蒙主义色彩，尤其重视教育、科学和文化普及，充分意识到了学校对于人才培养的重要性，以及文化对于提振罗马尼亚民族精神的作用。S. 哈雷特对文化的看法与 N. 约尔加和"四八"革命者较为接近。在不同政府部门担任部长期间，他依照现代化原则对各级教育机构进行了重组，并制订了完整的文化下乡计划。他同时还指出，教育应该顺应社会和经济发展的要求。

为了说明智力因素在社会发展中所起的作用，S. 哈雷特根据四百年来的社会变迁，得出了"一个社会的精神内容会随着时间呈几何级数增长"的结论。在现代社会中，智力已经成为一种不可或缺的因素和不容忽视的力量，是发展之源。一个国家平均智力水平的提升既是国家发展的基础，也是天才出现的基础。平均智力水平越高，出现天才和创造性人才的可能性也就越大，而天才的出现又会反过来促进全社会智力水平的提升。尽管天才的出现是无法预知的，但可以通过改善物质、社会和政治条件来提升大众的文化水平。

第六节　A. C. 波波维奇（1863-1918）

A. C. 波波维奇是民族统一的积极推动者，曾参与特兰西瓦尼亚公国的"备忘录运动"。在 1894 年发表的《民族性原则》一文中，他阐述了特兰西瓦尼亚公国罗马尼亚人民族斗争的合法性，指出现代国家必须按民族原则来组建。他尤为重视精神因素对民族统一进程的作用，因为罗马尼亚人的民族意识刚刚形成不久，完全巩固尚需时日。他将国家命运与民众，特别是农民的命运联系在一起，相信农民阶级的民族意识觉醒后就能够独力发起政治变革。

流亡到罗马尼亚后（译者注：彼时特兰西瓦尼亚尚未与罗马尼亚统一），A. C. 波波维奇于 1899 年创办了《青年罗马尼亚报》，并在一系列持保守立场的刊物上崭露头角。1907-1910 年间，他担任《播种者》杂志主编。1908 年，O. C. 塔斯勒瓦努在《金星》杂志上发表了题为《两种文化》的文章，按照阶级利益对文化类型进行了划分。A. C. 波波维奇撰文批驳了这种划分方法，指出罗马尼亚社会面临的最主要矛盾是乡村传统文化与外来资本主义文化之间的矛盾。

总的来说，A. C. 波波维奇的立场是反自由主义和反社会主义的，将社会主义和社会民主主义看作一股与民族思想势不两立的破坏性力量。这些观点集中体现在 1910 年出版的《民族主义还是民主——对现代文明的一次批判》一书中。他认为在罗马尼亚，民族主义与民主制度完全无法并存。所谓的民主只是一种完全脱离民族实际的消极因素，是资本主义误入歧途所产生的幻象。罗马尼亚人的民族理想与社会理想之间存在着极大矛盾，资产阶级引进的民主制度徒有其表，完全脱离社会现实。真正的文化源自一个民族的内心，而不是舶来品。在政治上，他主张精英治国，反对实行广泛的民主。因为在他看来，一个民族的命运取决于具有超凡天赋的精英，只有他们才能为国家的发展指引方向。

在对文化与文明的看法上，A. C. 波波维奇将两者的差别极端化，认为前者纯粹属于内在的精神，后者则是外在的形式。文明可能被功利主义和重商主义主导，一味贪求物欲却精神贫瘠。资产阶级民主原本是一种西方文明准则，自 19 世纪被引入罗马尼亚后，得到了自由主义者的大力推崇。这种民主的最严重缺陷在于它是以多数人为基础的，不利于从社会中选拔真正的人才。基于代表制和选举制的民主，会导致一些政治素养低下的庸才身居要职。而社会民主主义者宣扬平均主义，否认民族差异的做法，同样无法得到 A. C. 波波维奇的认可，他也因此被认作是右翼保守势力的代表人物。

1906 年，他的政治学代表作《大奥地利合众国》在莱比锡用德文出版，1939 年被 P. 潘德雷亚译成罗语。A. C. 波波维奇在书中不仅阐述了依照民族原则组建国家的想法，还提出了对奥匈帝国进行政治重组的方案。他将奥匈帝国看成是"各民族的牢笼"，必须通过改革来解决其内部的民族矛盾和制度危机。他设想将奥匈帝国联邦化，并根据自决原则在其内部建立多个民族国家。由于他未能预见到奥匈帝国将完全解体，因此将联邦化和民族自决看成是特兰西瓦尼亚地区罗马尼亚人的唯一出路。他通过自己在维也纳宫廷的关系将这一方案提交给一些奥匈帝国政要，但该方案由于第一次世界大战的爆发未被采纳。实际上，A. C. 波波维奇在战前就意识到了时局的变化并及时变更了立场，转而主张建立独立的民族国家。

第七节　V. 戈尔迪什（1862-1934）

V. 戈尔迪什是一位来自特兰西瓦尼亚公国，有着深厚社会学和政治学功底的理论家，同时也是一位为罗马尼亚人统一大业而战的伟大斗士。他从 1910 年开始任阿拉德《罗马尼亚人报》的主编。在其领导下，这份报纸成为罗马尼亚民族运动的代言人，为 1918 的大统一作出了突出贡献。他还为阿尔巴 - 尤利亚大国民会议（译者注：1918 年 12 月 1 日）拟定了主要议题和前期准备文件，其内容极具民主性和先进性。此次会议上通过的有关特兰西瓦尼亚与罗马尼亚王国实现统一的决议实际上也是由他起草的。

V. 戈尔迪什认为民族问题是"现代社会的阿基米德支点"。在一些奥地利思想家的影响下，他对历史哲学和政治哲学中的某些重要命题进行了深入思考，指出现代社会的发展是由主观因素和客观因素共同决定的。人与自然的关系体现在物质文化中，人与人之间的关系体现在社会文化中，人与绝对真理间的关系则体现在道德和宗教文化中。他认为文化与文明是统一的，"文明"这一概念囊括了上述所有方面。

在深入研究奥匈帝国的民族问题后，V. 戈尔迪什 1912 年在阿拉德出版了《关于民族问题》一书，希望说服匈牙利知识分子放弃反罗政策。他在书中阐释了基于民族原则进行国家重组的必要性，并坚决反对奥地利马克思主义代表人物 O. 鲍威尔（Otto Bauer，1881-1936）倡导的联邦化理论。他指出，民族问题的产生有着复杂的经济和社会背景，与资本主义的发展密切相关。因此，他极力反对大国沙文主义，主张各民族通力合作，将民族精神与民主思想融合起来。奥匈帝国的解体是大势所趋，是文明发展的需要，具有历史必然性。在其影响下，饱受奥匈帝国奴役的各个民族纷纷提出独立诉求。

V. 戈尔迪什从哲学和历史角度出发，论证了罗马尼亚人的统一是大势所趋。因为在现代文明中，每个民族都有权自由地生活。他在阿尔巴 - 尤利亚大国民会议上慷慨陈词："人类所有对抗真理和正义的企图都是徒劳的。神秘的自然法则和绝对的必然性指引着人类不断发展，人类有着遵循这些法则的本能。人们终会承认，在全人类大同的趋势下，必须将个人自由和民族自由加以融合。几乎在所有文明的国度，个人自由已经实现或正在实现，但民族自由之路在某些国家仍举步维艰（……）民族必须获得自由，只有各民族拥有同等的权利，方能实现世界大同。这是文明发展的最高境界，全人类的幸福感也将因此而大幅提升"。他的思想与七十年前的 S. 伯尔努丘基本相同，都对"历史的公正性"深信不疑，都对正义和理想有着坚定的信念，坚信邪不胜正。在 V. 戈尔迪什的论著和发言中都透露出一种观点，认为文明发展到一定阶段，就必须将民主思想和民族精神融合起来。这种观点与另一位民族斗士 A. C. 波波维奇截然不同，在后者看来，两者是完全对立的。

作为一位学养深厚的理论家，V. 戈尔迪什在行文中经常援引康德、赫尔德、斯宾塞等人的观点。作为一位具有现代民主精神的实干家，他依据人文和理性原则为阿尔巴 - 尤利亚大国民会议起草了一系列重要文件，反对一切沙文主义和复仇主义思想。这些极具前瞻性的文件中甚至提到，各民族应通力合作，遵循民主友好的原则来实现区域和欧洲一体化。

他常说，罗马尼亚人的统一不仅是一个民族对自身权益的维护，还体现了现代史发展的客观趋势，反映了现代文明中主客观因素趋同的倾向。借用他在阿尔巴 - 尤利亚大国民会议发言中的说法，就是"文明解放了我们"。罗马尼亚人的大统一符合现代文明的诉求，是正确的历史抉择。这一观点与美国总统威尔逊（Thomas Woodrow Wilson，1856-1924）不谋而合。V. 戈尔迪什指出，"西方所有有识之士都一致认为：这场战争是一场民族解放战争，但并不是为了某些民族而战，而是为了全世界、全人类的利益而战。人类只有通过这种方式才能进一步为自己谋求幸福"。现代文明决不能容忍民族压迫与奴役，决不能容忍像封建时期那样剥夺个人政治自由。然而在奥匈帝国却发生了咄咄怪事，居然延续了封建时期的野蛮做法，对罗马尼亚人强制实行匈牙利化政策。因此，必须在资产阶级民主革命进程中彻底解决民族问题，使各民族摆脱奥匈帝国的奴役，重获自由。

V. 戈尔迪什对真理的信仰从未动摇过，将"正义与我们同在"作为自己的座右铭。当然他也始终没有忘记，要将理想付诸现实，不仅需要道义的力量，还需要有效的组织和艰苦卓绝的斗争。罗马尼亚人的统一不仅是对自身权益的捍卫，也是为全人类的正义事业添砖加瓦。

第八节　D. 德勒吉切斯库（1870-1945）

尽管 D. 德勒吉切斯库是一流的社会学家，但在罗马尼亚国内鲜为人知。1907 年，他凭借一部有关罗马尼亚人心理分析的论著崭露头角，后来用法文发表的多篇社会学论文更奠定了他在国际社会学界的地位。1903 年，他在杜尔凯姆（Émile Durkheim，1858-1917）的指导下完成了论文《社会决定论问题：生物决定论与社会决定论》，在巴黎获得社会学博士学位。次年，其著作《个人在社会决定论中的作用》在巴黎出版。在杜尔凯姆和塔尔德（Gabriel Tarde，1843-1904）的影响下，D. 德勒吉切斯库创立了自己的社会学理论，尤其重视社会决定论的特殊性和复杂性。

他坚持认为目标和理想是社会发展的推动力，"创造性的理想"（1914 年发表的一篇论文以此为题）能够发挥巨大的作用。民众有能力在民主化进程中表达其政治诉求，但历史人物的引导同样不可或缺。由于种种原因，他未能在雅西和布加勒斯特的大学中任教，转而投身外交事业，成为 N. 蒂图列斯库（Nicolae Titulescu，1882-1941）的左膀右臂。D. 德勒吉切斯库一生致力于实现民族理想，1918 年在巴黎出版了专著《特兰西瓦尼亚历史、地理、人种和数据概览》，法国哲学家布特鲁（Émile Boutroux，1845-1921）为其作序。书中证明了罗马尼亚人自古以来就一直生活在特兰西瓦尼亚，为 1918 年末的大统一提供了合法依据。

1907 年出版的《罗马尼亚民族心理初探》是 D. 德勒吉切斯库的代表作。他在书中将社会学和心理学研究手段结合起来，对罗马尼亚人的民族心理进行了深入探析，开创了罗马尼亚民族心理研究的先河。他指出，群体心理取决于一系列复杂因素，其中既包括种族因素、语言因素、地理因素，也包括诸多历史因素，例如社会和经济状况、政治体制、生活方式、宗教信仰、道德伦理，等等。现代化进程对罗马尼亚民族提出了新的要求，D. 德勒吉切斯库的研究正是以这些要求为着眼点展开的。以往大多数思想家都有意无意地采用了西方的评判标准，他们笔下罗马尼亚人的形象完全是负面的，被大加鞭挞。这种视角导致的谬误是显而易见的，有时甚至是极为严重的。D. 德勒吉切斯库结合社会和历史背景对这些负面言论进行总结后，将罗马尼亚人的特质概括为"具有东方习性的西方种族"。悲惨的历史遭遇给罗马尼亚人带来了深深的伤害、迷茫和戒惧，因此在罗马尼亚民族的心理中，一系列负面特征占据了主流，例如"消极被动、逆来顺受；缺乏组织性和攻击力；意志薄弱、精神颓废；在创造性劳动中缺乏恒心和毅力；言行不一、表里不一、妄自菲薄；历史情感和宗教信仰淡薄"，等等。[1] 所有这些特征都是由特殊的社会和历史环境造成的。罗马尼亚民族的劣根性已经显露无遗，优点却被雪藏，这些优点正是有待开发的潜力所在。

D. 德勒吉切斯库在进行了大量历史回顾和社会学分析后指出，独特的地缘政治格局（持续几百年抗击各大帝国）、国内的社会矛盾（大公巧取豪夺，贵族间钩心斗角，贵族与农民冲突不断）、脆弱无比的政治体制、变幻不定的文化走向，都不利于国家的长期稳定发展，也不利于民族精神的凝聚。这些不利因素在消磨罗马尼亚人品格和意志同时，却促进了他们智力和想象力的发展，尽管这种智力和想象力仍是杂乱无序的。他眼中的罗马尼亚人畏缩怯懦、勤劳本分、老实谦卑，他们的智慧足以让自己规避风险，却无法战胜危机。一方面，广大民众总是过于谨小慎微，过于计较得失，一味怯懦忍让，甚至麻木不仁；另一方面，上层阶级却言胜于行、牢骚满腹、刁钻刻薄、挥霍浪费、妄自菲薄。这一切使得罗马尼亚人的雄心壮志都流于空谈。即使付诸行动，他们也往往是临时起意，毫无章法，不知谋定而后动。因此，他们的行为具有间歇性、零散性、偶发性，缺乏长远的计划。敏捷、狡黠、机智是罗马尼亚人的生存之道，却无法支撑旷日持久的创造性劳动。

罗马尼亚的地缘政治环境仍存在巨大变数（直至1907年，国家的政治统一还只是一个梦想），国内政局依然动荡，国防安全岌岌可危，有机的历史生活一再被割断，文化创作遭遇阻碍，社会生活也变

---

① D. 德勒吉切斯库：《罗马尼亚民族心理初探》，布加勒斯特，1907年。第443-541页。

得支离破碎。见此情形，D. 德勒吉切斯库痛心疾首地提出了批判："罗马尼亚人从事的所有科学、文学、艺术、农业、工业和贸易活动都不了了之"，[①] "我们做事从来不曾有始有终"。[②] 他认为缺乏干劲、恒心和毅力，都是由于长期处于附庸地位造成的，无序、纷乱、多变的生活迫使罗马尼亚人消极应对。尽管各种不利因素制约了民族美德的弘扬，但罗马尼亚社会已经开始呈现出了新的风貌。随着政治、经济和文化改革的深入，社会正趋于稳定，罗马尼亚民族必将更具恒心和行动力。

当然，D. 德勒吉切斯库描绘的"负面形象"中存在很多夸大和片面之处，他也因此饱受争议，但我们必须看到他的一片苦心。他一针见血地指出，罗马尼亚人的历史和心理"空白"（E. 萧沆后来也提到过这些"空白"）只能在罗马尼亚社会未来的发展中得以填补。他就像两百年前的 D. 坎泰米尔在《摩尔多瓦纪事》中所做的一样，"爱之深，责之切"地列举了罗马尼亚人的劣根性。这么做的目的，只是为了增强罗马尼亚民族的自我批判意识，促使其痛改前非，从而走出历史的泥潭。

第九节　其他重要人物（C. 杜米特雷斯库-雅西、C. 安东尼亚德）

C. 杜米特雷斯库 - 雅西是罗马尼亚哲学界和教育界的代表人物之一。1877 年，他撰写的博士论文《美的概念》在莱比锡通过答辩，并于同年进入雅西大学任教。从 1885 年起，他开始在布加勒斯特大学讲授哲学史、伦理学、美学、社会学、心理学、教育学等多门课程，并在 1898-1911 年间担任该校校长。C. 杜米特雷斯库 - 雅西与 S. 哈雷特亲密合作，为罗马尼亚高等教育现代化和现代教育学的建立作出了重大贡献。

C. 安东尼亚德（Constantin Antoniade，1880-1954）则是一位具有深邃思想和敏锐洞察力的哲学家和散文家。他在 20 世纪初发表的重要论著有：《唯实论的幻象——哲学批判初探》（1902）、《托马斯·卡莱尔》（1909）、《亨利·柏格森的哲学》（1910）、《日耳曼文

---

① D. 德勒吉切斯库：《罗马尼亚民族心理初探》，布加勒斯特，1907 年。第 477 页。
② 同上书。第 485 页。

化帝国主义》（1917）。两次世界大战之间，他发表了大量有关意大利文艺复兴和马基雅维利的论著。在《日耳曼文化帝国主义》一书中，C. 安东尼亚德对第一次世界大战前后甚嚣尘上的民族文化优越感进行了深入的历史分析。他指出，"民族自豪感是所有民族共有的特征"，[①] 泛日耳曼主义者却将这种"自然情感"系统化，使其变为一种种族主义和帝国主义学说。德国的政治、军事和文化帝国主义学说是由日耳曼人的某些精神特质（如思想深邃、寻根问底、追求绝对、不留分寸）决定的。但是 C. 安东尼亚德并未能结合全球经济背景，以及现代德国的社会和政治特点，对德国为何走上帝国主义道路做出解释。

---

① C. 安东尼亚德：《日耳曼文化帝国主义》，收录于《安东尼亚德全集》，布加勒斯特，埃米内斯库出版社，1985 年。第 347-374 页。

第八章

两次世界大战间的罗马尼亚文化
*概况 *艺术发展

第一节 时代主题，精神走向和思想碰撞

1. 现代化主题

正如 M. 埃米内斯库在 1877 年罗马尼亚获得国家独立时所说的那样，通过全民公决实现大罗马尼亚之梦，可以说意味着"我们历史生活的全部"。罗马尼亚历史在 20 世纪初经历了太多戏剧性变化，1918 年实现的大统一体现了罗马尼亚民族的最高诉求，是几个世纪历史发展曲线的最高峰。

大统一给文化发展带来了勃勃生机，文化领域盛事连连：1919年，L. 布拉加的《我的神庙的基石》和《光明诗集》出版，开始了辉煌的创作生涯；E. 洛维内斯库创办了《飞仙》杂志，在其引领下，现代主义运动方兴未艾；N. 约内斯库开始活跃于教育界和政论界；1921 年，D. 古斯蒂创办了罗马尼亚社会研究所，后逐渐发展为布加勒斯特社会研究院；N. 约尔加的创作已臻炉火纯青之境；L. 雷布雷亚努为罗马尼亚现代小说奠定了基础。1923 年颁布的《宪法》确立了民主治国的原则，使统一后的罗马尼亚步入了欧洲文明轨道。各个创作领域都涌现出一批杰出人才，用他们作品为罗马尼亚文化增光添彩。G. 埃乃斯库、C. 布朗库西、H. 柯恩达，以及前卫主义的代表人物在欧洲艺术界和学术界大放异彩。罗马尼亚文化再次焕发了青春，在艺术、科学、哲学、经济学、社会学等所有重要领域具备了一定竞

争力。按照 M. 伊利亚德的说法，直至此时，罗马尼亚的创作者们才得以从长期的政治使命下解脱出来，专注于精神文明建设。

实现了民族统一夙愿的罗马尼亚面临着一系列紧迫的任务，包括制定经济和社会路线，重建外交关系，维护国家统一，以及发展与西方国家的文化关系。当时所有有识之士都试图改变罗马尼亚文化的自我意识，为国家的发展建言献策。他们从不同角度出发，思考着罗马尼亚文化现代化进程中的核心问题：如何实现现代化？如何弥补与西方国家的差距？如何找到贴合国情的社会发展模式？在此之前，罗马尼亚已经经历了"四八"革命、青年社主义、马克思主义、民粹主义、播种派带来的各种思潮。这些思潮的碰撞引发了思想、文化、政治、哲学等各个层面的论战。在统一大业实现后，所有思想家都不得不再次面对同一个问题：我们应该走何种发展道路？围绕着内容与形式、重农主义与重工主义、本土化与欧洲化、自由主义者倡导的"敞开大门"政策与农民党倡导的"自力更生"政策等一系列矛盾，人们再次展开了热议。当时人们关注的焦点还有文化与文明、理性与非理性、传统文明与现代文明、民族文化与世界文化之间的关系。几乎所有著名思想家都参与了这场论战，在罗马尼亚产生了深远的影响。1920-1940 年间，各种思潮之间的对立呈现出了极端化和扩大化趋势。所有这些争论都围绕着同一个核心，即罗马尼亚民族的特殊性。它就像一个巨大的磁场，各种理论都在其中做着同心或径向运动。所有有识之士都试图从不同的视角，通过不同的方法来破解罗马尼亚文化的真谛。

第一次世界大战后，罗马尼亚不仅被苏联的扩张大潮裹挟，还必须应对德国和匈牙利的领土要求，面临着前所未有的挑战。人们需要尽快适应政治、经济、社会，以及地缘格局的突变。罗马尼亚社会各界也是从那时开始广泛关注国家的发展道路，以及民族特殊性。当我们阐释这一时期发生的重大事件，并对相关历史人物进行评判时，难免因自身价值观的局限而产生偏差。涉及相关主题的文献汗牛充栋，我们应该按照其表述的哲学、政治、史学、社会学、经济学、文艺思想，对这些文献进行分门别类的整理，以便更深入地了解罗马尼亚历史上这一关键时期。这是一项极其艰巨，却又必须完成的工作。

2. 研究难点

两次世界大战之间，哲学和社会理论呈百花齐放之态。我们所能做的，仅仅是为出现的这些理论勾勒一幅大致的图样。为此，我们必须关注文化和意识形态领域各种思想的交锋，尝试着将这个时代的整体面貌与一些例证结合起来，在描绘全景的同时深入研究两三部重要著作。但这谈何容易？正如法国史学家库朗热（Fustel de Coulanges，1830-1889）所说的，"一个小时的概括，背后是几十年的分析"。一方面，我们必须关注时代大环境，就像从空中航拍地貌一样，将这一时期的主题、思想、潮流以几何化的方式展现出来；另一方面，只有对具体作品、人物以及他们代表的思潮进行深入分析，才能再现一个丰富多彩，又充满争议的时代的面貌。从空中俯瞰可以得到完整的地貌，我们可以按时间顺序，用相似的方法对一些事件进行回顾，对关键的节点加以阐释，以求归纳出罗马尼亚现代文化发展的长期脉络。但如果只是居高临下地观察一个时代的大环境和整体特征，不深入考察千差万别的具体问题，就可能将历史简单化，甚至出现以偏概全的谬误。

社会主义时期的史学研究受到意识形态的束缚，标签化现象严重。罗马尼亚思想家们都被归入某种思潮之中，沦为这种思潮的"例证"，或者用 C. 诺伊卡的话来说，成为注释这种思潮的"插图"。唯物主义和唯心主义成为绝对的判断标准。一旦某位思想家被贴上了唯心主义的标签，人们就会断章取义地从其作品中摘选出两三段话来证明他属于某种反动思潮，而他本人自然被认作是宣扬资产阶级腐朽学说的保守派和反动派。带着负面标签的思想家们被禁锢在某种意识形态的外壳里，他们的理论贡献无法得到完全认可，只能被"批判地接受"。当时的大学生如果阅读康德、L. 布拉加或 N. 克拉伊尼克的著作，就会受到惩罚。

C. 诺伊卡曾经说过，如果我们连黑格尔的代表作都没有读过，就注定会在生命中或历史上遭受惩罚。这句话同样适用于罗马尼亚文化作品。我们必须摆脱政党政治的羁绊，建立新的评判标准，对两次世界大战之间的罗马尼亚文化进行重新审视，还原其完整的面貌。遗憾的是，政党政治的影响从未消失，只是改头换面，有了新的标准和视角而已。笼统化、简单化、单线化、片面化的做法，以及政党政治的影响，都是我们从事学术研究的大敌。

3. 两次世界大战间文化的主要特征

在两次世界大战之间，思想家们的立场不断变换，各种思潮交汇碰撞。尽管很难对这一时期加以概括，我们仍然尝试着总结出这个时代的若干特点：

- 哲学和社会思想呈百花齐放之势，理性主义、非理性主义、客观主义、主观主义、唯灵论、唯实论、直觉说、现象学、马克思主义争奇斗艳。与此同时，逐步形成了完整的本土哲学和社会学思想体系，其中最负盛名的当属 L. 布拉加、D. 古斯蒂、C. 勒杜列斯库 - 莫特鲁等人确立的思想体系。这些思想的碰撞也给予了后世 M. 伊利亚德、C. 诺伊卡、E. 萧沆等人的创作活动极大的启发。

- 文化产品的质量和价值得到整体提升。罗马尼亚文化在两次世界大战之间证明了自己的创造力，文艺创作成绩斐然。各个领域都涌现出一批杰出的思想家和创作者，他们的出现大大抬升了罗马尼亚的精神文明层次，与欧洲许多国家相比毫不逊色。

- 罗马尼亚思想家开始涉足哲学前沿课题，例如文明与文化的关系、文化危机与价值危机，以及各种人类学课题，理论创新层出不穷。更为重要的是，除了形而上学、逻辑学、认知理论等传统领域外，在文化哲学、价值理论、社会学、心理学、美学、社会人类学、文化人类学等新兴学科也取得了重大成绩。除了声名鹊起的 T. 维亚努、M. 拉莱亚、P. 安德烈（Petre Andrei，1891-1940）、D. D. 罗什卡、D. 古斯蒂、M. 武尔克内斯库、M. 弗洛里安（Mircea Florian，1888-1960）、E. 斯佩兰茨亚（Eugeniu Speranția，1888-1972）等人外，罗马尼亚人的平均文化水平也得到大幅提升。一些学者及其成果虽然难以跻身一流，却极大促进了文化活动的新陈代谢。哲学教育水平也在这一时期显著提升，政论活动方兴未艾。

- 学术理论与政治见解相互影响，哲学思想带有浓厚的政治色彩。我们的一大缺点，就是总是将哲学思想的演进与政治的变化联系起来。在两次世界大战之间，哲学与政治关联更胜以往。如果要确切掌握当时的思想动态，就必须对政治史有较为全面的了解。思想家在探讨文化问题时，也不得不从自己的政治立场出发发表见解。正因为此，一些唯灵论和非理性主义的代表人物也开始涉足理性主义者关注的课题，热衷于探讨资产阶级民主及其政治体制，甚至对议会斗争和各种权术津津乐道。

4. 思潮和走向

这一时期的另一大特点，就是在意识形态、文化理念和哲学思想等各个层面，各种对立的思潮呈剑拔弩张之势。我们难以对各种对立的思潮及其代表人物进行系统论述，只能对其稍加整理和分类：

- 新旧两代思想家之间存在一条明显的分隔线。以 C. 勒杜列斯库 - 莫特鲁、P. P. 内古列斯库（Petre P. Negulescu，1872-1951）、M. 弗洛里安、S. 梅海丁齐为代表的老一辈思想家都是与 T. 马约雷斯库同一类型的。新一代思想家则是在第一次世界大战爆发后登上历史舞台的年轻人，包括 T. 维亚努、M. 拉莱亚、N. 约内斯库、M. 伊利亚德、E. 萧沆、C. 诺伊卡、M. 武尔克内斯库、N. 克拉伊克等。T. 马约雷斯库式的老派思想家大多是大学教授，他们信奉理性主义、崇尚科学、组织严密、思维严谨、渴望进步和民主。新一代知识分子则大多是组织松散的小品文作家，他们活跃于政论界，思想自由不羁。除理性主义的信徒外，很多新一代思想家信奉唯灵论和直觉主义。他们热爱生活，充满热情，政治立场往往较为激进。其中一些人为了抨击资产阶级民主制度，甚至诉诸东正教和本土主义思想。当然，老一辈学者中也有人持与 T. 马约雷斯库对立的立场。其中 V. 珀尔万、N. 约尔加、E. 洛维内斯库、G. 依布勒伊莱亚努、C. 斯泰雷等人在两次世界大战之间仍然活跃，他们在大学生中的影响力不容忽视。

- 另一条分隔线存在于理性主义与非理性主义之间。随着心理分析、语言哲学、语言学、文化人类学等学科的兴起，人们试图对哲学进行重构，欧洲的正统自由主义和理性主义在两次世界大战间遭遇了重大危机。罗马尼亚思想家们也意识到了这一危机，他们积极投身到对西方理性主义的改革中，并做出了重大贡献，可惜很少为人所知。在摸索过程中，一些人滑向了非理性主义或种族主义的误区。

各国学者从诠释学、现象学、存在主义的视角出发，对传统理性主义发起了批判，并试图在新的基础上对哲学加以重建。就像柏格森（Henri Bergson，1859-1941）重视直觉一样，罗马尼亚思想家们的视角也各有侧重。例如 M. 弗洛里安注重经验、D. D. 罗什卡侧重价值论、M. 拉莱亚从心理因素入手、T. 维亚努则秉持文化视角。他们和其他罗马尼亚思想家一起，向实证主义和科学主义发起了批判。这体现了那个时代的思想走向，只要他们不排斥科学，没有堕入非理性主义、神秘主义、原教旨主义、种族主义的误区，对没有必要对其横加谴责。

总的来说，理性主义在这一时期仍然占据主流，人文主义和民主思想得到了充分弘扬。C. 勒杜列斯库 - 莫特鲁、P. P. 内古列斯库、Şt. 泽莱廷、E. 洛维内斯库、D. 古斯蒂、D. D. 罗什卡、M. 弗洛里安、I. 彼得罗维奇（Ion Petrovici，1882-1972）、M. 拉莱亚、P. 安德烈、V. 马德贾鲁、T. 维亚努、Cam. 彼得雷斯库等思想家为此作出了突出贡献。

在大学、科学院、学术刊物、文学作品和政论文章中，对理性主义的理解呈现出多样化态势。其中最具影响力的当数 C. 勒杜列斯库 - 莫特鲁领导下的《欧洲思想》《心理学杂志》《哲学杂志》；E. 洛维内斯库领导下的《飞仙》杂志；曾经奉 C. 斯泰雷和 G. 依布勒伊莱亚努为导师，后来由 M. 拉莱亚等新一代知识分子担任主编的《罗马尼亚生活》杂志。民粹主义者倡导的弘扬乡村文明，发展农业的理念被农民党人采纳。V. 马德贾鲁按时代要求加以润饰后，将其写入了农民党党章。

在与其他思潮的碰撞中，传统理性主义的危机逐渐显现。理性主义正经历着重大变革，不再拘泥于经典、教条和形式。M. 弗洛里安、M. 拉莱亚、T. 维亚努、D. D. 罗什卡等人努力将理性主义与实证主义加以分割，尝试重新构筑理性主义的哲学基础，并在价值论、文化理论和人类学研究领域取得了重大成就。人们在理论层面寻求解决方案的同时，也提出了一系列相应的政治主张（例如建立民主制度，实行议会制，实现政治多元化，等等）。

除了 L. 布拉加、C. 勒杜列斯库 - 莫特鲁、P. P. 内古列斯库等杰出代表外，这一时期涌现出的思想家灿若星辰。其中一些人始终忠实于某种思潮，另一些人半途改弦更张，还有一些人始终特立独行。一些人在战火中被迫停止了创作活动，另一些人则坚持下来，在社会主义时期仍然笔耕不辍。

- 还有一条分隔线存在于传统路线和现代路线之间。前者希望回归农耕生活，后者则致力于实现西方式的工业现代化。

上面所做的这些划分并非硬性的分割，其中也可能出现重叠。例如 C. 勒杜列斯库 - 莫特鲁这样的理性主义思想家也可能持有保守立场，而像青年一代中像 E. 萧沆这样的唯感受论者，也可能是坚定的反传统主义者。

第二节　文化政策与文化结构

1. 教育体制的重建

统一后的罗马尼亚制定了一系列政策和发展战略，以期从经济和文化层面来巩固国家政权。为了将罗马尼亚打造成一个现代化的高效实体，必须用一种高度集中和稳固的体制将特兰西瓦尼亚、布科维纳、比萨拉比亚等新加入的地区真正整合起来。这些省份带着五花八门的行政和文化机构并入了罗马尼亚版图，其人口构成也十分复杂，除罗马尼亚族外还有许多少数民族。基于 1923 年颁布的《宪法》，一系列法律、规章、经济和文化发展规划相继出台，国家的统一在制度上得到了保证。

教育体制的统一是国家统一进程中的一个重要因素，其中既包括教育制度的统一，也包括教育内容的统一。随着教育立法的完善，国民教育体系逐渐形成，全民文化水平也得以提升。国家财政对教育给予了大力扶持，基础教育从四年延长至七年。到第二次世界大战爆发前，全民识字率已达到 80% 左右，超过了很多欧洲国家。

曾制定《文化攻势》计划的 C. 安杰列斯库（Constantin Angelescu, 1869-1948）在担任教育部部长期间（1922-1926），对教育体制进行了全面现代化改革。后来，这一改革计划得到了 D. 古斯蒂（1932-1934 年间在任）等历任教育部部长的继续推行。由于政治家们对教育改革高度重视，国家加大了对教育的长期投入，国民教育的硬件和制度建设进入了高速发展期。1918-1938 年间，学校和在校生的数量几乎翻了两番，教师数量的增长则超过五倍。在高中教育阶段注重理论与实践相结合，开办了各类农业高中、工业高中、卫生学校、艺术学校和技术学校，其组织模式在欧洲独树一帜。

高等教育也在这一时期经历了爆炸式增长。各高校为适应现代社会的多样化需求，在原先的基础上开设了诸多新学科。除了布加勒斯特、雅西、克鲁日、切尔诺夫策、基希讷乌等地的知名综合性大学外，还成立了一批专业院校，如理工学院、经济学院、农学院、音乐学院、戏剧学院、建筑学院、美术学院，以及布加勒斯特高等军事学校。这些院校具有极高的教学水平和雄厚的师资力量，迅速成为国家的文化中心，培养出一大批经济、政治、学术和艺术精英，大大促进了学术争鸣和科研活动。N. 约尔加、V. 珀尔万、N. 约内斯库、D. 古斯蒂、P. 安德烈、V. 马德贾鲁、S. 梅海丁齐、C. 勒杜列斯库 - 莫特鲁、I. 彼得罗维奇、P. P. 内古列斯库、D. D. 罗什卡、T. 维亚努、M. 弗洛里安、A. 杜米特留（Anton Dumitriu，1905-1992）、N. 克拉伊尼克、G. 克利内斯库、D. 斯特尼洛阿耶等文化名流都曾在这些院校中聆听教诲，罗马尼亚教育也因这些人大放异彩。在浓厚学术氛围的熏陶下，史学家V. 珀尔万、N. 约尔加、C. C. 久雷斯库、I. 尼斯托尔（Ion Nistor，1876-1962）、I. 卢帕什（Ioan Lupaş，1880-1967），人种地理学家 S. 梅海丁齐、G. 沃尔桑（George Vâlsan，1885-1935）等人将其研究触角延伸到了历史社会学和文化人类学领域。

2. **出版业和文化走向**

要了解两次世界大战之间罗马尼亚文化生活的整体面貌，就必须简要介绍一下新闻、出版、文化团体在此期间的发展情况。

- 重要出版社有：王室基金出版社、罗马尼亚印书馆、院校之家出版社、罗马尼亚文献出版社。
- 重要报纸有：《宇宙报》《潮流报》《真理报》《言论报》；杂志有：《罗马尼亚民族》《思想》《罗马尼亚生活》《欧洲思想》《飞仙》《哲学杂志》；新闻社有拉多尔新闻社（RADOR）。在此期间罗马尼亚共发行过 4000 多种期刊（有些只是昙花一现），所有省会和大城市都有自己的刊物。
- 重要科研机构有：东南欧研究所、罗马尼亚社会研究所、罗马尼亚科学院。罗马尼亚科学院凭借丰硕的学术成果及其举办的众多学术研讨会，成为全国最高学术论坛。

- 重要文化机构有：罗马尼亚作家协会、标准协会，以及众多乡村文化馆。

丰富多彩的文化生活通常围绕着一些文化机构、报刊或文化名流展开。此处仅列举几个主要的文化社团：

- 以《罗马尼亚生活》杂志为核心的文化社团：该杂志最初由 G. 依布勒伊莱亚努担任主编，1933 年后由 M. 拉莱亚继任。T. 维亚努、G. 克利内斯库、D. I. 苏基亚努等崇尚理性和民主的思想家都在此脱颖而出。

- 围绕 E. 洛维内斯库、"飞仙"文学社和《飞仙》杂志开展活动的文化社团：他们的文学创作和文学批评活动遵循现代主义路线，主张将审美与道德、种族、政治剥离开。代表人物有 Ș. 乔库列斯库、V. 施特赖努（Vladimir Streinu，1902-1970）、Pomp. 康斯坦丁内斯库（Pompiliu Constantinescu，1901-1946）、Cam. 彼得雷斯库、H. 帕帕达特 - 本杰斯库（Hortensia Papadat-Bengescu，1876-1955），等等。

- 以 N. 约内斯库和《言论报》为核心的社团：主要成员有 M. 伊利亚德、M. 武尔克内斯库、C. 诺伊卡、E. 萧沆等人，他们都致力于建立一种"新的精神和文化面貌"。

- 标准协会：活跃于 1932-1933 年间，由 N. 约内斯库的门生组成。领军人物有 M. 伊利亚德、M. 武尔克内斯库、P. 科马尔内斯库（Petru Comarnescu，1905-1970）。该协会主办的多次公开讲座都获得了巨大成功。

- N. 克拉伊尼克的领导下的《思想》杂志凝聚了一批恪守东正教教义和传统思想的学者，如 V. 本奇勒（Vasile Băncilă，1897-1979）、D. 斯特尼洛阿耶等。1938 年后，这一团体开始倾向于民族主义。

- N. 约尔加领导下的《罗马尼亚民族》杂志（1906-1940 年间未曾停刊）同样宣扬传统思想，但其东正教色彩并不浓厚，也未能掀起太大的风潮。该杂志既反对右翼的纳粹主义，也反对左翼的共产主义。

- 在 D. 古斯蒂的领导下，M. 武尔克内斯库、H. H. 施塔尔（Henri H. Stahl，1877-1942）、T. 赫尔塞尼（Traian Herseni，1907-

1980）、A. 戈洛彭茨亚（Anton Golopenţia，1909-1951）、C. 布勒伊洛尤（Constantin Brăiloiu，1893-1958）等人依托罗马尼亚社会研究所创立了一个新的社会学学派，旨在用新的研究方法来推动社会改革。

- 《王室基金杂志》（1934-1947）对罗马尼亚文学界和文化界产生了巨大影响。它成功打破了党派的藩篱，将当时最为优秀的作家、评论家、文学史家招致麾下。该杂志在创办之初就摒弃了意识形态的分歧，大力倡导批判精神，促进高水平文学创作。编委会成员有 P. 扎里福波尔（Paul Zarifopol，1874-1934）、Cam. 彼得雷斯库、D. 古斯蒂、C. 勒杜列斯库 - 莫特鲁。二战爆发后，D. 卡拉科斯泰亚（Dumitru Caracostea，1879-1964）加入编委会，杂志开始出现右倾苗头。1944 年 Cam. 彼得雷斯库担任主编后，该杂志回归到了开放包容的轨道上。

- 广播电台：在两次世界大战之间，广播的文化和社会影响力不容忽视。罗马尼亚广播电台自 1928 年开播以来，在文化生活中发挥了重要作用。它不仅是迅捷的现代化信息传播媒介，更是许多知名学者宣扬其思想和观点的重要途径，为增进民族团结作出了重大贡献。N. 约尔加、M. 伊利亚德、G. M. 坎塔库济诺（George Matei Cantacuzino，1899-1960）、V. 沃伊库列斯库（Vasile Voiculescu，1884-1963）等学者都曾受邀参加"广播讲座"，阐述其对社会状况和文化问题的看法，并与广大听众平等交流。同样有着广泛反响的还有"广播剧场"栏目，当时最负盛名的艺术家在此献艺。此外，音乐节目的收听率也居高不下。

第三节　文学、艺术的发展及其特点

1. 文学创作和文学评论领域的思想碰撞

罗马尼亚文化，尤其是文学的发展在两次世界大战之间迎来了历史最高峰，优秀作品层出不穷。从传统主义到先锋主义，各种流派呈百花齐放之势，针对不同文艺思想、风格、实践的讨论空前激烈。在此期间，文学创作和文学批评活动一直遵循着与西方国家相似的标准，达到了极高的水准。

传统主义与现代主义的碰撞存在于文艺创作的各个层面，在文学创作领域尤为突出。这两种思潮标志着罗马尼亚社会与文化的两大走向。传统文学形式在此期间悄然发生了变化，出现了都市散文、心理分析小说、先锋派诗歌等新文学体裁。如何用这些新的体裁表现罗马尼亚的社会经验，成为人们极为关注的话题。文学批评也脱离了原有的模式，开始注重对风格的剖析和阐释，将美学标准和原创性放在第一位，用全新的方法书写和阐述文学史。

在这一时期，各种文学风格相互碰撞和交融。除传统文学流派外，现代派与先锋派文学运动蓬勃兴起，两种潮流都有着杰出的代表人物。以小说创作为例：既有 L. 雷布雷亚努、M. 萨多维亚努、Cez. 彼得雷斯库（Cezar Petrescu，1892-1961）等人创作的传统小说，也有 E. 洛维内斯库在《飞仙》杂志上极力推崇，Cam. 彼得雷斯库、H. 帕帕达特 - 本杰斯库、A. 霍尔班（Anton Holban，1902-1937）等人创作的新式小说，还有以 M. L. 布莱切（Max L. Blecher，1909-1938）、M. 伊利亚德、M. 卡拉迦列（Mateiu Caragiale，1885-1936）等人为代表的心理分析小说、神秘主义小说、实验主义小说、文艺小说。在诗歌创作方面：既有 A. 菲利皮德、A. 科特鲁什（Aron Cotruş，1891-1961）、N. 克拉伊尼克等人的旧体诗，也有 L. 布拉加、G. 巴科维亚（George Bacovia，1881-1957）、T. 阿尔盖济（Tudor Arghezi，1880-1967）等人的新体诗，以及 I. 巴尔布（Ion Barbu，1895-1961）、I. 维内亚（Ion Vinea，1896-1964）、T. 查拉（Tristan Tzara，1896-1963）的现代主义和实验主义诗作。

依托 I. 维内亚领导下的《当代人》杂志（1922-1932），先锋主义文学在罗马尼亚大放异彩。事实上早在第一次世界大战期间（1917-1918），达达主义的创始人 T. 查拉就已经参与到西方国家的先锋主义运动中。为先锋派杂志供稿的作家还有 G. 卢卡（Gherasim Luca，1913-1994）和 I. 沃龙卡（Ilarie Voronca，1903-1946），两人后来在海外声名鹊起。先锋派文学的重要代表人物还有报告文学作家 F. 布鲁内亚 - 福克斯（Filip Brunea-Fox，1898-1977）、G. 博格扎（Geo Bogza，1908-1993），散文家乌尔穆兹（Urmuz，1883-1923），以及超现实主义诗歌的最重要代表人物 G. 瑙姆（Gellu Naum，1915-2001）。

在 M. 德拉戈米雷斯库（Mihail Dragomirescu，1868-1942）、N. 约尔加、E. 洛维内斯库、G. 克利内斯库、Ş. 乔库列斯库、V. 施特赖努、D. 卡拉科斯泰亚、Pomp. 康斯坦丁内斯库、T. 维亚努、M. 拉莱亚、L. 鲁苏（Liviu Rusu，1901-1985）等人的努力下，美学、文学、文学评论等领域的新兴理论和研究方法层出不穷。

2. 20世纪的罗马尼亚建筑

罗马尼亚建筑风格在 19 世纪、20 世纪之交经历了探索和定型期，在民间传统建筑的基础上融合了西方折中主义元素，形成了本民族特有的建筑风格。到两次世界大战之间，欧洲流行的先锋主义、功能主义、新古典主义建筑风格在罗马尼亚均有体现。19 世纪末占主导的折中主义风格主要来自法国，代表作有 D. 马伊马罗鲁（Dumitrie Maimarolu，1859-1926）设计建造的众议院宫，即今天的大主教宫，以及 I. D. 贝林代伊（Ion D. Berindei，1871-1928）的杰作——布加勒斯特坎塔库济诺宫和雅西文化宫。

民族元素在 I. 明库的作品中得到了充分体现，他将中世纪教堂和豪宅中的元素运用到了现代建筑中，开创了新罗马尼亚建筑风格。其代表作有：拉霍瓦里府邸（1886）、韦尔内斯库府邸（1889）、街边餐馆（1892，现为多伊娜餐厅）、布加勒斯特中央女校（1894）、加拉茨市政宫（1904）、克拉约瓦商业银行（1916）。一批杰出的建筑家沿着 I. 明库开辟的道路继续前进，为新罗马尼亚风格添砖加瓦。代表作有 G. 切尔凯兹（Grigore Cerchez，1850-1927）设计的布加勒斯特建筑高等专科学校（现为 I. 明库建筑学院），以及 N. 吉卡 - 布代什蒂（Nicolae Ghika-Budeşti，1869-1943）设计的民族艺术博物馆（现为罗马尼亚农民博物馆）。

P. 安东内斯库（Petre Antonescu，1873-1965）是 20 世纪最为多产的罗马尼亚建筑家之一。在他的作品中，传统建筑中的装饰元素与现代的功能主义需求被完美结合起来。其传世之作有：公共事务部大楼（现为布加勒斯特市政厅）、布加勒斯特大学法学系大楼、马尔莫罗斯基 - 布兰克银行、克拉约瓦市政厅、罗马的罗马尼亚学院、布加勒斯特凯旋门（1922 年建成，1935-1936 年重建）。

D. 马尔库（Duiliu Marcu，1885-1966）代表着这一时期的罗马尼亚功能主义潮流。他在追求严格几何性的同时，轻装饰而重功能。这些特征在其设计建造的作品中得到了集中体现，例如：维多利亚广场宫（现为罗马尼亚政府所在地）、军事学院、罗马尼亚科学院图书馆、蒂米什瓦拉剧院、罗马尼亚铁路公司大楼、布泽乌屠宰场。此外，他还主持修缮了雅典娜宫酒店。板式建筑也是现代建筑风格的重要代表，H. 克良格（Horia Creangǎ，1892-1943）设计的罗马尼亚保险公司大楼（现为祖国电影院）就是其中的经典之作。

两次世界大战之间成名的罗马尼亚建筑家还有 C. 若亚（Constantin Joja，1908-1991）、H. 杰奥尔杰斯库（Haralambie Georgescu，1908-1977）、O. 多伊切斯库（Octav Doicescu，1902-1981）、Gh. 西莫塔（Gheorghe Simotta，1891-1979）、G. M. 坎塔库济诺。M. 扬库（Marcel Iancu，1895-1984）既代表着兼收并蓄的建筑新潮流，也是欧洲先锋主义美术的积极倡导者。

G. M. 坎塔库济诺（1899-1960）：

如果要对两次世界大战之间的罗马尼亚建筑发展进行回顾，就不得不提到 G. M. 坎塔库济诺。他兼画家、美术评论家、美术史家、建筑家于一身，对罗马尼亚建筑风格有着最为独到的见解。

20 世纪 20 年代，G. M. 坎塔库济诺主持重建了位于莫戈什瓦亚的布伦科韦亚努宫。1934-1935 年间，他和众多建筑师、工程师一起对布加勒斯特进行了系统规划，两次世界大战之间该市的许多建筑都是由其参与设计和建造的。其作品主要有：马尔莫罗斯基 - 布兰克银行、埃福列度假区、马马亚度假区的雷克斯酒店 [与 V. 阿里翁（Vasile Arion，1902-1977）合作]、位于阿姆扎伊广场和 D. 卢普大街的建筑群、位于肯普隆格市的弗勒门达教堂、奥勒内什蒂疗养院、位于共和国大道的能源研究院。20 世纪 50 年代，G. M. 坎塔库济诺着手对摩尔多瓦北部的一些小教堂，以及雅西主教堂的部分建筑进行修缮。他在给雕塑家 O. 哈恩（Oscar Han，1891-1976）的一封信中，表示"希望能在这个古城（雅西）深沉的面孔上增添一抹拉丁式的微笑"。

1942-1948 年间，G. M. 坎塔库济诺主讲的建筑史和建筑理论课程得到了大学生们的一致好评，被誉为"语言和绘画的魔法师"。他不仅长期为《罗马尼亚生活》杂志的美术专栏供稿，还完成了多部罗马尼亚艺术史和建筑理论方面的论著，例如:《建筑研究导论》

（1926）、《帕拉第奥》（1928）、《拱廊、神龛和石板》（1932）、《泉水和休憩地》（1934）、《无眠的弦月》（1938）。

建筑——描绘文明的"表意符号"：

在 G. M. 坎塔库济诺看来，"建筑是一个国家历史的最真实的再现，除此之外没有任何东西能够让我们对过去有如此直观的感受，对一种文明有如此真切的体会"。[①] 建筑在人类生活中居于核心地位，与所有艺术门类都有交集，是"一个时代的表意符号"，也是一种描绘民族精神的象形文字。G. M. 坎塔库济诺善于从传统艺术中汲取营养，基于严谨的尺度、明晰的比例、经典的元素，留下了许多传世之作。他认为建筑中融合了不朽的民族精神，因为建筑是"记录一个时代最忠实的编年史，是浇筑而成的历史，汇聚了一个时代所有的丰碑，彰显着一个民族的精神特质"。

在全新的社会环境下，建筑师不仅身兼艺术家和城市规划师的职能，还必须关注公共场所的管理。在传统主义与现代主义的冲突中，G. M. 坎塔库济诺采取了中庸的立场。但他对功能主义极为反感，认为如果一切都从实用出发，城市就丧失了美感。他对两次世界大战之间盛行的折中主义建筑风格同样持批判态度，认为这种杂糅的风格只是富人们心血来潮，完全无法体现布加勒斯特的特色。这与 G. 克利内斯库的观点不谋而合。后者认为建筑应该成为一个时代的标志，使城市别具一格，所谓经典就是"创造永恒，追求实质"。G. M. 坎塔库济诺力主保留罗马尼亚各地的建筑特色，使各地都拥有融合了传统与现代元素的标志性建筑，而布加勒斯特更是"国家的脸面，必须精雕细琢"。

在 G. M. 坎塔库济诺眼中，建筑不仅是记录往昔岁月的"活历史"，还是民族集体精神留下的印记。无论政治体制如何变换，建筑都是"同一本书中的不同章节。建筑发展的连贯性是由民间艺术赋予的，民间艺术的影响力覆盖了这块拉丁土地上有史以来的所有艺术创作活动"。[②] 罗马尼亚民间艺术长盛不衰的秘诀，就在于它崇尚自然，并能够不断创新。在罗马尼亚大地上，自然与人类和谐共存。18 世

---

① G. M. 坎塔库济诺：《泉水和休憩地》，布加勒斯特，埃米内斯库出版社，1977 年。第152 页。

② 同上。

314

纪的一位外国游客来到布加勒斯特后感叹道："我见到的树比见到的人还多。"[1]

在阿拉伯国家和其他亚洲国家长期游历期间，G. M. 坎塔库济诺对东方艺术和建筑有了深入了解。这段独特的经历有助于他揭示罗马尼亚美术和建筑的内涵。他不断发掘传统艺术形式，考察历史遗迹，努力探索罗马尼亚民族的精神特质。他指出，源于本土的古代艺术形式与来自希腊、罗马、拜占庭，以及文艺复兴时期的各种文明元素相互交融，形成了罗马尼亚独有的民间传统艺术。只有将传统和创新完美结合才是发展的真谛所在，因为"我们能够从罗马尼亚文化发展的连续性中听到未来的召唤"。

乡村——罗马尼亚大地的点缀：

G. M. 坎塔库济诺大力弘扬罗马尼亚传统艺术，努力发掘建筑中蕴含的民族精神，并试图探寻建筑、美术、音乐等各种艺术形式之间的关联。在他看来，无论是大公的宫廷还是简陋的村舍，所有建筑都是有生命的。最为蓬勃的生命力则蕴藏在传统的乡村建筑中："在古老的胡桃树林里、在柳荫中、在杨树下、在山脚、在河畔、在路口的十字架旁、在倾颓的井栏边，到处都有我们宁静而又和谐的村庄。当我们的城市自以为实现了西方化，实际上却被巴尔干化的时候，乡村则一直延续着古老的生活方式"。[2]乡村是"罗马尼亚大地上最美丽的点缀"，罗马尼亚文明的一切都源自乡村。一座座掩映在绿荫中的村舍，充分体现了人与自然的和谐统一。门廊、阳台和亭子，维系着人类与自然界的亲密接触。"如果要用一个表意符号来概括对'罗马尼亚'的印象，我会画一条水平线，象征着一望无际的田野，再画一个锐角，象征着水井上汲水杠杆"。[3]

丰富多样的民间美术元素在陶器、织物、纺车、民居、水井的样式中均有体现，这一切在 G. M. 坎塔库济诺看来都是民族精神的精粹所在。民间艺术植根于本土文化形式之中，源远流长，且与现实生活紧密联系，从而能够不断繁荣，形式与题材也日趋多样。民间艺术随

---

[1] G. M. 坎塔库济诺：《泉水和休憩地》，布加勒斯特，埃米内斯库出版社，1977 年。第153 页。

[2] 同上书。第 156 页。

[3] 同上。

着日常居家所需不断发展，用 G. M. 坎塔库济诺的话来说，处于"缓慢但持续的变化中"。它不是封闭的，而是具有强大的学习能力，能够不断吸收外来影响，取其精华为己所用的。罗马尼亚民间艺术既属于欧洲大陆，又凭借精美绝伦的色彩和纹饰别具一格。

G. M. 坎塔库济诺特别重视各种形式之间的平衡，他的建筑作品结构庄重沉稳，既体现了人与自然的和谐统一，又凸显了民间艺术中的象征性元素。他说："罗马尼亚农民在修建自己的房屋时遵循着极为严谨的比例，就像蜜蜂修筑自己的蜂巢一样。"[①] 民居的构造和风格或多或少带有"远古"的印记，其中的一些恒定元素不会随着某些昙花一现的潮流或学派而变化。在他眼中，每年至少粉刷一次的农舍就像是放映着一幕幕历史画面的银屏，贵族府邸无非就是升级后的农舍。他和 A. 奥多贝斯库、B. P. 哈斯代乌、N. 约尔加、V. 珀尔万、S. 梅海丁齐、L. 布拉加、M. 伊利亚德、G. 克利内斯库等人一致认为，罗马尼亚乡村"永葆活力"的秘诀，正在于它们能够顺应自然，处于不断更新变化之中。

罗马尼亚各地的传统建筑风格既有共性又有差异。以罗马尼亚经典民居独有的廊子为例：摩茨村的房屋带有木制门廊，上面覆盖着烟熏麦秸，就好像戴着遮耳皮帽；奥尔特尼亚地区的房屋则有着阳台式的长廊。这种常见的房屋格局可能继承自罗马尼亚人最古老的居所，"非常明确地体现出罗马尼亚民族精神的一致性"。[②]

罗马尼亚艺术传统与古老艺术形式：

在中世纪，罗马尼亚民居吸收了拜占庭式、哥特式和文艺复兴元素，形成了一种独特的风格。进入现代后，为提升建筑的社会功能，各种现代元素融入了中世纪建筑风格之中。G. M. 坎塔库济诺对传统的看法完全不同于怀古悲秋的播种派。他以专业的视角从传统中汲取灵感，并将其应用于现代建筑设计中。他反对照抄外来的形式，主张像 L. 布拉加所说的那样，在深入了解某种风格的精髓之后进行全新的创作。为了紧跟时代的脚步，不宜抱残守缺，而应将民族特色融入现代背景之中。

---

① G. M. 坎塔库济诺：《泉水和休憩地》，布加勒斯特，埃米内斯库出版社，1977 年。第 155 页。
② 同上。

G. M. 坎塔库济诺认为罗马尼亚前现代艺术的发展经历了两次高潮。第一次高潮出现在斯特凡大公统治下的摩尔多瓦公国。在那个时代，艺术开始脱离刻板的古老形式，逐步将本土元素、拜占庭元素、哥特元素、文艺复兴元素加以融合。当时最具代表性的原创艺术作品是带有外壁彩绘的教堂，堪称"罗马尼亚式表意符号"。[①] 到 P. 拉雷什大公统治期间，这种风格日趋华美繁复。V. 卢普大公对各种艺术元素的运用更为痴迷，从三圣教堂精美绝伦的装饰就可见一斑。G. M. 坎塔库济诺将 V. 卢普描绘成艺术的守护神和基督教的捍卫者，但对其审美品位颇有微词："他双手戴满了红宝石和翡翠，穿着沉重的锦袍，沉迷于帝王心术。V. 卢普大公给人的直观印象，就像装帧精美的《传道书》一般华而不实。"

　　第二次高潮出现在 C. 布伦科韦亚努大公统治时期。那时的艺术风格摒弃了旧时的条条框框，不再墨守成规，构思更为大胆。在民间艺术的影响下，美术领域不断创新，各种风格达到了"经典的平衡"。那是一个轻松舒缓的时代，"生动乐观的笑容照亮了我们民族疲惫的面庞"。艺术创作逐渐挣脱了传统形式的束缚，在民用建筑上表现尤为明显。各种地方性元素也被大量吸收，例如来自波特洛吉、霍雷祖、莫戈什瓦亚等地的建筑风格就体现在布加勒斯特马努克客栈、科马纳村修道院、沃克雷什蒂修道院（由 C. 布伦科韦亚努的政敌 N. 马夫罗科达特主持建造）的设计理念中。G. M. 坎塔库济诺对建筑大师 D. 瓦拉胡（Drăghici Valahul，?-?）极为推崇，后者建造了诸多教堂、宫殿和修道院，为 C. 布伦科韦亚努时期的艺术增色不少。

　　C. 布伦科韦亚努与法国国王路易十四生活在同一时代，他们都对古典精神充满向往，希望"将意识与感知统一起来"。在 G. M. 坎塔库济诺看来，这是"不用抄袭就融入一种文明的最佳方式"。[②] 在这一时期，人们的各种想法都获得了全力施展的空间，"通过恢宏的视角创作出了不朽的艺术作品"。来自古代的建筑元素——"廊子"在这一时期获得了全新的实用功能，西式的楼梯更是得到了广泛应用。

---

① G. M. 坎塔库济诺：《泉水和休憩地》，布加勒斯特，埃米内斯库出版社，1977 年。第 138 页。
② 同上书。第 132 页。

斯特凡大公和 C. 布伦科韦亚努大公统治时期都是"罗马尼亚民族创造精神大发扬的黄金时代"，在继承原有艺术形式的基础上，艺术作品的创新性和装饰性得到了大幅提升。这两位大公的可贵之处并不在于接纳了何种影响或采用了哪些元素，而在于他们将这些影响和元素兼收并蓄，并加以整合的勇气。在 C. 布伦科韦亚努统治时期，一种"植根于本民族的审美观"悄然形成。[①] 艺术挣脱了古老形式的束缚，变得更具可塑性，更为雅致。艺术家对技巧的掌控日臻成熟，建筑和装饰元素极大丰富。然而在 C. 布伦科韦亚努死后，这一切都戛然而止。

G. M. 坎塔库济诺这样阐述自己的艺术理念："美无法脱离道德而存在。我坚信这一点，因为这一公设在历史进程中不断被证明。只要我们有着一致的思想，共同的信仰，罗马尼亚精神就能长存，就能够创造出不朽的作品，给我们带来无尽的希望。每当我们在道德层面出现分歧，天空就会阴云密布。C. 布伦科韦亚努的成功得益于自己果敢的行动，而不是因为外来的影响。外来影响不容忽视，但只有与本国传统发生碰撞，并经过批判精神的检验之后，其价值方能得到体现。所谓传承，就是一个社会在批判精神中的不断延续。"[②]

G. M. 坎塔库济诺不仅在建筑方面有着极深的造诣，还是一位具有敏锐洞察力、强大想象力、丰富表现力的作家。他能够像解读象形文字一样，从建筑中读取一个时代或一座城市的精神风貌，并揭示隐藏在生活与艺术之间的微妙关联。他对建筑的深入思考在其文学作品中时常流露出来："在雅西，各种思绪和芬芳的气息使你沉醉。如果说苏恰瓦像一尊雕塑，抑或一座丰碑，那么雅西就像一座被废弃的庭院。青苔覆盖着干涸的池塘，墓碑散布在丁香树丛中。苏恰瓦象征着力量与牺牲，而雅西逼仄的小巷中则萦绕着诗情画意。庭院中芬芳野草的使你沉醉，荒废的墓地让你流连。"

3. 雕塑＊C. 布朗库西（1876–1957）

除了一些民间木雕作品外，早期的罗马尼亚雕塑乏善可陈。直至 20 世纪上半叶，人们才通过 C. 布朗库西的作品对罗马尼亚现代

① G. M. 坎塔库济诺：《泉水和休憩地》，布加勒斯特，埃米内斯库出版社，1977 年。第 131 页。
② 同上。

雕塑有所了解。除了这位创作天才之外，这一时期还出现了许多一流的罗马尼亚雕塑家，例如：D. 帕丘雷亚（Dimitrie Paciurea，1873-1932）（其作品极具表现力，如《巨人》《斯芬克斯》《战神》，以及带有魔幻超现实意味的《吐火怪》系列）、C. 梅德雷亚（Cornel Medrea，1888-1964）（他创作的胸像遍布全国各地）、I. 扎莱亚（Ion Jalea，1887-1983）（创作了无数纪念碑、浮雕、胸像和立像，其代表作有位于德瓦市的《德切巴尔》，以及《休息的弓箭手》）、I. 伊里梅斯库（Ion Irimescu，1903-2005）、O. 哈恩、I. 弗拉休（Ion Vlasiu，1908-1997）（代表作有布拉日市中心自由广场的纪念碑，以及位于克鲁日 - 纳波卡的群雕《霍雷亚、克洛什卡和克里山》）、R. 拉迪亚（Romulus Ladea，1901-1970）（代表作有克鲁日 - 纳波卡的《阿尔迪亚尔学派》纪念碑）、C. 巴拉斯基（Constantin Baraschi，1902-1966）、I. 科德雷亚努（Irina Codreanu，1896-1985）、M. 彼得拉什库、Gh. D. 安格尔（Gheorghe D. Anghel，1904-1966）（创作了雅典娜宫门前的 M. 埃米内斯库雕像）。活跃在 20 世纪下半叶的著名雕塑家有：G. 维达（Gheza Vida，1913-1980）（代表作有莫伊塞镇的纪念碑）、C. 卢卡奇（Constantin Lucaci，1923- ）（代表作有位于罗马尼亚电视台的《电波的对话》，以及位于康斯坦察的《动能喷泉》）、C. 波波维奇（Constantin Popovici，1938-1995）（代表作有位于巴克乌市的 G. 巴科维亚纪念碑，以及位于阿尔杰什省维德拉鲁湖大坝的《手持闪电的普罗米修斯》）、Gh. 阿波斯图（Gheorghe Apostu，1934-1986）、O. 马伊泰克（Ovidiu Maitec，1925-2007）、H. 弗勒门杜（Horia Flămându，1941- ）、M. 斯特凡内斯库（Mircea Ştefănescu，1929-1999）（代表作为位于瓦斯卢伊市附近的《斯特凡大公骑马像》）、M. C. 斯珀塔鲁（Mircea Corneliu Spătaru，1937-2011），等等。

到两次世界大战之间，罗马尼亚的雕塑创作逐渐融入了欧洲艺术发展潮流，开始从新兴的抽象主义和反传统主义艺术中汲取养分，雕塑创作与城市规划日益契合。为了纪念重要历史人物和重大历史事件，罗马尼亚雕塑家与建筑师们为城市中的公园和广场设计了大量雕塑和纪念碑。

C. 布朗库西一方面大胆使用抽象形式，另一方面大量应用传统元素，在现代雕塑界掀起了一场革命。早在布加勒斯特美术学校就读期间，他的习作就已崭露头角。1904 年毕业后旅居巴黎，并正式开始了创作生涯。在 1906 年举行的巴黎秋季艺术沙龙上，他的作品《高傲》（1905）和《男孩头像》（1906）引起了法国雕塑大师罗丹（Auguste Rodin，1840-1917）的关注，并有幸受邀在其工作室从事创作。在此期间，C. 布朗库西逐渐疏离了古典主义和印象主义范式，开始进行对先锋派雕塑的探索。在抽象主义和立体主义的影响下，他对古老的民间艺术形式进行了大胆的简化加工和几何化处理。1907 年完成的作品《吻》（现存克拉约瓦艺术博物馆）成为其创作生涯中的一座里程碑，是其宣扬现代艺术新精神的代表作之一。

他早期的雕塑作品不再苛求精准的人体解剖和对模特的写实表现，而是试图将各种元素简化到几何形态，并从中挖掘其内涵。《净土》《祈祷》《吻》《沉睡》《沉睡的缪斯》《神鸟》《普罗米修斯》《波嘉尼小姐》等一批作品为雕塑艺术开辟了全新的视野，引发了一场真正的美学革命。这些作品参加了 1913 年举行的纽约现代艺术展，C. 布朗库从此声名鹊起。他的好友，法国画家 H. 卢梭（Henri Rousseau，1844-1910）在看到这些作品后，称赞他善于"古为今用"，能够从古代艺术中汲取灵感，并对其加以抽象和提炼。

1916 年后，C. 布朗库西进一步扬弃了外在形式，专注于对实质的掌控，在简化形式的同时强调雕塑语言的非物质化。这一时期的主要作品有：《第一声呐喊》《莱达》《鸿蒙》。此外，飞翔与上升也是他长期关注的题材，相关作品有《空间中的鸟》系列和《无极之柱》。这些作品在欧美国家引发了巨大反响，C. 布朗库西也因此被认为是伟大的象征主义雕塑家和现代艺术精神的代表。1933 年，他应印度土邦主亚什万乔侯卡（Yeswart Rao Holkar Bahadur，1908-1961）的请求为一座寺庙设计了很多雕塑草图，但未能完工。

为了纪念在第一次世界大战期间为国捐躯的将士，C. 布朗库西在 1937-1938 年完成了他的代表作——坐落于特尔古 - 日乌市的组雕《沉默之桌》《吻之门》和《无极之柱》。雕塑家遵循象征主义理念对民间艺术元素进行加工，使这组作品回味隽永。C. 布朗库西深受民间艺术、传统伦理和生命哲学的影响，努力探寻人性的光辉，关注出生、相爱、创造等人类生命中的重要时刻，追求天人合一的境界。由于他的作品带有浓厚的本土色彩，意大利评论家阿尔甘（Giulio Carlo

Argan，1909-1992）将其誉为"罗马尼亚土生土长的天才"。[①]

最早认识到 C. 布朗库西作品价值的罗马尼亚学者是 L. 布拉加。他将 C. 布朗库西看作现代精神的代表，认为其思想已经超越了自然主义、心理主义、实证主义、个人主义、印象主义之间的藩篱，力求通过对事物本质的探求和"内部风格化"来"开辟一条通往绝对之路"，实现"整体的和谐"。[②]他说："雕塑家 C. 布朗库西试图将一只鸟的形态和线条简化到极致，体现出一种令人迷醉的神异之感。这位雕塑家还雕琢并抛光了一个蛋，虽然仅仅保留了最基本的形态，却体现出一种洪荒的气息，让人联想起俄耳甫斯式的宇宙进化论"。[③]在 L. 布拉加眼中，C. 布朗库西是一位代表着"新风格"的艺术家，他热衷于抽象化，反对自然主义，充满创作激情。同时他又是一位民族艺术家，"使我们与古老的民族精神发生了新的关联"。"C. 布朗库西清楚地知道他使用的材料蕴含着怎样的潜力，因此他的作品是对自然界的再创造，充满了灵性"。他的艺术植根于罗马尼亚大地，而对"极简形式"的追求，似乎是从某种晶体的几何结构中得到了启发。L. 布拉加指出，"当我们看到用炫目材料打造而成的神鸟，就会不由自主地联想起古老的教堂。神鸟修长的线条表现出对抽象的崇拜，就像一座教堂象征的精神升华。我们猜想，这种对抽象的崇拜意味着对现实果敢的拒绝，标志着 C. 布朗库西及其他同时代雕塑家思想和视角的转变"。[④]

人们从不同的视角对 C. 布朗库西的作品加以阐释，对特尔古 - 日乌组雕包含的神秘哲学意义更是众说纷纭。要揭示整组雕塑的象征意义，必须需深入了解罗马尼亚悠久的民间文化。罗马尼亚人特别重视亡灵升天的仪式，而"门"这一题材正象征着"升天"之地。此外，婚礼和葬礼是民间传说《小羊》和诸多民俗中频繁出现的两大主题。特尔古 - 日乌的组雕为纪念亡灵而建，寓意着将葬礼变为天上的婚礼，与《小羊》有着异曲同工之妙。C. 布朗库西雕塑艺术中的另

① C. 普鲁特：《现代艺术词典》，布加勒斯特，信天翁出版社，1982 年。第 67 页。
② L. 布拉加：《美学问题研究》，收录于《布拉加全集》（第七卷），布加勒斯特，密涅瓦出版社，1980 年。第 128-131 页。
③ L. 布拉加：《岛屿的崛起》，克鲁日一纳波卡，达契亚出版社，1977 年。第 59 页。
④ L. 布拉加：《一个时代的面孔》，收录于《布拉加全集》（第七卷），布加勒斯特，密涅瓦出版社，1980 年。第 198 页。

一些常见主题，例如《神鸟》，也同样带有"升天"的象征意义。根据罗马尼亚民间传说，在走向成熟和爱情的漫漫长路上，"不眠之鸟"能够帮助人们解开层层迷雾；"心灵之鸟"象征着人类灵魂升天的座驾；"公鸡"则象征着对重生的期盼。雕塑《吻》的一个版本是位于蒙巴纳斯公墓的一座墓碑，带有配阴婚的意味，象征着生命在另一个世界的延续。在一些评论家看来，[①] 这组被 C. 布朗库西称为《英雄的灵魂之路》的雕塑在布局上象征着构成世界的四种基本元素：水——是流经雕塑所在公园的日乌河；土——是《沉默之桌》和公园里的英雄小路；火——是象征着爱情之火，生命必将战胜死亡的《吻之门》；空气——是象征着通天之路，直指苍穹的《无极之柱》（取材于传统葬俗中安放在死者枕边的枞树）。M. 伊利亚德认为《无极之柱》的灵感源自远古传说中能够上达天庭的"宇宙轴线"，烈士们为国捐躯后英灵可以借助它升入天国。

　　一些美国评论家在分析 C. 布朗库西的作品时，忽略了其中的罗马尼亚元素。M. 伊利亚德在回应他们的观点时指出，C. 布朗库西的雕塑风格固然会受到巴黎文化氛围的影响，同时也"与罗马尼亚的民间神话和美术风格紧密关联，有些作品甚至被冠以罗马尼亚名称（如《神鸟》）。换言之，各种影响就像一幕幕'记忆'，最终帮助艺术家发现了自己的风格（……）只有在了解到现代艺术创作的重要性之后，C. 布朗库西才开始发掘蕴藏在自己国家乡村传统中的艺术宝藏，并用一种更具创意的方式弘扬这一传统"。[②]

　　4. 绘画

　　N. 格雷戈雷斯库、I. 安德烈埃斯库、Şt. 卢基安等人的画作带有浓厚的民族色彩和人文气息，成为罗马尼亚风景画派的奠基人。从 20 世纪初到两次世界大战之间，一批享誉欧洲的罗马尼亚画家续写了他们的辉煌，主要有：Th. 帕拉迪（Theodor Pallady，1871-1956）、Gh. 彼得拉什库（Gheorghe Petraşcu，1872-1949）、N. 托尼察（Nicolae Tonitza，1886-1940）、Şt. 迪米特雷斯库（Ştefan Dimitrescu，1886-1933）、J. 斯泰里亚迪（Jean Steriadi，1880-1956）、F. 希拉托（Francisc

---

① I. 波格里洛夫斯基（Ion Pogorilovschi，1938-2009）：《特尔古 - 日乌的组雕》，雅西，青年社出版社，1976 年。第 105 页。
② 同上。

Şirato，1877-1953）、I. 伊泽尔（Iosif Iser，1881-1958）、M. 斯泰里安（Margareta Sterian，1897-1992）、N. 德勒斯库（Nicolae Dărăscu，1883-1959）、A. 日基迪（Ana Jiquidi，1896-?）、Aur. 日基迪（Aurel Jiquidi，1896-1962）、N. 斯泰里亚迪（Nora Steriadi，1889-1948）、D. 吉亚策（Dumitru Ghiață，1888-1972）、A. 丘库伦库（Alexandru Ciucurencu，1903-1977）、L. 格里戈雷斯库（Lucian Grigorescu，1894-1965）、H. 卡塔尔吉（Henri Catargi，1894-1976）、A. 丘佩（Aurel Ciupe，1900-1985）、C. 波格丹（Catul Bogdan，1915-1978）、M. 扬库、M. H. 马克西（Max Hermann Maxy，1895-1971）、V. 布劳纳（Victor Brauner，1903-1966）、H. 马蒂斯 - 托伊齐（Hans Mattis-Teutsch，1884-1960）、C. 雷苏（Camil Ressu，1880-1962）、I. 楚库列斯库（Ion Țuculescu，1910-1962）、C. 巴巴（Corneliu Baba，1906-1997）。

许多罗马尼亚画家投身到先锋派运动中，他们的艺术视角和表现手法为先锋派美术的形成作出了重大贡献。在诗人 I. 维内亚的推动下，这些艺术家借助《当代人》杂志将自己的经验加以推广，使新兴的艺术风格迅速融入罗马尼亚绘画创作中。1924-1936 年间，M. 扬库、M. H. 马克西、V. 布劳纳、M. 彼得拉什库（Milița Petrașcu，1892-1976）、H. 马蒂斯 - 托伊齐、C. 米赫伊列斯库（Corneliu Mihăilescu，1887-1965）、H. 卡塔尔吉、M. 斯泰里安等画家在布加勒斯特举办了多次联合画展。参展的还有 P. 克利（Paul Klee，1879-1940）、H. 阿尔普（Hans Arp，1887-1966）、G. 基里科（Giorgio de Chirico，1888-1978）等欧洲先锋派代表人物。

在后印象主义运动中，罗马尼亚画家不仅对立体主义、表现主义、超现实主义等新潮流加以借鉴吸收，还自成一格，形成了极具原创性的表现手法。例如：Gh. 彼得拉什库的作品以构图严谨、画面饱满、视觉形象具体著称，这与当时流行的虚化风格大相径庭。Th. 帕拉迪在 20 世纪初经历了长期摸索后，作品重新回归理性，其构图具有稳重的几何感，手法细腻，意境悠远。N. 托尼察则是色彩运用的大师，他注重对光泽和亮度的表现，画面明快，极富表现主义风格。

1940 年后最杰出的罗马尼亚画家当数 C. 巴巴。他力求回归传统审美取向，与当时流行的绘画风格保持着距离。其画作构图严谨，带有明显的现实主义风格，善于表现出宁谧的环境和质朴的生活。他以人物为主要题材，善于通过日常生活场景表现其深邃的思想。他长期关注乡村生活，真实描绘现实生活中的场景和仪式，摒弃了田园牧歌式的美化。

I. 楚库列斯库是另一位极具创意的画家，他对色彩的运用突破常规，极具视觉冲击力。他从古老的民间传统中寻找象征性元素，并运用形而上的表现主义手法，通过自然界中的植物来体现整个宇宙内在的躁动。为此，他编制了一套由隐藏在事物深处的一双双眼睛构成的"象征符号系统"。[①] 这些眼睛注视着我们，并向我们传达着某种神秘的信息。

20 世纪下半叶活跃在罗马尼亚画坛的一流艺术家有：I. 帕恰（Ion Pacea，1924-1999）、I. 瑟利什泰亚努（Ion Sălişteanu，1929-2011）、D. 哈特马努（Dan Hatmanu，1926-　）、H. 贝尔内亚（Horia Bernea，1938-2000）、S. 伯拉沙（Sabin Bălaşa，1932-2008）、I. 比仓（Ion Biţan，1924-1997）、P. 科迪策（Pavel Codiţă，1916-2000）、V. 默尔吉内安（Viorel Mărginean，1933-　）、C. 巴丘（Constantin Baciu，1930-2005）、V. 格里戈雷（Vasile Grigore，1935-2012）、C. 皮柳策（Constantin Piliuţă，1929-2003）、I. N. 尼科迪姆（Ion Niţă Nicodim，1909-1980）、I. 穆斯切莱亚努（Ion Musceleanu，1903-1997）、M. 奥洛斯（Mihai Olos，1940-2015）、M. 班达克（Mihai Bandac，1939-　）、M. 盖拉西姆（Marin Gherasim，1937-　）、G. 讷帕鲁什（Georgeta Năpăruş，1930-1997）、I. A. 乔治乌（Ion Alin Gheorghiu，1929-2001）、Şt. 克尔采亚什（Ştefan Câlţiaş，1942-　），等等。

两次世界大战之间还涌现出一批文艺理论家和文艺批评家，其中最为著名的是 P. 科马尔内斯库。他为包括 C. 布朗库西在内的许多罗马尼亚画家撰写了传记，并深入分析了他们的作品。这一时期的重要文艺批评家还有 I. 弗伦泽蒂（Ion Frunzetti，1918-1985）、V. I. 斯托伊基策（Victor Ieronim Stoichiţă，1949-　）、M. 莫拉留（Modest Morariu，1929-1988）、Gh. 阿基采伊（Gheorghe Achiţei，1931-　）、G. 阿尔伯雷（Grigore Arbore，1943-　），等等。

---

① C. 普鲁特：《现代艺术词典》，布加勒斯特，信天翁出版社，1982 年。第 453 页。

5. 音乐

20 世纪的罗马尼亚音乐在创作天才 G. 埃乃斯库的引领下蓬勃发展。他早期最负盛名的作品有《罗马尼亚之诗》和两部《罗马尼亚狂想曲》。虽然这些作品中包含对传统音乐内容的深度加工，但凭借编曲的原创性、配器的复杂性和乐曲的感染力，在音乐美学层面实现了质的飞跃。标志着 G. 埃乃斯库的创作走向成熟，并使之扬名世界的作品有《第一交响曲》《第二交响曲》《第一钢琴奏鸣曲》《第三钢琴奏鸣曲》《乐队组曲第 1-3 号》《"童年印象"钢琴和小提琴组曲》和《室内乐》。1913 年创作的歌剧《俄狄浦斯》是其创作生涯的一个里程碑。

到两次世界大战之间，罗马尼亚音乐的表现形式日趋多样化，音乐语言更为细腻，作曲风格与欧洲主要流派更为接近。1920 年，罗马尼亚作曲家协会成立。其宗旨是发现创作天才，鼓励音乐原创。经过一段时间的摸索和尝试后，具有罗马尼亚民族特色的作曲流派逐渐形成，并获得了广泛赞誉。

罗马尼亚音乐能取得长足的发展，一些伟大的指挥家功不可没。其中的代表人物有 G. 杰奥尔杰斯库（George Georgescu，1887-1964），以及二战后脱颖而出的 I. 佩尔莱亚（Ionel Perlea，1900-1970）和 S. 切莱比达凯（Sergiu Celibidache，1912-1996）。除了 G. 埃乃斯库外，在两次世界大战之间推出大量原创作品，为罗马尼亚乐坛增光添彩的艺术家还有：D. 库克林（Dumitrie Cuclin，1885-1978）（交响乐改革家和音乐理论家）、M. 若拉（Mihail Jora，1891-1971）（专攻舞剧和现代抒情曲）、P. 康斯坦丁内斯库（Paul Constantinescu，1909-1963）（作品种类繁多，包括拜占庭清唱剧、歌剧《暴风雨之夜》、舞剧《喀尔巴阡山中的婚礼》）、S. 德勒戈伊（Sabin Drăgoi，1894-1968）（代表作有歌剧《诽谤》）、M. 内格雷亚（Marţian Negrea，1893-1973）（代表作有歌剧《渔夫马林》）、Th. 罗加尔斯基（Theodor Rogalski，1901-1954）、Z. O. 万洽（Zeno Octavian Vancea，1900-1990）、D. 利帕蒂（Dinu Lipatti，1917-1950）。在 I. 维杜、D. 杰奥尔杰斯库-基里亚克（Dumitru Georgescu-Kiriac，1866-1928）、Gh. 库库（Gheorghe Cucu，1882-1932）、T. 布雷迪恰努（Tiberiu Brediceanu，1877-1968）等人的努力下，合唱乐的传统得以继承和发扬。

T. 布拉达和 G. 布雷亚祖（George Breazu，1887-1961）是民族音乐学、民间音乐和音乐美学领域的代表人物。他们建立了罗马尼亚首家民间音乐档案馆，这一机构后来在 C. 布勒伊洛尤的努力下得以不断充实。通过 G. 迪尼库（Grigoraş Dinicu，1889-1949）、M. 特纳赛（Maria Tănase，1913-1963）、I. 拉杜（Ioana Radu，1917-1990）等演奏家和歌唱家的演绎，罗马尼亚民间音乐表演更具专业性。I. 瓦西列斯库（Ion Vasilescu，1903-1960）、I. 费尔尼克（Ionel Fernic，1901-1938）、C. 罗曼诺（Claude Romano，1914-2005）等作曲家的作品则使罗马尼亚轻音乐更上一层楼。

罗马尼亚音乐学派的美誉度在两次世界大战之间进一步提升，在国际上得到了广泛认可。二战后，上述代表人物中有很多人依然活跃在罗马尼亚乐坛，此间又涌现出了新一代的作曲家、指挥家、演奏家、歌唱家。新一代作曲家的创作风格和技法更为多样，他们用经过自己革新的音乐语汇丰富着当代音乐潮流，代表人物有：T. 奥拉（Tiberiu Olah，1928-2002）、T. 扎尔达（Tudor Jarda，1922-2007）、P. 本托尤（Pascal Bentoiu，1927-2016）、A. 维耶鲁（Anatol Vieru，1926-1998）、Şt. 尼古列斯库（Ştefan Niculescu，1927-2008）、D. 卡波亚努（Dumitru Capoianu，1929-2012）、A. 斯特罗埃（Aurel Stroe，1932-2008）、C. 策拉努（Cornel Ţăranu，1934-2016）；指挥家有：I. 孔塔（Iosif Conta，1924-2006）、M. 布雷迪恰努（Mihai Brediceanu，1920-2005）、C. 曼代亚尔（Cristian Mandeal，1946- ）；钢琴家有：D. 利帕蒂、V. 乔治乌（Valentin Gheorghiu，1928- ）；小提琴家有：I. 沃伊库（Ion Voicu，1923-1997）、Şt. 鲁哈（Ştefan Ruha，1931-2004）、S. 马罗科维奇（Silvia Marocovici，1952- ）。一批歌剧演员在世界舞台上大放异彩，例如：P. 斯特凡内斯库 - 戈安格（Petre Ştefănescu-Goangă，1902-1973）、Z. 帕利（Zenaida Pally，1919-1997）、A. 弗洛雷斯库（Arta Florescu，1921-1998）、I. 达奇安（Ion Dacian，1911-1981）、T. 卢卡丘（Teodora Lucaciu，1928- ）、N. 赫尔莱亚（Nicolae Herlea，1927-2014）、L. 施皮斯（Ludovic Spiess，1938-2006）、D. 约尔德凯斯库（Dan Iordăchescu，1930- ）、E. 摩尔多万（Eugenia Moldovan，1944- ）、D. 奥哈内西安（David Ohanesian，1927-2007）。

在乐理学、民族音乐学、音乐评论领域成绩斐然的有 V. 科斯马

（Vladimir Cosma，1940-　），E. 科米谢尔（Emilia Comişel，1913-2010）、P. 布朗库西（Petre Brâncuşi，1928-1995）、V. 托梅斯库（Vasile Tomescu，1929-　）、T. 默尔扎（Traian Mârza，1923-　）、A. 霍夫曼（Alfred Hoffman，1929-1995），等等。

6. 话剧、电影和其他表演艺术

除了布加勒斯特、蒂米什瓦拉和雅西三个文化中心外，两次世界大战之间的戏剧活动还在切尔诺夫策、克鲁日 - 纳波卡、奥拉迪亚、布勒伊拉等地蓬勃开展。继一战前成名的 G. 马诺列斯库（Grigore Manolescu，1857-1892）、A. 罗曼内斯库（Aristizza Romanescu，1854-1918）、P. 利丘（Petre Liciu，1871-1912）、C. I. 诺塔拉（Constantin I. Nottara，1859-1935）、等表演艺术家之后，又涌现出 L. 斯图尔扎 - 布兰德拉（Lucia Sturdza-Bulandra，1873-1961）、I. 马诺列斯库（Ion Manolescu，1881-1959）、Z. 伯尔桑（Zaharia Bârsan，1878-1948）、M. 菲洛蒂（Maria Filotti，1883-1956）、G. 弗拉卡（George Vraca，1896-1964）、M. 乔治乌（Miluţă Gheorghiu，1897-1971）、A. 布泽斯库（Aura Buzescu，1894-1992）、G. 卡尔伯雷亚努（George Calboreanu，1896-1986）等一批舞台艺术家，以及 P. 古斯蒂（Paul Gusty，1859-1944）、I. 萨瓦（Ion Sava，1900-1947）、V. I. 波帕（Victor Ion Popa，1895-1946）、I. 沙希吉安（Ion Şahighian，1897-1965）等知名导演。

除了正剧和喜剧之外，歌剧、轻歌剧、舞剧和活报剧等戏剧形式也得到了长足发展。活报剧的发展得益于表演大师 C. 特纳赛（Constantin Tănase，1880-1945）的推动。他既是不可多得的演员，也是戏剧活动的积极组织者，更是一位具有极强公民意识艺术家。

在 M. 索尔布（Mihail Sorbu，1885-1966）、L. 布拉加、M. 塞巴斯蒂安（Mihail Sebastian，1907-1945）、Cam. 彼得雷斯库、G. M. 扎姆菲雷斯库（George Mihai Zamfirescu，1898-1939）、T. 穆沙泰斯库（Tudor Muşatescu，1903-1970）、A. 基里采斯库（Alexandru Kiriţescu，1888-1961）、G. 奇普里安（George Ciprian，1883-1968）等人的努力下，戏剧文学创作迎来了繁荣期。除此之外，M. 德拉戈米雷斯库、T. 维亚努、C. 彼得雷斯库等文学理论家也开始关注戏剧美学、戏剧的社会和教育功能、舞台语言等方面的课题。

一些私营剧团的出现对戏剧活动起到了极大的促进作用。他们在全国各地巡演获得了巨大成功，还在1918年后并入罗马尼亚的地区演出国内外知名剧目。这些剧团的管理者有：布兰德拉夫妇、M. 文图拉（Maria Ventura，1886-1954）、I. 马诺列斯库、E. 波佩斯库（Elvira Popescu，1894-1993）、M. 沃伊库列斯库（Mărioara Voiculescu，1889-1976）、D. 科恰（Dina Cocea，1912-2008）、M. 福蒂诺（Mişu Fotino，1930-2014）、M. 菲洛蒂。

20世纪下半叶，在新一代演员和导演的共同努力下，罗马尼亚戏剧艺术迎来了黄金时期，在国际上声誉日隆。当时活跃在罗马尼亚舞台和银幕上的明星有：R. 贝利冈（Radu Beligan，1918-2016）、G. V. 比尔利科（Grigore Vasiliu Birlic，1905-1970）、S. 杜米特雷斯库-蒂米克（Silvia Dumitrescu-Timică，1902-1999）、T. 卡拉久（Toma Caragiu，1925-1977）、G. 康斯坦丁（George Constantin，1933-1994）、O. 科泰斯库（Octavian Cotescu，1931-1985）、A. 佩莱亚（Amza Pellea，1931-1983）、C. 科德雷斯库（Constantin Codrescu，1931-   ）、M. 莫拉鲁（Marin Moraru，1937-2016）、D. 勒杜列斯库（Dem Rădulescu，1931-2000）、G. 莫托伊（George Motoi，1936-2015）、C. 斯特内斯库（Carmen Stănescu，1925-2018）、Gh. 迪尼克（Gheorghe Dinică，1933-2009）、I. 彼得雷斯库（Irina Petrescu，1941-2013）、M. 阿尔布列斯库（Mircea Albulescu，1934-2016）、V. 雷本久克（Victor Rebengiuc，1933-   ）、Şt. 约尔达凯（Ştefan Iordache，1941-2008）、F. 皮耶尔西科（Florin Piersic，1936-   ）、V. 奥格沙努（Virgil Ogăşanu，1940-   ）。对舞台语言大胆革新，凭借原创作品享誉全球的导演有：S. 亚历山德雷斯库（Sică Alexandrescu，1896-1973）、L. 丘莱伊（Liviu Ciulei，1923-2011）、D. 埃斯里格（David Esrig，1935-   ）、V. 穆谷尔（Vlad Mugur，1927-2001）、R. 彭丘列斯库（Radu Penciulescu，1930-2019）、L. 平蒂列（Lucian Pintilie，1933-2018）、H. 波佩斯库（Horea Popescu，1925-2010）、C. 布佐亚努（Cătălina Buzoianu，1938-   ）、S. 普尔克雷特（Silviu Purcărete，1950-   ）、I. 科扎尔（Ion Cojar，1931-2009）、A. 谢尔班（Andrei Şerban，1943-   ）。罗马尼亚剧团在海外巡演期间曾多次参加大型现代戏剧节，其艺术水准、舞台表现和作品原创性广受赞誉，引发了巨大反响。

罗马尼亚的电影产业始于1896年，是年布加勒斯特放映了电影发明者卢米埃尔（Louis Lumière，1864-1948）制作的影片。早期出品的本土电影仅限于新闻简报、纪录片和广告，作为正式影片之前的加片放映。神经科医生 Gh. 马里内斯库首次将诊疗过程记录在胶片上，实现了世界科教电影史上的一个创举。罗马尼亚第一部国产故事片是1911 年上映，由 Gr. 布雷泽亚努（Grigore Brezeanu，1891-1919）执导的历史题材影片《赢得独立》。

两次世界大战之间曾成立了几家制片厂，但条件非常简陋。1934年，罗马尼亚第一部有声电影《砰嘭》上映，由喜剧演员 N. 斯特罗耶（Nicolae Stroe，1906-1990）和 V. 瓦西拉凯（Vasile Vasilache，1907-1944）担纲主演。1939 年，P. 克利内斯库（Paul Călinescu，1902-2000）执导的纪录片《摩茨人的村庄》在威尼斯获奖。1943 年，J. 杰奥尔杰斯库（Jean Georgescu，1904-1994）执导的故事片《暴风雨之夜》成为罗马尼亚电影史上的一座里程碑。

二战后，纪录片、科教片和动画片在摄制技术和表现手法上都进入了飞速发展期。1957 年，I. 波佩斯库 - 戈波（Ion Popescu-Gopo，1923-1989）执导的动画片在戛纳电影节上获得大奖。当时的很多故事片大胆打破陈规，赢得了广泛赞誉。例如：V. 伊柳（Victor Iliu，1912-1968）执导的《幸运磨坊》（1956）；L. 丘莱伊执导的《绞死者森林》（1964，同年获戛纳国际电影节最佳导演奖）；L. 平蒂列执导的《周日 6 点钟》和《现场复原》；M. 韦罗尤（Mircea Veroiu，1941-1997）和 D. 皮察（Dan Piţa，1938-　）执导的《石头婚礼》《菲菲列亚格》《菲利浦勒邦》；M. 乌尔夏努（Malvina Urşianu，1927-　）执导的《勒布什尼亚努归来》；M. 马尔库斯（Manole Marcus，1928-1994）执导的《权力与真理》；M. 达内柳克（Mircea Daneliuc，1943-　）执导的《竞赛》。历史题材影片大量出现，其中以 S. 尼古拉埃斯库（Sergiu Nicolaescu，1930-2013）执导的《达契亚人》《勇敢的米哈伊》《清白的手》等作品最为出色。G. 萨伊泽斯库（Geo Saizescu，1932-2013）执导的喜剧片《盛夏的一抹微笑》和《博卡勒历险记》也大受欢迎。

电影理论和影评界的著名人士有 D. I. 苏基亚努、E. 斯基莱鲁（Eugen Schileru，1916-1968）、E. 奥普罗尤（Ecaterina Oproiu，1929-　）、F. 波特拉（Florian Potra，1925-1997），等等。

罗马尼亚电视台从 20 世纪 60 年代开始长时间播出。电视借助直观的影像和新闻、娱乐节目赢得了大量观众，迅速成为一种有效的文化传播手段。

第四节　传统与现代之争

两次世界大战之间的罗马尼亚人遭遇了重大精神危机，主要表现为新老两代人在精神层面的冲突日益加剧。随着文化意识的觉醒，意识形态的对立也更为严重。罗马尼亚人认识到了曾经遭受的挫折和不幸，对民族历史极为不满，渴望着摆脱历史的"魔咒"，拥有更为辉煌的未来。

再这样的时代背景下，E. 萧沆等人急于证明罗马尼亚民族已经从沉睡的历史中觉醒。E. 洛维内斯库等知识分子坚决主张走西方式的现代化道路，认为罗马尼亚除了学习并模仿发达国家的先进文化之外别无出路。他指出，罗马尼亚的很多传统文化形式实际上并没有坚实的基础，因此没有必要抱残守缺。当务之急是引进西方文化理念、文化形式和文化模式，快速步入西方文化的发展轨道。这种说法有一定道理，但对民族传统全盘否定的做法有失偏颇。E. 洛维内斯库这样阐述自己的论断："我们爱自己的祖先，但也爱自己的子孙后代。我们不仅是已经逝去的祖祖辈辈的终点，更是今后世世代代的起点。我们不仅是背负着沉重历史包袱的后辈，更是后世子孙的前辈。我们对未来承担的责任高于对过去的责任。"[1] 可见，他把两种责任对立起来，借着未来的名义，主张同过去划清界限。他创办的《飞仙》杂志也从批判的视角出发，认为罗马尼亚传统文化乏善可陈。

但我们还可以从另一个角度看待这个问题：无论文化传统多么薄弱，都只能从这一传统出发来开创未来。因此，我们不一定要将这两种责任对立，而应该将其统一起来。当时的罗马尼亚人面临的最严重冲突，即传统和现代间的冲突。或者按照 C. 诺伊卡的说法，"历史"

---

[1] E. 洛维内斯库：《罗马尼亚现代文明史》，布加勒斯特，密涅瓦出版社，1997 年。第 12 页。

与"永恒"间的冲突。罗马尼亚人民族意识的形成过程充满着矛盾：一方面，罗马尼亚迫切需要通过借鉴世界各国经验来构建现代文化体系，增强民族文化竞争力，尽快融入主流文化之中；另一方面，实现这一进程又需要从本国文化传统出发，重新认识和发掘处于边缘和弱势地位的本土文化。众多史学家和文化学者针对这一问题提出了各自的见解，此处仅举几例：

- V. 珀尔万对达契亚本土文化进行了深入发掘，致力于弘扬其中被人遗忘或贬低的价值；

- L. 布拉加作为先验论的信徒，特别注重对罗马尼亚文化的母体——民间文化的解析。在当选罗马尼亚科学院院士后，他更是倾尽全力为民间文化正名，甚至在史实的认定上出现了偏颇；

- D. 古斯蒂和他的追随者们广泛开展乡村专题研究。他们把乡村看作罗马尼亚民族存在的基本单位，认为乡村文明极具生命力。他们建立的乡村博物馆对人种志研究具有重大意义；

- M. 武尔克内斯库从现象学角度来解读罗马尼亚文化。他不仅关注民间文化，还深入探讨语言和思维模式之间的关联。他指出罗马尼亚人缺乏务实的态度，经常逃避现实，将自己置于各种不确定性中；

- M. 伊利亚德同样重视口耳相传的古老民间文化，反对将历史"妖魔化"。他认为，民间文化对罗马尼亚人的思维方式有着潜移默化的影响；

- G. 克利内斯库的巨著《罗马尼亚文学史源流》在 1941 年出版之时，正值罗马尼亚版图的扩张进入尾声。作者在书中指出，应该基于民间传统开展现代化建设，现代文学创作也不应背离古老的传统。他说："我们自古以来就生于斯长于斯（……）我们只是古老，而非原始。"因此，面对一些新的文化形式不应有自卑感，"不能因为几个世纪的相对落后而否定古老的存在"。

此外还有很多学者就相关问题开展了大量工作，并提出了自己的观点。例如：N. 约尔加认为恪守传统对于罗马尼亚历史发展有着重要意义；S. 梅海丁齐对民间文化和文明的可持续性进行了深入分析；

N. 约内斯库则对西方世界盛行的形式理性主义和重商实用主义思想深恶痛绝，认为其有悖于东正教教义，有悖于流传千年的乡村传统，有悖于罗马尼亚作为一个农业国应立足于农业潜力实现经济现代化的方针。

所有这些理论和主张都表明，在经历了对本土文化传统的批判期后，新一代学者在文化理念上逐步走向成熟。他们重新发现了传统的价值，并从学术和宗教视角对其进行深入细致的发掘，连上古乃至史前文化形式也不放过。他们希望从本土传统中发掘有用的风格和素材，并结合现代视角来重塑罗马尼亚民族身份。在 G. 埃乃斯库的音乐和 C. 布朗库西的雕塑中，这些传统风格和素材就得到了极为充分的体现。

传统与现代间的矛盾虽然在艺术领域可以得到调和，在现实和历史层面却似无解，人们不得不在两者间做出抉择。C. 诺伊卡这样总结罗马尼亚人在这一时期的思想变化："如今令人不满的是：我们中的大部分人曾经是，现在也仍然是农民，但我们不愿在历史上永远当农民。问题在于，我们不仅清醒地意识到了这一矛盾，而且这种'清醒'可能意味着心灰意冷——这就是我这代人的悲剧。无论在经济、政治、文化上，还是思想上，我们都无法在一个宗法制、乡村式的国家生活。曾经的罗马尼亚已无法使我们满足，我们更需要一个与时俱进的罗马尼亚。"[①] 这就是罗马尼亚民族在其漫长历史中面临的难题。遗憾的是，时至今日我们仍然对其束手无策。

---

① C. 诺伊卡：《论罗马尼亚精神》，收录于 C. 诺伊卡：《历史与永恒》，布加勒斯特，摩羯出版社，1989 年。第 21 页。

第九章

两次世界大战之间的科学与哲学 *
理性主义范式的重建

第一节　C. 勒杜列斯库－莫特鲁（1868－1957）的哲学体系

C. 勒杜列斯库 - 莫特鲁是 20 世纪罗马尼亚文化界的泰斗级人物。他不仅创立了自己的哲学体系，建立了罗马尼亚首个心理学实验室，针对人格提出独到的见解，同时还是各类学术活动的积极组织者。

他早年深受 T. 马约雷斯库的影响，后来师从德国著名心理学家冯特（Wilhelm Wundt，1832-1920）。1893 年，他撰写的论文《康德自然因果论的演变》通过答辩，获得博士学位。其他主要论著有：《罗马尼亚文化与权术》（1904）、《科学与能量》（1907）、《精神力量》（1908）、《基于康德哲学的形而上学元素》（1912）、《能量人格主义》（1927）、《天赋——各族文化的决定因素》（1932）、《时间与命运》（1940）、《罗马尼亚精神——全新的精神文化面貌》（1936）、《罗马尼亚民族》（1942）。

C. 勒杜列斯库 - 莫特鲁不仅是哲学研究会的奠基人，还创办了《哲学杂志》（1923-1943），其哲学思想深受康德、冯特、奥斯特瓦尔德（Friedrich Wilhelm Ostwald，1853-1932）等人的影响。他将自然科学看作哲学和人文学科研究的基础，并创建了布加勒斯特大学心理学实验室。在政治上，他是一位坚决反对自由主义的保守主义理论家。

1. 人类的意识是普遍进化的结果

C. 勒杜列斯库 - 莫特鲁构建其哲学体系的最初动机，是为了重建康德的古典理性主义。他想要证明的核心问题，就是由经验构成的个体意识也能够具有普遍性和必然性。他试图从这种唯能论观点出发，就"科学统一性"问题做出不同于康德的哲学解答。他主张扬弃主观意识和客观事实的两分法，并假设有一种终极能量的存在，它既是物质之源，也是精神之源。这种能量同时是精神存在和物质存在的动态基础。通过这种反实体论的视角，可以对唯灵论观点发起批判，并证明意识并非物质的反映。他认为不应该用先验论，而应该用进化论去阐释意识与物质的统一性。决定意识的不仅有与之相关的现实状况，还有人格的内在基础。

他用受各种物质和社会因素制约的"个体意识"取代了康德哲学思想中的"普遍意识"，指出"人格的基础是精神统一性，精神统一性的基础则是有机的物质统一性，即个性"。① 在 C. 勒杜列斯库 - 莫特鲁看来，意识是世界普遍进化得到的综合结果。在进化过程中经历了一系列差异化、适应化、个性化过程后，最终形成了人格。人格是进化的目的所在，也是进化的必然结果，而人类意识则隐含在整个进化过程中。因此，我们可以从人格出发去解读世界的结构。他指出："只有将意识的实在性与世界的实在性等同起来，才能够为科学寻得坚实的基础。""外部世界对意识的制约，并不是通过某种简单的机械关系实现的，而是通过一种带有目的性的人格化过程来实现的。如果这一过程可以被证实，就可以将意识解释为世界普遍进化的结果"。

换言之，意识与外部世界之间是相互关联，相互依存的关系。这种关系在综合了其他各种能量形式之后，形成了人格。C. 勒杜列斯库 - 莫特鲁将他的这一理论称为"能量人格说"："能量人格说是一种适应当代科学发展的理性主义学说。之所以将其称为人格说，而不称其为理性主义，是因为人格才是最为普遍的实在性。因此，能量人格说是一种将能量法则延伸至人类的物质和精神经验层面而产生的唯实论学说。所谓人格就是一种最完美的能量。"

可见，C. 勒杜列斯库 - 莫特鲁的理念带有唯能论、人格论和目

---

① C. 勒杜列斯库 - 莫特鲁：《能量人格说和其他著作》，布加勒斯特，埃米内斯库出版社，1984 年。第 550 页。本书中的所有相关引文均出自上述版本。

的决定论的特点。他认为，预期和目的使人类意识在大千世界中拥有了一个特殊的维度，可以被当作适应环境变化的手段。随着它与环境之间的关系日益复杂，意识也处于不断的自我完善之中。人类对环境做出的每一次反应，无一不是由意识拟定的。这些反应不是一成不变的，而是多样化的，但同时也是有限的。在遭遇不同状况时，意识会做出某些恒定或典型的反应。因此，意识是一种"对机体长期进化过程中所产生的所有适应性变化的全面重温"。

由于进化存在普遍性，C. 勒杜列斯库 - 莫特鲁将意识的目的性也延伸到了整个世界的进化过程中："意识作为一种古老的功能，与之对应的是不断进化的可能性。因此我们可以说每一个有机体，甚至每一种物质中都存在意识。所有能够步入进化过程的东西都可以被认为是具有（潜在）意识的，因为进化这一事实本身就与意识的存在相重合。"

2. 自然与人格的关系

C. 勒杜列斯库 - 莫特鲁将人格看作进化过程的综合结果，是反映世界的一面镜子。他说："世界的历史被铭刻在各种生命形式中。通过进化所能实现的最高级关联，就是一种能够完全适应世界统一性的人格（……）人类的意识就像是一部打开的书，从中可以读到整个进化历程。除了进化留下的墨迹之外，任何人都不可能在这本书里添加片言只语（……）大自然在进化过程中创造出了人格，就像它创造出矿物晶体和生物遗传性一样。"

可见，人格非但不是自然的对立面，还是自然界能量活动和能量进化的延续。人的行为能力和劳动能力，是实现所有人格功能的基础。长期以来，哲学界都把自然和人格对立起来。自然界被看成是带有机械性、物质性，由外因决定的；而人格则是带有目的性、价值观，由内因决定的。但 C. 勒杜列斯库 - 莫特鲁认为，科学发展已经进入了一个新的阶段，我们应该看到自然界处于动态的发展变化之中，而这种变化带有导向性。人格则是一种普遍存在的能量形式，是自然界进化的结果。

在 C. 勒杜列斯库 - 莫特鲁看来，自然界可以通过人类来实现其目的。如果没有人，自然界的发展就会遭遇割裂和断层。人类通过其外在的生活环境和内在的生物构成，已经成为普遍决定论的组成部分。基于进化论原理，可以预见人类在生物界中的出现是一种必然。自然界包含着无穷无尽的形式，人格和其他形式一样，都是其中不可或缺的一环。人格由各种天赋和才干凝聚而成，这些天赋和才干都是自然界能量进化的结果。人类的劳动将这一系列能量的转化串联起来。

为了阐明人类与自然环境、社会环境之间的关系，C. 勒杜列斯库 - 莫特鲁引入了"天赋"的概念，用以指称与人格相关的所有先决条件。天赋意味着各民族拥有的潜力，个人的人格潜藏于民族的人格之中。所谓人格化就是一个不断聚合的过程。在这个过程中，旧的人格构成不断被更为高级的新构成所包容和超越。

3. 人格的构成

C. 勒杜列斯库 - 莫特鲁从跨学科的视角出发对人格加以探讨。在社会学层面，他将人格与个性加以区分。前者是自由行为的结果，后者则侧重于内在的功能，是各种习惯的产物，由生理、心理、社会三个维度构成。"人格中包含了各种精神因素，这些因素依照社会规范和理想来对自由行为加以协调"。人格同时还是人类借助工具改造世界的结果，它使人类拥有了认知能力，从而有别于其他生物。在他看来，人格由以下几个层面的因素构成：首先是自然性、生物性的因素；其次是心理因素（自我）；再次是社会因素。人格形成的过程，就是在生物—心理基础上接纳文化与社会价值观，从而获得自我意识的过程。人的生物构成取决于外部环境的进化，精神构成则取决于文化与社会的发展。上述三个层面的因素和谐共存，且不断相互影响。

自我在人格形成过程中起着催化剂的作用。人格的基础就是精神统一性，它是物质能量统一性的反映。生命存在于千差万别的个体形式中，精神生活也同样多姿多彩。所谓自我，只是某种意愿、冲动、力量、催化因素，而非人格的样板。人格使这些精神力量成为一种向量，并通过天赋表现出来。因此，天赋就是自我与人格相契合的体现。当然，也可能出现自我与人格割裂的情况，也就是个体在文化的影响下获得了某些与其心理基础矛盾的人格。

因此，从生理构成上看，人格是一种普遍的生物现象，是宇宙能量的一种表现形式；从意识的角度看，人格是一种心理现象；从创造性劳动的角度看，人格又是一种社会现象。C. 勒杜列斯库 - 莫特鲁所说的人格，就是对所有进化结果的综合，其中涵盖了人类具备的所有功能。同时，他还对个人人格和社会人格加以区分。

人类意识的一大特点就在于其预见性，能够超越原因决定论，引入目的决定论。人类可以通过有意识的预设来超越自我，但实现这种超越的力量并不是人类固有的，而是存在于事物的进化之中，是一种凌驾于人类之上的客观的自然力量。人类是由各种相互依存关系构成的整体，而所有这些关系都是完全由世界的进化决定的。在他看来："所谓实在性就是一种进化中的能量。能量的进化过程与人格的形成过程是一体的，所有生物关联性都在此过程中产生。所以，实在性就是一种能量人格。按照《圣经》的说法，上帝根据自己的样子创造了人；按照我们的假设，则是进化根据各种实在的面貌创造了人。"

4. 人格与天赋

C. 勒杜列斯库 - 莫特鲁把人格分为专业型人格和创造型人格，前者是在某种劳动中培养出来的，后者则属于具有创新天赋的人。天才在社会价值观的引导下，试图在劳动中实现自己的理想。在他们的意识中，劳动的目的与生存的目的是重合的，因此他们淡泊名利，注重原创。借助天才，"一个民族可以将其拥有的能量从最根本的层面提升到文化层面"。"大自然通过天才来确保文化的生成"。

天赋是民族潜力的体现，既无法借取，也无法出让。一个民族的人格则是指这个民族精神能量和物质能量的构成。天赋在民族历史中孕育而成，是在各民族自身发展机制中形成的。"天赋存在于每个民族的记忆中，其中积聚的能量期待着被释放"。教育的作用，就是对天赋加以甄别、扶持和培养。

在《时间与命运》一书中，C. 勒杜列斯库 - 莫特鲁指出命运需要主观体验，时间则需客观度量。不应该把命运与柏格森所说的"绵延"混同起来，绵延是不具名的概念，命运则属于个人。命运可以被理解为"人格的物质构成"，是各种可能性的必然展现，是"孕育了时间感的母体"，是生物决定论的一种表现形式。我们可以通过了解各种可能性，通过对民众的教育和引导来创造命运。在当今各民族的生活中，命运仍然发挥着潜移默化的作用。人们无法预知命运，却能够揭示其目的性。天赋与人类活动的目的性相关，命运则与历史的目的性相关。

C. 勒杜列斯库 - 莫特鲁作为一位保守主义理论家，其政治理想是建立一个"农民国家"。他为民族主义奠定了哲学基础，但坚决批判种族主义和排外政策。他将"罗马尼亚主义"看作罗马尼亚民族性的体现，是一种融合了传统与创新，引导罗马尼亚人实现自我价值的学说。在他看来，"各个民族都应该将蕴含在自己性格中的能量和价值发扬光大"。在当时的政治背景下，C. 勒杜列斯库 - 莫特鲁将"罗马尼亚主义"作为罗马尼亚文化特有的发展方向，认为它与当时意大利的法西斯主义、德国的纳粹主义一样，都代表着这些民族特有的发展模式。

发表于 1904 年的《罗马尼亚文化与权术》在当时引起了强烈反响。C. 勒杜列斯库 - 莫特鲁在文中指出，真正的文化可以塑造一个民族的人格和身份，而虚假的伪文化则会使民族身份发生畸变。要脱离野蛮并拥有真正的文化，可能会经历两种中间状态：一种是属于无知者的，尚不完善的"半文化"；另一种则是通过模仿获得，阻碍真正文化进步的"伪文化"。各民族的文化统一性源自其精神统一性，是一个社会发达程度的重要标志。C. 勒杜列斯库 - 莫特鲁用当时主流的观点来区分文化与文明，将文化定义为一系列内心状态和精神技巧的总和，文明则被定义为各种制度形式和实用产品。

5. 能量型人格的意义

C. 勒杜列斯库 - 莫特鲁的哲学体系深受行动主义思想的影响。他对"人格"这一概念做出的哲学阐释，正是对行动主义思想的运用。在他看来，人格是自然界的最高级产物，是一种"普遍的能量形式"。在由目的主导的进化过程中，人格能够将各种条件加以整合，从而形成一种有利于"自然界的能量运动持续进行"的结构。[①]

劳动是人格产生和发展的基本条件。能量型人格的最大意义在于，它能够通过坚持不懈的劳动使环境适应自身的需要。开展这一行为的前提是人类的理性得以发扬，自由得以实现，人们能够以务实的态度对待客观条件。C. 勒杜列斯库 - 莫特鲁提到的很多概念，例如知识、创造性活动、专业技能、个性自由，都带有行动主义色彩。他不仅没有将人格与自然割裂开，还揭示了人格在自然能量中的根源。完

---

① C. 勒杜列斯库 - 莫特鲁：《能量人格说和其他著作》，布加勒斯特，埃米内斯库出版社，1984 年。第 578 页。

美人格的行动主义特质体现在它对自然的延续中，而不是与自然的对立中。这种观点与很多将人与自然对立起来的现代理念截然不同。

按照 C. 勒杜列斯库 - 莫特鲁的说法，"能量型人格是一种与现代科技和文化相匹配的人格。它属于具有专业性和创造性的人才。他们不仅有天赋，还有着掌握新劳动技能的意愿"。只有这样的人才会在当代文化中占据主流，并指引科技发展的方向，因为"未来的欧洲文化必将是一种专业精英的文化"。[①]C. 勒杜列斯库 - 莫特鲁还通过对东西方文化差异的分析来颂扬行动主义思想。他认为东方文化并不推崇特立独行，因此可能塑造出一种带有神秘色彩的人格。此类人格缺乏内部差异性，使人容易感情用事，沉迷于幻想，无法对经验进行理性的组织。而在欧洲现代文化中，神秘型人格已经被基于理性形成的能量型人格所取代。能量型人格注重对自然界的积极改造，且具有极强的专业性。由于混乱的神秘型人格逐渐衰亡，能量型人格随之兴起，西方国家被推向了人类文明的前沿。这同样也是 C. 勒杜列斯库 - 莫特鲁为罗马尼亚文化指明的发展道路。

第二节　P. P. 内古列斯库（1872-1951）

P. P. 内古列斯库是一位崇尚民主的理性主义思想家，曾在柏林和巴黎攻读哲学，归国后任布加勒斯特大学哲学史教授。他一生著述等身，代表作有:《先验论和经验论批判》（1892）、《风格哲学》（1892）、《文艺复兴哲学》（1910-1914）、《文化形式的生成》（1934）、《人类的命运》（1938-1946，共 5 卷，最后一卷于 1971 年出版）。先后出版的哲学和史学研究论著有:《认知问题研究》（1969）、《本体论问题研究》（1972）、《宇宙论问题研究》（1977）。T. 马约雷斯库退休后，他在布加勒斯特大学的职位一直空缺，直至 1910 年才由 P. P. 内古列斯库继任。P. P. 内古列斯库早期的论著都是在大学授课时所用的讲义。

1. P. P. 内古列斯库的哲学理念

P. P. 内古列斯库的哲学理念以进化论和理性主义思想为主导。他基于科学新发现提出了一种带有进化论色彩的唯物主义思想，并致力

---

① C. 勒杜列斯库 - 莫特鲁:《能量人格说和其他著作》，布加勒斯特，埃米内斯库出版社，1984 年。第 593 页。

于确立一种科学的世界观。在他看来，哲学能够对新的科学知识加以综合、概括和归纳，是对科学的批判性总结。换言之，哲学可以"对最重要的科学原则进行分析，对最新的科学成果加以总结，从而全面地阐释世界"。

物质是所有现象的基质，意识则是物质进化过程中衍生出来的因素。P. P. 内古列斯库的理念明显带有唯科学主义、实证主义和进化论色彩，与传统的形而上学截然不同。借助科学和逻辑论据，他对康德的先验论思想，以及穆勒（John Stuart Mill，1806-1873）的经验论思想发起了批判。他反对唯心主义思想，指出心理现象只是物质的高级产物，但并未深入阐述是何种社会因素导致了意识的产生。他坚信世界的物质统一性，但对世间万物普遍联系的理解过于机械。他指出在对科学进行阐释时，既不能诉诸唯心主义，也不应诉诸目的论。因为人类活动中只有一部分是受目的主导的，不能将其无限泛化。自然界更不是按照某种目的组织起来的，所以自然目的论也无从谈起。他坚决捍卫科学与理性，大力批判非理性主义思想，极力反对真理只能通过直觉、信仰和意识来获得的说法。在对世界的构成进行科学分析后，P. P. 内古列斯库得出了以下结论：

- 构成世界的各个部分紧密联系，是一个和谐的整体；
- 世界具有物质统一性；
- 构成世界的各种现象具有规律性和一致性。

世间万物的变化必须要遵循一些不变的规律，绝非偶然，认识到这一点对于科学研究有着至关重要的意义。因此必须坚持决定论原则，反对任何非决定论思想。P. P. 内古列斯库指出，在哲学史上，人们曾经使用以下三种方法来对宇宙进行解读：

- 机械论方法：通过显见的物质性原因来解释宇宙秩序。这种方法对很多现象，尤其是人文现象无法做出解释；
- 目的论方法：认为宇宙中存在一种或是超验的，或是内在的准则，这种准则可以通过目的加以识别。目的论者认为只有终极原因才能为混乱的自然界确立秩序，并将社会中出现的终极原因无限泛化；
- 进化论方法：P. P. 内古列斯库最为青睐这种以众多科学新发现作为支撑的方法。进化论根据生成模式来研究各类现象，并通过以往的状态来解释当前状态。

P. P. 内古列斯库指出，进化论原理已被运用到各个科学领域，成为一种普遍适用于宇宙万物的哲学原理。依照进化论原理，世间万物都从低级形态向高级形态逐步演变。因此他将进化论看作唯一能够解释世界统一性的理论，因为"所有无机、有机和超有机形式"都是由某种低等形态的宇宙物质经过一系列演变逐渐形成的。

纵观整个哲学史，一元论和二元论方法被交替用来解答本体论问题。古代的宗教理论将物质性的肉体与非物质的精神加以区分，说明那时已经出现了原始的二元论思想。理性主义哲学的出现促使一元论思想逐步形成，人们试图寻找一种可以派生出两类不同存在的准则。在此之后，一元论和二元论的对立长期存在于不同哲学流派之间。随着现代科学的发展，以进化论为基础的一元论和唯物主义思想再次大行其道。P. P. 内古列斯库的所有著述都将哲学与科学紧密联系，反对投机式的非理性主义思想。在教学活动中，他一直致力于培养具有科学精神、理性精神、人文精神和民主精神的青年一代。

2. 社会进步与文化形式

P. P. 内古列斯库的社会学理念认为社会进步取决于各种因素，其中心理因素起着决定性作用。科学研究和哲学思考中闪现出来的智慧和想法对促进社会进步尤为重要。他将智慧比喻为指引历史发展的一盏明灯："毫无疑问，在黑夜中指引我们的明灯并不是我们前进的首要原因，但没有它我们就在黑暗中寸步难行。"在他看来，推动社会发展的主要因素是一种被称为"不满足"的精神状态，各种经济和政治因素都居于次要地位。正是这种"不满足"促进了社会变革，并促使生物趋利避害。由于用纯粹的唯物主义观点来解释历史带有局限性，因此必须强调心理因素的重要性。他宣称，社会因果性实际上就是心理因果性。

在 P. P. 内古列斯库眼中，所谓进步就是人类对自身理性和道德的不断完善，从原始利己主义向人性主义和利他主义的转变。因此，"道德的进步才是衡量社会进步的真正尺度"。人类的道德体现为同情心、理性的举止，以及对完美人性的追求。他呼吁通过改造人的道德和精神来应对社会危机，相信随着知识水平的提升，野蛮现象和无政府主义状态终将消失。

在其代表作《文化形式的生成》中，P. P. 内古列斯库将文化创作和人类的心理结构联系起来，认为创作活动必然受心理活动的主导。正如情感可以在宗教中得到宣泄一样，想象力也能够在艺术中得以展现。理性和判断力是人类认知世界的手段，帮助人类建立了科学和哲学。情感、想象力和理性三者相互关联，每一种因素都主导着人类的某些活动，并决定着它们的属性。依照上面提到的各类因素，P. P. 内古列斯库确立了三种文化创作类型：

首先是宗教，它取决于情感。人们对自身的不满足感成为创作的驱动力，并在宗教中得以体现。在神话和宗教中，情感因素占据着主导地位，理性完全缺失。他认为宗教之所以能够得以延续，仅仅是因为广大民众文化水平低下，需要有一个精神支柱。随着科学和哲学的发展，宗教必定会消亡。这种观点显然忽视了宗教的社会根源，并夸大了心理因素的作用。

其次是艺术，它最初是想象力的产物，后来逐渐融入了越来越多的情感因素。P. P. 内古列斯库认为艺术是人类主观情感的外部投影，情感与想象力主导着宗教和艺术。艺术创作不带功利性，其中蕴含的激情使其不同于其他文化创作形式。正如康德所言，艺术和审美是无目的性的，是一种人同此心、心同此理的心意状态。想象力和智慧在艺术中完美融合。但是在一些重要的艺术形式中，出现了创作精英化的趋势。

最后是建立在理性判断和分析基础之上的科学和哲学。

除了情感、想象力和理性之外，P. P. 内古列斯库认为文化创作还受一些次要因素的影响，例如物质环境、社会环境、文化环境和民族因素。人类能够通过理性和逻辑对这些次要因素加以协调和制约，但如果感情用事，就会放大这些次要因素的作用，导致我们思维混乱，判断力下降。他反对用种族主义理论来阐释民族因素。在他看来，民族因素意味着在共同生活中形成，并随着历史不断变化的心理结构。民族因素通过各种习惯、反应、态度、信仰、感受、愿望、伦理、语言和历史传统表现出来，并在此基础上形成了处于历史变化中的民族特色。而种族主义则是基于以下论调产生的：

- 种族具有纯洁性和不变性；
- 文化创作取决于生物特征；

- 一些民族或种族相对另一些民族或种族具有生物优越性和文化优越性。

P. P. 内古列斯库对此类论调进行了严词驳斥，指出这些说法只是为当时的一些政治理念进行辩护。他坚持认为民族特征和文化特征的基础是各种心理、社会、历史、道德因素。如果一个民族能够在不改变其生物构成的前提下改善其文化设施、经济体制、社会和政治组织模式、意识形态、道德规范，推动艺术和宗教的发展，改变其精神面貌和处世态度，那么就能证明文化的优劣与民族的生物构成无关。用生物属性来解释一个民族的文化特征完全是无稽之谈。[①] 在两次世界大战之间，P. P. 内古列斯库针对种族差异决定民族特征的理论进行了更为深入的批判。他从理性主义和人文主义视角出发，强调民族特征取决于社会、文化和心理基础，并在民主、自由、人道、进步等崇高理想的指引下旗帜鲜明地反对法西斯主义。

第三节　D. D. 罗什卡（1895-1980）

D. D. 罗什卡秉承了阿尔迪亚尔地区严谨的学术传统。他富于建设性，尤以教学见长，被克鲁日大学的师生奉为精神导师。他出生于锡比乌附近的瑟利什泰市，青年时期曾在布拉索夫求学，后赴锡比乌进修神学，还曾与 L. 布拉加一起游学维也纳，并最终在巴黎获得哲学学士学位。1928 年，他撰写的论文《黑格尔对文艺理论家丹纳的影响》通过答辩，获得索邦大学博士学位。丹纳（Hippolyte Adolphe Taine，1828-1893）在当时被公认是实证主义者，但在 D. D. 罗什卡用法文撰写的这篇论文中，揭示了这位思想家鲜为人知的精神世界，在法国学术界引起了轰动。

D. D. 罗什卡确立了一种批判性的哲学史研究方法。他指出，各种理念与视角之间存在着有机关联，各种思潮之间也发生着不同广度和深度的相互影响。哲学思想的演进是一个长期的过程，随着知识的进步，人们会不断涉足新的领域，发现或创造新的价值、符号、理念和思维方式。他遵循这种批判方法撰写了许多哲学史和文化史论著，

[①] 见 P. P. 内古列斯库:《文化形式的生成》，布加勒斯特，埃米内斯库出版社，1984 年。第 218-409 页。

内容涉及希腊文化、帕斯卡（Blaise Pascal，1623-1662）、笛卡尔（René Descartes，1596-1650）、乌纳穆诺（Miguel de Unamuno，1864-1936），以及新托马斯主义。很多研究成果被收录在《支点》（1943）和《线条与形状》（1944）两部著作中。另有一些论文经修订和补充后，被收录在《哲学论文及随笔》（1970）和《人与气候》（1971）中。

他对罗马尼亚文化的另一突出贡献在于将黑格尔的大量作品翻译成罗语。他的译文深入浅出地阐释了世上最为艰深的哲学思想，是极具罗语表现力的再创作。在黑格尔的所有十六卷著作中，他将包括《哲学史讲座》《美学讲座》《逻辑学》《宗教哲学讲座》《哲学全书》在内的十二卷译成罗语。凭借对黑格尔的透彻了解，他在《论黑格尔的重要性》（1967）一文中条理清晰地剖析了这位伟大哲人的思想。

D. D. 罗什卡的代表作是 1934 年出版的《悲剧性的存在》。这部著作内容深刻、表述流畅、风格明晰、论证翔实，从哲学角度探讨了当今世界面临的诸多问题，是罗马尼亚思想界的一部力作。书中提到了许多与存在主义相关的问题。尽管存在主义在当时大行其道，但作者并未因此而受到打击，反而对人类生存状况进行了更为深入和清醒的思考。这部著作对于了解两次世界大战之间罗马尼亚思想界的整体状况有着极大的参考价值，该书的特点主要体现在以下方面：

- 从开明的理性主义立场出发对古典理性主义发起批判，并用包容的态度来对非理性现象、生命意义、价值观等问题进行哲学思考；
- 广泛涉猎价值论、伦理学、美学、文化哲学、人类学、政治学等领域；
- 将主观与客观、感性与理性、经验与理论、价值论与认识论整合起来，提出哲学具有双重基础；
- 用全新的视角来阐释人类至高无上的地位，将人类看作一种能够在困境中不屈不挠，通过创造价值来战胜自我的生物。

同时代的罗马尼亚哲学家大多持有非此即彼的立场。例如 P. P. 内古列斯库倾向于科学理性主义和实证主义，N. 约内斯库和 E. 萧沉则注重个人的主观经验。D. D. 罗什卡却能够将各种不同甚至矛盾的观点加以关联整合，无论其倾向于理性主义还是非理性主义，源自科学领域还是艺术领域，持悲观态度还是乐观态度。他的学说也因此成为罗马尼亚哲学思想史的汇总。在《悲剧性的存在》一书中，作者对罗马尼亚的主要思潮及其走向进行了梳理，将其汇入一幅图表之中，并阐明了自己的理性主义和人文主义立场。

在罗马尼亚人面临价值危机之时，D. D. 罗什卡用自创的哲学方法将各类哲学思想与科技领域的新知识、人文领域的新经验结合起来，借助逻辑对其加以梳理，用以支撑自己的哲学理念。下面我们就对 D. D. 罗什卡所做哲学论证的主要内容和大体脉络进行简要介绍。

1. 哲学是一种认知形式和处世态度

D. D. 罗什卡将哲学看作是一种文化，是一种人文创作。哲学既是一种特殊的认知形式，也是人们面对存在采取的一种伦理态度和审美态度。哲学家往往试图用源自实证科学的论据来论证属于情感与价值论层面的哲学问题，但 D. D. 罗什卡的理念带有明显的反实证主义特征。在他看来，哲学作为一种高度概念化、理论化、理性化的认知形式，能够将所有科学知识囊括在同一幅图景之中，对它们进行批判的阐释，确定其价值和意义，并据此提出对世界的整体看法。他明确指出：哲学建立在科学知识的基础上，不能脱离科学存在。但两者的差异在于，哲学具有更强大的概括能力和更广阔的理论视角。

哲学作为某种价值观的表现，有其固有的特点。科学追求客观性，要排除一切对研究对象主观臆断，无法表达研究者的主观态度。哲学则不同，它对知识加以总结，从道德、审美、情感等方面论证人们对世界和人生的主观看法。换言之，哲学满足了人们除科学之外的深层次需求，主要表现在以下两个方面：首先，了解存在的整体面貌，并用某种立场来看待它；其次，将各种存在形式、事物、行为、表象、知识、思想划分层级，使世界和人生更具意义。哲学不仅告诉我们现实世界是什么，还告诉我们人类理想中的世界应该是怎样的。

哲学将知识与立场结合起来，融合了理性知识中的几何学精神和诗歌中敏锐的直觉。价值观在哲学中有着至关重要的地位，是哲学的根本属性。因此，所有伟大的哲学体系中都包含着某种明确的价值观。哲学本身就源于人类意识和情感深处的价值取向，而不是源自功利性的生物需求。哲学是人类自身意识的体现，人们通过它来拷问自身的存在、世界的意义、生命的目的。它体现了人类在不断了解自身处境过程中所经历的"形而上的冲动"。

D. D. 罗什卡将哲学与愚昧对立起来。这里所说的"愚昧"并非知识水平低下，而是指在了解相关知识和经验之前就"想当然"，对一切问题和疑惑都熟视无睹。愚昧就是安于现状，囿于狭隘的利益，无视自身的局限和缺失，盲目乐观。因此，D. D. 罗什卡反复强调哲学是一种伦理态度和审美态度，并针对下述两个方向发起了批判：

- 反对新实证主义：新实证主义将哲学降格为对科学逻辑和科学语言的分析，否认其具有价值论的功能。D. D. 罗什卡指出，哲学不仅超越了科学，还超越了现有的认知经验和社会经验，它提出了一种意义、一种目的、一种理想、一种价值需求。意识不应停留在对存在的判断，还应该涉及对价值的判断。

- 反对主观主义、非理性主义和神秘主义：这些思想对实证科学知识和现代科技成果大肆贬低。D. D. 罗什卡曾反复强调，哲学离不开科学知识和理性的态度。他与各种非理性哲学思想坚决划清界限，因为这些打着主观旗号的思想实际上与神秘主义、神智学、原教旨主义有着千丝万缕的联系。他明确批判的有思想派（译者注：罗马尼亚20世纪30年代由《思想》杂志掀起的一股思潮）、东正教和其他各种主观主义立场。

在当时的背景下，既有人对科学疯狂崇拜，也有人大力鼓吹各种非理性或超理性思想。D. D. 罗什卡努力在两者间寻求平衡，对感性与理性，知识与价值观给予同等的重视。

2. 对存在完全认知的神话

D. D. 罗什卡在研究欧洲思想史后发现，长期以来人们一直怀有一种理想，认为能够完全认识存在，因为存在的本质及其所有表现形式都是理性的。他从本体论、认识论、伦理等方面入手，深入分析了实现这一理想的先决条件、逻辑后果，以及科学和哲学手段。他指出，之所以会有这种理想，是因为人们相信有一种终极要素，从中可以衍生出其他所有元素。这一理想主要有以下理论依据：

- 终极要素公设：认为所有存在形式均衍生自某种物质或元素，例如水、火、原子或绝对理念。意识的目的就是要发现这一要素，并揭示其衍生为各种具体存在形式的逻辑轨迹。除了以巴门尼德（Parmenide，约前 515-?）为代表的古希腊前苏格拉底（Socrates，前 469- 前 399）哲学家外，赞同此类公设的大哲学家和哲学流派不胜枚举，例如：柏拉图、亚里士多德、笛卡尔、斯宾诺莎（Baruch Spinoza，1632-1677）、莱布尼茨、黑格尔、拉普拉斯（Pierre-Simon Laplace，1749-1827）、实证主义、新实证主义、逻辑主义，甚至还有新托马斯主义等宗教学说。

- 人类理性的逻辑结构与世界结构具有一致性：黑格尔就是持理性至上观点的典型代表，认为"凡是现实的都是合乎理性的，凡是合乎理性的都是现实的"。继古希腊哲学家们创立理性主义学说，巴门尼德提出"思想与存在是同一的"之后，黑格尔将欧洲理性主义思潮推向了高峰。逻辑结构与世界结构的一致性公设正是基于此提出的。

如上所述，理性与现实相重叠，是否合乎理性也因此成为评判存在是否合理的标准。在黑格尔看来，如果你理性地看待世界，世界也会理性地看待你，或者仅仅展现出它理性的一面。其他区域则是晦暗的，不可见的，因为没有什么器官可以接受和感知到它们。这种观点使人们相信人类历史中也存在着内在的理性，世界有其"内在的公正"。在理性主义者看来，"理性"一词至少有三个层次的含义：

- 在本体论层面：世界和人类思想有着相似的内在结构，即理性结构；
- 在认识论层面：可以被人类理解、认识或合乎逻辑的东西，就是理性的；
- 在价值论层面：有意义的、合理的、有秩序的、与人类期望一致的东西，就是理性的。

同理，"非理性"一词也同样具有三层含义：

- 在本体论层面：指世界上不为人所知的神秘事物；
- 在认识论层面：指未被理性化或不可被理性化的东西；
- 在价值论层面：指无意义的，荒谬的东西。

总之，非理性即意味着思想与存在不一致，世界的本质是一个深不可测的谜团，无法通过理性的手段去了解。

将"完全理性"的公设与人类的认知和历史经验进行对照后，D. D. 罗什卡指出这一公设既无法通过逻辑来论证，也无法从认知上寻得依据，无论从理论还是实践的角度看都无法成立。由于人类对自身经验的总结并不到位，人类的认知也存在历史局限性。尽管人们借助理性不断接受新观点、新方法、新形式、新理念，但仍无法涵盖无穷无尽的认识对象。理性不断地向"绝对"发起冲击，但始终无法如愿。

从价值论的角度看，我们发现物质的发展与精神的进步并不一致。人类是诸多非理性行为的始作俑者，世间也不存在内在的公正。多少辉煌的文明在野蛮势力面前土崩瓦解，又有多少不公正、非理性的社会现象仍在发生。这一切都证明公正并非世界或历史内在的，而是可以由人类来推进的。曾经辉煌的文明为何会消亡？那些宣称"世界是理性的"的哲学家可以对这一事实加以解释，却无法证明这是合理的。

可见，"存在是完全理性的"这一公设仅仅是个神话，D. D. 罗什卡将其看作一种用以表达人类愿望的哲学态度。人类需要将自己的愿望和价值观投射到现实世界中，需要认为世界是有意义的。这种需求促使人们相信世界的构成是合乎理性的，人类为之奋斗的价值观（公平、知识、自由、善良、道德，等等）有着坚实的现实基础。这一公设赋予了精神和理性价值至高无上的地位，希望能够为人类的活动正名，使之无往而不胜。这一公设，仅仅是基于人类对自身认知力和创造力的期望提出的。如果说世界完全是理性的，那么人类的理想就应该能够毫无痛苦和波折地实现。

但经验告诉我们，我们的知识存在局限性（如果我们尚未完全认识存在，就不能说存在是完全理性的），人类文明史中包含的也不仅仅是理性行为，其中还包括许多荒谬的非理性行为。例如在战争和其他暴力行为中，人类的尊严丧失殆尽，文明则屈服于野蛮。在人类历史上，一些突发事件和临时决定足以改变某些群体的命运，违背常理的现象触目皆是，人们经常罔顾历史需要，仅仅从价值观出发进行抉择。自然界也同样不是理性的，它往往与人类的愿望和期待背道而驰，各种灾害频发。自然界遵循着弱肉强食的残酷法则，生态和物种的平衡正是在这种相互毁灭的基础上建立的。人类在无情的自然界中惊慌失措，其命运如波涛中的小舟般飘摇不定。

与此同时，随着知识的进步，越来越多非理性，或未被充分认识和阐释的方面被揭示出来。休谟、康德、叔本华、克尔凯郭尔（Soren Aabye Kierkegaard，1813-1855）、尼采（Friedrich Wilhelm Nietzsche，1844-1900）等哲学家，以及生命哲学、直觉主义、非理性主义等哲学流派将宇宙决定论思想逼入了困境。他们认为思想与实在之间存在着差异，人类的逻辑并非源于实在，经验关系也非因果逻辑关系。对于"完全认知的神话"，D. D. 罗什卡用三段论的方法加以解释：

- 欧洲思想界曾经备受"存在是完全理性的"这一公设的鼓舞，幻想着完全地认知世界；
- 但凭借认知经验和历史经验，人们无法见微知著，对这一公设加以验证；
- 因此，这一公设带有价值论的色彩，只是衍生自实践理性的一个神话，是人类主观意志的投射。无论在理论、经验、实践、历史层面，都无法得到证实。

3. 存在既是理性的也是非理性的

鉴于此，D. D. 罗什卡提出"存在必须被看作既是理性的也是非理性的，既是合理的也是荒谬的，既是有意义的也是无意义的"。存在的这些矛盾面正是其著作的核心思想。在存在内部，理性与非理性之间的界线随历史和环境不断变化。随着研究的深入，曾被理性化的领域可能会被证明是非理性的，非理性现象则会显现出理性的一面。理性领域会随着知识和实践经验的拓展而不断延伸，但这种延伸不是直线式的，而是如岛屿般星罗棋布。宇宙处于无尽的变化之中，面临着诸多变数，好似一团乱麻。

从另一个角度看，就像我们无法公设世界是完全理性的一样，也无从公设存在是永久非理性的。因此，无论是古典理性主义和还是主观主义，都是站不住脚的。他指出："迄今为止，我们的经验都证明存在是部分理性，部分非理性的，既是合理的也是荒谬的。真实的经验不会误导我们去鼓吹宇宙决定论、绝对理性，也不会让我们去夸大存在的偶然性和绝对非理性。上述两种做法都会让我们犯下严重的错误。"①可见，只有将上述两种观点结合起来才是正确的做法。

D. D. 罗什卡反对非此即彼的态度，主张用一种开明的理性主义思想去取代绝对的理性主义和非理性主义。他说："我们应该平等地看待这两种观点，牢记存在既是可以理解的，也是不可理解的；既是合理的，也是荒谬的；既是有意义的，也是无意义的。我们必须承认，在善与恶、价值与无价值、精神与物质的交锋中，双方各占胜场。"人类的存也印证了在自然与文化、文明与文化、物质与精神之间既有一致性，也有可悲的不一致性。正因为人类意识到了这种"可悲的对立"，所以其自身的存在也将变成各种矛盾冲突的战场，长久处于巨大的精神压力之下。这就是人类生活真实而又痛苦的写照（D. D. 罗什卡在《悲剧性的存在》一书开篇就写着"一门痛苦哲学的引论"）。

4. 形而上的冲动——创作的源泉

从人类生活的上述种种矛盾之中产生了"形而上的冲动"。按照乌纳穆诺的说法，就是对生活的一种悲剧意识或悲凉情感。虽然这种悲剧意识对人们造成了"巨大精神压力"，但也可以转化为内在的创造力。人们对价值观和知识的创造，就是对这种悲惨状况的回应。人类知道自己终将死去，唯有在压力下不断创造，将自身价值融入文化之中，方能超越这种处境。许多哲学观点也由此产生：

- 客观唯心主义者和宗教信徒们宣称存在是完全理性的，他们为此提出可被理解的终极原则，以确保存在的所有表现形式都是理性的。这种观点带有一种天真的乐观，将完全认知作为其理想，但这一理想永远无法实现。
- 另一些人则完全持悲观的态度，他们认为存在的本质是非理性的，世界是荒谬的，人生是无意义的，而人文价值仅仅是善意的谎言。尼采就是持这种观点的代表人物，他认为古希腊人发现生命是一场非理性的悲剧，于是创造出艺术来求得生存，将美的浪潮投向了非理性的世界。各种非理性主义、存在主义学

---

① D. D. 罗什卡：《悲剧性的存在》，克鲁日 - 纳波卡，达契亚出版社，1995 年。第76 页。

说，以及第二次世界大战后兴起的荒诞剧，都是这种精神状态的体现。

- 还有一些人相信存在既是理性的也是非理性的，既是有意义的也是无意义的，反对将经验一概而论。由此产生了两种截然不同态度：或是意志消沉，或是像 D. D. 罗什卡一样，以清醒和适度乐观的态度勇敢面对。我们只有通过积极的态度才能直面各种矛盾，即使无法看到胜利的曙光，也要为实现人类的价值而战。

D. D. 罗什卡认为人类不应悲观消极，而应该勇敢地面对生活，超越自身经验的局限，通过艺术和道德来反映价值和理想。人们必须清醒地认识到客观存在的矛盾性和生活中的问题，义无反顾地投身到创造性活动中，在追求自由的同时克服自身的缺点和错误。人类的自由既不应表现为粗暴的个人主义、无政府主义、恐怖主义，更不应该表现为心灰意冷，愤世嫉俗。人类注定要不断创造，因为他们永远不会满足。他们深知胜败乃是常事，生命的意义即在于为宣扬自己信奉的价值观而不懈斗争。

《悲剧性的存在》一书的真正价值在于其对各种哲学理念入木三分的论证和分析，在于其对人类精神生活和存在状况的全面反映。认真阅读罗马尼亚思想史上的这部巨著，必将对上述方面有更深切的领会。

5. 实用主义的神话和现代文明危机

在《悲剧性的存在》的"自然与文明"一章中，D. D. 罗什卡针对现代资本主义文明中出现的一系列乱象发起了批判。二战期间，他又在《实用主义的神话》一文中列举了现代社会的各种非理性现象、荒谬状况和危险趋势。他批判的内容主要体现在以下两个方面：

- 他首先批判了物质文明与精神文明的发展存在差距和冲突，手段与目的本末倒置的现象。社会进步不应仅仅用科技、经济、物质因素来衡量，还应该结合精神、道德、审美、情感因素，用全面的人文视角来评判。T. 维亚努也提出了类似的观点，要求对人文价值给予应有的重视。他们一致认为，实用主义和暴力崇拜是腐败和危机的先兆。经济本应是一种手段，如今却变成了目的。他并不反对物质进步，但主张将其与人类的精神进步关联起来。现代社会的一大弊病即在于，两者常常无法协调一致。贫困并不值得颂扬，但如果将物质的舒适与精神的富足结合起来，就更为理想。某些犬儒主义者在评价 M. 埃米内斯库时曾说，"如果他没有经历困苦，就不配被称作天才"，但 D. D. 罗什卡对贫困造就天才的说法不敢苟同。他讥讽道，如果真是这样的话，罗马尼亚就应该天才遍地了。物质的舒适是必需的，只是不应成为最终目的。一个人如果没有精神追求，一味地逐利的话，必然成为醉生梦死的行尸走肉。而为了物质利益诉诸暴力，必将使人类再次沦入野蛮状态。

D. D. 罗什卡主张人类必须挣脱纯粹的生物实用性，在文化创作中振兴人文价值。人生在世，应该在价值论、伦理、哲学等层面表明自己的追求，反映自己的目标和理想。尽管世界不是天堂，人类的成就只能是局部的、相对的，但不应停止奋斗，因为这关乎人类的尊严。相对于物质生活和社会生活，精神生活应该具有一定的自主性。他举例说，一个班的成绩如何，与家长提供的物质条件并无直接关系，而是取决于师资水平，学生的努力程度和学习动机。但一个人生活的环境和物质条件，在某种程度上可以影响到他的视野。

- 他批判的另一个现象是依照市场经济逻辑，用金钱衡量包括道德价值在内的所有价值，将其全部商品化。D. D. 罗什卡发现，人们在大力鼓吹科技进步和物质成果的同时极力贬低精神价值，认为伦理、审美、宗教等层面的价值无法直接满足物质和生理需求，是"不值钱"的。在生存竞争中，一些过于注重精神价值的国家往往会丧失某些实用技能，在面对物质水平更高的国家时大败亏输。在《实用主义的神话》中，作者强烈谴责实用至上，为求效率不惜代价，一味逐利的做法。他认为这会使我们变得面目可憎、道德沦丧，会导致人们"生命外化"、内心空虚。人们会用各种毫无意义的事物，也就是今天所说的快餐文化来填补这种空虚，从而丧失真正的精神追求。

理性地看，在本体论层面，物质世界比精神世界更为重要；在认识论和历史层面，客观世界与主观世界并存；但在价值论层面这种关系会发生逆转，人文价值应该高于物质手段。

6. D. D. 罗什卡思想的时代意义

随着科技和文化的发展，古典理性主义和机械决定论思想正面临危机。理性主义哲学将世界看作由各种客观元素和逻辑概念构成的网络，忽视了审美、道德、社会、宗教层面的"超科学"人文问题。而新实证主义由于自身固有的缺陷，也在这场危机中幻灭。D. D. 罗什卡指出，人类正面临全新的历史挑战。在现代社会各种矛盾日益凸显，非理性主义甚嚣尘上，新文化形式不断入侵，人性发生异化的背景下，人们必须重新思考人生和人类历史的意义。他的哲学思想，正是为了帮助人们树立新的社会和文化理想而建立的。

D. D. 罗什卡清楚地看到，欧洲传统的理性和思辨哲学正面临严重危机，其缺陷逐渐显现。机械决定论无法对人类的新知识、新经验做出解释。西方思想界在两次世界大战之间出现了两极分化的现象：一极以新实证主义为代表，将哲学降格为对语言的分析和科学逻辑；另一极的代表则是各种非理性主义和主观主义思潮。后者鼓吹生物本能，夸大宗教的作用，主张非理性的冲动。这些思潮在当时的罗马尼亚文化界和政界大行其道。

欧洲文化面临的矛盾在政治和社会生活中日益凸显，科学和哲学必须寻求新的出路。D. D. 罗什卡将这次哲学危机看作一个契机，在与非理性主义思潮的对抗中开辟出一条全新的理性主义道路。他既反对教条的理性主义，也反对主观主义。在一个非理性主义抬头，法西斯主义和神秘主义粉墨登场，暴力备受推崇，文化遭受打压的时代，D. D. 罗什卡大力颂扬人类的创造力，坚守人类的道德和尊严。他说："人类来到世间，在无尽的岁月中发现了知识和艺术带来的愉悦。在成功与失败交替的命运中，他们通过创造将自己悲剧性的存在变成了有尊严、有文化的存在。这是一种努力追求适应与平衡的命运。人们在与世界、社会、自己的矛盾冲突中不断觉醒。"

第四节　M. 弗洛里安（1888-1960）

M. 弗洛里安作为一位理性主义思想家，有着扎实的理论和文化功底，代表着两次世界大战之间罗马尼亚哲学思想的较高水准。他曾在德国研习哲学，并在那里完成了博士论文《柏格森的时间观》（1914），归国后成为布加勒斯特大学最知名的教授之一。生前出版的重要著作有《科学与理性主义》（1926）和《认知与存在》（1939）。但其代表作《世界结构中隐性因素》直至1983年才得以出版，书中对欧洲哲学思想进行了系统梳理。此外，他还翻译了亚里士多德的逻辑学著作，并撰写了诸多有关古代和现代哲学的论文。

1. 经验是哲学的基础

M. 弗洛里安的研究同样从批判传统哲学入手。他指出传统哲学或立足于意识之外的物质实在，或在意识内部探寻世界的本原，总是将自然与意识，客观与主观对立起来。无论唯物主义还是唯心主义都认为客观与主观的关系是泾渭分明的，并公设有一种超越经验的终极实在。因此，传统哲学总是囿于自然与意识，客观与主观的二元论之中。为了在两者之间寻得一个交点，M. 弗洛里安提出了一种被其称为"新理性主义"或"本体实在主义"的理念。

在他看来，经验就是一种复杂的实在，自然与意识、客观与主观在经验中得以融合，构成了哲学的基础——"基本概念"。基本概念是一种兼具客观性和主观性的实在，它涵盖了事实以及对事实的认知。经验既是意识的组成部分，也是某种形式的客观存在，是构成世界的一个维度。因此，哲学既需要以科学为依托，同时又是一门自主的学科。

在本体论层面，认知和客观事实之间存在着区别，但是在认识论层面，真实的对象与概念中的对象在认知的那一刻就被等同起来了。例如，当我们感知到一颗星星的时候，在本体论层面有两个对象（真实的星星和被感知的星星），而在认识论层面仅有被认知的星星这唯一的对象。对星星的感知属于意识的范畴，并非星星本身。M. 弗洛里安将意识看作是对对象的概念性重建，而作为哲学基础的"基本概念"则涵盖了以下三类对象：首先是现实对象，例如肉体和自然；其次是非现实对象，例如幻想和虚构；此外还有超现实对象，例如数学概念和逻辑学概念。所有这三类对象都超越了个人的认知，是全人类经验中的"基本概念"。他所说的三类对象与波普尔（Karl Popper，1902-1994）后来提出的"三个世界"理论有着异曲同工之妙。后者所指的世界一是由物理客体和事件组成的世界，包括生物的存在；世界二是由心灵客体和事件组成的世界；世界三则是由客观知识组成的世界，即文化的世界。

2. 隐性因素＊世界的二律背反结构

在《世界结构中隐性因素》一书中，M. 弗洛里安从"隐性因素"这一概念入手，用一种全面的哲学视角来看待世界。隐性因素的概念源自生物学，指在遗传机制中处于次要地位的特征。M. 弗洛里安在书中赋予了这一术语新的含义："存在是一种二律背反或两极分化的结构，其中一极是显性的，居于前端，另一极则是隐性的，位于后方。但不能因其从属地位而忽视'隐性因素'"。两者之间的主次关系是相对的，不能排除发生逆转的可能性。按照 M. 弗洛里安的说法，尽管隐性因素在本体论层面处于从属地位，但在价值论层面，其重要性可能高于显性因素。例如从本体论角度看，物质可能比精神重要，但精神对于人生而言有着更为重大的意义。

显性因素与隐性因素之间既存在对立，又相互关联。以特殊性与普遍性为例，尽管二者的地位并不对等，却有着千丝万缕的联系。两个概念同时产生、相互关联、共同存在、互为前提。隐性因素不是对显性因素的复制，更不是偶发、肤浅、虚幻的现象，它在本体论层面有着存在的合理性。M. 弗洛里安认为，"隐性因素和显性因素共同构成了世界的不对称结构，两者不会像黑格尔辩证法中所说的那样融合统一起来"，世界的统一性正是基于各种因素间不平衡的关联建立的。他在书中写道："显性的一极并不一定比隐性的一极更为优越。后者可能只是前者的一种变体、一个方面、一个低级阶段。隐性的一极也许有着更高的价值和更为重大的意义，并且可能在特定的环境下跃升至显性地位。"[1]

M. 弗洛里安列举了世界基本结构中的许多二元对立，例如：物

---

[1] M. 弗洛里安:《世界结构中隐性特征》（第二卷），布加勒斯特，埃米内斯库出版社，1987 年。第 434 页。

质与精神、多与单、特殊性与普遍性、质量与数量、实质与形式、变化与永恒、有限与无穷、客观与主观、决定论与自由、个人与社会、差异与共性、局部与整体、相对与绝对。在上述二元结构中，前者都是显性的，后者则是隐性的。以特殊性与普遍性为例：在现实世界中，特殊性是一种显性特征，其中包含了所有普遍性特征，普遍性则是必须从无穷无尽的特殊性中加以提炼才能得到的隐性因素。尽管世界的本体基础是由各种特殊因素构成的，但对于认知而言，普遍性通常具有更为重要的意义。

和其他很多一流思想家一样，M. 弗洛里安的很多论著未能出版，他的思想在当代罗马尼亚文化界也未得到应有的重视。

第十章

L. 布拉加的哲学体系

L. 布拉加（1895-1961）是两次世界大战之间最为多产的罗马尼亚文化名人，不仅撰有多部文学和哲学论著，还创立了自己的哲学体系。他曾游学维也纳，并在那里获得了哲学博士学位（论文题为《文化与认知》）。归国后在《思想》等刊物上发表了大量文化哲学论文，从而声名鹊起。他在 1938 年前一直从事外交工作，曾先后在华沙、布拉格、伯尔尼和里斯本等地出任新闻专员、领事和大使。从 1938年起，L. 布拉加在克鲁日大学讲授文化哲学课程，直至 1947 年被清除出教师队伍，成为一名图书管理员，之后在罗马尼亚科学院克鲁日分院任研究员。按照作者遗愿，L. 布拉加的哲学专著被整理成四个三部曲，即：《认知三部曲》《文化三部曲》《价值三部曲》和《宇宙三部曲》（其中多数论著在 1931-1947 年间发表，另一些在其生后发表）。

物理学等自然科学在 20 世纪初的飞速发展使古典理性主义陷入了困境，L. 布拉加正是在这一背景下建立了自己的哲学体系。他顺应文艺界和学术界出现的新走向，为突破古典理性主义范式，提出了被其称为"入神的理性主义"的认知理论。此外，他还基于"风格本原"提出了全新的文艺理论；基于"人类的创造性命运"建立了全新的哲学人类学理论；基于神秘学思想开创了全新的形而上学视角。

1. 在神秘中揭示神秘

通过对人类特有本体存在模式的分析，L. 布拉加指出形而上学关注的核心问题就是人、世界、超验性（在其哲学体系中被称为"伟大的无名氏"）三者之间的关系问题。他认为存在具有五种不同的本体模式，即：非有机存在、植物性存在、动物性存在、人的存在和神的存在。这五种模式存在的方式和境界各不相同。

人类存在模式的特点在于它兼涉了两种存在方式（或存在境界）：一种是活在当下，只求自保的存在方式，这同样也是动物的存在方式；另一种则是活在神秘中，并试图揭示神秘的存在方式，这是人类独有的存在方式。从第一种存在方式向第二种存在方式的转变（即从动物向人的转变）不仅仅是（生物）形态的变化，还是本体的变化。生物形态的变化是"横向进化"的结果，它导致了思维、语言、工具的出现，使得人类分工更为严密，机体对环境的适应能力也更强。除此之外，人类还经历了"纵向进化"导致的本体变化。在这一进程中，人类的组织形式日趋复杂，其存在境界也不断提升。完美的人类应该同时具有上述两种存在方式，不断通过认知和创造来揭示奥秘则是人类固有的特征。L. 布拉加的哲学思想就是围绕着人类存在的特有模式展开的。

存在具有一个至高无上的神秘核心，L. 布拉加将其称为"伟大的无名氏"。一方面，它不断地创造，将自身释放出的"带有神圣差异性"的粒子凝聚成各种实体；另一方面，它又对创造活动加以抑制，以免整个存在发生"离散"。人类总是试图去揭示奥秘，试图用自己的语言破译世界。但"伟大的无名氏"却守护着世界的奥秘，阻止人们完全揭示它。

文化与文明这两个概念，分别体现了人类生活的两个维度或人类存在的两种模式。人类存在的特点在于其创造性，这种创造性是以社会为基础的。人与动物的区别还在于他们总是推陈出新，不断创造历史，因此是一种"历史生物"。L. 布拉加指出："唯有人类能够成为历史生物，他们不断超越着自己的创造，却永远无法摆脱从事创造的命运。"所谓文明，就是人类出于自我保护和物质保障的需要，将客观世界组织起来，从而适应环境并满足自身生物需求的手段。文化则是人类创造性活动的结果，它产生于人类不断揭示奥秘的过程之中。因此，我们必须将文明与文化区别对待，不能仅仅用实用性、工具性的标准去阐释文化。对文化产品的评判有其内在标准，就是要看人们是出于何种意图去从事创作或揭示奥秘。

2. 认知与神秘

L. 布拉加提出的认知理论被人们认为是 20 世纪最具创意的认知理论之一。他把认知看作人类最基本的特征，是一种通过科学、哲学、艺术和符号实现的创造性活动。它既有"揭示奥秘的功能"，又有"约束风格的功能"。人类通过认知不断破译着世界的奥秘，与此同时，任何认知活动都被局限在某种特定的风格之内。

他将认知分为"天堂式认知"和"恶魔式认知"两种类型，两者在态度、对象、方法、意义上均有所不同。之所以要做这样的划分，是因为认知的对象——神秘具有两面性：一面是具体的，可以被感知的，另一面则是隐晦的。

"天堂式认知"以潜藏的奥秘为对象，通过观察和阐释对具体的事物加以研究，并提出能够与其"契合"的理念。这种认知形式与现实不存在冲突，它能够不断增强人类阐释具体事物的能力，使人的思想获得线性的发展。

"恶魔式认知"则以可见的奥秘为对象，创造出了与具体事物有着本质差异的"变体"，并提出与其"对立"的理念。哥白尼的日心说就是恶魔式认知的典型代表，体现了人类思想与直观对象之间的矛盾。它基于某种带有指向性的观察，旨在通过"理论架构"和假设来揭示奥秘。通过知识分子建立的假设，人们对事物的认知从具体层面深入到了隐晦层面，有助于阐释世界的深层次结构。这是一种具有建设性的积极认知形式，可以使人类的进步更为深刻和迅猛。

上述划分法与以往的划分方法（例如经验认知与理论认知、直觉认知与理性认知、朴素认知与刻意认知）截然不同。按照 L. 布拉加的说法，"天堂式认知"是常规的低级认知形式，其目的是对对象加以"识别"；而"恶魔式认知"则旨在深入揭示奥秘的隐晦一面，它包含以下三种类型：

- 正位认知，即能够降低神秘性的认知。例如，哥白尼证明了地球围绕太阳公转，推翻了以往基于观察得出的太阳围着地球运转的假象。这一现象的神秘性也因此减弱；
- 零位认知，即能够使神秘性长久存在的认知。L. 布拉加以无机物中产生有机生命为例，至今无人能够对这一假设做出令人信服的解释，生命的奥秘也因此长久存在；

- 负位认知，即能够提升神秘性的认知。此类认知较为罕见，它并不意味着认知的缺失，只是可能使奥秘更加深不可测。

负位认知表现为某种无法用逻辑解释的悖论，如果用逻辑的去表述它，就等于增强了神秘性。L. 布拉加从现代科学中选取了诸多例证：在心理学领域，冯特所说的"心理现象的整体与其构成元素之和相比，有着更丰富的内容"就是这样一种表述。用音乐来类比的话，与单独乐音的总和相比，它们构成的和弦能够给人更为丰富的感受。在量子物理学领域，光同时具有波粒两重性，这种看似矛盾的属性进一步加深了这种现象的神秘感。在数学领域，L. 布拉加引用了康托尔（Georg Ferdinand Ludwig Philipp Cantor, 1845-1918）的著名悖论（译者注：任意集合的幂集的基数大于该任意集合的基数）。在哲学领域，杜里舒（Hans Adolf Eduard Driesch, 1867-1941 年）所说的"隐德来希"（译者注：亚里士多德用语，原意为"本身即为目的"，杜里舒则以此表示"即生命本身所存在的一种自主的东西，是一种自由自主的动力，而不能用物理化学来解释，或者说不受机械规则的支配"）同样属于负位认知范畴。

总之，负位认知可以在同一个领域，针对同一个对象形成悖论，无论在逻辑上还是直觉上都存在矛盾性。按照 L. 布拉加的说法，在负位认知中我们需要一种"入神的理性"，它不同于正位认知和零位认知所需的"入静的理性"。"入神的理性"做出的表述既无法用逻辑阐释（它是一种"元逻辑"），也无法被直观感知，只能用概念化的语汇去"公设"。L. 布拉加将其称作一种无法被直观理解，但可以表述出来的悖论。无论是古典理性主义者推崇的逻辑，还是黑格尔所说的理智直观，都无法解释这些悖论。

负位认知让人联想起三位一体说，在基督教教义中，神被公设为存在于三个位格中的统一体。L. 布拉加认为这一说法与负位认知在本质结构上有着相似性。总之，超验本身就是矛盾的，无法用理性来阐释，但可以通过表述将这种悖论加以确定。

L. 布拉加的认识理论深受互补原理、海森堡（Werner Heisenberg, 1901-1976）的不确定性原理、相对论的光速不变原理等现代物理学理论影响。他指出，随着科学和哲学的发展，负位认知使世界呈现出了更多矛盾面，变得更加深不可测。埃利亚学派提出了运动场悖论，认为它是无法通过逻辑解释的。库萨的尼古拉（Nicholas Cusanus，1401-1464）则认为各种矛盾可以在神性中达成一致，而神性是不可确定的。L. 布拉加在 1931 年发表的《教义始源》一文中提出了不同的看法。他将所有无法用理性阐释的奥秘都看成包含着悖论的表述，并由此得出结论：人类的所有认知都是相对的。人们不断探索着世界的奥秘，但在一种超验的制约机制下，人类永远无法完全揭示这些奥秘。人作为一种悲情的生物，注定要去创造和探索，但他们注定只能相对地、近似地揭示世界的奥秘。

3. 恶魔式认知的意义

"我从康德那里学到了很多东西，但从圣师会著作和神父那里学到的东西同样不少。我的（哲学）体系就是将这些极端的学说创造性地融合在一起"。[1] 通过这段表述可以看出，L. 布拉加的哲学体系是参照康德的哲学思想和宗教典籍建立的，构成其思想体系的许多重要元素均来自宗教典籍。只有明确了这一点，我们才能理解 L. 布拉加的一些说法，例如"入静的理性"与"入神的理性"，"天堂式认知"与"恶魔式认知"。因为在对宗教典籍的研究中，神秘也被划分为可被感知的一面和隐晦的一面。所谓教理，就是"在对奥秘加以限定的同时，充分保持其神秘性"。[2]

基督教教理建立之初，是一种与理智相对立的信仰契约。L. 布拉加将教理从基于信仰的宗教内容中剥离出来，用他自己的话说，就是"用纯理性的视角来（对教理）进行结构和形式的分析"。[3] 他把教理看作是人类思想中的一种"形而上的理性结构"。当人们遭遇无法通过"入静的理性"解决的矛盾，不得不诉诸"入神的理性"时，这种结构就会发挥作用。"入静的理性"在常规的逻辑框架内运作，"入神的理性"则"既要借助已有的理性概念，又要超越自我"。[4]

---

① Şt. 阿弗洛罗瓦耶伊：《哲学在东欧存在的可能性》，雅西，波利罗穆出版社，1997 年。第 107 页。
② 同上书。第 243 页。
③ L. 布拉加：《认知三部曲》，收录于《布拉加全集》（第八卷），布加勒斯特，密涅瓦出版社，1983 年。第 263 页。
④ 同上书。第 264-265 页。

L. 布拉加发现，"入神的理性"普遍存在于教会的研究传统中。教理就是一种悖论，它具有某种认知功能。"在宗教典籍研究中对于这一点已经有了深刻的认识，应该将其运用到当代哲学思想中"。① 他指出，"人类在面对形而上的神秘时，突然意识到应该去大胆地表述它，而不是去理解它"。② 这就是宗教典籍研究中一以贯之的思想。

　　L. 布拉加构建其哲学理念时遵循的原则，就是将"入静的理性"（它创造出了现代理性主义哲学体系）与"入神的理性"（这是一种矛盾的认知，存在于宗教教理、古代哲学思想和当代科学中）加以区分。他指出，人们应该根据认知主体所处的生存状况和文化环境，以及认知客体的性质，通过不同方式去理解、研究和表述世界。在某一特定时期，人类认知世界的视角和方法与当时的文化背景密不可分。后实证主义、科学社会史、相对论、后现代主义等学说也持有相似的观点。

　　在 L. 布拉加看来，不应赋予存在的本原某种物质特征，而应该像宗教典籍研究者那样，对"世界深不可测的内涵"进行描述。③ 因此他在对存在的本原进行描述时，用的都是否定句式："它没有名称，或者说没有唯一的名称，不能体现在实证思想中，无法从逻辑上进行定义，也无从揭示它的内在性质，因为'它会自我保护，且所有的神秘都从它衍生而来'"。这种做法显然是受了宗教典籍的影响。宗教典籍中通常把神描述成深不可测且无法定义，凌驾于所有属性之上，超越了生物与非生物的存在。这种形而上的本原不像西方传统哲学思想中认为的那样是物质的。正如评论家 Şt. 阿弗洛罗瓦耶伊（Ştefan Afloroaiei, 1952-　）所言，以 C. 勒杜列斯库 - 莫特鲁、L. 布拉加、M. 伊利亚德等人为代表的罗马尼亚思想家，总是试图从康德的思想中寻找灵感。

　　L. 布拉加指出，为了描述现实中的矛盾，现代科学思想中出现

---

① L. 布拉加：《认知三部曲》，收录于《布拉加全集》（第八卷），布加勒斯特，密涅瓦出版社，1983 年。第 224 页。
② 同上。
③ Şt. 阿弗洛罗瓦耶伊：《哲学在东欧存在的可能性》，雅西，波利罗穆出版社，1997 年。第 118-126 页。

了诸多悖论和"负位认知"形式。他所说的"教理"只是一种思维方式，它源自某种精神状态，并不包含宗教意味，也不排斥其他基于"入静的理性"的认知形式。L. 布拉加认为其所处的时代与古希腊有着相似的精神状态，既然古希腊可以孕育出基督教教理，那么现代社会中同样可以产生类似的认知形式。这种认知形式普遍存在于爱因斯坦（Albert Einstein，1879-1955）的相对论，以及玻尔（Niels Henrik David Bohr，1885-1962）、海森堡等人的量子力学理论中。

现代理性主义主张单一的、完美无缺的、不容置疑的认知方法，坚信只要通过对经验进行理论和数学分析，能够发现普遍规律。L. 布拉加明确反对这种观点，指出无论是科学研究方法还是文艺批评方法都应该多样化，杜绝带有宗派性质的排他主义。认知方法和认知过程的多元化是现代社会的一大特点，直觉、教理、神话应该与理性思想和实验方法并存。他说："当面对精确具体的现象时，我们可以通过概念来进行'理性'思考；当我们涉足虚无缥缈的领域时，应借助'神话'来思考；当我们无可回避地面对悖论时，则应求助'入神的理性'。甚至可以认为，我们有责任赋予科学些许神秘色彩，或赋予神秘一些科学精神（……）方法上的包容可以使各种认知形式相互融合，有利于我们拓宽视野，延伸思想"。①

在 L. 布拉加看来，具体采用何种认知方式取决于认知对象的性质，有时针对同一对象也可交替使用各种认知方式。在同时代的许多罗马尼亚哲学家眼中，认知方式既是一种实践也是一种概念，既是一种态度也是一种逻辑。因此，罗马尼亚文化中经常出现经验与理性方法并存的情况，思想家们善于将理性的思考和主观冥想结合起来。②

4. 文化是人类特有的存在方式

L. 布拉加建立了一套极具连贯性和趣味性的文化理论。有研究者认为这些理论构成了 L. 布拉加思想体系中最为坚实的部分。

正如上文所述，他认为人类命中注定是创造者，生活在由其自己

---

① L. 布拉加：《认知三部曲》，收录于《布拉加全集》（第八卷），布加勒斯特，密涅瓦出版社，1983 年。第 448 页。
② Şt. 阿弗洛罗瓦耶伊：《哲学在东欧存在的可能性》，雅西，波利罗穆出版社，1997 年。第 113-118 页。

创造的特殊环境中，生活在一个脱离了自然界的符号世界之中。20世纪初的主流文化哲学和文化人类学思想认为，文化就是通过符号来对世界进行"解读"和"阐释"，借助符号语言来对经验进行"翻译"。这种观点也得到了 L. 布拉加的认可。在他看来，文化体现了人类特有的本体形态和创造机制，正是这种创造机制使人具有了人性。他说："文化就是存在的符号、表现形式和载体，它使存在变得更为丰富。相对于人的肉体而言，文化更能够对人的属性进行定义"。[①] 人离开了文化就不能被称之为"人"，"离开文化会导致人性的泯灭"。[②]人类的存在就是一种文化存在，文化是人类的历史和社会躯壳，对文化的研究是我们了解人类本体状态的关键。因此，文化具有哲学意味，能够在人类学和历史学层面对人类进行定义。

20世纪的人类学研究者试图从文化作品中探寻人类的本质，并将文化看作人类探索宇宙的基点。人类在这一基点之上，凭借各种手段来赋予世界某种形式，并使自身的存在更具意义。强调人是一种文化生物，而不仅仅是自然生物，可以防止其妄自菲薄，将自己的命运完全交付给外物。而处于文化之中的人类，同时也是自己创造出来的作品。

"创造"与"文化"这两个概念在 L. 布拉加的理论体系中占有相当的分量。文化是人类创造出的成果，此类创造性活动普遍存在于人类与世界发生的各种关联之中。L. 布拉加将文化定义为由各种特殊要素构成的统一体，具有以下特点："（1）它是一种创造性的行为；（2）它通过超验或神秘来揭示世界的奥秘；（3）它借助直观的素材来实现隐喻；（4）它通过风格加工来超越直观；（5）它通过对风格和隐喻的控制来与神秘保持距离。"[③] 上述几个方面的特征共同构成了文化的定义。

5. 文化与文明

L. 布拉加把人看作一种在自己创造的价值中生活的历史生物和

---

① L. 布拉加：《文化三部曲》，收录于《布拉加全集》（第九卷），布加勒斯特，密涅瓦出版社，1985 年。第 443 页。

② L. 布拉加：《价值三部曲》，收录于《布拉加全集》（第十卷），布加勒斯特，密涅瓦出版社，1987 年。第 510 页。

③ L. 布拉加：《文化三部曲》，收录于《布拉加全集》（第九卷），布加勒斯特，密涅瓦出版社，1985 年。第 59、460 页。

文化生物。文化既是人类创造出来的成果，也是人类特有的存在方式，人类的存在只有以文化为媒介方能实现。他认为人类有着两种基本的存在模式：一种是在可感知世界内的具体存在，另一种则是神秘的存在。人类为了在现实世界中给自己提供物质保障而创造出来的所有成果构成了文明（包括劳动技能、生产方式、政治体制、物质设施、生活方式，等等）；人类为了揭示存在的神秘性而创造出来的所有东西则构成了文化（包括科学、哲学、艺术、神话、宗教，等等）。"与文化对应的存在模式，是在神秘中揭示神秘的人类；而与文明对应的存在模式，则是谋求自保的人类。人类的这两种本体属性之间有着巨大差别"。①

文化作品具有两大基本特征：其一是具有隐喻功能，人们通过这一功能来揭示世界的奥秘；其二是具有风格印记，使得文化作品拥有了与众不同的特殊面貌。文明并不具备隐喻功能，且文明的风格印记也是从文化中衍生而来的，是文化在实践层面的反映。因此，艺术可以被看作是一种文化形式，而技术则是文明的核心要素。人类创造性活动的隐喻功能在艺术作品中得到了最大限度的绽放，但在技术成就中完全缺失。风格作为文化的另一个重要特征，在艺术中同样得到了突出体现，在技术中却表现苍白，只是微不足道的附带功能。可见在人类的创造性活动中，隐喻功能和风格的强度呈现出从艺术到技术递减趋势。隐喻功能在纯实用性的技术成就或纯功利性的行为中完全缺失。但如果将这些成就和行为升格为生活方式、社会礼仪、行为方式、社会和政治体制、司法体系、生活习惯、道德规范、宗教信仰、科学理念，甚至将其融入艺术创作中，隐喻功能就会变得愈发重要，实用功能则随之减弱。

如何认识文化与文明间的关系，是文化人类学中的一个关键问题，L. 布拉加的哲学体系中对此也有涉及。他认为从人类学角度看，基于技术的文明与基于艺术的文化处于同一根链条的两端。生产与创作，文明与文化体现出人类历史发展同时存在着统一和分化的趋势。文化重在特性，文明则更趋向于共性。

---

① L. 布拉加：《文化三部曲》，收录于《布拉加全集》（第九卷），布加勒斯特，密涅瓦出版社，1985 年。第 402 页。

6. 风格本原中的无意识因素

"风格"在作品中居于核心地位，是文化创作不可或缺的元素。在 L. 布拉加看来，"风格就像一道车辙一样约束着我们，但我们却很少能够感受到它，就好像我们无法感受到空气的重量和地球的转动一样"。[①]20 世纪初学界发现了文化风格同一性，这被 L. 布拉加称为文化理论中"拨云见日的一大创举"。他在分析了各种文化类型（如希腊文化、罗马文化、文艺复兴时期的文化、现代文化）和各种现代文艺风格（如浪漫主义、现实主义、印象主义、表现主义，等等）后指出，它们构成了一些文化整体，从中可以发现一系列共同的主导元素。

L. 布拉加借助集体无意识理论来解释这种"风格统一性"，从而使"风格"这一概念具备了某种对文化进行定义和分析的功能。他所说的风格意味着在某些特定框架内的创造，任何文化作品在这些框架内都会受到一系列无意识因素的影响。无论是"个人风格"还是"集体风格"，都展现出作品与众不同之处。人类的创造不可能是绝对的，只可能在某种特定风格框架内进行相对的创造。在 L. 布拉加看来，所谓绝对的创造就好像动物的行为一样，是无风格或超风格的。风格是人类所独有的，因为人类必须用特殊的方式去揭示奥秘。"人类作为一种充满矛盾的生物，担负起了悲剧性的历史使命：虽然他们有着完全揭示奥秘的热情，却不时受到超验的阻碍和风格的制约"。

无意识因素存在于所有文化作品中，构成了一种"风格本原"（为了避免人们将"本原"理解为一成不变的东西，L. 布拉加最后的几部著作中用"风格场"的说法替代了"风格本原"）。风格本原（或风格场）就像一块棱镜，创作者们通过它来理解并阐释世界。风格向我们展现了世界的不同面貌，我们也在风格框架内表达着对世界的理解和自己的态度。

在荣格（Carl Gustav Jung，1875-1961）的心理分析学说，以及弗罗贝纽斯（Leo Viktor Frobenius，1873-1938）和斯宾格勒（Ostwald Spengler，1880-1936）的文化形态学理论影响下，L. 布拉加主张将

[①] L. 布拉加：《文化三部曲》，收录于《布拉加全集》（第九卷），布加勒斯特，密涅瓦出版社，1985 年。第 70 页。

文化与"集体无意识"联系起来。这种集体无意识属于精神学研究的范畴，与康德等理性主义思想家所说的意识结构、因果性、必然性等概念截然不同。人们在对无意识因素的思考中提出了一个问题：它们究竟是社会和教育的产物，还是无法解释的自发因素呢？在 L. 布拉加看来，人类的心理既有"自发性"，同时也是可以被理解的，所谓无意识也是人类历史经验积聚的结果。正因为此，历史因素可以对集体无意识结构加以塑造。在 L. 布拉加的理论中，集体无意识就是在精神深处对外在的社会和历史条件加以内化的结果。

在某种特定的文化中，作为其表现形式的科学理论、哲学理念、文艺作品、道德伦理之间都有着某种亲缘关系。L. 布拉加认为之所以会存在这种一致性，是因为文化中有着一种深层次的"风格本原"。风格本原存在于某个民族或某个时代的集体无意识中，并影响着这个民族或这个时代的文化创作。甚至曾经被认为不可复制的伟大创作者们的个人风格，也受这一风格本原的影响。风格本原可能是由下列无意识因素构成的：

- 无意识的空间和时间特征，即某种时空表现，或对空间和时间的某种态度；
- 价值侧重，即某种入世或出世的态度；
- 对命运，也就是对人类生存、活动、演变（包括进步或衰退）的某种感悟；
- 一些文化或创造者想要占据主流或出人头地的渴望。

除了这些主要因素外，构成风格本原的还有一些次要因素。这些因素融合在一起，凝聚成了一种"历久弥坚"的结构。但这一结构并不是僵化的，而是具有弹性，可以缓慢演进的。构成风格本原的一些因素维持不变，另一些却发生了变化，它们"熔合"成了新的风格面貌。"风格本原"与文化人类学中所说的"模式"，以及 20 世纪人文社会科学中常说的"结构""范式"等概念有着些许相似之处。

L. 布拉加的理论曾招致颇多非议，有人认为他将人类心理中的无意识因素看作决定性的，忽略了社会因素和历史因素。应该澄清的是，他所说的无意识风格因素并非生理因素，而是一种精神因素，

L. 布拉加一向反对用从生物学或种族的角度出发去阐释文化。他的理念带有浓厚的人文色彩，把人类看作命中注定的创造者，每一种文化都是人类生存状况的体现，都应该被看作是特有的，带有自主性的价值观。

7. 罗马尼亚文化的风格本原

L. 布拉加在其著述中通过广泛对比来提炼罗马尼亚文化的特征，例如在《小羊空间》（译者注：指罗马尼亚人世代居住的，地势平缓的空间）中就有对罗马尼亚文化风格的全面分析。他认为罗马尼亚文化就像这个"小羊空间"的地貌一样，丘陵和山谷延绵起伏，人的命运也同样一波三折。罗马尼亚文化的另一大特征在于其对神灵的看法，L. 布拉加将这种源自东正教的视角称为"索菲亚式视角"（因君士坦丁堡的圣索菲亚教堂得名）。在东正教看来，神灵会降临到世间保佑人类，而不是像天主教和新教那样，认为神灵是超脱于人世之外的。

此外，罗马尼亚文化还有一个显著特征，就是对美好与和谐的热爱，以及一种对"天人合一"境界的追求。这种风格本原不仅被深深地镌刻在民间文化中，还体现在一系列重大历史事件、伟大历史人物、重要文艺作品之中，例如斯特凡大公的统治、M. 埃米内斯库和 C. 布朗库西的作品。L. 布拉加对欧洲各国的审美特点加以比较，并试图从罗马尼亚的民间装饰中寻找其特有的风格本原。此外他还发现，"愿望"对于罗马尼亚民族而言有着重大的哲学意义，已经成为罗马尼亚人的一种"存在状态"。他做的所有这些分析都是为了揭示罗马尼亚民族的精神面貌、群体心理和罗马尼亚文化的风格本原。

L. 布拉加非但不抵触外来文化的影响，还持欣然接纳的态度，因为罗马尼亚历史"不应再由一系列朴拙的、原生的、一成不变的形式构成"。当然，任何外来影响都要经过自身风格本原的过滤，因为风格本原本身就具有"吸收外来影响的强大功能"。对于身处欧洲的罗马尼亚来说，受到外来文化的影响是不可避免的，但各国文化对罗马尼亚文化施加影响的方式不尽相同。以法国文化和德国文化为例：前者具有古典主义特征，鼓动着你去追随它提供的范式（让你"和我一样"）；后者则有着浪漫主义特征，激励着你去寻找自己的个性（让你"做你自己"）。"法国文化就像一个教人手艺的师傅，要求你去模仿；德国文化则像一个循循善诱的教员，指引着你寻找自我"。[①]

在 L. 布拉加看来，M. 埃米内斯库就是在德国文化氛围的熏陶下走向自我，从而回归罗马尼亚风格本原，并在其作品中反映出来。"在 M. 埃米内斯库的无意识中有着我们民族的所有风格要素，这些要素被他用一种独有的方式展现出来"。他的精神世界同样有着"动荡起伏"的特征，有着某种"对一波三折的命运的多愁善感"。我们可以在他的长诗《金星》中看到"降临世间的神灵映射出的金色光辉"。而在他的另一些诗作中，诗人的形象则与封建时代"年轻的大公"重合起来。L. 布拉加因此将 M. 埃米内斯库的诗歌看作罗马尼亚风格本原的最佳体现，认为 M. 埃米内斯库的思想"与罗马尼亚的命运水乳交融"，代表着一种"经过升华的、全面的、创造性的罗马尼亚精神"。其思想深处的罗马尼亚风格本原通过一种独特的方式得以体现。

L. 布拉加眼中的罗马尼亚民族文化身份就是由一系列精神因素构成的："它不仅是一种血缘的沿袭，更是一种风格遗产。构成这种风格的部分要素是其独有的，另一些要素则或多或少地受到外来影响。"[②] 这些因素一旦得以固化，就会成为一种"风格的先验"，对之后的创造性活动产生影响。这种先验不同于康德所说的先验，它不是全人类共有的，而是属于特定的地区或民族。L. 布拉加将其称作"罗马尼亚式先验"："我们不要被这个名称唬住……它只意味着一些活跃的风格要素。这些要素深深地烙印在我们民族天才人物的作品中。"尽管这种特殊的"烙印"在非主流的民间文化中尤为显著，但 L. 布拉加坚信罗马尼亚风格本原能够在主流文化创作中大放异彩。

他对罗马尼亚风格本原是这样定位的："很难预见罗马尼亚风格本原将何去何从，但我们可以用一个简单的事实来代替预言：我们

① L. 布拉加：《文化三部曲》，收录于《布拉加全集》（第九卷），布加勒斯特，密涅瓦出版社，1985 年。第 315 页。
② 同上书。第 327 页。

既不在西方也不在东方。我们就在自己的地方，和我们所有邻国一样，在这片中间地带。"[①] 他对罗马尼亚文化有着的深刻了解，但绝不偏袒。他指出，"头脑清醒"的罗马尼亚现代文化创作者们不会"妄自尊大，得意忘形，以为罗马尼亚民族可以担负起救世的使命"。针对当时大行其道的本民族救世论，L. 布拉加认为"我们不用披上救世的外衣，就可以在这一方天地完成自己的使命"。他在对民间文化深入分析后指出，风格本原的存在使人相信罗马尼亚文化有着极大的潜力："我们清楚地知道自己前途无量，并确信能够用自己的才干照亮一隅。我们不应被不切实际的幻想所左右，而应期盼着一些创见能够像火花一样不时闪现，使其他民族为之瞠目。其余就听天由命了。"[②]

8. 欧洲文化的内部风格差异

L. 布拉加认为风格本原具有强大的塑形能力。一个典型的例子就是基督教因不同地区的风格本原而发生变化，从而导致了天主教、新教、东正教的分化。在他看来，基督教的一极处于超验之中，另一极则处于尘世间。基督教的最主要特点之一，就在于它能够在凡人身上体现神性，在世俗中展现神迹。由于所处的世俗环境不同，欧洲各国信仰的基督教教派也大异其趣。

基督教在罗马帝国疆域内的传播导致了天主教的形成。在与罗马帝国风格本原的接触中，天主教接纳了与国家相关的所有理念。教会被认为是上帝在尘世间的国度，天主教会对权力的追求也一刻没有松懈过。正因为此，罗马法精神、宗教戒律、权力欲、激进立场、普世思想、帝国主义倾向在天主教中时有显现。基督教遭遇日耳曼民族的风格本原后出现了新教，这一教派充分体现了日耳曼民族对个人自由的推崇。因此，在新教的宗教生活中充满了思辨精神、焦虑和责任感。东正教则倾向于通过生命、土地、自然等有机范畴来彰显神性。基督教的分化导致各民族对教会、民族、国家、语言的看法发生了改变，他们的文化风格和思想态度也产生了巨大差异。

---

① L. 布拉加：《文化三部曲》，收录于《布拉加全集》（第九卷），布加勒斯特，密涅瓦出版社，1985 年。第 330 页。
② 同上书。第 330-331 页。

L. 布拉加的某些理论直至今日仍有广泛的影响。他在对欧洲各国进行对比分析后指出，信奉天主教或新教的西方世界"倾向于将民族和国家这两个概念混为一谈，甚至认为民族是由国家衍生出来的"，而罗马尼亚和多数东方（东欧）国家则"将民族与种族关联起来"。[①]几大帝国势力范围的扩张导致这一地区的政局动荡多变，有机历史发展进程被打断，民族国家的建立举步维艰，因此爆发了一系列民族和社会革命。在这一地区，拥有同样历史生活、同样语言、同样文化传统、同样宗教信仰的族群发挥了重要的作用。对东方各国民众而言，依然有着极强的民族意识和民族自豪感。正如 L. 布拉加所言，他们"对民族的情感非常明确"。尽管由于地缘政治的关系，国与国之间的势力格局时常会被打破，领土也会被暂时割裂，但这种民族情感却历久弥坚。

L. 布拉加发现，由于教会拥有类似于国家的组织结构，天主教能够将民族"溶解"于国家之中，使其服从于统治者需要，从而出现了高度集权的国家。按照这一说法，正是天主教会造就了高度集权的法国。但意大利却是一个反例，由于历史和经济因素的干扰，国家统一进程被大大延迟了。

在路德推行宗教改革后，崇尚个人自由的新教促使一些民族极力摆脱天主教世界。他们相信所谓"民族"只是一种道义上的自由抉择，是个人对一种"抽象形式"的自愿承诺。即便没有这种抽象形式，个人仍然具有高度的公民责任感。L. 布拉加因此认为在信奉新教的国家，民族"并不是一种有着深厚无意识基础的组织，其面貌也不像在东正教世界中那样明确。它更像是一个自愿组合的团体，是靠意志凝聚而成的抽象实体，是高度责任感的体现"。[②]

尽管西方各国也有按照民族组建国家的传统，但显而易见的是，无论他们信仰天主教还是新教，起决定性作用的都是政治、经济、行政和司法因素。那里的国家先于现代民族产生，并对民族加以塑造。然而在东方，封建帝国的影响一直延续到了现代。民族的形成最初发

---

① L. 布拉加:《文化三部曲》，收录于《布拉加全集》(第九卷)，布加勒斯特，密涅瓦出版社，1985 年。第 212-214 页。
② 同上书。第 214 页。

生在文化层面，通过语言、传统、文学等"有机"成分体现出来，之后经过长期努力才在政治层面建立起了民族国家。

可见在大多数西方国家，民族首先是一种政治身份，被看作是个人与国家间自愿和理性的契约。而在东方国家，民族首先是一种文化身份，是个体对语言、传统、文化、历史的一种归属。当然，我们不应过度夸大这一差异。但无可否认的是，在东欧地区的地缘政治环境下，宗教和文化手段所起的作用要远远大于经济和政治手段。这并不意味着始于文化层面的民族解放运动缺乏明确的政治目标。恰恰相反，罗马尼亚各公国的文化和政治精英们从未忘记建立民族国家的使命，并为之进行了艰苦卓绝的斗争。在罗马尼亚民族国家的形成过程中，文化因素起到了决定性的作用。文化创作者们担负起了明确的政治使命，文化的统一也为之后的政治统一铺平了道路。

美国学者亨廷顿也提出了类似的观点。他将世界上的民族划分为"有机民族"和"政治民族"两类，所有欧洲民族都是建立在共同历史、种族、语言和文化基础之上的有机民族，美国则有着独一无二的，基于特有的美国式民主组建而成的政治民族。[①]美国人并非从文化层面，而是从一整套政治原则和价值观，即所谓的"美国信念"中确立了民族身份。他将这种由不同思想、价值观、态度、信念相互融合，杂乱无序却又被所有社会成员广泛接受的美国信念称为一种"大杂烩"。总之，美利坚民族的政治身份比文化身份更为显著。

9. 非主流文化和主流文化 * 民族与国家，传统与现代

L. 布拉加针对非主流的民间传统文化与主流文化的差异提出了自己的见解。他认为两者属于两个文化层面，有着各自不同表现形式。它们之间存在着可以相互转变的结构差异，而非价值差异。无论在古希腊、古罗马，还是在中世纪，或是在现代社会，这两个文化层面都一直存在着。现代的非主流文化即指各种地域文化和民间文化，其中很多仍保持着蓬勃的生命力，另一些则已经在现代化大潮中被压制得了无生机。现代主流文化则是城市生活和工业时代的产

---

① 亨廷顿：《美国政治生活》，布加勒斯特，人性出版社，1994年。第40-46页。

物，在其主导的文化环境中，一些非主流文化仅作为"文物"苟延残喘。

对于主流文化与非主流文化，L. 布拉加的划分方法类似于西方人类学家对口头文化与书面文化、传统文化与现代文化、民族文化与国家文化的划分。在他看来，从民间文化向现代文化的转变并不意味着文化身份的丧失，而是要在全新的思想、经济、社会和政治基础上对其加以重建。在这一过程中消失的并非文化特色，而是旧的文化形式。在文化建设和政治建设大潮中，非主流文化不能像从前那样一味依靠民间元素，而应该确立新的定位，在道德、法律、审美、哲学、科学等各个层面彰显民族文化特色。民族特色是现代民族文化的内核，必须将其提升至流层面，融入具有普遍性的文化创作之中。非主流文化与主流文化既可能是同一种文化的两个不同历史发展阶段，也可能是两种并存的文化类型。

在 1925 年发表的一篇论文中，L. 布拉加谈到了"民族与艺术"之间的关系。他用"民族"一词来指称文艺创作中借助的民间元素（如题材、内容、表现形式、背景，等等），用"艺术"一词来指称具有现代属性的创作形式和表现手法。刻意使用一些外族的元素并不能弥补作品自身个性的缺失，"我们不能指望通过这种方式来创造出民族艺术"，[1]唯有自身的风格本原能够在无意识间对作品的特点加以塑造。因此，"一部作品的民族性是命中注定的"，它不受创作者主观意志的支配，创作者也无法摆脱其民族性。而且"我们也无须刻意追求一部作品的民族特色，因为深入民族骨髓的东西会自然而然地迸发出来"。[2]

L. 布拉加是这样理解民族性的："我们不可能像巫婆一样往一口大锅里添加各种民族元素，就使一部艺术作品具备了民族性。作品的民族性在于其内在的节奏，在于其解读世界的方式，在于其对人生价值的深入思考。民族性是一种永远不会被某些形式遮蔽的本能，以及

①L. 布拉加：《种族与艺术》，收录于《天际和阶段》，布加勒斯特，文学出版社，1968年。第 324 页。
②同上书。第 323 页。

对某种存在方式无尽的热爱。"①

对于古代民族文化与现代国家文化之间的关系，L. 布拉加将其看作两个相继的文化层面。它们就像历史脊柱上相互连接的两个关节一样，是民族文化身份的两种存在模式。民族性作为一种固有属性，在民族文化的产生和存在过程中发挥了巨大的作用，确保了这种文化在与其他文化的"对话"中能够维持自己的身份。

将别国文化中的民族元素通过艺术加工变为本国的民族特色的说法根本就是无稽之谈，因为民族性来自融于作者血脉之中的文化本原。L. 布拉加举了两个例子来说明这一点。第一个例子来自匈牙利作曲家巴托克（Bela Bartok，1881-1945）：尽管他大量借鉴了罗马尼亚音乐元素，但他的作品中却显示出匈牙利民族特征，而非罗马尼亚民族特征。虽然他运用了许多罗马尼亚民族元素，但其音乐作品的内在风格却不是罗马尼亚的。第二个例子来自爱尔兰剧作家萧伯纳（George Bernard Shaw，1856-1950）：他的作品《圣女贞德》取材于法国，但在风格本原上却是一部地地道道的英国文学作品。L. 布拉加因此总结道："一部作品中即使不含任何民族元素，也同样可以具备民族性。同理，即便在一部作品中借用大量来自其他民族的元素，也可能仍然是罗马尼亚作品"。②

向作品中添加民族元素是最为简单和常见的做法，但这并不足以使作品具备民族性。我们更不应该将一部作品是否民间创作，或其中包含民族元素的多寡来作为判断其民族性的标准。我们关注的，是怎样对文化特色加以重建，才能实现从非主流文化向主流文化，从民族文化向国家文化的蜕变。L. 布拉加非常重视民间文化在主流文化形成过程中所起的作用，但他清醒地看到，民间文化只是现代主流文化的基础，但源不同于流，基础也不能被等同于建筑本身。民族性虽然植根于民族文化层面，但只有在主流文化中才能发枝散叶，世代流传。

非主流文化与主流文化之间有着沟通和转变的桥梁，但也存在着难以逾越的鸿沟。民间文化拥有风格本原和创作潜力，却不具备现代

---

① L. 布拉加：《种族与艺术》，收录于《天际和阶段》，布加勒斯特，文学出版社，1968年。第 323 页。
② 同上。

视野。只有将非主流文化中的原生态风格融入主流文化创作中，民族性才能够得以弘扬。L.布拉加是这么说的："主流文化不是对非主流文化的简单重复或机械放大，而是通过生动的形式、合理的取舍、内在立场和视角的转变对非主流文化实现的升华。主流文化不可能靠着刻意模仿非主流文化而获得繁荣，我们也不可能通过不遗余力地仿造民间作品而一举跃升为主流文化。要贴近民间文化，意味着用心去体悟其生动的内在风格，而不是停留于外在形式。主流文化不是在非主流文化中生成的，两者都源自同一风格本原。"[①]这段文字中提到了从非主流文化向主流文化的"升华"，指出两类文化有着不同的内容、形式和功能，因此主流文化不能照搬非主流文化的外在形式，而必须通过另一种方式去体现其内在风格。

非主流文化在L.布拉加的笔下经常被描绘成"风格潜力""基础""宝贵遗产"，它保障着罗马尼亚主流文化能够有良好的发展前景。因此，两者之间是一种"现实性"与"可能性"的关系。如果真的如G.克利内斯库所说，许多罗马尼亚作家都"扎根"在罗马尼亚古代文化中，那么他们所做的并不仅仅是重复早已固化的形式，而是对风格本原进行概括、拓展和再创造。

10. 罗马尼亚人的历史发展曲线

从非主流文化向主流文化的蜕变是罗马尼亚现代史上需要面对的关键问题之一。为了更好地理解L.布拉加的理念，我们必须把这两类文化想象成一个民族历史发展的两种不同载体。在他看来，罗马尼亚人在其历史发展进程中曾经历过"淡出历史"或"抵制历史"的时期。即作为一种生存策略，暂时从主流文化退居非主流文化。

L.布拉加首先对"历史"一词进行了限定。通常所说的历史是指一个民族或全人类经历的"所有事件或变化"，而L.布拉加所说的历史则是"全人类所有事迹的总和"。这些事迹"分布在一条具有连续性的曲线上，呈现出波动状态"，其中"包含了诸多相互联系的个体行为，但无法单纯用个体行为来对这条曲线加以阐释"。[②]这里所

---

① L.布拉加：《罗马尼亚乡村颂》，收录于《渊源》，第48页。
② L.布拉加：《文化三部曲》，布加勒斯特，密涅瓦出版社，1985年。第297页。以下所有引文均出自《小羊空间》，收录于《文化三部曲》，第296-311页。

说的历史仅仅指"主流历史",它具有一致的内在逻辑,并以"不朽"的作品作为其发展主线。

在 L. 布拉加关于罗马尼亚民族历史发展曲线(其中也包括"淡出历史"的时期)的理论中,主流文化与非主流文化被看作两种不同的历史载体。自从罗马皇帝奥勒良决定撤出达契亚后,城市主流文化便失去了继续存在的条件。彼时达契亚人与罗马人的融合刚刚结束,新产生的罗马尼亚民族不得不屈身于非主流的乡村文化中,各种不利的周边环境导致其无法跻身主流文化。L. 布拉加因此喟叹:"罗马尼亚文化生不逢时,在形成之初就恰逢罗马尼亚民族'淡出历史',从而失去了有序发展的可能性,沦入一种文化形式并不匮乏,但与历史发展相悖的状态中。在罗马尼亚民族形成之前和形成之初的几个世纪里,达契亚及周边地区风云变幻,迫使其不得不背弃了'历史',隐退到相对不受历史条件制约的精神家园之中。"[1]

由于罗马尼亚民族无法像一个强大的民族那样紧跟历史发展主线,因此不得不从城市退居乡村,委身于民间文化的"外壳"之下,并在几个世纪的沉寂中形成了自己的风格本原。这种退居一隅的策略虽然导致了罗马尼亚文化在主流历史上默默无闻,却留存了罗马尼亚的民族血脉。L. 布拉加举了一个语言学上的例子:拉丁语词汇"pavimentum(地板)"和"veterani(老兵)"在罗语中演变为"pǎmânt(土地)"和"bǎtrâni(老人)"。这两个词词义演变体现出从主流文化向非主流文化退缩。

正是出于这样的考虑,L. 布拉加总是给"历史"一词打上引号,以表明他所赋予的特殊含义。上面所说现象并不意味着罗马尼亚人从他们的故土消失或是地理上的撤退,而是转向一种非主流的生存方式。就是在这种退缩中,罗马尼亚民族得以在其故土上生生不息。这种隐退是在蛮族入侵欧洲之际,面对可怕历史挑战的一种自保,是一种在不利环境下的生存策略。这一观点与 M. 伊利亚德所说的"古老传统文化面对'历史的恐怖'时采取的精神防御"如出一辙。罗马尼亚人就这样被限定在其"内部风格视野"之中,在长达千年的时间里采取了一种"可以被称作抵制历史的自保态度"。他们拒绝被你方唱

---

① L. 布拉加:《文化三部曲》,布加勒斯特,密涅瓦出版社,1985 年。第 298 页。

罢我登场的统治者们撰写的历史所裹挟，坚信这样的历史"绝不属于自己"。罗马尼亚人在万般无奈下退居乡村，在自己的家园和故土坚持着自主性。他们既有自保的本能，也有免受历史大潮裹挟的智慧。因为在这股大潮中，任何失误都会导致罗马尼亚人"即使不在肉体上消失，也会在精神上万劫不复"。

从小村落到地区性部落，再到封建公国，一步步走来的罗马尼亚人也曾满怀憧憬主动迈入"主流历史"的门槛。到公元 11 世纪末匈牙利人入侵时，罗马尼亚人已经能够有效组织抵抗，但在训练有素的军队面前仍然力不从心。匈牙利人向特兰西瓦尼亚地区的扩张使罗马尼亚人走进主流历史的希望化作泡影，直至 18 世纪才得以"坚定地面向未来，勇敢开启新纪元"。封建公国的建立标志着罗马尼亚人从"非主流历史"中脱颖而出，这一进程一直持续到 17 世纪（含），这些公国在那时进入了辉煌期。L. 布拉加认为这一进程可以从"țară"一词的词义变化体现出来：该词源自"terra（土地）"，指人类生活的地理空间，之后具备了"国家"的政治含义，指人类生活的主流历史空间。在 14 世纪末和 15 世纪，从 N. 巴萨拉布大公、老米尔恰大公到 V. 采佩什大公，从波格丹一世、善良的亚历山德鲁到斯特凡大公，蒙特尼亚和摩尔多瓦两个公国"在前所未有的大好形势下实现了飞速发展"。蛰伏已久的罗马尼亚民族"迎来了井喷式发展和持续繁荣，获得了最为真实的历史面貌"。

斯特凡大公将拜占庭文化与达契亚本土文化熔于一炉，L. 布拉加这样评价他在政治和文化上的丰功伟绩："从来没有任何一个时期让我们觉得如此自豪。但是我们在最为关键的历史时刻却时运不济，无法安然度过。幸运的是一些完全不可抗的因素并未使我们遭受灭顶之灾，在肉体上完全消亡。"这里所说的"不可抗因素"即奥斯曼帝国的扩张。勇敢的米哈伊大公的统一梦想破灭后，罗马尼亚人登上主流历史舞台的努力再次受挫，不得不采取守势，在之后几个世纪中仅仅生活在"准历史"中。这是又一次"抵制历史"，又一次"淡出"，但不像之前那么彻底。在 L. 布拉加看来这也是一种自保的策略，罗马尼亚人在周边三大帝国的夹缝中无奈采取了"不合作"的态度。他们部分隐退到了原始的生存状态之中，并创造出了灿烂的民间文化。在 V. 卢普、M. 巴萨拉布和 C. 布伦科韦亚努统治时期，罗马尼亚人凭借有限的条件尽力向主流文化靠拢。许多编年史家和文化名人都积极参与到主流文化生活中，尤其是 D. 坎泰米尔的出现"预示着罗马尼亚人即将拥有自己真正的'历史'"。

尽管在罗马尼亚人在文化上接受并吸收了各种现代理念和思潮，但是在政治上却只是"在他国历史发展主线上如履薄冰地存在，偶尔有所作为"。到法纳里奥特大公统治时期，罗马尼亚人的主流政治和文化生活彻底终结，不得不再一次淡出历史，从主流文化退居非主流文化。各大帝国凭借强大的军事实力，对蒙特尼亚和摩尔多瓦两公国横加蹂躏，历史的走势对罗马尼亚人越来越不利。

在特兰西瓦尼亚地区，匈牙利人的统治使罗马尼亚人的历史发生了畸变。然而罗马尼亚族杰出人物 I. 胡内多瓦拉则率领他的军队"很大程度上改写了匈牙利和欧洲历史"。他的儿子，后来成为匈牙利国王的 M. 科尔温打着外族的旗号插手民族事务，迫使特兰西瓦尼亚的罗马尼亚农民继续抗拒历史，在自己的传统宗教文化中偷生。与其他地区的同胞相比，他们对主流历史的抵制更为坚决和持久，因为这种"主流"对他们而言，就是匈牙利人和萨斯人的奴役，以及普遍接受宗教改革。"如果说某地罗马尼亚人抵制历史的态度更为坚决，反应更为激烈的话，肯定就是这里。在阿尔迪亚尔，尽管占人口多数的罗马尼亚人仅拥有最少的权利，但他们却能够抗拒各种诱惑。他们完全置身于宗教改革之外。萨斯人、匈牙利人和赛库伊人都接受了宗教改革，罗马尼亚人却在其古老乡村的外壳下拒绝外部世界的召唤"。

在风格本原遭遇到外部侵袭时，罗马尼亚人竭尽所能地捍卫着古老的传统。特兰西瓦尼亚地区的少数罗马尼亚人接受与罗马教廷的宗教联合，也是出于对民族利益的考量。他们以宗教上的妥协为代价，以期换取罗马尼亚人的政治权利。因此，这种联合既未改变罗马尼亚人的宗教信仰，也未改变其风格本原。除此之外，阿尔迪亚尔学派在该地区的出现标志着民族意识的觉醒。它不仅继承了民族理想，而且在与西方国家的接触中，使这一理想更具现代感和可行性。19 世纪是罗马尼亚民族开始觉醒，并通过一系列重大历史事件逐步登上主流历史舞台的世纪。1918 年在阿尔巴 - 尤利亚实现的大统一将这一进程推向了顶峰，罗马尼亚民族从此告别了一波三折的历史发展道路。

L. 布拉加认为，自从达契亚人与罗马人融合为罗马尼亚民族，这个民族就经历着特殊的历史发展曲线。他们顺应外部环境，在非主流与主流历史进程之间摇摆不定，以保证民族存在的连续性。斯特凡大公辞世之后，罗马尼亚风格本原在主流历史层面的有机发展之路已被阻断，民族危机也就是从那个时候开始的。由于历史的断层，"罗马尼亚文化在最关键时期永远失去了有机、自然发展的机会"。

"有机发展"一词屡屡现诸 L. 布拉加、T. 马约雷斯库、M. 埃米内斯库等人的笔端，这绝非偶然。他们都认为，罗马尼亚无法通过有机发展来实现现代化是一大憾事。在他们看来，罗马尼亚的社会基础仍然是乡村式的，要满足真正意义上的现代化需求不仅需要对自己国家的长期建设，还需要借助"欧洲各国间相互依存的完整网络"。19 世纪，西欧各国凭借新科技实现了飞速发展，罗马尼亚社会也在急剧变化之中。但新的历史背景也带来了巨大的压力，"使我们无法通过完全自然的方式发展"。罗马尼亚获得独立既离不开自身的努力，也是欧洲大国间角力的结果。因此，"如果我们想要作为一个国家得以维持并继续发展，就必须融入欧洲，并尝试着完全适应外族创造的形式。我们必须承认，除此之外别无选择。罗马尼亚乡村作为我们民族传统的守护者仍然极为落后，但已失去了往日的宁静。自然有机的发展必须遵从某种神秘的召唤，不是一声令下就可以实现，或是能够通过某种化学方法催化的。但为了避免再次变异而拒绝某些欧洲通行的形式，同样也是不可取的"。

L. 布拉加意识到，罗马尼亚在融入欧洲文明的过程中有时会出现令人痛苦的结果，通过引进外来政治形式来促进发展也会拉大城乡差距。但这些负面效应都是不可避免的，而且"自由带来的好处无可比拟，足以弥补这些负面影响"。对于罗马尼亚融入欧洲的问题，他的立场无疑是开明的。他指出，"我们不用妄自菲薄，但更不应该文过饰非"。[1] 必须承认非有机发展带来的负面影响。由于社会发展的

---

① L. 布拉加：《文化三部曲》，布加勒斯特，密涅瓦出版社，1985 年。第 297 页。以下所有引文均出自《小羊空间》，收录于《文化三部曲》，第 312 页。

一些步骤被"跳过"，很多问题悬而未决，只是被暂时回避，但这些问题在特定的历史时期仍会凸显出来。L. 布拉加因此发出警告："从前跳过的那些步骤在未来还会导致同样多的问题。"[①]

他同时还指出，罗马尼亚乡村文化蕴藏着巨大的潜力，它们发挥着日益积极的作用，用其物质和精神元素不断充实着主流文化。为了重申自己关于民族延续性的看法，他在临终前援引了一些重要史料："自从我就我们民族的形成提出自己的观点，已经过去四分之一个世纪了。包括史学家、语言学家、考古学家在内的众多学者发现的一系列'事实'为我的论点提供了新的佐证。在我看来，曾被那些人用来驳斥我们在达契亚'延续性'的论据，如今反而成了支持这一'延续性'的佐证。"[②]

11. L. 布拉加论著节选

《文化三部曲》，收录于《布拉加全集》(第九卷)，布加勒斯特，密涅瓦出版社，1985 年，第 179-180 页：

"从理论上说，风格本原主要由以下各类范畴构成，并呈现出丰富多样的面貌：

空间范畴(无限空间、穹形空间、平面空间、小羊空间、接续空间，等等)；

时间范畴（喷泉式时间、瀑布式时间、江河式时间，等等）；

价值表达方式（肯定式表达、否定式表达）；

由海及陆式风格、由陆及海式风格（或中性风格）；

创造新形式的意愿（个人意愿、传统意愿、自然意愿）。

风格本原是上述多个范畴的集合，它可以在无意识间烙印在人类的所有作品，乃至生命中，因为生命也同样受精神的陶冶。从涉及的类型看，风格本原可以存在于文艺作品、哲学理念、学术观点、道德伦理和社会思想中。我们还必须认识到，能够对我们的'世界'加以塑造的并非仅限于有意识因素，还包括一系列无意识因素。"

同上，第 193-198 页：

① L. 布拉加:《岛屿的崛起》，克鲁日—纳波卡，达契亚出版社，1977 年。第 107 页。
② 同上书。第 183 页。

"（……）在我们理论中，所谓'空间范畴'就是不同形态的文化对特定景物进行描述时表现出来的空间感，它带有浓厚的无意识特征。无意识不应被理解为意识的完全缺失，而应被看作一种能够自圆其说的精神实在。被从外部环境中剥离出来之后，'空间范畴'便成为无意识的一部分，无论外部环境如何变化都保持着自身的特征。空间范畴是一个由各种精神因素构成的稳定框架，我们的无意识就存在于这个框架之内。它就像是无意识的外壳，两者有机关联，不可分割。这是一种主观与客观之间的松散联系，就像意识与外部景物之间的关系一样。在各种偶发事件的影响下，意识时常会与景物发生背离，然而无意识却不会背离其空间范畴。因此，空间范畴是一种精神实在，比单纯的感受更为深刻和有效。我们的文化风格之所以存在惊人的一致性，仅仅将其解释为感受与景物之间的肤浅关联是不够的，必须寻找更深层次的原因。也许，无意识的空间范畴就属于这种深层次的实在。它能够成为某种文化、某一个人或某个集体风格构成中的决定性因素。正因为这种空间范畴具有塑造和确立风格的功能，我们可以将其称为'空间本原'（……）

这种（作者注：罗马尼亚文化特有的）范畴之前从未有人提到过。它就像多伊娜（译者注：一种罗马尼亚抒情民歌）和叙事曲悠扬的声线，以及它们引发的共鸣一样，发自我们的灵魂，更是源自我们对命运的感悟。这种命运掌控着个人和民族，甚至具有超民族性。这里所说的命运既不是令人绝望的压抑氛围，也不是无法挣脱的囚笼，更不是极易引发悲剧的狂妄自大。它就像延绵不绝的丘陵和山谷，而我们就在起伏不定的山坡上出生、成长和消亡。罗马尼亚人精神深处对命运的感悟似乎也和空间范畴的一样，显得起伏不定。实际上，无意识的空间范畴和对命运的感悟可以被看作是构成一个复杂有机体的两个方面或两种要素，它们一旦结合，就能够生成一种具有弹性，但内容经久不变的结晶（……）

罗马尼亚人并没有命中注定的死敌，因此在饱尝了世间甘苦之后，他们既没有被残酷的宿命摧毁，也没有过分迷信自然或命运。一边是无言的宿命，另一边是适度的自信，罗马尼亚人的脚步仿佛跟随着一首古老的多伊娜的节奏，感受着道路的高低起伏（……）

罗马尼亚人的村舍不像萨斯人的村舍那样，挨挤着并排在田野上，相互间不留空隙，就好像链条上紧扣着的一个个环节。它们之间保持着一定距离，或是简单的空隙，或点缀着庭院和花园，好比在房屋之间加上了一些弱读音节。这些留存至今的间隙也许是对山谷仅存的记忆，正是这些山谷将牧人憩息的丘陵分割开来。平原与谷地也同样间隔分布，成为无尽起伏空间中的一个部分。我们应该铭记的是，这种（民居与地貌）转换的现象源自我们精神深处。"

第十一章

两次世界大战之间的社会学和经济学思想 *
D. 古斯蒂的思想体系

第一节　D. 古斯蒂（1880-1955）的社会学体系

1. D. 古斯蒂的学术与文化成就

D. 古斯蒂是两次世界大战之间罗马尼亚文化的核心人物，在多个领域都有建树。凭借深厚的学术和文化素养，他提出的社会学理论在国际上享有盛誉。与此同时，他还是诸多文化机构的杰出组织者和领导者。

1904 年，D. 古斯蒂以优异的成绩在德国完成学业，并在冯特的指导下完成了博士论文《利己主义与利他主义》。回国后，他在雅西大学讲授社会学（1910-1922），之后任布加勒斯特大学社会学教授。1918 年，他与 V. 马德贾鲁、V. 珀尔万一起在雅西创办了社会改革研究会。该协会于 1921 年更名为罗马尼亚社会研究所，成为两次世界大战之间享有盛誉的罗马尼亚文化研究机构。D. 古斯蒂以这个研究所为平台，组织了一系列政治和社会问题讲座和辩论。当时很多知名人士参与其中，围绕政党问题和 1923 年《宪法》举办的讲座内容现已结集出版。1919 年，他创办了当时极具影响力的刊物《科学与社会改革档案》。

通过 1914-1945 年发表的一系列论著，D. 古斯蒂不仅创立了自己的社会学研究体系，还成为布加勒斯特社会学学派的创始人。该学派网罗了一大批知名人士，例如：H. H. 施塔尔（罗马尼亚最伟大的社会学家之一，代表作有《社会学专著写作技巧》《内雷茹，一个古老地区的村庄》，以及三卷本巨著《罗马尼亚村社社会学》），M. 武尔克内斯库（布加勒斯特社会学学派的核心成员，为该学派理论体系的建立奠定了基础），T. 赫尔塞尼，A. 戈洛彭茨亚，C. 布勒伊洛尤，M. 波普（Mihai Pop，1907-2000），L. 措帕（Leon Țopa，1912-1996），P. 安德罗内斯库 - 卡拉扬（Pompiliu Andronescu-Caraion，1922-1971）等等。

在 1932-1933 年担任教育部部长期间，D. 古斯蒂大力推行教育改革，以期将教育和国民经济的现实需求结合起来。在他和布加勒斯特社会学学派的努力下，布加勒斯特乡村博物馆于 1936 年成立，成为反映罗马尼亚传统文明的一面镜子。1938-1941 年间，他编辑出版了四卷本的《罗马尼亚百科全书》。该书采用跨学科的视角，对罗马尼亚历史、政治、社会、经济等方面进行了概述，反映了两次世界大战之间罗马尼亚社会生活的所有重要方面，真实还原了那个时期罗马尼亚社会的真实面貌。这部巨著详细介绍了罗马尼亚的政治和司法体系、行政组织结构、经济和社会发展、人口状况、自然资源、重要社会机构。其中有关第一次世界大战的章节由 M. 武尔克内斯库执笔。

1944 年后，D. 古斯蒂积极投身外交事业。1948 年在美国访问期间，他曾提议在联合国建立各国社会研究所，并为这一机构编制了规程。尽管这一提议当时没有被采纳，但联合国后来建立了一个类似的研究机构。

D. 古斯蒂的主要论著有《战争社会学》（1915）（首部通过社会学方法研究战争的著作）和《社会学与伦理学研究》（1915）。大多数在两次世界大战之间发表的学术论文后来都被收录在《社会现实科学》中，于 1941 年用法文出版。除此之外，D. 古斯蒂及其门生的很多论文都刊载在他 1935 年创办的《斗争社会学》杂志上。

2. D. 古斯蒂社会学理论体系的构成要素

D. 古斯蒂创立了一个完整的社会学理论体系，由其创建的布加勒斯特社会学学派又名布加勒斯特专题研究学派。他的社会学思想由以下基本理念构成：

社会学的研究对象是被看作整体的社会实在，它是由各种因素、关系和行为构成的统一体。社会实在由"社会单元"，即在不同层面相互关联的社会组织，如家庭、村庄、城镇、学校、教会、社群、社团、机构等构成的。所有这些社会单元都同时隶属于一个更大的社会单元——民族。事实上，D. 古斯蒂创立的正是一种民族社会学。在现代世界，民族就是最具复杂性和功能性的社会单元，是最重要的人类次属群体。

社会的本质在于社会意志，社会单元的所有表现都是人类活动中对意志的体现。在冯特唯意志论的影响下，D. 古斯蒂对"社会意志"这一含混的概念进行了阐释。他认为，社会意志一方面是人类自身意识的体现，另一方面则受情感和理性的支配。他在相关论著中指出，社会意志取决于人类有待满足的需求。

社会实在形成于社会单元之中，受宇宙范畴、生物范畴、心理范畴和历史范畴的制约。上述范畴中的前两个属于自然范畴，后两个则是社会范畴。此外，社会实在还有着四个层面的表现，即经济表现、宗教表现、政治表现和法律表现。其中前两类表现体现了社会构成，以及社会生活的实质，后两类表现则体现了社会单元具备的功能和应遵从的规范。

为了阐明上述各种范畴、各类表现之间，以及范畴与表现间的关联，D. 古斯蒂提出了"社会平行发展法则"。一些片面的唯心主义或唯物主义学说倾向于将一种表现看作其他所有表现的原因，D. 古斯蒂则认为它们是不可被分割或简化的："实际上，社会作为一个整体，它的各个部分都是在同时发展，而非相继发展。因此它们之间存在相互依存的关系，而非从属关系。这在我们的体系中被称为社会平行发展法则。"他坚持认为社会生活具有整体性，拒绝对社会实在的各种表现划分层级。但他并不反对在学术研究中，应根据社会单元的性质优先探讨影响力较大的因素。布加勒斯特社会学学派曾就社会平行发展法则进行多次论证。

社会实在处于动态变化之中，无论处于何种状态下，都积聚了来自过去的影响，并能够预见到未来的某些趋势。通过社会学研究可以揭示历史来源和未来的前景。D. 古斯蒂创立的思想体系将社会学、伦理学、政治学的研究对象都包含在内。他指出：社会学的研究对象是当前的社会实在，旨在通过专题研究和理论归纳对其加以阐释；伦理学研究将社会实在与社会理想、人类活动的价值和目的关联起来；政治学研究的则是实现上述价值与目的的手段。

D. 古斯蒂用多方位的视角看待社会，并采用跨学科的方法研究社会实在。在他看来，社会学必须统合来自各门科学的信息，借此重建社会的全貌，进而对民族的生存状况加以诊断。总的来说，社会学已然成为一门自然科学。他论证了科学与社会活动的一致性，坚信社会学研究具有实用价值和政治意义。一个民族可以基于社会学知识获得自我认知，并协调力量发起切合实际状况的社会改革。D. 古斯蒂社会学理论体系的基本原则就是社会行为须与社会认知保持一致。

D. 古斯蒂主张在社会学研究中采用专题研究方法，从多学科、跨学科的角度来对社会单元的所有表现进行具体的实地调查。借助这种方法，可以为社会中的所有事实和状况拍摄一幅"超广角快照"，并对其加以理性的关联和阐释。各个层级的社会单元是社会专题研究的对象，小到家庭，大到民族或国家都在此列。D. 古斯蒂倡导提倡基于事实构建理论，超越了以往思辨的、纯理论的、闭门造车式的社会学研究，为 20 世纪社会学思想的发展作出了巨大贡献。

3. 专题研究

D. 古斯蒂相信，如果能够深入实地，用专题研究法来代替以往的思辨研究法，社会学必将得到长足发展，大大推动我们对社会的认知。他因此断言："社会学除了专题研究外别无出路。"1925 年，D. 古斯蒂启动了一项规模浩大的罗马尼亚乡村专题研究项目，调查范围从多尔日省的戈伊恰·马雷村开始，一直扩展到内雷茹、摩尔多瓦河畔丰杜、德勒古什、尚茨等村庄。他向这些村庄派遣了由社会学家、医生、地理学家、法学家、经济学家、心理学家、人种志专家共同组成的跨学科研究团队，对乡村生活的所有重要方面展开调研。D. 古斯蒂认为村庄是罗马尼亚民族最基本的社会单元，因此民族研究必须从乡村入手。这一项目也涉及对城镇和其他各类经济单位的研究，以期勾勒出罗马尼亚民族的整体面貌。

布加勒斯特社会学学派严格遵循科学方法开展调研，基于合理假设、案例搜集、理论阐释来对社会实在进行客观描述，并兼顾各类制约因素，借助联合团队来对社会单元进行多学科分析。他们的研究取得了丰硕成果，在国内外享有盛誉。

4. 民族社会学

D. 古斯蒂认为民族是最大的社会单元，因此民族社会学即能够全面阐释现代社会的社会学。他的研究对象十分宽泛，涉及包括经济表现在内的民族生存状况的方方面面，但其侧重点仍然在文化方面。他指出："民族是唯一的能够自给自足的社会单元，这意味着它无须构成一个更大的社会单元就能够创建自己的价值世界，确立自己的目标并找到实现这一目标的手段，也就是自身具备协调和进步的能力。任何其他社会单元都无法在社会生活中占据此等地位。"[①]

在 D. 古斯蒂的民族理论中，文化标准显然比政治和经济标准更为重要。他认为人类应该被看作各民族构成的整体，它们共同创造出了文明世界，而各民族之间的合作与竞争关系同样也是人类的构成要素。一个民族能够创造出具有历史深度和政治表现力的"价值世界"，用以彰显自身的民族身份。民族文化就是属于一个民族自己的"价值世界"，是这个民族最重要的组成部分，也是该民族性格在人类世界中的综合体现。

在过去的三个世纪中，民族理念与政治理想、经济和文化现代化进程同步推进。在经济、政治、文化界人士的共同努力下，罗马尼亚民族的民族身份在现代化进程中得以巩固。D. 古斯蒂将第一次世界大战看作一个转折点，这次战争使帝国模式趋于没落，民族国家理念成为欧洲新的组织原则。他指出："无论对内还是对外都单纯依靠暴力，永远充满攻击性和侵略性的旧式国家已经消亡，取而代之的是基于民族和民主理念建立的新型国家。"[②]

民族性原则的最终胜出使人们得出了"国家必须服从民族"的结论，而政治边界也应与民族边界相一致。所谓民族国家，就是"民族在政治和法律上的人格化"，完全不同于帝国或联邦制国家。正因为此，在《凡尔赛和约》签订之后出现了一个"新欧洲"。按 D. 古斯蒂的说法，这个新欧洲"消除了民族与国家的对立（……）将其统合为

---

① D. 古斯蒂：《民族学》，收录于《古斯蒂全集》（第一卷），布加勒斯特，罗马尼亚社会主义共和国科学院出版社，1966 年。第 492 页。

② D. 古斯蒂：《民族问题》，收录于《古斯蒂全集》（第四卷），布加勒斯特，罗马尼亚社会主义共和国科学院出版社，1970 年。第 10-11 页。

一种新的政治理念，即民族国家"。随着帝国式欧洲的土崩瓦解，一个民族式的欧洲诞生了。

5. 布加勒斯特社会学学派的意义

D. 古斯蒂不仅是科学家、社会学家、理论家，还是罗马尼亚学术和文化生活的领导者，是整整一代社会学研究者的导师。1965 年后，社会学作为一门科学得到了极大重视，社会学教育的基础也得以奠定。D. 古斯蒂一手创立的布加勒斯特社会学学派掀起了一股与欧洲新思想相呼应的文化风潮，建立了一批文化机构，组织开展了大量社会调研，并积极地将研究成果用于实践之中。在此期间成立的罗马尼亚社会研究所下设多个研究室，专门针对社会生活中的各项重大问题开展调研。这一机构真正体现了跨学科的特点，下辖的最重要的研究室有：农业研究室、工业研究室、财经研究室、贸易研究室、法律研究室、行政研究室、政治研究室、公共卫生和人口研究室、政治和社会理论研究室、外交政策研究室、社会学研究室、文化研究室。该研究所还拥有一座图书馆，其中不仅有现代化的文献中心，还可以举办各类讲座、辩论、研讨会，就当时热议的问题进行探讨。丰富多样的学术活动为该机构在国内外赢得了极高的声望。

此外，该研究所还是布加勒斯特社会学学派的重要学术平台，这一学派取得的杰出成就在国际上广受赞誉。D. 古斯蒂不仅创立了一个宏大的社会学体系，还通过实地调研不断对这一体系加以充实和修正，凸显了社会实在的复杂性。这一体系的核心理念，就是将各类社会范畴与社会表现加以区分，并遵循社会平行发展法则对各级社会单元（村庄、城镇、地区、生活和生产单位、民族国家）中出现的现象进行全面的专题研究。

D. 古斯蒂创立的社会学学派推出了雄心勃勃的研究计划，将乡村作为专题研究的首要对象，旨在积极地认识社会实在，并结合现代化需求提出相应的对策。该学派的一些代表人物用唯实论观点和科学思想来看待社会问题，因此与 L. 布拉加等文化理论家，以及《思想》杂志代表的传统东正教思想家发生了巨大分歧。H. H. 施塔尔认为，L. 布拉加和东正教思想家们对乡村的描述完全脱离历史，纯粹是童话般的臆想。在普遍坚持理性主义和科学思想的同时，布加勒斯特社会学学派的代表人物如璀璨的群星，展现出了各自的人格魅力和思想特点。

他们共同发起了一场声势浩大的精神和文化运动，并取得了令人瞩目的成果。

第二节　P. 安德烈（1891-1940）

P. 安德烈是罗马尼亚社会学界另一位杰出人物，他提出的价值理论产生了深远的影响。他曾担任雅西大学社会学教授，同时也是一位坚决反对右翼思潮的民主派政治家，1940 年在铁卫军的胁迫下自杀。

P. 安德烈的代表作有《价值哲学》（1918 年完稿，1946 年方得以出版）和《普通社会学》（1936）。他的理念具有理性主义、唯实论和决定论色彩，将社会看成一个须从不同视角加以研究的整体。他认为社会由物质因素和精神因素共同构成，并与自然界相互作用，片面的唯心主义和自然主义观点都应被扬弃。其理论体系的核心思想就是：社会是各种主客观因素相互影响而形成的复杂关系的体现。尽管深受 D. 古斯蒂的影响，但他依然相信主要的社会表现之间存在着条件和因果关联，对 D. 古斯蒂提出的社会发展平行法则并不认同。他同时指出，虽然某些社会表现发挥着主导作用，但不应被过分夸大。此外，他还十分重视由主观和客观因素共同决定的人类活动。P. 安德烈不否认社会发展须遵循某些客观规律，同时也承认思想和价值观对于人类活动的指导意义。为了建立一种不同于社会进化论的改革思想，他尤其重视社会团体和阶级所起的作用。

使 P. 安德烈得以跻身罗马尼亚大思想家之列的，是其创立的价值理论。在他看来，价值不仅仅是主体或客体，还是主体与客体之间的"功能关联"。主体、客体，以及它们之间活跃的动态关联，都是构成价值的要素。在与心理主义、主观主义、唯意志论划清界限的同时，他也反对价值自主论和机械唯物主义。在他看来，不包含人类劳动的客体并不具备价值，而没有通过客观活动体现出来的纯主观想法同样也不具备价值，价值产生于人类通过创造性劳动改造客体的过程之中。因此，价值是人类目的的客观体现，是创造性劳动的产物，是对社会需求和社会理想的表达。

价值在社会中能够发挥实际的功能，对社会经验和人类生活进行干预。作为最早接触价值社会学的理论家之一，P. 安德烈对价值的社会功能，价值对社会活动的引导和调节模式进行了深入探讨。人类的行为具有目的性，因此会在某种价值或理想的驱使下，根据其追求的目标来选择手段。为此，他主张对价值、规范和手段之间的关系进行全面分析。

目的在人类生活中普遍存在，人类依照其追求的价值开展活动。价值观为个人人格和社会人格奠定了基调。社会的价值，即在于塑造能够融入复杂社会活动和社会组织的自由人格。价值论无时无刻不在左右着人类的生活，因为人们总是在将现实与理想进行比较，并据此做出价值判断。P. 安德烈在《价值哲学》（1918）中对价值哲学进行了近乎全面的论述，书中提及的这些观点如今已被普遍接受。

第三节　V. 马德贾鲁（1887-1940）

V. 马德贾鲁是一流的经济学家、社会思想家、科学家和政治家。他不仅拥有自己的经济学理论，还在两次世界大战之间创立了一个社会经济学派。他著作等身，是与 V. 斯勒韦斯库（Victor Slăvescu，1891-1977）、M. 马诺伊列斯库、Gh. 扎内（Gheorghe Zane，1897-1978）齐名的罗马尼亚经济学大师。

在德国莱比锡求学期间，V. 马德贾鲁师从毕歇尔（Karl Wilhelm Bücher，1847-1930）研习经济学，1911 年通过博士论文《关于罗马尼亚的工业发展》的答辩。之后他赴伦敦继续深造，从事货币金融理论研究及实务，在那里接触到了英美经济学家的最新思想。回国后就职于就业和劳动保险中心，主管社会政策（也是他在德国学习的对口专业）。从 1916 年起，V. 马德贾鲁在布加勒斯特高等工商学院任教，其间发表了一系列有关职业发展、家庭工业、合作社、社会保障政策等方面的论文，成为最早用科学方法探讨上述问题的社会学家之一。

V. 马德贾鲁是罗马尼亚管理学的先驱。他在 1915 年、1916 年先后发表了论文《工商企业的管理理论与技巧》和《工商企业实务研究》，主张引进科学的企业管理原则，转变以往全凭经验的管理模式。1927 年，他和 D. 古斯蒂、Gh. 齐采伊卡（Gheorghe Țițeica，1873-1939）一起创办了罗马尼亚劳动科学管理研究所。在《政治经济学教程》（1941）等论著中，他的经济学理论与企业管理实务被广泛结合起来。

1918 年一战结束，V. 马德贾鲁与 V. 斯勒韦斯库、I. 勒杜卡努（Ion Răducanu，1884-1964）共同创办了《经济独立》杂志，并长期担任主编。1918-1920 年间，他参与筹建了 D. 古斯蒂和 V. 珀尔万在雅西创办的社会改革研究会（1921 年更名为罗马尼亚社会研究所，并迁至布加勒斯特，成为对罗马尼亚国情开展多学科研究的权威机构）。在担任该机构秘书长的 10 年间，V. 马德贾鲁主办的一系列活动使其在罗马尼亚学术界和政界声名鹊起。

作为重农主义的主要理论家之一，V. 马德贾鲁为这一学说制定了政治纲领。他曾与民粹主义领袖 C. 斯泰雷通力合作，为农民党起草党章，被后者称为杰出的经济学家和具有真知灼见的政治家。1928-1933 年间，V. 马德贾鲁在历届政府中担任部长，为国家走出经济危机制定了相关财经政策。作为民主价值观的捍卫者和经济现代化的拥护者，他极为重视农民阶级在社会和政治生活中所起的作用。他和 M. 拉莱亚、P. 安德烈、N. 卢普、M. 盖尔梅贾努（Mihail Ghelmegeanu，1896-1984）等国家农民党中的民主先锋一起，与法西斯主义进行了殊死斗争。

V. 马德贾鲁不仅是布加勒斯特商学院的知名教授，还是经济环境研究所的奠基人，并将 N. 杰奥尔杰斯库 - 罗埃金（Nicolae Georgescu-Roegen，1906-1994）、M. 武尔克内斯库、Gh. 扎内等一批学者招致麾下。除了在欧洲经济学界享有盛誉外，他还多次参加国际联盟会议并做了一系列报告，成为著名的地缘政治专家。由于旗帜鲜明地反对法西斯主义，V. 马德贾鲁于 1940 年 11 月 27 日被铁卫军暗杀，年仅 53 岁。与他同一天遇害的还有 N. 约尔加。

V. 马德贾鲁认为，经济学理论必须有坚实的社会基础，对经济活动和经济结构的探讨应紧密联系宗教、政治、家庭、阶级等社会生活的方方面面。他将社会学与经济学观点融合起来对社会实在及其历史演变加以分析，开创了罗马尼亚经济社会学研究的先河。

此外，他还特别关注东南欧各国农业发展在工业化时期呈现出来的特殊性。其代表作《重农主义、资本主义、帝国主义——罗马尼亚社会发展研究》（1936）中指出，东南欧国家以乡村小私有制为主，从事小生产的农民并未完全融入资本主义生产机制中。即使将他们从大地主的奴役下解放出来并授予他们土地，其未来的发展方向也必定与掌握着工商资本的资产阶级背道而驰。在摆脱了地主贵族的奴役之后，农民阶级又与财富新贵、金融寡头和资产阶级自由派开始了新的斗争。在1925年发表的一篇论文中，他将农民阶级称为民主的守护者，认为资产阶级自由派代表的"金融世界"必将走向独裁，金融危机的爆发也应归咎于自由主义执政理念。当资产阶级自由派在议会辩论中获胜后，他愤怒地将这次辩论称为"经济上的图特拉坎战役"（译者注：一战中发生在罗马尼亚与保加利亚之间的一场战役，以罗方战败告终）。

V. 马德贾鲁的历史和经济分析涉及内容广泛，却又不失严谨。他在对罗马尼亚和西方国家的农业发展进程加以重建并进行对比后，指出古典经济学的假设无法在农业经济中得到印证。依照上述学说，随着东南欧国家完成从封建社会向资本主义社会的转变，农民阶级将失去土地并被大规模无产化。但实际情况恰恰相反，农民阶级在获得土地后经济独立性日益增强，几乎能够游离于"资本——劳动——金钱"的循环之外。因此，经济和社会的发展规律并不是唯一的，它们之间的差异性取决于一系列特殊历史因素。社会发展具有多元特征，而不是单线式的。V. 马德贾鲁的观点带有新进化论色彩，代表着社会学研究的新走向。他认为欧洲各国的农业主要可以遵循以下几种模式实现向资本主义的转变：其一是英国模式，虽然被认作经典，但他国无法效仿；其二是法国模式；其三则是丹麦及东南欧国家的模式，这种模式最终会导致新农奴制的出现。

在他看来，古典经济学理论在农业领域仅适用于大农场主。对于中小农户而言，无法将有偿劳动和利润、所有者和生产者完全分割开。V. 马德贾鲁据此提出了"农民经济理论"，强调农业经济体系与资本主义主流经济体系之间存在差异。这两种经济体系格格不入，"从某种意义上说，我国现有的国民经济结构，正是这两种不相兼容的体系造成的后果"。[①] 尽管资产阶级通过商品交易、价格杠杆、信贷系统、税收政策对农业进行压榨，但V. 马德贾鲁仍然坚信农业具

---

① V. 马德贾鲁：《重农主义、资本主义、帝国主义——罗马尼亚社会发展研究》，克鲁日—纳波卡，达契亚出版社，1999年。第86页。

有特殊的发展机制和潜力。

在 1921 年出版的《重农主义》一书中，V. 马德贾鲁对重农主义学说的经济理念和发展战略进行了概述。该书出版后遭到了资产阶级自由派思想家 Șt. 泽莱廷的批驳。作为单线发展论的坚定拥护者，Șt. 泽莱廷否认农业可以置身资本主义大潮之外，他认为农业国终将被纳入唯一的资本主义发展模式中。他进一步指出，尽管农业小私有制带有非资本主义性质，但是它在产品流通市场上必然会与资本主义发生商业关联，并由此融入国民经济和世界经济中。面对强大的信贷体系和商业手段，农业小私有者处于任人宰割的地位。因此，商业利润的获益者并非农民，而是商品市场和金融市场的掌控者。

罗马尼亚经济的最大问题在于，其工业部门是资本主义的，而农业部门却是非资本主义的。按照 V. 马德贾鲁的预期，工业化之路相当漫长，农业小生产和农民阶级在很长一段时间内仍将是罗马尼亚经济和政治生活中的主角。他指出，农民小私有者只有进入合作化体系，才能够在资本主义市场环境中拥有自保的能力。农业合作社必须掌控"为农民服务的贸易和信贷机构"，才能把握农业生产与商品、资本市场之间的关联。资产阶级通过高利贷和贸易来摧毁古老的农业生产体系，结果并未促进工业发展，而是催生了金融资本和寡头政治。由于新农奴制的出现，农民阶级的经济状况极不稳定。农民的购买力低下使得工业产品销售市场极度萎缩，阻碍了罗马尼亚的工业发展。依靠保护主义政策发展起来的民族工业与罗马尼亚的经济结构、经济需求并不相符，因此极度脆弱。

在《世界大战后的罗马尼亚经济发展》（1940）一书中，V. 马德贾鲁对罗马尼亚各个经济部门的兴衰做了广泛而深入的剖析。该书立论严谨，涵盖面广，是罗马尼亚经济思想领域的一部力作。作者指出，农业小私有制在正趋于解体，而合作化道路仍未取得成效。但相比工业发展，他更看好农业的前景。在他最后发表的几部著作中，提出了"农业发展才是工业化的真正基础"的说法。在他看来，罗马尼亚农业面临的问题主要源自以下方面：虽然农民在 1921 年后获得了土地，但国家并未给他们提供拨款或信贷用以购买技术和种子，拓展农产品销售渠道，更未减轻农民的税负。由于政策的缺位，农村的私有制无法得到巩固，农民的生活也未能得到改善，农户与合作社的经济状况普遍不佳。同时他还指出，乡村人口过剩也是导致经济和社会发展不均衡的重要原因。农业是整个国民经济的一部分，无法完全脱离资本主义经济关系，因此仅仅依靠农业结构的调整不足以解决这一问题。在两次世界大战之间，发展迟缓的工业部门无法完全吸收农村剩余劳动力。只有大力发展民族工业，才能彻底消化来自农村的剩余人口，从而摆脱这一恶性循环。

V. 马德贾鲁认为，罗马尼亚经济政策从农业向工业倾斜的同时，必须密切关注工农业发展之间的关联。工业的发展不仅需要充足的原材料、高效的流程、优质的产品，还需要通过提升农民的购买力来扩大内需。只有大力发展农业，才能增强农民的经济实力。他坚决主张将效益作为评估企业的标准，认为不应让一些效益低下的企业苟延残喘，成为国内消费者的负担。他还强烈谴责牺牲农业利益，通过税收保护和提升国内商品价格等措施来扶持"温室型工业"的做法，因为通过这种途径发展起来的工业在国际竞争中不堪一击。唯有发展农业才能大幅拓宽工业产品的销售市场。因此，发达的农业是工业发展的必要条件，"农业发展可能成为民族工业发展的起点"。[①]他一针见血地指出：尽管罗马尼亚不再是一个纯农业国，存在发展工业的必要性，但现有的工业毫无竞争力，只是在贸易保护政策的庇护下，在"温室"中苟延残喘。它的存在一方面导致物价猛涨，国内消费者（主要是农民）不堪重负，另一方面使"一小撮受益者"和金融寡头财源滚滚。

基于罗马尼亚经济发展史和两次世界大战之间的世界格局，V. 马德贾鲁和 M. 马诺伊列斯库几乎同时针对帝国主义的扩张和罗马尼亚的独立发展提出了各自的经济社会学理论。在经历了经济危机后，V. 马德贾鲁意识到纯农业国对工业国的依赖日益加深。国家的经济独立离不开强大的工业，农业国的工业化是一种"自然趋势"。在新的国际形势下，工业国凭借强大军事和经济实力不断扩张，农业国极易沦为其殖民地或附庸。各大国实行的经济帝国主义政策极具攻击性，时常为了争夺半边缘或边缘地区的原材料或销售市场而大打出手。与 19 世纪的旧式帝国主义相比，新兴经济帝国主义惯用的"资

---

① V. 马德贾鲁:《重农主义、资本主义、帝国主义——罗马尼亚社会发展研究》，克鲁日—纳波卡，达契亚出版社，1999 年。第 52 页。

本输出"手段更具侵略性。[①] 在这些工业国的"势力范围"内,"宗主国"通过政治强权、贸易保护、金融和技术优势将某些发展方向、薪酬条件、贸易规则强加给边缘国家。

凭借对世界经济的深入了解,V. 马德贾鲁鼓励中东欧农业国借助有利的关税政策向西方国家出口农产品,从而实现互利共惠。1929-1933 年间,八个欧洲农业国一致推举 V. 马德贾鲁为其代表,在日内瓦、华沙、布加勒斯特、伦敦、布拉格、奥斯陆、锡纳亚等地召开的国际会议上发言。当时罗马尼亚国内的右翼势力甚嚣尘上,极力鼓吹法西斯主义。V. 马德贾鲁指出法西斯主义是德国从罗马尼亚攫取经济利益的手段,希特勒的扩张直接造成了东欧小国对德国的经济依赖。正因为此,纳粹德国向铁卫军下达了对 V. 马德贾鲁的暗杀令。

第四节　M. 马诺伊列斯库（1891-1950）

M. 马诺伊列斯库是最富真知灼见的罗马尼亚的经济学家之一,其论著在国际上的影响力足以与 20 世纪最伟大的经济学家媲美。他毕业于布加勒斯特理工大学,拥有深厚的经济学、历史学和社会学素养,其自创的经济分析体系更是在两次世界大战之间享誉全球。他的著作以立论严谨,数学分析工具运用到位,角度新颖而著称。他在布加勒斯特理工大学任教期间的部分政治经济学讲义被收录在 1938 年出版的《试论经济哲学》一书中。

早年间,M. 马诺伊列斯库曾是新自由主义思潮的追随者,1923年在罗马尼亚社会研究所举办过"新自由主义"讲座。一战结束后,他加入了 A. 阿韦雷斯库（Alexandru Averescu, 1859-1938）将军领导的人民党。该党与 I. I. C. 布勒泰亚努领导下,代表寡头利益的国家自由党势同水火。M. 马诺伊列斯库谴责国家自由党通过"金融黑手党"在罗马尼亚实行政治恐怖主义。1929 年,M. 马诺伊列斯库加入国家农民党,拥护卡罗尔二世（Carol al II-lea, 1893-1953）重登王位,但之后又为这一立场而反悔。由于对政坛上的尔虞我诈心灰意冷,他在

---

① 见 V. 马德贾鲁:《重农主义、资本主义、帝国主义——罗马尼亚社会发展研究》,克鲁日—纳波卡,达契亚出版社,1999 年。第 163-200 页:"经济帝国主义与国际联盟"章。

1930 年后站到了自由主义政党和民主政治的对立面。在他看来，自由民主主义的历史作用已经淡化，应该被一种精英专制所取代。基于这种反自由、反民主的右翼思想，他创立了全国社团同盟，并在《社团主义年代》一书中为社团主义制定了经济、社会和政治纲领。

M. 马诺伊列斯库曾任罗马尼亚国家银行行长，后来由于在马尔默罗斯科 - 布兰克银行舞弊案中坚持正确的立场而被卡罗尔二世解职。1940 年，他迎来了自己职业生涯的转折期：因其学术声望赢得了意大利和德国右翼集团的青睐，被任命为罗马尼亚外交部部长，并不得不以这一身份签署了丧权辱国的《维也纳条约》。他后来因此入狱，于 1950 年在狱中逝世。

真正为其奠定国际学术地位的著作，是 1929 年在法国出版的《保护主义和国际贸易理论》。[①] 该书面世后很快被译为英文、意大利文、葡萄牙文和德文，引起了广泛关注。二战后，这部著作对拉美地区的经济学家和社会学家产生了重要影响。[②]C. 穆尔杰斯库（Costin Murgescu，1919-1989）将其誉为"罗马尼亚人在世界经济学思想上的首次突破（……）它被各类学术论文、大学教程、专著和百科全书广泛援引，将永载现代经济学史册"。[③] 曾为该书罗文版撰写评注的 M. 托多西亚（Mihai Todosia，1927-1995）指出，M. 马诺伊列斯库的著作已经成为当代经济学理论的一个参照，被经济思想史研究专家 A. 皮埃尔（André Piettre，1906-1994）称为"有史以来最具价值的经济学论著之一"。[④]

这部著作的核心思想是：世界经济体系是在工业国对农业国剥削的基础之上建立的，这势必会引发工业国与农业国在经济、贸易、文化、政治等领域的冲突。无论在某一国国内，还是在发达工业国和落

①在 1986 年罗译本出版时，这本书已经成为世界经济学的经典之作。
②《保护主义和国际贸易理论》一书广受巴西、阿根廷、智利等拉美国家经济学家的好评。在 20 世纪六七十年代，R. 普雷维什（Raul Prebisch, 1901-1986）、C. M. 费塔多（Celsio Monteiro Furtado，1920-2004）、J. 卡斯特罗（Josué de Castro，1908-1973）等人的理论均受其启发。
③C. 穆尔杰斯库：《罗马尼亚经济学思想演变》（第一卷），布加勒斯特，科学与百科全书出版社，1987 年。第 413 页。
④M. 托多西亚：《马诺伊列斯库对于两次世界大战之间经济发展复杂性问题的研究以及他对国际经济关系研究领域的贡献》，本文系对《保护主义和国际贸易理论》罗文版的评述，见《国民生产力与对外贸易——保护主义和国际贸易理论》，布加勒斯特，科学与百科全书出版社，1996 年。第 23 页。

后农业国之间，都需要通过工农业产品之间的不等价交换来掌握经济支配权。根据亚当·斯密和李嘉图的古典经济学理论，国内和国际贸易都是依照"劳动的等价交换"原则进行的，因此个人收益（资本家获得的利润）必然伴随着国家收益（在某一经济领域新创造出来的价值）。但 M. 马诺伊列斯库将国家收益与个人收益加以区分，指出通过比较成本论推导出来的"普惠"原则只适用于发达工业国，但掩盖了工业国与农业国之间"不等价交换"的事实。

　　M. 马诺伊列斯库对古典经济学理论进行了一系列革新。这些创新不仅体现在理论层面，还体现在他为国家拟定的经济政策中。例如，他为是否实行贸易保护主义政策制定了标准。《保护主义和国际贸易理论》一书开宗明义地指出，自由主义代表人物提出的古典经济学理论与现代经济的真实状况之间存在巨大差异。凭借对世界各国经济状况的深入了解，M. 马诺伊列斯库向流行了半个多世纪的经济学理论发出了质疑。他指出，对劳动价值的计算不应仅考虑数量，还应兼顾质量，重视专业化劳动对附加值的创造能力。古典经济学恰恰掩盖了劳动的差异性，未能按照（农业或工业）劳动的性质合理确定劳动收入和产品价格。在他看来，"劳动价值对等、生产成本对等原则根本就是站不住脚的，但自由贸易主义仍用这些虚假的原则来支持其观点。世上没有比这更荒唐的事了。不仅如此，还有人妄图将各国的经济生活建立在这种矛盾的理论之上"。[1]M. 马诺伊列斯库认为"衡量经济优势标准不是最大劳动量，而是人类劳动的最大生产率"。[2]在统计时，应该将各个企业、各个产业部门、各个国家的劳动生产率作为基本指标。他颠覆了一系列古典经济学原理，并得出了"工业相对于农业具有内在优势"的结论。

　　为了支撑自己的论点，M. 马诺伊列斯库运用大量统计数据和数学公式来证明无论在一个国家内部还是在东方农业国与西方工业国之间，工农业产品之间的不等价交换都长期存在。亚当·斯密和李嘉图的理论缺陷在于，他们的假设都是基于西方工业国的特点做出的，未能考虑到农业国的实际情况。然而在 19 世纪初，世界上绝大多数国

---

① M. 马诺伊列斯库：《国民生产力与对外贸易——保护主义和国际贸易理论》，布加勒斯特，科学与百科全书出版社，1996 年。第 392 页。
② 同上。

家仍是落后的农业国。由于劳动生产率的差异，西方国家可以用一个工人制造的货物来换取东欧农业国十个农民生产的农产品。随着西方国家工业化进程的不断推进，这种不等价交换已然在国际贸易中成为一种主导机制。"一国对另一国的掌控即源于两国之间的劳动不等价交换"。[①]

基于上述理念，M. 马诺伊列斯库提出了保护主义的实施原则。他指出，一种商品是靠自产还是进口，取决于全国的平均生产率。如果相关生产部门的劳动生产率水平高于全国平均水平，那么在国内自行生产这种商品就是有利的。如果劳动生产率低下，进口这种商品则更为有利。保护主义政策的实施必须是暂时性的，有差别的，必须受某些标准的制约。首要标准就是要通过提升国民劳动生产率来维护"国家利益"，之后才可以考虑通过进出口来获得"商业利益"。古典经济学理论只关注国际贸易中某一时间点进出口商品的价格和"价值扩张"现象，却忽视了国民经济中的劳动生产率优势。"我们不能因为进口商品价格低廉就断言进口是有利的。是否有利不仅取决于'如何购买'，更取决于'如何创造必要的购买力'"。换言之，一方面要考虑进口某种商品能否获益，另一方面则要确保国家具有在国际市场上购买这种商品的"支付能力"。为了进口一种商品，必须以付出等额的商品或服务为代价，两者之间应保持平衡。因此，国家必须通过差别化的保护主义措施对劳动生产率高于全国平均水平的部门加以激励，M. 马诺伊列斯库称之为"国民经济向最大生产率倾斜法则"。

我们从 M. 马诺伊列斯库著作中援引的下述观点和理念引发了经济思想的变革：

"古典自由主义经济学主张国际性劳动分工和全球自由贸易，认为在国际贸易中双方能够实现互惠，且所有产业部门，无论工业或农业，都同样能使人们致富。

在对照事实，并通过逻辑推理对上述这些观点进行检验后可以发现，我们的结论与古典经济学理论大相径庭（……）如果按照工农业劳动者的人均收入及其创造的人均价值来进行统计，可以得出以下结果：工业劳动者在一年内创造的价值比农业劳动者在同一时期创

[①] M. 马诺伊列斯库：《国民生产力与对外贸易——保护主义和国际贸易理论》，布加勒斯特，科学与百科全书出版社，1996 年。第 44 页。

造的价值高若干倍。这一比例在全球经济危机前（1929-1933）的东欧达到了 1：4。这意味着工业创造新价值的效率是农业的四倍。经济危机后农产品价格下降幅度远远大于工业品，使 1：4 的比例扩大到 1：8，乃至 1：10。

总的来说，特别是在西欧国家，但凡出售一个工人一年制造的工业品，就能购买约十个农民一年的劳动。这就是所谓的国际贸易等式！正是这一等式揭示了西欧国家在 19 世纪大繁荣的秘密。这种 1：10 的交换意味着赤裸裸的剥削（……）

毫无疑问，东欧国家现在已经清醒地认识到了这一问题。1932年，我有幸在意大利王国科学院举办的欧洲问题研讨会上宣读了论文。在我阐述了西欧国家剥削东欧国家的观点后，桑巴特也认为西欧国家长期以来一直从其他国家获得近乎'免费'的商品。工农业生产率不对等性和贸易的不平等性清楚地揭示了两个古典经济学未曾充分认识到的事实：第一，工业国远比农业国富裕；第二，城市远比乡村富裕。

古典经济学掩盖了国际贸易的真相。而英国作为这种学说的发源地，就是企图让世界上所有国家都购买其工业产品，而不是自己生产，从而做成一笔'好买卖'。不幸的是，这笔好买卖实际上包藏祸心，英国总是在出售商品的同时也在推销其经济学思想，在每件英国商品的包装箱上都印着一小段亚当·斯密的经济学《福音书》"。[1]

M. 马诺伊列斯库还指出，德国经济学家 G. 李斯特（被 M. 埃米内斯库誉为"天才的李斯特"）是首先起来反对英国经济思想和贸易霸权的人。他不仅指出了古典经济学理论中的谬误，还强调了为促进民族工业发展而暂时实行保护主义政策的必要性。M. 马诺伊列斯库因此称之为"落后国家经济独立的伟大导师"。

在 G. 李斯特看来，即使发展工业会在短期内使国家付出"牺牲"，但它会给社会、文化、道德带来一系列间接的影响。他有一句名言："创造财富的能力永远比财富本身更为重要，它不仅可以让你得到的东西保值增值，还可能取代你曾经失去的东西。"这句话一直是经济

---

[1] M. 马诺伊列斯库：《国民生产力与对外贸易——保护主义和国际贸易理论》，布加勒斯特，科学与百科全书出版社，1996 年。第 43-45 页。

学家和治国者的座右铭，[①] 也得到了 M. 马诺伊列斯库和 M. 埃米内斯库的极力推崇。

落后农业国家的政治家们已经逐渐意识到工业化的必要性。西方自由主义理论怂恿这些国家实现贸易自由化，只对农业和初级生产部门加大投入，却不鼓励它们发展更具竞争力的高科技工业。M. 马诺伊列斯库指出，古典经济学理论用一个车间或一个生产单位内部的劳动分工模式来解释国际劳动分工是错误的，因为劳动的"专业化"不仅意味着"劳动质量的差异"，还意味着"劳动价格"，即收益的差别。在一国的国民经济体系中，有些企业比其他企业利润更高，在国际上也是如此，由于种种原因，一些经济体的平均劳动生产率要远远高于其他国家。

古典自由贸易理论认为"全球自由贸易"能够使所有参与者（无论工业国还是农业国，无论发达国家还是落后国家，无论中心国家还是边缘国家）获益。但如果将之与 20 世纪经济体系的真实运行状况对比，就会发现这只是一种虚幻的教条。M. 马诺伊列斯库证明国际贸易的基础并非"利益的和谐共存"，而是长久的冲突和结构性的不公。虽然这些冲突和不公有着不同表现形式，但始终带有"不等价交换"和经济霸权的特点。他甚至预见到了当今全球化进程中的矛盾，从而发出了这样的疑问："假使世界范围内的专业分工可以普惠全人类，那么就出现了一个问题：全球化的收益是否就意味着每一个国家都能获得最大收益？答案无疑是否定的。"[②]

在 1943 年出版的《罗马尼亚资产阶级的作用和命运》一书中，M. 马诺伊列斯库以不同于 Şt. 泽莱廷的视角对罗马尼亚资本主义的形成进行了分析，最终得出的结论也与 Şt. 泽莱廷大相径庭。这部著作内容翔实，归纳准确，几乎涵盖了罗马尼亚现代化进程中面临的所有问题。作者在书中将经济、社会视角和历史、文化视角很好地结合起来。他指出，尽管罗马尼亚资产阶级在经济、政治、行政、文化、教育等领域都发挥着重要作用，但它是作为"生产和劳动的组织者"登上历史舞台的，这才是其永恒的职能。因此它必须为民族利益而肩负

---

① M. 马诺伊列斯库：《国民生产力与对外贸易——保护主义和国际贸易理论》，布加勒斯特，科学与百科全书出版社，1996 年。第 399 页。

② 同上书。第 47 页。

起工业化的重任，这对于罗马尼亚的发展至关重要。M. 马诺伊列斯库反对民粹主义和重农主义思想，坚决支持工业化。他主张国家积极干预和激励民族工业的发展，因为这是实现国家强盛和捍卫民族利益的必由之路，也是罗马尼亚资产阶级在未来必须完成的未竟事业。

M. 马诺伊列斯库对历史的理解完全不同于其他资产阶级史学家。他认为现代经济体系的形成离不开三个要素，即资产阶级、资本主义和自由主义。但三者的关系是相对独立的，当前的统一性将来可能不复存在。他指出："这三个方面今天看来即使不是一回事，也是相互交织不可分割的。但实际上，资产阶级、资本主义与自由主义是相继出现的，相互间隔长达几个世纪。"[1] 资产阶级是一个有着悠久历史的阶级，在几个世纪的发展进程中先后与资本主义和自由主义融合。"资产阶级是一个有着近千年历史的社会阶级，其主要职能就是凭借其拥有的工具组织劳动和生产（从最早的手工业生产发展到其他各类生产）"。[2]

早在公元 1500 年后就出现了资本主义生产方式，经济的发展导致了生产资料拥有者和被雇佣者的自然分化。资本所有者与生产者之间、（属于老板的）个人收益与（属于国家和民族的）社会整体收益之间出现断层，大规模雇佣劳动成为资本主义的本质特征。"资本主义被附加到了资产阶级身上，进一步强化了资产阶级的固有功能，即组织手工生产。不仅如此，传统资产阶级思想中还融入了企业精神，资本主义思想由此诞生"。[3]

从 1500 年到 1700 年的三百年时间里，资本主义时代的资产阶级取代了中世纪的资产阶级。但这一时期的主流思想是重商主义，自由主义尚未出现。直至 19 世纪初，资产阶级才将自由主义作为其政治纲领和经济发展战略。自由主义成为一种无所不包的生活理念，深入人类活动的方方面面，其引人入胜之处在于前所未有经济自由和政治自由。

M. 马诺伊列斯库指出："这种新元素叠加在旧元素之上，使资产

---

① M. 马诺伊列斯库：《罗马尼亚资产阶级的作用和命运》，布加勒斯特，雅典娜出版社，1997 年。第 94 页。
② 同上书。第 98 页。
③ 同上书。第 96 页。

阶级开始遵循自由竞争原则和公权不得干预经济生活的原则。早期的资产阶级从那时起变成了自由资本主义时代的资产阶级，一直到第一次世界大战爆发，甚至到今天这一阶级依然存在。他们在民主和宪政环境中成长起来，具有全球化经济视野，其经济思想的特点就是遵循'自由放任'的原则（⋯⋯）自由资本主义时代是资产阶级发展进程中的一个高潮，它融合了先后出现的几类要素：一类是资产阶级固有的要素（即借助手中的生产资料组织劳动和生产）；另一类是资本主义的要素（企业家将逐利作为经济发展的唯一动力，并将生产者划分为两个不同的阶级）；还有一类则是自由主义要素（体现为自由竞争原则和公权不得干涉经济生活的原则）"。①

在 M. 马诺伊列斯库看来，罗马尼亚资产阶级已经大体完成了其历史、经济、政治、文化使命，即实现经济现代化和工业化，组建罗马尼亚人的现代国家，并进一步推进"国民政治教育"。与 Şt. 泽莱廷的分歧在于，他认为资产阶级的利益和国家利益并不是自动契合的。罗马尼亚在 19 世纪与他国进行的贸易是一种"不平等不公正的交换"，这种交换有利于外国资本和国内的资产阶级，但对于整个国家而言却是不利的。这是一个城市对农村、工业国对农业国野蛮剥削的时代。

他认为唯有 M. 埃米内斯库能够一针见血地指出农业作为罗马尼亚的经济支柱，劳动生产率与西方工业国相比极度低下，使国家在经济和地缘政治上处于劣势。"不等价交换"这种"隐性奴役"主导着工业国与农业国之间的经济关系。通过统计，M. 马诺伊列斯库进一步证明了（出口）农产品与（进口）工业品之间"不等价交换"给罗马尼亚带来的危害。他坦承这一理论的灵感来自 M. 埃米内斯库："我们的国民生产率极其低下，在罗马尼亚只有 M. 埃米内斯库的文章对此有着敏锐的直觉，我们现在又对其进行了严谨的科学论证"。②

在之后的工业化和保护主义时期，资产阶级的利益与国家的整体利益逐步趋于一致。M. 马诺伊列斯库指出："随着工业化的推进，资

---

① M. 马诺伊列斯库：《罗马尼亚资产阶级的作用和命运》，布加勒斯特，雅典娜出版社，1997 年。第 97-98 页。
② 同上书。第 226 页。

产阶级开始与国家和解。这一趋势在当代一直占据着主导"。① 资产阶级在与地主贵族的政治斗争中全面胜出，之后又在与外国资本的斗争中逐渐占据了政治和经济舞台。而民众则一直是看客，很多时候甚至不知道台上唱的是哪出戏。他曾经提道："有个学生来问我，应该如何概括罗马尼亚现代国家创建之初的政治变迁。我的答案很简单：外国人为开创一种新的经济模式，建立一个新的罗马尼亚人国家创造了有利条件。地主贵族建立了国家，国家又孕育了资产阶级，而资产阶级作为回报却侵吞了贵族的利益并夺取了国家。罗马尼亚资产阶级的故事就是迪努·珀图里克（Dinu Păturică）（译者注：N. 菲利蒙小说《新旧豪绅》中的反派人物）的翻版，只是从个人角色变为社会角色而已。"②

M. 马诺伊列斯库坚持对资产阶级、资本主义和自由主义这三个在古典经济学理论中密不可分的概念区别对待。他认为资产阶级在一战后就"已经彻底与自由主义割裂，并与资本主义渐行渐远"。资产阶级并未因这种割裂而消亡，只是发生了"净化和转变"。③ 由此可以看出，他的政治立场明显带有精英主义、社团主义、反自由主义的右翼倾向。在他看来，未来的资产阶级应该与 19 世纪的自由主义和个人主义划清界限，并接受社团主义思想，在民族精英的领导下将全国民众按等级统一起来。当"直接掠夺"和"殖民奴役"已经寸步难行时，"国际贸易"取代了它们。自由主义思想就是在这个时候被广为宣扬，旨在为西方资本主义一百多年来的全球扩张辩护。④ 今后的社会发展应该以国家振兴为目标，依照社团主义原则来对国家进行重组。

M. 马诺伊列斯库的理论在二战后得到了许多主张经济独立的经济学家和社会学家的认可。巴西驻罗马尼亚大使 J. 莫斯卡多（Jeronimo Moscardo，1940-　）曾说："巴西在知识上欠了罗马尼亚两个人情：首先是 T. 查拉发起的达达主义，我们在其影响下举办了

---

① M. 马诺伊列斯库：《罗马尼亚资产阶级的作用和命运》，布加勒斯特，雅典娜出版社，1997 年。第 141 页。
② 同上书。第 255-256 页。
③ 同上书。第 64 页。
④ 同上书。第 396-397 页。

1922 年圣保罗现代艺术周——这是我们真正独立于葡萄牙的文化活动；其次是 M. 马诺伊列斯库在《保护主义和国际贸易理论》一书中提出的经济学理论。这一理论为 1932 年后实行的工业化进程奠定了基础。时至今日，其重大理论和实践价值仍能在巴西最伟大的经济学家 C. 富尔塔多（Celso Furtado，1920-2004）的著作中得到体现。"①

---

① 巴西驻罗马尼亚大使 J. 莫斯卡多：《重获被忽视的身份：罗马尼亚化与巴西方化》，该文系为 G. M. 弗里尔（Gilberto de Mello Freyre，1900-1987）著：《主与奴》（布加勒斯特，宇宙出版社，2000 年。）一书撰写的前言（第 7 页）。

第十二章

罗马尼亚现代文化发展理念的碰撞 * E. 洛维
内斯库和同步化理论 * N. 克拉伊尼克和东正教
"思想派" * N. 约内斯库和 E. 萧沆的理念

第一节　E. 洛维内斯库和同步化理论

在两次世界大战之间，罗马尼亚在欧洲新格局下应如何发展的问题引发了政界和文化界的大讨论。社会名流、各类报刊、不同思潮都从各自的视角出发参与到这次讨论中。他们共同关注的焦点有：罗马尼亚现代文化的本原是什么？应该走何种现代化道路？如何缩小与西方国家的差距？何种社会发展模式更贴合罗马尼亚的民族特色？这些难题也曾经困扰着"四八"革命者、青年社成员、播种派、社会主义者和民粹主义者。此时的思想家们分裂为传统主义和现代主义两大阵营，在政治、思想、哲学、文化层面对上述问题展开了长期辩论。在三个公国实现大统一后，上述问题被归结为"罗马尼亚该走何种发展道路"这个单一问题。

E. 洛维内斯库是两次世界大战之间罗马尼亚最著名的文学评论家和文学理论家之一，在社会学和史学研究领域也颇具造诣。他撰写的《罗马尼亚现代文明史》（共三卷，1924 年、1925 年出版）在当时引起了巨大反响和广泛争议。与他齐名的是新自由主义社会学家 Şt. 泽莱廷。这两位主张现代化和自由主义的理论家从社会学和观念学的角度出发，对罗马尼亚现代思想史进行了重新梳理和归纳，他们争论的内容至今仍有着深远的意义。

1. 同步化法则和罗马尼亚现代文明的形成

E. 洛维内斯库在《罗马尼亚现代文明史》中对罗马尼亚现代文化进行了全面回顾，并明确提出了社会发展同步化理论，公开反对青年社、播种派、传统主义者和民粹主义者主张的有机发展理论。

要深入广泛地了解两次世界大战之间的文化发展和观念碰撞，《罗马尼亚现代文明史》是一部必读书。E. 洛维内斯库试图从社会学角度证明罗马尼亚引进西方现代化模式的必要性，并努力为自由主义正名。在他看来，传统主义思想不仅毫无依据，而且是"反动"的。这部著作以社会进化论和西方中心主义为理论基础，推崇政治自由和民主，带有鲜明的反传统主义色彩。

E. 洛维内斯库以法国社会学家塔尔德提出的"模仿律"为理论基础，认为社会凝聚力源于心理和精神因素。（在经济、政治、文化上）处于落后地位的个人、群体和国家必然会模仿发达群体和国家的价值观、立场和行为方式。无论是在古希腊、古罗马、拜占庭、文艺复兴时期的佛罗伦萨，还是现代西方国家，一旦出现了某种精神或物质创新，例如某种新的宗教信仰、科技发明、法律法规、行为模式、制度设计，就会在周边地区传播，并通过模仿向更广的范围辐射。各地根据自身的特点对这些因素加以借鉴、吸收和本土化。19 世纪的单线进化论提出了如下假设：人类文明出现于几个具有创造性的中心地区，并向边缘地区辐射。这种文化辐射理论在 20 世纪初的学术界极为盛行，在 E. 洛维内斯库的著作中也有着鲜明的体现。他认为任何文明都是不同个体、国家、文化之间心理模仿的产物。

一个国家内部的模仿"由上而下"（从文化、政治精英到下层阶级）推行，不同国家间的模仿则是从中心向边缘（从发达国家到落后国家）推进。落后国家的模仿行为遵循着从文明到文化的次序，通常先引进一些表面元素（如衣着时尚、礼仪、标签、立场等）和政治组织形式（如理念、制度、法规等），之后再逐渐将其融合于本土思想和自身实践中。E. 洛维内斯库指出，文化与文明之间存在可逆关系。外来"形式"最初仅仅是伪装成"内容"，但在融入本国经验后即能"刺激"相应内容的生成。通过这一内化过程，源自国外的文明元素中蕴含的心理和思维模式被逐步破译。

同步化法则就是 E. 洛维内斯库以此为基础提出的。依照这一法则，我们可以发现在欧洲现代史上，国与国之间的相互依存关系日益紧密，共同的原则、价值观、制度将它们聚合在一起。E. 洛维内斯库借用了古罗马史学家塔西佗的观点，指出所有人都会迫于"时代精神"接受这些价值观、制度和文化形式。他将"时代精神"定义为"欧洲各民族在某个特定时期物质和精神特质的总和"。① 换言之，就是一种知识和道德氛围，一种社会大环境，一种主流价值取向。这是一个宽泛的概念，包含了一系列经济、社会、政治和宗教因素。这些因素对社会施加着压力，使其在既定的坐标系内发展。随着国家间相互依存关系日益紧密，时代精神就像一张大网，将所有现代国家网罗在内，使其无从逃避。

时代精神是现代国家同步发展的决定性因素，它使各国在精神和文化上出现同质化现象，经济、政治、文化架构也日趋一致。在 E. 洛维内斯库眼中，同步性是最为重要的社会发展法则。在这一法则面前，民族特色对发展造成的阻碍终将被清除。针对 C. 多布罗贾努 - 盖雷亚和 G. 依布勒伊莱亚努提出的相互依存法则，E. 洛维内斯库进行了新的阐释和扩充。他指出，发达国家奠定了时代精神的基调，落后国家迫于相互依存法则步入发达国家的轨道，并在其设定的背景下发展。青年社反对在相应内容缺失的情况下先行引进西方国家的形式，E. 洛维内斯库则认为这是一种应该被扬弃的保守思想。

他旗帜鲜明地反对所有传统主义、反自由主义思想，并进一步拓展了 C. 多布罗贾努 - 盖雷亚和 Şt. 泽莱廷的理论。他认为落后国家已经失去了走"有机发展道路"的机会，只能通过"革命道路"来实现发展。这意味着这些国家由于客观条件的制约，只能从发达国家先行引进现代政治体制，随后在这些形式的刺激下逐步推动相应内容（经济与文化结构）的发展。E. 洛维内斯库对青年社主张的"渐进道路"一直持抵触的态度，他更倾向于"革命道路"，认为发展长期落后的国家别无选择，只能通过外来形式刺激内容的产生。

在历史上，价值观的扩散和模仿过程不仅存在于某个国家内部，还存在于各个国家之间，最终导致了不同国家、不同文化间的融合。在某一地区或在全球范围内，处于相互依存关系中的国家都会逐步同

① E. 洛维内斯库:《罗马尼亚现代文明史》，布加勒斯特，密涅瓦出版社，1997 年。第408 页。

质化。在罗马尼亚现代国家的形成过程中，这一理论同样适用。我们可以将罗马尼亚现代文明的形成与发展看作同步化法则发挥作用的"典型案例"，并提出以下问题：这一进程是如何开展的？共分几个阶段？通过何种方式、何种力量实现？

西方自由主义思潮源自法国大革命，后来蔓延至整个欧洲，也深深地影响到了罗马尼亚的"四八"革命者和自由主义者。在此背景下，罗马尼亚各公国的现代化进程一日千里，迅速建立起了与西方文明接轨的现代制度，经济和文化结构的改革也随之逐步推进。

"四八"革命的爆发将罗马尼亚民族的视野从东方引向西方，这对于罗马尼亚现代国家的建立有着无比重大的意义。外部因素的影响通过两个步骤实现：首先是对自由主义思想的引进，其次是民主政治制度的确立和现代化改革的逐步推进（例如1866年《宪法》的通过、现代政治和文化制度的引进、经济改革，等等）。

2. "革命力量"与"反动势力"的对立

在罗马尼亚，资产阶级思想和政治变革先于经济变革出现，新生社会力量在全新的制度环境下茁壮成长，民族资产阶级开始形成。从西方引进的形式起初只是"伪装"成内容，并逐渐"刺激"相应内容的形成。在自然进化无望的情况下，通过现代世界的相互依存关系与西方国家实现同步成为唯一出路。E. 洛维内斯库不再对"无内容的形式"横加批判，而是对其在现代化进程中所起的积极作用加以肯定，努力为其辩护。

他认为在现代化进程中，罗马尼亚在社会、政治、意识形态等各个方面都发生了两极分化，"革命力量"与"反动势力"间的较量日趋白热化。所谓革命力量就是那些支持引进西方文明形式，并借助其实现现代化的人。在他眼中，"四八"革命者、自由主义者、萌芽中的罗马尼亚资产阶级、崇尚欧洲民主政治理念的知识分子就是"革命力量"的主要代表。在法国文化的熏陶下，这股力量在蒙特尼亚公国风头最劲。所谓反动势力则指那些将"无内容的形式"斥为"模仿"，反对这种现代化模式，以经济、社会、文化特殊性为由主张"有机发展"的传统保守势力。"反动势力"最初指为了捍卫既得利益而因循守旧的大地主，后来则指那些畏首畏尾，唯恐西方形式会抹杀罗马尼亚民族特色的人，包括青年社成员、民粹主义者、播种派、重农主义者、传统主义者，等等。保守势力受德国与英国进化论思想的影响，在摩尔多瓦公国最为强大。

E. 洛维内斯库发现，罗马尼亚文学和文化未能跟上社会发展进程，因此没有形成带有"革命色彩"的文化潮流。绝大多数主流文学作品对自由主义、资本主义和现代化都持抵触的态度。他将 M. 埃米内斯库斥为"反动势力"的代表，因为其政论文章中体现出典型的"农业精神"。他既是"民族神秘主义"和"乡村神秘主义"的始作俑者，也是"反动传统主义"的鼓吹者。

"革命力量"与"反动势力"水火不容，最主要甄别标准就是看其对于通过引进西方形式来实现现代化持何种态度。"革命力量"认为罗马尼亚除了通过革命来实现现代化之外别无他法，必须引进西方文明形式，并使之逐渐适应罗马尼亚社会的需求，最终促进内容的进步。"反动势力"则强调罗马尼亚与西方国家的形态差异，并以精神、文化、宗教、传统、社会特殊性为借口，主张像西方国家从前那样从内容到形式循序渐进地"有机发展"。

"反动势力"创造出了批判主义文化，掀起了一波又一波批判罗马尼亚现代文化形式的思潮。这种批判精神始于 M. 科格尔尼恰努，后来成为《达契亚文学》杂志的纲领，被青年社成员（T. 马约雷斯库，M. 埃米内斯库，I. L. 卡拉迦列）、N. 约尔加、C. 勒杜列斯库 - 莫特鲁、C. 斯泰雷等人发扬光大。批判主义文化的主将们认为罗马尼亚现代国家是通过一种"非有机"模式建立的，它从西方引进了现代形式，却未能在经济、社会、文化、精神上做出相应的结构性调整。

"有机发展观"的拥护者认为社会的发展只能通过"有机"途径，即从内容到形式的改变来实现，而不能反其道而行之。E. 洛维内斯库的看法与之截然不同，他指出"有机发展道路"对于罗马尼亚这样的落后国家而言只是水月镜花，必须走从形式到内容，从外来文明到本国文化"逆向发展"的"革命道路"。他说："从文化向文明过渡的发展之路并非不可逆的。（外来的）物质财富已经成为我们必备的生活条件，逐步适应了我们的习惯并融入我们的气质之中，转变为精神财富。换言之，文明在向文化转变。"①

---

① E. 洛维内斯库:《罗马尼亚现代文明史》，布加勒斯特，密涅瓦出版社，1997 年。第254 页。

批判主义文化的主将们将所有矛盾和乱象，包括西方大国对罗马尼亚的经济掠夺都归咎于"非有机发展"。这种看法无可厚非，但E. 洛维内斯库认为在现代世界的相互依存关系中，这是一种历史必然。罗马尼亚与西方国家间的巨大差距是在长期历史发展中积聚而成的，只有遵循无情的同步化法则，走"非有机发展道路"才能实现现代化。在他看来，在社会发展进程中发挥最重要作用的并非经济因素，因此主张政治变革先于经济变革。这种看法与C. 多布罗贾努 - 盖雷亚等人推崇的马克思主义的经济决定论格格不入。因此在很长一段时间里，E. 洛维内斯库都被看作是温和的先验论者和历史唯心主义者。

他对待罗马尼亚现代文化和文明的方式可以大致概括如下：

- 将外国因素置于本国因素之上，将欧洲大背景置于民族内部环境之上；
- 将思想因素置于经济因素之前，主张形式先于内容发展。

3. 审美价值的转变

按照同步化法则，落后国家的所有文化形式都必将具备与西方文化形式相似的功能。同步化现象必然会出现在社会生活的所有层面，体现在制度建设、学术研究、道德风尚，乃至艺术创作中。文艺创作也会不可避免地受"时代精神"的影响，从而发生风格和题材的转变。在《罗马尼亚现代文学史》（共4卷，1926-1929年间版）中，E. 洛维内斯库提出了关于审美价值转变的理论。

他将审美、民族、道德三个层面的标准加以区分，提倡审美自主。对文艺作品评判应该以其艺术价值为首要标准，而不是它表达的道德取向。很多备受播种派和民粹主义者推崇的文学作品在他看来都是毫无价值的。在不同时代精神的引领下，对同一部文艺作品的接受、理解和评价也各不相同。审美价值的变化充分说明了文学现代化的必要性，因为文学作品必须迎合新时代的期许。因此，他长期致力于文学现代化事业，通过《飞仙》杂志大力扶持具有现代视野的作家。

E. 洛维内斯库指出，审美价值是以人的主观判断为基础的，因人而异、因时代而异。个人的想法、品位、艺术追求、审美习惯都会随着时代精神发生改变。有些作品的内容虽未变化，但随着人们理解方式的转变，其价值也可能发生相应的变化。以 I. L. 卡拉迦列的作品为例，一旦作品中讽刺的现象消失，其艺术价值也会逐渐衰减。

这种观点显然有过度夸大之嫌。按照他的说法，由于品味和视角的改变，古希腊或欧洲其他经典时期的伟大文艺作品再也不能引起当代人的兴趣，因为它们代表着另一种时代精神下的价值观，无法在当代人的心中激起共鸣。在对一些文艺作品的评价中，他将作品价值与时代精神过分紧密地捆绑在一起，忽视了它们超越时空的历史价值。他没有意识到，一些作品能够通过不朽的形式来表现人类生存状况和民族风格本原。

第二节 Şt. 泽莱廷（1882-1934）和新自由主义思想

1925 年出版的《罗马尼亚资产阶级的起源和历史作用》一书使Şt. 泽莱廷跻身罗马尼亚一流社会学家之列。他认为随着商品经济的引入，罗马尼亚各公国原先的体制已然瓦解，民主政治的建立迫在眉睫。现代化进程的决定性因素是经济因素，而非思想因素。这部著作的前半部分于 1921-1923 年间在《社会改革杂志》上陆续发表，并得到 E. 洛维内斯库的赏识。

Şt. 泽莱廷强调经济因素是第一位的，因此必须首先实现经济同步化。他指出，自从 1829 年《亚得里亚堡条约》签订后，罗马尼亚历经了高利贷资本主义、商业资本主义、金融资本主义、工业资本主义几个阶段。现代罗马尼亚社会的主要矛盾体现为："经济基础的提升已经迈出了坚实的步伐，但上层精神因素的发展仍裹足不前。在资产阶级的推动下，经济因素正向着未来飞跃，精神因素则被反动势力死死地压制在原地。我们国家因此出现了两个相互矛盾的方面：一方面是现代化的经济—社会结构，另一方面则是以一系列反动文化思潮为代表的，仍处在中世纪的思想意识。"[①]

在 Şt. 泽莱廷看来，罗马尼亚资产阶级仅仅注重现实生活，在文化领域毫无建树。因此，现代罗马尼亚文化基本上是"反动思潮"一统天下，文化创作走向与现代历史发展方向完全背道而驰。由于这

---

① Şt. 泽莱廷:《罗马尼亚资产阶级的起源和历史作用》，布加勒斯特，人性出版社，1991 年。第 276 页。

些思潮总是对资产阶级的经济和政治主张横加指责，罗马尼亚历史发展遭到了反动文化的彻底破坏。他所说的"反动文化"就是指以T. 马约雷斯库、M. 埃米内斯库、N. 约尔加、C. 勒杜列斯库-莫特鲁、C. 斯泰雷等人为代表的青年社、播种派、民粹主义、重农主义。他指出："我们所说的反动文化，或'批判主义文化'，就是利用我们精神中的中世纪元素来反对资产阶级思想，认为后者是外国资本主义通过侵略强加到恬静的传统生活中的。"

Şt. 泽莱廷还指出，带有资本主义色彩的经济现象出现后，非但未能得到罗马尼亚文化界的支持，反而备受责难。在新经济关系中诞生的罗马尼亚资产阶级已经完成了经济现代化和建立罗马尼亚人国家的历史使命，但他们对经济和政治责任过于专注，以至在文化上惨遭败绩。文化战线被各种"反动思潮"所占据，对资产阶级推行的经济和政治举措频频发起批判。在 Şt. 泽莱廷看来，这种批判文化不仅是不科学的，而且是无价值的，仅仅是从意识形态出发为传统主义辩护而已。

在罗马尼亚资产阶级逐步实现"民族化"之后，本土资产阶级日益团结，并试图应对外国资本的入侵。20 世纪头二十年，自由党提出并推行了"自力更生"的发展理念。在三个公国统一后，民族思想在经济层面得到了更为突出的体现。

Şt. 泽莱廷觉察到了古典自由主义面临的危机，并在 1927 年出版的《新自由主义》一书中提出了"新自由主义"思想，旨在对自由主义的原则加以调整，从而改变经济发展策略。这种新思想试图调和自由市场机制与国家（通过投资、扶持本土资本、政策倾斜等方式）对公共事务适度干预之间的关系。如今人们对这些做法已经司空见惯，但在当时，特别是在经济危机爆发前的 1929-1933 年，新自由主义思想的提出有着重大的意义。

第三节　上述理论引发的思想碰撞

1. E. 洛维内斯库和 Şt. 泽莱廷遭受的非议

Şt. 泽莱廷的学说带有公式化特征，其中包含的元素可以按照不同比例和形式构成某种理论模型，并借此对罗马尼亚文化人物和思潮加以解读。他将经济层面发生的一系列事件看作"进步"，而伴随着这些经济现象的文化活动则被认为是体现了"小农意识"的"中世纪反动传统"。在他眼中，19世纪下半叶之后的罗马尼亚文化仅仅是"往昔岁月的回响"，是"我们阴魂不散的可耻传统"。

他的观点与 E. 洛维内斯库殊途同归，都是对传统价值观的颠覆。青年社成员和保守主义者极力抵制从西方舶来的形式、思想和制度。Şt. 泽莱廷与 E. 洛维内斯库则积极地看待这一进程，并用现代欧洲同步发展的历史规律为其辩护，驳斥了各种形式的传统主义思想。E. 洛维内斯库的著作体现了明显的政治自由主义倾向，尽管他提供了大量论据，但其论点仍有片面和夸大之嫌，在引发热议的同时饱受诟病。

民粹主义代表人物 G. 依布勒伊莱亚努在《罗马尼亚文化中的批评精神》（1909）一书中批评 E. 洛维内斯库置国情于不顾，生搬硬套地抄袭了同步化理论。他指出，外来形式必须适应国情才能发挥应有的作用。各国的发展水平不同，同步化进程的效果也大相径庭。

被斥为保守主义者的 C. 勒杜列斯库 - 莫特鲁在《罗马尼亚文化与权术》一书中则表示，E. 洛维内斯库把罗马尼亚现代史变成了一台意识形态的闹剧。各种正面人物和反面人物你方唱罢我登场，都只为了达到其政治目的，将自由主义者粉饰成罗马尼亚现代国家的缔造者。

《思想》杂志的撰稿人们则坚称罗马尼亚民族的文化和精神架构是东正教式的，注定与基于新教、天主教建立的理性主义和个人主义模式无法兼容。为了批驳 E. 洛维内斯库的观点，N. 克拉伊尼克在《第二次独立》（1926）一文中指出，继政治独立之后，罗马尼亚到了争取"精神独立"的关头，应该摆脱对法国式自由主义和西方理性主义的依赖。他指责 E. 洛维内斯库居心叵测，对罗马尼亚民族元素和原创文化极尽污蔑、贬低之能事。

2. 现代主义和反传统主义

E. 洛维内斯库用社会学方法论证了罗马尼亚实现现代化并融入欧洲文明大潮的必要性，他的理论不仅在那个时代发挥了重要作用，对今天的罗马尼亚文化研究者而言仍然有着重大的参考价值。只有在承认其价值的前提下，我们才能客观地对其著作展开批判性研究。

E. 洛维内斯库和 Şt. 泽莱廷最具争议之处在于他们对罗马尼亚民间文化传统的评价。虽然 E. 洛维内斯库无情地瓦解了传统主义的神话，但他简单粗暴和夸大其词的做法使其理论错漏百出。他在贬低，甚至全盘否定罗马尼亚文化传统的同时夸大了同步化法则的作用，将众多文化名人和作品轻率地归入"反动"范畴。这些人物或作品虽然未曾明确支持现代化，但体现了罗马尼亚文化在历史转折期的自我认知。

　　更让人无法接受的是，他们将批判主义文化定性为反对社会和政治现代化的"反动文化"。如果说批判主义文化一无是处，T. 马约雷斯库或 M. 埃米内斯库反对罗马尼亚现代化进程，我们实在不敢苟同。在他们看来，N. 约尔加和 C. 勒杜列斯库 - 莫特鲁的价值仅仅在于其政治立场。为了在辩论中占得上风，E. 洛维内斯库夸大了自由主义和形式现代化的作用，对于"无内容的形式"在落后国家可能导致的社会畸变却轻描淡写地一笔带过。

　　作为"无内容的形式"理论的提出者和罗马尼亚批判主义文化的代表，T. 马约雷斯库抓住了现代化进程中的这一矛盾，意识到政治和经济冒进可能带来的副作用。他的态度十分明确：罗马尼亚实现现代化并非坏事，但应触及实质，而不是仅仅流于表面。事实上，批判主义文化的其他代表人物也都主张罗马尼亚融入现代文明，但他们要求实现真正的，也就是内容的现代化。对于应采取何种现代化策略、走何种道路、保持何种速度，他们之间存在较大分歧。有人主张另辟蹊径，通过"非西方化"的方式来实现现代化，此类观点与著名政治学家亨廷顿不谋而合。亨廷顿对"现代化"和"西方化"加以区分，指出落后国家发展到了某一个阶段就会出现"本土化"现象，开始探寻自己的发展道路。19 世纪，批判主义文化的代表人物曾指责自由主义者不顾罗马尼亚民族传统，全盘照抄西方思想和体制。然而到第一次世界大战爆发前，"自力更生"已经成为自由主义者的座右铭，这充分说明他们也在探寻一条"本土化"的特殊发展道路。

　　E. 洛维内斯库的现代化理念过于依赖 19 世纪的单线进化论和文化辐射论，这些理论曾经遭到 C. 斯泰雷的质疑，N. 约内斯库、L. 布拉加、D. 古斯蒂、M. 伊利亚德、M. 武尔克内斯库、C. 诺伊卡等罗马尼亚知识分子的系统批判。

　　作为现代主义文学的倡导者，E. 洛维内斯库试图将审美与文化、民族、伦理等因素加以区分。他认为传统主义思想有着腐朽和反动的本质。在他看来，传统主义者同样也在模仿，只是他们模仿的不是与时俱进的事物，而是僵化的传统。由于罗马尼亚并不具备坚实的传统文化基础，中世纪文化又为现代主流文化所不容，因此传统主义就变成了对民俗的颂扬。他认为来自西方的各种思想、制度、科技、文明形式刺激了罗马尼亚文化的发展，而源自本土的内容只是在被动接受这些外来元素。他说："对我们而言，只能通过西方思想中的创造性元素来滋养本民族的内容，从而实现进步。"

E. 洛维内斯库的另一个论断也有待商榷，他说："在高层次的精神生活方面，我们的参与也仅仅流于幻想。"换言之，罗马尼亚人从未对西方文明进步做出任何实质性的贡献。为了批驳这一严厉的指责，有学者罗列了罗马尼亚人（例如 C. 布朗库西、H. 柯恩达、G. 埃乃斯库、先锋派运动领袖）在 1925 年前对西方文化发展做出的贡献。

E. 洛维内斯库还说："罗马尼亚民族在构建自己的文明时总是被动地模仿，总的来说就像其他相同处境的民族一样，只会机械地照搬世界上其他国家创造出来的科技成果和社会经验。"这无疑是给大力宣扬罗马尼亚人原创性、文化贡献和创造天赋的传统主义者和民族主义者浇了一盆冷水。客观地说，罗马尼亚现代文化和其他国家一样，实际上都遵循着双线发展模式，即在吸收外来影响的同时不断重新解读民族传统。两个方面相辅相成，缺一不可。

在 E. 洛维内斯库看来，向西方文化敞开大门并遵从相互依存法则是理所应当的。在当代世界，文明元素的交流与传播日益频繁，相互依存关系发挥的作用也越来越大。与两次世界大战之间相比，此类现象在今天更为普遍。罗马尼亚必须带着自己的文化身份参与到这种相互依存关系和一体化进程之中，否则就会像 E. 洛维内斯库所说的那样，文化成为抄袭而非原创，罗马尼亚民族的存在也在人类历史上形同虚设。E. 萧沆也曾为罗马尼亚文化贫瘠，缺少创作天赋和彪炳史册的作品痛心疾首。由此看来，E. 洛维内斯库的观点具有一定的警示意义，但我们需要用批判的眼光来审视他在与传统主义者的论战中发表的言论。

3. 对同步化理论批判的余波

两次世界大战之间及之后很长一段时间，对于罗马尼亚文化命运和罗马尼亚欧洲化进程这两个问题一直争议不断，但各方都将E. 洛维内斯库的理论作为重要参考。E. 洛维内斯库尤为重视来自国外，特别是西方国家影响。在他看来，所谓罗马尼亚文化原创性只是各种外来影响"适应"了"民族精神"的结果。罗马尼亚文化取得的所有成果都可以在西方文化中找到与之对应范式或标准，因此这些成就只不过是质量参差不齐的"模仿"而已。

20世纪70年代，罗马尼亚学术界针对被夸大的同步化理论发起了一场声势浩大的批判运动。在这一时期，罗马尼亚文化史研究取得了长足进步，西方思想界也提出了新的文化范式。这种范式重视对古代文化传统的发掘，用相对的、多中心的视角看待人类文化发展，而不是像E. 洛维内斯库那样执着于单线进化论。

这场批判运动被人们冠以"原时主义运动"之名。"原时主义"这一概念最早是由文学理论家E. 帕普在1973年（在发表于《20世纪》杂志的一篇论文中）提出的，用以弥补同步化理论的缺失。他在1977年出版的《我国的经典作家》一书中，对原时主义理论进行了进一步阐述，指出除了在外来影响下发生同步化现象外，罗马尼亚文化还有着不容忽视的原创性，某些成果的出现甚至要早于西方国家。他的论证从文学作品入手，将D. 坎泰米尔的寓言式小说与欧洲巴洛克文学、M. 埃米内斯库的诗歌，以及后来在罗马尼亚出现的先锋主义运动普遍联系起来。其他很多研究者也借用这种方法来对C. 布朗库西、L. 布拉加、Şt. 奥多布莱加（Ştefan Odobleja, 1902-1978）、H. 柯恩达、N. 保列斯库（Nicolae Paulescu, 1869-1931）等人的成就进行评判。

原时主义理论的支持者们认为，任何文化的发展都是由内部和外部因素共同推动的。我们身处一个多中心的时代，每一种文化都有自己的独有的、本初的内核，都有自己的精神和风格本原。这些内核与本原通过作品表现出来，参与到当今世界的文化交流与价值对话之中。每一种文化，无论其传播范围广泛与否，都有自己的内在维度，都是人类生存环境的体现。换言之，每一种文化都有自己的内在特点和原创性，而不是像同步化理论描述的那样，某些文化是"原型文化"，另一些文化则是"卫星文化"。不可否认，从古至今，不同文化间的影响和交融广泛存在。但每一种民族文化都有其独创性，不应被看作是对其他文化的衍生或仿拟。文化发展模式不是单一的，更不存在一种所有文化都必须遵照或看齐的普遍模式。

在 E. 帕普的不断完善下，原时主义理论后来发展为一种具有普遍意义的文化理念，甚至在罗马尼亚文化界被追捧到无以复加的地步。1977 年《我国的经典作家》一书面世后，罗马尼亚学术界因对原时主义理论看法不同而分成了两派。反对者认为这一理论是 N. 齐奥塞斯库（Nicolae Ceauşescu，1918-1989）统治下民族自大主义的体现，它过分夸大了罗马尼亚文化作品的价值，试图将罗马尼亚与西方的有益影响隔绝开来，带有民族主义色彩。同步化理论的支持者们指责原时主义缺乏批判性，一味抬高某些作家的价值。这场大辩论一直延续到 1989 年以后，我们实际上很难甄别哪些内容属于原时主义的理论范畴，哪些内容带有意识形态色彩。

罗马尼亚社会学家们在阐释 E. 洛维内斯库和 Şt. 泽莱廷的观点时产生了严重分歧。I. 温古雷亚努指出必须牢记以下事实：尽管西方资本主义国家在 19 世纪末强力推行他们的发展模式，但各国仍需在各自的历史基础上实现现代化。因此，"现代国家并不是围绕同一理性轴线构建的"。

罗马尼亚的情况更为特殊，"（通过理性假设得到的）社会理想与民族现实之间存在巨大差异"。[①] 一方面要加速现代化进程，另一方面，实现国家统一和民族独立的使命同样紧迫。两者之间既存在矛盾，又在历史进程中互为条件。与西方国家相比，罗马尼亚的现代化进程更为复杂。在对罗马尼亚文化思潮进行评价时，必须兼顾到这一复杂性。E. 洛维内斯库、Şt. 泽莱廷和其他许多理论家在阐释罗马尼亚历史和社会现象时都未能超越西方中心论的局限，认为罗马尼亚历史偏离了"由西方国家确立的规范"。[②] 他们作为古典理论范式的拥护者，认为资本主义只有唯一的发展模式，落后国家或早或晚，必须经历所有发展阶段。对这种理论预设的迷信使他们将批判主义文化看作是螳臂当车，阻碍社会进步的"反动势力"。单线进化论思想在 E. 洛维内斯库的著作中随处可见。他将"时代精神"简单地理解为

---

① I. 温古雷亚努：《社会理想与民族现实》，布加勒斯特，科学和百科全书出版社，1988 年。第 26 页。
② 同上书。第 27 页。

一种同质化趋向，是"创作形式通过不断消除差异而得以巩固"的过程。[①] 他因此认为"通过消除差异而达到统一的过程已经成为现代文明的特征"，[②] 文化差异性则是无足轻重的。

几十年后的人们从历史社会学视角出发，借助"中心/边缘"说重新审视了那些曾被 Şt. 泽莱廷归入"反动文化"的现代文化思潮，提出了不同于 E. 洛维内斯库的见解。社会学家 I. 伯德斯库在《欧洲同步性与罗马尼亚批判主义文化》一书中指出：罗马尼亚处于三大帝国的夹缝之中，还要面对法纳里奥特大公统治时期遗留下来的历史问题，因而在资本主义发展进程中被排挤到了欧洲的边缘。在 T. 马约雷斯库、M. 埃米内斯库、N. 约尔加、C. 斯泰雷等人的努力下，批判主义文化揭示了"资本主义边缘国家"出现的种种负面现象。

在罗马尼亚，社会发展与民族统一、国家独立的历史使命有机结合在一起。要对这一历史挑战做出有效的回应，就必须实现"跨越式"发展。I. 伯德斯库在对一些重大历史事件及其背景、相关历史人物进行分析后指出，罗马尼亚的边缘化趋势是由一系列内部和外部因素共同导致的。这一趋势蔓延到了社会的各个层面，并引发了诸多反常和畸形现象。来自三大帝国的政治压力虽然得以减轻，来自西方资本主义国家的经济压力却与日俱增。M. 埃米内斯库清醒地认识到，由于宗主关系被新型的经济侵略所取代，只有从经济入手，才能对这一现象做出有效的应对。然而对处于边缘地位的罗马尼亚而言，在经济上进行反击也力有不逮。正因为此，即使 Şt. 泽莱廷也不得不承认在1886 年前后，高利贷资本在罗马尼亚各公国横行无忌，其作用完全是"毁灭性"的。

I. 伯德斯库指出，批判主义文化所批判的只是外国资本在罗马尼亚各公国引发的一系列负面现象，绝非逆历史大潮而动。在文化界对边缘化现象做出回应后，民族主义与批判主义思想逐渐在罗马尼亚文化中成为主流。他说："批判主义文化是对历史新环境的回应，是边缘国家试图摆脱经济从属地位，逐渐崛起的表现。这才是对批判主义文化最深刻的理解，那些将其与西方浪漫主义、重农主义思潮相提并

---

① E. 洛维内斯库：《罗马尼亚现代文明史》，布加勒斯特，密涅瓦出版社，1997 年。第 338-339 页。
② 同上书。第 479 页。

论的做法都忽略了这一深层次含义"。①

在此之前一个半世纪，N. 伯尔切斯库在揭示罗马尼亚"四八"革命的内因时指出，1848 年欧洲革命只是提供了一个契机，而不是导致罗马尼亚革命的直接原因。真正的原因需要从历史长河中去探寻，它被埋藏在"一千八百多年来罗马尼亚民族遭受到的苦难"之中。这种说法不仅批驳了对"四八"革命者"罔顾国情，打断有机发展模式"的指控，也同样可以对 E. 洛维内斯库的理论做出回应。现代化进程中的同步化趋势无疑是存在的，但与此同时，各民族自身的特点也在这种相互依存、相互融合的关系中得以彰显。②世界是一个整体，同步化趋势普遍存在于各个地区、各个大洲，乃至全球范围内，但民族文化身份并不会在这一进程中丧失。E. 洛维内斯库的理论显然忽视了这个事实。

第四节　N. 克拉伊尼克和东正教"思想派"运动

1.《思想》杂志及其本土化倾向

"思想派"运动是指发端于《思想》杂志的一种东正教唯心主义思潮。该杂志 1921 年于克鲁日创刊，由 Cez. 彼得雷斯库担任主编。次年，《思想》杂志社搬迁到布加勒斯特，但直至 1925 年，它都没有明确的思想定位。L. 布拉加、T. 维亚努、I. 皮拉特（Ion Pillat，1891-1945）、V. 沃伊库列斯库、A. 马纽（Adrian Maniu，1891-1968）等人都曾为该杂志撰稿。1926 年 N. 克拉伊尼克担任主编后为《思想》杂志确定了东正教传统主义路线。因此，我们必须将该杂志的众多撰稿人与思想派代表人物加以区分。

"思想派"运动与 N. 克拉伊尼克这个名字密不可分。他曾在基希讷乌大学和布加勒斯特大学神学系执教，对罗马尼亚思想界产生了不容忽视的影响。他早年曾在维也纳修习神学，并在那时投身于振兴东正教的事业中，反对天主教和新教倡导的理性主义和个人主义思想。其代表作有:《混沌中的基点》（1936）、《东正教与民族的精神力量》

---

① I. 伯德斯库:《欧洲同步化与罗马尼亚批判主义文化》，第 11 页。
② 对"原时主义"最新的阐释可参见 M. 马丁:《共产主义与民族主义之间的罗马尼亚文化》，载《22》杂志，2002 年第 654-660-661 期。

（1940）、《天堂的忧伤》（1940）。"思想派"运动的其他代表人物有：V. 本奇勒、P. P. 约内斯库（Petre P. Ionescu, 1903-1979）、N. 罗舒（Nicolae Roşu，1903-1962）、R. 德拉格内亚（Radu Dragnea, 1893-1955）、D. 斯特尼洛阿耶。

V. 本奇勒是思想派最重要的哲学家之一。他试图从哲学角度来支撑东正教教理，并构建一种能够体现罗马尼亚民族特色的唯心主义哲学。其代表作有：《哲学本土化研究》（1927）、《命运观》（1937）、《布拉加，罗马尼亚式的刚毅》（1938）。由于不满 N. 克拉伊尼克的亲法西斯立场，V. 本奇勒于 1938 年与东正教思想派分道扬镳。

D. 斯特尼洛阿耶是最伟大的东正教神学家之一。他在基督教教义研究方面有着极深的造诣，代表作有：《东正教与罗马尼亚精神》（1939）、《布拉加先生对于基督教和东正教的态度》（1942，这篇文章批判了 L. 布拉加将神看作"伟大的无名氏"的观点）。此外，D. 斯特尼洛阿耶还翻译出版了许多著名教士的论著，并将其汇编为一套丛书。

针对罗马尼亚特有的社会现象，思想派认为只有东正教传统才是罗马尼亚民族精神的根本。他们尤为排斥来自西方的影响，认为其颠覆了罗马尼亚的宗教传统。N. 克拉伊尼克在 1926 年发表的《第二次独立》一文中，对 E. 洛维内斯库的观点提出了批判。他指出，罗马尼亚在获得政治独立后必须尽快脱离西方，在精神上获得独立，并基于基督教传统和民间文化来建设国家。

思想派重拾了东方神秘主义的观点，认为宗教凌驾于哲学和科学之上，所谓哲学只是一种东正教的形而上学。在 V. 本奇勒看来，东正教思想在农民心中根深蒂固，不仅是个人融入社会的核心要素，还揭示了人类与世间万物和谐共存的关系。他将东正教称为"普世的基督教"。此类观点也曾出现在 L. 布拉加的论著中，后来经过 M. 伊利亚德的进一步发展，成为东正教国家特有的理论。

2. 为传统和东正教正名

"思想派"运动对个人主义和主观主义哲学提出了批判，认为这些思想割裂了个人与世间万物，与神之间的联系。在 N. 克拉伊尼克看来，西方主观主义哲学以理性自主为名，将人封闭在自以为是的意识之中，断绝了与世间万物的关联。他因此断言，现代社会只有抛弃理性主义和所有基于"个人意识"的哲学思想，才有可能走出危机。他指出："当前的危机不仅仅是经济危机、金融危机、政治危机、社会危机、道德危机，还是一种本体危机，人们不得不再次思考有关生命起源和人类命运的问题。"

从社会思想和政治立场上看，几乎所有思想派代表人物都表现出极右翼倾向。他们认为民主制度可能使社会凝聚力涣散，进而引发社会危机和冲突，因此必须被摒弃。在政治体制方面，N. 克拉伊尼克主张基于本土传统建立一个"以民族特色为驱动力"的"社团主义"国家。在这样的国家里，社会阶级将会被各种专业社团所取代。他对墨索里尼法西斯统治下的意大利推崇备至，因为那里已经实现了一些社团主义理念。

在文化上，N. 克拉伊尼克提出必须为东正教传统正名。他在《传统的意义》一文中明确指出，东正教思想是罗马尼亚民族精神的基本要素，必须基于东正教思想来构建罗马尼亚文化。罗马尼亚人的精神世界与理性主义、实用主义、个人主义和民主思想主导下的西方文化格格不入，只有回归传统才能实现民族振兴。他极力夸大东正教在罗马尼亚民族精神构建方面所起的作用，他领导下的"思想派"运动更是在文化界激起了极大反响，对 R. 吉尔（Radu Gyr，1905-1975）、V. 沃伊库列斯库、A. 马纽等人的文学创作产生了深刻的影响。根据东正教教义，N. 克拉伊尼克提出必须基于"朴素的思想"和"纯净的心灵"开展基督教教育。

作为民族主义运动的倡导者，N. 克拉伊尼克希望通过宗教改革来"将民族精神转化为具有建设性的力量"，[①]从而激发新一代的创作热情。在他看来，东正教有着高尚的精神追求和广泛的群众基础，是应对社会危机和道德危机的良方。基督教的意义在于耶稣同时具有神和人的双重属性，他不仅是完美的道德楷模，更"使'上帝'这一抽象概念变成了一种鲜活的，能够与全人类沟通的力量"。[②]N. 克拉伊尼克借助民族主义思想和民间的准泛神论思想来阐释东正教教义，从而将基督教思想本土化。他指出，东正教的特点在于它的世界观更具

①N. 克拉伊尼克：《东正教与民族的精神力量》，布加勒斯特，信天翁出版社，1997年。第 30 页。
②同上书。第 39 页。

包容性，认为除了人类之外，世间万物皆有神性。[1] 类似观点在 L. 布拉加、V. 本奇勒、M. 伊利亚德等人的著述中也时有体现，成为罗马尼亚哲学和东欧哲学的一大特色。

在 N. 克拉伊尼克看来，东正教与民族主义之间具有"精神统一性"，而且这种统一性并不会破坏世界的自然多样性，也不会导致生活方式同质化。东正教"尊重每个民族的语言和民族特色"。在东正教世界，自然产生的民族作为不同的单元参与到宗教生活中。与之相比，推行同一种语言，以同一个教会为中心的天主教就带有明显的同质化特征。他总结道："如果说天主教是将本土的东西普世化，那么东正教就是将普世的东西本土化。"[2] 东正教不断适应着所在国的民族特色，以耶稣在罗马尼亚民间的形象为例："那不是受难之地的耶稣，而是牛栏中的耶稣；那不是客西马尼园的耶稣，而是迦拿婚宴上的耶稣；那不是荒野中的耶稣，而是播种者寓言里的耶稣。"

3. 民族精神立国理念

在极端民族主义和反犹太思想的驱使下，N. 克拉伊尼克提出了"民族精神立国"理论，试图确保罗马尼亚本土元素在社会、文化、政治生活中的绝对优势。在 1937 年发表的《民族精神立国纲领》一文中，他对自己的政治理念进行归纳后提出了社团主义理论。在他看来，基于社团主义思想建立的国家不同于那些基于阶级斗争建立的"民主国家""农民阶级国家"或"无产阶级国家"。民主国家的基础是古希腊城邦中的平民，他们是"一种来历不明的存在，既无历史身份，也无同样的血统，既无一致的信仰，也无自己的意志"，是"混乱不堪、籍籍无名的乌合之众，毫无种族和宗教特征"。靠民族精神立国的国家则以种族或民族为基础，他们有着明确的历史身份，有着"某种恒久不变的特征"，他们"在生理和心理上具有同质性"，有着"共同的信念和自己的意志"。[3]

上述所有特征都应该通过一种经过改良的社团主义制度体现在政体之中，依照"各民族在社会生活中从事体力劳动和脑力劳动的比例"

---

① N. 克拉伊尼克：《东正教与民族的精神力量》，布加勒斯特，信天翁出版社，1997 年。第 48 页。
② 同上书。第 51 页。
③ 同上书。第 241-242 页。

来组建国家。[①]N. 克拉伊尼克认为这才是"最公正、最合理"的做法。如果将这一原则运用到政治生活中，就可以解决"少数民族和犹太人的问题"，确保本民族在社会和政治生活中占据主导地位，从而实现"经济和文化生活罗马尼亚化"和"城市罗马尼亚化"，避免被少数民族"篡国"。

议会应该由"各行各业选举出的代表"构成，因为"在国民生活中自然出现的是职业和行业，而非阶级"，少数民族代表的比例应该"适度控制"。国家机关的公职必须由"土生土长的罗马尼亚人"担任，因为非我族类其心必异。异族不但不可能尽心尽力为一个民族国家服务，还可能成为"危害国民生活的因素"。[②]他将国家定义为"所有行业的总和"，以民族精神立国的国家"既不是资产阶级的，也不是农民阶级或无产阶级的，而是由罗马尼亚所有劳动者组成的极权国家"。"耶稣基督的法律就是国家的法律"，[③]国家生活的各个方面都应该以东正教会颁布的教规为准。

在经济上，N. 克拉伊尼克主张对自然资源、工业命脉、道路交通等实行国有化，使其免受外国资本家的垄断。此外，他还提出要调控物价、经济国营化、制定"重建大计"。

在文化上，他主张文化本土化，鼓励真正富有民族性的创作活动。他再次澄清了文化与文明的区别，指出"文明是物质生活的技巧，具有国际性，是可以被模仿的；文化则是一个民族的精神面貌，必须依靠这个民族独有的天赋才能创造出来"。N. 克拉伊尼克还建议国家对新闻出版加强管控，对出版物严格审查，提升文艺作品的道德水准。他说："就像人们不能食用腐肉一样，他们的心灵也不能用淫秽和腐朽的思想去滋养。"[④]

N. 克拉伊尼克力主在所有的生产部门和文化、教育机构中实行"种族比例原则"。他反对像 C. 勒杜列斯库 - 莫特鲁那样，按照"欧洲新思想"对"罗马尼亚精神"进行宽泛的定义。在他看来，罗马尼

---

① N.克拉伊尼克:《东正教与民族的精神力量》，布加勒斯特，信天翁出版社，1997 年。第 248 页。

② 同上书。第 247 页。

③ 同上书。第 270 页。

④ 同上书。第 254 页。

亚精神完全是宗教性的。《思想》杂志所倡导的"新思想"旨在体现
"罗马尼亚民族自古以来创造历史的独有方式",而非"某一插曲"。
就像耶稣具有神和人的两重性一样,民族精神也是由神性和人性共同
构成的,具有双重特征。[1]N. 克拉伊尼克将这种两重性看作"民族的
自身属性",它体现在"血脉和心灵中",具有生理、道德、宗教三个
层次的含义。他还给民族主义运动指明了方向:"将民族优势植入文
化生活、国家生活、社会生活中。一言以蔽之,民族精神就是青年一
代实现理想的力量之源。"[2]

　　N. 克拉伊尼克希望建立一个极权国家,因此极力鼓吹意大利的
法西斯国家模式,将其誉为"一种具有全新结构的国家"。[3] 他认为
国家的建立应该以社团主义原则为基础,而非"人为的阶级理论"。
个人应该通过基督教融入更为广泛的社团之中,实现民族团结,并最
终建立完全不同于资产阶级民主国家或无产阶级国家的"社团主义极
权国家"。

第五节　N. 约内斯库（1890-1940）

　　要深入了解罗马尼亚文化在两次世界大战之间的发展趋势和主要
矛盾,就不能不提到"N. 约内斯库文化现象"。在 M. 伊利亚德看来,
这一现象贯穿了整个时代。作为一个谜一样的传奇人物,N. 约内斯
库在当时受到广大新一代知识分子的推崇。他的思想和观点在高等院
校中广为流传,对 20 世纪三四十年代的罗马尼亚文化界和政界产生
了决定性的影响。

1. N. 约内斯库其人

　　N. 约内斯库出生于布勒伊拉,毕业于布加勒斯特大学哲学系。
1913 年,他在 C. 勒杜列斯库 - 莫特鲁和 P. P. 内古列斯库的举荐下获得
了赴德留学的奖学金。1919 年,他撰写的逻辑学论文在慕尼黑通过答
辩,获得博士学位,并于同年回到布加勒斯特大学,在 C. 勒杜列斯

---

[1] N. 克拉伊尼克:《东正教与民族的精神力量》,布加勒斯特,信天翁出版社,1997 年。第
　　98 页。
[2] 同上书。第 107 页。
[3] 同上书。第 225-227 页。

库 - 莫特鲁领导的逻辑学和认知理论教研室任教。此后多年间，他先后讲授过逻辑学、形而上学、宗教哲学、认知理论、逻辑史等课程。

在此期间，他不仅为 C. 勒杜列斯库 - 莫特鲁领导下的《欧洲思想》杂志和《哲学杂志》撰稿，也为《思想》杂志提供稿件。从 1926 年担任《言论报》主编起，N. 约内斯库发表了一系列社论，成为当时最具影响力的新闻人和政治分析家。他对政治活动充满热情，为了支持农民党人执政，他利用手中的新闻武器向自由党人发起了攻势。他早年和王室关系密切，曾支持卡罗尔二世重登王位。1933 年，他因"奸佞当道"而与王室反目，并成为铁卫军的铁杆拥护者。尽管他没有正式参加铁卫军，但被公认为这一极右翼运动的"幕僚"和"军师"。

1938 年，卡罗尔二世建立独裁统治。N. 约内斯库遭到逮捕并被关押在米耶尔库雷亚 - 丘克监狱（一起关押的还有一批铁卫军成员及支持者，其中包括后来保外就医的 M. 伊利亚德）。他在狱中坚持宣扬自己的理念，给犯人们做了一系列有关国家命运和铁卫军运动的讲座。[①]1939 年获释后，N. 约内斯库仍然遭到软禁，直至 1940 年 3 月 15 日突然离世。他的死引发了种种猜测和质疑，所有矛头都指向了罗马尼亚王室。

N. 约内斯库崭露头角之时，恰逢经典理性主义和自由主义价值观在欧洲范围内遭遇危机。在那个思想深刻变革的年代，他发起了一场以东正教和反智主义为导向的运动，在这场运动中涌现出了 M. 伊利亚德、C. 诺伊卡、E. 萧沆、M. 武尔克内斯库等一批重要人物。N. 约内斯库之所以带有本土主义和反西方主义倾向，是由罗马尼亚社会和文化生活中的诸多复杂因素造成的，他的理念体现出罗马尼亚所走的发展道路与西方文明间的冲突。他提出的"新思想"主张振兴东正教，这与西方国家倡导的理性主义范式完全背道而驰。

20 世纪 30 年代，以 N. 约内斯库为首的"新一代"思想家登上了罗马尼亚文化舞台，并逐渐与 T. 马约雷斯库、A. D. 克塞诺波尔、C. 勒杜列斯库 - 莫特鲁、P. P. 内古列斯库、N. 约尔加等人为代表的"老一代"思想家们划清了界线。两次世界大战之间，新老两代人的观念

---

① Şt. 帕拉吉策（Ştefan Palaghiţă，?-?）神父将这些讲座的内容记录下来，在 1963 年流亡海外后结集出版，题为《关于铁卫军现象》。

冲突愈演愈烈。除了 N. 约内斯库长期发表政治述评的《言论报》之外，宣扬"新思想"的主要阵地还有《思想》杂志和《时代》杂志。N. 约内斯库 1926-1933 年间发表在《言论报》上的文章后来经 M. 伊利亚德搜集整理，于 1937 年结集出版了《风之玫瑰》一书。

N. 约内斯库的理念深受德国生命哲学、东方神秘主义哲学，以及存在主义哲学的影响，上述思想都带有反对理性主义、蔑视科学知识、崇尚有机生活的特点。他讲授的课程在青年学生中引发了很大反响，部分讲义在其死后（1941-1944）得以出版。

N. 约内斯库之所以能够在高校和政界拥有如此巨大的影响力，首先应归功于他的个人魅力，其雄辩的口才和激昂的思想深深吸引着听众；其次，他善于采用"苏格拉底式教学法"来探讨问题，这在罗马尼亚哲学教育中是一大创举；最后，他充分利用受众广泛的报刊来宣扬自己的思想，对当时的一些重要问题进行深入分析。他在德国求学期间广泛接触各种新思想和新方法，并在回到布加勒斯特后将其运用到学术研究和教学实践中。他讲授的课程涉及很多新理念，例如胡塞尔（E. Edmund Husserl，1859-1938）的现象学理论，以及各种新兴的心理学、逻辑学、哲学研究方法。

M. 伊利亚德、M. 武尔克内斯库、C. 诺伊卡、V. 本奇勒、E. 萧沆、P. 楚采亚（Petre Ţuţea，1902-1991）等人作为 N. 约内斯库的门生或追随者，都曾给予其"导师"极高评价。V. 本奇勒称其为"罗马尼亚学术界有史以来最具原创性、最风趣、最感人的人物之一"。[1] M. 武尔克内斯库和 C. 诺伊卡则认为他是"20 世纪三四十年代罗马尼亚文化界最活跃的人物"。[2]

N. 约内斯库有着高超的教学水平，他善于采用苏格拉底式教学法，鼓励自由思考、系统分析，能够引导学生直击问题的本质。M. 武尔克内斯库和 C. 诺伊卡在《逻辑史教程》的前言中写道："正是不断出现，不断形成的新思想使得 N. 约内斯库的课程显得与众不同。他授课不是一成不变地照本宣科，而真的是一个人在和自己对话，把自己的困惑和答案大声表达出来"。[3] 凭借出众的口才，N. 约

---

[1] 见 V. 本奇勒为 N. 约内斯库所著《逻辑史教程》一书撰写的前言，第 7 页。
[2] 见 M. 武尔克内斯库和 C. 诺伊卡为上面这部著作撰写的前言，第 20 页。
[3] 同上书。第 25 页。

内斯库善于将自己最鲜活的思想展现在听众面前，并能够耐心与之对话。他在课堂上旁征博引，因材施教，使学生掌握了思考的技巧。凭借全新的观点和有效的方法，他被新一代学者们奉为导师。

第一次世界大战后，新老两代学者之间的鸿沟日益加深。M. 武尔克内斯库这样描述 N. 约内斯库在新一代人心中的地位："一个人无论有多么睿智，他的心智无论有多大的可塑性，都不可能超越他所属的时代。由于其心智受客观条件制约，他不可能理解新一代人。就好比我们不能指望青年社的遗老遗少们能够理解我们这一代人。T. 马约雷斯库说过的话对他们有多重要，N. 约内斯库所说的话就对我们有多重要。"①

在《言论报》上发表的社论中，N. 约内斯库不仅全方位分析政治事件，直击事实真相，作出精准判断，还善于用新方法探讨哲学问题。M. 伊利亚德认为，在报纸上探讨形而上的哲学问题需要非凡的勇气。N. 约内斯库却能够用平实的话语揭示哲学问题的本质，堪称新闻界的一大创举，也充分彰显了其个人魅力。

除了全新的教学手段和研究方法之外，他还在哲学研究中努力宣扬现象学观念和反进化论思想。按照 M. 伊利亚德的说法，N. 约内斯库"预见了 1945 年后才得以流行的哲学思想。他教导学生们要从身边的小事入手，从个人经历出发研究哲学问题。他还告诉他们，作为思想家可以质疑一切，唯独不能忽视感受"。②N. 约内斯库在报纸上发表的社论能够用最为浅显的语言探讨艰深的哲学问题，使 M. 伊利亚德获益匪浅，他这样评价自己的老师："他的天才之处首先表现在对苏格拉底式教学法的运用。他引导我们自己去探寻并揭示真理，授人以渔而非授人以鱼。他要求我们用自己的方法作出判断，并通过自己的努力来得出结论（……）他教会我们如何阅读哲学原著并鼓励我们寻本溯源，不允许我们仅仅满足于阅读关于某一位哲学家或某一种

---

① M. 武尔克内斯库：《青年一代的社会和经济取向》，收录于《罗马尼亚的存在维度》（第三卷）——《致永存的罗马尼亚精神》，布加勒斯特，埃米内斯库出版社，1996 年。第 31 页。

② M. 伊利亚德：《N. 约内斯库教授逝世 30 周年纪念》，载《前厅》杂志 N. 约内斯库教学专刊，弗赖堡，1970 年。

哲学体系的书籍。"①

无论是启发式教学法，还是将报刊作为文化、政治和哲学研究的载体，都突破了罗马尼亚的学术传统，在某种程度上也突破了欧洲学术传统。在两次世界大战之间，N. 约内斯库的个人魅力赢得了学术界受的广泛赞誉，但他人格中丑恶的一面也在其从事的文化和政治活动中逐渐显露出来。

2. N. 约内斯库的哲学理念

N. 约内斯库将"唯感受论"思想引进到了罗马尼亚文化之中。这种思想将"感受"这一模糊而又复杂的概念凌驾于几何模式或理性模式之上，极难用传统理论加以阐释。它颠覆了现代科学与哲学的经典范式，将（道德、审美、实践、认知、政治层面的）主观感受看作知识与存在之源，认为主观感受远比理性的、冰冷的、不近人情的客观分析更为重要。

实证主义和进化论思想主导了整个 19 世纪，对科学和理性知识的崇拜就好像一部现代的《圣经》，将信仰变成了教条。无论从内容还是方法上看，N. 约内斯库的理念都带有反实证主义和反进化论的特征，其政治表现则带有反自由主义和反民主色彩。他的理念为极右翼思潮提供了依据，而他本人也在人生最后的岁月中与铁卫军关系密切。

N. 约内斯库的理念主要包含以下几个方面的内容：

- 主观经验和感受比客观理性的探讨更为重要；
- 哲学是主观的，是个人经验和感受的结果，而非客观的知识；
- 必须为经验、直觉、爱、态度、情感、信仰等超理性的认知形式正名；
- 西方民主体制与东正教的宗教和文化背景不相匹配，因此必须实行独裁。

Şt. 阿弗洛罗瓦耶伊指出，在意识形态的影响下，人们对 N. 约内斯库做了太多"负面解读"，称其为"神秘主义者、非理性主义

---

① M. 伊利亚德：《N. 约内斯库教授逝世 30 周年纪念》，载《前厅》杂志 N. 约内斯库教学专刊，弗赖堡，1970 年。

者、民族主义者。"① 这种说法有失偏颇，因为他并未否认理性知识的价值，只是指出了它的局限性而已。他曾说："我们承认理性的存在，因为它具有某些特定的功能，而且我们能够识别这些功能。但理性总会走到尽头。如果我们从这个尽头看现实问题，就会发现理性之外的东西。"② 换言之，理性的认知功能应该得到认可，但它并非人类了解和探究世界的唯一方法。因此，在 N. 约内斯库的著作中经常可以看到以下内容：对形式理性主义、实证主义和新实证主义的厌恶；坚持精神第一性；抵制"物质文明"带来的实用主义价值观，大力弘扬东正教精神。

　　N. 约内斯库著作中表达的另一重要观点，就是要用现象学研究方法来取代 19 世纪的进化论方法。他认为只有这样才能找到各种文化要素之间的关联，从而将某些在文化史上先后出现，但并非"推陈出新"的思想剔除。他在讲授逻辑史课程时就采用了这一方法，使其成为一门关于文化形态史观的课程。

　　理性主义和实证主义哲学以客观的科学知识为基础，N. 约内斯库则反其道而行之，强调哲学作为形而上学、主观经验、实际感受、个人经历、思想态度的属性，指出哲学能够"使可感的实在回归人性的需要"。在他看来，科学只是对现象的描述和对经验规律的表达，却无法解释深层次原因。唯有形而上学，也就是哲学才是真正的知识，且只有基督教唯灵论才是真正的形而上学。

　　形而上学能够超越可感知的世界，通过神秘的感受深入到超验的自在之物中。这种感受比其他任何认知方式都更为重要，因为它能够"将主观意识融汇于客观之中，从而使主观等同于客观"。换言之，主观与客观在感受中融为一个动态的整体，个体也因此与绝对融合在一起。N. 约内斯库指出，"爱是最重要的神秘认知手段"。③ 而感受作为最高级的认知行为，其本质就是对上帝的爱和景仰。爱同时还是一种自我认知行为，爱将我们与自己的本质，即绝对等同起来。他说："要

---

① Şt. 阿弗洛罗瓦耶伊:《哲学为何会存在于东欧》，雅西，波利罗穆出版社，1997 年。第73 页。

② N. 约内斯库:《形而上学史教程》，布加勒斯特，阿纳斯塔西亚出版社，1996 年。第100 页。

③ N. 约内斯库 1919 年在布加勒斯特大学执教之初，所开设的课程就是"爱的认知功能"。

想看到什么是绝对，你就必须首先变得和绝对一样。"

N. 约内斯库还对东方特有的神秘认知与西方式的魔法认知加以区分。[①] 通过神秘认知，主体与客体得以融合；而通过魔法认知，主体对客体加以同化，因此魔法实际上是一种操纵客体的技巧。神秘认知得来的结果无法用逻辑表述，只能通过艺术或象征符号近似地表现。N. 约内斯库认为纯理性逻辑认知和科学手段带有局限性，可能使人类陷入误区，重蹈《圣经》故事中亚当的覆辙。

3. 对N. 约内斯库的争议

M. 伊利亚德所说的"N. 约内斯库文化现象"与两次世界大战之间的政治、社会和文化背景紧密相关。只有在这个特殊的时代，他的哲学思想方能引发如此广泛的反响。N. 约内斯库学识渊博，并通过三尺讲台在学界和政界拥有了巨大的影响力。他论著中提到的许多观点后来都被其门生发扬光大。

M. 武尔克内斯库指出，N. 约内斯库在两次世界大战之间的影响主要限于青年人和少数知识分子中，无论在深度、广度，还是作用上，都无法与 T. 马约雷斯库在 19 世纪中期的影响力相提并论。从表面上看，两人具有诸多相似性（都曾留学德国，并凭借逻辑学论文获得哲学博士学位；都对罗马尼亚的哲学教育有着重大影响；都持反自由主义立场），但这无法掩盖两人在文化理念上的差异。T. 马约雷斯库是罗马尼亚现代文化的奠基人，也是罗马尼亚知识精英的领袖。N. 约内斯库从事的文化和政治活动却有着截然不同的诉求，结果也大相径庭。他以"振兴民族精神"为借口，否定和抵制现代化进程，并支持极右翼政治势力。而对宗教的过分解读，更是将信奉东正教的罗马尼亚与信奉天主教和新教的西方国家对立起来。

总的来说，N. 约内斯库的政治立场是本土主义、孤立主义和反欧洲的。1932 年，他针对"罗马尼亚应当采取何种国策"的问题，在《言论报》上给出了如下回答："我们应该采取一种完全颠覆性的政策。全世界都面临严峻的危机，世界各国的相互依存性大幅降低。因此，我们必须与全球政治脱离，尽可能地闭关锁国，注重罗马尼亚的现实，暂时降低生活水准，将农民作为立国之本。只有这样我们才

---

① N. 约内斯库在 1928-1929 年开设的"形而上学"课程中多次提及宗教与神秘的类型，并给出了诸多例证。

能真正随性地生活，我们民族的力量才会真正结出硕果"。①

A. 马里诺指出，N. 约内斯库提出了一种"反欧洲的右翼思想"，M. 伊利亚德、E. 萧沆、C. 诺伊卡等伟大哲学家和作家都对这种思想进行过阐释。1990 年后，他们的作品被大量再版，这种"右翼文化"也在罗马尼亚文化界、学术界出现了死灰复燃的趋势。② 在 A. 马里诺看来，罗马尼亚的右翼文化具有以下特点：非理性崇拜；反对批判精神；推崇神秘主义和唯灵论；信奉本民族救世论；崇尚暴力和冒险；宣扬东正教原教旨主义和存在主义；抵制政治多元化和议会民主制，等等。N. 约内斯库在两次世界大战之间发表的讲义、专著和文章当中，此类内容比比皆是。作为右翼文化的"导师"，他在 1933 年以后对铁卫军的支持严重影响到了他的学生们对政治立场的选择。③

两次世界大战之间右翼文化的代表人物十分注重作品内在的理论价值和文化价值，其中一些人直至今日仍享有崇高的学术声誉。但A. 马里诺清醒地意识到，他们所持的理念与 N. 约内斯库有着千丝万缕的关联，应该加以批判。那些围绕着 N. 约内斯库思想打转的思想家和作家们"取得的成就再大，也不可能成为宣扬民主、自由和多元化的伟大导师"。④

N. 约内斯库是两次世界大战之间最具争议的人物。E. 洛维内斯库、N. 约尔加、M. 拉莱亚、T. 维亚努、P. 扎里福波尔、Cam. 彼得雷斯库、Ş. 乔库列斯库、M. 弗洛里安、L. 布拉加等人都曾批驳过他观点，N. 克拉伊尼克甚至将他称为恶魔的化身。在执教之初，N. 约内斯库曾经得到过 C. 勒杜列斯库 - 莫特鲁和 P. P. 内古列斯库的鼎力支持，但二人后来也对他颇有微词。当时有很多人将 N. 约内斯库描绘成"邪恶的天才"或"撒旦式的人物"。牧首 M. 克里斯泰亚（Miron Cristea，1868-1939）甚至命令画家 D. 贝利扎列（Dimitrie Belizarie，1883-1947）将 N. 约内斯库刻画成魔鬼，绘制在总教堂走廊的壁画上。曾经历过那个动

① N. 约内斯库:《风之玫瑰》，布加勒斯特，风之玫瑰出版社，1990 年。第 286-287 页。
② A. 马里诺:《从思想和文化看罗马尼亚融入欧洲问题》，雅西，波利罗穆出版社，1995 年。第 143-154 页。
③ Z. 奥尔内亚在《30 年代罗马尼亚的极右翼运动》一书中对当时的政治走向有着详细描述。
④ A. 马里诺:《从思想和文化看罗马尼亚融入欧洲问题》，雅西，波利罗穆出版社，1995 年。第 145 页。

荡年代的 E. 尤涅斯库目睹了他的老师 N. 约内斯库被神化的过程，并将这一真实历史场景搬上了舞台。他的剧作《犀牛》（1959）中的那个狂热的逻辑学家就是以 N. 约内斯库为原型写成的。

一些学者和评论家发现，尽管 N. 约内斯库未曾明言，但他的很多思想借鉴了 F. 托尼斯（Ferdinand Tonnies，1855-1936）、斯宾格勒、M. 舍勒（Max Scheler，1874-1928）、胡塞尔、韦伯等德国哲学家的理论。他将这些理论当作自己的原创和冥思苦想的结果介绍给学生，有剽窃之嫌。有人认为这足以解释为何他的教程在生前未能出版，只以讲义的形式供教学之用。

更有人指责 N. 约内斯库言行不一：他一方面宣扬东正教思想，要求精神升华，鼓吹集体主义的独裁统治；另一方面却在政治上争权夺利，为谋求地位和影响力展现出极端自私和个人主义的一面，他的生活水平也远远超出了大学教师的收入。他借助宣传手段、教学活动和文化机构培养出一批"记者和小品文作家"，却罕有真正的研究者、科学家或某一领域的一流创作者。[①] 他的学生中仅有 M. 伊利亚德和 C. 诺伊卡青出于蓝，在学术上有所建树。

E. 尤涅斯库在 1945 年写给 T. 维亚努的一封信中严厉抨击了 N. 约内斯库的政治路线，认为其对两次世界大战之间的很多罗马尼亚知识分子造成了毒害："我们就是迷茫而不幸的一代。尽管我没有被斥为法西斯主义者，其他所有人几乎都背上了这样的恶名：M. 塞巴斯蒂安一直保持着清醒的头脑和正直的品格，很遗憾他已经不在了。E. 萧沆还在这里流亡，他承认年轻时犯了错，我很难原谅他。这些日子 M. 伊利亚德也来了，他失去了一切。N. 约内斯库真是罪孽深重。无论是 M. 伊利亚德、E. 萧沆、C. 诺伊卡，还是胖胖的 M. 武尔克内斯库，所有人都是该死的 N. 约内斯库的牺牲品。如果不是因为 N. 约内斯库（如果他没有和国王发生龃龉），我们现在就会有一批 35-40 岁年富力强的领导者。但正是因为他，所有人都成了法西斯。他创造了一个愚昧、狂暴、反动的罗马尼亚"。[②]

---

① 见 A. 乔治：《虚构模式，有害模式》，收录于 I. 基梅特：《真相时刻》，克鲁日 - 纳波卡，达契亚出版社，1996 年。第 308 页。

② M. 彼得雷乌（Marta Petreu，1955-　）：《模式与镜像：恩德晓与 N. 约内斯库》，收录于 I. 基梅特（Iordan Chimet，1924-2006）：《真相时刻》，克鲁日 - 纳波卡，达契亚出版社，1996 年。第 381-382 页。

在两次世界大战之间的罗马尼亚哲学界和文化界，N. 约内斯库的观点遭到了崇尚现代理性主义和自由民主价值观的知识分子的一致抨击。有识之士们看到了极端主义的危害，开始对右翼思潮发起批判。Cam. 彼得雷斯库这样描述右翼思潮对公众，尤其是对青年人的影响："一战后，青年人不再认可任何形式的批判精神，他们又回归了早先的英雄主义文化（……）青年人只关注大而无当的形而上学问题，批判精神已经让位于夸夸其谈的神秘主义，对哲学史的纵向了解则被对文化史的横向扩张取代。那种清心寡欲的风气也消失了，青年一代总是危言耸听，言辞中充斥着不着边际的神秘符号，公开讲演取代了实地调查。在这些演讲中，胡塞尔的理论被鼓吹成了万能钥匙，漫天的海报将所有路人骗进了讲堂。各类经典哲学问题在报刊专栏中被广泛讨论，形而上学的内容与鞋油广告并列其间。像斯宾格勒那样的，来自战败的德国的粗鄙的文化评论家被青年人奉为偶像，哲学的精髓则被忽略（……）年仅 22 岁的小青年就敢煞有其事地自称哲学体系创立者，而这些哲学体系每隔两三年就能推陈出新。所有人都在形而上学和神秘主义的丛林里醉生梦死，欢呼雀跃，因为那里无拘无束，可以幻想着号令天下"。[1]

第六节 E. 萧沆（1911-1993）

E. 萧沆是在 20 世纪 40 年代成名的一位政论家，他的第一部哲学专著出版于 1934 年，题为《在绝望之巅》。从布加勒斯特大学哲学系毕业后，他先后获得了赴德国（1933-1935）和法国（1937）留学的奖学金。从关注点和立场上看，他和 M. 伊利亚德、M. 武尔克内斯库、C. 诺伊卡、E. 尤涅斯库、M. 塞巴斯蒂安等人同属于"新一代"思想家。E. 萧沆在报刊上发表的文章风格独特，思想激进，折射出那个时代罗马尼亚政治生活中严重的右翼倾向。他在《时代》杂志等刊物中大力吹捧德国法西斯专制和罗马尼亚铁卫军运动。[2] 其著

---

[1] C. 彼得雷斯库：《正反命题》，1936 年。第 154-159 页。
[2] 一个不幸的巧合是，1940 年 11 月 27 日，E. 萧沆在电台发表了演讲《大尉的内心剖析》（载《祖先的声音》杂志，1940 年 12 月 25 日），N. 约尔加和 V. 马德贾鲁于同一天被铁卫军暗杀。

作《罗马尼亚的变革》(1936)、《欺瞒之书》(1936)、《眼泪与圣徒》(1937)、《思想的黄昏》(1940)也引发了巨大争议。

E. 萧沆在 1940 年后旅居法国，发表了《解体概要》(1949)、《苦涩三段论》(1952)、《存在之诱惑》(1956)、《历史与乌托邦》(1960)、《诞生之不便》(1964)、《赞赏练习》(1986)等大量哲学和文化论著。他的文章笔触细腻灵动、格调高雅、意义深刻，常有神来之笔。他还善于用自己独有的方式来解读当时人文领域的尖锐问题，从而跻身法国知名作家之列。

1. 对现代理性主义的解构

作为在两次世界大战之间的文化氛围下成长起来的罗马尼亚思想家，E. 萧沆早年曾将 N. 约内斯库奉为偶像。他在青年时代发表的作品深受克尔凯郭尔、尼采、斯宾格勒、柏格森、别尔嘉耶夫（Николай Александрович Бердяев，1874-1948）等人和存在主义哲学的影响。

他的所有论著都明显带有反智主义的特点，对西方理性主义和实证主义传统大加批判。他十分推崇 20 世纪 30 年代兴起的唯灵论、神秘主义和存在主义思想，注重内心感受、主观意识和形而上的冲动。在他的作品中，理性与感受的不相容性成为经常出现的主题。他认为生命中有很多矛盾无法通过理性理解，"在感受占优的地方，（理性）体系就会消亡"。

E. 萧沆指控理性主义用流于形式的逻辑和中性的科学方法禁锢了生命，忽视了主观感受，麻痹了人类深层次的意识。在他看来，人是"富有感情"的动物，而非像现代理性主义所说的"抽象的人"。他们受内心情感支配，有着各种矛盾的感受，在本体的失败与短暂的胜利中挣扎。他说："我没有什么可以向那些大哲学家学习的（……）我从来都不需要康德、笛卡尔或亚里士多德。他们的思想只能在安定的环境下，在特定的范围内为我们答疑解惑。"

为了摧毁现代理性主义这座坚固的堡垒，E. 萧沆不惜夸大主观经验、感受、情感、直觉、意志，所有这一切都曾被认为必须屈从于至高无上的理性。他以极端悲观的视角，将生命看作"盲目的""非理性的"，是"无尽的苦难"，它毫无意义，荒谬且不可理喻。他曾做过这样的自我剖析："我所做的只是摧毁了自己内心做人的尊严。我就像一个迷失在种群边缘的可怕的怪物，没有足够的能力融入另一个猴群。"[①] E. 萧沆表达自己见解的方式也较为另类，他从不指望建立自己的思想体系，只是对一些基本问题进行零星的深入思考，例如：人与超验的隔阂、孤独、失落、挫折、死亡、悲伤、忧愁、精神生活中的矛盾，等等。

E. 萧沆论著的核心思想，就是生命是非理性且无意义的，人们时刻生活在狂风暴雨之中，总是试图揭示或赋予宇宙、历史、人类及其冒险活动不同的意义。他解构了现代的神话，打破了人们对社会进步的信仰，否认通过理性认知的力量就能征服自然并有效治理国家。他相信事物有其内在的意义，并坚持主观认知的自主性。E. 萧沆年轻时也曾受激进的政治空想蛊惑，狂热地相信民族精神能够在历史中得以彰显，认为乌托邦能够拯救"麻木不仁"的世界。[②] 后来，他将所有革命思想都斥为"幻想"，是对社会进步的"偶像式崇拜"。他哀叹道，在一个令人心灰意冷的时代，"我曾经的幻想都破灭了"，[③] 所有这些想法都站不住脚。

在 E. 萧沆成熟期的作品中，充满了对历史和空想的失望情绪。他意识到在历史大背景下，任何形式的反抗都是徒劳的，只能在古代圣贤的思想中消极避世。他的好友 P. 楚采亚将其称为"西方怀疑论专家"。S. 亚历山德雷斯库在对比 M. 伊利亚德与 E. 萧沆两人流亡期间的作品后指出，前者的表述是"建设性"的，后者的表述则是"毁灭性"的："M. 伊利亚德不仅顽强地探寻世界、生命、祖国的意义，还试图赋予它们新的意义；E. 萧沆则对这些意义的缺失安之若素。"[④] 两人通过不同的方式和策略和现代保持着距离。20 世纪 40 年代的很多研究者也指出，他们二人都反对政治自由主义和现代主义艺术，追求另一种形式的现代性，即 S. 亚历山德雷斯库所说的"道德现代性"。他们试图超越政治现代性(拒绝自由、民主和议会制)和审美现代性，将宗教的作用凌驾于政治和经济之上。但他们并不像 N. 克拉伊尼克或东正教守旧派那样，主张回归古老宗教传统，而是希望开创全新的

---

① E. 萧沆:《苦涩三段论》，布加勒斯特，人性出版社，1992 年。第 24 页。
② E. 萧沆:《历史与乌托邦》，布加勒斯特，人性出版社，1992 年。第 16-17 页。
③ E. 萧沆:《存在之诱惑》，布加勒斯特，人性出版社，1992 年。第 132 页。
④ S. 亚历山德雷斯库:《现代化回顾》，布加勒斯特，宇宙出版社，1999 年。第 355 页。

宗教和审美经验。

在排斥理性主义、实证主义和民主政治的同时，M. 伊利亚德与 E. 萧沆倾向于克尔凯郭尔、舍斯托夫（Лев Исаа́кович Шесто́в，1866-1921）、乌纳穆诺等人的观点，反对普鲁斯特（Marcel Proust，1871-1922）和瓦雷里（Paul Valéry，1871-1945）主张的审美现代性（在罗马尼亚得到了 E. 洛维内斯库的积极推崇）。按 S. 亚历山德雷斯库的说法："M. 伊利亚德和 E. 萧沆借助这种道德现代性超越了当时的自由主义审美范式。他们主张另一种现代性，另一种价值体系。这种现代性实际上比审美现代性更为宽泛，它通过一套宗教规范将现代理性主义包容在内，从而摆脱了对法国文化的依赖，摆脱了欧洲边缘地位。"[1]

罗马尼亚先锋派代表人物的立场也与之相似。他们同样抵制现代主义的美术和文学形式，倾向于一种另类的价值观，对超现实主义和结构主义尤为痴迷，在政治上则带有右翼倾向或左翼自由主义倾向。

E. 萧沆的观点总是与理性主义针锋相对，他认可荒谬的东西，并不试图将其合理化。他的作品言辞尖刻、内容消极，带有典型的后现代主义特征。与其悲观的哲学态度形成鲜明对比的，是他强大的语言表现力。凭借辩证手法和格言式的话语风格，一些典型的奇谈怪论在他的笔下也能变得引人入胜，让人信服。E. 萧沆的作品是一种超意识的表达，体现了 20 世纪的人类生存困境。

2. 罗马尼亚文化透视和罗马尼亚人的"劣根性"

E. 萧沆的代表作是 1936 年出版的《罗马尼亚的变革》。他在书中表现出了激进的反传统主义立场，对罗马尼亚的文化积弱的现象大加鞭挞。他将个人的主观情感与无情的批判糅合成了充满了悲情色彩的控诉："即使我是一个有着劣根性的罗马尼亚人，我也仍然深爱着这个国家。正是出于这种无法言表的爱，我才那么痛恨她。"[2]

他认为罗马尼亚人有着缺乏创意的"痼疾"，因此在历史上长期处于弱势地位。罗马尼亚文化积弱的主因并非外来敌对势力，而是罗马尼亚人在心理、精神、意志、实践、组织层面的内在缺陷。他在对

---

① E. 萧沆：《苦涩三段论》，布加勒斯特，人性出版社，1992 年。第 344 页。
② E. 萧沆：《孤独与命运》，布加勒斯特，宇宙出版社，1991 年。第 231 页。

比了西方国家辉煌的历史后指出："罗马尼亚人在精神结构上有一种劣根性，这种劣根性导致了我们在历史上屡遭败绩。"当其他民族突飞猛进时，罗马尼亚人仍在历史中沉睡。由于不思进取，"倒霉"的罗马尼亚人成了一个"被征服的群体"。由于缺乏自我表现的意愿，他们只是在他人创造的历史中充当过客，而非创造历史的主体。当世界步入现代后，罗马尼亚文化依然处于蹒跚学步的婴儿期。因此，罗马尼亚人必须"洗心革面"，毅然决然走出自己的历史，主动承担起拯救民族的重任，在文化和地缘政治中占据一席之地。"小国文化如果不试图挣脱束缚自己的法则，摆脱使其默默无名的牢笼，就永无出头之日。有一些生存法则适用于大国文化，另一些则适用于小国文化"。①

E. 萧沆对罗马尼亚的历史和文化积弱状态有着切肤之痛，他的解读催人泪下："出生在一个'二流'国家绝非幸事。头脑清醒反而成了悲剧。即使你没有被本民族救世的冲动淹没，心灵也会在无尽的苦海中溺亡。"②罗马尼亚所处的地理位置极其险恶，周边强邻环视。但在他看来，"这些敌意应该被化作民族崛起和实现富强的动力。如果我们创造历史的动机依旧盲目、依旧原始，那么我们会被无情地扔到宇宙的旋涡之中。但我们如今走到了哪一步？我们只是刚刚有了创造历史的意愿。"③

与欧洲强国的历史文化差距使 E. 萧沆深受触动，他对此进行了深入的研究和深刻的反思。在他所处的时代，俄、德帝国主义正在东方和西方崛起。他发现在这些国家，本民族救世论和帝国主义之间存在着紧密关联："没有任何一种本民族救世论会仅仅满足于抽象的形式，而没有具体的目标。帝国主义就是本民族救世论的实际结果。"④

我们不应忘记，E. 萧沆是在 1935-1936 年间写下上述言论的。当时正值暴力崇拜甚嚣尘上，独裁思想在欧洲大行其道。传统主义者曾经以为逆来顺受可以使民族苟延残喘，但 E. 萧沆指出，继续麻木不仁只能导致民族的创造力被扼杀，在现代化竞争中被淘汰，因此必须

---

① E. 萧沆:《罗马尼亚的变革》，布加勒斯特，人性出版社，1998 年。第 9-10 页。
② 同上书。第 30 页。
③ 同上书。第 12 页。
④ 同上书。第 13 页。

从沉睡的历史中觉醒过来。他强调："罗马尼亚所有的一切都必须从头开始，因为我们必须面对未来（……）罗马尼亚文化是一种亚当式的文化，从中产生的一切东西都是闻所未闻的（……）所有不可预见的东西都对罗马尼亚怀着深深的恶意。"①

E. 萧沆一面为罗马尼亚"卑微"的过去痛心疾首，一面主张为了民族的未来实行彻底变革。罗马尼亚只有通过深刻的精神革命才能摆脱弱势和边缘地位，成为东南欧地区的重要国家。他指出，罗马尼亚民族的主要由"世世代代安贫乐道的农民"构成，只有彻底改变其生存状况，他们才能以全新的精神面貌来对待历史。与西方国家相比，罗马尼亚的历史和文化显得无足轻重，而它未来的命运更让 E. 萧沆忧心忡忡："我们很清楚罗马尼亚的缺陷在哪里，但我们更应该知道国内外形势发展到极致会是什么样子。我梦想着罗马尼亚能够有中国的人口和法国的命运，但国家的未来不能寄希望于乌托邦式的空想。"②

上面这段话体现了 E. 萧沆的本民族救世思想。他认为罗马尼亚人因"过分精明"而丧失了理想，由于在历史上屡遭挫折而心灰意冷，极有可能在新的地缘政治环境下依然一事无成。他坚称自己构筑的并非"乌托邦"，而是一种可以使罗马尼亚超越小国地位（起码达到西班牙或意大利的水平）的"改革思想"。他说："难道说只要我们认为罗马尼亚能够超越小国文化的宿命，就是一种空想吗？我不愿意对我的民族盖棺定论。如果在罗马尼亚有一个预言家的话，我甚至不敢去询问他。谁能向我保证将来不会出现罗马尼亚奇迹呢？对于这样一个残忍的问题，负面的答案可能会让我失去救命稻草。真理虽然被掩蔽，但对它的迷信使我不至于陷入癫狂之中。"③

E. 萧沆的话语风格及其表达的立场带有浓厚的个人特点，无论正确与否，都已成为罗马尼亚民族自我认识的重要组成部分，为罗马尼亚人塑造自身形象提供了一种清醒的批判视角。在全盘否定现实的同时，他提出了虚无缥缈的预言和设想。无论他多么想与罗马尼亚传统思想保持距离，其论调都与摩尔多瓦公国的人文主义者有着异曲同

---

① E. 萧沆：《罗马尼亚的变革》，布加勒斯特，人性出版社，1998 年。第 40-41 页。
② 同上书。第 99 页。
③ 同上书。第 101 页。

工之处，与阿尔迪亚尔学派，以及"四八"革命中的自我批判精神也能产生共鸣。这种批判精神贯穿于罗马尼亚各个时代的主要思潮之中，对罗马尼亚人现代民族意识的形成起到了关键作用。E. 萧沆能够轻而易举地为他的批判找到佐证，因为罗马尼亚现代知识分子会"周期性地对过去发起猛烈抨击"，[①] 揭示罗马尼亚文化缺乏深度和原创性，理想与现实严重对立的弊端。他入木三分的透视和剖析，与 20 世纪初的社会学家 D. 德勒吉切斯库有着很多相似之处，D. 坎泰米尔对罗马尼亚人的批判也同样辛辣。

下面我们引用了 E. 萧沆著作中的若干段落，今天的读者可以从中了解作者是如何阐释和评价罗马尼亚人的历史与文化状况的。下文援引自《罗马尼亚的变革》：

"上帝啊！一千年来我们都在干什么？！近一个世纪以来我们唯一的进步就是意识到了自己一事无成（……）与其他国家相比，我们的过去简直是一片空白，我们的文化更是一片荒芜。如果说加塞特（José Ortega y Gasset，1883-1955）发现西班牙从一开始就在走下坡路的话，那么我们又该如何评价罗马尼亚呢？在别国走向没落的时候罗马尼亚才刚刚诞生。我们有着一千年的历史，但我们被历史尘封了一千年。自我们记事以来，就从未有过自发的创作，致使几百年来精神家园日益荒芜。与大国文化相比，我们的创作是无中生有；与小国文化相比，我们是一块文化荒漠。从历史学角度看，我们蹉跎了一千年，从生物学角度看，我们同样一无所获。这么多年无所作为，民族的生命力即便没有被耗尽，也不过是苟延残喘。罗马尼亚的历史让人心灰意冷，我的祖先更让我无地自容。他们毫无风骨，居然能在丧失自由的情况下沉睡那么久。罗马尼亚的意义有待我们去开创，我们必须从内部去振兴她。建设这个国家是我们唯一的执念。"[②]

---

① S. 亚历山德雷斯库的评论较为中肯，他指出："不得不说，我个人认为他针对罗马尼亚人心态的一些言论不无道理。自曝罗马尼亚文化的家丑，这一行为本身就是 19 世纪以来罗马尼亚学术界批判传统的延续，这一传统每隔二十年就会对过去发起猛烈抨击。无论从立场上看，还是从他描绘的罗马尼亚负面形象看，都不是 E. 萧沆在 1937 年首创的。他异于前人之处在于其毫不妥协，全盘否定的态度。E. 萧沆在《在绝望之巅》（1934）一书中否定了他自己和整个世界，而后又在《罗马尼亚的变革》（1936）一书中用同样的笔力摧毁了他的祖国。唯一的区别在于，1936 年他还提出要建立一个全新的罗马尼亚。"见 S. 亚历山德雷斯库：《现代化回顾》，布加勒斯特，宇宙出版社，1999 年。第 283-284 页。

② E. 萧沆：《罗马尼亚的变革》，布加勒斯特，人性出版社，1998 年。第 39 页。

"罗马尼亚文化是一种亚当式的文化，从中产生的一切东西都是闻所未闻（包含贬义）的。我们每一个人都在重复着亚当的命运，只是他是被逐出了天堂，我们则是从历史的沉睡中觉醒过来。亚当式的命运会使一些意志薄弱、鼠目寸光、缺乏斗志、自暴自弃的人麻痹。如果对这种命运麻木不仁，毫无危机感，是不可饶恕的（……）我们必须以极大的勇气去面对文化缺失的悲剧，用自己的力量去填补过去的空白，去主动唤醒在历史中沉睡已久的东西。我们的虚荣心极易得到满足，因为百废待兴，每个人都可以成为创造我们历史的上帝。我们不必像过去那样，被迫去走某一条道路，因为我们自己所走的道路就是国家的命运。每一个人的存在都是构成罗马尼亚的一块基石。我们的命运就是如此，所有不可预见的东西都对罗马尼亚怀着深深的恶意。"①

"罗马尼亚的问题如果对于某人不是一种揪心之痛，就说明他完全不了解这些问题。对过去清醒而痛苦的认识必须持续下去，只有这样我们才能意识到自己肩负的使命。如果有人不把反思我们的命运看作其生命中的一个转折点，他就注定是失败者。我们罗马尼亚人迄今为止没有历史，只是期待着创造历史，期待着令人心潮澎湃的那一刻。如果有人不对此痛心疾首，他就不是爱国者。致命的缺陷将罗马尼亚禁锢在小国文化的囚笼之中，没有勇气围绕着自身的轴线发展。如果有人不对此辗转难眠，他就不是爱国者。罗马尼亚缺乏大国文化的历史使命感，不像大国那样雄心勃勃，有着无尽的权力欲。如果有人不对此心痛欲绝，他就不是爱国者。如果有人不渴望实现飞跃式的变革，他就不是爱国者。"②

"对罗马尼亚本能的爱没有什么大不了的，并不值得称道。但如果对其命运心灰意冷之后仍然爱她，就足以让我钦佩。如果有人从未对罗马尼亚的命运失望，就说明他毫不了解问题的复杂性，也永远不会为这个国家的命运而奋斗。"③

"预言家不同于传统主义者，他们着眼于国家的未来，寄希望于国家的未来。传统主义是一种置身事外，明哲保身的态度。它表现出

---

① E. 萧沆：《罗马尼亚的变革》，布加勒斯特，人性出版社，1998 年。第 40-41 页。
② 同上书。第 43 页。
③ 同上书。第 44 页。

对本民族的关注，却无意使本民族在世界上发挥更大的作用。传统主义承认本民族的劣根性，却对其束手无策，任由自己的民族浑浑噩噩地走向未来，就好像放任牛儿自己去饮水一样。"[1]

"罗马尼亚需要的是激情，甚至是狂热。狂热的罗马尼亚才是剧变中的罗马尼亚，才是转型中的罗马尼亚。对一个民族而言，神话就是至关重要的真理。也许它们与真相不符，但这无关紧要。一个民族对自己最大的诚意就体现为不再自怨自艾，而是在自身的错误中崛起。一个民族应该追求真理吗？不！应该追求权力！（……）尽管我们知道罗马尼亚在历史上无足轻重，但我们必须将罗马尼亚置于全人类的历史之上。如果有人心中没有使命感在燃烧，他们就必须被剔除。没有预言精神的生命只是无聊的游戏。只有让人们心中的火焰将其燃尽，罗马尼亚才会不再让人悲伤。"[2]

"在过去和现在经历了那么长时间的压抑之后，罗马尼亚的活力必须得到一次爆发和释放，只有这样我们才不会真的发生变异。我在谈到罗马尼亚时总是持悲观态度，但我相信生活是非理性的，我们的命运同样可能发生逆转。在我相信要彻底改变罗马尼亚只是幻想的那一刻，罗马尼亚的问题对我而言就已经不存在了。我们所有的政治和精神使命都可以被浓缩为一种意愿，就是要完全颠覆我们的生活方式。几百年来先哲一直告诫我们，历史不可能飞跃发展，一蹴而就。如果真的是这样，我们不如马上集体自杀。我们可以凭借本能和热情向任何人学习，唯独不能听先哲的话。唯有实现决定性的飞跃，我们的存在才有意义"。[3]

"罗马尼亚人的劣根性并不是历史造成的，恰恰相反，是罗马尼亚人的劣根性造就了这段历史。特殊而严酷的历史条件只是让罗马尼亚人的劣根性更加凸显。我们之所以会经历那么多困难时期，是因为我们不够强大，没有能力去战胜困难。如果我们一开始就能够像那些强大的民族一样坚定地彰显个性，早就克服这些困难了。一个民族的人口多寡固然重要，但更重要的是要具有攻击性（……）人们唯一崇拜的就是暴力。我们也崇拜暴力，但只是在别人的暴力面前卑躬屈膝

① E. 萧沆:《罗马尼亚的变革》，布加勒斯特，人性出版社，1998 年。第 25-26 页。
② 同上书。第 46-47 页。
③ 同上书。第 48 页。

（……）罗马尼亚人总是太过温和。由于厌恶极端和强硬的做法，他们遇事从不勇敢面对，而是消极避让，导致所有麻烦都冲着他们而来。我们希望四平八稳、与世无争，但这并不是内心和谐的体现，而是我们劣根性的体现。这种平稳甚至掩盖不了潜在的矛盾，只能掩盖失落的灵魂深处的苦寂（……）我们必须看到是什么样的民族特性让罗马尼亚沉寂了千年，并把它和我们可笑的民族自豪感一起清除掉。"[1]

"我想要的不是一个合乎逻辑、井然有序、按部就班、安分守己的罗马尼亚，而是一个忙忙碌碌、充满矛盾、狂飙突进、气势汹汹的罗马尼亚。我是那么爱我的祖国，那么希望她繁荣昌盛。罗马尼亚的历史会一直螺旋式上升，直至我们与世界的关系出现问题。尽管时至今日，我们都如蝼蚁一般，但从今往后我们将会在全世界面前崛起，不仅要让人们知道世界上有个罗马尼亚，还要让人们知道罗马尼亚是什么样的。"[2]

---

① E. 萧沆:《罗马尼亚的变革》，布加勒斯特，人性出版社，1998 年。第 60-62 页。
② 同上书。第 209 页。

第十三章

文化哲学与文化社会学＊主要人物及其理念
＊S.梅海丁齐、T.维亚努、M.拉莱亚、
M.伊利亚德、M.武尔克内斯库、
C.诺伊卡、G.克利内斯库

文化哲学——罗马尼亚思想界的高端领域

罗马尼亚社会和文化发展引发了人们对文化理论的持续关注。一批在两次世界大战之间成名的学者在哲学的高端领域，即价值哲学和文化哲学领域作出了突出贡献。这两个学科主要关注以下核心问题：何谓文化？何谓价值？文化与价值在社会生活中如何发生作用？

T.维亚努认为，这两个学科是随着自然科学与人文科学、自然与文化、物质世界与精神世界的明确划分而产生的。新康德主义者在19世纪末将事物普遍划分为两大类：一类是独立于人类意志存在的客观事物、可重复的规律，以及理性；另一类是人类文明中各种不可重复的孤立现象，它们取决于人的主观意志，并需要依据某种价值体系来评判。这种做法的意义在于有效避免了将实证主义哲学泛化，在文化现象中滥用自然规律。我们不能像自然科学家那样去研究人类的历史、文化和宗教，不能无视历史和人类的关联，将其等同于自然界。罗马尼亚思想家们对这种划分法的普遍接受表明罗马尼亚文化已经发展到了一定的水准，能够与其他欧洲国家一较短长。V.珀尔万、E.斯佩兰茨亚、S.梅海丁齐等人的研究成果不仅限于对欧洲重要学术专著的述评，还提出了许多颇具创见的观点。

从平均水平上看，两次世界大战之间的罗马尼亚文化有着极高的价值。当时不仅出现了大批文化名人，更有着让他们各领风骚的广阔平台。M. 伊利亚德等学者认为，尽管罗马尼亚在经济上处于弱势地位，但可以通过文化的崛起创造机遇。与别国对比带来的自卑感既能成为抑制罗马尼亚文化发展的不利因素，也可能成为创作的催化剂，或批评与自我批判的驱动力。罗马尼亚现代文化先驱们深知，对西方模式的模仿固然是落后文化发展的必经之路，但只有通过原创作品才能构建起真正的民族文化。这些原创作品必须在全球范围内，用人们广泛认可的形式来表达罗马尼亚民族的思想和情感。

当代欧洲各国文化间的相互关联日益紧密，各种文化形式在国际舞台上争奇斗艳。一部作品或一种价值观能够得到何种程度的普及和认可，并不完全取决于其自身的价值。传播策略、政治利益、地缘政治地位、经济和军事实力等因素都能影响到价值观的输出和普及。H. 柯恩达曾说过，从人口比例上看，能够比罗马尼亚人创造出更多杰作的民族屈指可数。这印证了 L. 布拉加"我们具有极大的文化潜力"的说法。但罗马尼亚文化的真实面貌却未能在世界上得到充分展现。

下面我们将逐一介绍 S. 梅海丁齐、T. 维亚努、M. 拉莱亚、M. 伊利亚德、M. 武尔克内斯库、C. 诺伊卡、G. 克利内斯库等人的理念。

第一节　S. 梅海丁齐（1868-1962）

S. 梅海丁齐是布加勒斯特大学知名教授，他不仅是罗马尼亚地理学派的奠基人，在人文领域也有着极深的造诣，对文化哲学研究作出了突出的贡献。他曾在巴黎、柏林、莱比锡等地求学，师从白兰士（Paul Vidal de la Blanche，1845-1918）、菲尔绍（Rudolf Carl Virchow，1821-1902）、李希霍芬（Ferdinand von Richthofen，1833-1905）、巴斯蒂安（Adolf Bastian，1826-1905）、拉采尔（Friedrich Ratzel，1844-1904）等知名学者专修地理学。在人类地理学和地缘政治学奠基人的拉采尔的指导下，S. 梅海丁齐于 1899 年在莱比锡获得博士学位。1900 年归国后，他成为布加勒斯特大学的首位地理学教授，从事各个层次的地理教学，其编写的教材好评如潮。他还就教育问题四处发表演说，并发表了《人民——说给学生的话》（1914）、《另一种成长：劳动学校》（1919）、《当代人的责任》（1933）等一系列极具影响力的文章。

1907-1923 年担任《文学谈话》杂志主编期间，S. 梅海丁齐以他的家乡"索维亚"村为笔名发表了诸多文学评论和传记文章，主要包括：传记《马约雷斯库传》（1910）、评论文集《文学的春天》（1914）、故事集《山里人》（1921）。他在文化人类学领域发表的处女作题为《一个民族通过劳动及劳动工具获得的人种志特征》，这也是他 1920 年入选罗马尼亚科学院时所做的报告。1928 年他在科学院宣读了另一篇重要报告——《人种志准则：文化与文明》。这两篇文章成为反映 S. 梅海丁齐哲学思想的扛鼎之作，奠定了他在罗马尼亚思想界的地位。

S. 梅海丁齐的地理学代表作是 1931 年出版的《地球——地理科学导论》（共两卷）。这部地理学的集大成之作对各类数据进行了全面梳理，它的出版在许多国际性学术刊物上引起了轰动。另一部重要学术专著是 1941 年出版的《罗马尼亚基督教》，书中回顾了罗马尼亚民族的宗教演进史，并尝试从包容性的文化视角来揭示其特点。

1. 从地理学到人类学

凭借地理学的学科背景，S. 梅海丁齐对于人类与其生存环境之间的关系有着更为全面的认识，能够在研究中将人种志、历史学、人类学、地缘政治、教育学、文化哲学等学科完美结合起来。其学术思想的核心就是：人类与其赖以生存的地球是一个统一体，人类所有的物质和精神成果都与劳动有着密不可分的内在联系。

地理学被定义为"地球科学"，是一个涵盖了大气圈、水圈、岩石圈和生物圈的学科。S. 梅海丁齐的研究对象是其中最为复杂的生物圈，人类则是这个圈中的特殊本体。人类通过自己的活动创造了一个由物质和精神客体共同构成的"新世界"，将这个新世界的产生和历史发展作为研究对象的学科被称为"人种志"。这一学科能够根据人类创造出来的物质与精神成果，即标志着人类时空存在特点的文明与文化，来对各民族的生活状况进行研究。

S. 梅海丁齐和当时许多思想家一样，认为文化是一个极具综合性与概括性的概念，是反映人类生产状况的特殊指标。他指出，文化既是全人类所共有的，又有着历史特殊性和类型特殊性。他将文化定义为"有助于个体适应社会环境的一切精神（智力、道德、审美）产品的总和"。[①] 这一定义的涵盖面极广，涉及人类学、生态学、历史学、社会学、心理学、伦理学、教育学等诸多领域。

1899 年，S. 梅海丁齐在拉采尔的指导下完成了博士论文《绘图归纳法》，并在莱比锡通过答辩。这篇论文突破了纯描述性的人种志研究方法，不再是对各民族文化的罗列，而是将重点转移到哲学人类学和文化人类学层面，从而触及了 20 世界上半叶美、德、英、法等国人类学理论研究的前沿。S. 梅海丁齐意识到，对各民族生活习俗和劳动方式的研究离不开专业人才的培养，因此将自己的研究范围从人种志和文化理论向教育学和教学法领域延伸。他认为新一代学者必须能够用全新的文化视角和创作形式来丰富地理学这一传统学科，促使其不断发展。他对新一代研究者提出了以下要求："（……）只有将新元素引入一个民族的文明与文化中，改变这个民族的生活节奏，才能被称为新一代（……）先生们，我的问题很明确：你们能够创造出新的元素来丰富罗马尼亚文明和文化吗？如果能，你们就是新一代。如果不能，你们就只是普通的年轻人，仅仅是老一代的延续"。[②]

他秉承德国人类学界的学术传统，将自然、历史、人类文化的发展看作一个整体。类似的观点也出现在赫尔德、克莱姆（Gustav Friedrich Klemm，1802-1867）、施密特（Wilhelm Schmidt，1868-1954）、洪堡（Alexander von Humboldt，1769-1859）、李特尔（Carl Ritter，1779-1859）、巴斯蒂安、拉采尔等人的著作中。[③]S. 梅海丁齐希望按照西方价值观对各种观点和实证材料加以整合，为人种志研究建立一套新的方法和标准，这与欧美发达国家人类学界的做法完全一致。他的著作中包含丰富的地理、历史、文化信息，作者从带有浓厚人文色彩的哲学视角出发，将上述学科串联起来，获得了国内外学术

① S. 梅海丁齐：《文明与文化》，布加勒斯特，第三出版社，1999 年。第 119 页。
② S. 梅海丁齐：《当代人的责任》，收录于《文明与文化》，布加勒斯特，第三出版社，1999 年。第 272 页。
③ Gh. 贾讷：《一种文化哲学研究体系》，该文系为 S. 梅海丁齐的著作《当代人的责任》（布加勒斯特，第三出版社，1999 年）所作的序言。第 20 页。

界的一致好评。[①]

2. 文化与文明——人类生活的不同组成部分

S. 梅海丁齐将文化和文明看作哲学的两个基本范畴，它们涵盖了人类生活的全貌，以及各民族历史发展和现实状况的差异性。人类通过在文化和文明层面进行创造来实现自己的社会存在感，并解读自己的对生命的感悟。S. 梅海丁齐不仅建立了自己的文化理论，还对构成文化与文明的各种要素分门别类地加以分析，这种能力在罗马尼亚思想家中并不多见。人类学家 Gh. 贾讷（Gheovghitā Geanā, 1942-   ）对 S. 梅海丁齐的论著进行编辑整理后指出，他建立了一个"从哲学视角开展文化研究的体系"。

S. 梅海丁齐认为劳动在人类产生和存在过程中始终发挥着决定性作用。人类通过劳动在宇宙中创造新事物，以适应环境并满足自身不断变化的物质和精神需求。手和脑是人类最为发达的器官，它们能够不断获得新的能力。人类借助工具类改造环境，并构建适合其生存的人造世界。他指出，"发明工具并借助其进行劳动是人类真正的区别性特征"。[②] 通过人类创造出的物质工具，文明的范围得以不断延伸。与此同时，人类还创造出了用于心理活动和文化创作的精神工具，其中最为重要的当数语言。人们只有借助语言才能对认知和实践经验加以积累，形成价值观，从而使精神财富世代相传，确保社会生活的连续性。因此，他尝试着从复杂劳动中寻找出语言和宗教、艺术、科学等精神活动产生的机制。

从人类学视角出发，S. 梅海丁齐对分属文明和文化范畴的两类实在加以区分。在他看来，文明与文化这两个维度处于对立统一、相互依存的关系。它们都是从劳动的物质和精神双重属性中衍生而来的，劳动是二者的共同根源。斯宾格勒将文化与文明看作民族历史发展进程中相继发生的两个阶段，文明是文化的衰落期，各种创作形式在这一时期失去了原有的生机，变得更为功利。这一理论在 20 世纪初的哲学界流传甚广，S. 梅海丁齐的论著中也有提及。

---

① T. 赫尔塞尼给了他这样的评价："我们必须承认，S. 梅海丁齐教授具有非凡的思维能力，他掌握的资料详实严谨，并能够通过强大的分析和综合能力，将科学推论和哲学分析完美结合——这些特质使其跻身我国最伟大的思想家之列。"见 T. 赫尔塞尼在《科学与社会改革档案》1934 年第 1、2 期上发表的书评。

② S. 梅海丁齐：《文明与文化》，布加勒斯特，第三出版社，1999 年。第 85 页。

在对文化与文明进行定义时，S. 梅海丁齐并未加入新鲜元素，只是引入了人类学意义上的"适应"概念。他眼中的文明是"有助于人类适应物质环境的一切技术发明的总和"，[①] 文化则是"有助于个体适应社会环境的一切精神（智力、道德、审美）产品的总和"。[②] 构成文化与文明这两个维度的共同要素，即生态学和人类学中所说的"适应"。人类活动始于适应，并逐步超越狭义的适应性活动，发展为创造性活动。在文化的所有构成要素中，艺术最能体现人类的创造力，是文化的精髓。基于大量关于所谓"原始民族"的信息，S. 梅海丁齐指出这些人类社群不仅拥有能够适应自然环境的原始生产工具，还拥有某种起码的道德规范，以及能够体现其精神状态的宗教和艺术形式。因此，文化与文明就好像孪生子一样，在人类发展的任何阶段都是共存的。他说："（文化与文明）间的平行关系是显而易见的。文明可以依据技术标准，即通过工具的数量、质量和原创性加以衡量；而文化则需依据更高级的心理标准，即通过精神产品的数量、质量和原创性来衡量"。[③]

根据 S. 梅海丁齐创立的"人种志准则"，文化和文明可以被进一步细分为各种下位类别。这种归类方法适用于处于不同发展阶段的所有族群：

- 文明包括衣、食（从最简单食物到当前工业化的食品制备方式）、住（从窝棚到摩天大楼）、行（从步行到畜力、非机动车、机动车、海轮，直至航空器）；
- 文化包括科学（从原始的认知形式，到现代科学中的理性思考和实证模式）、艺术（从旧石器时代的绘画到当代艺术）和宗教（从远古神话到如今广泛传播的独神论宗教）。S. 梅海丁齐的某些论著中也用"道德"一词来代替"宗教"。

在人种志和人类学研究中，可以通过对上述方面的比较来对一个民族的文化和文明进行描述和评价。所有这些元素都通过劳动这条"主线"串联起来（S. 梅海丁齐把"语言"和"工具"相提并论），无论文化还是文明，都源自人类出于某种目的改造自然环境或社会环境

---

① S. 梅海丁齐：《文明与文化》，布加勒斯特，第三出版社，1999 年。
② 同上书。第 119 页。
③ 同上书。第 119-120 页。

的活动。这种观点得到了当时许多人类学家的赞同。尽管文化处于动态变化中，但是从方法论角度看，S. 梅海丁齐将这些方面以静态形式罗列出来仍有着重大意义，有助于我们在研究中对相关对象进行描述和分析。他最初并未重视社会背景、社会关系在人类文化与文明发展进程中的重要性，但在后来的著作中认识到了这一点，开始强调社会生活中各种因素的相互作用，并将"社会"一词加到了劳动这条"主线"之上。[①] 他还指出，在科研工作中可以根据具体研究对象对上述各个方面进一步细化。

3. 文化与文明的异同

S. 梅海丁齐曾反复强调，文化和文明作为人类存在的两个维度具有统一性，只是出于研究的需要才在理论上对两者加以区分。他在分析了文化和文明在不同时期的发展状况后得出了一条经得起历史检验的结论：文化与文明的发展并不同步，两者可以是相对独立的。他指出："一种朴素的文明可能伴随着非常丰富的文化内容（……）因此，文明的极点与文化的终点很难重合。任何人借用他人的劳动成果，都能够拥有高等级的文明，然而高端的文化却极难实现。它不仅需要大量的劳动和丰富的思想，还要通过极高的道德和审美水准将细腻的情感表现出来"。[②]

文化与文明这两个方面相互影响、相互融合，但各自内部却难以达到"完美的比例"。有时自然或社会环境只利于某一方面的发展，却对另一方面的发展造成阻碍。当某种文明元素（如建筑和航海技术）取得进步的同时，另一些文明元素（如食品和衣着）却停滞不前。在现代社会，此类现象不仅存在于某个民族的文明发展进程中，也可能体现在某一个人的文化素养上。例如某人可能是数学或自然科学领域的权威，却在艺术品位、道德修养、公民意识等方面乏善可陈。

斯宾格勒把文明看作文化的衰落期，将文明成果局限在人类生活的物质和技术层面，认为其在价值上低于文化成果。S. 梅海丁齐对这种曾经非常流行的观点不予苟同。他用有力的论据为文明正名，指出人类发展是沿着文化和文明这两条互不重合又不可分割的主线同时进

---

① Gh. 贾讷：《一种文化哲学研究体系》，S. 梅海丁齐：《当代人的责任》序言，布加勒斯特，第三出版社，1999 年。第 32 页。
② S. 梅海丁齐：《文明与文化》，布加勒斯特，第三出版社，1999 年。第 124 页。

行的。他这样阐述自己的观点："正如一片叶子有正反两面：向阳的一面是光亮的，背阴的一面则是晦暗的（但这一面非常重要，因为植物每天都通过它来呼吸并汲取养分）。人类的生活也同样有两面：世俗的一面是文明，即物质技巧；神圣的一面则是文化，即所有精神产品的总和。人们试图通过这些精神产品来达成它们与其他产品，及其所属的整个精神世界之间的平衡。这两个方面不可分割，它们同时发生，而非斯宾格勒历史形态学理论中所说接续关系。综上所述可以得出以下结论：

（1）文明和文化是两个不同的基本概念。前者针对的是物质世界，后者则针对精神世界；

（2）在人类发展的每个阶段，随着一个文明量子的出现，必定会出现一个对应的文化量子；

（3）文化和文明都可以通过人种志标准来衡量"。[①]

文明是人类用以适应自然环境的技巧，文化则是用以适应社会环境的技巧，两者共同赋予了一个民族勃勃生机。虽然两者在构成、目的、方式、动机等方面存在差异，但它们都属于一个"生命统一体"："物质技巧（文明）和精神技巧（文化）间存在千丝万缕的联系，两者间的相互转化是如此微妙，有时甚至难以觉察。它们都被涵盖在生命统一体之中"。[②]

4. 地缘政治的演变 * 人类历史的发展阶段

S. 梅海丁齐是最早关注地缘政治的罗马尼亚思想家之一，他在研究中将民族的地理、历史、文明特征与其政治走向紧密联系。赫尔德曾说"历史就是运动中的地理"。S. 梅海丁齐认为除了地理因素外，以文化或文明形式表现出来的人类活动在民族发展进程中也发挥着重要作用。决定民族发展的因素存在于地理范畴与人种志范畴的集合之中，"只要看看广大民众和一些有代表性的历史人物，就会发现历史就是运动中的人种志"。

从这个视角出发，S. 梅海丁齐结合史料对罗马尼亚民族形成和发展进行了全面分析。他最为关注的指标有：文明发展水平；所使用工

---

① S. 梅海丁齐：《文明与文化》，布加勒斯特，第三出版社，1999 年。第 119 页。
② 同上书。第 123 页。

具的数量、质量和多样性；劳动强度；人口状况；适应能力；民族精神状态；文化成果的丰富性。他结合罗马尼亚民族的历史发展进程确定了以下地缘政治基准点：罗马尼亚民族起源于喀尔巴阡山，他们的家园以这一山脉为轴线，多瑙河是其通向西方的窗口，而东边的黑海则是其面向地中海的出口。这一地区处于欧洲多条商道的交汇之处，受到来自东南西北各个方向的地缘政治压力，其中最大的压力来自扩张中的俄国和亚洲地区（译者注：土耳其）。上面所说的，就是"罗马尼亚作为一个民族国家的地缘政治基础"，彰显了罗马尼亚在欧洲的重要性。到两次世界大战之间，这一地区也一直是列强的必争之地。[①]

S. 梅海丁齐认为当今世界的一大特点就是"历史全球化"，因为"整个世界都已经落入人类的掌控之中"。[②] 这是人类文明长期发展的结果。根据各大文明区域所处地理位置的迁移，他将文明的发展划分为三个阶段：

- 大陆阶段：在这个持续了数千年的漫长时期，各国都生活在封闭的视阈之中，不同文明之间只是偶尔发生接触；
- 海洋阶段：随着现代航海技术的发展，各大洋被渐次征服，人们认识到了人类文明在人类学和地缘生物学上的一致性；
- 大气阶段：到 20 世纪，航空器的出现使国与国之间的交流更为快捷。"与海洋阶段相比，此时不仅仅历史发生了全球化，人们的生活也高度融合，闭关锁国再无可能。现代化的交通工具使得各个民族，各个国家或间的关系日益紧密"。[③]

第二节　T. 维亚努（1897-1964）

作为杰出的哲学家、美学家、文学理论家和文学评论家，T. 维亚努在文化哲学、价值论和美学领域留下了不朽巨著。他坚持理性主义和人文主义立场，有着极强的理论概括能力，是一位伟大的人文主义学者。他的论著立论严谨，对问题的阐述脉络清晰。在古典理性主义

---

① I. 伯德斯库、D. 敦加丘：《边境社会学和地缘政治》，第 80 页。
② S. 梅海丁齐：《文明与文化》，布加勒斯特，第三出版社，1999 年。第 188 页。
③ 同上书。第 191 页。

精神的指引下，他不仅有着明确的视角和深刻的思想，更有着一丝不苟的治学精神，总能直击问题的关键。其主要论著有：《美学》（1934-1936，共 2 卷）、《价值理论导读》（1942）、《文化哲学》（1944）、《作品的哲学主题》（1947，生后出版）。

1. 文化与价值

在 T. 维亚努建立的文化理论中，文化被看作人类创造的所有价值的综合体现。与此同时，人类也在文化环境中获得了独一无二的特征。文化是价值的宝库，更是一片能够使人类从中获得尊严的天地。

他将文化创作比作耕种土地，认为文化这一概念涵盖了三个方面的因素，即作为基质的自然因素、指导文化创作的价值观因素，以及创作行为本身。其中价值是文化的核心，是人类意愿的体现和理想的表达。他指出："有多少愿望在人们心中激荡，就会产生多少种价值观。"文化活动的意义即在于人类通过创作将某种客体引入自己的价值体系之中。人们在创作中赋予对象某种价值，使其融入文化之中，将其从自然层面提升到文化层面。文化就是"将这个世界上的客体纳入形形色色的价值范畴之中"，从而使世界具有了某种人文意义和内涵。

在对文化进行定义时，T. 维亚努将价值置于核心地位。在他看来，自我与世界之间存在着一种随时可能实现的统一性，而价值就是这种统一性的"理想化表达"。[①]这一观点如今已经被人们广泛接受。所谓文化，就是人类存在的价值空间，是由各类评判世界的价值标准构成的王国。价值位于人类的意愿、需求，以及实现这些意愿和需求所需的客体的交汇点之上："简言之，价值就是某种意愿的载体。这种意愿可能来自肉体或精神层面。所谓财富，就是自身能够体现某种价值，或通过呈现或使用它就能满足相关意愿的东西"。[②]所有价值都是理想化的投影，只能在某种物质基础（如物品、作品、影像、行为、活动，等等）上相对地、逐步地实现，并融入现实生活之中。从社会层面看，文化泛指所有能够使人类不同于他物的作品或手段："我们通过劳动、技术、艺术、学术论著、研究机构、符号、仪式，将自

---

① T. 维亚努：《价值观的来源及合法性》，收录于《维亚努全集》（第八卷），布加勒斯特，密涅瓦出版社，1979 年。第 134 页。
② 同上书。第 150 页。

己置于一种价值环境之中"。[①]T. 维亚努特别重视文化活动的原创性，因为文化就是主动创造价值，使其在文明成果中得以展现，并根据人类的需求对其加以评判的过程。人类作为这一过程的主体，发挥着关键作用。

他的立场介于主观主义和客观主义之间，既反对过分夸大价值自主性，也不片面强调心理因素。在他看来，价值体现了物质与意识之间相互适应、相互满足的可能性。既不能像激进的唯心主义者那样将价值看作纯粹主观的经验，也不能像朴素唯物主义者那样割裂价值与人的关联。所谓价值就是主观意志与客观世界之间的某种关联，尽管它需要通过创作者的主观意志来表达，但同时也具有客观性和社会性，可以被他人共享。价值由人类需求决定，是对特定意愿和需求的回应，它通过人类的劳动和创造体现出来，带有社会特征。

T. 维亚努试图通过自己对价值的定义来调和主观与客观、个体与社会、理性与情感之间的关系。价值是意识与物质之间的媒介，它既有自主性，又是沟通主体与客体的桥梁。一方面，他像柏拉图那样重视价值自主性，认为它属于理想化的世界；另一方面，他努力使理想与现实在价值中实现统一。为此，他主张对纯粹理想化的价值与已经实现的价值加以甄别，并将完全自主的价值与具有社会性的价值加以区分。在他看来，价值是一种存在于人类意识中的客观实在。

2. 价值自主性

尽管文化价值有着极大的复杂性，但 T. 维亚努认为它们产生的基础都是相似的，只是因为各自不同的发展轨迹而获得了自主性。各类价值构成了丰富多彩的人类存在，不同历史时期对价值等级的划分也不尽相同。T. 维亚努在对价值分类标准进行分析后发现："每一种价值都处于一个理性坐标系中。一种价值可能是普遍的，也可能是个体的；可能是物质的，也可能是精神的；可能是手段，也可能是目的；可能是可归并的，也可能是不可归并的；可能是自由的，也可能需要依附于他物；它的意义或反响可能是持久不变的，也可能随着主体的

---

① T. 维亚努：《价值观的来源及合法性》，收录于《维亚努全集》(第八卷)，布加勒斯特，密涅瓦出版社，1979 年。第 133 页。

意愿被不断放大"。[①]

根据上述标准可以将价值分为八大类，即经济价值、生命价值、法律价值、政治价值、理论价值、审美价值、道德价值、宗教价值。前四类属于低阶的工具性价值，后四类则是有着更高追求的高阶价值。这几类价值之间存在着关联和影响，但相互间"不可取代"。康德曾经在理论上确立了三类相互独立的价值，即认知价值、道德价值、审美价值（也就是所谓的真、善、美）。每一类价值都具有各自的特点，能够满足某种特殊愿望，或实现某种人文目的。T. 维亚努认为，经济价值可以满足人们维持生命的需要，认知价值帮助人们对经验加以总结，道德价值则用以维持人与人之间的和谐关系。这些价值在本质上是"非理性"的，原因如下：

- 它们各自有着内在的、特有的目的性，不可相互取代；
- 不可用一类价值来定义另一类价值，也不可用某种上位价值（如真理）来定义其他价值。一些古代和现代思想家试图用单一的视角和唯一的价值（审美价值或宗教价值）来定义价值世界的做法是不可取的，因为各类价值在逻辑上存在不可替代性；
- 各类价值在基因上也同样存在不可复制性，因为有史以来从未有过从一类价值衍生出另一类价值的情况（例如宗教价值无法衍生出道德价值或艺术价值）；
- 价值不仅应该被思考，还应被感悟，感悟的过程会使价值具备某种特殊的情感；
- 在对价值进行定义时，不可将其与某种似是而非的属性相关联；
- 不可单纯依靠逻辑来定义价值，因为构成价值的还有情感、意愿、理想等前逻辑因素。

对价值自主性的过度夸大和对某些价值的贬低造成了现代社会的危机，将某些价值置于至高无上的地位导致人类存在被碎片化、片面化。在现代世界中，备受推崇的唯有理论价值和各类实用价值。T. 维亚努相信人类有能力纠正狭隘的专业化倾向，使文化回归平衡、统一

---

① T. 维亚努：《维亚努全集》（第八卷），布加勒斯特，密涅瓦出版社，1979 年。第 95 页。

和完整。身处这个时代的我们有责任从人文视角出发，对各类价值加以整合。个人文化、职业文化、专业文化与普遍文化并不冲突。无论是个人文化还是社会文化，都有可能带有片面性或普遍性。按照 T. 维亚努的理解，片面文化即职业文化，指某一个人或某一社会群体只注重培育一种类型的价值；全面文化则指某一个人或某一社会群体能够对所有类型的价值进行感悟。全面文化有别于普遍文化，后者所指的仅限人们无需用心感悟即可掌握的各种知识。

3. 文化与文明

T. 维亚努对"价值"和"财富"进行了区分，前者指的是某种理想（或意义），后者则指实现这一理想所需的具体物质基础。这一理念在 20 世纪的理论界广为流传，成为辨别文化与文明的重要标准。文化侧重于精神价值，文明则偏向于外在的工具或条件。可见，文化与价值相关，文明则与实现价值的财富相关。T. 维亚努指出："实际上，文明只是一种有限范围内的文化，是一种片面的社会文化。它只体现了一种价值，即科技价值和经济价值（……）文明是一种仅仅以技术进步和经济发展为目的的文化（……）文明不是文化的对立面，而是文化的一个方面。"[1]

因此，文化与文明之间只是有着功能的差异，而非本质的区别。T. 维亚努认为在对两者加以区分的同时，还应该在社会发展进程中将其统合起来。他主张向全面文化回归，因为浅薄的专业化倾向可能将人们隔绝在完整的价值场之外。文化所具备的各种功能是同时存在，而不是接续存在的。尽管在某一特定时期，某些功能可能占据主导，但其他功能的潜力并未消失。价值的分化是社会进步的必要条件之一，囿于某种特定的价值坐标系中会引发危机，过度专业化也可能导致文化失衡。

T. 维亚努主张一种包容性的文化理想，坚持认为人类应该在精神层面和谐发展。由于每个时代面临的问题不同，人们的文化理想和价值取向也存在着差异。正是文化理想在不同国家、不同时代的差异性造就了文化多样性。现代文化以创造为理想，将在神话中创造了人类的普罗米修斯作为崇拜对象。他反对贬低文明，将其与文化对立的

---

①T. 维亚努:《维亚努全集》（第八卷），布加勒斯特，密涅瓦出版社，1979 年。第 158 页。

做法，主张用理性的方式将二者关联起来，把文明看作在物质层面对文化价值的实现。与此同时，他也提醒我们不能一味夸大技术和物质层面的价值，必须兼顾精神层面的价值与理想，因为人类直面世界、勇于进取的态度才是现代化的真谛所在。对于罗马尼亚文化而言，亟需富有创造精神、创业精神、实干精神、科学精神，熟悉新技术且道德高尚的人才。

T. 维亚努的文化理论由文化形式理论和文化物质理论两大部分构成。实现文化形式理论告诉我们什么是文化，其本质特征是什么。他为此引入了"文化意志"的概念，指出在任何创造性活动中都存在某种具有导向性的意志因素，通过主观的精神和道德力量来克服惯性和惰性。文化意志受价值观的引导，体现了需求与愿望间的关系。正是由于它的存在，人类才有可能突破局限，不断创造。因此，任何文化创作活动既是客观的又是主观的。

文化物质理论针对的是文化的外在形式，它们由以下三类因素决定：实现文化的物质和精神条件、文化的实现手段、文化追求的理想。物质条件包括地理环境（气候、物质资源、地形地貌、动植物，等等）、经济条件和人种条件。地理环境具有制约作用，但非决定性因素，社会越发达，环境的影响就越小。我们时常可以看到文化不依赖环境发展的现象，地理决定论也已日趋式微。经济条件指生产方式和社会结构，它们同样不是决定性因素。T. 维亚努反对片面强调经济条件的做法，指出在精神因素的作用下，文化发展常常可以超越经济条件的限制。人种条件的影响在他看来更为有限，因此他坚决反对种族主义理论。精神条件指传统对社会群体和文化的影响。所谓传统，就是"以往文化活动对当前文化活动的影响"，这种影响通过教育体制和（家庭、学校、国家等不同层面的）教育机构实现。教育机构通常是保守的，它们讲授的是早已积淀的文化内容，而非创新趋势。针对传统与创新的矛盾，T. 维亚努提出了一个很有意思的命题，认为社会群体的规模越大，传统的影响力就越小。小型群体（家庭、族群）有着强大的传统，而大型群体由于结构松散，传统反而较弱。现代自由主义思想表现出来的，恰恰是个人挣脱传统力量束缚的趋向。

文化手段是文化创作和文化传播的重要保障因素，主要包括语言、技术、家庭、学校，等等。广义的技术可以被理解为所有文化手段的总和，涵盖了人类认知活动和创造活动所需的所有流程和方法。技巧、手艺、工艺在任何创造活动中都是不可或缺的。家庭既是一种教育环境，同时也是一个文化创新空间。学校同样也具有双重功能，它在传承文化积淀的同时还应激发创造力。T. 维亚努认为民间文化不同于专业文化或职业文化，它是一种社会化、大众化的文化。

文化作为人类创造的成果，在人类的所有存在方式中均有体现，从技术到艺术莫不如此。T. 维亚努认为文化创作的成果——文化作品具有以下特征：

- 文化作品具有目的性；
- 文化作品被赋予了价值；
- 文化作品属于某一创作者；
- 文化作品需要通过某种素材将多种因素统合起来，从而获得某种形式；
- 文化作品将某种具有全新性质的客体引入现实之中。

文化作品通常被用来指称科学、哲学、艺术成果，唯一性和原创性是这些成果的主要特征。T. 维亚努认为这些成果都带有象征性，而艺术作品的象征性是"无限"的，也就是说无法用有限的阐释去穷尽其内涵。此外，艺术作品的象征性还是"永恒"的，有着坚实的物质和情感基础。作品是人类劳动的桂冠，只有形成作品的创造性劳动才是真正的劳动。人类正是通过创造才实现了从自然到技术，再到艺术的飞跃。沿着从自然到技术、艺术的阶梯，人类的特征得以逐步显现。艺术是最高级的创作形式，艺术作品是最高级的劳动成果。

4. T. 维亚努的"能动主义"文化观

T. 维亚努将其所知的文化观归纳为三大类，并称自己创立的文化观为"能动主义"文化观。[①] 为了确立这三种类型，他用类比法来对文化进行定义，指出文化包含以下三方面的内容：首先是文化创作的自然主体；其次是引导文化创作活动的价值观（目的、目标、理想）；最后以改造自然、以实现既定价值为目的的人类活动。三类文化观对上述三个方面的侧重各不相同：

---

① T. 维亚努：《维亚努全集》（第八卷），布加勒斯特，密涅瓦出版社，1979 年。第 303-345 页。

- 理性主义文化观着眼于自然主体的最主要特征，即人类普遍具有的理性上。这种文化观旨在提升人类的理性能力，主张发展和进步，希望通过认知改善人类生存状况，并基于理性和民主原则治国。理性主义文化观的主要特点有：相信世界上存在人类无法认知的理性秩序；认为文化有助于提升人的理性能力；主张平等、自由、和平，对历史持乐观主义态度。理性主义文化观的大体脉络早在18世纪就已成形。

- 历史主义文化观将着眼点放在价值上，认为文化是一种带有自身目的性的有机体。人不再被看作完全理性的生物，而是由情感、意志、感性、理性等多种心理因素共同构成复杂生物。在不同国家、不同时代，引领文化发展的价值观都存在差异。历史主义文化观所关注的不是某种单一的文化，而是追逐各自理想，相互间鲜有交往的各种不同文化。各民族在这种文化观的激励下，为实现民族统一和国家独立的理想而不懈斗争。历史主义文化观的主要特点有：重视历史条件和文化理想的差异性；注重价值多元性和文化自主性；带有宿命论色彩。斯宾格勒等人作为历史主义文化观的代表，其思想带有明显的悲观主义色彩。

- 能动主义文化观将重点放在人类的创造性、建设性活动上。它认为文化是人类自由创造的作品，体现了无拘无束的创造力。人类在理性的指引下积极地改造社会，消灭丑恶现象，改善生存条件。如果说18世纪是理性主义文化观主导的时代，19世纪是历史主义文化观主导的时代，那么20世纪就是能动主义文化观主导的时代。

理性主义将人性看作文化的支柱；历史主义将国家看作文化的支柱；人文主义将人格看作文化的支柱；在能动主义看来，文化的支柱则是具有精神能动性，能够在改造世界的活动中发挥主体作用的人。能动主义的神话基质就是创造了人类的普罗米修斯。

T. 维亚努巧妙地用能动主义思想来看待世上的痛苦和丑恶现象。理性主义将恶归咎于理性的谬误；历史主义将其视作宿命；能动主义则坚信人类可以通过自身的作为来改善生存条件，消灭丑恶现象。普罗米修斯的神话象征着能动主义的理想，在欧洲各国的现代文化中均有体现。这种文化观之所以能够适应我们这个时代，是因为在包括科学认知在内的所有有组织、有目的、有理性的活动中，人类都是改造自然、掌控自然的"造物主"。当代科学中蕴含的能动主义思想使人们坚信理性的力量，相信自己有能力团结起来进行有组织的劳动。T. 维亚努希望通过能动主义文化观把实践、道德、理论、审美等各个层面的价值统合起来，在科学的基础上有效组织人类的活动，从而达到改善人类生存状况的目的。能动主义文化观有着崇高的理想，不仅希望实现人类社会的和谐，还试图将人类的秩序引入混乱的自然界中。

能动主义作为西方现代思想的核心范式之一，体现了人类按照自己的面貌改造自然界的理想。T. 维亚努发现在康德和费希特（Johann Gottlieb Fichte，1762-1814）的哲学思想中，经常可以找到神话中普罗米修斯的影子。他将康德在哲学界引发的巨变称为"一场普罗米修斯式的革命"。[①]康德认为"真理和道德律令皆在心中"，人类可以借助其道德自主性将自身的各类法则施加于自然界，并通过对自身的建设克服一切外在困难。这些宝贵的思想正是构成能动主义的要素。

通过进一步研究可以发现，能动主义已经成为现代欧洲各种思潮的基础。从培根到尼采，再到马克思，尽管他们的出发点、动机、表述方式、理论诉求存在明显差异，但都带有能动主义的特征。与西方能动主义思想范式对立的，是时至今日仍在东方文化中大行其道的各种传统思想。西方文化将人类如何掌控自然作为亟需解决的关键问题。能动主义特征在西方文化中具体表现为对理性的推崇、对待自然的积极态度、努力改善社会关系的意愿，以及实现人类进步的坚定信念。与之相比，东方文化带有明显的唯灵论色彩。在东方文化氛围中，人们压抑着自己的个性，渴望着融入集体之中。他们消极地面对自然，被动地遵循传统，将先人的智慧置于自己的理性之上。这样的概括也许稍显武断，[②]但很好地体现了东西方文化之间的差异，凸显了欧洲文化的能动性。

---

① T. 维亚努:《维亚努全集》(第八卷)，布加勒斯特，密涅瓦出版社，1979 年。第330 页。

② 见 T. 维亚努:《哲学探讨中的东方与西方》，收录于《维亚努全集》(第九卷)，布加勒斯特，密涅瓦出版社，1980 年。第 368-382 页。

T. 维亚努指出，能动主义的神话基质具有五大特点："普罗米修斯式的神话基质有着何种特征呢？首先是崇尚创造，不甘屈居人下，敢于挑战权威；第二是离经叛道，勇于提出自己的看法；第三是试图按自己的面貌和意志来建设或改造世界，使其与自己相契合；第四是相信痛苦伴随着人类所有的创造活动；最后是对人类最普遍、最深切的爱"。[①] 与此同时，他也提到能动主义有着"恶魔"的一面。以浮士德为例：他渴望着揭示大自然的奥秘，并用知识来武装自己，从而达到掌控世间万物的目的，为此他不惜将灵魂出卖给魔鬼。[②]T. 维亚努进一步解释道，所谓能动主义就是在文化中彰显人的自由，就是"从人类的视角出发去改造自然，按人类的意志去改变世间万物，使世界变得像人类一样"。[③]

能动主义作为一种宽泛的文化理念，内容涉及价值论、人与自然的关系、人类行为学等方面，其核心思想可以被概括如下：

（1）人类具有自主、自由、自立的人格；

（2）人类通过自发的、有意识的创造性活动来对抗超验的神，对抗自然界，凭借理性和自由意志来反抗现实社会，从而掌控自己的命运；

（3）文化是一种具有创世意义活动，人类通过它获取知识，并按自己的需要改造自然；

（4）人类的命运取决于自己的所作所为，人类是自身命运的缔造者；

（5）人类活动具有改善生存条件、消除世间丑恶、将痛苦转化为干劲的作用。

总之，能动主义是一种有机融合了人格、自由、知识、目的性、发展观的思想体系。它以两大核心理念为基础：其一是"人类与自然是对立的"；其二是"人即造物主"。能动主义常常被人等同于科学理性主义、实用主义或功利主义。但在 T. 维亚努看来，能动主义实际上就是所谓"浮士德式生活态度"的同义词，意味着人类依靠知

① T. 维亚努：《维亚努全集》（第八卷），布加勒斯特，密涅瓦出版社，1979 年。第 321 页。
② 同上书。第 326 页。
③ 同上书。第 333 页。

识和技术，在自然界面前有条不紊地证明自己。能动主义通过实际行动，而不是通过话语、理念或其他形而上的东西履行了浮士德的宣言。

部分西方思想家认为自然与文化处于对立之中。T. 维亚努从能动主义的角度出发，针对这一观点提出了自己的看法。他指出，自然只是制约文化创作的因素之一，而非决定因素。真正的决定因素是人作为主体的创造性活动，人类"或是通过提升自己的力量，或是通过引进新元素"来对自然界进行改造。文化不是自然的对立面，"只是使自然更为完整，更为人性化"。[①]罗马尼亚思想家们一向重视人的创造力，从未完全接受文化与自然对立的极端思想。能动性是沟通文化与文明的桥梁，它帮助我们将自己创造的成果向实际应用转化。如果没有能动性，我们的创造性就无以为继，无法按照理想中的价值来改造现实。

T. 维亚努认为在人类的文化活动中，能动性自古以来都是决定性因素。但一直到资本主义时代，这种能动性才在现代文化中得以完美展现。能动主义范式显然与资本主义资产阶级倡导的"企业精神"极为契合，唯有资本主义才能够竭尽所能地提升生产力、获取实证知识、提高劳动效率，并遵照务实的价值观来组织社会生活。尽管 T. 维亚努没有用某种政体来对能动主义加以限定，但他提到了理性与民主在社会生活中的重要性。毫无疑问，资本主义生产关系完全颠覆了以往的劳动组织形式和经济思想。正如韦伯所言，只有在资本主义制度下，能动主义才有可能成为一种主流的世界观、人生观、文化观和引领社会风尚的文化范式。

通过历史社会学研究，我们可以清晰地看到能动主义从资产阶级萌芽时期开始的发展脉络。在历史长河中，能动主义曾先后在资产阶级思想、功利思想、企业精神、扩张主义、浮士德精神中得到体现。如果能够对能动主义在罗马尼亚不断发展，并逐步排挤其他社会思想和文化范式的过程加以分析，将会是一个非常有意思的课题。事实上，能动主义思想在罗马尼亚有着原生的面貌，它与其他思想或是并存，或是糅合，或是处于真真假假的对立之中。

---

① T. 维亚努：《哲学探讨中的东方与西方》，收录于《维亚努全集》（第九卷），布加勒斯特，密涅瓦出版社，1980 年。第 333 页。

第三节 M. 拉莱亚（1896-1964）

M. 拉莱亚在哲学、心理学、美学领域皆有建树，同时还是活跃的政治家和杰出的散文家。他思维敏锐，有着极强的接受能力和批判精神，主要著作有：《社会学导论》（1926）、《社会思想史》（1930）、《心理学与生活》（1938）、《对人类的阐释》（1946）、《成功社会学》（1962）、《社会心理学导论》（1966，与 T. 赫尔塞尼合著）。

1923 年，M. 拉莱亚在巴黎先后完成了两篇博士论文并通过答辩。其中一篇论文探讨了蒲鲁东的经济学理念，另一篇则是带有社会主义革命思想的文学论文。1923-1938 年间，他在雅西大学讲授心理学和美学课程，1938 年后在布加勒斯特大学继续讲授这两门课程，直至 1964 年离世。1924 年，M. 拉莱亚加入农民党，该党后来更名为国家农民党。此后，他曾先后担任劳工部部长（1938-1940）和艺术部部长（1945），1948 年后投身外交事业。从 1920 年起，他就长期为各类报刊撰写政论文章，宣扬理性主义和民主思想，并从 1933 年起担任《罗马尼亚生活》杂志的主编。

在 M. 拉莱亚看来，革命可以分为三个层次：其一是经济层面的革命，其二是政治层面的革命，其三则是政治—经济革命。他指出："革命就是一个以前从未掌握政权的阶级夺取政权，并向整个社会推行一套价值标准"，它实际上是社会价值观的变更。作为当时的风云人物，他博采众长，从杜尔凯姆和韦伯的学说到马克思主义社会学理论均有涉猎。他在政治上坚持资产阶级左翼民主立场，坚决捍卫民主价值观和现代政治制度，在理论上则尝试着将杜尔凯姆的社会事实理论和塔尔德的社会心理学理论结合起来。

M. 拉莱亚认为欧洲文化是在自然与文化、上天赐予与人类创造的冲突中发展起来的。他说："我们根本无法在欧洲人的思想中找到一种所谓的主导现象或原始现象。欧洲人的精神世界中既不存在某种单一的元素，也不存在所谓'原现象'，因为欧洲文化的基本结构和运行机制本来就是二元对立的。对欧洲大陆的历史进行深入研究就能发现，人们推崇的所有价值观，以及人们通过总结或公设得来的所有原则都体现出这种对立性。自古以来，我们的所有理念，以及所有相关评价都充满着矛盾性。也许这就是唯一的'原现象'。"① 上述二元对立普遍存在于艺术、道德、哲学、宗教、法律、政治、经济领域之中，在认识论和价值论方面最为突出。从不同的视角出发，可以将这些对立细分为本体二元性（精神与物质、自然与文化）、社会二元性（个人与社会、自由与专制）、认知二元性（理性主义与神秘主义）、民族心理二元性（不同心理状态），等等。欧洲哲学思想总是处于"钟摆运动"中，在两个对立面之间循环往复，试图找到平衡点。尽管这种二元结构在欧洲人的思想中根深蒂固，但欧洲文化又渴望着超越这种二元对立。因此，M. 拉莱亚怀着远大的人文理想，试图将这些对立面加以整合，从中还原出完整、复杂、多维度的人格。他在作品中抛弃教条与成见，基于道德、理性和批判精神对人性加以重塑。他试图将人类从浅薄的物欲中解放出来，努力彰显人性的价值，并颂扬人作为历史缔造者的作用。

1. M. 拉莱亚人类学理论的基础："滞后说"

在其代表作《对人类的阐释》（由 E. 尤涅斯库译为法语）中，M. 拉莱亚从人与动物的区别入手，试图通过"心理滞后现象"来对人类创造价值的行为加以阐释。他摒弃了生物决定论的自然主义思想，认为人类的尊贵之处即在于其有能力挣脱自然束缚，超越自然决定论和生物决定论，自由地开展创造活动。人是一种敢于对抗环境的生物，他们能够对生物的本能说"不"，将自己从本能的掌控之下解放出来，因此是"最为荒谬的生物"。

"滞后现象"是人类特有的重要心理特征。动物只会对环境做出即时的、机械的、本能的反应，而人类的反应则是在思考、判断、批判后做出的，也就是说"在接受刺激和做出应激行为之间存在着第三种因素"。这种滞后性使得人类的精神活动更为丰富，能够将长期积聚的精神力量投入到文化创作中。"环境无法直接向人发号施令"，人类的行为由于心理因素的介入而发生延迟。遗传自先祖的低级心理活动会受高级心理活动的影响，低级精神状态也受高级精神状态的主导，其直接表现因而被抑制和延迟。就这样，条件反射受感知的压制；感知受记忆的压制；兴趣受注意力的压制；联想受判断力的压制；

---

① M. 拉莱亚:《欧洲文化的两重性和全人理念》，收录于《拉莱亚以往作品集》（第三卷），布加勒斯特，ESPLA 出版社，1958 年。第 11 页。

冲动受意志的压制。

所谓滞后即一种等待状态，意味着对应激行为的延迟，是人类处理时间关系时特有的行为。深谋远虑、谋定而后动都是人类独有的特征。这种滞后使得人们有时间来进行批判性思考，从事有意识和创造性的活动。在贾内（Pierre Janet，1859-1947）行为心理学理论的启发下，M. 拉莱亚将"等待"的概念加以泛化，使其适用于人类的所有行为。人之所以为人，取决于一系列在进化阶梯上最后出现的心理现象，例如意识、人格、判断、高级情感，等等。人与动物共有的心理现象则体现为条件反射、本能和具有简单目的性的行为。本能由一系列以适应环境为目的的条件反射构成，它支配着各种固化和死板的行为，是对已知状况或环境的刻板回应。只有人类才能够将这些低级心理现象整合到更高级的结构之中。

滞后现象普遍存在于所有高级心理现象中，因为人类在其生存环境下，需要依靠智力，通过学习来对其本能加以纠正。所谓认知，就是将外界的刺激与记忆中的影像加以比较，将感知行为放缓并转化为一种带有选择性的行为，并根据某种标准对接收到的刺激进行分类。通过这一过程，杂乱的感受被按照其形式、结构、功能归整到不同门类之中。

记忆就是一种滞后现象，因为它是对以往影像的留存，是"无法立即实现某一行为而将其延迟的结果"。已经停止的行为并未被忘却，而是以虚拟的形式留存在了记忆中。M. 拉莱亚指出，那些不立即付诸行动的人往往拥有更好的记忆力。"记忆是一种被压抑的行为"，是对一种已消逝的刺激的适应。

注意力的主要功能在于对直接的冲动进行选择性压制，与之对立的兴趣则是一种泛泛的、不经选择的、走马观花般的感知。注意力是一种将兴趣聚焦的现象，是对自发性娱乐行为的抑制，可以使人心理能量大幅提升。因此，注意力一方面具有抑制功能，另一方面又具有提振功能。

在人类进化阶梯上，智力是一种具有颠覆性的功能。它使人类能够不再因循守旧，而是不断寻找新方法来适应异常状况。M. 拉莱亚和 L. 布拉加一致认为智力具有相对性，不应被教条地看待。后者指出，只有智力超常的天才或极度的愚笨的蠢材才会做出绝对的判断。

由于智力的介入，刺激与反应之间的时间间隔变得更长。人们需要对某种特定状况下的各种可能性进行分析，使现实状况延迟为可能状况。因此，智力不仅与适应性相关，还与可能性相关。智力带有偏向性和抽象性，能够将某一元素从整体中抽取出来，并淡化其他元素。智力还赋予了人类批判性，使人对信仰、迷信、情感提出质疑，进而分析行为的动机，确定联想的方向，消除模糊的直觉，组织话语表述，将不同元素串联起来，开展理性的活动。

判断力的介入使情感的发生被延迟，生物性的冲动被压制。因此，高级情感不再是爆发式的，而是一种智能化的情感，需要理性基础、理据支持和内省过程。它同时还是一种社会化的情感，需要遵循并借助社会群体约定俗成的形式表现出来。

意志意味着自我控制，也是对本能和自发行为的压制。人们用意志来掌控情绪，引导判断，借助禁欲方式来压制情感生活（也被称为"对本心的践踏"），从而抑制和推迟了直接的本能反应。"所有高级的精神成就都是通过中断自然的即时反应获得的"，这种能力使人们能够心平气和地对环境做出回应。如果说主导动物心理的是不受控制的激情，那么人类心理就是由滞后性主导的。

因此，人类的特征体现为他们与其天性、本能的对立，所有文化形式中都包含着这种对立性。宗教是对过剩精力的纾缓和抑制，是对生物性冲动的约束，是对相对性的压制和对绝对性的弘扬，带有反活力论色彩。经济学是对挥霍的抑制和对积蓄的鼓励。道德通过对本能的抑制来弘扬道德价值，是对强权的制衡。人类的伟大之处，正在于其能够不以即时需要为判断标准，就义无反顾地实施某些行为。艺术则是一种"人造的快感"，是为满足人类的自我表现欲，而非直接需求进行的创作，被 M. 拉莱亚称为"一种忘记了目的的技巧"。知识虽然为行为服务，但它却源自一种超越了即时行为的渴望。M. 拉莱亚依据上述理念，对非理性主义、生物决定论、种族主义、实用主义和实证主义思想发起了批驳。

2. "上天赐予"和"人类创造"之间的辩证关系

M. 拉莱亚的贡献还在于，他揭示了人类文明史上一对永恒的矛盾，即他所说的"田园生活与工业化之间的辩证关系"，也被称为"上天赐予"与"人类创造"之间的辩证关系。在他看来，人造环境与自然环境是对立的，田园生活意味着回归自然，工业化则体现出生存环境人工化的趋向。

上述矛盾存在于所有历史阶段中。针对卢梭提出的自然与文明、个人与社会间的对立，M. 拉莱亚指出个人可以先于社会存在的论点无法在人类学研究中得到证实。换言之，民族从未处于完全自然的"前文化"状态，因此卢梭的说法是站不住脚的。在古代社会中，社会群体的构成十分稳固，功能也极为强大，个体只是集体中的一分子。后来随着社会的发展出现了自私的个体，他们与社会日趋对立，只关心个体的自由。也就是说从历史的角度看，我们无从证实自然与社会、个人与社会之间存在固有的对立关系。

独立的个人并不是由自然创造出来的，社会才是人类生活最原始的产物。只有在较为发达的社会中才会出现个人甘愿回归落后的生活方式，抵制当前的生活方式的情况，才可能出现自然与文化、个人与社会的对立。一些已经过时的文明形式会让我们感觉更为朴素，更为接近自然状态："在我们看来，陈旧的、朴实的、出自本能的东西显得更为自然，因此文明中过时的阶段常常被称为自然。"所谓自然似乎就是一种朴素的、乡村式的、田园式的、落后于生活变化的状态，人们由于厌倦了当前过于精致的文明而选择向这种状态的回归。这种趋势的最典型代表当数主张回归自然的犬儒主义者第欧根尼（Diogenēs，前 412- 前 324），以及主张生活方式不受文明玷污的嬉皮士运动。在现代社会中，文化与自然间的对立正通过一种后现代的方式得以消融。人们开始重视保护自然环境、使用天然药物、关注污染问题，并试图恢复一些文化传统。

自然意味着率性而为、对抗规则、拒绝束缚，社会则意味着通过组织、秩序、习俗和规范对自然因素和率性行为加以约束。从文化人类学角度看，文明是"藩篱"而非自由天地。一个社会的价值观、标准和规范从历史上沿袭下来，并通过教育广为传播。个人虽然生活在社会中，但是其内心仍有着未被完全社会化，不愿循规蹈矩的一面。文明产生之前的状态并未完全消失，而是融入了更高级的形态中，正如个体的自然冲动也被更为高级的心理现象所包容。这些自然冲动有时仍会爆发，因此仍存在着一些非社会性的个体（如流浪汉、盗贼、凶杀犯）或未完全社会化的个体（如儿童）。从精神病学角度看，精神疾病也是一种向低级心理状态的回归。

社会内部也同样存在两种相互矛盾的走向：一方面，个人在其自主性的驱使下走向无政府状态；另一方面，个人在社会的胁迫下走向盲从。这种矛盾还体现为保守和创新之间的对立，前者倾向于保留旧形式，后者则主张采用新元素。社会能够对人性中的自然因素加以掌控、约束和压制，使个人社会化。随着社会的发展，人类的自主意识日益增强，对环境的依赖也相应减弱，呈现出以下特点：

- 人类社会具备了积淀和保存物质和精神价值（包括生产技术、工具、习俗、知识、制度、道德规范、宗教传统、象征符号，等等）的能力。历史积淀和文化记忆是社会发展的必要前提。这是一种超生物性、超个体性的社会遗传，通过教育得以世代流传。社会价值在此过程中与人性中的自然因素相互融合。
- 人类社会中形成了价值观，并要求独立的个体服从这些价值观。价值观和社会制度对主观冲动有着掌控和抑制作用。传统的价值在社会中得到了充分肯定。
- 人类社会对自然界的依赖日益减弱，并开始掌控环境。所谓文化，就是通过创造与传承使人类生活逐渐人工化的过程。人类不仅创造出了改造自然的工具，还"不求回报"地创造出了没有狭隘实用意义，但能表现其精神状态的作品。以宗教仪式为例，从生物学角度看它们并无实际意义，因此不存在于动物界。但这些仪式能够抑制生物性的冲动，是社会道德的象征性表达，具有社会意义。

人类为自己构建了实际的生存环境和象征性的精神环境，并通过对传统的沿袭来开展正常的人际交往。换言之，人类生存的物质和精神世界是人类自己"构建"的，而传统则赋予了这一建设活动某种内涵。因此，社会是在自然环境（包括生态环境和地理环境）基础上建立的上层结构。

我们发现在历史发展进程中，个人主义和自由主义在某个阶段或某些国家占据主导地位，而在另一个阶段或另一些国家，集体主义和独裁主义却是主流。人类社会同时被田园牧歌和工业化的城市所吸引。古希腊和古罗马曾有过强烈的城市化倾向，而中世纪的封建国家则对乡村生活更为向往。进入现代后，随着资产阶级的崛起，城市生活的极大繁荣使乡村生活日趋没落。卢梭因此对工业化痛心疾首，浪漫主义运动对回归自然的渴望则更为炽热。

人类总是在祖先的遗产和新生事物之间摇摆。人作为一种"建设性"的动物，永远不会满足于已有的自然环境，"这种动物永远在排斥上天赐予的东西，并感觉有必要进行创造"。但 M. 拉莱亚同时也指出："人类的创造热情永远不可能彻底撼动自然的赐予。我们的自然本性随时可能爆发出来，将'人类创造'的脆弱外壳野蛮狂躁地碾碎。'上天赐予'是我们内心被禁锢的躁动，它不时发起反抗，想要挣脱牢笼。社会生活也和我们的精神生活一样，不断在'人类创造'和'上天赐予'之间寻求妥协。历史永远在科技与田园、工程师与学者、士兵与牧人之间摇摆"。

当过于紧张的创造活动使人疲惫时，人们就会向往着亲近自然。因此，M. 拉莱亚在颂扬人类创造力的同时，并不排斥自然的赐予，也承认人工化进程的负面效应在 20 世纪日益凸显。在他看来，道德是一种"反生物性"、非功利性的精神态度。所谓"高尚"就是一种不受物质利益左右，而受崇高品格（如慷慨、坚毅）主导的道德价值。高尚的人往往在生存竞争中不堪一击，因为他们是道德和话语上的"理想主义者"，并不在意名利或回报。

M. 拉莱亚哲学人类学理念的核心，就是"上天赐予"与"人类创造"、田园风光与工业化之间的辩证关系。他将人看作唯一能够违背其本能，对自然说"不"的"荒唐"生物，"滞后性"是人类最重要的心理机制。所有文化创作过程都包含两个步骤：第一个步骤是人类通过滞后机制来克服条件反射式的本能反应；第二个步骤则是对外界刺激做出创造性的回应。滞后性是积极行动的基础，因为对于人类这种"创造性动物"而言，"对生命的抑制有时并非迫害，而是一种刺激"。[1] 自然界、人的生物属性、社会环境所构成的障碍往往能够激发人类的创造力，因为"创造价值的过程完全建立在克服障碍的基础之上"。[2]

通过对新事物的创造，人类生活呈现出不断人工化的趋势，人类

---

[1] M. 拉莱亚：《对人类的阐释》，收录于《拉莱亚作品集》（第一卷），布加勒斯特，密涅瓦出版社，1972 年。第 298 页。
[2] 同上书。第 299 页。

在与自然环境渐行渐远的同时为自己创造出了特殊的生存环境。创造是人类的终极武器，用 M. 拉莱亚的话说，"整个历史就是一场顺应自然或对抗自然的宏大建设活动"。[①] 作为能动主义思想的积极推崇者，M. 拉莱亚无疑夸大了人类的创造性。但值得肯定的是，他的学说超越了狭隘的实用主义和"肮脏的重商主义"思想，是一种真正"高尚"的能动主义思想。

3. M. 拉莱亚对"罗马尼亚现象"的看法

曾经被民粹主义者广泛关注的民族特征问题，到两次世界大战之间再次引起了 M. 拉莱亚的兴趣。围绕着如何定义罗马尼亚民族心理特征的问题，他与 N. 克拉伊尼克领导下的《思想》杂志（宣扬东正教思想）展开了旷日持久的论争。在 1927 年出版的《罗马尼亚现象》一书中，M. 拉莱亚对罗马尼亚民族心理进行了总结。

他指出，各民族间最重要的差异在于性格和心理，而非人种。因此对民族特征的研究必须从民族心理入手，从社会学视角出发，用发展的眼光看待一个民族。陈腐的生物人类学理论将"种族"看作一成不变的概念，M. 拉莱亚则认为"民族性格是某种特定文化生活和社会生活的产物，它会随着文化和习俗的变化而逐步改变。尽管这种改变不是瞬间发生的，但却显而易见"。[②] 社会和历史条件决定了民族心理结构，他举例说："无论是巴巴罗萨时代的德国人、卡佩王朝的法国人，还是善良的亚历山德鲁大公统治下的罗马尼亚人，和今天的德国人、法国人或是罗马尼亚人都是完全不同的。"与此同时，民族性格具有异常复杂的心理构成，即使在变化中也能够保留一些不变或相似的特征。

M. 拉莱亚和 G. 依布勒伊莱亚努一样，极为重视社会、阶级和地域差异。他认为群体心理的变异可能是由地域、环境（城市或农村）、阶级（贵族、农民或资产阶级）差异导致的，这些差异造成的影响往往会远超族群间的人种差异。他坚持将民族心理研究纳入文化研究范畴之中，因为"通过研究一个民族的文化作品可以探析其民族

---

① M. 拉莱亚:《对人类的阐释》，收录于《拉莱亚作品集》（第一卷），布加勒斯特，密涅瓦出版社，1972 年。第 286 页。

② M. 拉莱亚:《罗马尼亚现象》（C. 希菲尔奈茨校注并作序），布加勒斯特，信天翁出版社，1997 年。第 59-60 页。下面的引文均源自同一出处。

心理。民族性格在文化作品中得到客观的体现，其抽象本质也得以凝练"。在他看来，民族特征的巩固需要经过几个世纪的长期共同生活方能实现，然而罗马尼亚人连这最基本的条件也不具备。罗马尼亚文学仍处在形成期，尚不具备能够体现群体心理特征的独特风格。他指出，"我们的心理并未完全定型，仍处于变化中。它并不明确，而是处于逐步明确的过程中"。对于罗马尼亚文学，他也持极度怀疑的态度。这种观点在当时的罗马尼亚社会很难得到广泛认同。

在 M. 拉莱亚看来，罗马尼亚人的民族心理"与西方积极的唯意志论和东方消极的宿命论都相去甚远"。由于处在东西方交会点上，来自东方和西方的影响形成了一种新的平衡，使得罗马尼亚人的特质即不同于东方人，也不同于西方人。他将这种特质称为罗马尼亚人的"适应能力"："我们有着懒惰、空虚、善良、坚韧的特点，这使我们不同于西方人；另一方面，我们也有创新意识，能够从善如流，对新事物充满好奇，机敏地远离险情，这使我们与东方式的蛮横与麻木相距更远。"适应能力让罗马尼亚人得以幸存的同时，也带来了诸多负面影响，最明显的就是对痛苦、丑恶和不公逆来顺受。凭借这种能力，罗马尼亚人能够轻易从西方文明中汲取营养。M. 拉莱亚认为"即使是形式上的进步也能带来深刻的影响，因为对实质内容的理解有着巨大的弹性。我们（通过引进西方形式）不仅摆脱了东拼西凑、滑稽可笑的文化，而且保存了体面和良好的品位。谁又能在短时间内做到这一点呢？"适应能力是罗马尼亚民族生命力的体现，是一种根据周边环境进行自我塑造的能力。为此，他强调"适应"不同于"模仿"："'适应'体现出一种朝气蓬勃的好奇心（……）是一种改造、调整和本土化行为。是通过特有的生命力完成的转变（……）它具有积极意味，展现出某种求变的意愿。"同时他也指出，G. 依布勒伊莱亚努倡导的批判精神在适应过程中是不可或缺的。

罗马尼亚人的另一大特质是"妥协性"，这一点在其行为、思想和历史中均有体现。M. 拉莱亚眼中的罗马尼亚人善良、宽容、多疑，极易与对手和解且不善于记仇，他们的本性中没有"丑恶、凶残、背信弃义和虚伪"的一面。无论旅居何方，罗马尼亚人都能很快适应当地的语言和礼仪，这也证实了他们的适应能力。但 M. 拉莱亚更重视罗马尼亚人的缺陷，指出他们不能持之以恒，对西方文明的引进往往流于形式，难以触及实质。他说："我们进口了簇新的火车车厢，但两周以后就蓬头垢面；我们修建了宽阔的马路，但良好的路况维持不了一年（……）如果引进一种文化后将其完全消化并发扬光大，就相当于创造了一种文化。如果能够完全同化外来文化，也就等于我们自己在创造，但罗马尼亚人显然未能领悟西方文化的精髓。"

在 M. 拉莱亚的笔下，罗马尼亚人形象充满矛盾性。特殊的环境赋予了罗马尼亚人随机应变的急智和讽刺批判的精神，但他们却失去了对他人的直率和坦诚。他们"总是把陌生人假想成敌人，即使在充分了解后也不能对其推心置腹"。罗马尼亚人并非神秘论者，宗教对他们而言只是一种迷信，对教会也只是表面恭敬而已。更让 M. 拉莱亚难以接受的是罗马尼亚人缺乏组织纪律性，且时间观念淡薄："（罗马尼亚人）有时几个星期甚至几个月无所事事，有时又极为努力。他们总是把所有事情都拖到最后一刻去做。"

在《罗马尼亚现象》一书的结尾，M. 拉莱亚对罗马尼亚人适应能力的两面性提出了警告："适应能力是把双刃剑。它可能意味着发展、智慧、细致、优雅、进步，也可能意味着怯懦、虚伪、狡黠、肤浅。它既可能促进发展，也可能导致堕落。究竟何去何从，取决于我们民族的领导者在文化、社会、道德方面如何引导。我们的命运带有两重性，处于十字路口的我们需要有更大的智慧。"①

M. 拉莱亚坚决抵制神秘主义和种族主义思想。他认为民族身份是由多种因素构成的，一个民族的集体性格在各种因素的相互作用下凝聚而成。要在罗马尼亚这样的国家进行现代化建设，需要的是批判精神和理性文明，而非许多罗马尼亚知识分子推崇的神秘主义思想。所谓"宗教蒙昧主义"只是对外来时尚的跟风模仿，因为在罗马尼亚从未发生过宗教战争或宗教冲突。神秘主义只可能出现在具有悠久理性传统的国家，因为它是对极端理性主义和实证主义的回应。在罗马尼亚这样的国家，理性主义尚不成熟，但刚刚起步的现代化大业有待其去指引。他说："在逻辑与良知都极度匮乏的当今社会，难道我们偏偏缺少神秘主义吗？当我们还在为自由苦苦挣扎时，难道偏偏离不开容不得异见的东正教？年轻的民族消受不起那

①M. 拉莱亚:《罗马尼亚现象》（C. 希菲尔奈茨校注并作序）。第91页。

些成熟民族奢侈的智慧。我们需要明确、安全、可控的价值观，而不是在过时的教条中徘徊和没落。只有在你无所适从时，神秘主义才会成为唯一寄托。"

在对盲目模仿西方文化作品提出批评的同时，M. 拉莱亚非常重视罗马尼亚其他省份的精神动态。他指出，现代社会价值观的转变极为迅速，"当外省刚开始接受一种价值观时，首都的价值观早已改变"。他与传统主义、反西方主义划清了界线，主张《罗马尼亚生活》杂志向西方文化敞开胸怀，因为罗马尼亚从中获得了现代化的动力。他解释道："我一贯主张在政治和科技方面加强与西方的联系，但在文学上却是另一回事。艺术家表现的题材可以千差万别，但他必须要有民族性。作家作为社会的产物，他只为特定的社会写作，因此民族性是其最重要的特征。源自异域，而非亲身体会得来的灵感终究是牵强的，它只能造就温室中的文学，充其量只是奇技淫巧。伟大的，真正意义上的文学根本无从谈起。"

M. 拉莱亚将民族特征看作文艺创作的内在属性，这与传统的东正教思想完全不符。在他眼中，民族特征不是某种一成不变的"物质"，而是在历史和社会背景下不断变化的一系列特征的集合。传统与民族性是两回事，即使不借助传统也能够证明文化差异。他在此问题上与 E. 洛维内斯库所见略同，他们都极力贬低民族传统，对传统主义大加鞭挞。鉴于罗马尼亚文化长期被各种外来影响（主要来自希腊、土耳其和斯拉夫国家）所主导，M. 拉莱亚因此认为"我们真正的历史才刚刚起步。因此较为稳妥的做法是把我们看作一个新生民族，全力应对现在和未来"。他将弘扬民族精神的理想寄托在未来，因为"我们的过去是扭曲堕落的"，历史从未给过罗马尼亚人实现辉煌的机会。

此外，M. 拉莱亚还多次强调要以理性的态度，将罗马尼亚人的民族身份与融入欧洲关联起来："不可能存在无意识、非理性的民族特征（……）民族特征的形成就是一个不断分化和差异化的过程，这一过程离不开理性的介入。只有成为优秀的欧洲人，我们才能成为优秀的罗马尼亚人。结论是什么呢？只有学会怎样欧洲化，才能知道怎样罗马尼亚化。"

第四节　M. 伊利亚德（1907-1986）

1. M. 伊利亚德其人其作

M. 伊利亚德是 20 世纪罗马尼亚文化界最为杰出的人物之一，在文化哲学和宗教史领域都有不凡的建树，其作品得到了全世界的广泛认可。他学识广博，是与 D. 坎泰米尔、B. P. 哈斯代乌、N. 约尔加等人齐名的罗马尼亚文化巨匠。

早在学生时代，M. 伊利亚德就怀有远大的抱负，为自己制订了繁重的工作计划和严苛的学术规范。[①] 罗马尼亚学术界当时正处于精神和道德危机之中，亟需寻找一种新的文化理想。M. 伊利亚德凭借坚实的理论基础、精益求精的治学态度、对多种学科（哲学、宗教、历史、语言学、东方学、文学，等等）的融会贯通脱颖而出，很快成为"新一代"知识分子的精神领袖。

1927 年，M. 伊利亚德以《精神路线》为题在《言论报》上连续刊载了 12 篇文章，明确提出了自己的基本观点、理念和态度，希望以此引领青年一代的精神走向。在对国家所处的文化环境和面临的历史挑战进行深入分析后，他提出了罗马尼亚人应遵循的精神纲领，主要内容包括：批判实证主义、客观主义和唯科学论；为主观经验平反；将宗教凌驾于政治和经济之上；反对不求甚解或笼而统之的做法；将创造作为人类证明自己的真正方式；发掘东正教的思想价值。这些文章引发了巨大争议，其中最激烈的批判来自 Ş. 乔库列斯库。他谴责 M. 伊利亚德在鼓吹神秘主义的同时，对理性认知和科学方法不屑一顾。针对这一指控，M. 伊利亚德辩白说他们这一代人主张的"新灵性"并不排斥理性传统，只是希望借助道德和宗教的力量，用新的研究方法和感受方式去完善它。

两次世界大战之间，罗马尼亚新老两代文化人之间的冲突愈演愈烈。这是一个在精神上群龙无首的年代：老一代人（如 V. 珀尔万、N. 约尔加、C. 勒杜列斯库 - 莫特鲁、S. 梅海丁齐、P. P. 内古列斯库）倡导的风格和价值观依然有极大市场，新一代人则有着更为激进的批

[①] M. 伊利亚德在回忆录中提道："长期以来我每天只睡四个小时，最多五个小时。如果我没有在一本书里看到洪堡每天只睡两个小时，我可能还会沾沾自喜，故步自封。"

判精神，急于确立新的理想和文化范式。M. 伊利亚德在 1927 年发表的《新老两代人的冲突》一文反映了当时的学术环境，揭示了新一代人的烦恼。他们有自己的判断标准，对于罗马尼亚面临的问题也有着全新的处理方式。

1927-1928 年游历欧洲期间，年轻的 M. 伊利亚德在意大利结识了帕皮尼（Giovanni Papini，1881-1956），受到了后者的巨大影响。1928 年，他的学士论文《文艺复兴哲学探析》通过答辩。文章为奇幻思想和唯灵论平反，反对从主流的理性主义视角来阐释文艺复兴运动。这篇论文不仅标志着 M. 伊利亚德学术成熟期的开端，也为其今后的研究确定了方向。

在印度的重要经历（1928-1931）：1928-1931 年间，M. 伊利亚德获得了赴印度游学的机会，这段经历对其一生产生了重大影响。他在那里研习哲学和奥义书，开展宗教实践，并撰写了大量相关论著。在师从 S. 达斯古帕塔（Surendranath Dasgupta，1887-1952）学习梵文和印度哲学后，他在喜马拉雅山中的一座寺庙度过了六个月，跟随 S. 斯旺纳达（Swami Sivananda，1887-1963）修习瑜伽。这段经历为小说《弥勒菩萨》提供了素材，在其自传中也经常被提及。

对东方思想的深入了解和对古代文化象征形式的浓厚兴趣将 M. 伊利亚德逐步引上了宗教哲学研究和宗教现象比较的道路。回国后他继续研究此类课题，并在布加勒斯特大学开设了相关课程。1933 年，他完成了关于瑜伽理论与修持的博士论文，并通过答辩。在这篇论文的基础上，他用法文撰写了《瑜伽:印度神秘主义的起源杂谈》一书。1936 年该书出版后在欧洲学术界赢得了普遍赞誉。①

---

① M. 伊利亚德在这部著作中指出：瑜伽是一种带有印度古代和本土特色的教义和修行方式，被婆罗门教和其他哲学或宗教（包括数论派、吠檀多哲学、佛教，以及后来的密宗和印度教）学说广为借鉴。人们将瑜伽看作一种个人通过掌控自己的身体和精神来追求至高境界的技巧。印度的各种学说都公认瑜伽是构成其共同基础的重要元素。经过长期的历史演变与融合，瑜伽业已成为印度"民族遗产"的核心组成部分。个人试图通过修持瑜伽来净化心灵，从而摆脱因果报应的桎梏。有人认为瑜伽可以将人从虚假的生活中解救出来，获得一种真实、完满、有意识的存在感。M. 伊利亚德后来将这部著作进行了重新编排，并于 1954 年由巴黎帕约出版社出版，题为《瑜伽：不死与自由》。

青年时期发表的作品（1932-1943）：在以散文和奇幻文学作品[①]闻名的同时，M. 伊利亚德还以杂文作家的身份在罗马尼亚文化界崭露头角。他在报刊上发表了诸多发人深省的文章，试图将本民族的价值观推向世界。这些文章涉及的内容主要有：罗马尼亚文化的命运；对民族传统（包括民间文化、民俗、神话、符号，以及 B. P. 哈斯代乌、V. 珀尔万、N. 约尔加、M. 埃米内斯库等人的研究成果）的反思；文艺创作的重要性。1937 年，他编辑出版了一部 B. P. 哈斯代乌作品选——《文学、伦理和政论作品集》，并亲自为其撰写了引言。M. 伊利亚德在 B. P. 哈斯代乌浩瀚的著作中找到了自己的定位，将古代文化与神话作为自己的研究方向，沉浸在"对本原的感怀"之中。B. P. 哈斯代乌的视角和研究方法，以及他对知识的渴求和高昂的创作热情都使 M. 伊利亚德受益匪浅。

1932-1940 年在罗马尼亚驻英国使馆担任文化随员期间，M. 伊利亚德发表了大量散文、随笔和杂文，为其后发表的《海洋学》《独白》《印度》《亚洲炼金术》（上述四部论著均发表于 1934 年）、《工地》（1935）、《宇宙学与巴比伦炼金术》（1937）、《文摘》（1939）、《融合的神话》（1942）、《安乐死之岛》（1943）、《马诺莱工匠传说评注》（1943）等论著积累了丰富的素材。从 1935 年起，他为《时代》杂志撰写了一系列散文。他曾希望将这些作品收录在散文集《永恒的罗马尼亚》中，但最终未能如愿。M. 伊利亚德 1943 年前撰写的作品均有罗文版面世，他在思想成熟期的观点和方法都是从这一时期发展而来的。[②]

[①] 此类作品主要有：《伊萨贝尔和魔鬼的召唤》（1930）、《弥勒菩萨》（1933）、《天堂归来》（1934）、《熄灭的灯》（1934）、《克里斯蒂娜小姐》（1936）、《蛇》（1937）、《天上的婚礼》（1938）、《霍尼伯格医生的秘密》（1940）、《塞兰布尔之夜》（1940）、《伊菲革涅亚》（剧本，1941）。他在 1945 年后用罗语写作中长篇小说，主要有：《致吉普卜女人》（1959）、《门图列撒大街上》（1968）。其文学代表作《禁地森林》完成于 1954 年，其法文译本于 1955 年出版。

[②] 有评论家认为 M. 伊利亚德青年时期用罗语撰写的论著涵盖的内容极广，为其后的学术研究打下了坚实的基础。经过 G. 利恰努（Gabriel Liiceanu，1942-　）和 A. 普莱舒（Andrei Pleşu，1948-　）的搜集整理，1991 年宇宙出版社出版将这些作品结集出版，题为《通往中心之路》。该书的出版说明中写道："在缪勒（Max Muller，1823-1900）和弗雷泽（James George Frazer，1854-1941）之后，没有人能够像 M. 伊利亚德那样对宗教史进行如此透彻的分析。他已经成为当代人文学科的一个里程碑。基于对新石器时代以来人类宗教史的深刻了解，M. 伊利亚德重建了人类的深层结构。他后来完成的皇皇巨著，都能从 1929-1943 年间用罗语撰写并出版的理论著作中找到根源"。I. P. 库利亚努在 1978 年出版的《伊利亚德传》中也持同样的观点。

宗教改革与政治的关联：M. 伊利亚德早年和当时许多思想家一样，曾在 N. 约内斯库的影响下推崇唯灵论思想。但他后来摒弃了激进的立场，仅仅将宗教改革看作文化建设的一个组成部分。尽管他在很多文章中都强调知识分子应独立于政治团体，与政治保持距离，全身心投入创作，但他自己在 1937 年仍被裹挟到了铁卫军运动中。有学者认为这是由于 M. 伊利亚德在政治上"短视"，未能看清铁卫军的真正面目而犯下的错误。[①] 也有人认为他将铁卫军运动看作一场宗教改革运动，而非政治运动。这种对极右翼势力的好感在当时的罗马尼亚知识分子中绝非个例，值得我们通过政治社会学方法对此类现象进行深入探讨。这段经历使 M. 伊利亚德的作品招致许多评论家的抨击，但我们认为只有更为深入地研究这些作品，才能全面了解 M. 伊利亚德对罗马尼亚文化的意义和影响。

成熟期的作品和国际地位的确立：M. 伊利亚德从 1940 年起进入外交界，先后任罗马尼亚驻英国使馆文化随员和驻葡萄牙使馆文化参赞（1941-1944）。1945 年定居法国后，他被公认为东方学和宗教比较研究领域最具权威的专家之一，应邀在索邦大学讲授宗教史课程。1956 年前，他一直在法国、德国、瑞典、意大利、荷兰等国的高校中任教，多次参加国际学术会议，并举办过多场关于宗教史的讲座。在法国发表的论著和在西方国家高校中举办的讲座使其跻身 20 世纪最负盛名的学者之列，得到了杜梅泽尔（Georges Dumézil，1898-1986）、荣格、帕皮尼、巴舍拉（Gaston Bachelard，1884-1962）、巴塔耶（Georges Bataille，1897-1962）、瓦赫（Joachim Wach，1898-1955）等知名学者的首肯。1956 年，M. 伊利亚德应瓦赫之邀赴芝加哥大学宗教史教研室任教，直至离世。

M. 伊利亚德在其思想成熟期创立了一种关于宗教和神秘思想的现象学理论，在此期间用英文和法文撰写的主要论著有：《宗教史论稿》（1949）、《永恒回归的神话》（1949）、《神圣与世俗》（1957）、《神话、梦想与神秘》（1957）、《神话面面观》（1963）、《对本源的感怀》（1970）、《从查摩西斯到成吉思汗》（1970）、《宗教思想史》（共 3 卷，1976-1983 年间相继出版）。

---

① 评论详见 S. 亚历山德雷斯库：《罗马尼亚悖论》，布加勒斯特，宇宙出版社，1998 年。第 193-268 页。

M. 伊利亚德广博的学识、完善的概念体系、高效的研究方法、精辟的哲学视角在其著作中得到了充分体现。1970 年后，他的主要作品被翻译成包括罗马尼亚语在内的多国语言。他本人也迎来了创作高峰期，赢得了全世界的认可，被多个学术机构聘为正式或名誉成员。他获得的奖项和荣誉数不胜数，成为各类学术研讨会和讲座上的明星，许多学术期刊为其推出专刊，甚至还曾获得诺贝尔奖提名。1986 年，M. 伊利亚德头顶着各种光环与世长辞。

2. 宗教是人类存在的永恒维度

M. 伊利亚德从现象学视角出发，将宗教看作构成人类存在的一个维度。长期以来，人类通过这一维度将自己的生命、感受和活动与某种超验的自在之物相关联。无论人类社会的历史进程和组织形式存在多大差异，宗教始终在其中占有一席之地。人们将这块神圣的领地限定在自己直接经验的范畴之内，并将其看作历史和生命的意义之源。

在《宗教思想史》一书的前言中，M. 伊利亚德重申了他在以往著作中提出的观点，指出宗教是构成人类存在的永恒维度，而非人类进化过程中的一个过渡性阶段："如果不相信在这个世界上有着某种不可化约的真实，就很难想象人类的大脑是如何进行思考的；如果意识没有赋予类的冲动和经验以意义，就无法想象它又是如何能够出现的。对于一个真实且富有意义的世界认识，是与对神圣的发现密不可分的。通过体验神圣. 人类的头脑觉察到那些真实、有力、丰富、有意义的事物与缺乏这些品质的东西——也就是说，混乱无序地流动、偶然且无意义地出现和消失的事物——之间的不同"。简而言之，"神圣"是意识结构中的一种元素，而不是意识史中的一个阶段。在文化最古老的层面上，人类生命本身就是一种宗教行为，因为采集食物、性生活以及工作都有着神圣的价值在其中。换言之，作为或成为人，就意味着"他是宗教性的。"[1]

M. 伊利亚德将他的宗教理论和宗教史研究置于现象学和诠释学视阈之下，使之脱离了主导着文化哲学领域近一个世纪的进化论、历

---

[1] M. 伊利亚德:《宗教思想史》，布加勒斯特，科学与百科全书出版社，1976 年。第 VIII 页。（译者注：中译文引自：晏可佳译:《宗教思想史》，上海，上海社会科学院出版社，2004 年）

史主义和功能主义理论，但他并未摒弃史学研究方法。他指出，将宗教中一些结构性、普遍性的方面剥离出来是有可能，也是有必要的。由此可以建立一门"宗教现象形态学"，为撰写宗教史奠定基础。他将"揭示宗教的结构和形态"作为其理论研究的首要任务，认为其重要性不亚于对宗教经验和形式（例如瑜伽、炼金术、各种宗教象征形式、神话、萨满教、澳洲宗教，等等）的探讨。早在 1943 年出版的论著中，他就开始从历史、结构、诠释三个角度出发对宗教现象的本质进行探讨，并提出了一套有关象征形式历史流变的理论。

M. 伊利亚德旨在通过现象学和诠释学方法来确定各种宗教形式在不同文化、历史、地缘背景下的结构、功能和意义。他借助历史比较法分析并重建了大量宗教现象，将构成宗教的各种要素加以归纳，用历史上出现的各种象征机制来阐释这些要素。鉴于宗教现象常常表现为"由各种行为、信仰和理论构成的多形体，有时甚至显得混乱"，[1]M. 伊利亚德主张必须用一种跨学科的视角去研究宗教。在宗教研究中，历史学、形态学、社会学、文化学和心理学方法都是不可或缺的。他指出："纯粹的宗教现象事实上并不存在。宗教现象同时也是历史、社会、文化和心理现象。如果宗教史研究者并未提及这种多样性，只是因为他仅仅注重其掌握材料的宗教意义。"[2]

史学家最重要的工作就是对意义的阐释，也就是运用诠释学的方法，对不同文化、社会、历史背景下出现的宗教现象和象征体系加以重建。对宗教现象所处的历史、社会背景分析必须合情合理，不能将宗教降格为某些社会构成维度的附加成分。M. 伊利亚德反对用理性主义、实证主义和进化论的观点来阐释宗教，将宗教与"原始文化阶段"或"前逻辑思想"混同，认为随着理性知识的发展，这些形式必将消亡。他认为在宗教现象具有恒久和普遍的结构，这种结构存在于从古至今的所有文化中。

3. 宗教形态学 * 显圣物

对神圣与世俗的辨别在所有文化和宗教中都有着重要意义。在

---

[1] M. 伊利亚德：《宗教史论稿》（第三版），布加勒斯特，人性出版社，1999 年。第 14 页。

[2] M. 伊利亚德：《宗教》，收录于《跨学科研究与人文科学》（1983 年联合国教科文组织出版的同名法文论著的罗译本），布加勒斯特，政治出版社，1986 年。第 386-387 页。

M. 伊利亚德看来，宗教生活是由两个相互矛盾，又同时出现的方面构成的：一方面，神圣与世俗相互分离；另一方面，神圣又在世俗中得以体现。奥托（Rudolf Otto，1869-1937）、杜梅泽尔、卡约（Roger Caillois，1913-1978）等许多宗教现象学研究专家都曾对第一个方面（神圣与世俗的分离）进行过公设和分析，第二个方面（以世俗面貌表现出来的神圣）则是 M. 伊利亚德宗教理论的核心，在他的很多论著中都有反映。"神圣与世俗之间的分离和相互转化总是以这样或那样的形式存在，正是这种分离与转化构成了宗教生活的本质"。[①] 神圣向世俗转变的各种方式也因此成为 M. 伊利亚德著作中阐释的主要对象。

为了描述这种从神圣向世俗转化的普遍现象，M. 伊利亚德引入了显圣物的概念，用以指称"某种表现神圣的东西"。显圣物可以发挥神圣符号的功能："当某种东西包含了（或显示出）本不属于它的意义时，就成为神圣的。"[②] 显圣物会使人们觉得"既敬且畏"，它虽然属于可感的世俗世界，却获得了一种"新的维度"，因其特有的意义而显得与众不同。针对神圣的普遍辩证性，M. 伊利亚德提出了以下观点："（1）尽管神圣可以在世俗世界中随时随地表现出来，但它在本质上不同于世俗。它能够借助显圣物（这一事物变得不再是它自己，也不再是俗世间的东西，但它表面上却未改变）将世间的一切事物都变成悖论；（2）神圣的这种辩证属性存在于所有宗教中，而不是仅仅存在于所谓的原始形式中。"[③]

显圣物的种类五花八门，可以是某种物体、行为、神话、符号、图像、仪式、理念，等等。它们是神圣在俗世（直接经验）中的表现形式，这些形式揭示了存在的原始或隐蔽层面。依靠显圣物表现出来的神圣与世俗的关系也各不相同，我们可以通过宗教比较史来对其进行追溯。按照 M. 伊利亚德的说法，宗教史就是一部"显圣"的历史。[④]

在所有宗教中，神圣都不是以纯粹的状态存在的，它"总是通过某种东西表现出来，而这种东西（我们所说的显圣物）可能是来自

① M. 伊利亚德：《宗教史论稿》（第三版），布加勒斯特，人性出版社，1999 年。第 346 页。
② 同上书。第 26 页。
③ 同上书。第 38-39 页。
④ 同上书。第 35 页。

直观世界或浩瀚宇宙中的事物，也可能是某位非凡的人物、某种符号、某种道德规范，甚至是某种理念。这并不重要，无论以什么形式出现，辩证关系是不变的：神圣通过其他东西表现出来，它可能出现在事物、神话或符号中，但永远不会直接显现出它的全貌"。[1] 因此，在不同文化和历史背景下，神圣仅仅以它的一系列"表现"存在于俗世中，隐藏在无穷无尽的，可被感知的世俗形式中。M. 伊利亚德曾说，无论在玄幻小说还是在宗教史中都有着一种共性，那就是神圣隐藏在俗世中，又通过俗世将不可认知的神性展现出来。这是 M. 伊利亚德的核心理念之一。

M. 伊利亚德提出的另一个极富创见的重要理念是：无论是神圣本身，还是其千变万化的世俗表现形式都带有矛盾性，人们对它们的态度也同样矛盾。所有显圣物都有着一种矛盾的结构，体现出"神圣与世俗、存在与虚无、绝对与相对、永恒与变化之间的契合"。[2] 人类在神圣的启示下，一方面期盼着与绝对融为一体，同时又对绝对心怀畏惧和排斥。

神圣在世俗中的表现在展现"终极实在"的同时又对其加以掩盖。M. 伊利亚德认为，无论神圣具有何种象征性或概念性，它都依赖于文化和历史背景存在，并总是在世俗中（通过显圣物、神话、意识、符号，等等）"显现"出来，但"展现"它的形式同时也是"伪装"和"掩盖"它的形式。因此，用诠释学方法来研究宗教形式有助于我们揭示神圣是如何在其表现形式中存在的，这些"卑微"的表现形式在神性没落的现代世界中俯仰皆是。

4. 原型、仪式、神话、符号

在 M. 伊利亚德看来，所有文化作品都是对世界的某种特殊态度的符号化。他沿袭了 B. P. 哈斯代乌在罗马尼亚文化研究中开辟的方向，认为一种文化的精髓往往能够在佚名的民间作品中得到最佳体现，而这些作品经常使用符号或神话表达某种世界观。M. 伊利亚德努力探寻文化的"秘语"、符号本原和原型。尽管时过境迁，这些因素已经多多少少发生了变异或退化，但仍以各种状态存在着。

---

① M. 伊利亚德：《宗教史论稿》（第三版），布加勒斯特，人性出版社，1999 年。第 35-36 页。
② 同上书，第 38 页。

原型：在一种文化的精神深处中可以找到一定数量的原型。这些原型反映了人类最初的经验，并可以通过神话或符号表现出来。对古人而言，"只有融入某种超验的自在之物，他们的目标和行为才是有价值和真实的"。原型是对原始状况的表达，M. 伊利亚德赋予了这一概念两层含义："（1）从生成角度看：原型发挥着塑形作用，为神圣经验提供了某种的范式；（2）从诠释角度看：原型起着诠释工具的作用，通过预设来对各种范式加以阐释。"[①]

原型将原始的存在状态进行编码，而诠释学的目的则在于对这些初始意义进行解码。M. 伊利亚德指出，在古代社会中，原型的地位相当于人们理解世界和开展世俗行为的"范例"。所有原型都以某种方式指向最基本的创造性活动，因此关于创世和宇宙起源（包括世界、人类、城邦、组织的起源）的传说一直在神话体系内扮演着主角。这些体现了宇宙或人类最初始活动的原型在世俗历史发展进程中被不断重复、仿造和传播。

仪式：仪式是集体的典礼，可分为宗教仪式和制度化的仪式。原型作为人类生存状态的范式，在仪式中通过一系列规程和行为被模仿、重复、再现和重温。"任何仪式都有一种神圣的范例，一种原型"。[②] 人类的世俗行为通过仪式和符号获得了"意义"，并与神圣发生了关联。古代宗教可以无视时间和历史，仅仅通过对原型的重复来获得实在性。古人并不对历史事件进行正面评价，而是将其意义浓缩在神话描写的原始行为中。在传统社会中，人们通过宗教仪式或典礼来使原型复活，从而使世俗的时间暂停，并将历史带回神话时代。通过仪式和符号将神圣的意义赋予世俗行为，使神话时代循环再现，即实现了"永恒的回归"。

通过原型能够解读历史的整体面貌，人类的文化和历史则是对原型进行重温的方式。在荣格看来，原型就是集体无意识的核心，它能够在广度各异文化范畴中呈现出来，某些原型则是所有文化的基础。M. 伊利亚德从这个视角看待罗马尼亚文化，将民间传说《小羊》和《马诺列工匠》代入罗马尼亚和东南欧民族的精神世界中，提出了独

---

① A. 马里诺：《米尔恰·伊利亚德的诠释学》，克鲁日 - 纳波卡，达契亚出版社，1980年。第 161 页。

② M. 伊利亚德：《永恒回归的神话》，第 26 页。

到的见解。

神话：神话是人类为展现自己的生存状况而普遍采用的一种形式，人们通过这种形式来对人类群体的心灵感受进行归纳和编码。神话通过象征形式来描写和阐述世界和人类的起源，为人类重复原始行为提供了范例。

19世纪的实证主义和进化论将神话看作"寓言""虚构"或诗化的"臆想"。M. 伊利亚德的观点与之截然不同，他将神话看作古代社会确实经历过的"鲜活事迹"和"真实历史"，并尝试对其原始意义加以重建。从广义上说，神话也属于一种显圣物，是一种解读神圣的方式："神话所讲述的是一段神圣的历史。它描绘在古代，也就是在'原始'的寓言时代曾经发生过的事。换言之，神话讲述的是在神鬼之力下如何产生了某种实在。这种实在可能是整个宇宙，也可能只是宇宙中的一个片段，例如一座岛屿、一种植物、一种人类行为、一个机构。因此，神话永远在讲述关于'创世'的故事：它告诉我们某一事物是如何产生，如何开始存在的。神话只谈论确切发生过，且已经过去的事情。被描绘成鬼神的神话人物，因其在'鸿蒙初开'时的事迹而为人所知。神话记述了他们的创世活动，并揭示他们作品中的'神性'或'超自然特征'。"[1] 因此，神话也属于显圣物的范畴。神圣通过这种形式体现在可感之物中，神话也因而成为"人类所有重要活动的范例"。

神话不仅有象征意义，还具有现实意义。在古代社会中，神话是对世界的一种"解读"。人们通过对神话的再现与重温，通过仪式融入超验的自在之物，使自己行为获得了意义。M. 伊利亚德在借鉴了马利诺夫斯基（Brodislaw Malinovski，1884-1942）、莫斯（Marcel Mauss，1872-1950）、卡西尔（Ernest Cassirer，1874-1945）的人类学和文化哲学观点后指出，通过各种形式对神话进行再现必然会涉及"宗教经验"。人们通过再现神话参与到古代发生的重大事件中时，这些事件也将其原始意义赋予了相关行为，尽管这些行为的主体对此懵懂不知。

M. 伊利亚德最为精辟，也是最为著名的理论之一，就是将神话

---

[1] M. 伊利亚德：《神话面面观》，布加勒斯特，宇宙出版社，1978年。第5-6页。

看作一种宗教形式，人类通过这种形式来展现其生存状态。他发现相似的神话可能存在于不同文化中，通过对这些形式的诠释可以推导出宗教和人类存在的普遍基础。神话中的形而上学意义在历史发展进程中无可避免地会被削弱，从而降格为传说和故事，失去了它最初的含义。正因为此，我们必须借助诠释学来修复神话的原始意义，从而揭示存在的奥秘。

符号：（象征）符号是一种在古代文化中俯仰皆是的实在，它们被有机地包含在宗教现象中，有待今天的我们去解读和阐释。符号可以表现神秘，并召唤神秘的魔力。符号无论在什么地方都具有同样的功能，即"将某种事物或行为转化为不同于其在世俗经验中的事物或行为"。[1] 符号使显圣物的辩证性得以延伸或者可以直接取代显圣物。多数显圣物都变成了符号，或以符号为中介，融入了一个"神奇的宗教系统中"，这个系统本身也是一个符号系统。[2] 成为显圣物的符号可以表现出其他形式无法表达的神性。它和神话一样，都与神圣和世俗的辩证性相关，因为"凡是未通过显圣物被直接神化的东西，都可以通过符号来获得神圣性"。带有符号功能的事物（如宝石、树木、火塘、夜晚、河流、"世界的中心"、护身符、几何图形，等等）具有不同寻常的含义，能够在使用者的精神世界中显现出神性。

符号具有内在的延续性，只有在某个文化群体之中才能拥有真正的意义。它好比在群体成员之间使用，但不为外人所知的某种惯用"语言"。外人如果不了解这一"符号系统"，就无法理解这门"语言"。在用"符号逻辑"加以阐释的时候，既要考虑到符号的一致性，符号功能的统一性，也要兼顾符号含义的多样性。同样的符号在宇宙、人文、道德、社会、宗教等不同层面的含义也不尽相同。

神话符号和宗教符号具有双重属性，它们既是俗世中的具体事物，同时又是通过其特殊内涵来展现神性的终极实在。它们和显圣物一样有着矛盾的一面，在表现神圣的同时又有所隐藏，从来不将其完全展现出来。长期以来，人们一直通过符号同神性和整个宇宙保持着紧密的联系。在历史发展进程中，符号可能会经历"衰退"，被过度

---

[1] M. 伊利亚德：《宗教史论稿》（第三版），布加勒斯特，人性出版社，1999 年。第 345 页。
[2] 同上书。第 339 页。

理性化，甚至沦为"民间变体"（迷信）。尽管如此，符号的作用在任何社会中都是显而易见的，现代社会也不例外。

原型、仪式、神话和符号不仅是古代文化中构成信仰和表象系统的全部要素，同时也是本体系统中的要素，在世俗存在中具有重要的实际意义和精神价值。原型通过神话被记述下来，通过仪式得以再现，并通过符号实现永恒。这四种要素曾经构成了古代社会的稳固结构，但随着历史的发展，都或多或少经历了衰退。因此在现代社会中，原型变成了一种集体心理状态的"模板"（有时被认为是集体无意识的"范本"）；神话成为"传说"或"寓言"；仪式沦为表面文章或迷信活动；而符号则失去了形而上的意义，仅仅留下装饰功能。即便在这个神性消失殆尽的世界，上述要素仍然隐藏在各种行为、事物、作品中得以留存，但这些行为、事物、作品古老的神话根基已经被人忽略。现代人必须成为诠释学家，才能透彻地理解人类的行为、生存环境，以及生命的意义。

5. 古今两重性和"历史恐怖"

M. 伊利亚德的本体论和人类学思想中存在着神圣与世俗、古代与现代之间的二元对立，他在此基础上构建了自己的历史观。除了差异和对立之外，M. 伊利亚德对"转化"更为注重，例如神圣转化为世俗，古代元素隐藏在现代形式中得以留存。

通过对古代社会的研究，M. 伊利亚德发现了一种令人称奇的现象。那就是古人"对自身所处的历史时期心怀抵触，希望周期性地回归到原始神话的时代"，他们拒绝"自主的历史"，拒绝"缺乏原型规范的历史"。古人的这种做法与现代哲学理论（特别是马克思主义、历史主义、存在主义）大相径庭。后者将人看作"历史的人"，认为"人能够创造自己的历史"。①

古人的时间观与隐含在神话与符号中的生命观、实在观是一致的。对于苏格拉底之前的古代"原始人"而言，他们的行为或经验世界中的事物只有在"以某种方式融入超验的自在之物"，到达形而上的层面时，才是真实且有价值的。他们从事的主要活动就是不断重复一些（由神、英雄或祖先完成的）早期行为范本。对于"柏拉图式"

---

① M. 伊利亚德：《永恒回归的神话》，布加勒斯特，百科宇宙出版社，1999 年。第 7-8 页。

的古代本体论而言，事物和行为的实在性只有通过对某种范例进行（仪式性的）重复或（符号性的）提炼方能获得。这种本体论思想在民间文化中得以延续，真实的历史事件被融合在神话中，历史上的英雄人物则成为被人效仿的原型。

今人与古人的不同之处在于，他们生活在一个去神圣化的世界中，倾向于用历史事件、新生事物和"不可逆"的变化来正面评价历史。尽管在现代社会中，原型有时未能被理性的人们意识到，但它们确实隐藏在世俗之中得以留存，它们在神话与符号中的功能也并未减弱。

M. 伊利亚德认为通过神话、符号、仪式表现出来的古代文化是对"历史恐怖"的一种回应。他用"历史恐怖"这一概念来指称"自然灾害、战火兵灾、社会不公"，以及个人和民族遭受的各种不幸。历史恐怖可以被用来泛指人类遭受的一切痛苦、非理性和暴力行为。古人之所以能够忍受这一切，是因为它们被认为"具有某种意义"，是某些不可抗的魔法或意志干预的结果，不是偶然的，无理由的。痛苦有其必然的"原因"（例如神灵的意志、个人的过错、仇敌的报复，等等）和"意义"（例如神灵对人类罪孽的惩罚）。古人之所以选择忍耐，是因为"这些痛苦不是荒诞的"，[①] 而是有着救世、赎罪、净化灵魂的作用。历史恐怖也因此被赋予某种"内涵"，譬如印度人所说的因果报应说，或是古代犹太人所说的弥赛亚预言。

古代社会和传统社会依照宇宙和自然界运行的周期组织生活，通过仪式或其他典礼对神话时代进行周期性再现，这既是一种暂停俗世生活的典型做法，也是一种回应历史恐怖的策略。古代社会正是通过这种方式才得以延续。M. 伊利亚德想要知道，在历史主义占据主流的现代社会，人们是否还能够"忍受"历史。西方国家对历史有两种不同的看法：有人认为时间是有限的、循环的；另一些人则认为历史是沿着一条单线轨迹不断发展的。随着进化论和实证主义理论的兴起，第二种观点逐渐占据了上峰。现代实证主义认为神话和符号已经过时，应该被历史扬弃。但事实上，处于现代社会底

---

① M. 伊利亚德：《永恒回归的神话》，布加勒斯特，百科宇宙出版社，1999 年。第 96 页。

层的广大农民仍然坚守着古老的传统，靠不断重复原型来应对历史恐怖。

黑格尔之后的哲学家在评判人类的苦难时，总是将其与历史发展的客观需要关联起来，将其看作历史发展中必定会出现的一幕。他们从不同角度出发对现代史加以评判，为西方资本主义的扩张正名。无论是历史主义还是进化论，都认为西方文明模式是唯一普遍适用的历史发展模式。M. 伊利亚德指出，持此类观点的思想家们"都来自历史上从未遭遇过持续恐怖的民族。如果他们属于一个命运多舛的民族，可能就会持另一种观点"。[1]

事实上，神话同样隐蔽地存在于历史主义学说之中，神话中的人间天堂通常被置于历史的起点。在 M. 伊利亚德看来，这同样也是一种回避历史，重拾古代末世论的做法，只是将"黄金岁月"放到了历史的终点而已。将天堂的影像投射到历史的终点，也是一种对历史恐怖进行安抚和补救的方式。

M. 伊利亚德在对其"历史哲学"进行总结时指出，对于已经"陷入历史，无可救药地融入历史发展中"的现代人而言，将人类重新锚定在神性的层面是一种应对历史恐怖的有效方法。

6. 新文化范式

M. 伊利亚德的著作因丰富的考据和独有的文化形态理论而闻名。凭借对东方国家，尤其是亚洲国家民间文化的深入了解，他是最早反对欧洲中心论，强调其他文化对人类贡献的学者之一。他用另一种方式来阐述文化的普遍意义，指出所有文化都是对人类生存状况的象征表现形式，有着共同的核心内容。基于对古今人类文化的认识，我们能够对隐含在各类文艺作品中的普遍意义加以发掘。

他从世界历史出发，[2] 高屋建瓴地指出只有将每一种地域文化都纳入人类历史的宏观视野之中，方能揭示其普遍意义。他认为人文现象具有时空一体性，所谓普遍性就是在本体上为所有文化所共有的东西，无论其表现形式是否被暂居主流的文化所认可。与 M. 埃米内斯

---

① M. 伊利亚德：《永恒回归的神话》，布加勒斯特，百科宇宙出版社，1999 年。第 156 页。

② M. 伊利亚德：《从查摩西斯到成吉思汗》，布加勒斯特，科学与百科全书式出版社，1980 年。第 19 页。

库、B. P. 哈斯代乌、L. 布拉加、N. 约尔加等罗马尼亚文化巨匠的不同之处在于，M. 伊利亚德希望罗马尼亚民族特征能够被吸纳进普遍性中，而非消融在普遍性中。

西方文化与古代文化、传统文化、非欧洲文化之间的冲突有助于我们理解文化多样性。这些冲突告诉我们，没有任何一种特定的文化绝对掌握着解读世界的方法。M. 伊利亚德指出："西方文化似乎正在不遗余力地回顾历史。它努力发掘、唤醒并修复异国古老的文化，其中既包括近东地区的史前文化，也包括濒临灭绝的'原始'文化。通过对整个人类历史的回顾，我们的视野得以大幅拓宽。这是当代世界少有的让人欣慰的现象之一。反观始于古埃及历史、荷马史诗和哲理故事的西方文化，其本土性正在消散"。[1]

当今世界文化交流日益频繁，各种文化间彼此敞开了心扉，对自身的了解也更为深刻。在这种开放的氛围中，每一种文化都变得更为充实，人们的创造性也得以激发。[2]M. 伊利亚德尤其关注现代文化与古代文化、传统文化的融汇，注重对各类文化现象和文化发展方向的归纳。此外，他对当今世界的文化交流也极为重视。无论处于何种发展水平，各国文化都是当代历史的重要组成部分。密切的文化交流是当今世界的一大特点，业已成为"20世纪下半叶最具活力和创新力的活动"之一。[3]一种文化要继续存在下去，就必须加入这场"游戏"，向其他文化敞开胸怀。每一种文化都必须吸收外来元素，用自己的语言"译介"来自别国的价值观，并对自己和其他文化加以阐释。"包容其他文化"是实现所谓"人类共同文明"的前提之一。

任何文化都是一种"矛盾的统一体"，都需要通过创意将矛盾统合起来。从更深层次看，文化是一种符号语言，是特定社会对其认知和实践经验进行编码的方式。原型、神话、符号、信仰、立场，都可以被认作是某种文化的"范本"。通过文化交流，研究者能够从不同

① M. 伊利亚德：《神话面面观》，布加勒斯特，宇宙出版社，1978年。第128-129页。
② A. 马里诺：《米尔恰·伊利亚德的诠释学》，克鲁日-纳波卡，达契亚出版社，1980年。第293-348页。
③ M. 伊利亚德：《宗教思想史》（第一卷），布加勒斯特，科学与百科全书出版社，1976年。第VII页。

历史事件和文艺作品中发现诸多相似性，其中既有意义一致性也有形式共通性。面对同样的人类生存状况，研究者的态度也可能大相径庭。一种文化的本原只能够通过一系列历史面貌存在，了解这些面貌对于探究文化的普遍性极为重要。

当代的人类学研究者执迷于将多样性和差异性统合起来，希望从中探寻人类文化的普遍意义。但随着研究的深入，文化特殊性日益彰显，成为最具普遍意义的现象。一种文化如果没有鲜明的特色，就不可能成为人类共同文化。按照 M. 伊利亚德的说法，通过在精神层面进行的"考古"和回顾，人类文化具有一致性的说法得到了广泛认可，但这种一致性内部包含的差异性也逐渐显现出来。

新石器时代出现的古代文化通常被看作是一种普遍的原型，从中分化出各具特色的历史分支。人类学家指出，古代文化有着各自的家园，来自远古的共性并不足以证明人类文化具有普遍性。每一种文化都有其深厚的本土内涵，并在此基础上与其他文化有机、自然地交流。尽管各民族从古代沿袭下来的文化在结构上不尽相同，但它们之间的共通之处也是显而易见的，源自不同地区的文化作品因此构成了一组"跨文化和弦"。[①]就像乐曲中的和弦一样，必须演奏不同的音符才能构成。M. 埃米内斯库曾将文化一致性和多样性之间的关系比作单色光通过棱镜析出的色谱，这一比喻与 M. 伊利亚德的和弦说有着异曲同工之妙。对文化特殊性的研究越是透彻，就越能从中发现带有同质性和普遍性的东西。一种文化无论处于何种发展水平，都同时具有普遍性和特殊性。

这一新范式的提出实际上是将相对主义思想运用到了人文科学中。一种文化中包含的维度、特色和决定因素并不是绝对的，而是取决于观察者的立场。只有与"其他观察者"充分交流，才能意识到自身参照系的相对性和局限性，从而公正看待并客观研究一种文化。M. 伊利亚德因此断言："承认'他人'的存在必然会导致'相对化'，甚至会颠覆权威的文化视野。"[②]这里所说的"权威文化视野"就是指西方文化视野。他还指出，随着研究的深入和越来越多的史料被发现，

---

① S. Al. 乔治:《古代性与普遍性：罗马尼亚文化（布朗库西、伊利亚德、布拉加、埃米内斯库）意识中的印度》，布加勒斯特，埃米内斯库出版社，1981年。第21页。
② M. 伊利亚德:《追本思源》，布加勒斯特，人性出版社，1994年。第17页。

西方中心思想遭遇了前所未有的危机:"西方人曾自认为是上帝的宠儿,他们拥有着独特的启示,主宰着世界,创造出了独一无二的普世文化和真实有用的科学。突然有一天,他们发现自己与他人处于同一水平,同样受无意识和历史的制约。他们不再是伟大文明的唯一创造者,也不再是世界的主宰。"[1] 通过对其他文化的研究,西方人发现自己与这些文化形式既有联系又有区别,承认必须借助多种方法去了解和感悟形态各异的人类经验。"总之,尽管相对主义可能带来风险,但这一学说将人看作一种历史生物,为确立新的文化范式开辟了道路。"[2]

这种文化范式只承认普遍的历史,反对按照狭隘的种族中心主义标准将历史分为三六九等。这种范式从理论上瓦解了文化帝国主义的傲慢,从人类学、历史学和价值论的角度为那些曾被认为是低端、原始、落后的文化正名。它不再推崇某种唯一的文化模式,而是为世界上所有文化"主持正义",旨在对人类历史上的所有重要时刻进行重温和总结。对 M. 伊利亚德而言,有史以来所有形式的人类经验和作品都是其研究对象,具有同等重要的意义。

7. M. 伊利亚德宗教史研究的衣钵传承者

M. 伊利亚德凭借其皇皇巨著成为宗教史研究领域的泰斗。他的两位高足 S. 阿 - 乔治(Sergiu Al-George,1922-1981)和 I. P. 库利亚努(Ioan Petru Culianu,1950-1991)继承了他的衣钵,致力于古代文化和宗教现象比较研究。两人在最近 30 年声名鹊起,但都不幸英年早逝。

S. 阿 - 乔治译介了大量印度哲学和宗教文献,并提出了深刻和独到的见解。其代表作有《印度文化中的语言和思想》(1976)和《古典性与普遍性:罗马尼亚文化(布朗库西、伊利亚德、布拉加、埃米内斯库)意识中的印度》(1981)。

I. P. 库利亚努毕业于布加勒斯特大学,曾在米兰天主教大学进修,后师从 M. 伊利亚德在芝加哥大学学习。他曾受聘于荷兰格罗宁根大学,讲授宗教史课程。1980 年,他在巴黎索邦大学获得宗教史博士

---

[1] M. 伊利亚德:《追本思源》,布加勒斯特,人性出版社,1994 年。第 87 页。
[2] 同上书。第 88 页。

学位。M. 伊利亚德去世后，I. P. 库利亚努接任芝加哥大学宗教史教研室主任。1991 年 5 月 21 日在芝加哥遇害身亡。

作为 M. 伊利亚德的得意门生，I. P. 库利亚努在其短暂的一生中发表了大量重要学术成果，蜚声西方学术界，被认为是宗教史研究领域最富创见的思想家之一。其代表作是 1984 在巴黎出版的《文艺复兴时期的爱神与魔幻》。他主张再次阐释文艺复兴时期的文化，重新评估魔幻和虚构传统。在他看来，宗教改革割裂了这一传统。由于长期实行思想审查并提倡禁欲主义，理性主义和进化论思想得到了长足发展，为现代科学的出现创造了条件。

1978 年，I. P. 库利亚努为 M. 伊利亚德撰写了一部内容翔实的传记。此后，他在西方各大高校巡回讲演，并发表了大量学术论著，主要包括：《宗教与权力》(1981，与两位意大利学者合著)、《心理正极》(1983)、《狂喜的体验》(1984)、《西方的二元灵知》(1990)、《宗教词典》(1990)、《灵知之树：从早期基督教到现代虚无主义的诺斯底神话》(1992，生后出版)。他创作的文学作品有生后出版的长篇小说《金星》(1992) 和《翡翠戒指》(2005)。

第五节　M. 武尔克内斯库（1904-1952）

M. 武尔克内斯库是两次世界大战之间最杰出的罗马尼亚思想家之一，身兼哲学家、社会学家和经济学家等多重身份。他的哲学论文散布在当时的各类刊物上，当代出版家和评论家们正试图对其加以整理，使之重见天日。M. 武尔克内斯库学识广博、思想深邃、为人慷慨，且具有极强的组织领导能力，生前备受赞誉。

M. 武尔克内斯库深受他的两位老师——N. 约内斯库和 D. 古斯蒂的影响。他在 D. 古斯蒂指导下撰写的学士论文《现代社会学中的个人与社会》于 1925 年通过答辩，并于同年发表了论文《社会科学中的因果关系和神学》。这一年他还参与了 D. 古斯蒂对戈伊恰马雷地区的专题研究，完成调研报告《对戈伊恰马雷村农民宗教生活的几点观察》。大学毕业后，他发表了多篇论文为罗马尼亚社会面临的道德危机建言献策。

1925-1928 年留学巴黎期间，M. 武尔克内斯库完成了法学博士论文《论法国的脑力劳动职业》（未参加答辩）。回国后他曾担任 D. 古斯蒂的助手，参与各项专题研究，并为确立布加勒斯特社会学学派的理论和方法作出了突出贡献。此外他还参与了《罗马尼亚大百科》的编订工作，并在财政部担任要职，1952 年死于狱中。

1. "标准"协会

M. 武尔克内斯库的一生与"标准"协会（又称"艺术、文学与哲学协会"）有着割舍不断的联系。这一组织是 M. 伊利亚德从印度归国后建立的，在 1932-1934 年间极为活跃，网罗了 M. 武尔克内斯库、C. 诺伊卡、E. 萧沆、E. 尤涅斯库、H. H. 施塔尔、P. 科马尔内斯库等一批知名人士。

"标准"协会通过举办一系列讲座蜚声文化界。协会的代表人物在报刊上发表了大量文章，针对罗马尼亚文化推广等问题提出了全新的观点。他们特别强调文化对于巩固民族统一的重要作用。正如 M. 伊利亚德所言，罗马尼亚民族的政治目标已经由前辈们达成，新一代人应该肩负起更为重大的文化使命。因此，M. 武尔克内斯库认为新一代知识分子有责任"用具有普遍性的创作形式来表现民族精神"。在主张文化价值自主性的同时，他也未曾忽略民族背景和个人风格对创作的影响，提出了不同于前人（例如受政治因素左右的 N. 约尔加、《罗马尼亚生活》杂志，以及宣扬基督教传统的《思想》杂志）的观点。"标准"协会希望通过一场精神变革来使罗马尼亚文化融入全球文化之中。

该协会的另一大特点在于其反理性主义和反实证主义立场，希望在科学客观主义占主导的时代恢复形而上学传统。协会的主要成员试图将（N. 约尔加、L. 布拉加和《思想》杂志宣扬的）本土路线和（E. 洛维内斯库和《飞仙》杂志倡导的）普遍路线结合起来，为"新灵性"思想提供理论依据。在这方面做出最大贡献的当数 M. 伊利亚德和 M. 武尔克内斯库。

"标准"协会实行的文化推广策略与青年社较为相似。他们通过举办各类学术讲座对当时的热门话题进行探讨，并从不同视角对其加以分析。讲座的内容包罗万象，仅以 1932-1933 年涉及的主题为例，就包括：弗洛伊德（Sigmund Freud, 1856-1939）、列宁（Lenin, 1870-1924）、圣雄甘地（Mohandas Karamchand Gandhi, 1869-1948）、卓别林（Charles Spencer Chaplin，1889-1977）、墨索里尼（Benito Mussolini，1883-1945）、普鲁斯特、纪德、柏格森、毕加索（Pablo Picasso，1881-1973）、斯特拉文斯基（Igor Fedorovitch Stravinsky，1882-1971）、当代小说动态、新音乐潮流、爵士乐、西方人眼中的亚洲，等等。这些讲座获得了巨大成功，"标准"协会也因此蜚声罗马尼亚文化界。协会因各种原因在 1934 年解散后，M. 武尔克内斯库等人为延续其精神传统创办了《标准》杂志，但在发行仅 7 期后，于1935 年被迫停刊。

"标准"协会倡导的"新灵性"思想遭到了《新月》杂志猛烈抨击。该杂志创刊于 1928-1929 年间，代表人物有 Ş. 乔库列斯库、Pomp. 康斯坦丁内斯库、V. 施特赖努等。他们秉承了 E. 洛维内斯库的批判路线，主张审美自主，崇尚理性主义和青年社精神，坚决反对神秘主义和唯灵论思想。此外，M. 拉莱亚领导下的《罗马尼亚生活》杂志也对"新灵性"推崇的神秘主义和非理性主义思想大加批驳。

2. 新一代与"新灵性"

1927 年，M. 伊利亚德在《言论报》上发表的《精神路线》一文遭到了一些文化名流的批判，"新老两代人间的论争"由此爆发。"标准"协会用"新灵性"这一概念来指称其倡导的理念，旨在突破实证主义的桎梏，以全新的方式看待生活。他们关注的概念有：主观经验、切身感受、真实生活、自身态度、直接认知、宗教体验，等等。在彻底否定罗马尼亚文化的同时，他们提出了更为符合时代精神的全新文化理想。

通过这场论战，M. 武尔克内斯库为新一代人制定了全新的思想路线，其观点集中体现在 1934 年发表的《一代人》一文中。他认为新一代人的使命主要集中在精神层面，应该用文化来增强民族凝聚力，并用具有普遍性质的形式来展现罗马尼亚民族身份。文章中指出，新一代人肩负着三大使命："老一辈人抛头颅洒热血换来了罗马尼亚人的政治统一，青年一代的首要任务就是确保罗马尼亚人的精神统一。只要具备了一致的民族精神，地域差异可以忽略不计（……）青年一代的第二项使命就是要用具有普遍性质的形式来展现罗马尼亚精神。换言之，就是要为这个民族找到真正适合自己的生活方式。无论是在政治上，还是在神学、哲学、文学、科学、艺术领域，都要创作出独一无二，在世人的眼中熠熠生辉的经典（……）青年一代的第三大使命就是居安思危，随时准备好应对可能到来的危机。"①

M. 武尔克内斯库认为第一次世界大战给新一代知识分子带来了极大的影响。他在文章中这样描述青年一代在乱世中的态度和立场："青年一代表现出以下特征：首先是对经验的渴望，期盼着突破理性的桎梏（抛弃 19 世纪'过时的偶像'）去亲身感受，义无反顾地冒险。其次是追求真实的生活，希望挣脱所有外在的束缚，摒弃内心并不认可的陈规，做真正的自己。再次是对灵性的渴求，希望实现超越，从自己的心灵中寻找绝对和永恒。第三，青年一代时刻处于各种矛盾冲突之中：他们在实现自我价值的同时又渴望超越自我；有着树欲静而风不止的无奈；既向往着无政府主义，又离不开严苛的法纪。所有这些矛盾造成了他们普遍具有的第四个特征，即紧张、焦虑和悲观。

他们选择的道路也因此发生分化。在清楚认识到自己的悲惨处境后，有人滑向了痛苦和失望的深渊，开始否定一切；有人为了从绝望中得以解脱，开始盲目地行动；有人靠怨天尤人来自我慰藉；有人在醉生梦死中逃避现实；有人主张像悲情英雄一样解决问题；有人希望用某种现成的思想来纾解内心的苦闷；有人宣称必须从历史中寻找出路；有人要求摒弃幻想，坚决行动起来；有人将遭遇矛盾看作新一代成长的必经之路；有人把祈祷当作唯一的途径；还有一些人试图在上述五花八门的做法中寻求一种平衡。

鉴于对历史和社会生活的所持的态度不同，青年一代逐渐发生分化，被裹挟进了各种思潮之中。从政治立场上看，青年知识分子可以被分为三类：第一类人将自己封闭在象牙塔中，拒绝参加政治和社会活动；第二类人在绝望中诉诸激进思想；第三类人在压迫下接受了历史主义思想。从精神信仰层面看，青年一代又可以被大致分为以下四类：第一类人笃信东正教神秘主义；第二类人信奉新古典人文主义；第三类人在极度苦闷中挣扎；第四类人则是否定主义者。"②

M. 武尔克内斯库特别重视青年人表现出来的两种思想倾向，其中之一就是"在绝望中诉诸激进思想"。具体表现为盲目跟风，义无反顾地投入某种狂热的信仰中，并愚忠于某位领袖，接受军事化管

---

① M. 武尔克内斯库：《一代人》，载《标准》杂志，1934 年第 3 期。
② 同上。

理。他描绘的狂热分子形象（他们为了"绝对的信念"不惜沦为"被人利用的工具"）显然是对铁卫军运动的影射，在当时激起了很多人的不满。与这种倾向对立的是"在压迫下接受历史主义思想"。这是一种"绝不摧眉折腰事权贵"的文化创作态度，坚决反对"将文化当作飞黄腾达的阶梯"。持这种态度的知识分子一心为社会创造精神财富，对所有政治活动都敬而远之。对他们而言，文化创作、职业道德和"凭良心完成本职工作"是提升道德水准的有效手段。这也是 M. 伊利亚德、M. 武尔克内斯库等知识分子的选择。尽管他们也曾受到喧嚣政治环境的沾染，但最终抵制住了功名利禄的诱惑。

M. 武尔克内斯库指出："历史主义和激进主义是在相同环境下诞生的一对孪生子，但两者的做法截然不同。历史主义者在明确某一行为的意义之前，从不会轻易付诸行动。他们会仔细辨别来自外界的召唤，使自己的行为有理有据，而不会在某种蛊惑下肆意妄为。"与激进主义相比，历史主义更具建设性。他号召青年人远离激进思想，在复兴基督教的同时，重视文化创作的可持续性，让全社会广泛参与到精神文明建设中。

3. 罗马尼亚式存在观

M. 武尔克内斯库最重大的成就在于他对罗马尼亚人特有的精神结构、世界观、存在观进行了定位。相关论著有：《罗马尼亚人》（1937）、《达契亚经验》（1940）、《罗马尼亚式存在维度》（1943）、《罗马尼亚形而上学中的具体存在》（未完稿）。其中最重要的是 1943 年发表的《罗马尼亚式存在维度》。

在《罗马尼亚人》和《达契亚经验》两篇论文中，M. 武尔克内斯库进行了一次探寻罗马尼亚人精神特征的历史之旅。在他看来，"任何一个民族的精神都只是一座由各种经验构成的大厦"，因此要全面了解罗马尼亚人的精神特质，就必须对构成其"精神大厦"的每一个构件，对曾经或正在体验的各种"经验"加以分析。其中包括色雷斯经验、希腊经验、拜占庭经验、法国经验、德国经验、斯拉夫经验，等等。它们在不同的环境下时而苏醒，时而蛰伏。"经验"这一概念应该被理解为某种精神因素或维度，民族精神则是"各种碰撞的合力"，是一种复杂的实在，各种相互关联要素在其中汇聚并沉淀为一个整体。

为了揭示罗马尼亚民族的特征，M. 武尔克内斯库从 D. 古斯蒂的社会学理论中借用了构成性表现（经济和精神表现）和规则性表现（法律和政治表现）的提法。以波兰人为例，他们在构成上是斯拉夫式的，但在规则上则是拉丁（罗马天主教）式的。罗马尼亚人则与他们恰恰相反："从精神构成看，我们显然是拉丁—色雷斯式的，但是我们在组织和规则层面的所有努力似乎都经过了斯拉夫式上层建筑'清洗'。对我们国家而言，只要没有外来的总督，让一切顺其自然，就是最大的幸事了。俗话说得好：'好好一个国家却没有好的制度'。"①

《罗马尼亚式存在维度》一书不仅立论新颖，在方法上也有着独到之处。作者从现象学和诠释学角度出发对语言进行分析，试图从俗语中提炼出罗马尼亚民族特有的存在观。他非常谨慎地说明，这部著作是描述性而非规范性的，因为它"更偏重于方法，而非理论体系"。M. 武尔克内斯库并不希望通过这本书为创作者们确立某种"纲领"，而是要帮助他们开阔视野，避免先入为主，更好地思考应该用何种方法研究民族特征。书中得出的结论也"只是思考的源泉，而非已经掌握的绝对真理"。他指出，将现象学分析得来的"思想范式"当作创作的指导和规范是极为危险的。这么做势必会禁锢文化的活力，强迫创作者去表现"陈腐的面孔"。这项研究的主要目的，只是为了巩固罗马尼亚文化的自我意识。因此，作者更注重"揭示罗马尼亚精神发展的主轴，探寻我们证明自己是罗马尼亚人的理由"。

为了解析罗马尼亚人的精神结构，M. 武尔克内斯库并未将思想家们用罗语构建的哲学体系作为研究对象，而是对罗语本身加以分析。他这样解释自己的做法："我们当然可以把罗马尼亚民族重要思想家的哲学思考作为论据，但是有一些论据可能在这些思想家之前就已经出现了，它们存在于语言和罗马尼亚民间通行的表意符号系统中。"②对语言的分析属于现象学研究范畴，目标直指民族精神的实质，历史背景和心理背景可被暂时搁置。他说："我们在这里要尝试另一条更为便捷的途径，从内部直观地看待事物，就好像将语言现象

---

① M. 武尔克内斯库：《达契亚经验》，收录于 M. 武尔克内斯库：《罗马尼亚式存在维度》（下面的引文均出自这部著作），布加勒斯特，文化基金出版社，1991 年。第 41、42 页。

② 同上书。第 89 页。

简化为功能和意义一样。这条途径与现象学研究方法十分相近。"①

文化类型学研究表明，由于种族构成和历史背景的差异，各民族的存在观大相径庭："上帝赋予了每个民族不同的方式来看待世界和战胜他人。每个民族根据各自存在的维度，形成了自己的世界观和人生观。没有人会怀疑，法国人眼中的存在是明确的、合乎逻辑的；德国人眼中的存在是深邃艰涩的；斯拉夫人眼中的存在是暴戾失衡，却又伤感的；盎格鲁－撒克逊人眼中的存在是实用主义、个人主义的；中国人眼中的存在是井然有序、等级森严的。由于未受到暴政的压迫，地中海民族的存在观轻松自在且多姿多彩。北欧民族则恰恰相反，他们的存在观激越昂扬，充满了内在张力。一件地中海民族熟视无睹的事，对于北方民族而言可能成为一场精神灾难。"②

M. 武尔克内斯库将民族精神看作是各种因素相互组合与叠加的结果，具有不可复制性："我们由此可以出，相似的元素有着不同组合方式。例如：波兰人和罗马尼亚人有着不同的精神结构，但其中都包含斯拉夫元素和拉丁元素。波兰人所有的构成性特征都显现出继承自其祖先的斯拉夫背景，但天主教却将罗马化的组织方式叠加到了斯拉夫背景之上，使一个暴戾失衡的世界受到了一种外来因素的节制。斯拉夫元素和拉丁元素的另一种组合却导致了截然不同的结果：罗马尼亚人有着继承自祖先的达契亚—拉丁血脉，他们性情温和、独立自主、善于交际、无拘无束、为人正直、敬畏上帝、品行端正，然而在他们身上却叠加了一个内部失衡，毫无节制和秩序的斯拉夫式规则体系。结果如何呢？好好一个国家不得不屈从于'陋规'，真是呜呼哀哉！"

M. 武尔克内斯库在深入探讨罗马尼亚人的存在观后，提出了"'存在'不等于'是什么'"的理念。他指出：罗马尼亚人保留了"afi（是）"这个词的表语含义（即最古老、最本质的含义——"是什么"），而不是像西方人那样，在文明的更迭中已经习惯于"存在"这一抽象含义。对罗马尼亚人而言，"此时此地"的现实存在并不重要，这种看法与西方现代哲学大相径庭。罗马尼亚人的口头禅是"se-ntâmplă

① M. 武尔克内斯库：《达契亚经验》，收录于 M. 武尔克内斯库：《罗马尼亚式存在维度》，布加勒斯特，文化基金出版社，1991 年。第 96 页。
② 同上书。第 91 页。

（这是常有／难免的事）"，这意味着具体发生的事情并不仅仅指"当前的存在"，而可能是跨越时间的"永恒存在"。事情发生在你身上只是一种偶然，而不是由你决定的。在这种心理的驱使下，消极忍让代替了积极行动。

在与西方人的精神世界进行对比后，M. 武尔克内斯库指出罗马尼亚人精神中缺少一点"实用主义"，其最突出的特点在于他们重视"可能性"，忽视"现实性"："罗马尼亚式存在观的根本，就在于他们将可能性凌驾于现实性之上"。[①] 这集中体现在他们对待生死的态度上：在他们看来，"这里的世界"和"那边的世界"之间不是本体的割裂，而是由"一道门槛"或"一道关卡"分隔的两种存在方式，并非生与死的区别。

罗马尼亚人倾向于"将存在融于可能性之中"，这种做法对于其存在观的形成有着重要的意义。在罗马尼亚人看来："没有'虚无'；没有绝对不可能；没有'选言性存在'；没有'定言命令'；没有回天无术的情况"。[②] 后果也是显而易见的："罗马尼亚人本质上有着不务实的特点，这也体现在他们惯用的语言形式中。他们的口头禅中经常包含对某种可能性或对未来的推测，例如：'如果那时候不这样的话就……'从现代视角看，这种说话方式简直不可救药：'罗马尼亚人不会有覆水难收的感觉。对他们而言，没有什么是可以彻底摧毁的；没有什么是可以盖棺定论的；没有什么是一去不复返的；没有什么是无法挽回的'。"[③]

在上面的引文中，M. 武尔克内斯库用了一串否定语式来揭示罗马尼亚人的精神特质。他们否定的对象并非存在本身，而是"某种存在方式"。换言之，"罗马尼亚人对存在的任何否定都不是绝对的，而是相对的，仅仅针对某种存在方式"。[④] 正因为有着这样的存在观，罗马尼亚人通常只有在"迫不得已"或"身不由己"时才会付诸行动，而不是出于某种实际的目的。他们往往显得"不识时务"，只有在"走投无路"的时候才会行动起来。这导致了两大严重后果："首先是对

---

① M. 武尔克内斯库：《达契亚经验》，收录于 M. 武尔克内斯库：《罗马尼亚式存在维度》，布加勒斯特，文化基金出版社，1991 年。第 133 页。

② 同上书。第 130 页。

③ 同上书。第 139-140 页。

④ 同上书。第 131 页。

生活不够严肃，玩世不恭；其次是对死亡缺乏恐惧感。"[1]

由于罗马尼亚人行事注重可能性，而不是从功利性出发，因此他们缺乏生命的紧迫感："罗马尼亚人善于做各种计划，总结各种经验，对各种可能性追根问底。他们崇洋媚外且牢骚满腹。他们不重视正在做的事，对其行为带来的后果漠不关心，也不在乎周边的环境。总之，他们既无内部动力，也无外部压力，因此一事无成。"[2] 在写到这一点时，M. 武尔克内斯库用大量篇幅来解释罗马尼亚人的行为方式，认为它只是对历史紧迫感的消极回应。罗马尼亚国歌中呼吁道："觉醒吧，罗马尼亚人……就在现在建立新的命运"，但可悲的是，这种警告周期性地困扰着罗马尼亚人的心灵。他们之所以想要"觉醒"，并不是因为看到了希望或有了某种明确的纲领，而是因为集体性的失望。

M. 武尔克内斯库将这种心理归咎于实用主义精神的缺失，他下面所说的这段话有着极强的预见性："让人不解的是，这种'现在（就觉醒）或永远不（觉醒）'（译者注：罗马尼亚国歌歌词）的想法居然会周期性地困扰罗马尼亚民族（……）让我们好好想想这种警告对罗马尼亚人意味着什么吧：意味着要马上将自己的生命投入到行动中去！只有当现实与梦想被割裂，生活难以为继的时候；只有当人们的灵魂被痛苦鞭挞，幻想被粉碎，希望被放逐的时候；只有当梦想无法实现，现实因得不到满足而无可忍受的时候，他们才会有这种紧迫感。只有这个时候，梦想中的需求才会向意志的边界汇集，鞭策着人们付诸行动。罗马尼亚人只有认为'是可忍孰不可忍'才会有所作为。西方人付诸行动是因为'我行'，罗马尼亚人付诸行动却是因为'我实在不行了'。这难道不是咄咄怪事吗？"[3]

很少有人能够像 M. 武尔克内斯库这样，对罗马尼亚人在历史上"懈于作为"的特质进行如此深入的揭批。他们只有被逼到穷途末路时才会付诸行动，而在那时候，行动的最佳时机已经一去不复返了。在实用主义大潮袭来的时候，罗马尼亚人无法在自己和外部世界之间寻得妥协，内心充满着"痛苦、绝望、哀叹和抽搐"。但这种精神状

① M. 武尔克内斯库：《达契亚经验》，收录于 M. 武尔克内斯库：《罗马尼亚式存在维度》，布加勒斯特，文化基金出版社，1991 年。第 141 页。
② 同上书。第 147-148 页。
③ 同上书。第 194 页。

态并不能持久，"当迈过了这个门槛，泛滥的痛苦淹没了堤坝时，又再次回到河床中"。因此，这种周期性的焦躁并不会造成长久的困扰，当痛苦超过了罗马尼亚人的承受极限后，他们又会回归沉寂。M. 武尔克内斯库戏言："在我们这里，再深的苦楚也会在某个夏日的清晨，或是在朗朗星空下烟消云散（……）持之以恒不是我们的特点。"

所以，罗马尼亚发生的变革都是突发性、革命性的。在这种静态压抑的精神状态下，变革无法通过个人无数次潜移默化的改变来实现，只能是集体迫于内外压力，通过剧变、颠覆、飞跃来实现。这些突发的变革都是彻底的、极端的、暴力的、毁灭性的（包括 1989 年剧变在内的诸多历史事件莫不如此）。

无论今天我们如何评价 M. 武尔克内斯库对罗马尼亚人精神特质（注重传统、非实用主义、与西方精神对立，等等）的描述，其观点的参考价值都不容抹杀。他用诠释学方法探讨这些问题，更是堪称一大创举。[1] 当代罗马尼亚哲学界探讨的热点问题之一，就是如何在新的历史背景下定义罗马尼亚民族精神，本土创造力如何经受时代考验并融入新的国际环境。M. 武尔克内斯库的著作已经触及了这一核心领域。他和 M. 伊利亚德等思想家各抒己见，为罗马尼亚民族走出困境提出了各自的看法和方案。

M. 武尔克内斯库的《罗马尼亚式存在维度》是对 E. 萧沆在 1936年出版的《罗马尼亚的变革》一书的回应。E. 萧沆在书中指出，罗马尼亚要抓住唯一的机会，就必须忘记"不体面"的历史，从千年的沉睡中和行尸走肉般的生活中觉醒过来，实现历史飞跃。M. 武尔克内斯库在其著作出版后，寄了一本给远在法国的 E. 萧沆，并在扉页上写道："将这部从罗马尼亚人劣根性出发所做的回应，赠予期待发生剧变的 E. 萧沆"。后者则在 1944 年的回信中称，如果有机会的话，他要"好好'恭维'一下《罗马尼亚式存在维度》这部大作"。他说："我将努力使《小羊》（译者注：用这部民间传说指代罗马尼亚民族精神）的圣像黯淡一些，也谈谈它身上的寄生虫"。[2]

---

[1] C. 诺伊卡：《回忆武尔克内斯库》，系 M. 武尔克内斯库：《罗马尼亚式存在维度》（第一卷）的前言，布加勒斯特，埃米内斯库出版社，1996 年。第 9 页。

[2] M. 迪亚科努：《罗马尼亚人的一种本体模式》，系 M. 武尔克内斯库：《罗马尼亚式存在维度》的前言，布加勒斯特，文化基金出版社，1991 年。第 8 页。

第六节　C.诺伊卡（1909-1987）

C.诺伊卡被公认为 20 世纪下半叶最具影响力的罗马尼亚哲学家。他的论著思想深刻，观点独到，在社会主义时期有着举足轻重的地位。

1931 年从布加勒斯特大学哲学系毕业后，C.诺伊卡曾在历史和哲学讲习所担任资料员。他积极参与"标准"协会组织的活动，还旁听了数学系的课程，针对当时的哲学新潮流发表了一系列评论文章。1940 年，他在法国实习结束后回到布加勒斯特大学，并获得博士学位。1940-1941 年间，C.诺伊卡任职于柏林罗马尼亚 - 德国学院。从1949 起，他被软禁在肯普隆格，1958 年遭正式监禁，1964 年出狱后在罗马尼亚科学院逻辑研究中心工作。1975 年退休后，C.诺伊卡一直居住在珀尔蒂尼什，并在那里完成了凝聚其毕生心血的教育学专著。他创立的教育学派培养出了一大批罗马尼亚文化精英。

C.诺伊卡为其身边的知识精英们制订了一项"文化启动计划"，希望他们能够融入久经历史考验的"伟大文化"中去。在其早期论著中，他坚持认为文化创作能够给世界带来秩序和意义。但是前提是必须采用具有普遍性的创作形式，只有这样"（民族）精神才能得以体现"。[1]G.利恰努在《来自珀尔蒂尼什的日记》（1983）中再现了罗马尼亚文化独有的经历，揭示了罗马尼亚知识分子在当时面临的不安和困惑。他认为 C.诺伊卡之所以主张"文化第一性"，是因为他将文化看作一种应对"历史恐怖"的方式。

C.诺伊卡认为在险恶的历史环境下，应该退隐到书斋中全力从事文化创作，因为只有高品质的文化作品才能战胜"该死的"时代，在另一个层面实现飞跃。他坚信，文化的"逻各斯"必将战胜混乱和畸变的历史。这种思想在当代文化界引发了共鸣，人们开始重新关注 M.武尔克内斯库在两次世界大战之间提出的主张，努力激发罗马尼亚民族的创造潜力，用富有竞争力的形式表达民族精神。C.诺伊卡的理论最初只在其弟子门生中流传，后来受到了越来越多读者的青睐，并得到了罗马尼亚文化界的广泛认同。

---

[1] G. 利恰努:《来自珀尔蒂尼什的日记》，布加勒斯特，罗马尼亚图书出版社，1983 年。第 8 页。

1. C. 诺伊卡的作品及其主题

C. 诺伊卡的研究方法起初受 N. 约内斯库的影响。作为一位杰出的思想家，他早年间撰写的著作就已初露峥嵘。其处女作是 1934 年出版的《普遍数学与单纯的快乐》，两次世界大战之间发表的其他重要论著还有：《笛卡尔、莱布尼茨和康德的哲学理念》（1936）、《在天堂》（1937）、《新事物生成史札记》（1940）、《哲学日记》（1944）。1944 年出版的《论罗马尼亚精神》收录了 C. 诺伊卡在德国举办的一系列罗马尼亚文化讲座，具有重大学术价值。

与当时的许多学者相比，C. 诺伊卡的学术活动少了一分纷乱和浮躁，极具系统性和条理性。在理性主义和建构主义思想的指引下，他重点关注了认知理论和文化哲学领域的问题，对文化思想的表现形式也有涉猎。他认为在哲学史发展进程中，曾经出现过一种统一的人文精神，并由此衍生出对世界的不同理解方式，以及不同的历史发展道路。不同的哲学体系各有所长，它们共同构成了人类思想长期稳定的结构。C. 诺伊卡从人文主义视角出发，将个体看作是内化的人文精神，而不是像某些存在主义哲学思想那样，将个体定位在外部世界、集体或历史中，从而否定了人的自主性。

C. 诺伊卡的基本理论和立场在其处女作《普遍数学与单纯的快乐》中就已大体确定。通过对不同时代主流文化的探析，他将世界上的文化分为两大类：其一是几何型文化，它注重世界的系统性、逻辑性和理性秩序，相信人类意识中蕴藏着创造力和凝聚力；其二是历史型文化，它源自对事件的感受和兴趣，注重世界和历史的多样性。主导着历史型文化的是"意外事故""丰功伟绩""偶发事件"等各种"混乱的历史状态"。C. 诺伊卡明显倾向于前者，他希望人类的理性能够将涵盖所有事物，从而使世界具有意义。他坚信在人文精神的主导下，混乱不堪的外部世界能够变得井井有条，因此文化创作的重要性远远高于其他类型的人类活动。他在遗言中写道："我在思考中度过了此生，身无长物。我不像别人那样，在撒手人寰时还能留下一些东西供人凭吊。我只存在于我发表的论著中。"（刊载于《罗马尼亚生活》1988 年 3 月）

尽管 C. 诺伊卡曾被严重排挤，甚至身陷囹圄，但他在获释后依然留下了诸多传世之作，例如：《罗马尼亚式哲学表述》（1970）、《告别歌德》（1976）、《罗马尼亚式存在感》（1978）、《当代精神的六大痼疾》（1978）、《人类的故事》（1980）、《为存在而变化》（1981）、《有关赫尔墨斯逻辑的信札》（1986）。他还领导他的团队开启了一项雄心勃勃的文化典籍译介工程，不仅将柏拉图的所有著作翻译成罗语，还撰写了大量评论文章。他在两次世界大战之间发表的一系列研究成果在生后得以结集出版，其中包括其生命中最后几年完成的巨著《欧洲文化模式》（1988 年出版了德文版，1993 年罗文全本面世），书中收录了作者 20 世纪 80 年代在罗马尼亚期刊上发表的大量文章。

C. 诺伊卡不但重视对古往今来各种伟大哲学体系的阐释，还深入分析了民间和现代文化形式中蕴含的罗马尼亚精神。基于这些阐释和分析，他围绕着"存在"这一哲学研究的永恒主题建立了自己的思想体系。他的主要观点体现在《为存在而变化》和《有关赫尔墨斯逻辑的信札》两部著作中。

在文化哲学和历史哲学研究中，C. 诺伊卡通过全新的方法、理念和视角重新界定了这两个领域，并对罗马尼亚文化和欧洲文化的关系提出了独到的见解。除此之外，他对一些学术典籍的译介、编辑和评注也为罗马尼亚文化和世界文化的传播作出了巨大贡献。作为一位生活在 20 世纪的伟大思想家，他的著作对青年一代有着特别重要的意义。笔者从他的作品中择取了一些基本观点，尝试着对其进行系统归纳和梳理，希望能够为青年学生阅读原著提供些许帮助。

2. 语言是世界观的体现

C. 诺伊卡长期以来一直致力于揭示罗马尼亚文化的特点，以及民间文化作品和现代文化经典中蕴含的思想和意义。在《罗马尼亚式哲学表述》和《罗马尼亚式存在感》两部著作中，他基于 M. 武尔克内斯库在《罗马尼亚式存在维度》中确立的现象学和诠释学方法，提出了一种专门针对罗马尼亚文化形式的诠释理论，揭示了罗马尼亚人看待世界的特殊方式。

他将语言作为切入点，因为从人类学角度看，"人类的语言就是其生命"。他指出："只有母语中的词汇才会让你回想起自己从未接触过的事情。因为每一个词都是一段被遗忘的记忆，在它的周围埋藏着不为人知的含义。"①罗马尼亚人一向认为语言在其民族身份的形成过程中发挥了至关重要的作用。M. 埃米内斯库认为"语言是衡量一个民族文明程度的标尺",是民族精神和民族身份的最佳指示剂。他还说:"我们不是语言的主人,恰恰相反,语言是我们的主人"。按照 20世纪理论家们的说法,语言是一种机制、一种体系、一种超个体的社会实在、一种集体创作的成果、一种经长期历史积累而产生的现象。我们日常所用的仅仅是语言中极为有限的一部分。语言中隐含着对群体生活的感悟,其中的某些含义已被遗忘,另一些则依然活跃。有一些词在原有含义之上又被赋予了新的历史内涵,这些新获得的含义将逐渐成为一门语言的固有成分。

B. P. 哈斯代乌将语言当作一种"史料"来分析,试图从中读取一个民族的历史和整体生存状况。他将语言比作社会生活"真正的枢纽",语言学则相当于人文科学中的"代数学":"通过一门语言中的两三个词,就可以再现这个民族历史中一段漫长而隐晦的时期"。②例如英语中大写的"I(我)",就彰显了英国人孤傲的个体化倾向。以 O. 登苏西亚努、S. 普什卡留(Sextil Puşcariu,1877-1948)、S. 梅海丁齐等人为代表的罗马尼亚史学家、语言学家和人类学家在看待语言和社会的关系时,也持有类似的观点。

C. 诺伊卡提出的核心理念就是:在一门语言特有的词汇和词组,以及民间文化作品中蕴含着一个民族看待世界的独特视角,这种视角就是这个民族最原始的世界观和"哲学"。这一理念的渊源可以追溯到赫尔德和洪堡特,他们提出的"文化相对论和语言相对论"在第一次世界大战后被西方文化人类学界普遍接受。语言相对论的另外两位重要代表人物是人类学家萨丕尔和沃尔夫,他们指出所有高级思维活动都倚赖语言。持相似观点的还有 L. 布拉加,他认为"任何一门语言中都隐含着某种形而上学"。③

在"萨丕尔—沃尔夫假说"的影响下,C. 诺伊卡认为"使用不同语言形式的族群对世界的感受和体会各不相同"。他和其他罗马尼

① C. 诺伊卡:《罗马尼亚式哲学表述》,布加勒斯特,科学出版社,1970 年。第 5 页。
② B. P. 哈斯代乌:《罗马尼亚人历史评判》,布加勒斯特,密涅瓦出版社,1984 年。第604、436 页。
③ L. 布拉加:《岛屿的崛起》,克鲁日—纳波卡,达契亚出版社,1977 年。第 180 页。

亚思想家一起发展了这一假说，尝试通过对一些语言表述的分析来对罗马尼亚人的世界观进行解读。他指出"整体以符号的形式存在于构成它的各个部分中"，民族身份作为一个整体，也被包含在民族文化的所有表现形式（如民俗、艺术、哲学、宗教、道德、对某种科学方法的偏好）中，而所有这些表现形式都能在语言中找到根源。语言作为一个"部分"具有反映"整体"的功能，C. 诺伊卡将其称作一种"全息范式"。[1]

根据 C. 诺伊卡的理论，人的世界观除了可以体现为概念化的哲学思想外，还可以存在于语言这一初始层面，并通过对语言的分析得以重建。因此必须对语言进行"考古作业"，从民间语言和古代语言中探寻哲学内涵，"发掘"出其中蕴含的世界观。他从普通语言学、语义学和哲学角度出发，对一些罗语中特有的，难以被翻译成其他语言的词汇（例如 întru, sinele, sinea, rost, rostire, cumpăt, lucrare, făptură, înfăptuire, petrecere, fire, fiinţă 等）加以分析，试图从中解读出潜藏在罗马尼亚人精神深处的独特内涵与哲理。这些词汇中隐含的世界观尚未被理论化，它们是基于表象和直觉，基于对生与死特有的价值判断，基于语言积淀形成的。

为了说明 C. 诺伊卡对诠释学方法的运用，让我们看看他是如何从"sinele / sinea"这两个词入手重建罗语中隐含的哲理的。[2] 他指出，罗语中的"sinele / sinea"这两个词"表现出了人与事物的深度结合"。它们不同于希腊语中"完全抽象且互不相关"的"逻各斯（logos）"和"厄洛斯（eros）"，也不同于拉丁语中"只关注人而不关注世界"的"阿尼姆斯（animus）"和"阿尼玛（anima）"。

要理解这两个词，首先必须从心理上对"sinele（自我）"和"eu（主我）"加以区分："其实'自我'不是'主我'，'自我意识'也不是'我的意识'。'自我'意味着与'主我'的分离，或者说意味着与其他内容更宽泛的结合。从某种意义上来说，'自我'恰恰意味着'我非我'，而是别的东西，相关的哲学探讨也由此展开（……）从哲学角度看，

---

① G. 杰奥尔久：《民族、文化、身份》，布加勒斯特，第欧根尼出版社，1997 年。第 99 页。

② C. 诺伊卡：《罗马尼亚式哲学表述》，布加勒斯特，科学出版社，1970 年。第 11-12 页。

我们内心存在着一种比我们本身更为深刻的东西"。换言之，"自我"从更为广阔的视野看待人类存在，已经超越了纯粹的心理范畴。"主我"在这个视野内为实现"自我"而存在，从"主我"向"自我"的转变是教育和文化的结果。人类在历史中"认识自我"，就意味着从生物层面的低级状态向精神层面的高级状态的转变："一切变化都是从'主我'向'自我'的转变，因此'自我'这个词对于任何一种上升到哲学思想层面的语言来说都是不可或缺的。"

在其他语言中，仅仅用"自我"一词来指称"自我意识"。然而在罗语中，还有一个和"sinele（自我）"相辅相成的阴性形式"sinea（本我）"，它意味着"人格的本原"，被用来指称"人格中最早出现的，最原始的部分"。在"自我"不断膨胀，咄咄逼人地发起扩张的同时，"本我"不断退缩。C. 诺伊卡援引了 M. 埃米内斯库的诗句"你是黑夜，我就是一颗星辰"来比喻"自我"与"本我"之间的关系："自我"作为人类深层次的意识，将光芒投射在黑暗的"本我"之上。"本我"被揭示得越多，就隐藏得越深。而我们的世界也像是"自我"与"本我"之间的对话，人类的思考越是透彻，问题就会变得越是艰涩。

由于历史发展进程不同，各个民族都会对某一种存在维度尤其敏感。按照 C. 诺伊卡的说法，德国人对变化特别敏感、俄国人对空间特别敏感、美国人对效率特别敏感，而罗马尼亚人则对"生成中的存在"尤为敏感。

3. 存在的本体模式

在 C. 诺伊卡的所有著作中，都将普通语言学、语义学、本体论和逻辑学研究方法紧密结合起来。他在《本体论研究》和《有关赫尔墨斯逻辑的信札》中对罗语进行了更为深入的哲学探讨。

C. 诺伊卡对罗语介词"întru（在……中；为了……）"进行了深入的分析。他认为这个介词意味着从停滞中开启了存在，且具有"生成、变化"的含义。它同时包含"存在"与"变化"这两个在西方哲学思想中相互对立的概念，体现了罗马尼亚人的存在观。在罗马尼亚人看来，任何真实的存在都是"为了……而存在"，是一种"开放的结局"和"不加限定的限定"。他以人类的存在为例解释道："我们试想一下人类的存在就明白了：我们每一个人都被限定为一个有着个体属性的人，也正因为此我们能够突破这一局限，成为具有民族性和社会性的存在。同理，世上的所有生物都处于某种限制之中，但要成为真实的存在，就必须从有限定的限制过渡到不加限定的限制之中。"①
C. 诺伊卡将介词"întru"看作一个"有本体论意义的重要连接词"，它体现了"是什么"与"成为什么"共存的状态。

在罗语中，存在模式还可以通过动词"a fi（是；有；存在）"及其派生出的名词形式"ființă（存在）"表达。通过屈折或与其他词组合，这个动词的各种时态和语态可以表现不同的存在模式，从而赋予了"存在"这个概念更为丰富的内涵。C. 诺伊卡以动词"este（译者注：动词 a fi 的直陈式现在时第三人称单数变位形式）"表达的当前存在为参照，确立了存在的六种本体模式：

- "N-a fost să fie（未能是……）"：表示未实现的存在。它并不意味着"不存在"，而是"试图生成，且濒临实现"的存在；
- "Era să fie（差一点是……）"：表示生成过程被中止的存在；
- "Va fi fiind（应该会是……）"：表示或然和假定的存在；
- "Are să fie（将会是……）"：表示可能的存在；
- "Este să fie（是……）"：表示现实的存在；
- "A fost să fie（已经是……）"：表示已经实现的存在。②

上面的每一种表述都描绘了某种可能的存在状态，是对特定条件下人类存在状态的假设。可见，罗马尼亚人眼中的存在与非存在有着多种模式，体现出具体存在状态与现实之间的差异。与传统本体论思想相比，罗马尼亚人的视角无疑更为丰富和细腻。从传统本体论的角度看，存在是绝对的、至高的、同质的、不变的，而自我的存在与世界的存在、单一的存在与多样的存在、存在与变化之间也是相互割裂的。

罗语中的另一个例子是动词"a fi"派生出的名词形式"fire"。这个词不仅可以指称世间万物，还具有"性格""脾气""理智""耐心"等含义。例如："în firea lucrurilor（理所当然）"；"firea omului（人性）"；"și-a ieșit din fire（失去理智）"。可见"fire"一词既可以表示事物的本

① C. 诺伊卡:《罗马尼亚式存在感》，布加勒斯特，埃米内斯库出版社，1978 年。第 12-13 页。
② 同上书。第 31 页。

质属性，也可以表示事物的某种存在状态或某种状态的生成过程，从而消除了存在与生成、变化之间的对立。

在传统本体论思想中，"稳定的存在"与"变化"往往被对立起来。在 C. 诺伊卡的著作中，这种二元对立被"为变化而变化／在变化中变化"，以及"为存在而变化／在存在中变化"所取代。[①] 在他看来，"为变化而变化／在变化中变化"是一种盲目的状态，容易使人迷失在无意义的事物中，随波逐流；"为存在而变化／在存在中变化"则是有着更高目标，追求普遍性的变化。无论是自然界还是人类，都应该"为了……"而存在，"为存在而变化／在存在中变化"就是 C. 诺伊卡推崇的存在范式。

4. 罗马尼亚人眼中的存在模式和"存在童话"

C. 诺伊卡基于上述哲学理念对 M. 埃米内斯库和 C. 布朗库西的作品，以及罗马尼亚民俗和语言做了一系列有趣的阐释。其中最具代表性的，当数他对 M. 埃米内斯库的《金星》和民间故事《青春不老与长生不死》的诠释。

《金星》反映出一种矛盾的状况：一方面，普遍性渴望着被具体化却无法实现；另一方面，个体在寻求普遍性的过程中也无法摆脱身份的制约。尽管普遍性可以表现为各种可被感知的实在，但即便乞求造物主，它也同样无法获得不属于自己的身份。个体虽然渴望着挣脱规则的束缚，以达到更高的目标，但很快就沉沦在由偶然、机遇和运气主导的经验世界中。普遍性与个体性之间相互追求，皆无法如愿，这就是一种未能实现的存在模式。

《青春不老与长生不死》这一则"存在童话"描述的却是另一种情况：故事的主人公"美少年"不甘堕入名利的轮回，在"为变化而变化"中蹉跎一生。他认为只有追求更高层次的存在，才能不枉此生。为此，他从"为变化而变化"的现实中出走，迈向"为存在而变化"的旅程，去追寻存在的真谛。美少年离开了自己的国度，在历经艰难险阻后终于摆脱了人类的生存环境，从变化无常的世界抵达了存在的核心地带。这是一块超越了时空，"被岁月遗忘"的领地。但是

①C. 诺伊卡：《罗马尼亚式存在感》，布加勒斯特，埃米内斯库出版社，1978 年。第 176-191 页。另见 C. 诺伊卡：《为存在而变化／在存在中变化》，布加勒斯特，科学出版社，1981 年。第 137-159 页。

有一天，当他偶然来到哭泣谷（即生命谷）时，各种思绪和回忆又涌上了心头，对父母的思念更是让他不能自已。于是主人公踏上了返乡的旅途，告别永恒的存在，回归易逝的尘世。美少年在历经世事沧桑后又回到了俗世中，时间在他身上飞速流逝，抵乡时已经老态龙钟，须发皆白。他又回到了故土，又回到了生死轮回之中，在宫殿的宝座上遭遇了等待已久的死亡。童话的最后借死神之口说道："欢迎你，如果你来得再晚一点，我也要灰飞烟灭了。"通过这种方式，存在实现了完整的循环。故事的主人公经历了存在的所有状态，死亡只是被看作个体的属性，而非普遍属性。每个人都会面临死亡，但并不是所有人都在面对死亡。这个童话表现了普遍性与特殊性的统一，以及人类脱离易逝的尘世，追求永恒不变的存在的渴望。

5. 徘徊在"永恒"与"历史"之间的罗马尼亚文化

C. 诺伊卡在对罗马尼亚思想史的演变进行回顾后指出，这一进程中包含了太多的二元对立，例如乡村与城市的对立、过去与现在的对立、寓言与哲学的对立、民间作品与文人创作的对立、传统与现代的对立，等等。所有这些都可以被归结为 L. 布拉加在两次世界大战之间反复论证的"非主流文化"与"主流文化"之间的对立。

在 C. 诺伊卡看来，上述矛盾是罗马尼亚精神的重要组成部分，集中体现为"永恒"与"历史"间的冲突。自公元 1500 年以来，罗马尼亚文化一直在这两个极点之间摇摆。为了说明这一进程，他选取了 N. 巴萨拉布、D. 坎泰米尔和 L. 布拉加三位具有标志性的历史人物作为参照点，他们生活的年代各自相距两百年。

N. 巴萨拉布生活在一个较为幸福的时代。那时文艺复兴的新风已经吹来，永恒与历史间的矛盾也尚未突显。因此在他撰写的《家训》中展现出一种与自我、与世界和谐共处的状态，他笔下的罗马尼亚精神也与"存在的永恒层面"相一致。

D. 坎泰米尔的作品中出现了罗马尼亚文化的自我批判意识。在从传统宗教文化走向现代文化的过程中，罗马尼亚社会面临着严峻的历史挑战，永恒与历史的冲突也在其作品中呈白热化趋势。新旧两个世界，东西方两种文化同时存在于 D. 坎泰米尔的内心。他和当时的罗马尼亚人不满足于"落后于历史"的生存状况，渴望着"迈进主流历史之中"。尽管他是一位东方问题专家，但 D. 坎泰米尔的思想却是西化的。他从西方美学和史学视角出发，对罗马尼亚民族的劣根性发起了批判。他批判的现象有：东方式的宿命思想；对恶的姑息与纵容；缺乏锲而不舍的精神、一丝不苟的态度、持之以恒的毅力。因此，他要求罗马尼亚民族洗心革面，实行由内而外的变革。作为罗马尼亚现代批判意识的先驱，D. 坎泰米尔认为罗马尼亚人在历史知识、书面语言、科学、教育、制度、文学、哲学、新闻等方面都存在严重不足。按 E. 萧沆的说法，所有这些"历史空白"在罗马尼亚现代化道路上设置了重重障碍。

又过了两个世纪，伟大的罗马尼亚哲学家 L. 布拉加凭借极富创意的哲学理念跻身主流文化中。但有意思的是，他一直致力于在主流文化环境下弘扬非主流文化元素，"推崇所有非个人的、佚名的、非历史的作品"，歌颂乡村和农民，对来自非主流文化的神话故事情有独钟。在他看来，尽管这种文化与现代主流文化存在差异，但是在品质上毫不逊色。在《教理始源》一书中，L. 布拉加借用了拜占庭宗教思想中的一些概念，对量子物理学新发现（例如光的波粒二象性）进行了哲学阐释。这一做法体现出罗马尼亚文化在现代世界中经历了冒险之后，开始回归自我。到两次世界大战之间，新一代思想家们再次对罗马尼亚民族身份予以高度关注，并将其与现代化进程中出现的新诉求关联起来。

进入现代后，罗马尼亚民族必须从沉睡中苏醒过来。尽管这种沉睡曾使罗马尼亚民族在极端恶劣的环境中得以苟延残喘，但也使这个民族变得麻木不仁。C. 诺伊卡对此问题的看法与极端反传统的 E. 萧沆截然不同。他认为非主流的民间文化实际上是一种仍具有强大生命力的乡土文化，它确保了罗马尼亚民族千百年来的延续，但这种文化必须被超越："我们过去和现在一直是农民，但我们不想在历史上永远当农民。"[①]

在向主流文化过渡，与早已成型的现代文化对话的过程中势必会出现价值观的碰撞，导致文化创作盲从于一些不知所谓的外来模式。"是迷失在非主流的民间文化作品中，还是要在外来主流文化的阴影

---

① C. 诺伊卡：《论罗马尼亚精神》，布加勒斯特，人性出版社，1993 年。第 8 页。

下从事个人创作"，①成为罗马尼亚文化不得不面对的问题。C. 诺伊卡认为，尽管面临着"在主流文化的阴影下"屈从于外来模式，沦为一种仿造文化的风险，但仍应坚持在主流文化层面重塑罗马尼亚民族身份。罗马尼亚文化界不但清醒地意识到了这种风险，并已将其理论化，正是对这一问题的深刻认识引发了众多有识之士的焦虑和不安。C. 诺伊卡看到了罗马尼亚现代化进程的迟滞，看到了与发达国家的差距，同时也看到了民族崛起的机遇和潜力。他在痛心疾首的同时高声呼吁："我们不再满足于一个永恒的罗马尼亚，我们更想要一个现代的罗马尼亚。"

6. 欧洲文化模式

C. 诺伊卡将文化看作提升一个民族的自我意识，加速民族现代化进程的关键。针对统一性与多样性之间的矛盾，他指出文化是一个对立统一体，它"发散而不分散"。只有同时承认文化的统一性和多样性，不做非此即彼的判断，才是正确的做法。保留文化的本体多样性，就意味着要重新审视柏拉图在《巴门尼德篇》中提到的"一"与"多"的问题。

在 C. 诺伊卡看来，所谓"一"与"多"的关系体现在文化中就是一种文化结构及其多种变体之间的关系。自人类形成自我意识以来，这个无解的矛盾就出现了，而文化作为一个"人文的世界"，正是这一矛盾的体现。C. 诺伊卡通过分析和归纳总结出了这一矛盾的五种表现形式，它们各自对应着一种文化类型："（1）单一性及其重复；（2）单一性及其变体；（3）多样性中的单一性；（4）单一性与多样性并存；（5）多样的单一性"。②这五种关系在所有文化中都或多或少地存在，侧重点不同决定了每一种文化的特征。第五种关系在欧洲文化中占据主导，在这种关系中，"单一性与多样性同等重要，'一'从来就是'多'，它发散而不分散。"③

在不同领域内，文化单一性可被分解为同位素般的多个自主单元，这些单元可以进一步分化和发展。这是一个处于不断扩张中的整体，而非网罗各种现成的多样性元素拼凑而成的整体。在欧洲文化

---

① C. 诺伊卡：《论罗马尼亚精神》，布加勒斯特，人性出版社，1993 年。第 9 页。
② C. 诺伊卡：《欧洲文化模式》，布加勒斯特，人性出版社，1993 年。第 44 页。
③ 同上书。第 51 页。

中，我们看到的不是对多样性的统合，而是单一性的多样化，是将一个基本单元分解为多个各具特色的单元，从而形成了一个"由自主价值构成的世界"。这种模式可以追溯到基督教的三位一体说。通过公元 325-787 年间召开的七次基督教大公会议，三位一体说成为欧洲文化发展的"行为准则"，单一性与多样性的对立统一在现代欧洲文化中得以充分彰显。C. 诺伊卡指出："从哲学角度看，存在也是三位一体的。它不仅仅意味着规则或具体实在，而是同时涵盖了规则、具体实在和它们之间的决定机制。"①

按照这一思路，C. 诺伊卡发现了语言与现代文化的相似性，并从词法规则引申出了一套"文化语法"。② 这套"语法体系"中的名词、形容词、副词、代词、连词和介词分别代表着欧洲文化经历的不同时期，每一个阶段都可以用一个词类来表示：中世纪是名词性的，它是物质性的实体；文艺复兴时期是形容词性的，它异彩纷呈；宗教改革和巴洛克时期是副词性的，它夸张而细腻，注重方法和批判精神；步入现代后，人称代词"我"和"我们"占据了主导地位，这是一个个人主义盛行的时期，同时也是一个民主时期；19 世纪后人们进入了数词和连词主导的时代，生活在统计数据中，内心极度空虚；继之而来的是由介词"întru"主导的时代，它的意义在上文中已经详细讨论过。

C. 诺伊卡 20 世纪下半叶的西方文化发起了猛烈抨击，认为其背弃了伟大的欧洲文化传统和价值观，表现出"歇斯底里的病态面貌"。尽管这个时代拥有尖端的科技，却宣扬"荒谬、虚无、玩世不恭"的处世态度。这使得"连词时代"被延长，人与人之间仅靠外部关系来维系，"人们虽然生活在一起，却形同陌路"。③

欧洲文化之所以生机勃勃，正在于它善于用各种方式去展现单一性和多样性，能够吸取各类经验教训以渡过难关："百折不挠，难道不正是欧洲精神的真谛吗？就像《圣经》这部凝聚了人类智慧的传道书一样，它似乎要毁灭一切，又让一切都完好无损。尼采等人想用自己铸造的真理去炸毁世界，而世界只是平静地回答他们：多么美妙的

---

① C. 诺伊卡：《欧洲文化模式》，布加勒斯特，人性出版社，1993 年。第 71 页。
② 同上书。第 91 页。
③ 同上书。第 10 页。

声音啊！（……）数学思维和历史思维曾经在欧洲人的精神世界中轮流占据上风，后者最终因走投无路而滑向了虚无主义。尽管数学思维获得了完胜，但它同样面临着沦入另一种虚无主义，即形式主义的风险。但这又有什么关系呢？欧洲文化模式特别善于解释和利用各种虚无主义，就像它几百年来一直沉浸在形式主义的欢愉中一样"。[1]

7. "赫尔墨斯逻辑"和履带隐喻

在 C. 诺伊卡看来，一种文化的客观历史能够被内化为一系列认知策略和预设立场，并通过各种范式"焊接"为一体，这是一个"将外部环境转化为内部环境"的过程。[2] 在不同的历史、社会、民族背景下，人类一致的精神结构表现为不同类型的认知方式。人类通过逻辑将历史内化的同时，也改变和遮掩着它的本来面貌，因此必须对这一进程进行完整的诠释方能"重建"历史。

但是如果人类拥有多种类型的"逻辑"，我们还能说人类的精神具有一致性，还能说人是理性动物吗？ C. 诺伊卡哲学体系的独到之处恰恰在于，他提出了一种有别于亚里士多德的观点。后者将相似的特点都归入普遍性之中，并将其与具体的事物剥离，以便进行概括和定义。特殊性被看作是普遍性、稳定性、统一性的某种"变故"，可以被忽略不计。C. 诺伊卡将这种极具包容性的逻辑称为"阿瑞斯（译者注：古希腊神话中的男战神）逻辑"，它认为局部应完全服从整体，个体只是"一个无足轻重的元素，一个统计数字，如同军队中的普通一兵"。[3] 法国数学家庞加莱（Henri Poincare，1854-1912）曾对这种逻辑大加嘲讽，认为可以将其简化为以下公式："如果说两个士兵同属一个团，这个团又属于一个师，这两个士兵就同属一个师。"[4]

C. 诺伊卡指出，这就是自古以来的一贯逻辑，从亚里士多德到现代逻辑莫不如此。这种逻辑与西方理性主义思想一脉相承，它只为普遍性"主持公道"，多样化的个性被看作是至高无上的普遍性中的"特例"或"偶发现象"。将具体的形式剥离之后，阿瑞斯逻辑给事物套上了统一的"制服"。鉴于此，C. 诺伊卡提出了为特殊性"主持公

---

① C. 诺伊卡：《有关赫尔墨斯逻辑的信札》，布加勒斯特，罗马尼亚图书出版社，1986年。第 166 页。
② 同上书。第 69-74 页。
③ 同上书。第 24 页。
④ 同上书。第 23 页。

道"的"赫尔墨斯逻辑",指出"不仅局部存在于整体中,整体也存在于局部中"。[①]这种逻辑关注的对象既不是整体也不是个体,而是一种"全息的实在",是一种"具有普遍性的个体""全面的局部""将整体内化的局部""各种普遍性融汇而成的特殊性"。局部并非处于整体之中,而是融合了整体,是整体意义的载体,并可以据此对整体进行重建。

如果将这一逻辑运用到文化层面,我们会发现任何一种民族文化都处于"全息"状态,任何一部优秀作品都可以折射出文化和人类存在的本质。特定的文化虽然只是一种具有个体性、特殊性、原创性的局部,但它却包含着全人类共有的普遍意义,定义着人类的本质特征。"赫尔墨斯逻辑"特别适合用于阐释各种文化间的关联,以及所有文化与普遍性之间的关联。我们在文化世界中所见到的,既不是统一性,也不是因本体、结构、时间、空间差异而产生的多样性,而是统一性与多样性的重合与交融。这种统一性不是形式上的、先验的,或是由各种多样性拼凑而成的,而是存在于多样性的不断扩张之中,是一种"自我异化"的统一性。

每个民族的文化都是人类文化多样性的一种具体表现,它承载着人类文化的内涵,并将其内化后表现出来。作为一个局部,民族文化折射出了人类文化的整体面貌。C. 诺伊卡将一个民族特有的精神、文化生活比喻为"坦克的履带"。他认为履带是人类最具哲理的发明,因为它能够"将外部环境转化为内在环境"。通过其内部履带轮的转动,履带接管了处于外部的道路的职能,使坦克"成为一种带着道路的车辆",从而重建了局部与整体的统一性。这种统一性存在于道路的普遍性、履带的特殊性(它就像"一条自己带着道路的虫子"),以及两者间既"自由"又"必须"的关系之中。"自由"体现在履带可以移动到任何地方,"必须"则体现在它只能在道路上移动。履带在其已知的内部运动中为道路未知的普遍性进行着"注解",就好像黑格尔所说的"真理是在漫长的发展着的认识过程中被掌握的"一样。[②]

---

① C. 诺伊卡:《有关赫尔墨斯逻辑的信札》,布加勒斯特,罗马尼亚图书出版社,1986年。第 20 页。

② 同上书。第 72 页。

第七节　G.克利内斯库（1899-1965）

G.克利内斯库是多才的创作者，百科全书式人物，身兼史学家、文学评论家、诗人、剧作家、小说家等多种身份。他的文学评论和文学史研究极具特色，常在他人漠不关心之处提出独到的见解。他留下的最重要著作是 1941 年出版的《罗马尼亚文学史发展源流》。该书通过对罗马尼亚所有伟大作家及其代表作的深入分析，"对从古至今文学发展的各个时期进行了一次梳理，全面揭示了我们的民族特征，将我们民族的精神财富推向世界，他的才能至今无人可以企及"。[①]

他拥有精准的批判直觉、活跃的思想、丰富的联想、对细节的敏感。他能够对作品进行生动的再现，从平淡无奇中找到亮点，通过精确的援引切中问题的实质，高屋建瓴地进行概括和总结。这一切都使 G.克利内斯库显得卓尔不群。

1. G.克利内斯库的批评天赋

从布加勒斯特大学文学和哲学专业毕业后，G.克利内斯库翻译了帕皮尼的作品《一个没有希望的人》（1924），并获得赴意大利进修欧洲文学的机会，接触到了全新的美学理论和批评方法。回国后，他成为一名杰出的专栏作家、[②] 诗人和小说家，[③] 同时也是罗马尼亚人公认的最伟大的文学评论家之一，被一些追随者誉为"批评之神"。G.克利内斯库以专题研究和作品分析见长，主要论著有：

- 《埃米内斯库生平》（1932）在当时被认为是传记文学的范本。该书资料翔实，极富创新性和艺术感染力，成功再现了大诗人 M.埃米内斯库的一生，及其所处年代的社会环境和学术氛围；
- 《埃米内斯库作品集》（1934-1936），共 5 卷。这是首部对

[①] I. 罗塔鲁：《罗马尼亚文学史》（第四卷：两次世界大战之间），加拉茨，波尔多 - 弗朗科出版社，1997 年。第 631 页。

[②] 他曾为《文学生活》《飞仙》《思想》《罗马尼亚生活》《时代》《文艺真理》《王室基金杂志》等刊物撰稿，并担任《文学报》（雅西：1938；布加勒斯特：1946-1948）和《民族报》（1946-1949）的编辑和主编。1949 年后他离开了教育界，担任文学史研究所主任（该机构现在以他的名字命名）和《文学和民俗史研究》杂志（后更名为《历史和文学理论杂志》）编辑。从 1949 年起，他为《当代人》杂志撰写专栏"乐观主义者的述评"（他曾在两次世界大战之间撰写专栏"愤世嫉俗者的述评"）。

[③] 他发表的诗集有：《诗集》（1937）、《劳动赞歌》（1963）；长篇小说有：《喜帖》（1933）、《奥蒂莉亚的秘密》（1938）、《可怜的约阿尼德》（1953）、《黑色首饰盒》（1960）。

M. 埃米内斯库的全部作品（诗歌、散文、政论、手稿，等等）进行系统梳理、分析、评论的著作。作者对诗人的精神世界进行了全面的描绘，内容覆盖了 M. 埃米内斯库作品中涉及的宇宙、自然、心理、社会元素，以及他的哲学理论和实践。通过对作品中反映出来的思想、视角、观点和题材的探讨，以及对写作技法和语言风格的深入分析，该书成为 M. 埃米内斯库研究领域的一部力作；

- 《克良格生平》（1938）是 G. 克利内斯库的另一部标志性著作。这部传记将《童年回忆》的作者置于罗马尼亚民间文化的大环境中，揭示了其作品的普遍意义。

这些重要研究成果奠定了 G. 克利内斯库的学术地位，使其成为当时最具权威的文学史专家和文学评论家。他曾先后在雅西大学和布加勒斯特大学任教，被认为是最优秀的教师之一，有着他人无法效仿的授课风格。在教学活动之余，他撰写了一系列关于文学、美学理论和作品风格分析的论文，针对一些理论问题和文化现象表明了自己的立场。相关文章有：《审美原则》（1938），其中包括《诗歌教程》（1937）和《文学评论和文学史研究技巧》（1938）；《西班牙文学印象》（1946），其中包括 1944 年发表的《古典主义、浪漫主义、巴洛克主义》；《历史——不可言喻的科学和史诗性的概述》（1947）；《诗的天地》（1944-1948）。

G. 克利内斯库彻底改变了文学评论的地位。他通过新颖的视角、广泛的联想和开阔的哲学视野，使文学评论变为一种创作活动。最能证明其分析技巧的当数 1947 年发表的《好女人》和 1948 年发表的《"现实"之歌》。《好女人》对 I. L. 卡拉迦列戏剧作品中的人物进行了透彻的分析，《"现实"之歌》则从独特的视角来阐释 T. 马约雷斯库其人，以及罗马尼亚诗歌的主要特点。

在社会主义时期，G. 克利内斯库的政治立场比较暧昧，有学者认为他选择了为罗共效力。尽管如此，他仍然在 1949 年被排挤出高教系统，仅担任文学史研究所主任一职。在被边缘化的 10 年间，他创作了两部长篇小说，撰写了关于 N. 菲利蒙、G. 亚历山德雷斯库、V. 亚历山德里等人的传记，并完成了学术巨著《童话美学》（1965 年出版）。

2. 艺术——创造性想象和象征性建设

作为诗人、小说家、文学评论家和文学史研究专家，G. 克利内斯库基于自己的经验创立了一套文艺批评理论。我们将他的主要思想总结如下：

G. 克利内斯库认为美学没有确切的对象，无法为其制定普遍适用的规则，因此不具备科学的特征。但令人费解的是，美学这门学科却是由一群毫无艺术激情、冷漠的知识分子创立的。他的观点带有反实证主义和反规范主义色彩，认为艺术创作凭借的是天赋、创意、想象力和不断推陈出新的形式，因此美学的作用在于描述文艺现象和分析文艺作品，而不是用某种普遍的功能或法则来对其进行定义。他只接受基于经验的分析和批评，坚决抵制那些通过所谓"科学理论"强加给艺术的先验规则。他指出，如果能够为艺术创作制定一种放之四海而皆准的公式，我们就能按照这一公式生产出一大批经典作品，这无异于痴人说梦。

在他看来，所谓艺术就是对态度与技巧、形式与内容间永恒的矛盾加以制衡。他既排斥轻率的实验，也反对"不断老调重弹、四平八稳、了无生机"的传统主义做法。真正的艺术家必须打破审美和意识形态的条条框框，使其创作活动不受陈规的束缚。他强调："维持（形式与内容之间）平衡的关键就是天赋。每当天才现世，某个学派就会衰亡。一部杰作中的创新性会打破原有的立场和方法，并创建新的平衡。一个伟大的作家永远既是传统主义者，又是现代主义者，其作品的表述中隐含了他所用语言流变过程中的所有重要历史时刻。"[①]

在回顾了关于艺术的各种哲学理论（从柏拉图和亚里士多德的拟态理论，到叔本华将艺术看作意欲的盲目冲动，再到黑格尔将艺术作为理念的感性显现）后，G. 克利内斯库将艺术归入了"不可被定义，只可被描述"的范畴。描述过程需要借助比喻的手法，并借用各种带有历史特点和个人特点的表现形式。史学家和评论家应该自行选用美学标准，并给出个人的价值判断。

G. 克利内斯库反复强调艺术的自主性，相信艺术能够超越功利的目的和凡尘琐事，深入表现人类生存状况，缔造理想中的世界。他

[①] G. 克利内斯库：《对立间的平衡》，1927 年发表于《文学生活》杂志，收录于 G. 克利内斯库：《审美原则》，布加勒斯特，文学出版社，1968 年。第 194 页。

认为有两种类型的"自我":其一是功利的,沉迷于琐事之中的"心理自我";其二则是"喜好幻想,善于象征的自我"。只有打破心理和经验对艺术冲动的禁锢,才有可能完成艺术创作。他说:"当我跃升到自己的心理活动之上时,就从功利的自我中找到了客体,从而使我的精神获得了一种普遍意义,我的意识对全人类而言也具备了代表性和象征性。艺术是非功利的、率性的。这种自由从何而来呢?如果没有在沉思中超越自我,天性得不到释放,那么自由纯粹就是幻想。"①

艺术是主观的,但我们所说的是一种包含了永恒人文精神的主观性,而非狭隘的主观性。艺术家将自己所经历的人世沧桑转化为艺术作品。G. 克利内斯库指出:"参与街头斗争和独坐象牙塔是两个相继发生且必须经历的时刻,它们并不矛盾。但丁、雨果、托尔斯泰、M. 埃米内斯库都曾满腔热情地参与政治活动,但他们的作品仍然是抽象的,不朽的。创作者们在白天和凡人一样,在日光下喧嚣的城市中过活,夜晚则登上了月光中的象牙塔。他们在白天观察着瞬息万变的世界,夜晚则思考着关于绝对的问题。前一个阶段是必不可少的,而在象牙塔中的闭关则是艺术创作阶段。"

真正的文艺批评同样带有主观性,这种广义的主观性将客观的社会、文化因素包含在内。但 G. 克利内斯库坚决抵制政治因素对其判断力的干扰,因为评论家的身份与政客是水火不容的:"如果你想当政客就不能当评论家,如果你想当评论家就不能当政客,两者是无法兼容的。当然,同一个人可能先后扮演这两种角色。你可能喜欢某个作者的政治观点,却对他的文学作品不屑一顾;也可能与某人持不同政见,却对其文学作品赞赏有加。这是两个不同的层面。我很反感将某位持不同政见的诗人称为'曾经的诗人'的做法。作为评论家,我会像马基雅维利那样衣冠楚楚地步入工作室,只当我厌恶的作家已经死去了,就像欣赏一部佚名作品那样来对待他的作品。批评家的职业操守不允许他有过激的行为。一位伟大的作家即使私德有亏,也不失为一位伟大的作家。L. 雷布雷亚努无论何时何地都是 L. 雷布雷亚努。艺术是一种自由的表现方式,它不受历史制约。艺术教会我们超然地

---

① G. 克利内斯库:《价值与美学理想》,1927 年发表,收录于 G. 克利内斯库:《审美原则》,布加勒斯特,文学出版社,1968 年。第 196 页。

看待事物，从生与死的高度来看待某些现象。艺术能够给你生命中最为可贵的东西：每天都能够有一个小时自由自在，神游物外。"

G. 克利内斯库极为重视艺术自主性，反对艺术为某种意识形态或功利目的服务，坚持美学标准在作品评判中的主导作用。但他并不主张绝对的美学自主主义，而是将文学作品置于广阔的文化视野之中，将其与社会生活、时代精神相结合，从多种角度加以分析。无论文艺作品与其产生的环境有何关联，它们都在传达一种信息。这种信息源自作品的形式，以及作品中对象征符号的运用。如何将构成作品形式和内容的各种元素组织起来，对于传达作品的意义至关重要。具有古典情怀的 G. 克利内斯库十分推崇巴尔扎克式的小说，对于先锋派运动倡导的新审美标准则持保留态度。他认为先锋派运动解构了形式与语言，一味标新立异，有时只是为了哗众取宠或对艺术传统发起挑衅。

G. 克利内斯库是个十分开明的人，乐于接受现代艺术中的创新，但他强调艺术表现形式应该与其内容，以及通过象征手法传递的信息相符。因此他对先锋派、实验派宣扬的观点提出了质疑。他指出："如果没有我们精神的介入，纯粹的偶然性不会有任何结果。"即便像 T. 查拉这样激进的先锋派代表人物，也不能在他的作品中随心所欲，"像变戏法一样把词汇从帽子里随意抓出来"，他也必须通过一种有意义的结构来表现其离经叛道。正如超现实主义者推崇的那样，一些出人意料的组合可能会催生出别样的美学效果，以及与现实生活不一致的独特感受。G. 克利内斯库为此引用了超现实主义大师洛特雷阿蒙（Contele de Lautréamont，1846-1870）的名言："奇异的美感源自一台缝纫机和一把雨伞在解剖台上的偶遇。"在对古典主义、浪漫主义、现实主义、高蹈派、象征主义、超现实主义和达达主义等不同流派进行分析后，G. 克利内斯库发现偶然性与逻辑性同时存在于这些流派中，只是侧重不同而已。

从广义上讲，艺术就是一个对人类经验进行编码后传递信息，并在接收者的主观意识中造成"非功利性"冲动的过程。尽管 G. 克利内斯库反对教条地对艺术加以定义，但他还是从诗歌（被认为是艺术的经典范式）的特点出发，对其进行了深入浅出的描述："诗歌是一种带有仪式性的，低效的非理性交际方式，是脑力活动的空洞形式。

为了让他人理解自己，诗人像疯子一样做着交际手势，然而其表达的内容仅仅是人们灵魂深处对探寻世界真谛的根本需求。"[1]

3. 人文类型、文化类型和艺术类型

在 1944 年发表的《古典主义、浪漫主义、巴洛克主义》一文中，G. 克利内斯库试图从纷繁复杂的人类美学经验中摸索出若干条类型和风格界线，以区分不同的世界观。他发现亚洲艺术（以及欧洲的哥特式艺术）和地中海国家的艺术间存在着显著差异。亚洲式建筑和哥特式建筑充满了几何感，其中的人类形象仅仅是毫无个性的装饰元素，被"非理性的矿物、植物、动物形式"压迫着。地中海国家的古典艺术却呈现出另一番景象："人几乎成了雕塑的唯一对象，他们神态安详，充满神性和智慧。动物的形象十分罕见，即使有，也是被人格化的，眼中闪耀着逻辑的光芒。人类粉碎了混沌无序的形式，并用自己的精神取而代之。"

G. 克利内斯库基于上述差异揭示了古典主义与浪漫主义之间的对立关系。他认为这是两种理想化的思潮，从未以纯粹的状态存在过，而是或多或少掺杂着其他形式和题材，以各种历史形态出现。巴洛克风格一直在古典主义和浪漫主义之间摇摆，作为一种执迷于"奇技淫巧"的"工场艺术"，它常常用夸张的形式将古典主义或浪漫主义推向极致。G. 克利内斯库指出："古典主义的个体是一种空想：他们循规蹈矩，身心无可指摘，是他人的楷模。浪漫主义的个体同样也是一种空想：他们豪放不羁，常常呈现出病态。他们努力将感觉和智慧发挥到极致，并将所有精神层面的东西笼统地归结为天赋。"

尽管上述对立关系存在于人类生活的所有层面（如解剖学、生物学、心理学、社会学、伦理学、知识、宗教、政治、文化、艺术，等等），但 G. 克利内斯库关注的重点仍在人文创作领域。他举例说：古典主义作品中的主人公往往是深沉稳重、"麻木不仁"的；而在浪漫主义作品中，主人公多是"病态、冲动、感性、悲怆、精神极度敏感"的。古典主义者是谨小慎微、不动声色、神情漠然的；浪漫主义者则是头脑发热、躁动不安、激动谵妄、匆忙仓促的，但他们有时也会用过激的反应来"假装坚强"，或板着一副"像冷血的英国人那样的冷

---

[1] G. 克利内斯库：《价值与美学理想》，1927 年发表，收录于 G. 克利内斯库：《审美原则》，布加勒斯特，文学出版社，1968 年。第 72-73 页。

峻苍白的面孔"。

他进一步阐释道:"古典主义者的状态就像在田园中小憩,在烈日高悬的树荫下酣睡;浪漫主义者则像是在做噩梦。古典主义者举止得体、沉稳、庄重;浪漫主义者或是像西班牙人一样颐指气使,或是像小市民一般尖酸刻薄。在对环境的适应过程中,古典主义者表现出理智的态度和合理的行为,浪漫主义者则显得行为怪诞,不可理喻(……)古典主义者倾向于将人神格化;浪漫主义者则专注于描写人间的苦难和悲剧。古典主义者的生活呈几何形态,易于理解;浪漫主义者的生活则是'毫无意义'或令人费解的。古典主义者青睐单一的主题,鲜有变化;浪漫主义者则追求'标新立异'(……)古典主义者对永恒的东西感兴趣,喜欢从人性的角度看待世界;浪漫主义者则执迷于追溯历史。所有浪漫主义者都是史学家,所有古典主义者都是道德家。古典主义者由于关注抽象的人而致力于塑造光辉的道德形象;浪漫主义者由于关注具体的人而对人物传记情有独钟。"

总之,古典主义者通过普遍的事物来拥抱世界,浪漫主义者则偏好描写雄奇的景色;前者是"形式主义"的,后者是"豪放不羁"的;前者热衷于智力游戏,精神勃发,后者富于幻想,擅长隐喻;前者善于交际,主张对话,后者则孤芳自赏,我行我素;前者注重普遍性,后者注重偶然性。

上述两种类型都是理想化的,乌托邦式的。我们能够看到的历史人物或历史时期都是由两种类型相互妥协、相互糅合而成的:"古希腊是古典主义的,但也带有浪漫主义的影子。中世纪是一个浪漫主义时代,但古典主义的大潮尚未完全退去。文艺复兴时期有着浓厚的新古典主义色彩,但时而出现浪漫主义的回潮。进入现代后,浪漫主义开始向巴洛克风格转变。各国的情况又如何呢?西班牙人兼有古典主义修养和来自哥特人的浪漫主义气质。德国人有着浪漫主义的灵魂和古典主义的诉求。具有古典主义气质和高卢韵味(法国品位)的法国人,从理论上说应该厌恶浪漫主义,但也许是因为有着哥特人的血统,法国人很善于表现浪漫。意大利人是反浪漫主义的,呈现出带有古典主义色彩的巴洛克倾向。"同理,有着泛神崇拜的印度是浪漫主义的,而循规蹈矩、追求永恒的中国则是古典主义的。

这篇论文展现出 G. 克利内斯库极强的概括能力。他本人更倾向于古典主义，认为"伟大的文学作品实际上都是古典主义风格的"。他将古典主义看作一种"经久不衰、追求实质的创作方式"，它向往永恒与不朽，注重培育人文精神，善于将经验总结为格言表达出来。尽管 G. 克利内斯库说他反对用某种特定的风格来束缚文学创作，却在 1946 年发表的《何谓古典主义》一文中向罗马尼亚文学界力推古典主义风格。在他看来，罗马尼亚文学受浪漫主义影响太深，过于注重历史事件、人物生平、自然美景、诗情画意、异域风情和反常经验。由于缺乏古典主义精神，罗马尼亚文学不是一种"知性的文学"，不是"生命的理性表达"，无法从事物中归纳出典型和恒久的价值观。G. 克利内斯库希望罗马尼亚文学能够超越地域局限，不再满足于对自然界和社会的描述，更为关注心理和人性，尽快触及普遍性层面。

4. 历史——不可言喻的科学和史诗性的概述

1947 年，G. 克利内斯库发表了《历史——无法言喻的科学和史诗性的概括》一文，为史学研究的一个重要组成部分——文学史研究奠定了理论基础。作者借鉴最新史学研究成果，对科学主义、历史主义、唯美主义、印象主义理念兼收并蓄，并根据文学史研究的实际需要提出了一套全新的标准和方法。他指出，文学史研究不仅要总结时代特征，叙述作者生平，还要从心理学和社会学角度对作品进行剖析，并对其语言风格和写作技法加以探讨。文学作品具有"唯一性"，是不可复制的，但史学家必须从中找出关联，沿着时间的轴线将这些作品串联起来。

这篇文章关注的核心问题，就是如何在人文、社会、历史学科中处理普遍性与特殊性、主观性与客观性之间的关系。A. D. 克塞诺波尔曾经对重复性事实和连续性事实加以区分，指出史学研究的对象就是各种由因果关系串联起来的孤立现象。信奉古典理性主义的 G. 克利内斯库则对这一观点不予苟同，他认为所有因果关系中都包含着某种普遍的、共同的因素。如果我们过于强调历史现象的特殊性，就等于否认知识的作用："每一朵浪花都是独一无二的，但有谁会去写一部关于波浪的历史呢？"他进一步指出："将可变性绝对化会让我们的理解力变得无用武之地，使人疲于记忆，易于遗忘。类比是治疗健忘的良方，历史事件只有被记住才能被真正理解。如果只是描述变动中的事物，却没有感受到在这些事物内部存在着某种不变的东西，这样的历史是毫无意义的。"①

随着相对主义思潮的兴起，传统哲学思想遭到了极大冲击。G. 克利内斯库试图在这样的大环境下为古典理性主义正名，在无序的经验中寻找恒久的、可被理解的方面，坚持认为任何因果关系都是"必须"的。正如黑格尔所言，历史和逻辑是统一的，因此"由各种异质性的情节构成，不可被理解的历史是无意义、非理性的"。历史科学与自然科学之间的区别仅在于"对逻辑的表达方式不同"。

G. 克利内斯库指出，尽管史学家，尤其是文学史研究者描述的现象和作品都是孤立的，但其特殊性由各种具有普遍性的要素构成，对特殊性的描述必须"不断与普遍性相关联"。"特殊性只是各种普遍要素相互作用的结果"，因为"即使我们描写一株小草，也会无可避免地涉及诸多普遍法则"。史学研究的前提就是要具备全局观："因果关系必须基于某种紧密的逻辑必然性才能成立，而这种严密的逻辑性正是史学研究的精髓。"由于历史中隐含着必然性，很多学者将史学看作"系统化的概念或规律的体现"。还有人把历史现象与生物现象相提并论，或是借用螺旋式上升的理论，将历史看作"以往岁月改头换面后的再现"。

李凯尔特（Heinrich Rickert，1863-1936）、韦伯、特勒尔奇（Ernst Troeltsch，1865-1923）将特殊性看作一个"整体"中的代表性、典型性因素。G. 克利内斯库则认为我们必须从孤立的事实背后找出具有普遍意义的、超验的、形而上的基质，使其能够被人理解。史学研究的魅力正在于可预见性和不可预见性并存，犹抱琵琶半遮面。在历史，特别是文化史中，"天才"和杰出人物只是集中体现了一种大趋势，他们常常能够"化腐朽为神奇"，让平淡无奇的概念变得引人入胜。G. 克利内斯库因此说："没有荒谬性的历史就像格言一样平淡，没有概念性的历史则是一场噩梦"，②这种看法与康德不谋而合。

可见，史学研究离不开概念，既不能无休止地探寻普遍规律，也不应一味关注特殊性。史学是一门"玄妙"的科学，它"用类似于象

① G. 克利内斯库：《历史——无法言喻的科学和史诗性的概括》，1947 年发表，收录于 G. 克利内斯库：《审美原则》，布加勒斯特，文学出版社，1968 年。第 158 页。
② 同上书。第 170 页。

形文字的方式来记述普遍性"。①G. 克利内斯库努力在普遍性与特殊性之间寻找平衡，他指出："一味标新立异会陷入混乱，过于循规蹈矩又会将复杂的历史简单化。因此史学家必须把握好分寸，避免滑向这两种极端。"②真正的史学家善于"在沉默中揭示规律"，因为"只有沉默的逻辑才能尽显史学家的风雅"，就好像小说家将小说的主旨隐藏起来，用各种虚构的情节和场景去暗示它。史学研究离不开对普遍性的直观感受，因为这是一个"玄妙的体系，遵循着不可言喻的规律"。

在新康德主义的影响下，G. 克利内斯库认为文学史研究必须在某种价值层级的基础上开展。作品的价值取决于创作者对生活的感悟，以及读者所处的环境。与来自外部的思想相比，作者的艺术想象力在创作中起着更为关键的作用。他们只有将各种感性元素组织起来，才能创造出一个内涵丰富的新世界。文学作品是形式与内容相互融合而成的整体，不应顾此失彼。文学评论家也应该像文学史研究者一样，用多样化的标准来对作品进行全面评判。在 G. 克利内斯库看来，文学史就是一部"价值观的历史"，因此必须首先确立价值观，"没有价值刻度的文学史是无稽之谈"。

史学研究的客观性取决于对史实的认定，但对史实的阐释必然是主观的。用康德的话说，经验自我取决于先验自我，任何感觉都是以某种统觉为前提的，因此先天因素在历史认知中发挥着重要作用。史学家与艺术家的精神活动有着相似之处，他们都需要借助结构和风格来再现某一历史时期。主观性拉近了史学家与艺术家之间的距离，两者都需要通过主观性来赋予其表现形式某种内涵。

按照狄尔泰的说法，在精神科学中，认识的主体与他所理解的对象密切相关。G. 克利内斯库认为从人类学的角度看，文学史研究者和文学评论家的主观性体现在他们用其掌握的各种心理、历史和文化知识来构建世界的面貌。这一过程离不开对客体的理解，以及对其意义和价值的感悟。人们必须从某一特定时代的价值观、使命、理想出发来"感受"世界。史学家作为研究的主体，也会从自身视角出发，

---

① G. 克利内斯库：《历史——无法言喻的科学和史诗性的概括》，1947 年发表，收录于
　　G. 克利内斯库：《审美原则》，布加勒斯特，文学出版社，1968 年。第 170 页。
② 同上书。第 171 页。

将历史代入到当代人的视野之中进行"再体验"。

在史学研究中，规律无法通过公式来明确表达，只能通过"暗示"隐晦地表现出来。我们可以用一些静态的图像来重现孤立的史实，但如果不用一种"史诗性的概述"对其加以总结，赋予其连贯的意义，它们就了无生机。这就像由一幅幅静态图像构成的电影一样，必须把它们放到放映机中，用某种叙事手法将一个个情节串联起来，才能被人理解。"戏剧表现手法"在此过程中是不可或缺的，只有将历史事件置入"史诗般的场景"之中，才能赋予其某种内涵，并极其隐晦地暗示出来。

将史实加工为史诗，必须将其代入到相应的社会、历史、文化背景下。G. 克利内斯库因此断言："不会讲故事的人当不了史学家。"史学家必须将史实和史料融入他构筑的"场景"中，并留下一些"空白"，等待读者和他一起来完成这部史诗。要撰写一部文学史，作者必须将各种价值观、人物、学派、思潮纳入一个有机的史诗系统中，作者自己也以"创作"为由成为"小说"中的一个人物。在 G. 克利内斯库眼中，"历史这门学科有着不可言喻的规律，它是史诗性的概述"。

5. 文化传统与现代民族文化

G. 克利内斯库在其代表作《罗马尼亚文学史发展源流》中再现了罗马尼亚文学发展的主要阶段，以及罗马尼亚文化在现代化进程中的精神流变。他将美学从文化中剥离出来，并描述了罗马尼亚文学从广义的文化活动中脱颖而出的过程。他指出，尽管在与西方国家的接触中不可避免地出现了"道德滑坡"，但文学创作在西方的影响下日趋专业化，文学作品更具原创性，逐渐学会用现代方法来展现民族精神。

在 G. 克利内斯库看来，文学史必须能够展现罗马尼亚人创造力的提升。不能像 E. 洛维内斯库那样厚今薄古，将现代文学创作与传统文化背景完全割裂，这种怀疑论思想会导致"民族自信心长期丧失"。G. 克利内斯库试图证明有着悠久民族传统的罗马尼亚社会已经步入现代化大潮之中，罗马尼亚文学也同时经历着有机的发展，不断弥补着自身的缺陷。他说："传统就意味着依照自身规律有机发展，而罗马尼亚文学发展的有机性是毋庸置疑的。我们应该不带成见地看待这种有机性，撰写一部信息翔实的文学史，而不是专名和数字的罗列。无论多么重视普遍性，文学评论都必须在自己的文学范围（传统）内确立价值标准"。①

G. 克利内斯库在书中着重论证了罗马尼亚悠久的文学传统。这一传统建立在古老的乡村文明之上，并通过丰富多样的民间文学形式表现出来。他用了很大的篇幅来介绍 I. 克良格，对其在描写乡村生活时展现出的语言表现力和艺术感染力推崇备至。凭借《童年回忆》一书中蕴含的乡村价值观，I. 克良格成为一名极具个人特点，又能在所有人心中引发共鸣的作家。在他的身后是悠久的口头文化和佚名创作传统，脱离了这一背景我们就无法理解 I. 克良格的真正价值。G. 克利内斯库指出："像 I. 克良格这样的作家只有在特殊的环境下才会出现。那里有古老而隐晦的语言，经常语带双关，在妇孺皆知的俗语中凝聚着经验和智慧。只有这样，一些业已消失的元素才能在他的作品中得以重现。"

I. 克良格的作品有力证明了口头文学传统在经历了几百年的锤炼后，仍有着旺盛的生命力，祖辈留下的乡村则是文化建设的根基所在。乡村生活绝非人们印象中那样原始、落后、野蛮、愚昧，古老的智慧能够在那里通过"非个人的、格言式的"形式表达出来。通过这种特殊的文化形式，乡村中的人文精神达到了极高的水准，并形成了完善的审美和道德规范。G. 克利内斯库指出："回归乡村是所有古老民族的特点。那些认为我们处于原始阶段的理论是站不住脚的。我们并不原始，而是古老。"②

他在《罗马尼亚文学史发展源流》一书末尾写道："我们是真正拥有悠久历史的本土居民。"我们可以通过这种古老的属性来解释罗马尼亚人特有的自然观，以及一些作品中表现出来的渴望回归古代文明、谦和守礼、与人为善等特质。G. 克利内斯库在一些民俗、童话、谚语中找到了古代的影子，那里时常显现出清静无为的处世态度和对仪式的重视。

来自民间故事和神话的题材、主题和风格源源不断地为现代文学创作输送着养分，证明着现代文学形式与本土精神的深层次关联。

---

① G. 克利内斯库：《罗马尼亚文学史发展源流》，布加勒斯特，密涅瓦出版社，1985 年。第 3-4 页。
② 同上书。第 974 页。

G. 克利内斯库将民间文学作品中的《图拉真与多琪娅》《小羊》《马诺莱工匠》《飞仙》四大民间传说誉为"本土传统的支柱"。这四个故事分别揭示了罗马尼亚民族存在中面临的四大问题，即："罗马尼亚民族诞生的问题、人与宇宙关系的问题、创造的问题、性的问题"。换言之，它们分别是"本体论的神话""形而上学神话""关于创造的神话"和"关于情爱的神话"。

在 1945 年完稿的《罗马尼亚文学史概要》一书中，G. 克利内斯库提出了自己对罗马尼亚古老文化传统延续性及其潜力的看法："无论我们自己还是外国人都常常怀有一种偏见，就是把我们看作一个有着美好未来的年轻民族。这种说法曾经让我们盲目乐观，但实际上它并不是来自古老民族的呵护，而是某些刚移民来的民族显示出的自负和优越感。无论历史文献还是人种分析都无法证明我们是一个年轻的民族。我们的祖先达契亚人是欧洲最古老的本土民族之一，与希腊人、凯尔特人，以及罗马帝国之前的意大利部族生活在同一个时代。后来罗马帝国发现了这个古老的国家，并经过苦战征服了它。由于所处地理位置的特殊性，我们的历史长期处于动荡之中，在受到各方冲击的同时也吸收了各种不同的元素。大约两千年前凯尔特人的入侵在我们的面貌和举止中留下了明显的印记。由于希腊人在黑海沿岸的长期扩张，我们一直通过色雷斯人与希腊人保持着密切的联系。此外，我们的宗教神话都是以扎莫尔克西（Zamolxis）崇拜为基础的，这种懵懂的信仰与来自奥林匹斯山和瓦尔哈拉殿堂的宗教曾经并存过，其中的狄俄尼索斯和毕达哥拉斯元素证明了我们与古希腊的亲缘关系。所有伟大民族都有一种显著的特性，那就是追求永恒，将凡尘与绝对关联起来。当野蛮民族还处于迷信状态，与恶魔做交易时，达契亚人已经学会与天上的神灵直接对话了（……）罗马帝国的入侵（无论我们如何粉饰，它仍是一次入侵）给我们留下了一门新的语言和来自帝国其他地区的血脉。这些地区对我们来说并不陌生，例如图拉真自己就是伊比利亚人。罗马的渗透并未导致新民族的产生，只是一个非常古老的民族在另一个民族的影响下发生了改变。罗马帝国和许多侵略型国家一样，其文明构成具有多样性，它给达契亚带来了新的政治面貌。罗马人带来的宗教在这里找到了适宜的土壤，在中欧很多民族皈依了基督教之后，罗马帝国统治下的达契亚人也很快被基督化。对死亡的敬畏和对永生的渴望让他们迅速接受了新的宗教（……）

很多人罔顾史料记载，坚称我们是一个年轻的民族。我们的一些同胞更是对罗马尼亚乡村文明嗤之以鼻，希望我们能像其他大陆的有色人种一样，勇敢地投身到汹涌的城市生活中。心怀叵测的外国人极力吹嘘自己的文明，诋毁我们的乡村文明，而这恰恰是我们伟大古老传统的明证（……）生活在西部喀尔巴阡山区的人们带有典型的古老田园文明特征：脸膛被山风吹得沟壑密布、目光如鹰隼一般深邃、身姿挺拔、沉默寡言。罗马尼亚农妇的嘴就像一个无用的器官，被头巾裹得严严实实。定居的农耕民族总是那么朴实。与之相比，游牧民族总是吆五喝六、指手画脚、无肉不欢、好勇斗狠，他们擅长的'文明'完全置传统于不顾。帐篷构成的营地逐渐变成了城市。匈牙利人的村落就是一些小城市，而罗马尼亚人的城市更像是一些大村庄。除了现代凯尔特人之外，我们和中国人一样，有着古老而刻板的礼仪（……）

因此在探讨罗马尼亚文学时，我们不应用肤浅的标准衡量它。对于罗马尼亚民族悠久的文明和文化而言，文学既非主要形式，也非必要形式。我们缺乏沙龙文化所需的政治条件，文化建设热情也至今未被激发。罗马尼亚人拥有丰富自己精神生活的所有手段：高端的语言、完备的礼仪、口头文学传统、丰富的宗教典籍。早期编年史中的语言表述已经极为成熟和细腻，这是文化在此之前不断发展的结果。所谓新生事物仅仅指世俗诗歌、散文、戏剧等西方文学形式。一旦我们接受了这些形式，并将其与自己的心灵感悟相结合，仅需两百年就能创造出一种令人瞠目的高水平文学。区区几百年的落后并不能抹杀一种古老文明的价值。"[①]

G. 克利内斯库在 1941 年出版的《罗马尼亚文学史发展源流》中就已经提到过上述观点。他试图从史学角度确定罗马尼亚民族特征，证明罗马尼亚人的本土属性，及其在某些方面表现出来的达契亚人，乃至凯尔特人血统。他坚决驳斥"罗马尼亚文化是新生文化"的论调，并将古老的民间文化看作构建罗马尼亚文化大厦的基石，以及罗马尼亚民族生生不息的保障，应予大力弘扬。他指出："我们的生理结构完全不同于周边民族和中欧民族。由于通婚和隔代遗传，我们与地中海

[①] G. 克利内斯库：《罗马尼亚文学史概要》，布加勒斯特，文学出版社，1968 年。第 13-15 页。

族群（新色雷斯人和希腊人）具有某种亲缘关系，在外貌上与西欧伊比利亚半岛和不列颠群岛的民族有着些许相似性。有人说我们的文人阶层被法国化了，其实这只是表面现象。不难发现罗马尼亚农民对西方有着与生俱来的好感，这一点可以从种族上来解释。凯尔特人曾在两千多年前入侵这一地区并带来了另一种文明，我们的长相也证明了这一点，而'葛特人（达契亚人）就是哥特人'的说法纯属无稽之谈。"[①]

G. 克利内斯库的某些观点会让人难以接受，但我们应该看到，这些观点都有特定的批判对象，旨在批驳那些夸大罗马尼亚人"东方特征"的理论。他努力寻找各种证据来证明罗马尼亚人与西方民族的亲缘关系。在他看来，正是不被当代人承认的民间文化才是有着千年历史的经典文化，它不仅证实了罗马尼亚人的欧洲特征，也解释了他们为何能轻而易举地接受现代西方文化模式。他证明早在西方化进程开始（E. 洛维内斯库将其确定在 19 世纪）之前，罗马尼亚文化传统就已存在，因此罗马尼亚融入欧洲也是水到渠成之举，并非刻意模仿。他总是将罗马尼亚文化置于欧洲文化大背景，而非东方文化背景之下进行讨论。即使在谈到罗马尼亚人的宿命论思想时，他也强调"这根本不是东方式的思想"。在他看来，罗马尼亚人的欧洲属性是不言自明的，"罗马尼亚各封建公国从未游离于欧洲之外"。[②]

文学评论家 M. 马丁（Mircea Martin，1940- ）指出："现代书面文学的空白并不意味着文化的缺失。如果说第一次西方化是一个开端，那么第二次西方化则仅仅是一个阶段。"他这样理解 G. 克利内斯库的观点："现代意义上的文学是一个新的概念，但它离不开长期的积淀，它的根可以一直追溯到古老的乡村文化中，乃至来自远古的民俗中。我们不应由于发展相对滞后就否定发展的连续性，更不应错误地将其当成精神和历史的空白。文学创作要实现质的飞跃，离不开长期的积累和坚实的文化传统。"[③]

在如何看待罗马尼亚传统文化的问题上，M. 马丁认为 E. 洛维内

① G. 克利内斯库：《罗马尼亚文学史发展源流》，布加勒斯特，密涅瓦出版社，1985 年。第 974 页。
② G. 克利内斯库：《罗马尼亚文学史概要》，布加勒斯特，文学出版社，1968 年。第 38 页。
③ M. 马丁：《克利内斯库与罗马尼亚文学"情结"》，布加勒斯特，信天翁出版社，1981 年。第 101 页。

斯库与 G. 克利内斯库存在巨大的分歧。这两位伟大的评论家从不同，甚至对立的视角来审视罗马尼亚文化现象。在 E. 洛维内斯库看来，罗马尼亚的现代化是"革命式"的，始于对西方文化形式的大规模引进。之所以会出现"无内容的形式"，是因为罗马尼亚缺少形式多样的文化传统。G. 克利内斯库的看法恰恰相反。他认为罗马尼亚文化之所以能够飞速发展，在迅速接纳西方文化形式后创造出极具民族特色的现代文学作品，离不开悠久的文化传统和前期的努力。这两种对立观点之间的对话和争论一直延续至今。

6. 民族性与世界性

G. 克利内斯库的著作是罗马尼亚现代文化史上的一座丰碑，自面世之日起就在文坛和政界同时招致来自左翼和右翼的攻讦。它就像一部关于罗马尼亚文学的"长篇小说"，彰显出作者无可比拟的洞察力、创造力和表现力。

G. 克利内斯库认为罗马尼亚有着"光彩夺目的文学"，这些作品为民族精神的走向绘制了"最清晰的地图"。他指出，文学史就是"价值观的历史"，而价值评判标准即美学标准。因此必须兼顾民族特色和普遍的价值评判标准，筛选出一批能够向世界传达罗马尼亚人心声的标志性作家。文学批评和文学史则被他看作同一进程中的两个方面："如果没有历史视角，你不可能成为一个评论家；如果背离了评论家遵循的美学标准，你也无法撰写文学史。"[1]

民族特色是创作活动自然而然的结果，并非来自某种思想规范。因此无法用思想规范来指引美学发展方向，将民族性标准强加给绘画、文学或音乐。G. 克利内斯库认为民族性不会因外来的影响而消失，传统主义者的顾虑纯属杞人忧天。T. 马约雷斯库、I. 克良格、M. 埃米内斯库、G. 考什布克、O. 戈加、L. 雷布雷亚努、L. 布拉加、M. 萨多维亚努等人的著作象征着罗马尼亚文学发展的高峰，我们可以从中提炼出罗马尼亚人的内在特质。况且，民族特色并不是由单一因素决定的，而是一系列因素共同作用的结果。

G. 克利内斯库指出："民族特色不是随时间推移逐渐获得的，它是一个同质性的范围，因此不能说我们的民族特色'正在形成之中'。

---

① G. 克利内斯库:《罗马尼亚文学史发展源流》，布加勒斯特，密涅瓦出版社，1985 年。第 4 页。

由于它不是后天获得的，所以也不会丧失（……）一种文化内部包含了所有可能性，就好比一个人具有全部性格特征一样。法国人信奉笛卡尔主义，但也有人是神秘主义者；英国人是实用主义者，但也不乏梦想家；德国人是浪漫主义的，遵守秩序的，但也存在怀疑论者和不守秩序者。所谓特色，不是由单纯的因素决定的，而是由主要因素决定的。罗马尼亚人首先是普普通通的人，他们具有民族主义、神秘主义、理性主义、宿命论等一切特征。罗马尼亚没有必要效法莫拉斯（Charles-Marie-Photius Maurras, 1868-1952）（译者注：法国极端民族主义者），或者去模仿 M. 科斯廷那种原始的民族情感。我们知道，一个有机体内部包含了所有潜在的可能性，它不必刻意模仿任何东西，问题仅在于它的哪一种特征最为明显。有些看似模仿的行为，实际上只是适时地接受了暗示。因此完全不必担心我们的民族性会被扭曲，人种因素能够确保我们最根本的特征"。①

在 G. 克利内斯库看来，文艺作品中的民族特色由其内在的审美价值决定，无法通过某种思想规范加以预设。他说："真正的创作者永远在创造着自己的特色，就好像放在瓶子里的水必然会有瓶子的形状一样。在对文化的客观研究中，'必须'一词毫无意义。"特色是一种结构性因素，存在于所有文化中，以及一种文化发展的所有历史阶段中。现代文化建立在民族基础之上，这一基础可以确保文化的民族特色，但不是直接赋予其特色。民族因素作为文化的内在结构，反映了一个民族特有的历史和传统，普遍存在于这个民族的世界观、语言、文学、风格原型之中。民族因素是各种文化普遍拥有、且与生俱来的，它体现了人类的生存状况，反映了人类在特定时间和地点的存在方式。"世界上的每一个民族都期望并注定要从自己的立场出发来表述普遍真理"。②

G. 克利内斯库深刻地认识到，一部作品的民族性与其价值水准密切相关。价值低下的作品只是对国内外已有模式的拙劣效仿，仅能作文献使用，无法成为永久的精神范本。真正有价值的作品善于对文

① G. 克利内斯库：《罗马尼亚文学史发展源流》，布加勒斯特，密涅瓦出版社，1985 年。第 973 页。
② G. 克利内斯库：《何谓古典主义》，收录于 G. 克利内斯库：《审美原则》，布加勒斯特，文学出版社，1968 年。第 367 页。

化身份进行象征式的总结，并能够进一步丰富文化表现手法。一部美学价值低下的作品，无论如何夸大其特色，都无法成为传世之作。当然也可能出现相反的情况：一部审美价值极高的作品不被社会认可，或因某种偏见而饱受非议。

在 G. 克利内斯库眼中，"每一个杰出的创作者都有其不可磨灭的个性"。这种个性永远不会被民族特色掩盖或扼杀，因为没人可以通过某种规章、风格、潮流或思想将民族特色强加给创作者。一味强求民族特色必将导致审美品位下降："那些极力鼓吹民族特色的人往往并不是最具特色的人，他们只是用某种理论来掩饰其自卑感。"[①]

从价值层面看，"世界性"与"民族性"这两个概念是一致的："任何一位具有世界价值的诗人必定是具有民族性的诗人"。[②] 从价值上看，并非所有具有民族性的作品都有世界性，但反过来讲，具有世界性的作品必然有着民族内涵，也必定是优秀的作品。罗马尼亚的创作者和思想家们往往忽视了世界性的重要性。E. 萧沆等人常为罗马尼亚文艺作品流传范围不广，受众寥寥而痛心疾首。G. 克利内斯库起先是这样看待这个问题的："传播范围取决于传播规律，属于次要的外在层面。生活在 14 世纪的但丁在当时默默无闻，罗马尼亚贵族对 17 世纪的拉辛（Jean Racine，1639-1699）同样一无所知。"[③]

世界性固然存在于民族文化之中，但离开了文化传播渠道，民族文化的特点就无法彰显。今天的我们不应夸大文化传播的意义，但如果忽视了这一点，将是不可饶恕的错误。传播渠道是作品被世界认可和接受的重要前提，这与文化传播"属于次要的外在层面"的论断显然不符。G. 克利内斯库后来重新审视了这一问题，在 1947 年所做的一次讲演中，他不再武断地贬低文化传播的作用，而是更为明确地区分了"潜在世界性"和"传播世界性"："我们面临的世界性危机实际上是一种传播危机。我们的文学为何无法引起世界的关注呢？是因为没有价值吗？当然不是！恰恰是那些粗制滥造的作品被翻译成了多国文字。一国的文学要得到世界的认可，就必须遵从一些神秘的法则，

---

① G. 克利内斯库:《罗马尼亚文学史发展源流》，布加勒斯特，密涅瓦出版社，1985 年。第 974 页。
② G. 克利内斯库:《论文与报告汇编》，布加勒斯特，青年出版社，1966 年。第 147 页。
③ G. 克利内斯库:《罗马尼亚文学史发展源流》，布加勒斯特，密涅瓦出版社，1985 年。第 955 页。

无论我们做什么都无法代替自然规律。这个规律就是：人们必须出于某种原因才会关注一个民族，进而对其文化产生兴趣。例如人们对斯拉夫现象的好奇使俄罗斯文学成为举世瞩目的焦点，甚至连最微不足道的作品也被惠及。意大利文学和艺术随着天主教广为传播，而德国文化则得益于它的哲学。人们会因为一个偶然的机会发现一种文化，但这种文化想要被人发现，必须具备一种新的创作形式。有人可能会因此提出异议，认为我们缺少的恰恰是创新。但我们应该知道，正如狄尔泰所说的，所谓创新其实只是视角问题，'惊喜随时可能出现'（……）谁敢断言再过一千年，N. 约尔加不会成为另一个孔夫子？L. 布拉加不会成为柏拉图那样的人？今天看到的文化缺陷，明天可能就会变得无关紧要，因为岁月留下的痕迹会使其别具风韵。就好比绘画因古朴的色泽而价值倍增，文学作品同样会具有古韵。I. 内库尔切活着时甚至不知道自己还是个作家。我们今天的语言在几百年后听起来会变得美妙绝伦，而我们庸俗的行为也会显得风流倜傥。我并不是说糟糕的文学作品会因为距离感而变得优秀，只是说如今我们看好的文学作品无疑会变得更有深度，从而得到更广泛的接受。一种文学、一种艺术，或者广义的文化，必须经历长期发展才可能引起世界的关注（……）一旦时机成熟，人们就会对这种文化产生兴趣，开始发掘它的全貌，并对它的一切都感到新奇。有朝一日，我们的文化也会具有世界性。妄自菲薄，将不被认可归咎于自身缺陷的做法是站不住脚的。"[1]

从上面这一大段引文可以看出，G. 克利内斯库试图将价值论层面（无论是否被接受）的"潜在世界性"与"实际世界性"相调和，认为罗马尼亚文化欠缺的只是后者。他把文化传播问题与文化接受视角的历史流变混为一谈，将作品全球化的希望寄托在未来，以此来抚慰罗马尼亚文化因得不到认可而产生的自卑感。

第八节　A. 杜米特留（1905-1992）

A. 杜米特留是布加勒斯特大学教授，著名思想家，在认知理论、

---

[1] G. 克利内斯库:《走近希腊》，载《历史和文学理论杂志》，增刊第 2 期，收录于《牡羯文集》，1985 年。第 87-89 页。

科学理论、逻辑和数理逻辑等领域均有建树。他的主要论著有 1966 年发表的《新逻辑》《多价逻辑》《美妙的哲学》《数理逻辑悖论的解决方法》和 1973 年发表的《逻辑理论》。其代表作是 1969 年出版的《逻辑史》。两次世界大战之间，他曾发表《东方与西方》一文，1980 年修订后更名为《埃利亚式文化与赫拉克利特文化》。

A. 杜米特留根据思维模式和精神内核的差异，将东西方文化归入两种截然不同的文化类型。这两类文化遵循着各自的本体论、人类学、认识论、价值论原则，并通过相应的范式反映出来。他指出，以中国文化和印度文化为代表的东方文化属于"埃利亚式文化"，它有着难以捉摸的历史发展轨迹，将绝对真理置于永恒、超验的自在之物中；与之对立的西方文化则属于"赫拉克利特式文化"，它试图寻找世间万物之间普遍和必然的关联，并用科学公式对变化无穷的事物加以限定。埃利亚式文化被固化在一个由各种原则构成的静态的、不存在矛盾冲突的体系之中；赫拉克利特式文化则在科学精神、相对论思想和批判精神激励下，形成了一系列具有开放性的、可以随时修正或补充的思想。体系"没有绝对的科学真理，只有某一理论框架内的真理"，这既是赫拉克利特式文化的出发点，也是其终极公设。

自从玻尔在量子力学中提出了互补性原理后，人们认识到一种理论只能描述某种实在的一个方面，而非全部。A. 杜米特留将这一来自西方自然科学的理论运用到人文领域中，用以揭示人类文化一致性与历史多样性、类型多样性之间的关系。他说："任何文化都有着自己的原理，自成一体。笼统的文化并不存在，只存在某种特定的文化。就像几何学一样，它不止有一种，而是有好多种。"

西方文化崇尚科学精神，而非形而上学。正因为此，西方文化充满了精神活力，能够适应不断变化的历史新环境，取得令人瞩目的成绩。由于看待和理解世界的方式具有相对性、互补性和多样性，西方文化能够不拘泥于教条，满腔热忱地去做各种尝试。A. 杜米特留同时指出，东西方文化的形态差异源自看待世界的两种方式，它们各有利弊，不应被简单地评判优劣。西方的赫拉克利特式文化通过永不停歇的创造取得了累累硕果，不断颠覆传统并对其进行重建。东方的埃利亚式文化尊重自己的（神话、宗教、文学、建筑、美术、音乐、哲学）传统，并使其在封闭的结构中定型。

东方文化对外部世界和历史的发展漠不关心，并将其与原有的认知和表达方式，以及传统的社会组织模式对立起来。西方文化则恰恰相反，它将历史内化之后用积极的态度去应对，不断从认知和实践上向自然界发起冲击，乐于体验不同的认知方式和社会组织模式。总之，它们代表着两种不同的世界观，是人类文化和文明的两大范式。

第九节　两次世界大战之间的其他重要人物

两次世界大战之间，罗马尼亚在很多科学领域取得了举世瞩目的成就。这些成就既是老一辈学者长期努力的结果，也离不开众多青年学者的贡献。传统的科研院所得以继续发展，并新出现了一大批高等院校、科研机构、实验室、学术团体和专业刊物。

罗马尼亚数学学派因 Gh. 齐采伊卡、D. 蓬佩尤（Dumitru Pompeiu，1873-1954）、T. 拉列斯库（Traian Lalescu，1882-1929）、I. 巴尔布等人而声名鹊起。实证科学领域涌现出的杰出人物有：伟大的物理学家、航空学家、发明家 H. 柯恩达；生物学家、洞穴学家 E. 拉科维策；生物学家 G. 安蒂帕（Grigore Antipa，1867-1944）；神经病学家 Gh. 马里内斯库；生理学家，胰岛素发现者 N. 保列斯库。

在各自领域取得不俗成绩的罗马尼亚科学家还有：物理学家 Şt. 普罗科皮乌（Ştefan Procopiu，1890-1972）、H. 胡卢贝伊（Horia Hulubei，1896-1972）；化学家 Gh. 隆吉内斯库（Gheorghe Longinescu，1869-1939）、G. 斯帕库（Gheorghe Spacu，1883-1955）、P. 波格丹（Petre Bogdan，1873-1944）；生物学家 T. 瑟武列斯库（Traian Săvulescu，1889-1963）、G. 约内斯库 - 希谢什蒂（Gheorghe Ionescu-Şişeşti，1885-1967）（农艺研究所的创始人）；地质学家 G. 马科维（Gheorghe Macovei，1880-1969）、I. 阿塔纳休（Ion Athanasiu，1892-1949）；地理学家 I. 波佩斯库 - 斯皮内伊（Ilie Popescu-Spinei，1894-1964）、G. 沃尔桑（乡村类型研究）；医学家 F. I. 赖纳（Francisc Iosif Rainer，1874-1944）（解剖学、人类学）、D. 巴格达萨尔（Dimitrie Bagdasar，1893-1946）（神经外科）、N. Gh. 卢普（Nicolae Gh. Lupu，1884-1966）（普通医学）；空气动力学和流体力学家 E. 卡拉福利（Elie Carafoli，1901-1983）。

世界著名的逻辑学家、数学家 G. C. 莫伊希尔（Grigore Constantin

Moisil，1906-1973）为数理逻辑的发展和计算机的出现作出了突出贡献，他的研究工作一直持续到二战后。数学家、物理学家 O. 奥尼切斯库（Octav Onicescu，1892-1983）向爱因斯坦的相对论发起了挑战。1938 年，Şt. 奥多布莱扎出版了用法语撰写的《协调心理》一书。所谓"协调心理"实际上就是控制论的基本原理——反向作用原理，比美国数学家维纳（Norbert Wiener，1894-1964）提出这一理论整整早了 10 年。

在美学和艺术理论方面也出现了一批一流的学者，如 M. 德拉戈米雷斯库（确立了 20 世纪早期的结构主义美学体系）、L. 鲁苏（撰写了有关美学逻辑的著作）、P. 科马尔内斯库（艺术理论家、哲学家，发表了诸多美术论著）。

杰出的社会学家、哲学家 A. 克劳迪安（Alexandru Claudian，1898-1962）和 E. 斯佩兰茨亚提出的理论令人耳目一新，后者更是开创了现象社会学和符号互动论研究的先河。在人文领域作出杰出贡献的还有：P. 潘德雷亚曾对法西斯主义进行专门研究，他在《希特勒统治下的德国》（1933）一书中深入分析了希特勒推行的种族主义和扩张政策；哲学家 I. 彼得罗维奇对逻辑学作出了重大贡献；认知理论家、哲学史家 N. 巴格达萨尔著有《当代历史哲学》（1930）和《罗马尼亚哲学史》（1940）；教育家、改革家、民族统一斗士 O. 吉布（Onisifor Ghibu，1883-1972）；逻辑学家、哲学史家 D. 博德勒乌（Dan Bădărău，1893-1968）；散文家、心理学家、艺术理论家 I. 比贝里（Ion Biberi，1904-1990）；哲学家、社会学家 T. 布勒伊莱亚努（Traian Brăileanu，1882-1947）在 1940 年发表了《人类群体理论》；艺术理论家 E. 帕普在《论风格》（1986）中提出的"原时理论"与 E. 洛维内斯库的"共时理论"形成了互补。

C. 彼得雷斯库在 1939-1941 年间完成的哲学巨著《物质学说》于 1942 年被梵蒂冈图书馆收录。1954 年他对这部著作进行了修订，并于 1988 年全本再版。他主张对流于形式，只关注"抽象本质"的理性主义思想进行改良，提倡对事物的特殊性和具体性加以重视。在柏格森和胡塞尔现象学理论的影响下，他提出了不同于康德的看法，指出理性只有认知自然的功能，而不能"为自然立法"。C. 彼得雷斯库关注面极广，曾在《命题与反命题》（1936）和《戏剧审美模式》

（1937）两部著作中对诸多哲学问题进行过探讨。他撰写的《戏剧审美模式》是罗马尼亚最早对戏剧艺术进行理论阐述的著作之一。书中认为戏剧重在沿袭传统，应该与自然主义保持距离。

　　L. 珀特勒什卡努是马克思主义在罗马尼亚最重要的代表人物之一，曾在《罗马尼亚的根本问题》（1944）和《罗马尼亚哲学思潮和发展趋势》（1946）两部著作中对现代罗马尼亚社会发展进程和主要思潮进行了分析。他曾在 P. 格罗查（Petru Groza，1884-1958）政府中担任司法部部长。后来由于反对教条主义，特别是在民族问题上与党内的亲苏派发生龃龉，L. 珀特勒什卡努于 1948 年遭到逮捕，经秘密审判后在狱中被处决。

第十四章

社会主义时期的罗马尼亚文化 *
罗马尼亚融入欧盟时期的文化议题

第一节　确立社会主义制度的政治和文化背景

　　罗马尼亚的社会主义制度是在二战末期特殊的地缘政治格局下建立起来的，彼时所有东欧国家都被纳入了苏联的影响范围。1944 年 8 月 23 日，罗马尼亚退出与德国的军事同盟，调转枪口与反法西斯同盟军队并肩战斗，直至二战结束。1945 年 2 月召开的雅尔塔（克里米亚）会议重新勾画了欧洲地缘政治蓝图，美、英等西方大国领导人同意由苏联来掌控罗马尼亚。在此背景下，根据罗马尼亚国内民主力量的提议，1945 年 3 月建立了由 P. 格罗查领导的民主联盟政府，其中包括共产党代表。新政府采取的首要举措即实施农业改革，90 多万农户因而获得了土地。这次改革获得了积极响应，使民众对民主政权和共产党的施政纲领信心倍增。

　　之后几年间，新政权致力于战后重建，并在这一艰难进程中实现了政治、经济、文化层面的重大变革。在此期间，苏联仍在东欧各国长期驻军（直至 1958 年才撤出罗马尼亚），控制着各国的政治生活，并按照斯大林模式确立了社会主义制度。1940-1944 年间的罗马尼亚独裁者 I. 安东内斯库（Ion Antonescu，1882-1946）元帅被指控犯有叛国罪，于 1946 年 6 月 1 日被处决。在同年举行的议会大选中，左翼政党联盟获得胜利，其他政党被逐步边缘化并最终解散。罗马尼亚共产党与社会民主党合并组建罗马尼亚工人党，领导了新社会的建设。1945-1947年间，罗马尼亚经历了一次政治重组，国王米哈伊一世（Mihai I，1921-2017）在1947年12月30日宣布退位，标志着罗马尼亚从君主制转向共和制，国名改为"罗马尼亚人民共和国"。1948年颁布的新《宪法》（先后于1952年、1965年、1974年进行了修订）废除了多党制，工人党的唯一执政党地位和人民民主专政制度得以确立。1965年，工人党恢复使用"罗马尼亚共产党"的名称，国名也变更为"罗马尼亚社会主义共和国"。

在全新的法制和政治体制下，新政权依照马列主义社会组织原则出台了系统性的社会改造政策，其中最重要的举措即实行生产资料国有化（1948年）并启动农业合作化进程（至1962年），基于合作制建立新的经济结构。之后几十年间的经济改革侧重于快速工业化，旨在缩小罗马尼亚与发达国家之间的差距。与此同时，新政权在文化领域采取了一系列措施，对文化体制及其职能进行了根本性的改造，文化政策也发生了彻底改变。例如，1948年颁布的《教育法》修订了原有的教育结构、内容和流程，旨在将改造思想与学习知识、掌握技能结合起来，培养青少年的社会主义意识。之后十年，社会形态变得日益僵化和教条，给教育体系和文化生活带来了巨大的消极影响，造成了诸多失误。不过，教育事业后来逐渐回到务实的轨道上，对职业技术学校的发展给予了充分重视，旨在培养高素质的劳动者，为国家建设和振兴工农业服务。

新政权从一开始就出台了一系列投资举措，对文化生活产生了非常积极的影响，例如支持义务教育、拨付助学金、村村通电、升级文化机构、兴建乡村文教机构（包括学校、文化站和图书馆）、大范围发放书刊、建设覆盖全国的电话和广播网络等。1945年，布加勒斯特附近的布福迪亚电影制作中心投入运营。该中心拥有现代化的技术和物质保障，为罗马尼亚电影业后来取得的成就创造了良好条件。1956年国家电视台开播，则是另一重大事件。作为大众传播的重要手段，电视产业实现了飞速增长，观众数量在20世纪60年代、70年代骤增。

新政权建立之初，对文艺作品、出版物和文化机构实行了严格的管理，导致政府与文艺界的关系日趋紧张。一些已解散政党的要员也因被指控曾在右翼政府供职、犯有战争罪行、颠覆国家或背叛民族而入狱。遗憾的是，这种做法不仅针对政界人士，还牵涉到许多文化精英。出于种种原因，许多作家、艺术家、知识分子（如 L. 布拉加、C. 勒杜列斯库 - 莫特鲁、D. 古斯蒂）被边缘化，一些人因在战争时期参加过亲法西斯的政党（如思想家 V. 沃伊库列斯库、N. 克拉伊尼克，经济学家 M. 马诺伊列斯库，诗人 R. 吉尔）或在两次世界大战之间支持过极右翼的铁卫军（如 P. 楚采亚、C. 诺伊卡、V. 沃伊库列斯库）而被捕入狱。

政府对宗教人士也采取了类似的态度，无神论宣传成为一项重要工作。1948 年，希腊 - 天主教会被宣布为非法组织。长期以来，该教会与在全国拥有最多信徒的东正教会一起，帮助罗马尼亚与欧洲各国保持着密切联系，并在国家统一进程中发挥了重要作用。东正教会和希腊 - 天主教会的许多教士被控反对新政权，匆忙审理后就被判刑。另一些知识分子和作家则宣布与新政权合作（如 M. 萨多维亚努、T. 阿尔盖济、M. 拉莱亚、E. 热贝莱亚努）或持左翼立场，他们保留了在文化机构中的职务，甚至获得了更高的声望。其中一些人真诚献身于共产主义事业，另一些人则是为了获取个人利益和实惠。作家的支持和认可对于新政权有着重要意义。例如，T. 阿尔盖济曾作诗颂扬新体制，小说家 M. 萨多维亚努（曾任大国民议会主席）在 1945 年 10 月发表题为《光明来自东方》的文章。他们的作品都体现了广大民众对新政权的拥护。

另一方面，一些代表传统文化的作家和作品在这一时期被贬低，甚至遭到排斥。就像实现政治变革一样，新政权通过政治和行政手段对文化体制进行改组，因而割裂了文化生活的连续性。很多著名科学家、医生、史学家、哲学家、艺术家未经严格审查就被科学院除名，取而代之的是一些素养低下、成绩平庸者。此类现象也发生在高等学校和科研院所中。

在一些史学家看来，针对罗马尼亚传统文化的批判旨在削弱相关作品中蕴含的民族认同，从而将来自外部文化空间的视角、风格和模式移植到罗马尼亚土地上。按照当时的标准，一些明显带有民族主义色彩的文化作品无法与读者见面。执政伊始，新政权就通过报纸、杂志和教科书对一些堪称民族象征的顶级作家加以批判，其中包括 T. 马约雷斯库、M. 埃米内斯库、N. 约尔加、O. 戈加、L. 布拉加、T. 阿尔盖济、G. 克利内斯库等，并着手重写民族历史。例如，1947年出版了由 M. 罗勒尔（Mihail Roller, 1908-1958）主编的历史教科书，根据苏联的史学观对罗马尼亚民族的形成和罗马尼亚历史上的一些重大事件进行了重新阐释。这部教科书曾多次再版，直至 20 世纪 60 年代初还在被教育机构使用。

总的来说，新政权执政初期是一个向新社会形态过渡的转型期，在探索过程中充满了矛盾和政治、社会冲突。新政权的合法性得以巩固，体制建设也不断加强，出台了一系列具有长期效应的经济改革举措，在文化层面则大力发展教育，构建了现代化的文化机构网络。与此同时，对文化机构和大众传媒也加强了管理。

第二节　分期、主题和态度

社会主义时期的文化发展脉络与新政权领导下的政治走向基本一致，可以被大致划分为三个阶段：20 世纪 50 年代：无产阶级文化时期；1964-1971 年：相对宽松期；1971-1989 年：文化抗争期，这一时期的文化监管日益强化，但效果适得其反，这种复杂的现象需要从社会学和政治学层面进行深入阐释。

1. 无产阶级文化时期

这一时期从新政权建立一直延续至 1960 年前后。史学家、文学评论家和作家分别从社会学和政治学角度出发，赋予了这一时期不同的名称。"无产阶级文化时期"是一种极"左"的称呼，将无产阶级政权与文化生活紧密关联。无产阶级文化理念植根于十月革命，认为无产阶级夺权后必须构建一种全新的、完全不同于以往"资产阶级文化"的"无产阶级文化"。有极端的观点认为这两种形式的文化无法共存，阶级之争因此被扩大到文化领域，却忽视了文化创作的特点。在当时的一些高级官员看来，基于马列主义的社会主义新文化必须迅速并彻底地取代旧文化，从而确保新社会在精神层面的一致性。这场声势浩大的文化改革直接影响到艺术界、教育界和新闻界。当时，苏联被罗马尼亚和东欧地区的其他国家视作政治、经济和文化楷模，其文化理念迅速向四周辐射。罗马尼亚的文化生活也出现苏维埃化倾向，很多做法源自斯大林领导下的苏联，未加批判就被照搬过来。

此类做法割裂了罗马尼亚文化发展进程。众多罗马尼亚作家和思想家的价值被低估，他们在各领域的贡献则被无视，人们对一些重要的罗马尼亚文艺作品进行简单粗暴的阐述和评判，罔顾历史原则，未在特定历史背景下揭示其内涵，更未将其与当时的社会问题、价值取向结合起来加以分析。例如，T. 马约雷斯库的"无内容的形式"理论受到猛烈抨击，被错误地批判为"反动理论"，青年社的部分代表人物则被斥为"逆社会潮流而动者"。一些作家被封禁，有的作品只能以删节本形式问世。

这一时期的总体趋势，就是要赋予文学和其他艺术形式更多倾向性，将其转变为引导群众的有效手段。为了培养新一代作家，1950年仿照苏联的高尔基文学院成立了文学和文学批评学院，旨在从劳动阶级中直接发现并培养青年作家，鼓励他们创作导向鲜明且具有战斗精神的文学作品，用乐观的态度描绘人们为建设新社会所做的贡献。在诗歌创作中鼓励发表革命宣言，小说则将"社会主义现实主义"奉为圭臬，用脸谱化的方式描绘社会冲突，以及"高大全"的英雄人物与代表旧社会的反面人物之间的斗争。组建文学和文学批评学院是对无产阶级文化路线的一次实验，因未取得预期的效果，该学院于1955年解散，仅有极少数学员成为作家，大多数毕业生都成为了记者或文化机构的官员。

要更好地理解这一时期的罗马尼亚文化境况，不妨回忆一下最具原创性的罗马尼亚现代艺术家、雕塑家 C. 布朗库西的遭遇。1951年，流亡法国的布朗库西在其生命即将走到尽头时，希望将数量惊人的雕塑作品及其在巴黎的工作室一同捐献给罗马尼亚。罗马尼亚政府却认为其作品鼓吹"形式主义"，彰显"资产阶级情调"，因而拒绝了他的捐赠。这不仅是观念和审美的谬误，以及对新兴艺术语言的误解，更是文化政策的重大失误，致使罗马尼亚文化遗产遭受严重损失。这一决定导致 C. 布朗库西的工作室和作品至今仍作为法国的财产，在巴黎蓬皮杜艺术中心的庭院中展出。此类失误反复出现在战后移居国外的罗马尼亚创作者身上，其中包括航空科学家 H. 柯恩达、作曲家 G. 埃乃斯库、剧作家 E. 尤涅斯库、宗教史学家 M. 伊利亚德、哲学家 E. 萧沆、逻辑学家 Şt. 卢帕什库（Ştefan Lupaşcu, 1900-1988）等。

他们和其他创作者一起，在流亡生活中笔耕不辍，成为罗马尼亚精神的代表，但直至 20 世纪最后几十年才得到罗马尼亚文化界的认可和接受。

由此可见，这"困惑的十年"［语出小说家 M. 普雷达（Marin Preda，1922-1980）］间发生的种种事件割断了罗马尼亚文化的历史传承，而对文化建设而言最重要的就是传承有序。如今加以回顾，可以看到除了那些艺术水准低下的作品外，这一时期也出现了一些较有价值的文学作品，其中包括一些可被载入文学史册的小说，例如 M. 普雷达的《莫洛米特家族》、E. 巴尔布（Eugen Barbu，1924-1933）的《坑》、G. 克利内斯库的《可怜的约奥尼达》、C. 彼得雷斯库的《人中之人》。①M. 普雷达和 E. 巴尔布当时还是刚刚崭露头角的青年作家，他们在早期作品中展现的才华在后来发表的小说中得以证实。在两次世界大战之间成名的作家 C. 彼得雷斯库和 G. 克利内斯库虽已步入写作生涯的尽头，却在媒体和社交界频频露面。特别是 G. 克利内斯库凭借与政府的良好关系，频繁参与和创作相关的社会活动。他发表过很多评论文章和两部重要的小说，曾担任文学史和民俗研究所所长，并当选大国民议会议员。有一段时间，他曾被大学除名，但后来又恢复了职务，在其生命的最后几年被授予名誉教授称号。这位作家著作等身，曾出版过两部游记。其中一部是关于苏联的，题为《1949 年的基辅、莫斯科和列宁格勒》；另一部则是关于中国的，题为《我曾去过新中国》，出版于 1955 年，记述了他两年前对中国的访问。② 这位罗马尼亚作家将此次访问描述成一次特殊的经历，他对各种皇家建筑和历史遗迹印象深刻，对中国崭新的社会现实、城乡关系，以及艺术、街道、衣着、烹饪也进行了细致的观察，饶有兴致地探索着这个陌生的世界。他凭借极高的审美格调和娴熟的语言技巧，总能作出令人耳目一新的注解。当今最权威的文学评论家 N. 马诺列斯库将 G. 克利内斯库称为"我们文

---

① N. 马诺列斯库（Nicolae Manolescu，1939-　）:《罗马尼亚文学批评史·五个世纪的文学》，布加勒斯特，45 纬度出版社，2008 年。第 955-956 页。

② G. 克利内斯库:《我曾去过新中国》，布加勒斯特，国立文艺出版社，1955 年。G. 克利内斯库作为文化代表团的成员访问了很多社会主义国家，并应邀参加了 1953 年 10 月 1 日举行的中华人民共和国成立四周年庆典。

学评论界唯一的天才",^① 认为他的分析和判断总是令人难忘，这得益于他独特的研究视角和高超的文字能力。

2. 文化和政治宽松期

1964 年至 1971 年，是一个有益于文化发展的相对自由化时期。人们开始重新发掘和审视民族文化传统，知识分子也开始接触西方世界。文艺创作拥有了一定自主权和相对宽松的环境，文学、美术、戏剧、电影、传媒取得了长足发展，文艺风格呈现出多样化态势，涌现出一批优秀作品。

1958 年苏军撤出罗马尼亚后，罗苏关系日渐冷淡，并出现紧张态势。20 世纪 60 年代初，罗马尼亚的国际交往范围持续扩大，加强了与南斯拉夫和中国的关系，之后又与美国、联邦德国等西方大国建立了联系。到 1964 年 4 月，罗马尼亚与苏联的分歧已变得显而易见，布加勒斯特当局率先公开拒绝了由苏联倡导、但有损罗马尼亚利益的经济一体化计划。这一事件对长期听命于苏联的罗马尼亚共产党人而言，无异于实现了解放和独立，对该国的中长期发展产生了重要影响。此后几年间，罗马尼亚强化了与西方国家的外交和经贸关系。1967 年，后来成为美国总统的 R. 尼克松（Richard Nixon，1913-1994）对罗马尼亚进行了重要访问。1968 年 5 月，戴高乐（Charles de Gaulle，1890-1970）将军应邀访罗，受到民众的热烈欢迎。

社会主义时期的文化发展在 1968 年迎来了高峰。是年，罗马尼亚领导人 N. 齐奥塞斯库拒绝参与华约军队对捷克斯洛伐克的入侵，这一立场赢得了广大民众和知识分子的一致拥护。他在王宫广场上向大批群众发表了著名的演讲，用前所未有的强烈措辞抨击苏联，并要求其尊重各民族决定自身命运、选择自身发展道路的权利。从那时起，罗马尼亚在国际关系中站稳了脚跟，开始发挥更大的地缘政治作用，并阻止了苏联领导人控制罗马尼亚的企图。与此同时，罗马尼亚政府鼓励民众对此前缺乏民主的错误行为发起公开批判。

1968 年，政府正式决定为党的前领导人，即在 50 年代遭受迫害的 L. 珀特勒什卡努恢复名誉，激起了极大的社会反响。在从法西斯

---

① N. 马诺列斯库:《罗马尼亚文学批评史·五个世纪的文学》，布加勒斯特，45 纬度出版社，2008 年。第 738 页。

独裁政权向社会主义过渡期间，L. 珀特勒什卡努曾做出过决定性的贡献，并在 1945-1948 年间担任司法部部长。作为一位在德国莱比锡获得博士学位的杰出知识分子，他坚决捍卫罗马尼亚民族的利益，因此招致一些人士的不满，并被扣上了"民族主义者"的罪名。在经历了长达 6 年的不公正审判后，他于 1954 年被执行死刑。通过为这位党的历史上的重要人物恢复名誉，新一届领导层希望与执政初期的做法划清界限。

　　一批之前被边缘化或被曲解的政治家、思想家、作家、艺术家（如 T. 马约雷斯库、M. 埃米内斯库、C. 布朗库西、G. 埃乃斯库、L. 布拉加、C. 诺伊卡等等）也逐渐被正视。与之前文化理论的疏离为新一代文艺工作者的出现创造了条件，他们在诗歌、小说、评论、戏剧、音乐、电影、绘画、雕塑等领域都取得了不俗的成就。这一时期的小说创作，除了 M. 普雷达和 E. 巴尔布等业已成名的作家外，还涌现出 N. 布雷班（Nicolae Breban，1934-　）、D.R. 波佩斯库（Dumitru Radu Popescu，1935-　）、G. 博勒伊察（George Bălăiţă，1935-2017）、A. 布祖拉（Augustin Buzura，1938-2017）等新秀。在诗歌创作方面，才华横溢的青年诗人 N. 拉比什（Nicolae Labiş，1935-1956）在 50 年代发表的诗歌带来了一缕新风。他的诗作带有现代主义色彩，充满活力、革命性和表现力，经常大胆地使用隐喻和联想。所有这些特点都能在其代表作《小鹿之死》中得到充分体现。不幸的是，N. 拉比什在 1956 年的一次事故中英年早逝，年仅 21 岁。他为后世留下了一种独特的写作风格，善于通过极强的艺术表现力突破意识形态的藩篱。此后，罗马尼亚诗坛出现了许多杰出的代表，被称为"60 一代"，其中包括 N. 斯特内斯库（Nichita Stănescu，1933-1983）、M. 索雷斯库（Marin Sorescu，1936-1996）、I. 亚历山德鲁（Ioan Alexandru，1941-2000）、A. 珀乌内斯库（Adrian Păunescu，1943-2010）、A. 布兰迪亚娜（Ana Blandiana，1942-　）等。文学评论和文学理论界的杰出人物有 N. 马诺列斯库、E. 西米翁（Eugen Simion，1933-　）、A. 马里诺、M. 克利内斯库（Matei Călinescu，1934-2009）、S. 亚历山德雷斯库等。

　　美术和戏剧、音乐、电影界通过参鉴西方新艺术形式，产出了一批高质量的作品。文艺评论则基于深厚的理论基础，革新了研究方法和话语风格，并遵循美学原则拓宽了价值导向，纠正了之前的一些谬误。文化领域呈现出百花齐放的势头，不同的风格都有各自的拥护者，杂志也因审美取向各异而精彩纷呈。一些老一辈知识分子重获自由，逐渐回归教学和科研岗位，著述极丰。各大城市先后推出地方性文艺刊物，大力推介新生代作家。人们对新的文艺体验持开放态度，并热衷于运用新的社科研究方法（例如心理分析、结构主义、符号互动论、符号学等）来对马克思主义进行再解读。

新的政治风向对于文化传统的恢复不无裨益，这一点在史学研究中尤为明显。在纠正以往错误做法的同时，注重考证的科学方法再次得到重视。政府发起了"批判地继承传统文化"运动，开始注重不同文化领域评判标准的差异。一批重要文学作品和罗马尼亚思想家得以重新回归公众视野，一些文物古迹也得到修缮和利用。同时，对西方文化的态度也更为开放，大学开始能够接触国外专业期刊和书籍。各国当代作家的作品被大量译介成罗语，同时被引进的还有古今哲学著作。人文教育课程得以恢复，并出版了一批教材，涉及历史、哲学、社会学、罗马尼亚文学史等学科。1965年，布加勒斯特大学哲学系成立社会学教研室，使两次世界大战之间布加勒斯特社会学学派的学术传统得以延续。

所有这些变化都大大推进了罗马尼亚文化的发展，使其发生了质的飞跃。教育体系进行了现代化改革，文艺创作和学术研究成果丰硕，杂志社、文艺团体、学术社团、学生俱乐部大量涌现，各种展览异彩纷呈，此外还有摇滚、流行和民谣乐队。文化产业飞速发展，并获得了相对自主权，从而浮现出各种思潮，文化界也因而给政治生活带来了些许压力。

3. 再意识形态化和文化抗争期

在经历了短暂的文化宽松期后，罗马尼亚政府从1971年起逐步改变了处理文化事务的方式、立场和态度。这种改变体现为文化领域的再意识形态化，对出版物和公开展演（包括电影、戏剧、美术展、反映社会问题和政治问题的小说等）实行更为严格的管理措施。政治与文化间的关系再次变得紧张起来。这两个领域是社会生活的重要组成部分，在相持中苦苦寻找着对话和合作的渠道。罗马尼亚和东欧的很多社会主义国家一样，政治和文化经历了不同的发展道路，时常步调不一。N.齐奥塞斯库试图对从中央到地方的人民民主加以约束，采取更为集中的治理模式。文化界则在科学新发现和原创性创作体验的激励下，遵循着截然不同的价值取向，推崇思想和言论自由、批判性思维，以及公开对话和辩论。

在罗马尼亚，并没有像某些东欧社会主义国家那样出现改革倾向，而是出现了再教条化的趋势，国家治理模式日趋专断。民主决策程序被逐渐抛弃，取而代之的是执政领导层，实际上只是领导人个人及其部分亲信发出的"指令"。对领导人个人的崇拜愈演愈烈，致使人们不敢主动提出质疑或公开讨论各领域有关国计民生的重大问题。在政治因素的影响下，舆论受到严密监管。到20世纪80年代末，电视台每天只播出两小时节目，内容单调，或是带有明显的政治色彩，或是对领导人的颂扬。在这一时期，罗马尼亚政府策划的一系列重大经济项目（例如多瑙河-黑海运河、人民宫、核电站，以及跨喀尔巴阡山南麓、连接蒙特尼亚和特兰西瓦尼亚的公路）都遇到了困难，在付出巨大努力和牺牲后才得以完成。

政治层面的这些改变与文化的发展背道而驰。宣传机构企图在文化生活中植入僵化的"思想路线"，遭到了文艺界无言的抵制。与20世纪50年代相比，全社会的文化背景、受教育水平和思想意识已经不可同日而语了。此时的文化界已经拥有了稳固的结构，以及相对政界而言更大的自主权。许多艺术和学术名人、刊物、文化机构（出版社、剧院、大学）和专业协会（例如作协）此前已经赢得了较高的社会声望和地位，因此拥有了不容政界忽视的巨大权威性。

在此背景下，尽管官方的宣传力度不断增大，但收效甚微，公信力持续下滑，文化界用或明或暗的方式进行抗争。如果说无产阶级文化时期大力宣扬的是国际主义的话，20世纪80年代则走向了另一个极端，夸大了民族主义思想，鼓动人们在文艺创作和展演（包括电影、文学、文艺汇演等）中大量使用民族主义符号，传递民族主义信息。以全国性庆典"罗马尼亚之歌"（始于1976年）为例，其积极的意义在于通过电视节目发掘了大批有天赋的艺术家，但它同时也是拔高领导人形象的宣传工具。此外还有"火焰社"，它是以《火焰》杂志为依托，由极具才华的诗人A.珀乌内斯库创办的。

1973-1985年间，该社在全国各地的露天体育场（通过广播和电视转播）举办的一系列音乐和诗歌汇演吸引了大批观众。剧目设计十分均衡，其中一些是歌颂体制的，另一些则针砭时弊。除了有民间乐手展示才艺外，还邀请观众一起高唱或朗诵带有民族主义色彩的歌曲和诗歌，阐发爱国热情。

可见，文化领域的再意识形态化体现了政府政策的变化，带有强烈的民族主义色彩。需要说明的是，在整个社会主义时期，罗马尼亚的少数民族都依法享有充分的权利。他们可以通过母语接受教育，保留和培育本民族的文化和宗教特性。面对这样的政策导向，文化界人士做出了不同的回应。有些人积极参与其中，另一些人则躲进象牙塔，在狭小的空间里独自进行文艺创作或学术研究。尽管那些不契合官方宣传口径的作品很少面世，但许多知识分子既不公开对抗，也不愿就此妥协。他们淡出了公众的视野，默默地专注于纯文化创作，以各种方式继续坚持着自己在道德和美学层面的价值观和信仰，贡献出一批极具价值的作品，他们的行为被后人看作一种"文化抗争"。

一些文化团体低调地坚持着自己的审美原则，青年一代的作家、评论家、理论家们则在一些文学社团及其主办的杂志（如《金星》《阶梯剧场》《春分》《罗马尼亚文学》等）中找到了园地，宣扬自己紧跟世界潮流的美学理念。值得一提的是，《20世纪》等文学杂志在当时扮演了重要的角色。这些杂志通过对重大文化问题的探讨，确保了民族文化能够与时俱进、推陈出新。评论家N. 马诺列斯库领导下的"星期一社团"汇聚的一批诗人、小说家和评论家被称为"80一代"，他们通过崭新的视角，特别是艺术化的语言在文学界崭露头角。这一代人的杰出代表M. 克尔德列斯库（Mircea Cărtărescu, 1956-　）、T.T. 科绍韦伊（Traian T. Coşovei，1954-2014）、I. 穆雷尚（Ion Mureşan，1955-　）、M. 维什涅克（Matei Vişniec，1956-　）等人将后现代主义手法引入了罗马尼亚文学，其作品以自嘲、讽刺、戏谑著称，善于用诗歌记录日常琐事，用小说表达主观看法和经验，描述的场景往往荒诞不经，互不关联，多主线、互文、杂糅的风格和混合的体裁则是其惯用手法。这种形式的作品凸显了文学和作家遇到的困境，让我们目睹了文学话语的破碎，以及虚幻与现实、艺术与生活之间界限的模糊性。因此，可以说这一代人与西方文学保持着同步。

另有一些文化团体在各学科领域（如社会学、心理学、哲学、逻辑学等）潜心治学，例如以哲学家 C. 诺伊卡为核心的学术团体隐居山林，在锡比乌附近的珀尔蒂尼什风景区对精神层面的重大问题展开了探讨。曾参加这次（精神教育和培训）体验活动的哲学家 G. 利恰努将他的经历都写进了一本书里，在当时大受欢迎。[1] 另一个典型的例子是 N. 施泰因哈特（Nicolae Steinhardt，1912-1989）。这位在两次世界大战之间成名的犹太知识分子在服刑期间皈依了东正教，从1980年起一直在马拉穆列什的罗西亚修道院隐居。他撰写的《幸福日记》在其死后得以出版，书中记录了许多罗马尼亚知识分子在社会主义时期的真实经历和心路历程，对于深入了解那个时代具有极大价值。

这个时期的另一大特点是社会批判文学的发展，作家在小说中使用双关语、象征、隐喻、寓言等手段揭露无产阶级文化时期出现的错误决策和社会不公。与此同时，知识分子的不满情绪日益高涨，有些人甚至公开对抗当时的体制，例如 1978 年 P. 戈马（Paul Goma，1935-2020）发起的公开抗议活动。M. 博泰兹（Mihai Botez，1940-1995）、D. 图多兰（Dorin Tudoran，1945- ）、D. 彼得雷斯库（Dan Petrescu，1949- ）、D. 科尔内亚（Doina Cornea，1929-2018）、M. 迪内斯库（Mircea Dinescu，1950- ）等作家和知识分子也对当局限制公民权利和个人自由的做法进行了声讨。另一些学者、作家、美术家、导演、演奏家和演员则将移居海外作为一种抗议方式和挽救其职业生涯的最后出路。

罗马尼亚传统文化恢复与开发，以及民族遗产重建工作到 20 世纪 80 年代依然得以延续。通过罗马尼亚文化博物馆专家团队的努力，M. 埃米内斯库的全部作品得以出版。该项目始于两次世界大战之间，当时由文学史专家 D. 帕纳伊泰斯库主持。在此期间面世的具有里程碑意义的学术专著还有 G. 克利内斯库的《罗马尼亚文学史发展源流》和 V. 珀尔万的《葛特史——达契亚的最初历史》，以及 D. 古斯蒂、L. 布拉加、T. 维亚努、T. 阿尔盖济等人的全集。此外，M. 伊利亚德、

---

[1] G. 利恰努：《来自珀尔蒂尼什的日记》，布加勒斯特，罗马尼亚图书出版社，1984 年。

E. 尤涅斯库、E. 萧沆等流散作家的部分作品也与读者见面，标志着他们开始被罗马尼亚文化接纳。两次世界大战之间出现过的一些主题和争论也被重提，在新的时代背景下被再次讨论，主题涵盖传统与现代、民族性与欧洲性、同步论与优先论之间的关系等。

第三节　文化发展及其社会影响

1. 扫盲、教育和对新文化基础的培育

由于文化政策不断变动，文艺创作因此遭遇了诸多波折。尽管如此，我们仍需对社会主义时期的文化发展进行全面深入的审视和公正的评价。首先，必须承认政府对教育给予了前所未有的关注，甚至发起了全民扫盲运动。尽管在20世纪50年代，教育的主要目的是为了培养新人，但无可否认的是罗马尼亚民众的平均文化水平大幅提升，高等教育也得到了长足发展。到20世纪60年代，社会主义教育体系已成功培养出了一代新人。随着工业化和城市化进程的推进，政府大力支持适龄儿童入学接受教育。尽管这一举措带有些许政治色彩，但实实在在地提高了公民的整体受教育水平。

当时亟需在既定的政治框架内找到一条社会和文化发展道路，因此必须在教育现代化的同时实现学科多样化，创造出优秀的文化作品，特别是文学作品。随着各类文化刊物的普及，罗马尼亚传统哲学思想和社会思想的部分解禁，以及与西方国家的接触，全民整体文化水平大幅提升。罗马尼亚社会逐渐拥有了新的文化基础，当局再也无法用简单直接的手段约束人们的思想。这也是各种批评与反对力量逐渐壮大、政府的官方宣传以失败告终的原因之一。

新一代人有着不同以往的视野、别样的文化期许和职业理想。社会变革的前提在文化层面已趋完备，只是政治阻力依然巨大。正因为此，1980年后政治体制与社会现实渐行渐远。小团体和个体间的文化传播遵循着另一种价值取向，民间文化口耳相传，以一种隐晦的方式与官方文化平行发展着，但当时的决策层并没有意识到这一点。在政治体制走向个人专断、对社会的监管日益收紧的时候，文化发展却与其背道而驰。人们的不满情绪积聚已久，最终在20世纪80年代末彻底爆发。

2. 文艺界和学术界的自主性

文化与政治之间的关系极为复杂，且在不同背景下瞬息万变，既有融合，也有分歧。一位法国理论家指出，任何一种文化在与政治权力的关系中都具有双重功能：其一是支持权力，并赋予其合法性；其二是批评权力，并引发变革。[①] 这两种功能同时存在于社会主义时期的罗马尼亚，但在不同情况下各有侧重。在文化和政治宽松期，支持政权并将其合法化的功能占了上风；而在罗共政权的最后阶段，文化刺激变革的功能发挥了关键作用。要厘清这个问题，就必须理解政治与文化间关系的变化模式。文艺界为了摆脱政治压力，会自然而然地将追求"美学自主性"作为一种策略，尤其是在无产阶级文化时期，在他们看到那些遵循单一标准创作的毫无美学价值的作品之后。文艺逐步获得了一种特殊的权力，这一点最初仅仅是被默认，而后渐渐被接受，使其成为一个能够依照自身规则和标准来评判作品的领域。这种想法一旦被普遍接受，就会被用作一种工具，进而将文艺创作从政治指令下解放出来，合法地成为一个特殊的领域。

值得一提的是，20 世纪 60 年代初，几乎在 T. 马约雷斯库恢复名誉、他的文学评论文章在文化类刊物上发表的同时，文艺自主化进程也开始了。这说明 T. 马约雷斯库倡导的罗马尼亚文化基本原则，即价值自主原则得到认可。在这一原则的保护下，人们开始以美学优先的标准来评判文艺作品。作家、剧作家和社会科学研究者开始涉足一些敏感话题，或明或暗地探讨一些关键的社会问题，例如个人自由所受的约束、权力滥用和身心摧残造成的悲剧等等。

在经历了 60 年代的宽松氛围后，政府意识到随着文化领地的不断扩张，它可能会拥有不可控的颠覆性力量。文学创作不仅没有遵循指定的主题，反而沿着一条独立的路径发展，主要表现为对各种社会现象的自主阐释。文学创作在采用现代手法后，在社会上收获了大批读者。相关作品用夸张和隐喻广泛开展社会批判，随着参照系的不断丰富，人们对日常生活经验的看法也逐渐改变。就这样，文学担负起了针砭时弊，并为民众勾画希望和理想的重任。文艺创作领域的高质量作品层出不穷，文艺界人士也拥有极高的社会声望和影响力，其中

---

① P-H.C. 德劳威（Paul-Henri Chomart de Lauwe，1913-1998）:《文化与权力》，布加勒斯特，政治出版社，1982 年。第 141 页。

很多人蜚声海外。正如 E. 西米翁所言，文化，特别是文学和文学评论并未因意识形态而扭曲，"正在为了获取相对的独立、实行更为准确的价值尺度而进行着艰苦卓绝的斗争"。[①]

文化领域的价值自主原则也被广大科学家和从事具体工作的科技工作者（工程师或技术员）所参鉴。在经济部门、公务机构和社会生活的其他部门中，业务标准逐渐占了上风。随着经济的发展，社会治理日趋复杂，各领域亟需从科学、理性、务实的角度出发处理问题，业务能力因此变得比"人事档案"更为重要。在社会治理层面出现了技术官僚理论，这与当时的政治指导思想格格不入。当局曾试图在 1971 年扭转这种趋势，但遇到了一些反对的声音，且随着时间的推移，反对者变得愈加坚定。1971 年上映了一部名叫《权力与真理》的电影，由著名作家 T. 波波维奇（Titus Popovici，1930-1994）担任编剧，影片用极具表现力的方式描绘了两种社会发展理念之间的冲突。按照一位政治分析家的说法，反对者形成了一种模糊的理念，其核心就是技术官僚理论。它让人们相信，通过更换缺乏治理能力的政治领导人，就能够解决经济和体制危机。"此类想法迅速蔓延，尽管多是口耳相传，但各类刊物间接支持了这一观点。人们在从技术层面论证治国之道的同时，大力推崇技术专家治国理念。到 80 年代末，这种思想已经占据了上风，而官方宣传完全失去了市场。"[②]

在文化界的各个层面逐渐形成了一股反对力量，他们或是存在于科研院所、教育机构中，或是以文化刊物为园地。罗马尼亚知识分子并未发起系统性的反体制运动（如捷克斯洛伐克的"七七宪章"运动）或组建社会团体（如波兰的团结工会），只是以这种特殊的方式进行反抗，也就是人们后来所说的"文化抗争"。

3. 科学技术成就

如 E. 西米翁所言，与文艺界艰难的"独立"之路不同，科学研究在社会主义国家的发展中占据着优先地位，其自主性也早已得到公认。享有这一地位的首先是自然科学，社会科学后来也从中受益。在

---

① E. 西米翁：《我们选择了得寸进尺》，1992 年 12 月访谈录，收录于 C. 斯特内斯库：《转型期人物访谈录》，布加勒斯特，罗马尼亚文化基金出版社，1996 年。第 128 页。

② V. 帕斯蒂（Vladimir Pasti，1951- ）：《转型期的罗马尼亚——未来的陷落》，布加勒斯特，内米拉出版社，1995 年。第 75 页。

社会主义时期，各个领域的科学研究都取得了显著的进步。数学和自然科学界的老一辈学者继续从事学术活动，不得不提的有 G.C. 莫伊希尔在数理逻辑和信息学方面的研究。他是一位性格鲜明的学者，对科学知识无比崇拜（他曾说："没有什么比无知的代价更大了"）。通过他和其他信息学家的努力，罗马尼亚成为世界上最早设计制造电子计算机的国家之一。贡献突出的还有航空领域的 H. 柯恩达和 E. 卡拉福利，核物理学家 Ş. 齐采伊卡（Şerban Ţiţeica，1908-1985）和 H. 胡卢贝伊，概率论和数理统计方面则有 O. 奥尼切斯库和 Gh. 米霍克。1938-1939 年，Şt. 奥多布莱扎在巴黎出版了一部两卷本的法语著作，针对控制论提出了一些基本原则，从而在国际学术界奠定了其控制论先驱的地位。这部题为《辅音心理学》的专著总结了作者在医学和心理学方面的研究成果，在作者逝世后，于 1982 年被翻译成罗语。同时被译介的还有作者留下的手稿《共鸣的逻辑》。

地质资源勘探、动植物研究、有机化学、石油化学等领域也取得了令人瞩目的成绩，对工业发展起到了重要的推动作用。生物学和医学研究成果同样丰硕，该领域的专家 A. 阿斯朗（Ana Aslan，1897-1988）奠定了老年病学的基础，并于 1952 年建立了全球首家老年病研究所。经过多年探索，她主导开发了著名药妆品牌婕柔薇达（Gerovital），可有效预防衰老和治疗老年性疾病。社会科学研究领域的成就主要涉及社会学、社会心理学、哲学、逻辑学等学科，新一代研究者主要在科学院旗下的研究所或高等院校工作。历史学和考古学领域的重要成果再现了罗马尼亚民族形成的历程，以及其为争取民族独立和国家统一进行的斗争。语言学研究者则完成了《罗马尼亚语大词典》的编纂工作（这项工作在 19 世纪由 B.P. 哈斯代乌发起，众多语言学家相继参与其中），并出版了许多其他词典、教材和专著。其中一些论著着重探讨了罗马尼亚文学史，以及罗马尼亚语相对于其他罗曼语族语言的独特属性。

从上面简要的介绍可以看出，罗马尼亚在 20 世纪 80 年代不仅拥有得到全球认可的数学研究流派，在航空、化学、核物理，以及控制论和信息学等尖端领域也取得了举世瞩目的成就。微电子学家 M. 德勒格内斯库（Mihai Drăgănescu，1929-2010）基于信息学研究，创立了宇宙信息构成理论。生物化学家 E. 马科夫斯基（Eugen Macovschi，

1906-1985）则提出了"人类思想的基质是'意识性物质'"的假设，指出这种物质的生物构成与已知的存在形式有着本质区别。

4. 流散海外的罗马尼亚文化名人

很多罗马尼亚知识分子在社会主义时期移居海外，他们在国外创作的一些作品已经成为全世界的宝贵财富。其中一些人上文已经提到过，如雕塑家 C. 布朗库西、作曲家 G. 埃乃斯库、宗教史学家 M. 伊利亚德、剧作家 E. 尤涅斯库、哲学家 E. 萧沆等。他们业已成为当代文化的标杆，其作品用国际化的形式展现着罗马尼亚精神，以及罗马尼亚民族的创造潜力。

除此之外，还有许多人们不太熟悉的罗马尼亚文化人物。他们在二战后继续开展创作和研究活动，并在不同领域崭露头角。例如在法国，有两位罗马尼亚文艺理论家在两次世界大战之间开始了自己的原创性研究。其中之一是 M. C. 吉卡（Matila Costiescu Ghyka，1881-1965），他在著作中提出了古今建筑和美术作品中都存在一个"黄金数字"。另一位是 P. 塞尔维恩（Pius Servien，1902-1953），他的学术视野十分宽泛，曾探讨核物理新发现的哲学意义，以及学术话语和艺术话语的差异。法国象征派大师 P. 瓦雷里对这两位罗马尼亚理论家赞誉有加，认为他们的研究分析方法极具创意。二战后，他们的论著被罗马尼亚文化界发现，并翻译出版。数学家 S. 马尔库斯（Solomon Marcus，1925-2016）进一步阐释了 P. 塞尔维恩的思想，将后者称为数学美学和符号美学的先驱。

逻辑学家 Şt. 卢帕什库也是在法国成名的，他在《矛盾的动态逻辑》一书中提出了适用于当代物理学研究的方法论。在西班牙文化界脱颖而出的有 G. 乌斯科泰斯库（George Uscătescu，1919-1995）（马德里大学教授，美学家、文化哲学家）、A. 乔勒内斯库（Alexandru Ciorănescu，1911-1999）（艺术史家、戏剧理论家）和 A. 布苏约恰努（Alexandru Busuioceanu，1896-1961）（艺术史家、艺术理论家）。不得不提的还有伟大的语言学家 E. 科塞留（Eugen Coşeriu，1921-2002）、生物学家 G. E. 帕拉德（Emil Palade，1912-2008）（1974 年诺贝尔生理学或医学奖得主）、史学家 N. 朱瓦拉（Neagu Djuvara，1916-2018），以及在芝加哥大学宗教史教研室继承了 M. 伊利亚德衣钵、发表了大量关于宗教现象研究著作的 I. P. 库利亚努。

流散海外的罗马尼亚文化名人还包括在欧洲各国大力推广罗马尼亚文化的 P. 谢伊卡鲁（Pamfil Şeicaru，1894-1980）和 I. C. 德勒冈（Iosif Constantin Drăgan，1917-2008），以及优秀的作家和评论家 P. 杜米特留（Petru Dumitriu，1924-2002）、P. 波佩斯库（Petru Popescu，1944-　）、V. 特纳赛（Virgil Tănase，1945-　）、P. 戈马、V. 内莫亚努（Virgil Nemoianu，1940-　）、M. 克利内斯库等，不胜枚举。自由欧洲广播电台的文化栏目中经常出现 M. 洛维内斯库（Monica Lovinescu，1923-2008）、V. 耶伦卡（Virgil Ierunca，1920-2006）、E. 胡雷泽亚努（Emil Hurezeanu，1955-　）等罗马尼亚知识分子的声音。青年人对上面提到的很多人还比较陌生，但他们的名字应该被载入罗马尼亚文化史册。

第四节　欧洲一体化背景下的罗马尼亚文化议题

1. 文化体制改革中的分歧和对以往的反思

1990 年后，罗马尼亚实施了一系列系统性的改革，由此引发的矛盾层出不穷，不仅体现在政治层面，也存在于经济和文化领域中。一方面，罗马尼亚文化界在经历了长期压抑之后终于获得了创作自由，急切盼望着重建价值观；另一方面，由于文化变革与政治变革相互交织，学术界与文化界出现了严重的政治化倾向，人们对于批判社会主义制度的兴趣远远大于文化建设。

针对社会主义文化的批判引发了相互责难和攻讦的狂潮，给文化机构的运行造成了极为恶劣的影响。在转型期，媒体和学界发生了激烈的争论，焦点集中在作家和知识分子应该对社会主义制度持何种态度，"文化抗争"一词也受到了质疑。一些被指曾与罗共合作的知识分子辩称，他们的创作活动并未遵循当局的指令，而是采取了一种消极抵抗策略。A. 马里诺指出，如果按这样的说法，"可以将旧体制下的所有文化活动都理解为一种抗争"，完全掩盖了"在这一体制下谁是受益者，谁是受害者"。[1] 其他分析家也否认了这一说法，他们认为所谓的"文化抗争"是一个被生造出来的概念，"被一些依附旧政

---

① A. 马里诺：《政治与文化——论罗马尼亚新文化》，雅西，波利罗穆出版社，1996 年。第 29 页。

权的人用来为自己的怯懦行为开脱"。[①]

各类文化教育机构在文化体制改革进程中首当其冲，遭受了极大冲击。在对罗马尼亚文化重新定位时出现了两种矛盾的趋势：一方面，需要对文教机构进行去政治化；另一方面，却用带有明显政治倾向的思想和课程来对这些机构进行再政治化。尽管官方主张文教机构去政治化，现实情况却恰恰相反："在 90 年代初，大学生们要求大学传授真理，不要搞政治。但当时做不到，现在同样做不到。令我不解的是，布加勒斯特大学的教授们只有在热情高涨地谈论政治时，学生们才会回到课堂认真听讲。他们还会按照候选人的政治取向来选举校委会"。[②]

在剧变后的最初几年，某些极端团体坚决主张对过去发起批判，甚至将矛头指向对罗共政权态度温和的作家和文人。可是，这种极端的做法导致作品的价值又一次下滑。反攻倒算造成了学界以及政界的长期分化，局面愈发混乱，空洞的相互质疑和攻击"让氛围变得乌烟瘴气"。[③] 罗马尼亚社会曾面临诸多说不清道不明的问题，只有充分了解这些问题的真相，才能重建历史的真实面貌。

罗马尼亚文化正在经历一个正本清源的过程，开始对从前被意识形态标准歪曲的价值观进行修正，出版了一些从前被边缘化或被禁的作品。这引发了人们对价值的重新审视，一些作品被重新解读，其作者在罗马尼亚文化中的地位也随之发生了改变。熟悉这一进程的权威学者 A. 马里诺就这种倾向发出警告。他指出，有人在文化重建过程中为两次世界大战间的右翼文化开脱，让人不禁要问："难道我们的目的就是把左翼文化变成右翼文化？从某些迹象看，事实就是如此。"[④] 再版两次世界大战之间一些右翼作家的作品导致了严重的后果，因为右翼文化具有以下特点：反对政治多元化和议会民主制；排

---

① A. 蒙久 - 皮皮蒂（Alina Mungiu-Pippidi，1964-　）：《1989 年后的罗马尼亚——充满误解的历史》，布加勒斯特，人性出版社，1995 年。第 64 页。

② E. 西米翁：《我们选择了得寸进尺》，1992 年 12 月访谈录，收录于 C. 斯特内斯库：《转型期人物访谈录》，布加勒斯特，罗马尼亚文化基金出版社，1996 年。第 134 页。

③ O. 帕勒尔（Octavian Paler，1926-2007）：《最大的危险是重复曾经使我们害怕的事》，1993 年 1 月访谈录，收录于 C. 斯特内斯库：《转型期人物访谈录》，布加勒斯特，罗马尼亚文化基金出版社，1996 年。第 165 页。

④ A. 马里诺：《从思想和文化看罗马尼亚融入欧洲问题》，雅西，波利罗穆出版社，1995 年。第 144 页。

斥理性主义和批判精神；持反欧洲立场，主张建设"封闭的、种族主义的、传统主义的民族国家"。这种右翼思想"其实正主导着当代罗马尼亚文化界，在知识分子中大行其道。它找到了可乘之机，受到很多著名哲学家和作家的追捧"。[1]

A. 马里诺认为，这些名人（指 N. 约内斯库、N. 克拉伊尼克、M. 伊利亚德、C. 诺伊卡、E. 萧沆、M. 武尔克内斯库等人）的"价值毋庸置疑，但无论过去、现在，还是将来，都绝不可能是宣扬民主、多元化和自由的伟大导师，也不可能成为民主文化的标杆"。[2] 他同时指出，真正的民主必须建立在"中性文化"之上，将"平等、自由、多元、人性、欧洲化、民族与世界的融合、理性精神、批判精神"作为标杆。[3] 只有这种文化模式才能防止极端化倾向，使欧洲文化和文明准则深入人心，帮助罗马尼亚回归欧洲。

2. 民族特性与欧洲一体化之争

在经过近十年的紧张筹备及深入的立法改革、机构改革和经济改革之后，罗马尼亚于 2007 年 1 月 1 日正式加入欧盟。入盟日程还规定了在其他领域（如教育、行政、司法）的改革，每一项措施的落实都有明确的指标和期限。在筹备阶段，学术界热议的核心话题就是加入欧盟可能对民族文化特性产生的影响。对民族思想的差异化理解和欧洲一体化的不同立场使文化界分化成各种派系。由于民族思想曾被滥用作宣传手段，因此很难恢复应有的面貌。即便已经有人对此做出过自然和理性的阐释，民族思想也常常在转型期被片面地理解。欧洲一体化的坚定支持者无视民族情感和民族思想，认为民族精神已经在旧体制下发生了严重扭曲，在全球化的今天更是失去了意义。尽管大多数知识分子用温和、理性的态度对待民族思想，但仍有一些人在媒体上将他们斥为"反对改革者""保守派""反欧洲分子""狭隘的爱国者"及"狭隘的民族主义者"。

欧洲派与本土派两大阵营之间尘封已久的论战再次爆发。一方是亲西方的自由民主主义者，另一方则是坚守民族理想和民族特色的知

---

[1] A. 马里诺：《从思想和文化看罗马尼亚融入欧洲问题》，雅西，波利罗穆出版社，1995 年。第 144 页。
[2] 同上书。第 145 页。
[3] 同上书。第 146 页。

识分子。后者的立场存在内部差异，一些人试图调和民族性与欧洲性，另一些人（占少数）则将两者对立起来。围绕这一主题展开的争论衍生出很多其他矛盾，例如统一性与多元化、普遍性与特殊性、中心与边缘、全球化与民族特性等等。在罗马尼亚历史上，本国与欧洲关系的议题曾多次引发文化界的思考和争论，并形成了不同的阵营。如果将视野放得更宽一些，就会发现如何处理民族身份建构与欧洲影响之间的关系实际上是罗马尼亚现代思想史上的核心问题，D. 坎泰米尔和 C. 诺伊卡都曾发表过具有代表性的见解。在现代化进程中，罗马尼亚人制订了明确的计划，将民族命运与融入欧洲紧密联系在一起，这种融合涉及民族、国家、文化等各个层面。

从本书的目录就可以看出，罗马尼亚现代文化的根本问题就在于这对深层次矛盾。在 21 世纪之初，"融入欧洲"有了不同以往的解读，它意味着要融入一种明确的价值、规范、制度体系，并将主权让渡给作为超国家机构的欧盟。这些要求使融入面临新的问题，从而引发了激烈的讨论，各方立场迥异。

随着市场经济制度的实行和外资的引入，罗马尼亚人得以在欧洲各国自由旅行，见识到了其他国家的发展水平。这些经验和比较让人们再次意识到自身与发达国家的差距，再次体会到 E. 萧沆所说的"历史和心理空白"。在漫长的转型期，经济形势危如累卵，改革进程步履维艰，社会生活乱象丛生，这一切加深了人们的挫败感和自卑感。在文化层面，人们苦于罗马尼亚文化的价值在国际上得不到认可，愈发妄自菲薄。由于人们普遍对民族特性持批判的态度，给予其消极的评价，致使民族情感日渐消沉。融入欧洲变成一场严峻的考验，迫使罗马尼亚文化再一次将其民族特性暴露在最犀利的言辞和最轻蔑的目光下。

"加入欧盟"这个问题会不可避免地沾染上政治色彩，被人曲解，认为欧洲一体化与重视民族思想、弘扬民族价值观水火不容。即使是用理性平和的方式对民族特性进行恢复，不带任何民族主义想法，也往往会被误认为是一种反对欧洲一体化的行为。因此，人们在欧洲一体化议题上出现了严重分歧。那些主张一体化的人认为按照历史发展的逻辑，必须淡化民族身份；反对者则认为一体化会对民族身份构成威胁，意味着放弃传统和民族特性。显然，这两种观点都有失偏颇。

前者迷信全球化带来的益处，认为民族元素正变得可有可无，终将被欧洲元素取代；后者认为只有完全保留本民族特有的价值观，才可以实现融合。前者的观点与世界主义言论不谋而合；后者则滑向了狭隘民族主义和反西方主义的误区。

　　罗马尼亚在经历了长期争论和对抗之后，才艰难地克服了以上分歧。后来欧盟也针对相关问题进行了澄清，在官方文件中声明将保护欧洲的文化、语言和宗教多样性。事实上，按照1993年生效的《马斯特里赫特条约》，欧盟一直在寻求一种恰当的机构组织方式，争议主要在于是要构建一个"各国的欧洲"，还是一个联邦制的"超国家欧洲"（如"欧罗巴合众国"）。如何处理成员国和超国家机构欧盟之间的关系，则是最为关键的问题。针对上述问题，罗马尼亚媒体在1995-1996年间发起了广泛的讨论，持不同观点的知识分子参与其中。[①] 观点最为鲜明的当数A.帕莱奥洛古（Alexandru Paleologu，1919-2005）和O.帕勒尔，两位作家都试图将欧洲一体化与民族特性关联起来。O.帕勒尔指出，并不存在"从天而降的欧洲人"，欧洲身份并不会削弱某一个民族国家公民的初始身份。但那些一体化的狂热支持者对欧洲进行了神话或田园诗般的描述，将两位务实的作家斥为"温和的民族主义者"或"体面的民族主义者"。O.帕勒尔对此加以谴责，他指出，即使在布鲁塞尔发表演讲，也有人会对"民族、民族特性、民族国家"等字眼过于敏感。[②] 对欧洲一体化的误解和偏见由来已久，时任作协主席L.乌利奇（Laurenţiu Ulici，1943-2000）曾试图澄清这一问题。他指出："在对欧洲性的甄别和定义过程中，民族性起着特殊的作用。你如果不承认自己的民族性，就不能以欧洲人自居。从这个简单的道理可以看出，走欧洲化道路与澄清我们的民族性并不矛盾。在一个半世纪的现代化进程中，'欧洲性'和'民族性'这两个概念往往会造成我们的心结或者偏见，认为二者不可兼容……

---

① 参见G.安德烈埃斯库（Gabriel Andreescu，1952-　　）:《民族主义与反民族主义——罗马尼亚报刊上的论战》，雅西，波利罗穆出版社，1996年。
② O.帕勒尔给S.卢佩斯库（Silviu Lupescu，1953-　　）写的回信，应后者之邀就欧洲性与民族性问题发表意见。收录于G.安德烈埃斯库:《民族主义与反民族主义——罗马尼亚报刊上的论战》，雅西，波利罗穆出版社，1996年。第7页。

但这无法改变两者在本质上的互补关系。"① 这段话点明了争论的主题。作者明确指出，欧洲性和民族性之间并不是割裂的，而是互补关系，两个概念紧密关联。后来，将欧盟看作是一个要消灭民族和民族特性的机构的观点逐渐过时了，当下的一体化进程并不要求放弃欧洲的文化和语言多样性，并不意味着要扼杀不同的文化传统，将其融成一锅毫无特点的"大杂烩"。文化有别于经济、立法和行政体系，是无法被融合的，无论受到何种影响，都会保持自身的特性。事实告诉我们，那些已经加入欧盟半个世纪的成员国并未丧失其文化特性，而是在新背景下对其进行了再定义。全球化的目的也不是要抹杀民族特性，而是要重新定义一个多极的新世界，并依据各国具体情况来拓宽对话和交流渠道，促进不同文明间日益频繁的沟通。坦诚的交流与对话可以激活文化特性，只有那些具有竞争力，能够在全球市场推广其价值观的国家和文化才能获得成功。

3. 文化危机和泛滥的消费文化

在当前的民主氛围下，影响文化发展的政治环境已彻底改变，面临的困难主要来自经济和行政层面。在 1997 年举行的"文化现状论坛"上，与会者针对转型期的文化发展发表了各自的看法，普遍认为罗马尼亚正在经历一场严重的文化危机。时任文化部部长，同时也是演员和导演的 I. 卡拉米特鲁（Ion Caramitru，1942-　）指出，罗马尼亚文化在创作层面并未遭遇危机，真正的危机存在于文化管理层面："迄今为止，我们的文化活动一直忍受着糟糕的管理。我们并未处于文化危机中……看看出版物和出国巡演的罗马尼亚戏剧的数量，就会发现这是一种错误的论断。"② 但他的观点遭到了 O. 帕勒尔的驳斥："我认为文化危机确实存在，不光我们，全世界都是如此……作为一个民族，我们面临的形势极为严峻。在过去的半个世纪，罗马尼亚文化被摧残得支离破碎，我们的心理和逻辑都遭受了创伤。"③ 我们不应仅仅从管理角度去处理文化事务，更要关注其内在发展趋势和精神

① L. 乌利奇：《民族性与欧洲性》，收录于 G. 安德烈埃斯库：《民族主义与反民族主义——罗马尼亚报刊上的论战》，雅西，波利罗穆出版社，1996 年。第 75 页。
② I. 卡拉米特鲁在"文化现状论坛"上的发言，收录于《22》杂志增刊，第 45 期，1997 年 3 月 11 日。第 II 页。
③ O. 帕勒尔在"文化现状论坛"上的发言，收录于《22》杂志增刊，第 45 期，1997 年 3 月 11 日。第 III 页。

走向，分析其应对现实挑战的能力。O. 帕勒尔进一步指出，在全球化的大背景下，文化是构成民族特性的基本要素："民族特性可能会在两种情况下丧失，其一是领土的分裂，其二是精神的瓦解。当领土发生分裂时，我们都能看到，但精神的瓦解是不可见的。近年来，经常有人说罗马尼亚正面临解体的风险，这纯粹是危言耸听。但不幸的是，我们的精神却无时无刻不在瓦解。"[①]

在阐明民族特性对文化建设的意义后，O. 帕勒尔强调"捍卫文化与捍卫国家领土同等重要"。文化危机必然引发变革，会导致一些思维模式、表达方式的消亡和另一些符合时代发展趋势的新形式的出现。近期的文化变革有赖于全球化不断推进、通信技术快速普及、跨文化交际日益频繁，罗马尼亚亦不例外。在这种全球性的压力下，罗马尼亚文化界也发生着改变，在价值观上体现出相对主义特征，视角、语言和风格则呈现出后现代主义特点。[②] 近十年来引发热议的话题有：文化范式的改变、审美标准的变迁、"与时俱进"地推广新兴艺术表现形式的必要性等等。实际上，E. 洛维内斯库在两次世界大战之间就曾提出过相关问题。

除了这些混乱、危机四伏的景象外，还出现了一种新的现象，我们可以称之为"消费文化的泛滥"。这种文化鼓吹娱乐至上，而真正意义上的现代文化则应该将认知功能和教育功能放在首位，为全社会树立价值典范。消费文化也被一些专家称为"媒体文化"，随着大量电视台在罗马尼亚的出现而兴起。为了追求收视率，一些电视台哗众取宠，不惜牺牲节目质量。这些电视台（后来还有一些网站）为满足非专业受众的猎奇心理，播送耸人听闻的内容，将（关于日常事件和战争的）新闻报道做成了戏剧性的描述或是娱乐节目。与此同时，公众的喜好也在其引导下发生偏差，倾向于选择这些文化产业部门提供的"标准产品套餐"，包括娱乐节目、科幻电影、暴力影片、即兴游戏或竞赛、肥皂剧以及各类演出。评论家 N. 马诺列斯库震惊于这场文化危机的本质，并通过例证揭示了现代书面文化向影视文化转变的

①O. 帕勒尔在"文化现状论坛"上的发言，收录于《22》杂志增刊，第45期，1997年3月11日。第 III 页。
②参见 M. 克尔德列斯库：《罗马尼亚的后现代主义》，布加勒斯特，人性出版社，1999年。

过程，指出画面、剧情和广告正占据主导地位。下面的引文出自他撰写的文章《转型期的顽疾》："1989年以后，自由很快就演变为混乱，价值处处被功利取代。流行文化、消费文化与精英文化之间的界限已然消失。转型期给予我们的，只是一种无国界的亚文化。"[①]

此外，评论家从价值论角度出发，用"亚文化"一词来指称那些质量低劣、毫无价值的文化产品或表现形式。从社会学的角度看，这个词用以指称针对特定群体，突显职业差异（如医生、律师、工人）或地域差异（如城镇和乡村）的文化。一个社会的文化应包含不同亚文化，或者说不同层次的文化，它们并行不悖且具有诸多共性。N.马诺列斯库站在精英人士的立场，将"真正的文化"局限于具有专业性的精英文化，对属于大众文化的其他文化形式给出了负面评价。为了避免误会，我们还需澄清"民间文化"其实也有两层含义：其一指传统的民俗文化；其二也被称为"新民间文化"，指那些由文化产业部门制造出来，因功利、声望、收视率、排名而广受欢迎的产品。美国理论家将此类文化产品和文化实践称为"流行文化"。N.马诺列斯库对于这种"新民间文化"的评判值得我们深思，其批判精神的出发点是将价值作为决定性的评价标准。

"要区分文化和亚文化，批判精神是必不可少的，但批判精神需要以一种权威的价值层级为依托。吊诡的是，在社会主义时期，至少在某一个阶段，批判精神还是存在的，但体制的变革却使批判精神成了最大的受害者。1989年后，没有任何一种概念、理念或道德标准遭遇过如此重创。转型期的社会是一个没有批判精神的社会，文化也是如此，其后果显而易见。亚文化充斥着文学、音乐、美术、建筑、戏剧、电影，新闻传媒更是对真正的文化一无所知。文化节目实际上已经从电视屏幕上消失了，音乐电视的制作缺乏专业性，且庸俗不堪。正如在流行音乐熏陶下成长起来的年轻人一样，老年人正在受着肥皂剧的'教育'。每当我们谈到文化，就会发现钱不够用……缺乏批判精神，必然会影响到一个民族的文化健康。"[②]

上面这些诊断是由罗马尼亚最重要的文学评论家做出的。由于主

---

① N.马诺列斯库：《转型期的顽疾》，载《罗马尼亚文学》第36期，1999年8月。第1页。

② 同上。

题和价值观的差异，它们并不是放之四海而皆准，无法普遍适用于罗马尼亚文化的所有层面、所有阶段。这些诊断的对象是罗马尼亚的消费文化，由于缺乏根基，这个领域极为脆弱，正经历着一场大病，即批判精神的萎靡。正因为此，一些创作者倾向于生产毫无实际意义的肤浅作品，公众的审美品位也随之下降。可见，这场危机的深层次原因在于参照物的缺失，由于意识形态的原因，一些有价值的创作者遭到排斥，导致全社会的审美能力难以提升，青年一代的价值观混乱不堪。总之，罗马尼亚文化正经历着一个复杂的更新过程，以及对自我价值的再定位过程。只有通过这一过程，才能实现对民族特性的再定义，并认识自我。直至 2000 年前后，我们才看到一些出色的罗马尼亚戏剧、电影、散文和纪实文学作品，但我们仍在翘首期待那些真正高水平的、能够体现罗马尼亚社会历史变迁的作品。当然，在混乱的变革浪潮消退后，罗马尼亚社会将步入正常的发展轨道，罗马尼亚文化也定能为自己重新找到创作激情。

主要参考文献

阿弗洛罗瓦耶伊（Şt.）：《哲学为何会存在于东欧》，雅西，波利罗穆出版社，1997 年。

博亚（L.）（Lucian Boia, 1944-　）：《罗马尼亚意识中的历史和神话》，布加勒斯特，人性出版社，1997 年。

基梅特（I.）：《追忆的权利》（第一至四卷），克鲁日 - 纳波卡，达契亚出版社，1992 年。

科斯泰亚（Şt.）（Ştefan Costea, 1930-　）：《罗马尼亚社会学史》，布加勒斯特，"明日罗马尼亚"基金出版社，1998 年。

温古雷亚努（I.）：《社会理想与民族现实》，布加勒斯特，科学和百科全书出版社，1988 年。

克利内斯库（G.）：《罗马尼亚文学史发展源流》，布加勒斯特，密涅瓦出版社，1985 年。

罗马尼亚社会主义共和国科学院：《罗马尼亚哲学史》（第一卷），增补第 2 版，布加勒斯特，罗马尼亚社会主义共和国科学院出版社，1985 年；《罗马尼亚哲学史》（第二卷），布加勒斯特，罗马尼亚社会主义共和国科学院出版社，1980 年。

洛维内斯库（E.）：《罗马尼亚现代文明史》，布加勒斯特，密涅瓦出版社，1997 年。

马诺列斯库（N.）：《罗马尼亚文学批评史》（第一卷），布加勒斯特，密涅瓦出版社，1990 年。

雅诺什（I.）（Ion Ianoşi, 1928-2016）：《罗马尼亚哲学著作词典》，布加勒斯特，人性出版社，1997 年。

穆尔杰斯库（C.）：《罗马尼亚经济学思想演变》（第一卷），布加勒斯特，科学和百科全书出版社，1987 年；《罗马尼亚经济学思想演变》（第二卷），布加勒斯特，百科全书出版社，1990 年。

诺伊卡（C.）：《论罗马尼亚精神》，布加勒斯特，人性出版社，1993 年。

乔普拉加（C.）（Constantin Ciopraga，1916-2009）：《罗马尼亚文学名人堂》，雅西，青年社出版社，1973 年。

温盖亚努（M.）：《罗马尼亚文化的牺牲品》，布加勒斯特，DBH 出版社，1999 年。

希特金斯（K.）：《1774 - 1866 年间的罗马尼亚人》，布加勒斯特，人性出版社，1996 年；《1866 – 1947 年间的罗马尼亚》，布加勒斯特，人性出版社，1998 年。

雅 各 布（Gh.）（Gheorghe Iacob，1953-　）、雅 各 布（L.）（Luminiţa Iacob，1953-　）：《罗马尼亚的现代化与欧洲主义：从库扎大公到卡罗尔二世》（第一、第二卷），雅西，库扎大学出版社，1995 年。

亚历山德雷斯库（S.）：《罗马尼亚悖论》，布加勒斯特，宇宙出版社，1998 年；《现代化回顾》，布加勒斯特，宇宙出版社，1999 年。

伊利亚德（M.）：《罗马尼亚预言》（第一、第二卷），布加勒斯特，风之玫瑰出版社，1990 年。

约尔加（N.）：《罗马尼亚人在世界历史上的地位》，布加勒斯特，科学和百科全书出版社，1985 年。

祖布（A.）：《文化与社会：罗马尼亚历史研究》，布加勒斯特，科学出版社，1991 年。

附录：专有名词列表

I. 人名列表

A

阿波罗（Apollo）：希腊神话中的光明之神、真理之神。

阿波斯图（Gh.）（Gheorghe Apostu, 1934-1986）：罗马尼亚雕塑家。

阿达莫维奇 (Gh.)（Gherasim Adamovici, 1733-1794）：塞尔维亚人，1789-1794 年间任特兰西瓦尼亚东正教会主教。

阿代卡（F.）（Felix Aderca / 原名：Zelicu Froim Aderca, 1891-1962）：犹太裔罗马尼亚作家、诗人、美学家。

阿尔伯雷（G.）（Grigore Arbore, 1943-　）：旅意罗马尼亚作家、文艺评论家。

阿尔布列斯库（M.）（Mircea Albulescu, 1934-2016）：罗马尼亚演员、政论家、诗人、小说家。

阿尔盖济（T.）（Tudor Arghezi, 1880-1967）：罗马尼亚诗人。

阿尔甘（G.）（Giulio Carlo Argan, 1909-1992）：意大利艺术史家。

阿尔普（H.）（Hans Arp, 1887-1966）：德裔法国雕塑家、画家。

阿弗洛罗瓦耶伊（Şt.）（Ştefan Afloroaiei, 1952-　）：罗马尼亚哲学家，雅西大学教授。

阿格尔比恰努（I.）（Ion Agârbiceanu, 1882-1963）：罗马尼亚作家、记者、科学院院士。

阿基采伊（Gh.）（Gheorghe Achiţei, 1931-　）：罗马尼亚作家、文艺理论家。

阿卡亚人（aheii）：古希腊四大部落之一。

阿里切斯库（C.D.）（Constantin D. Aricescu, 1823-1886）：罗马尼亚史学家、政论家、"四八"革命者。

阿里斯蒂亚（C.）（Costache Aristia, 1800-1880）：希腊裔罗马尼亚演员、作家、政治家。

阿里翁（V.）（Vasile Arion, 1902-1977）：罗马尼亚建筑师。

阿龙（F.）（Florian Aaron, 1805-1887）：罗马尼亚史学家、政论家。

阿龙（P.P.）（Petru Pavel Aron / Aaron, 1709-1764）：特兰西瓦尼亚联合教会主教。

阿曼（Th.）（Theodor Aman, 1831-1891）：罗马尼亚画家、教育家，罗马尼亚科学院院士。

阿姆布鲁斯特（A.）（Adolf Armbruster，1941-2001）：萨斯裔罗马尼亚史学家。

阿 - 乔治（S.）（Sergiu Al-George，1922-1981）：罗马尼亚语言学家、东方学家。

阿瑞斯（Ares / 希腊语：Άρης）：古希腊神话中为战争而战的男战神。

阿萨基（Gh.）（Gheorghe Asachi，1788-1869）：罗马尼亚诗人、散文家、剧作家，"四八"革命先驱。

阿斯朗（A.）（Ana Aslan，1897-1988）：罗马尼亚老年病医生，科学院院士。

阿塔纳里克（哥特语：Aþanareiks / 拉丁语：Athanaricus，?-381）：公元4世纪时曾任哥特几个部落的首长，任期长达20余年。

阿塔纳休（I.）（Ion Athanasiu，1892-1949）：罗马尼亚地质学家。

阿塔纳休（I.C.）（Ion C. Atanasiu，1868-?）：罗马尼亚政治家。

阿韦雷斯库（A.）（Alexandru Averescu，1859-1938）：第一次世界大战期间罗马尼亚军队统帅。

阿扎列（Azarie，16世纪）：摩尔多瓦公国的编年史家。

埃德尔（J.K.）（Joseph Karl Eder，1761-1810）：奥地利史学家，曾随神圣罗马帝国军队驻扎在特兰西瓦尼亚。

埃夫蒂米耶（Eftimie，?-1561）：摩尔多瓦公国的编年史家。

埃克莱谢尔胡尔（D.）（Dionisie Eclesiarhul，1740-1820）：罗马尼亚书法家、翻译家、编年史家。

埃米内斯库（M.）（Mihai Eminescu，1850-1889）：罗马尼亚文学史上最伟大的诗人，同时也是散文家和记者。

埃乃斯库（G.）（George Enescu，1881-1955）：罗马尼亚作曲家、小提琴家、钢琴家、指挥家、音乐教育家。

埃普雷亚努（M.C.）（Manolache Costache Epureranu，1820-1880）：罗马尼亚政治家，曾两度出任总理。

埃斯里格（D.）（David Esrig，1935-　　）：罗马尼亚导演。

爱奥尼亚人（ionian）：古希腊民族一支重要的东部支系的成员，安纳托利亚（今土耳其）西部海岸一地区即因这个支系而得名。

爱伦·坡（Edgar Allan Poe，1809-1849）：19世纪美国诗人、小说家和文学评论家。

爱因斯坦（A.）（Albert Einstein，1879-1955）：美籍德裔物理学家，相对论的奠基者。

安德烈（P.）（Petre Andrei，1891-1940）：罗马尼亚社会学家、哲学家、政治家。

安德烈埃斯库（G.）（Gabriel Andreescu，1952-　　）：罗马尼亚人权活动家、政治家。

安德烈埃斯库（I.）（Ion Andreescu，1850-1882）：罗马尼亚画家、教育家，罗马尼亚科学院院士。

安德罗内斯库 - 卡拉扬（P.）（Pompiliu Andronescu-Caraion，1922-1971）：罗马尼亚社会学家。

安蒂帕（G.）（Grigore Antipa，1867-1944）：罗马尼亚生物学家。

安东内斯库（I.）（Ion Antonescu，1882-1946）：罗马尼亚法西斯独裁者。

安东内斯库（P.）（Petre Antonescu，1873-1965）：罗马尼亚建筑师、教育家、城市规划师。

安东尼亚德（C.）（Constantin Antoniade，1880-1954）：罗马尼亚法学家、作家、史学家、哲学家、外交家。

安格尔（A.）（Atanasie Anghel，?-1713）：罗马尼亚主教。

安格尔（D.）（Dimitrie Anghel，1872-1914）：罗马尼亚诗人、小说家、象征主义代表人物。

安格尔（Gh.D.）（Gheorghe D. Anghel，1904-1966）：罗马尼亚雕塑家。

安格尔（P.）（Paul Anghel，1931-1995）：罗马尼亚剧作家、政论家、小说家、散文家。

安杰列斯库（C.）（Constantin Angelescu，1869-1948）：罗马尼亚政治家、医生、教育改革家。

奥多贝斯库（A.）（Alexandru Odobescu，1834-1895）：罗马尼亚作家、考古学家、政治家。

奥多布莱扎（Şt.）（Ştefan Odobleja，1902-1976）：罗马尼亚哲学家、军医、作家，控制论先驱。

奥尔菲斯（Orpheus）：古希腊神话传说中色雷斯地区的著名的诗人和歌手。

奥尔内亚（Z.）（Zigu Ornea，1930-2001）：犹太裔罗马尼亚文学评论家、文学史家。

奥格沙努（V.）（Virgil Ogăşanu，1940- ）:罗马尼亚电影、话剧、电视剧演员。

奥古斯都路斯（F.R.）（Flavius Romulus Augustus，约 463-?）：西罗马帝国的最后一位皇帝。

奥哈内西安（D.）（David Ohanesian，1927-2007）：罗马尼亚歌唱家。

奥拉（T.）（Tiberiu Olah / 匈牙利语：Oláh Tibor，1928-2002）：匈裔罗马尼亚作曲家、乐理学家。

奥拉胡斯（N.）（Nicolae Olahus / 匈牙利语：Oláh Miklós，1493-1568）：罗、匈混血的匈牙利王国人文主义学者、史学家、政治家。

奥勒良（L.D.）（Lucius Domitius Aurelianus，214-275）：罗马帝国皇帝。

奥雷利安（P.S.）（Petre S. Aurelian，1833-1909）：罗马尼亚经济学家、农学家、政治家。

奥洛斯（M.）（Mihai Olos，1940-2015）：罗马尼亚画家。

奥尼切斯库（O.）（Octav Onicescu，1892-1983）：罗马尼亚数学家。

奥普雷亚（A.）（Alexandru Oprea，1931-1983）：罗马尼亚史学家、文学评论家。

奥普罗尤（E.）（Ecaterina Oproiu，1929- ）:罗马尼亚作家、影评家、政论家。

奥斯特瓦尔德（F.W.）（Friedrich Wilhelm Ostwald，1853-1932）：德国物理化学家、哲学家。

奥托（R.）（Rudolf Otto，1869-1937）：德国路德宗神学家，宗教比较研究专家。

B

巴巴（C.）（Corneliu Baba，1906-1997）：罗马尼亚画家。

巴贝尔（A.）（August Babel，1840-1913）：德国政治家、作家，德国社会民主党创始人之一。

巴贝什（V.）（Victor Babeş，1854-1926）：罗马尼亚细菌学家、形态病理学家。

巴尔布（E.）（Eugen Barbu，1924-1993）：罗马尼亚作家、编剧、政治家。

巴尔布（I.）（Ion Barbu，1895-1961）：原名巴尔比利安（D.）（Dan Barbilian）罗马尼亚诗人、数学家。

巴尔塔休（R.）（Radu Baltasiu，1969- ）：罗马尼亚社会学家。

巴尔特（J.）（Jean Bart，1877-1933）：罗马尼亚散文家。

巴格达萨尔（D.）（Dimitrie Bagdasar，1893-1946）：罗马尼亚神经外科医生。

巴格达萨尔（N.）（Nicolae Bagdasar，1896-1971）：罗马尼亚哲学家。

巴卡尔巴沙（A.）（Anton Bacalbaşa，1865-1899）：罗马尼亚记者、散文家、翻译家。

巴卡洛格卢（E.）（Emanoil Bacaloglu，1830-1891）：希腊裔罗马尼亚物理学家、化学家、数学家。

巴科维亚（G.）（George Bacovia，1881-1957）：罗马尼亚象征主义作家。

巴枯宁（M.A.）（Михаил Александрович Бакунин，1814-1876）：俄国革命家、无政府主义者。

巴拉斯基（C.）（Constantin Baraschi，1902-1966）：罗马尼亚雕塑家。

巴利丘（G.）（George Bariţiu / George Bariţ，1812-1893）：罗马尼亚史学家，特兰西瓦尼亚新闻业奠基人。

巴龙奇（G.）（George Baronzi，1828-1896）：希腊裔罗马尼亚作家、记者。

巴门尼德（Parmenide / 希腊语：Παρμενίδης 或 Ἐλεάτης，约前515- 前5世纪中叶）：古希腊哲学家。

巴丘（C.）（Constantin Baciu，1930-2005）：罗马尼亚画家。

巴萨拉布（M.）（Matei Basarab，1580-1654）：蒙特尼亚公国大公。

巴萨拉布（N.）（Neagoe Basarab，1482-1521）：1512-1521年间担任蒙特尼亚公国大公。

巴舍拉（G.）（Gaston Bachelard，1884-1962）：法国哲学家。

巴斯蒂安（A.）（Adolf Bastian，1826-1905）：德国人类学家。

巴塔耶（G.）（Georges Bataille，1897-1962）：法国评论家、思想家、小说家。

巴托克（B.）（Bela Bartok，1881-1945）：匈牙利现代音乐领袖人物，作曲家、钢琴家。

白兰士（P.V.）（Paul Vidal de la Blanche，1845-1918）：法国地理学家。

柏格森（H.）（Henri Bergson，1859-1941）：法国哲学家，诺贝尔文学奖得主。

柏拉图（Plato / 希腊语：Πλάτων，约前 427- 前 347）：古希腊哲学家。

拜占庭努斯（L.）（Leontius Byzantinus，485-543）：活跃在公元 6 世纪的神学家。

班达克（M.）（Mihai Bandac，1939-　　）：罗马尼亚画家。

薄伽丘（G.）（Giovanni Boccaccio，1313-1375）：意大利文艺复兴运动的杰出代表，人文主义者。

保列斯库（N.）（Nicolae Paulescu，1869-1931）：罗马尼亚生理学家、医学家、政治家，胰岛素的发现者。

鲍勃（I.）（Ioan Bob，1739-1830）：特兰西瓦尼亚联合教会主教。

鲍麦斯特（F.Ch.）（Friedrich Christian Baumeister，1709-1785）：德国 18 世纪哲学家。

鲍威尔（O.）（Otto Bauer，1881-1936）：捷克裔奥地利政治家，"奥地利马克思主义"的主要理论家和社会主义工人国际的领导人之一。

贝尔内亚（H.）（Horia Bernea，1938-2000）：罗马尼亚画家。

贝利冈（R.）（Radu Beligan，1918-2016）：罗马尼亚话剧、电影、电视剧、广播剧演员。

贝利扎列（D.）（Dimitrie Belizarie，1883-1947）：罗马尼亚画家。

贝林代伊（I.D.）（Ion D. Berindei，1871-1928）：罗马尼亚建筑师。

本笃十四世（Benedict al XIV-lea / 原名：Prospero Lorenzo Lambertini，1675-1758）：意大利人，罗马教皇。

本奇勒（V.）（Vasile Băncilă，1897-1979）：罗马尼亚哲学家、教育家、散文家。

本托尤（P.）（Pascal Bentoiu，1927-2016）：罗马尼亚作曲家、乐理学家。

比贝里（I.）（Ion Biberi，1904-1990）：罗马尼亚小说家、散文家、文学评论家。

比贝斯库（Gh.）（Gheorghe Bibescu，1804-1873）：1843-1848 年间任蒙特尼亚公国大公。

比仓（I.）（Ion Bițan，1924-1997）：罗马尼亚画家。

比尔利科（G.V.）（Grigore Vasiliu Birlic，1905-1970）：罗马尼亚戏剧和电影演员。

彼得拉什库（Gh.）（Gheorghe Petrașcu，1872-1949）：罗马尼亚画家。

彼得拉什库（M.）（Milița Petrașcu/ 也写作 Milița Pătrașcu 或 Militza Pătrașcu，1892-1976）：罗马尼亚雕塑家、画家。

彼得雷斯库（Cam.）（Camil Petrescu，1894-1957）：罗马尼亚小说家、剧作家、诗人，哲学博士。

彼得雷斯库（Cez.）（Cezar Petrescu，1892-1961）：罗马尼亚作家、翻译家、记者。

彼得雷斯库（D.）（Dan Petrescu, 1949-   ）：罗马尼亚作家、翻译家、政论家。

彼得雷斯库（I.）（Irina Petrescu, 1941-2013）：罗马尼亚话剧、广播剧、电视剧演员。

彼得雷乌（M.）（Marta Petreu, 1955-   ）：瓦尔蒂克（R.）（Rodica Marta Vartic）的笔名，罗马尼亚作家、编辑。

彼得罗维奇（I.）（Ion Petrovici, 1882-1972）：罗马尼亚哲学家、作家、政治家，曾任教育部长。

彼特拉克（F.）（Francesco Petrarca, 1304-1374）：意大利学者、诗人、被认为是人文主义之父。

毕达哥拉斯（Pythagoras / 希腊语：Πυθαγ ϱα，前 572 - 前 497）：古希腊数学家、哲学家、音乐理论家。

毕加索（P.）（Pablo Picasso, 1881-1973）：西班牙画家、雕塑家。

毕歇尔（K.W.）（Karl Wilhelm Bücher, 1847-1930）：德国经济学家。

别尔嘉耶夫（N.Al.）（Николай Александрович Бердяев, 1874-1948）：俄国宗教哲学家。

波埃纳鲁（P.）（Petrache Poenaru, 1799-1875）：罗马尼亚教育家、发明家、工程师、数学家。

波波维奇（A.C.）（Aaurel C. Popovici, 1863-1917）：罗马尼亚法学家、政治家。

波波维奇（C.）（Constantin Popovici, 1938-1995）：罗马尼亚雕塑家。

波波维奇（T.）（Titus Popovici, 1930-1994）：罗马尼亚作家、编辑、科学院院士，曾任罗共中央常委。

波戈尔（V.）（Vasile Pogor, 1833-1906）：罗马尼亚政治家、政论家、诗人。

波格丹（C.）（Catul Bogdan, 1915-1978）：罗马尼亚画家。

波格丹（P.）（Petre Bogdan, 1873-1944）：罗马尼亚化学家、教育家、政治家。

波格丹一世（Bogdan I / Bogdan de Cuhea Maramureşanu, ?-1367）：摩尔多瓦公国大公。

波格里洛夫斯基（I.）（Ion Pogorilovschi, 1938-2009）：罗马尼亚哲学家。

波隆佩斯库（C.）（Ciprian Porumbescu, 1853-1883）：罗马尼亚作曲家。

波吕比俄斯（Polybios / 希腊语：Πολύβιος，前 203- 前 120）：希腊裔历史学家。

波尼（P.）（Petru Poni, 1841-1925）：罗马尼亚化学家、物理学家、教育家、矿物学家、政治家。

波帕（V.I.）（Victor Ion Popa, 1895-1946）：罗马尼亚剧作家、导演。

波佩斯库（D.R.）（Dumitru Radu Popescu, 1935-   ）：罗马尼亚作家、诗人、剧作家、政治家。

波佩斯库（E.）（Elvira Popescu, 1894-1993）：罗马尼亚话剧和电影演员。

波佩斯库（H.）（Horea Popescu, 1925-2010）：罗马尼亚导演、演员。

波佩斯库（P.）（Petru Popescu, 1944-   ）：旅美罗马尼亚裔作家、电影导演。

波佩斯库（R.）（Radu Popescu, 1655-1729）：罗马尼亚编年史家。

波佩斯库（S.）（Spiridon Popescu, 1864-1933）：罗马尼亚作家、政论家。

波佩斯库 - 戈波（I.）（Ion Popescu-Gopo, 1923-1989）：罗马尼亚画家、动画片导演。

波佩斯库 - 斯皮内伊（I.）（Ilie Popescu-Spinei, 1894-1964）：罗马尼亚法学家、神学家、地理学家。

波普（I.A.）（Ioan-Aurel Pop, 1955-　）：罗马尼亚史学家、科学院院士。

波普（M.）（Mihai Pop, 1907-2000）：罗马尼亚民俗学家、文化人类学家、人种学家。

波普尔（K.）（Karl Popper, 1902-1994）：奥地利哲学家，奥地利皇家科学院院士。

波泰卡（E.）（Eufrosin Poteca, 1786-1858）：罗马尼亚神学家、学者、启蒙主义者。

波特拉（F.）（Florian Potra, 1925-1997）：罗马尼亚戏剧理论家、翻译家。

玻尔（N.）（Niels Henrik David Bohr, 1885-1962）：丹麦物理学家。

伯德斯库（I.）（Ilie Bădescu, 1948-　）：罗马尼亚社会学家、地缘政治家。

伯恩施坦（E.）（Eduard Bernstein, 1850-1932）：德国社会民主主义理论家、政治家。

伯努丘（S.）（Simion Bărnuţiu, 1808-1864）：罗马尼亚政治家、史学家、哲学家、"四八"革命者。

伯尔切斯库（N.）（Nicolae Bălcescu, 1819-1852）：罗马尼亚史学家、作家、革命家、"四八"革命者。

伯尔桑（Z.）（Zaharia Bârsan, 1878-1948）：罗马尼亚剧作家。

伯拉沙（S.）（Sabin Bălaşa, 1932-2008）：罗马尼亚画家、动画片导演。

博埃雷斯库（V.）（Vasile Boerescu, 1830-1883）：罗马尼亚记者、法学家、政治家。

博德勒乌（D.）（Dan Bădărău, 1893-1968）：罗马尼亚哲学家。

博格扎（G.）（Geo Bogza, 1908-1993）：罗马尼亚作家、记者、诗人。

博勒伊察（G.）（George Bălăiţă, 1935-2017）：罗马尼亚作家。

博利亚克（C.）（Cezar Bolliac, 1813-1881）：罗马尼亚诗人、记者，"四八"革命者。

博林蒂内亚努（D.）（Dimitrie Bolintineanu, 1819-1872）：罗马尼亚诗人、政治家、外交家、"四八"革命者。

博泰兹（M.）（Mihai Botez, 1940-1995）：罗马尼亚数学家、外交家。

博亚（L.）（Lucian Boia, 1944-　）：罗马尼亚史学家。

布达伊（A.）（Aron Budai, 1763-1847）：布达伊 - 德莱亚努（I.）的兄弟，特兰西瓦尼亚公国启蒙运动代表人物。

布达伊 - 德莱亚努（I.）（Ion Budai-Deleanu, 1760-1820）：罗马尼亚作家、语言学家、史学家、法学家，阿尔迪亚尔学派的代表人物之一。

布克乌（Adolf von Buccow, 1712-1764）：奥匈帝国将军。

布拉达（T.）（Teodor Burada, 1839-1923）：罗马尼亚民俗学家、人种学家、音乐学家。

布拉加（L.）（Lucian Blaga, 1895-1961）：罗马尼亚哲学家、诗人、剧作家、翻译家、记者、外交家。

布拉图神父（popa Bratu, 15 世纪末）

布莱切（M.L.）（Max L. Blecher, 1909-1938）：犹太裔罗马尼亚小说家。

布兰迪亚娜（A.）（Ana Blandiana, 1942-　）：原名科曼（O.V.）（Otilia Valeria Coman），罗马尼亚女作家。

布朗库西（C.）（Constantin Brâncuşi, 1876-1957）：旅法罗马尼亚雕塑家，被誉为现代雕塑之父。

布朗库西（P.）（Petre Brâncuşi, 1928-1995）：罗马尼亚乐理学家。

布劳纳（V.）（Victor Brauner, 1903-1966）：旅法罗马尼亚画家。

布勒泰斯库 - 沃伊内什蒂（I.A.）（Ioan Alexandru Brătescu-Voineşti, 1868-1946）：罗马尼亚作家。

布勒泰亚努（I.C.）（Ion Constantin Brătianu, 1821-1891）：罗马尼亚政治家、"四八"革命者。

布勒泰亚努（I.I.C.）（Ionel I. C. Brătianu, 1864-1927）：罗马尼亚工程师、政治家，曾任国家自由党主席，科学院名誉院士。

布勒伊莱亚努（T.）（Traian Brăileanu, 1882-1947）：罗马尼亚政治家、铁卫军成员。

布勒伊洛尤（C.）（Constantin Brăiloiu, 1893-1958）：罗马尼亚作曲家、民族音乐学家。

布雷班（N.）（Nicolae Breban, 1934-　）：罗马尼亚作家、剧作家。

布雷迪恰努（M.）（Mihai Brediceanu, 1920-2005）：罗马尼亚作曲家、指挥家、乐理学家。

布雷迪恰努（T.）（Tiberiu Brediceanu, 1877-1968）：罗马尼亚作曲家。

布雷亚祖（G.）（George Breazu, 1887-1961）：罗马尼亚乐理学家、民族音乐学家、音乐评论家。

布雷泽亚努（Gh.）（Grigore Brezeanu, 1891-1919）：罗马尼亚电影导演、演员。

布鲁内亚 - 福克斯（F.）（Filip Brunea-Fox / 原名：Filip Brauner, 1898-1977）：报告文学作家、翻译家。

布鲁诺（G.）（Giordano Bruno, 1548-1600）：意大利思想家、自然科学家、哲学家、文学家。

布伦德泽（D.）（Dimitrie Brândză, 1846-1895）：罗马尼亚医学家、植物学家。

布伦科韦亚努（C.）（Constantin Brâncoveanu, 1654-1714）：蒙特尼亚公国大公。

布若尔（P.）（Paul Bujor, 1862-1952）：罗马尼亚小说家、动物学家，科学院名誉院士。

布苏约恰努（A.）（Alexandru Busuioceanu, 1896-1961）：罗马尼亚文艺评论家、外交家、作家、史学家、翻译家。

布特鲁（É.）（Émile Boutroux, 1845-1921）：法国哲学家。

布泽斯库（A.）（Aura Buzescu, 1894-1992）：罗马尼亚话剧演员、导演。

布祖拉（A.）（Augustin Buzura, 1938-2017）：罗马尼亚精神病科医生、作家。

布佐亚努（C.）（Cătălina Buzoianu, 1938- ）：罗马尼亚话剧导演。

C

采佩内亚格（D.）（Dumitru Ţepeneag, 1937- ）：旅法罗马尼亚裔作家。

采佩什（V.）（Vlad Ţepeş / Vlad Drăculea, 1431-1476）：曾三度担任蒙特尼亚公国大公。因将战俘穿刺于木桩之上而得名穿刺大公（Ţepeş 意为"木桩"）。

策拉努（C.）（Cornel Ţăranu, 1934- ）：罗马尼亚作曲家。

查拉（T.）（Tristan Tzara / 原名：Samuel Rosenstock 1896-1963）：法籍罗马尼亚人，达达主义运动创始人。

查士丁尼（Iustinian / 拉丁语全名：Flavius Petrus Sabbatius Iustinianus, 483-565）：拜占庭帝国皇帝。

车尔尼雪夫斯基（N.G.）（Никола́й Гаври́лович Черныше́вский, 1828-1889）：俄罗斯哲学家、文艺评论家、作家。

楚采亚（P.）（Petre Ţuţea, 1902-1991）：罗马尼亚哲学家、记者、经济学家。

楚库列斯库（I.）（Ion Ţuculescu, 1910-1962）：罗马尼亚生物学家、医生、画家。

措帕（L.）（Leon Ţopa, 1912-1996）：罗马尼亚社会学家。

D

达·芬奇（L.）（Leonardo di ser Piero da Vinci, 1452-1519）：意大利画家、寓言家、雕塑家、发明家、哲学家、音乐家、医学家、生物学家、地理学家、建筑工程师和军事工程师。

达拉班特（Ig.）（Ignaţiu / Ignatie Darabant, 1738-1805）：希腊天主教神父，曾任奥拉迪亚联合教会主教。

达兰伯特（J.R.）（Jean le Rond d'Alambert, 1717-1783）:法国数学家、物理学界、哲学家、音乐理论家。

达马斯金（I.）（Ioan Damaschin, 约 675-749）：拜占庭最重要的思想家之一。

达内柳克（M.）（Mircea Daneliuc, 1943- ）：罗马尼亚电影演员、导演、剧作家、小说家。

达奇安（I.）（Ion Dacian, 1911-1981）：罗马尼亚歌唱家。

达斯古帕塔（S.）（Surendranath Dasgupta, 1887-1952）:孟加拉国梵文研究者、哲学家。

达斯克卢（S.）（Simion Dascălul, ?-?）：书籍抄写员，生卒年月不详。

达维拉（A.）（Alexandru Davila, 1862-1929）：罗马尼亚剧作家，达维拉（C.）之子。

达维拉（C.）（Carol Davila, 1828-1884）：法国裔罗马尼亚医生、药学家。

大仲马（Alexandre Dumas, 1802-1870）：19世纪法国浪漫主义作家。

戴高乐（Charles de Gaulle, 1890-1970）：法兰西第五共和国的创建者。

丹纳（H.A.）（Hippolyte Adolphe Taine, 1828-1893）：法国文学批评家、史学家、艺术史家、文艺理论家、美学家。

丹尼尔逊（N.F.）（Никола́й Фра́нцевич Даниельсон, 1844-1918）：俄国经济学家、作家、民粹主义思想家。

但丁（A.）（Dante Alighieri, 1265-1321）：意大利中世纪诗人，其代表作《神曲》被誉为中世纪文学的巅峰之作和文艺复兴时期的先声之作。

德胡内多瓦拉（I.）（Iancu de Hunedoara / Ioan de Hunedoara, 1407-1456）：曾任特兰西瓦尼亚公国大公和匈牙利王国摄政大臣。

德拉戈米雷斯库（M.）（Mihail Dragomirescu, 1868-1942）：罗马尼亚美学家、文学理论家、文学评论家。

德拉格内亚（R.）（Radu Dragnea, 1893-1955）：波佩斯库（R.S.）（Radu S. Popescu）的笔名，罗马尼亚文学评论家、散文家。

德劳威（P-H.C.）（Paul-Henri Chomart de Lauwe, 1913-1998）：法国社会学家。

德勒冈（I.C.）（Iosif Constantin Drăgan, 1917-2008）：旅意罗马尼亚商人、作家。

德勒戈伊（S.）（Sabin Drăgoi, 1894-1968）：罗马尼亚作曲家、民俗学家。

德勒格内斯库（M.）（Mihai Drăgănescu, 1929-2010）：罗马尼亚微电子学家、作家、哲学家。

德勒吉切斯库（D.）（Dumitru Drăghicescu, 1870-1945）：罗马尼亚外交家、哲学家、政治家、社会学家。

德勒姆尼克（C.）（Chesarie de Râmnic, 1720-1780）：罗马尼亚学者、翻译家。

德勒斯库（N.）（Nicolae Dărăscu, 1883-1959）：罗马尼亚画家。

德雷梅西亚纳（N.）（Niceta de Remesiana, 约335-414）：天主教会和东正教会主教，曾在达契亚传教。

德诺瓦（L.）（Laurențiu de Nova, 4-5世纪）：401-417年间在达契亚传教。

德切巴尔（Decebal, ?-106）：达契亚国王，87-106年在位。

德切内乌（Deceneu, 公元前1世纪）：古代达契亚哲学家、天文学家，前44-前27年曾任达契亚国王。

德萨特玛利（C.P.）（Carol Popp de Szathmáry, 1812-1887）：特兰西瓦尼亚的匈牙利画家，罗马尼亚王国第一位艺术摄影师，也是欧洲最早的十位摄影师之一。

德斯波特大公（Despot Vodă / Iacob Eraclide / Ioan al II-lea, 1511-1563）：希腊裔摩尔多瓦公国大公。

登苏西亚努（N.）（Nicolae Densușanu, 1846-1911）：罗马尼亚律师、史学家。

登苏西亚努（O.）（Ovid Densusianu, 1873-1938）：罗马尼亚语言学家、民俗学家、文学史家、诗人。

狄德罗（D.）（Denis Diderot, 1713-1784）：法国唯物主义哲学家、美学家、文学家、百科全书派代表人物。

狄俄尼索斯（Dionysus / 希腊语：Διόνυσος）：与罗马人信奉的巴克斯（Bacchus）是同一位神祇，他是古代希腊色雷斯人信奉的葡萄酒之神。

狄尔泰（W.）（Wilhelm Dilthey, 1833-1911）：德国哲学家、史学家、心理学家、社会学家。

狄更斯（Ch.）（Charles John Huffam Dickens, 1812-1870）：英国批判现实主义小说家。

迪奥尼谢（E.）（Dionisie Exiguul, 470-555）：神学家，也称小迪奥尼谢（Dionisie cel Smerit）。

迪马（Gh.）（Gheorghe Dima, 1847-1925）：罗马尼亚作曲家、指挥家、教育家。

迪米特雷斯库（Șt.）（Ștefan Dimitrescu, 1886-1933）：罗马尼亚画家。

迪内斯库（M.）（Mircea Dinescu, 1950-   ）：罗马尼亚诗人、作家、政论家。

迪尼克（Gh.）（Gheorghe Dinică, 1933-2009）：罗马尼亚电影演员，被称为"最大反派"。

迪尼库（G.）（Grigoraș Dinicu, 1889-1949）：罗马尼亚小提琴家、作曲家。

迪亚曼迪（G.）（George Diamandy, 1867-1917）：罗马尼亚剧作家、散文家。

迪亚曼特（T.）（Teodor Diamant, 1810-1841）：罗马尼亚空想社会主义的代表人物。

笛福（D.）（Daniel Defoe, 1660-1731）：英国作家、记者。英国启蒙时期现实主义小说的奠基人。

笛卡尔（R.）（René Descartes, 1596-1650）：法国思想家、自然科学家、哲学家、数学家、物理学家。

第欧根尼（Diogenēs / 希腊语：Διογνη, 前412-前324）：古希腊哲学家，犬儒派代表人物。

蒂图列斯库（N.）（Nicolae Titulescu, 1882-1941）：罗马尼亚外交家、法学家、政治家，曾任罗外交部部长。

丢勒（A.）（Albrecht Dürer, 1471-1528）：德国画家、版画家、木版画设计家。

杜尔凯姆（É.）（Émile Durkheim, 1858-1917）：犹太裔法国哲学家、社会学家。

杜里舒（H.）（Hans Adolf Eduard Driesch, 1867-1941）：德国生机主义哲学家。

杜梅泽尔（G.）（Georges Dumézil, 1898-1986）：法国比较语言学家、宗教学家。

杜米特雷斯库-蒂米克（S.）（Silvia Dumitrescu-Timică, 1902-1999）：罗马尼亚戏剧和电影演员。

杜米特雷斯库 - 雅西（C.）（Constantin Dumitrescu-Iaşi，1849-1923）：罗马尼亚哲学教育家。

杜米特留（A.）（Anton Dumitriu，1905-1992）：罗马尼亚哲学家、逻辑学家。

杜米特留（P.）（Petru Dumitriu，1924-2002）：罗马尼亚作家。

敦加丘（D.）（Dan Dungaciu，1968- ）：罗马尼亚社会学家、地缘政治学家。

多布雷斯库 - 阿尔杰什（C.）（Constantin Dobrescu-Argeş，1856-1903）：罗马尼亚政论家、法学家、政治家。

多布罗贾努 - 盖雷亚（C.）（Constantin Dobrogeanu-Gherea，1855-1920）：犹太裔罗马尼亚作家，社会主义先锋。

多索夫泰伊（Dosoftei / Dimitrie Barilă，1624-1693）：罗马尼亚学者、诗人、翻译家，摩尔多瓦教区大主教。

多伊娜什（Şt.A.）（Ştefan Augustin Doinaş，1922-2002）：罗马尼亚诗人。

多伊切斯库（O.）（Octav Doicescu，1902-1981）：罗马尼亚建筑师。

多扎（Gh.）（Gheorghe Doja / 匈牙利语：Dózsa György，1470-1514）：特兰西瓦尼亚地区的赛库伊人小贵族，1514 年领导了反对匈牙利大地主的农民起义。

E

恩德晓（E.）（Evelyn Underhill，1875-1941）：英国作家，以基督教神秘主义闻名。

恩格尔（J.C.）（Johann Christian von Engel，1770-1814）：德裔奥地利史学家。

恩格斯（F.）（Friedrich von Engels，1820-1895）：德国哲学家，马克思主义的创始人之一。

F

法拉戈（E.）（Elena Farago，1878-1954）：罗马尼亚女诗人。

法朗士（A.）（Anatole France，1844-1924）：法国作家、文学评论家、社会活动家。

菲尔绍（R.C.）（Rudolf Carl Virchow，1821-1902）：德国医学家、人类学家、公共卫生学家、病理学家、古生物学家、政治家。

菲利蒙（N.）（Nicolae Filimon，1819-1865）：罗马尼亚小说家、音乐评论家。

菲利佩斯库（N.）（Nicolae Filipescu，1862-1916）：罗马尼亚政治家。

菲利皮德（A.）（Alexandru Philippide，1859-1933）：罗马尼亚语言学家。

菲利皮德（D.D.）（Dimitrie Daniil Philipide，1750-1832）:希腊教师、史学家、文学家。曾在布加勒斯特王公书院任职。

菲洛蒂（M.）（Maria Filotti，1883-1956）：罗马尼亚话剧演员、导演。

费迪南一世（Ferdinand I de Hohenzollern-Sigmaringen，1865-1927）：罗马尼亚王国的第二任国王。

费尔巴哈（L.A.）（Ludwig Andreas Feuerbach，1804-1872）：德国哲学家。

费尔尼克（I.）（Ionel Fernic，1901-1938）：罗马尼亚作曲家、飞行员、跳伞运动员。

费纳隆（F.）（François Fénelon，1651-1715）：法国大主教、神学家、诗人。

费塔多（C.M.）（Celsio Monteiro Furtado，1920-2004）：巴西经济学家。

费希特（J.G.）（Johann Gottlieb Fichte，1762-1814）：德国哲学家。

冯特（W.）（Wilhelm Wundt，1832-1920）：德国心理学家、哲学家。

弗拉迪米雷斯库（T.）（Tudor Vladimirescu，1780-1821）：1821 年蒙特尼亚公国革命领导者。

弗拉胡策（A.）（Alexandru Vlahuţă，1858-1919）：罗马尼亚作家、诗人。

弗拉卡（G.）（George Vraca，1896-1964）：罗马尼亚话剧和电影演员。

弗拉休（I.）（Ion Vlasiu，1908-1997）：罗马尼亚雕塑家、画家、作家。

弗拉伊库（A.）（Aurel Vlaicu，1882-1913）：罗马尼亚工程师、发明家，世界航空领域的先驱。

弗莱希滕马赫（A.）（Alexandru Flechtenmacher，1823-1898）：摩尔多瓦作曲家、小提琴家、指挥家、教育家。

弗勒门杜（H.）（Horia Flămându，1941- ）：罗马尼亚雕塑家。

弗雷泽(J.G.)（James George Frazer，1854-1941)：英国人类学家、宗教史学家、民俗学家。

弗里尔（G.M.）（Gilberto de Mello Freyre，1900-1987）：巴西社会学家、人类学家、史学家、作家。

弗伦泽蒂（I.）（Ion Frunzetti，1918-1985）：罗马尼亚艺术史家、文艺评论家、诗人、作家、翻译家。

弗罗贝纽斯（L.V.）（Leo Viktor Frobenius，1873-1938）：德国民族学家、考古学家。

弗洛雷斯库（A.）（Arta Florescu，1921-1998）：罗马尼亚歌唱家。

弗洛里安（M.）（Mircea Florian，1888-1960）：罗马尼亚哲学家。

弗洛伊德（S.）（Sigmund Freud，1856-1939）：奥地利犹太裔心理学家、精神病医师。精神分析学派创始人。

伏尔泰（Voltaire / 原名：François-Marie Arouet，1694-1778）：法国启蒙思想家、文学家、哲学家。

福蒂诺（D.）（Dionisie Fotino，1777-1821）：希腊史学家，19 世纪初在蒙特尼亚公国定居。

福蒂诺（M.）（Mişu Fotino，1930-2014）：罗马尼亚话剧演员。

傅立叶（C.）（Charles Fourier，1772-1837）：法国空想社会主义者。

富尔塔多（C.）（Celso Furtado，1920-2004）：巴西经济学家。

G

伽利略（G.）（Galileo Galilei，1564-1642）：意大利物理学家、天文学家、

哲学家，近代实验科学的先驱者。

盖尔梅贾努（M.）（Mihail Ghelmegeanu, 1896-1984）：罗马尼亚政治家。

盖拉西姆（M.）（Marin Gherasim, 1937-   ）：罗马尼亚画家。

盖乌卡（L.）（Leon Gheuca, 1730-1788）：罗马尼亚主教。

高伯瑞（J.K.）（John Kenneth Galbraith, 1908-2006）:苏格兰裔美国经济学家。

戈尔迪什（V.）（Vasile Goldiș, 1862-1934）：罗马尼亚教育家、政治家、科
　　学院名誉院士。

戈加（O.）（Octavian Goga, 1881-1938）：罗马尼亚诗人、极右翼政治家、
　　科学院院士，曾任罗政府总理。

戈列斯库（A.G.）（Alexandru G. Golescu, 1819-1881）：罗马尼亚政治家，
　　曾任罗马尼亚总理。

戈列斯库（D.）（Dinicu Golescu, 1777-1830）：罗马尼亚贵族、学者。

戈罗韦伊（A.）（Arthur Gorovei, 1864-1951）:罗马尼亚民俗学家、人种学家，
　　科学院名誉院士。

戈洛彭茨亚（A.）（Anton Golopenția, 1909-1951）：罗马尼亚社会学家、地
　　缘政治学家。

戈马（P.）（Paul Goma, 1935-2020）：罗马尼亚作家。

哥白尼（N.）（Nicolas Copernic / 波兰语：Miko aj Kopernik, 1471-1543）：
　　波兰天文学家、近代天文学奠基人。

歌德（J.W.）（Johann Wolfgang von Goethe, 1749-1832）：德国剧作家、诗人、
　　思想家。

格尔莱亚努（E.）（Emil Gârleanu, 1878-1914）：罗马尼亚小说家、导演、编
　　剧、记者。

格拉德（Glad, ?-?）：中世纪早期巴纳特地区的大公，生卒年月不详。

格雷戈雷斯库（N.）（Nicolae Grigorescu, 1838-1907）：罗马尼亚现代绘画的
　　奠基人。

格雷恰努兄弟（Radu Greceanu, 1655-1725 / Șerban Greceanu, ?-1710）：蒙
　　特尼亚公国编年史家。

格里戈雷（V.）（Vasile Grigore, 1935-2012）：罗马尼亚画家。

格里戈雷斯库（L.）（Lucian Grigorescu, 1894-1965）：罗马尼亚画家。

格罗查（P.）（Petru Groza, 1884-1958）：罗马尼亚政治家，1945-1952 年间
　　任罗马尼亚总理。

格亚努（I.）（Ion Căianu / 匈牙利语：Kájoni János, 1629-1687）：特兰西瓦
　　尼亚公国的方济各会修道士，罗马尼亚第一位作曲家、管风琴家、民间
　　音乐整理者。

古阿佐（S.）（Stefano Guazzo, 1530-1593）：意大利作家。

古楚（Gh.）（Gheorghe Guțu / George Guțu, 1906-1994）：罗马尼亚翻译家、
　　拉丁文学专家。

古 登 堡（J.）（Johannes Gensfleisch zur Laden zum Gutenberg, 1398-1468）：
欧洲丝网印刷发明者。

古斯蒂（D.）（Dimitrie Gusti, 1880-1955）：罗马尼亚哲学家、社会学家，曾
任科学院院长和教育部长。

古斯蒂（P.）（Paul Gusty, 1859-1944）：罗马尼亚话剧导演。

果戈理（Гоголь, 1809-1852）:俄国批判主义作家果戈理 - 亚诺夫斯基（N.V.）
（Николáй Василъевич Гоголь-Яновский）的笔名。

H

哈贝马斯（J.）（Jürgen Habermas, 1929- ）：德国哲学家。

哈代（TH.）（Thomas Hardy, 1840-1928）：英国诗人、小说家。

哈恩（O.）（Oscar Han, 1891-1976）：罗马尼亚作家、雕塑家。

哈雷特（S.）（Spiru Haret, 1851-1912）:罗马尼亚数学家、天文学家、教育家，
曾任教育部长和科学院院士。

哈日德乌（A.）（Alexandru Hâjdeu / Hâjdău, 1811-1872）：罗马尼亚作家，
B.P. 哈斯代乌之父。

哈斯代乌（B.P.）（Bogdan Petriceicu Hasdeu, 1838-1907）：罗马尼亚作家、
语言学家、史学家。

哈特马努（D.）（Dan Hatmanu, 1926- ）：罗马尼亚画家。

海尔蒙特（J.B.）（Jan Baptist van Helmont, 1579-1644）：比利时化学家、生
物学家、医生。

海森堡（W.）（Werner Heisenberg, 1901-1976）：德国物理学家，量子力学
的主要创始人。

汉尼拔（Hannibal Barca, 前 247- 前 182）：北非古国迦太基名将、军事家。

荷马（Homer / 希腊语: Ὅμηρος, 前 873-?）：古希腊盲诗人，《荷马史诗》
的作者。

赫尔巴特（J.F.）（Johann Friedrich Herbart, 1776-1841）：德国哲学家、心理
学家，科学教育学的奠基人。

赫尔岑（A.I.）（Алексáндр Ивáнович Гéрцен, 1812-1870）：俄国散文家、哲
学家、民主革命家。

赫尔德（J.G.）（Johann Gottfried von Herder, 1744-1803）：德国哲学家、文
学评论家、史学家、神学家。

赫尔莱亚（N.）（Nicolae Herlea, 1927-2014）：罗马尼亚歌唱家。

赫尔塞尼（T.）（Traian Herseni, 1907-1980）:罗马尼亚社会学家、人类学家、
人种志专家。

赫拉克利特（Heraclitus / 希腊语: Ἡράκλειτος, 约前 530- 前 470）：古希腊
哲学家，爱菲斯学派的代表人物。

黑格尔（G.W.F.）（Georg Wilhelm Friedrich Hegel, 1770-1831）：德国近代客

观唯心主义哲学的代表。

亨利三世（Henri III / 原名：Henri Alexandre, 1551-1589）：法国瓦卢瓦王朝国王。

亨廷顿（S.P.）（Samuel Phillips Huntington, 1927-2008）：美国政治学家，因
　　"文明冲突"理论而闻名。

洪堡（Al.）（Alexander von Humboldt, 1769-1859）：德国博物学家、自然地
　　理学家。

洪堡特（B.W.）（Baron von Wilhelmvon Humboldt, 1767-1835）：德国语言学
　　家、语文学家和政治家。

洪特鲁斯（J.）（Johannes Honterus ／原名：Austen, 1489-1549）：特拉西瓦
　　尼亚公国的萨斯裔人文主义学者、宗教改革家。

胡尔穆扎基（E.）（Eudoxiu Hurmuzaki / 德语：Eudoxius Freiherr von Hormuzaki,
　　1812-1874）：罗马尼亚爱国史学家、政治家。

胡雷泽亚努（D.）（Damian Hurezeanu, 1929-　）：罗马尼亚史学家、文学评论家。

胡雷泽亚努（E.）（Emil Hurezeanu, 1955-　）：罗马尼亚记者、作家。

胡卢贝伊（H.）（Horia Hulubei, 1896-1972）：罗马尼亚原子物理学家。

胡塞尔（E.E.）（E. Edmund Husserl, 1859-1938）：德国哲学家，20世纪现象
　　学派创始人。

怀特（L.A.）（Leslie Alvin White, 1900-1975）：美国人类学家。

霍布斯（Th.）（Thomas Hobbes, 1588-1679）：英国政治家、哲学家，欧洲
　　启蒙运动杰出人物。

霍多什（I.）（Iosif Hodoş, 1829-1880）：罗马尼亚史学家、政治家、政论家、
　　律师。

霍尔班（A.）（Anton Holban, 1902-1937）：罗马尼亚作家。

霍夫曼（A.）（Alfred Hoffman, 1929-1995）：罗马尼亚乐理学家。

霍雷亚（Horea / 真名：Vasile Nicola, ?-1785）：1784年"霍雷亚、克洛什卡
　　和克里山起义"领导人之一。

J

基德里什（I.）（Ioan Chindriş, 1938-　）：罗马尼亚史学家。

基里采斯库（A.）（Alexandru Kiriţescu, 1888-1961）：罗马尼亚剧作家。

基里科（G.）（Giorgio de Chirico, 1888-1978）：希腊裔意大利画家。

基梅特（I.）（Iordan Chimet, 1924-2006）：罗马尼亚作家、诗人、翻译家。

基内（E.）（Edgar Quinet, 1803-1875）：法国作家、史学家。

吉布（O.）（Onisifor Ghibu, 1883-1972）：罗马尼亚教育家。

吉尔（R.）（Radu Gyr, 1905-1975）：德梅特雷斯库（R.）（Radu Demetrescu）
　　的笔名，罗马尼亚诗人、剧作家、散文家、记者。

吉卡（I.）（Ion Ghica, 1816-1897）：罗马尼亚数学家、政治家、教育家，曾
　　两度担任总理，曾任科学院院长。

吉卡（M.C.）（Matila Costiescu Ghyka，1881-1965）：罗马尼亚外交家、美学家、作家、数学家、史学家。

吉卡 - 布代什蒂（N.）（Nicolae Ghika-Budeşti，1869-1943）:罗马尼亚建筑师。

吉卡三世（G.）（Grigore III Ghica，?-1777）：曾两度担任摩尔多瓦公国大公。

吉亚策（D.）（Dumitru Ghiaţă，1888-1972）：罗马尼亚画家。

纪德（A.P.）（André Paul Guillaume Gide，1869-1951）：法国作家，保护同性恋权益代表。

加尔文（J.）（Jean Chauvin，1509-1564）：又译喀尔文、克尔文，法国宗教改革家、神学家，基督教新教加尔文宗的创始人。

加拉克迪翁（G.）（Gala Galaction，1879-1961）:罗马尼亚作家、东正教神父。

加缪（A.）（Albert Camus，1913-1960）：法国作家、哲学家。

加塞特（J.）（José Ortega y Gasset，1883-1955）：西班牙文学家、哲学家。

贾讷（Gh.）（Gheorghiţă Geană，1942-　）：罗马尼亚人类学家。

贾内（P.）（Pierre Janet，1859-1947）：法国心理学家、哲学家。

杰奥尔杰斯库（G.）（George Georgescu，1887-1964）：罗马尼亚指挥家。

杰奥尔杰斯库（H.）（Haralambie Georgescu，1908-1977）：旅美罗马尼亚建筑师。

杰奥尔杰斯库（I.）（Ion Georgescu，1856-1898）：罗马尼亚雕塑家、画家。

杰奥尔杰斯库（J.）（Jean Georgescu，1904-1994）：罗马尼亚导演、演员。

杰奥尔杰斯库(P.)（Paul Georgescu，1923-1989）:罗马尼亚文学评论家、记者、政治家。

杰奥尔杰斯库 - 基里亚克（D.）（Dumitru Georgescu-Kiriac，1866-1928）：罗马尼亚作曲家、指挥家。

杰奥尔杰斯库 - 罗埃金（N.）（Nicolae Georgescu-Roegen，1906-1994）：美籍罗马尼亚裔数学家、统计学家、教育家、经济学家。

杰奥尔久（G.）（Grigore Georgiu，1947-　）：本书作者。罗马尼亚学者、诗人、政论家。

杰奥尔久 - 帕塔基（I.）（Ioan Georgiu-Patachi，1680-1727）：曾任特兰西瓦尼亚联合教会大主教。

杰卢（Gelu / 匈牙利语：Gyalu，?-?）：中世纪早期罗马尼亚人和斯拉夫人部落的领导人，生卒年月不详。

金言圣约翰（Ioan Gură de Aur / Ioan Chrysostom / 希腊语：Ιωάννης ο Χρυσόστομος，347-407）：君士坦丁堡的东正教牧首。

久雷斯库（C.C.）（Constantin C. Giurescu，1901-1977）：罗马尼亚史学家。

居鲁士大帝（Cyrus al II-lea cel Mare，前590- 前529）：波斯帝国的创建者，阿契美尼德王朝的第一位国王，古代波斯帝国的缔造者。

君士坦丁大帝（Gaius Flavius Valerius Aurelius Constantinus，272-337）：又称君士坦丁一世，罗马帝国皇帝。

君士坦丁七世（Constantin al VII-lea Profirogenet，912-959）：十世纪早期的拜占庭皇帝。

K

卡波亚努（D.）（Dumitru Capoianu，1929-2012）：罗马尼亚作曲家。

卡蒂讷（I.）（Ioan Catină，2828-1851）：罗马尼亚诗人、"四八"革命者。

卡尔伯雷亚努（G.）（George Calboreanu，1896-1986）：罗马尼亚话剧和电影演员。

卡尔德隆（Pedro Calderón de la Barca，1600-1681）：西班牙军事家、作家、诗人、剧作家。

卡尔六世（Carol al VI-lea / 德语：Karl VI，1685-1740）：也称查理六世，神圣罗马帝国皇帝，1712 年起任匈牙利国王（称查理三世 III. Károly），波希米亚国王。

卡尔普（P.P.）（Petre P. Carp，1837-1919）：罗马尼亚政治家，保守党重要人物。

卡尔十二世（Carol al XII-lea / 瑞典语：Karl XII，1682-1718）：瑞典国王。

卡卡维拉（I.）（Ieremia Cacavela，1643-?）：D. 坎泰米尔的启蒙教师。

卡拉福利（E.）（Elie Carafoli，1901-1983）：罗马尼亚飞机设计师、空气动力学家。

卡拉迦列（C.）（Costache Caragiale，1815-1877）：罗马尼亚演员、剧作家。

卡拉迦列（I.L.）（Ion Luca Caragiale，1852-1912）：罗马尼亚最伟大的剧作家。

卡拉迦列（M.）（Mateiu Caragiale，1885-1936）：罗马尼亚纹章史家、诗人、作家。

卡拉贾（I.Gh.）（Ioan Gheorghe Caradja / Caragea，1754-1844）：法纳里奥特人，蒙特尼亚公国大公。

卡拉久（T.）（Toma Caragiu，1925-1977）：罗马尼亚话剧、电影、电视剧演员。

卡拉科斯泰亚（D.）（Dumitru Caracostea，1879-1964）：罗马尼亚批评家、文学史家、民俗学家。

卡拉米特鲁（I.）（Ion Caramitru，1942- ）：罗马尼亚演员、导演。

卡莱尔（Th.）（Thomas Carlyle，1795-1881）：苏格兰评论、讽刺作家、历史学家。

卡林代鲁（N.）（Nicolae Kalinderu，1835-1902）：罗马尼亚医学家。

卡罗尔二世（Carol al II-lea，1893-1953）：1930-1940 年间的罗马尼亚国王。

卡罗尔一世（Carol I / 德语全名：Karl Eitel Friedrich Zephyrinus Ludwig von Hohenzollern-Sigmaringen，1839-1914）：罗马尼亚大公，罗马尼亚霍亨索伦 - 西格马林根王朝的第一位国王。

卡帕多奇亚三杰（Părinţii capadocieni / the Cappadocian Fathers）：包括大瓦西里（Vasile cel Mare，330-379）、他的弟弟德尼萨（G.）（Grigore de Nyssa，335-395）、他的朋友德纳西盎（G.）（Grigore de Nazianz，330-389 / 390）。

卡斯特罗（J.）（Josué de Castro，1908-1973）：巴西营养学家、地理学家、作家。

卡塔尔吉（H.）（Henri Catargi，1894-1976）：罗马尼亚画家。

卡塔尔久（B.）（Barbu Catargiu，1807-1862）：罗马尼亚记者、政治家。

卡塔尔久（L.）（Lascăr Catargiu，1823-1899）：罗马尼亚政治家，四任罗马尼亚总理。

卡西安（I.）（Ioan Cassian，360-435）：公元4-5世纪西方文学和禁欲主义代表人物之一。

卡西尔（E.）（Ernest Cassirer，1874-1945）：德国哲学家。

卡西乌斯（D.）（Dio Cassius / 希腊语：Δίων ὁ Κάσσιος，150-235）：古罗马史学家。

卡约（R.）（Roger Caillois，1913-1978）：法国文学评论家、社会学家、哲学家。

开普勒（J.）（Johannes Kepler，1571-1630）：德国天体物理学家、数学家、哲学家。

恺撒（Gaius Julius Caesar，前102-前44）：罗马共和国末期杰出的军事统帅、政治家。

坎杜（C.）（Cesare Cantù，1804-1895）：意大利史学家、作家、政治家。

坎帕内拉（T.）（Tomaso Campanella，1568-1639）：意大利哲学家、神学家、诗人。

坎塔库济诺（C.）（Constantin Cantacuzino，1655-1716）：来自希腊裔贵族家庭，外交家、史学家、地理学家。

坎塔库济诺（G.M.）（George Matei Cantacuzino，1899-1960）：罗马尼亚建筑师、散文家。

坎塔库济诺（Gh.G.）（Gheorghe Grigore Cantacuzino，1832-1913）：罗马尼亚政治家，曾任罗总理。

坎塔库济诺（I.）（Ioan Cantacuzino，1863-1934）：罗马尼亚微生物学家、免疫学家。

坎塔库济诺（Ş.）（Şerban Cantacuzino，1640-1688）：希腊裔蒙特尼亚公国大公。

坎泰米尔（A.）（Antioh Cantemir / 俄语：Антиох Дмитриевич Кантемир，1708-1744）：坎泰米尔（D.）之子，出生于摩尔多瓦的俄国诗人和外交家。

坎泰米尔（D.）（Dimitrie Cantemir / 俄语：Дми́трий Константи́нович Кантеми́р，1673-1723）：摩尔多瓦公国百科全书式的人物，作家、学者、民族学家、地理学家、哲学家、哲学家、史学家、语言学家、音乐家、政治家。曾任摩尔多瓦公国大公。

康德（I.）（Immanuel Kant，1724-1804）：德国哲学家、天文学家、德国古典美学的奠定者。

康狄拉克（É.B.）（Étienne Bonnot de Condillac，1715-1780）：法国哲学家、认识论专家。

康斯坦丁（G.）（George Constantin，1933-1994）：罗马尼亚电影演员。

康斯坦丁内斯库（P.）（Paul Constantinescu, 1909-1963）：希腊裔罗马尼亚作曲家。

康斯坦丁内斯库（Pomp.）（Pompiliu Constantinescu, 1901-1946）：罗马尼亚文学评论家。

康托尔（G.F.L.P.）（Georg Ferdinand Ludwig Philipp Cantor, 1845-1918）：德国数学家，集合论的创始人。

考茨基（K.J.）（Karl Johann Kautsky, 1854-1938）:德国社会民主主义活动家。

考德拉（E.）（Eduard Caudella, 1841-1924）：罗马尼亚歌剧作曲家、小提琴家、指挥家。

考德拉（F.S.）（Francise Serafim Caudella, 1812-1868）：罗马尼亚作曲家。

考什布克（G.）（George Coşbuc, 1866-1918）：罗马尼亚诗人、翻译家。

柯恩达（H.）（Henri Coandă, 1886-1972）：罗马尼亚工程师、发明家，世界航空领域的先驱。

科伯尔切斯库（G.）（Grigore Cobălcescu, 1831-1892）：罗马尼亚地质学家、古生物学家。

科德雷斯库（C.）（Constantin Codrescu, 1931-   ）：罗马尼亚电影演员。

科德雷亚努（I.）（Irina Codreanu, 1896-1985）：罗马尼亚雕塑家。

科德鲁-德勒古沙努（I.）（Ion Codru-Drăguşanu, 1818-1884）:罗马尼亚作家、旅行家、"四八"革命者。

科迪策（P.）（Pavel Codiţă, 1916-2000）：罗马尼亚画家。

科尔内亚（D.）（Doina Cornea, 1929-2018）：罗马尼亚政论家。

科尔温（M.）（Matei Corvin / Matia Corvinul / Matia de Hunedoara / 匈牙利语：Hunyadi Mátyás, 1443-1490）：匈牙利王国最伟大的国王之一。

科格尔尼恰努（M.）（Mihail Kogălniceanu, 1817-1891）：罗马尼亚自由主义政治家、律师、史学家。曾任罗总理和外长等职。

科里达莱乌（T.）（Teofil Coridaleu, 1570-1646）：希腊哲学家。

科列西（Coresi, ?-1583）：罗马尼亚翻译家和印刷专家，出版了最早的罗马尼亚语图书。

科隆尼奇（L.K.）（Leopold Karl von Kollonitsch, 1631-1707）:德裔天主教教士，曾任匈牙利首席主教。

科马尔内斯库（P.）（Petru Comarnescu, 1905-1970）：罗马尼亚作家、文学评论家。

科米谢尔（E.）（Emilia Comişel, 1913-2010）：罗马尼亚民族音乐学家。

科纳基（C.）（Costache Conachi, 1777-1849）：罗马尼亚作家，曾在摩尔多瓦公国担任要职。

科恰（D.）（Dina Cocea, 1912-2008）：罗马尼亚话剧演员。

科塞留（E.）（Eugen Coşeriu, 1921-2002）：罗马尼亚语言学家。

科绍韦伊（T.T.）（Traian T. Coşovei, 1954-2014）：罗马尼亚诗人。

科舒特（L.）（Lajos Kossuth，1802-1894）：匈牙利律师、记者、政治家，"四八"革命领袖。

科斯马（V.）（Vladimir Cosma，1940-　）：旅法罗马尼亚小提琴家、作曲家、指挥家。

科斯塔凯（V.）（Veniamin Costache，1768-1846）：罗马尼亚学者、翻译家，摩尔多瓦教区大主教。

科斯泰亚（Şt.）（Ştefan Costea，1930-　）：罗马尼亚社会学家。

科斯廷（M.）（Miron Costin，1633-1691）：罗马尼亚最早的史学家之一。

科斯廷（N.）（Nicolae Costin，1660-1712）：摩尔多瓦公国史学家、首相。科斯廷（M.）之子。

科泰斯库（O.）（Octavian Cotescu，1931-1985）：罗马尼亚电影演员。

科特鲁什（A.）（Aron Cotruş，1891-1961）：罗马尼亚外交家、作家。

科特鲁什（O.）（Ovidiu Cotruş，1926-1977）：罗马尼亚诗人、文学评论家。

科托莱亚（Gh.）（Gherontie / Gerontie / Gheorghe Cotorea，1720-1774）：罗马尼亚裔希腊天主教神父。

科扎尔（I.）（Ion Cojar，1931-2009）：罗马尼亚话剧和电影导演。

克尔采亚什（Şt.）（Ştefan Câlţiaş，1942-　）：罗马尼亚画家。

克尔德列斯库（M.）（Mircea Cărtărescu，1956-　）：罗马尼亚诗人、作家、文学评论家、政论家。

克尔凯郭尔（S.A.）（Soren Aabye Kierkegaard，1813-1855）：丹麦宗教哲学家、心理学家、诗人。

克尔洛瓦（V.）（Vasile Cârlova，1809-1831）：罗马尼亚诗人、军官。

克尔赞（Gh.）（Gheorghe Cârţan，1849-1911）：又名克尔赞大叔（Badea Cârţan）。一个为特兰西瓦尼亚公国罗马尼亚人独立而战的罗马尼亚农民。

克拉德克（A.）（Anton Chladek，1794-1882）：捷克画家，N.格雷戈雷斯库的启蒙教师。

克拉伊尼克（N.）（Nichifor Crainic，1889-1972）：多布雷（I.）（Ion Dobre）的笔名，罗马尼亚作家、记者、政治家、哲学家。是一个反犹太的极右翼思想家。

克莱姆（G.F.）（Gustav Friedrich Klemm，1802-1867）：德国人类学家。

克劳迪安（A.）（Alexandru Claudian，1898-1962）：罗马尼亚哲学家、社会学家。

克雷茨亚（P.）（Petru Creţia，1927-1997）：罗马尼亚哲学家、散文家、翻译家、M.埃米内斯库研究专家。

克雷祖列斯库（N.）（Nicolae Kretzulescu / Kreţulescu，1812-1900）：罗马尼亚自由主义政治家，曾任罗总理。

克里山（Gh.）（Gheorghe Crişan，1733-1785）：1784年"霍雷亚、克洛什卡和克里山起义"的领导人之一。

克里斯泰亚（M.）（Miron Cristea，1868-1939）：俗名 Elie Cristea，罗马尼亚

政论家、语言学家、反犹太主义政治家、神学家，罗马尼亚东正教会首
任牧首（1925-1939）

克利（P.）（Paul Klee, 1879-1940）：瑞士造型大师。

克利内斯库（G.）（George Călinescu, 1899-1965）：罗马尼亚评论家、文学
史家、作家、政论家、科学院院士。

克利内斯库（M.）（Matei Călinescu, 1934-2009）：罗马尼亚文学评论家、文
学史家。

克利内斯库（P.）（Paul Călinescu, 1902-2000）：罗马尼亚电影导演。

克良格（H.）（Horia Creangă, 1892-1943）：罗马尼亚建筑师。

克良格（I.）（Ion Creangă, 1837-1889）：罗马尼亚文学经典作家之一，是最
具盛名的故事作家。

克洛什卡（I.O.）（Ion Oargă Cloşca, 1747-1785）：1784年"霍雷亚、克洛什
卡和克里山起义"的领导人之一。

克曼狄奥鲁斯（Commentiolus, ?-?）：拜占庭帝国将军，生卒年月不详。

克塞诺波尔（A.D.）（Alexandru Dimitrie Xenopol, 1847-1920）:罗马尼亚史学家、
哲学家、经济学家、教育家、社会学家、作家。

肯迪（I.）（Ilarie Chendi, 1871-1913）：罗马尼亚文学评论家。

肯皮内亚努（I.）（Ion Câmpineanu, 1841-1888）：罗马尼亚政治家。

孔德（A.）（Auguste Comte, 1789-1857）：法国哲学家、社会学和实证主义
的创始人，被称为"社会学之父"。

孔塔（I.）（Iosif Conta, 1924-2006）：罗马尼亚指挥家。

孔塔（V.）（Vasile Conta, 1845-1882）：罗马尼亚哲学家、作家。

库克林（D.）（Dumitrie Cuclin, 1885-1978）：罗马尼亚作曲家、乐理学家、
哲学家、作家、翻译家。

库库（Gh.）（Gheorghe Cucu, 1882-1932）：罗马尼亚作曲家、指挥家。

库朗热（F.）（Fustel de Coulanges, 1830-1889）：法国史学家。

库利亚努（I.P.）（Ioan Petru Culianu, 1950-1991）:美籍罗马尼亚裔宗教史家、
作家。

库萨的尼古拉（Nicholas Cusanus, I401-1464）：文艺复兴初期德国哲学家，
罗马天主教会的高级教士。

库扎（A.C.）（Alexandru C. Cuza, 1857-1947）：罗马尼亚政治家，反犹太主
义者。

库扎（A.I.）（Alexandru Ioan Cuza, 1820-1873）：罗马尼亚人联合公国和统
一罗马尼亚民族国家的首位大公。

L

拉比什（N.）（Nicolae Labiş, 1935-1956）：罗马尼亚诗人。

拉伯雷（F.）（François Rabelais, 1494-1553）:法国作家、医生、人文主义者。

拉布吕耶尔（J.）（Jean de La Bruyère，1645-1696）：法国作家。

拉采尔（F.）（Friedrich Ratzel，1844-1904）：德国地理学家，地理环境决定论的倡导者。

拉迪亚（R.）（Romulus Ladea，1901-1970）：罗马尼亚雕塑家。

拉杜（I.）（Ioana Radu，1917-1990）：罗马尼亚歌唱家。

拉杜大公（Radu IV cel Mare，1467-1508）：1495-1508年间任蒙特尼亚公国大公。

拉多维奇（A.G.）（Alexandru G. Radovici，1860-1918）：罗马尼亚政治家。

拉斐尔（Raffaello Sanzio，1483-1520）：意大利画家、建筑师。

拉夫罗夫（P.L.）（Пётр Лаврович Лавров，1823-1900）：俄国社会学家、哲学家、文学家、革命家。

拉科奇二世（F.）（Francisc Rákóczi al II-lea，1676-1735）：匈牙利贵族，曾任特兰西瓦尼亚公国大公。

拉科维策（E.）（Emil Racoviță，1868-1947）：罗马尼亚生物学家、洞穴学家、南极探险家，世界上首位研究北极生物的生物学家。

拉莱亚(M.)（Mihai Ralea,1896-1964)：罗马尼亚散文家、哲学家、心理学家、社会学家、外交家、政治家。

拉雷什（P.）（Petru Rareş / Petru al IV-lea，1483-1546）：斯特凡大公之子，两度任摩尔多瓦公国大公。

拉列斯库（T.）（Traian Lalescu，1882-1929）：罗马尼亚数学家。

拉马丁（A.）（Alphonse de Lamartine，1790-1869）：法国十九世纪第一位浪漫派抒情诗人。

拉普拉斯（P.-S.）（Pierre-Simon Laplace,1749-1827)：法国分析学家、数学家、物理学家，法国科学院院士。

拉辛（J.）（Jean Racine，1639-1699）：法国剧作家。

拉泽尔（Gh.）（Gheorghe Lazăr，1779-1823）：罗马尼亚教育家、神学家、工程师。

莱奥纳德斯库（C.）（Constantin Leonardescu，1846-1907）：罗马尼亚美学家。

莱布尼茨（G.W.）（Gottfried Wilhelm Leibniz，1646-1716）：德国哲学家、数学家。

莱卡（C.）（Constantin Lecca，1807-1887）：罗马尼亚画家。

莱辛（G.E.）（Gotthold Ephraim Lessing，1729-1781）：德国戏剧家、戏剧理论家。

赖纳（F.I.）（Francisc Iosif Rainer，1874-1944）：罗马尼亚医学家、人类学家。

兰普雷希特（K.）（Karl Lamprecht，1856-1915）：德国史学家。

劳里安（A.T.）（August Treboniu Laurian，1810-1881）：罗马尼亚语言学家、史学家、政论家、政治家、特兰西瓦尼亚"四八"革命者。

老米尔恰（Mircea cel Bătrân, 1355-1418）：1386-1394 年、1397-1418 年间两度任蒙特尼亚公国大公。

勒杜卡努（I.）（Ion Răducanu, 1884-1964）：罗马尼亚经济学家、政治家。

勒杜列斯库（D.）（Dem Rădulescu, 1931-2000）：罗马尼亚话剧、电影、电视剧演员。

勒杜列斯库（I.H.）（Ion Heliade Rădulescu, 1802-1872）：罗马尼亚作家、语言学家、政治家，罗马尼亚科学院的创始人和首任院长，"四八"革命前罗马尼亚文化主将。笔名埃利亚德（Eliad）。

勒杜列斯库 - 莫特鲁（C.）（Constantin Rădulescu-Motru, 1868-1957）：罗马尼亚哲学家、心理学家、教育家、政治家、剧作家。曾任罗马尼亚话剧院院长和科学院院长。

勒库斯泰亚努（G.）（Grigore Lăcusteanu, 1813-1883）：罗马尼亚传记作家。

勒姆尼恰努（G.）（Grigorie Râmniceanu, 1763-1828）：罗马尼亚翻译家，曾任阿尔杰什主教。

勒姆尼恰努（N.）（Naum Râmniceanu, 1771-1839）：罗马尼亚学者、史学家、诗人。

勒普什内亚努（A.）（Alexandru Lăpușneanu, 1499-1568）：曾两度担任摩尔多瓦公国大公。

雷本久克（V.）（Victor Rebengiuc, 1933-　）：罗马尼亚电影、电视剧、话剧演员。

雷布雷亚努（L.）（Liviu Rebreanu, 1885-1944）：罗马尼亚小说家、剧作家、科学院院士。

雷格诺（E.）（Elias Regnault, 1801-1868）：法国史学家。

雷苏（C.）（Camil Ressu, 1880-1962）：罗马尼亚画家。

李卜克内西（W.）（Wilhelm Martin Philipp Christian Ludwig Liebknecht, 1826-1900）：德国工人运动和国际工人运动的著名活动家，德国社会民主党创始人和领袖，第二国际创始人。

李德尔（M.）（Manfred Riedel, 1936-2009）：德国哲学家。

李嘉图（D.）（David Ricardo, 1772-1823）：英国经济学家，古典经济学的代表人物。

李凯尔特（H.）（Heinrich Rickert, 1863-1936）：德国哲学家，新康德主义弗赖堡学派的代表。

李斯特（F.）（Franz Liszt / 匈牙利语：Liszt Ferencz, 1811-1886）：匈牙利作曲家、钢琴家。

李斯特（G.）（Georg Friedrich List, 1789-1846）：德国经济学家，保护贸易论倡导者。

李特尔（C.）（Carl Ritter, 1779-1859）：德国地理学家，近代地理学主要创建人。

李希霍芬（F.）（Ferdinand von Richthofen, 1833-1905）：德国旅行家、地理学家、地质学家。

利奥波德二世（Leopold II, 1747-1792）：哈布斯堡—洛林王朝的神圣罗马帝国皇帝，1790-1792 年在位。

利奥波德一世（Leopold I, 1640-1705）：哈布斯堡王朝的神圣罗马帝国皇帝，1658-1705 年在位。

利科（P.）（Paul Ricoeur, 1913-2005）：法国哲学家，擅长将对现象的描述和诠释学结合起来。

利帕蒂（D.）（Dinu Lipatti, 1917-1950）：罗马尼亚钢琴家、指挥家、音乐教育家。

利恰努（G.）（Gabriel Liiceanu, 1942- ）：罗马尼亚哲学家。

利丘（P.）（Petre Liciu, 1871-1912）：罗马尼亚话剧演员。

列宁（Lenin, 1870-1924）：原名乌里扬诺夫（V.I）（Владимир Ильич Ульянов），俄国革命家、政治家、思想家、理论家，苏维埃政权的缔造者。

列维 - 斯特劳斯（C.）（Claude Lévi-Strauss, 1908-2009）：法国结构主义人类学家，被誉为"现代人类学之父"。

隆吉内斯库（Gh.）（Gheorghe Longinescu, 1869-1939）：罗马尼亚化学家。

卢基安（Şt.）（Ştefan Luchian, 1868-1916）：罗马尼亚画家。

卢卡（G.）（Gherasim Luca / 又名：Zolman Locker / Gherashim Luca / Costea Sar / Petre Malcoci, 1913-1994）：犹太裔罗马尼亚诗人，超现实主义理论家。

卢卡奇（C.）（Constantin Lucaci, 1923- ）：罗马尼亚雕塑家。

卢卡丘（T.）（Teodora Lucaciu, 1928- ）：罗马尼亚歌唱家。

卢米埃尔（L.）（Louis Lumière, 1864-1948）：法国导演，电影的发明者。

卢帕什（I.）（Ioan Lupaş, 1880-1967）：罗马尼亚史学家、政治家。

卢帕什库（Şt.）（Ştefan Lupaşcu / 法语：Stéphane Lupasco, 1900-1988）：旅法罗马尼亚裔逻辑学家。

卢佩斯库（S.）（Silviu Lupescu, 1953- ）：波利罗穆（Polirom）出版社的创始人。

卢普（D.）（Dionisie Lupu, 1769-1831）：布加勒斯特主教。

卢普（N.）（Nicolae Lupu, 1876-1947）：罗马尼亚政治家、医生。

卢普（N.Gh.）（Nicolae Gh. Lupu, 1884-1966）：罗马尼亚医学家。

卢普（V.）（Vasile Lupu, 1595-1661）：摩尔多瓦公国大公。

卢梭（H.）（Henri Rousseau, 1844-1910）：法国画家。

卢梭（J.J.）（Jean Jacques Rousseau, 1712-1778）：法国启蒙思想家、哲学家、教育家、文学家，启蒙运动代表人物。

鲁哈（Şt.）（Ştefan Ruha, 1931-2004）：匈裔罗马尼亚小提琴家、指挥家。

鲁苏（L.）（Liviu Rusu, 1901-1985）：罗马尼亚心理学家、美学家、文学史家。

鲁索（A.）（Alecu Russo, 1819-1859）：罗马尼亚诗人、小说家、散文家、传记作家、文学评论家、"四八"革命者。

路德（M.）（Martin Luther，1483-1546）：德国神学家，宗教改革者，基督教新教路德宗的创始人。

路易十六（Ludovic al XVI-lea / 法语：Louis XVI，1754-1793）：法兰西波旁王朝复辟前最后一任国王。

路易十四（Louis XIV / Louis-Dieudonné，1638-1715）：法国国王，1643-1715年间在位。

罗丹（A.）（Auguste Rodin，1840-1917）：法国雕塑家。

罗加尔斯基（Th.）（Theodor Rogalski，1901-1954）：罗马尼亚作曲家、指挥家、钢琴家。

罗勒尔（M.）（Mihail Roller，1908-1958）：犹太裔罗马尼亚史学家。

罗曼内斯库（A.）（Aristizza Romanescu，1854-1918）：罗马尼亚话剧演员。

罗曼努尔（Z.）（Zilot Românul，1787-1853）:罗马尼亚法学家、诗人、编年史家。

罗曼诺（C.）（Claude Romano，1914-2005）：罗马尼亚作曲家。

罗慕路斯（Romulus，约前771- 约前717）：与雷穆斯（Remus，约前771-约前753）是罗马神话中罗马城邦的缔造者。

罗塞蒂（C.A.）（Constantin Alexandru Rosetti，1816-1885）:罗马尼亚政治家、政论家、"四八"革命者。

罗塞蒂（Th.）（Theodor Rosetti，1837-1923）：罗马尼亚政论家、政治家，曾任罗总理和科学院名誉院士。

罗森塔尔（C.D.）（Constantin Daniel Rosenthal，1820-1851）：犹太裔罗马尼亚画家。

罗什卡（D.D.）（Dumitru D. Roșca，1895-1980）：罗马尼亚哲学家。

罗舒（N.）（Nicolae Roșu，1903-1962）：罗马尼亚作家、记者。

罗斯勒（E.D.）（Eduard Robert Rösler，1836-1874）：德裔奥地利史学家。

罗塔鲁（I.）（Ion Rotaru，1924-2006）：罗马尼亚文学评论家。

罗特（S.L.）（Stephan Ludwig Roth，1796-1849）：特兰西瓦尼亚萨斯族人文主义思想家、史学家、神父。

洛克（J.）（John Locke，1632-1704）：英国哲学家、经验主义的开创人。

洛特雷阿蒙（C.）（Contele de Lautréamont，1846-1870）：法国诗人，现代派诗歌的先驱。

洛特曼（Y.M.）（Юрий Михáйлович Лóтман，1922-1993）：苏联文学家、符号学家、文化历史学家，爱沙尼亚科学院院士。

洛维内斯库（E.）（Eugen Lovinescu，1881-1943）：罗马尼亚文学评论家、文学史家、文化社会学家、小说家。

洛维内斯库（M.）（Monica Lovinescu，1923-2008）：罗马尼亚文学评论家。

M

马德贾鲁（V.）（Virgil Madgearu，1887-1940）:罗马尼亚经济学家、社会学家、

左翼政治家。

马蒂斯 - 托伊齐（H.）（Hans Mattis-Teutsch, 1884-1960）：德裔罗马尼亚画家、雕塑家。

马丁（M.）（Mircea Martin, 1940-　）：罗马尼亚文学评论家。

马尔顿（B.）（Bolla Marton, 1751-1831）：匈牙利牧师、史学家。

马尔吉洛曼（A.）（Alexandru Marghiloman, 1854-1925）：罗马尼亚政治家，曾任罗马尼亚总理。

马尔库（D.）（Duiliu Marcu, 1885-1966）：罗马尼亚建筑师。

马尔库斯（M.）（Manole Marcus, 1928-1994）：犹太裔罗马尼亚电影导演。

马尔强（D.P.）（Dionisie Pop Marțian, 1829-1865）：罗马尼亚经济学家、统计学家，现代统计学奠基人。

马夫罗科达特（C.）（Constantin Mavrocordat, 1711-1769）：曾六度担任蒙特尼亚公国大公。

马夫罗科达特（N.）（Nicolae Mavrocordat, 1680-1730）：曾两度担任蒙特尼亚公国大公。

马基雅维利（N.）（Niccolò Machiavelli, 1469-1527）：意大利政治思想家、政治活动家、史学家。

马卡列（Macarie, ?-1558）：摩尔多瓦公国的主教、编年史家。

马科夫斯基（E.）（Eugen Macovschi, 1906-1985）：罗马尼亚生物化学家。

马科维（G.）（Gheorghe Macovei, 1880-1969）：罗马尼亚地质学家。

马可·奥勒留（Marcus Aurelius Antoninus, 121-180）：罗马皇帝，161-180年间在位。

马克思（K.H.）（Karl Heinrich Marx, 1818-1883）：德国政治家、哲学家、经济学家、革命理论家。

马克西（M.H.）（Max Hermann Maxy, 1895-1971）：罗马尼亚画家。

马里安（S.F.）（Simion Florea Marian, 1847-1907）：罗马尼亚民俗学家、人种学家、神父。

马里内斯库（Gh.）（Gheorghe Marinescu, 1863-1938）：罗马尼亚神经病学家。

马里诺（A.）（Adrian Marino, 1921-2005）：罗马尼亚作家、评论家、史学家、文学理论家。

马利查（M.）（Mircea Malița, 1927-2018）：罗马尼亚数学家、作家、科学院院士、外交家。

马利诺夫斯基（B.）（Brodislaw Malinovski, 1884-1942）：波兰人类学家。

马罗科维奇（S.）（Silvia Marocovici, 1952-　）：犹太裔罗马尼亚小提琴家。

马纳塞斯（C.）（Constantin Manasses / 希腊语：Κωνσταντῖνος Μανασσῆς, 1130-1187）：拜占庭编年史家。

马纽（A.）（Adrian Maniu, 1891-1968）：罗马尼亚作家、诗人，科学院通信院士。

马纽（I.）（Iuliu Maniu, 1873-1953）：罗马尼亚政治家。

马诺列斯库（G.）（Grigore Manolescu, 1857-1892）：罗马尼亚话剧演员。

马诺列斯库（I.）（Ion Manolescu, 1881-1959）：罗马尼亚话剧和电影演员。

马诺列斯库（N.）（Nicolae Manolescu, 1939- ）：罗马尼亚文学评论家、文学史家。

马诺伊列斯库（M.）（Mihail Manoilescu, 1891-1950）：罗马尼亚政论家、经济学家、政治家，曾任外交部部长。

马奇尼（G.）（Giuseppe Mazzini, 1805-1872）：意大利法学家。

马切东斯基（A.）（Alexandru Macedonski, 1854-1920）：罗马尼亚诗人、散文家、剧作家、政论家。

马尔库斯（S.）（Solomon Marcus, 1925-2016）：犹太裔罗马尼亚数学家，科学院院士。

马伊马罗鲁（D.）（Dumitrie Maimarolu, 1859-1926）：罗马尼亚建筑师。

马伊泰克（O.）（Ovidiu Maitec, 1925-2007）：罗马尼亚雕塑家。

马约尔（G.）（Grigore Maior, 1715-1785）：1773-1782 年间任特兰西瓦尼亚联合教会主教。

马约尔（P.）（Petru Maior, 1760-1821）：罗马尼亚史学家、语言学家、作家、希腊天主教大司祭，阿尔迪亚尔学派代表人物。

马约雷斯库（I.）（Ioan Maiorescu, 1811-1864）：罗马尼亚历史学教师，曾任蒙特尼亚公国外交使节，马约雷斯库（T.）之父。

马约雷斯库（T.）（Titu Maiorescu, 1840-1917）：罗马尼亚科学院院士、律师、文学评论家、散文家、美学家、哲学家、教育家、政治家。曾任罗马尼亚总理，是罗马尼亚科学院的奠基人之一。

曼代亚尔（C.）（Cristian Mandeal, 1946- ）：罗马尼亚钢琴家、指挥家。

梅德雷亚（C.）（Cornel Medrea, 1888-1964）：罗马尼亚雕塑家。

梅海丁齐（S.）（Simion Mehedinți, 1868-1962）：罗马尼亚地理学家、教育家。

梅海西（I.）（Iosif Mehesi, ?-?）：罗马尼亚政治家，特兰西瓦尼亚启蒙运动的斗士，生卒年月不详。

梅努莫鲁特（Menumorout / 匈牙利语：Ménmarót, ?-?）：中世纪早期蒂萨河、穆列什河、阿普赛尼山脉地区的大公，生卒年月不详。

蒙久-皮皮蒂（A.）（Alina Mungiu-Pippidi, 1964-）：罗马尼亚政治学家。

蒙田（M.E.）（Michel Eyquem de Montaigne, 1533-1592）：法国文艺复兴后期、16 世纪人文主义思想家。

孟德斯鸠（B.）（Baron de La Brède et de Montesquieu, 1689-1755）：18 世纪法国启蒙时代的著名思想家。

米哈伊列斯库（F.）（Florin Mihăilescu, 1943- ）：布加勒斯特大学语文系教授，罗马尼亚文学史专家。

米哈伊列斯库（Şt.C.）（Şt. C. Michăilescu, 1846-1899）：罗马尼亚记者、教育家。

米哈伊洛夫斯基（N.K.）（Никола́й Константи́нович Михайло́вский，1842-1904）：俄国记者、社会学家、文学评论家、翻译家、民粹主义理论家。

米哈伊一世（Mihai I，1921-2017）：罗马尼亚末代国王。

米赫伊勒（Gh.）（Gheorghe Mihăilă，1930-2011）：罗马尼亚语言学家。

米赫伊列斯库（C.）（Corneliu Mihăilescu，1887-1965）：罗马尼亚画家。

米开朗琪罗（Michelangelo Buonarroti，1475-1564）：意大利雕塑家、建筑师、画家、诗人。

米克莱（Şt.）（Ştefan Micle，1817 / 1820-1879）：罗马尼亚教育家、物理学家。

米库（S.）（Samuil Micu，1745-1806）：又名米库-克莱因（S.）（Klein / Clain），俗名 M. 米库（S.）（Maniu Micu）。罗马尼亚神学家、史学家、语言学家、词典学家、人文主义哲学家。阿尔迪亚尔学派代表人物。

米库-克莱因（I.I.）（Ion Inocenţiu Micu-Klein，1692-1768）：罗马尼亚裔希腊天主教会主教，是罗马尼亚现代政治思想的创始人。

米朗多拉（G.P.）（Giovanni Pico della Mirandola，1463-1494）：意大利文艺复兴时期思想家。

米勒（C.）（Constantin Mille，1861-1927）：罗马尼亚记者、作家、律师，激进的社会主义者。

米列斯库（N.）（Nicolae Milescu / Neculai Milescu Spătarul / 俄语：Николай Гаврилович Спафарий，1636-1708）：摩尔多瓦翻译家、旅行家、地理学家、外交家。曾作为沙皇的使臣出使中国。

米洛（M.）（Matei Millo，1814-1896）：罗马尼亚演员、剧作家。

米什莱（J.）（Jules Michelet，1789-1874）：法国史学家，罗曼史学的代表人物。

明库（I.）（Ion Mincu，1852-1912）：罗马尼亚建筑师、工程师。

缪勒（M.）（Max Muller，1823-1900）：英国语言学家，西方宗教学的创始人。

摩尔多万（E.）（Eugenia Moldovan，1944-　）：罗马尼亚歌唱家。

摩尔多维亚努（F.）（Filip Moldoveanu / Filip Maler / Philippus Pictor，1521-1553）：摩尔多瓦公国书法家、印刷专家。

莫措克（V.）（Varlaam Moţoc，1580 / 1585-1657）：1632-1653 年间任摩尔多瓦教区大主教。

莫尔聪（V.G.）（Vasile G. Morţun，1860-1919）：罗马尼亚政论家、艺术收藏家、政治家。

莫加（V.）（Vasile Moga，1774-1845）：哈布斯堡王朝统治下特兰西瓦尼亚的首位东正教主教。

莫拉留（M.）（Modest Morariu，1929-1988）：罗马尼亚诗人、作家、翻译家。

莫拉鲁（M.）（Marin Moraru，1937-2016）：罗马尼亚话剧和电影演员。

莫拉斯（Ch.M.P.）（Charles-Marie-Photius Maurras，1868-1952）：法国作家、诗人、评论家，极端民族主义者。

莫里哀（Moliere / 原名：Jean Baptiste Poquelin，1622-1673）：法国喜剧作家、

演员、戏剧活动家。

莫斯（M.）（Marcel Mauss, 1872-1950）：法国社会学家、民族学家。

莫斯卡多（J.）（Jeronimo Moscardo, 1940-　）：巴西外交官。

莫托伊（G.）（George Motoi, 1936-　）：罗马尼亚话剧演员、导演。

莫维勒（P.）（Petru Movilă, 1596-1646/1647）：基辅教区大主教。

莫伊希尔（G.C.）（Grigore Constantin Moisil, 1906-1973）：罗马尼亚数学家，计算机先驱。

墨索里尼（B.）（Benito Mussolini, 1883-1945）：意大利法西斯党魁、独裁者、法西斯主义创始人。

默尔吉内安（V.）（Viorel Mărginean, 1933-　）：罗马尼亚画家，科学院名誉院士。

默尔扎（T.）（Traian Mârza, 1923-　）：罗马尼亚民族音乐学家。

默哈契的格里戈雷神父（popa Grigore din Măhaci, ?-?）：生卒年月不详。

默克萨（M.）（Mihai Moxa / Mihail Moxalie, 1585/1590-1650）：罗马尼亚修道士，17世纪知名学者。

穆尔古（E.）（Eftimie Murgu, 1805-1870）：罗马尼亚哲学家，"四八"革命领导者之一。

穆尔杰斯库（C.）（Costin Murgescu, 1919-1989）：罗马尼亚外交家、经济学家、全球化问题专家。

穆尔努（G.）（George Murnu, 1868-1957）：罗马尼亚作家、翻译家、史学家。

穆谷尔（V.）（Vlad Mugur, 1927-2001）：罗马尼亚话剧导演。

穆济切斯库（G.）（Gavril Muzicescu, 1847-1903）：罗马尼亚作曲家、乐理学家、指挥家。

穆勒（J.S.）（John Stuart Mill, 1806-1873）：英国哲学家，倡导功利主义。

穆雷沙努（A.）（Andrei Mureşanu / Mureşianu, 1816-1863）：特兰西瓦尼亚公国的罗马尼亚族诗人、革命家。

穆雷沙努（I.）（Iacob Mureşianu, 1812-1887）：罗马尼亚政论家、诗人、政治家，罗马尼亚科学院名誉院士。

穆雷尚（I.）（Ion Mureşan, 1955-　）：罗马尼亚诗人、政论家。

穆沙丁家族（Muşatini）：摩尔多瓦公国最重要的大公家族之一，其中代表人物有善良的亚历山德鲁大公、斯特凡大公、勒普什内亚努（A.），等等。

穆沙泰斯库（T.）（Tudor Muşatescu, 1903-1970）：罗马尼亚诗人、剧作家。

穆绍尤（P.）（Panait Muşoiu, 1864-1944）：罗马尼亚无政府主义和社会主义思想家、编辑、政论家。

穆斯切莱亚努（I.）（Ion Musceleanu, 1903-1997）：罗马尼亚画家。

N

拿破仑（Napoléon Bonaparte, 1769-1821）：法兰西第一共和国执政、法兰西

第一帝国皇帝。

纳代日德（I.）（Ioan Nădejde, 1854-1928）：罗马尼亚政论家、翻译家，社会主义运动领导人。

纳代日德（S.）（Sofia Nădejde, 1856-1946）：罗马尼亚政论家、小说家、剧组家，女权主义和马克思主义者。

瑙姆（G.）（Gellu Naum, 1915-2001）：罗马尼亚诗人、散文家、剧作家，罗马尼亚超现实主义代表人物。

讷帕鲁什（G.）（Georgeta Năpăruș, 1930-1997）：罗马尼亚女画家。

讷斯图雷尔（U.）（Udriște Năsturel, 1596-1659）：蒙特尼亚公国诗人和翻译家，曾任公国宰相。

内格雷亚（M.）（Marțian Negrea, 1893-1973）：罗马尼亚作曲家。

内戈伊采斯库（I.）（Ion Negoițescu, 1921-1993）：罗马尼亚文学史家、文学评论家、诗人、作家。

内格里（C.）（Costache Negri, 1812-1876）：罗马尼亚作家、政治家、爱国者。

内格鲁济（C.）（Constantin / Costache Negruzzi, 1808-1868）：罗马尼亚"四八"革命时期的作家和政治家。

内格鲁济（I.）（Iacob Negruzzi, 1842-1932）：罗马尼亚作家、剧作家、文学评论家、法学家、政治家，曾任科学院院长。

内古利奇（I.）（Ion Negulici, 1812-1851）：罗马尼亚画家，蒙特尼亚公国"四八"革命者。

内古列斯库（P.P.）（Petre P. Negulescu, 1872-1951）：罗马尼亚哲学家、政治家、科学院院士。

内库尔切（I.）（Ion Neculce, 1672-1745）：摩尔多瓦公国编年史家，在坎泰米尔（D.）大公当政期间身居要职。

内莫亚努（V.）（Virgil Nemoianu, 1940- ）：旅美罗马尼亚裔作家、文学评论家、文化哲学家。

尼采（F.）（Friedrich Wilhelm Nietzsche, 1844-1900）：德国哲心理学家、哲学家、诗人、作曲家。

尼古拉埃斯库（S.）（Sergiu Nicolaescu, 1930-2013）：罗马尼亚电影导演、演员。

尼古列斯库（Șt.）（Ștefan Niculescu, 1927-2008）：罗马尼亚作曲家、乐理学家。

尼科迪姆（I.N.）（Ion Niță Nicodim, 1909-1980）：罗马尼亚画家。

尼克松（R.）（Richard Nixon, 1913-1994）：美国第37任总统。

尼库利策 - 沃龙卡（E.）（Elena Niculiță-voronca, 1862-1939）：罗马尼亚诗人、作家、民俗学家。

尼夸勒（M.）（Moise Nicoară, 1784-1861）：罗马尼亚爱国法学家、翻译家、作家。

尼斯托尔（I.）（Ion Nistor, 1876-1962）：罗马尼亚史学家。

牛顿（I.）（Isaac Newton, 1643-1727）：英国物理学家、数学家、哲学家。

诺塔拉（C.I.）（Constantin I. Nottara，1859-1935）：罗马尼亚话剧演员。

诺伊卡（C.）（Constantin Noica，1909-1987）：罗马尼亚哲学家、诗人、散文家、政论家。

O

欧比茨（M.）（Martin Opitz von Boberfeld，1597-1639）：德国诗人。

欧斯特拉蒂耶（Eustratie / Dragoş Istratie，?-1646）：摩尔多瓦公国的古希腊研究家、人文主义者、翻译家。

P

帕拉（I.）（Ioan Para，1744-1809）：18世纪特兰西瓦尼亚的罗马尼亚族知识分子

帕拉德（G.E.）（Emil Palade，1912-2008）：旅美罗马尼亚裔医生、细胞生物学家，1974年诺贝尔奖得主。

帕拉迪（Th.）（Theodor Pallady，1871-1956）：罗马尼亚画家。

帕拉吉策（Şt.）（Ştefan Palaghiţă，?-?）：罗马尼亚20世纪的一位神父，生卒年月不详。

帕拉马斯（G.）（Grigore Palamas / 希腊语：Γρηγόριος Παλαμάς，1296-1359）：希腊阿陀斯山的修士、东正教神学家、静修主义者。

帕莱奥洛古（A.）（Alexandru Paleologu，1919-2005）：罗马尼亚作家、文学评论家、外交家、政治家。

帕勒尔（O.）（Octavian Paler，1926-2007）：罗马尼亚作家、记者、政治家。

帕利（Z.）（Zenaida Pally，1919-1997）：罗马尼亚歌唱家。

帕姆菲莱（T.）（Teodor Pamfile，1883-1923）：罗马尼亚作家、人种学家、民俗学家。

帕纳伊泰斯库（D.）（Dumitru Panaitescu / 笔名 Perpessicius，1891-1971）：罗马尼亚史学家、文学评论家、民俗学家、散文家、诗人，罗马尼亚科学院院士。

帕纳伊泰斯库（P.P.）（Petre P. Panaitescu，1900-1967）：罗马尼亚史学家、语言学家。

帕努（Gh.）（Gheorghe Panu，1848-1910）：罗马尼亚律师、政治家、作家。

帕帕达特-本杰斯库（H.）（Hortensia Papadat-Bengescu，1876-1955）：罗马尼亚作家。

帕皮尼（G.）（Giovanni Papini，1881-1956）：意大利记者、作家、文学评论家、诗人。

帕皮乌-伊拉里安（A.）（Alexandru Papiu-Ilarian，1827-1877）：特兰西瓦尼亚公国的罗马尼亚族法学家、史学家、语言学家，"四八"革命者。

帕普（E.）（Edgar Papu，1908-1993）：罗马尼亚散文家、文学评论家。

帕恰（I.）（Ion Pacea，1924-1999）：罗马尼亚画家，科学院名誉院士。

帕丘雷亚（D.）（Dimitrie Paciurea，1873-1932）：罗马尼亚雕塑家。

帕斯蒂（V.）（Vladimir Pasti，1951- ）：罗马尼亚社会学家、政治学家。

帕斯卡（B.）（Blaise Pascal，1623-1662）：法国数学家、物理学家、哲学家、散文家。

帕斯卡利（M.）（Mihail Pascaly，1830-1882）:罗马尼亚演员、作家、翻译家、政论家、剧院经理。

潘德雷亚（P.）（Petre Pandrea，1904-1968）：罗马尼亚人文主义者、散文家、律师马尔库（P.）（Petre Marcu）的笔名。

潘恩（A.）（Anton Pann，1793-1854）:原名潘多莱翁-彼得罗维亚努（A.）（Antonie Pantoleon-Petroveanu）罗马尼亚诗人、宗教音乐作曲家、宗教音乐教师、民俗学家、政论家，罗马尼亚国歌的曲作者。

潘诺尼亚努尔（D.）（Daniil Panonianul，17世纪）:特兰西瓦尼亚教区大主教。

庞加莱（H.）（Henri Poincare，1854-1912）：法国数学家、天体力学家、数学物理学家、科学哲学家。

培根（F.）（Francis Bacon，1561-1626）：英国哲学家、作家。

佩尔莱亚（I.）（Ionel Perlea，1900-1970）：罗马尼亚指挥家、作曲家。

佩莱亚（A.）（Amza Pellea，1931-1983）：罗马尼亚话剧和电影演员。

彭丘列斯库（R.）（Radu Penciulescu，1930-2019）:旅瑞典罗马尼亚话剧导演。

蓬佩尤（D.）（Dumitru Pompeiu，1873-1954）：罗马尼亚数学家。

皮埃尔（A.）（André Piettre，1906-1994）：法国经济思想史研究专家。

皮察（D.）（Dan Pița，1938- ）：罗马尼亚电影导演。

皮拉特（I.）（Ion Pillat，1891-1945）：罗马尼亚诗人。

皮柳策（C.）（Constantin Piliuță，1929-2003）：罗马尼亚画家。

皮鲁（A.）（Alexandru Piru，1917-1993）：罗马尼亚文学评论家、文学史家。

皮瓦留-莫尔纳尔（I.）（Ioan Piuariu-Molnar，1749-1815）：罗马尼亚语言学家、翻译家、首位注册医师，阿尔迪亚尔学派重要成员。

皮耶尔西科（F.）（Florin Piersic，1936- ）：罗马尼亚话剧、电影演员。

平蒂列（L.）（Lucian Pintilie，1933-2018）：罗马尼亚话剧和电影导演。

珀尔万（V.）（Vasile Pârvan，1882-1927）：罗马尼亚史学家、考古学家、铭文学家、散文家。

珀特勒什卡努（D.D.）（D. D. Pătrășcanu，1872-1937）：罗马尼亚小说家、史学家、政治家。

珀特勒什卡努（L.）（Lucrețiu Pătrășcanu，1900-1954）:罗马尼亚政治家、律师、社会学家，罗马尼亚共产党的早期领导人之一。

珀温-平乔（I.）（Ion Păun-Pincio，1868-1894）：罗马尼亚作家。

珀乌内斯库（A.）（Adrian Păunescu，1943-2010）:罗马尼亚作家、文学评论家、政论家、翻译家、政治家。

蒲鲁东（P-J.）（Pierre-Joseph Proudhon，1809-1865）：法国政论家、经济

学家、小资产阶级思想家、社会主义者，无政府主义创始人之一。

普尔克雷特（S.）（Silviu Purcărete, 1950-   ）：罗马尼亚歌剧和话剧导演。

普莱舒（A.）（Andrei Pleşu, 1948-   ）：罗马尼亚哲学家、作家、记者、文艺评论家。

普劳图斯（T.M.）（Titus Maccius Plautus, 约前254-前184）：古罗马剧作家，音乐剧的先驱之一。

普雷达（M.）（Marin Preda, 1922-1980）：罗马尼亚作家。

普雷维什（R.）（Raul Prebisch, 1901-1986）：阿根廷经济学家。

普列汉诺夫（G.V.）（Гео́ргий Валенти́нович Плеха́нов, 1856-1918）：俄国革命家、马克思主义理论家。

普鲁斯特（M.）（Marcel Proust, 1871-1922）：法国作家、评论家，意识流文学的先驱与大师。

普罗科皮乌（Şt.）（Ştefan Procopiu, 1890-1972）：罗马尼亚物理学家。

普姆努尔（A.）（Aron Pumnul, 1818-1866）：罗马尼亚语言学家、文学史家，特兰西瓦尼亚公国"四八"革命者，埃米内斯库（M.）的老师。

普什卡留（S.）（Sextil Puşcariu, 1877-1948）：罗马尼亚语言学家、文学史家、教育家、音乐和戏剧评论家。

Q

齐奥塞斯库（N.）（Nicolae Ceauşescu, 1918-1989）：罗马尼亚政治家，曾任罗共中央总书记和罗马尼亚总统。

齐采伊卡（Gh.）（Gheorghe Ţiţeica, 1873-1939）：罗马尼亚数学家、教育家，罗马尼亚及多国科学院院士。

齐采伊卡（Ş.）（Şerban Ţiţeica, 1908-1985）：罗马尼亚核物理学家。

奇哈克（A.）（Alexandru Cihac, 1825-1887）：罗马尼亚语言学家，罗马尼亚科学院名誉院士。

奇珀留（T.）（Timotei Cipariu, 1805-1887）：罗马尼亚政治家、语言学家、史学家、神学家、教育家、东方学家、希腊天主教教士、"四八"革命者。

奇普里安（G.）（George Ciprian, 1883-1968）：罗马尼亚剧作家、话剧演员。

乔库列斯库（Ş.）（Şerban Cioculescu, 1902-1988）：罗马尼亚文学和历史评论家。

乔勒内斯库（A.）（Alexandru Ciorănescu, 1911-1999）：罗马尼亚作家、外交家、语言学家、史学家。

乔普拉加（C.）（Constantin Ciopraga, 1916-2009）：罗马尼亚文学评论家、文学史家、诗人、传记作家。

乔治（A.）（Alexandru George, 1930-2012）：原名杰奥尔杰斯库（G.A.）（George-Alexandru Georgescu）罗马尼亚作家、翻译家、史学家、文学评论家。

乔治乌（I.A.）（Ion Alin Gheorghiu, 1929-2001）：罗马尼亚画家、雕塑家。

乔治乌（M.）（Miluţă Gheorghiu, 1897-1971）：罗马尼亚话剧演员。

乔治乌（V.）（Valentin Gheorghiu, 1928-　）：罗马尼亚钢琴家、作曲家。

切尔凯兹（G.）（Grigore Cerchez, 1850-1927）：罗马尼亚工程师、建筑师。

切尔切尔（P.）（Petru Cercel, 1556-1590）：蒙特尼亚公国大公。

切莱比达凯（S.）（Sergiu Celibidache, 1912-1996）：罗马尼亚指挥家、作曲家。

丘库伦库（A.）（Alexandru Ciucurencu, 1903-1977）：罗马尼亚画家。

丘莱伊（L.）（Liviu Ciulei, 1923-2011）：罗马尼亚导演、演员、建筑师。

丘佩（A.）（Aurel Ciupe, 1900-1985）：罗马尼亚画家。

R

热贝莱亚努（E.）（Eugen Jebeleanu, 1911-1991）：罗马尼亚诗人、政论家、翻译家。

日基迪（A.）（Ana Jiquidi, 1896-?）：罗马尼亚女画家，日基迪（Aur.）之妻。

日基迪（Aur.）（Aurel Jiquidi, 1896-1962）：罗马尼亚画家。

荣格（C.G.）（Carl Gustav Jung, 1875-1961）：瑞士心理学家，分析心理学的首创人。

若拉（M.）（Mihail Jora, 1891-1971）：罗马尼亚作曲家、指挥家。

若亚（C.）（Constantin Joja, 1908-1991）：罗马尼亚建筑师。

S

萨多维亚努（M.）（Mihail Sadoveanu, 1880-1961）：罗马尼亚作家、政治家。

萨里尼（A.）（Anghel Saligny, 1854-1925）：罗马尼亚建筑师、教育学家。

萨林斯（M.D.）（Marshall David Sahlins, 1930-　）：美国人类学家。

萨涅列维奇（H.）（Henric Sanielevici, 1875-1951）：罗马尼亚记者、文学评论家。

萨丕尔（E.）（Edward Sapir, 1884-1939）：美国人类学家、语言学家，美国艺术和科学院院士。

萨瓦（I.）（Ion Sava, 1900-1947）：罗马尼亚话剧导演。

萨伊泽斯库（G.）（Geo Saizescu, 1932-2013）：罗马尼亚电影导演、演员。

塞奥法尼斯（Th.）（Theophanes Confessor, 758 / 760-817 / 818）：拜占庭帝国贵族、神父、编年史家。

塞巴斯蒂安（M.）（Mihail Sebastian / 原名：Iosif Hechiter, 1907-1945）：罗马尼亚剧作家、小说家。

塞尔维恩（P.）（Pius Servien, 1902-1953）：罗马尼亚作家、语言学家科库列斯库（P-Ş.）（Piu-Şerban Coculescu）的笔名。

塞雷米（T.）（Teofil Seremi, ?-1697）：东正教主教，开启了特兰西瓦尼亚公国宗教联合的进程。

塞内加（L.A.）（Lucius Annaeus Seneca, 约前4-65）：古罗马哲学家。

塞万提斯（M.C.）（Miguel de Cervantes Saavedra, 1547-1616）：文艺复兴时期西班牙小说家、剧作家、诗人。

桑巴特（W.）（Werner Sombart，1863-1941）：德国社会学家、经济学家。

桑杜 - 阿尔代亚（C.）（Constantin Sandu-Aldea，1874-1927）：罗马尼亚农业
　　工程师、作家。

瑟利什泰亚努（I.）（Ion Sălişteanu，1929-2011）：罗马尼亚画家。

瑟维斯（E.R.）（Elman Rogers Service，1915-1996）：美国文化人类学家。

瑟武列斯库（T.）（Traian Săvulescu，1889-1963）：罗马尼亚植物学家。

沙古纳（A.）（Andrei Şaguna，1808-1873）：特兰西瓦尼亚教区大主教，罗
　　马尼亚科学院名誉院士。

沙希吉安（I.）（Ion Şahighian，1897-1965）：亚美尼亚裔罗马尼亚导演。

莎士比亚（W.）（William Shakespeare，1564-1616）：英国文艺复兴时期伟大
　　的剧作家、诗人。

善良的亚历山德鲁（Alexandru cel Bun，?-1432）：1400-1432 年间任摩尔多
　　瓦公国大公。

舍勒（M.）（Max Scheler，1874-1928）：德国哲学家，哲学人类学的主要代表。

舍斯托夫（L.I.）（Лев Исаа́кович Шесто́в，1866-1921）：俄国存在主义哲学家。

舍伊内亚努（L.）（Lazăr Şăineanu，1859-1934）：犹太裔罗马尼亚语言学家、
　　民俗学家。

圣女贞德（Jehanne d'Arc，1412-1431）：法国军事家，天主教圣人，法国人
　　民心中的自由女神。

圣雄甘地（Mohandas Karamchand Gandhi，1869-1948）：印度民族解放运动
　　的领导人，现代印度的国父。

施密特（W.）（Wilhelm Schmidt，1868-1954）：奥地利语言学家、人类学家、
　　人种志专家。

施皮斯（L.）（Ludovic Spiess，1938-2006）：罗马尼亚歌唱家，曾任文化部部长。

施塔尔（H.H.）（Henri H. Stahl，1877-1942）：罗马尼亚文化人类学家、社会
　　学家。

施泰因哈特（N.）（Nicolae Steinhardt，1912-1989）：犹太裔罗马尼亚作家、
　　文学评论家、记者、政论家。

施特赖努（V.）（Vladimir Streinu，1902-1970）：罗马尼亚作家、文学评论家、
　　文学史家、美学家、教育家。

叔本华（A.）（Arthur Schopenhauer，1788-1860）：德国哲学家，意志主义的
　　创始人和主要代表之一。

斯宾格勒（O.）（Ostwald Spengler，1880-1936）：德国史学家、哲学史家。

斯宾诺莎（B.）（Baruch Spinoza，1632-1677）：犹太裔德国哲学家。

斯宾塞（H.）（Herbert Spencer，1820-1903）：英国哲学家、生物学家、社会学家。

斯基莱鲁（E.）（Eugen Schileru，1916-1968）：罗马尼亚作家、翻译家。

斯旺纳达（S.）（Swami Sivananda，1887-1963）：印度瑜伽师。

斯库尔图（I.）（Ion Scurtu，1877-1922）：罗马尼亚文学评论家、文学史家。

斯拉维奇（I.）（Ioan Slavici, 1848-1925）：罗马尼亚作家，青年社成员。

斯勒韦斯库（V.）（Victor Slăvescu, 1891-1977）：罗马尼亚经济学家、政治家。

斯帕库（G.）（Gheorghe Spacu, 1883-1955）：罗马尼亚化学家。

斯佩兰茨亚（E.）（Eugeniu Speranția, 1888-1972）：罗马尼亚哲学家、社会学家。

斯珀塔鲁（M.C.）（Mircea Corneliu Spătaru, 1937-2011）：罗马尼亚雕塑家、画家、陶艺家。

斯塔马蒂（T.）（Teodor Stamati, 1812-1852）：罗马尼亚物理学家、数学家。

斯泰雷（C.）（Constantin Stere, 1865-1936）：罗马尼亚政治家、政论家、学者、作家。曾以 C. 谢尔戈莱亚努（C. Șărcăleanu）为笔名发表文章。

斯泰里安（M.）（Margareta Sterian, 1897-1992）：犹太裔罗马尼亚画家、作家、翻译家。

斯泰里亚迪（J.）（Jean Steriadi,1880-1956）:罗马尼亚画家，科学院名誉院士。

斯泰里亚迪（N.）（Nora Steriadi, 1889-1948）：罗马尼亚女画家，斯泰里亚迪（J.）之妻。

斯特凡（S.）（Simion Ștefan, ?-1656）：罗马尼亚学者、翻译家。曾任特兰西瓦尼亚教区大主教。

斯特凡大公（Ștefan cel Mare / Ștefan al III-lea, 1433-1504）：1457-1504 年间任摩尔多瓦公国大公。

斯特凡内斯库（G.）（George Stephănescu, 1843-1925）：罗马尼亚作曲家、教育家、指挥家。

斯特凡内斯库（Gh.）（Grigoriu Ștefănescu, 1836-1911）：罗马尼亚地质学家、古生物学家。

斯特凡内斯库（M.）（Mircea Ștefănescu, 1929-1999）：罗马尼亚雕塑家。

斯特凡内斯库·德拉弗朗恰（B.）（Barbu Ștefănescu Delavrancea, 1858-1918）：罗马尼亚作家、演说家、律师，曾任布加勒斯特市长。

斯特凡内斯库 - 戈安格（P.）（Petre Ștefănescu-Goangă, 1902-1973）：罗马尼亚歌唱家。

斯特拉波（Strabo / 希腊语:Στράβων，前 63-24）:古罗马（希腊裔）地理学家、哲学家、史学家。

斯特拉文斯基（I.F.）（Igor Fedorovitch Stravinsky, 1882-1971）：美籍俄裔作曲家、指挥家、钢琴家，西方现代派音乐的重要人物。

斯特鲁维（P.B.）（Пётр Бернгáрдович Стрýве, 1870-1944）：苏联政治经济学家、哲学家、出版家。

斯特罗埃（A.）（Aurel Stroe,1932-2008）:罗马尼亚作曲家、政论家、乐理学家。

斯特罗耶（N.）（Nicolae Stroe, 1906-1990）：犹太裔罗马尼亚导演、演员。

斯特内斯库（C.）（Carmen Stănescu, 1925-2018）：罗马尼亚话剧和电影演员。

斯特内斯库（N.）（Nichita Stănescu, 1933-1983）：罗马尼亚诗人。

斯特尼洛阿耶（D.）（Dumitru Stăniloae, 1903-1993）：罗马尼亚神学家、翻

译家、作家、记者。

斯滕克（Şt.）（Ştefan Stâncă, 1865-1897）：犹太裔罗马尼亚医生。

斯图尔德（J.H.）（Julian Haynes Steward, 1902-1972）：美国人类学家。

斯图尔扎（D.A.）（Dimitrie Alexandru Sturdza-Miclăuşanu, 1833-1914）：罗马尼亚科学院院士、政治家，曾任科学院院长，1895-1909 年间曾四度出任罗总理。

斯图尔扎（I.S.）（Ioniţă Sandu Sturdza, 1762-1842）：摩尔多瓦公国大公。

斯图尔扎 - 布兰德拉（L.）（Lucia Sturdza-Bulandra, 1873-1961）：罗马尼亚话剧演员。

斯托克（K.）（Karl Storck, 1826-1887）：德裔罗马尼亚雕塑家，1849 年定居布加勒斯特。

斯托伊基策（V.I.）（Victor Ieronim Stoichiţă, 1949-   ）：罗马尼亚文艺评论家、艺术史家。

斯威夫特（J.）（Jonathan Swift, 1667-1745）：英国 - 爱尔兰作家，讽刺文学大师。

苏尔泽（F.J.）（Franz Josef Sulzer, 1727-1791）：瑞士史学家、音乐家，曾随奥地利军团驻扎在特兰西瓦尼亚。

苏格拉底（Socrates / 希腊语：Σωκράτης, 前 469- 前 399）：古希腊思想家、哲学家、教育家。

苏基亚努（D.I.）（Dumitru Ion Suchianu, 1895-1985）：罗马尼亚社会学家、美学家、法学家、史学家、文学评论家。

索尔布（M.）（Mihail Sorbu, 1885-1966）：原名斯莫尔斯基（M.）（Mihail Smolski）罗马尼亚剧作家、小说家。

索夫罗涅（Sofronie de la Cioara, ?-?）：特兰西瓦尼亚公国的东正教教士，1759-1761 年起义领导者。

索雷斯库（M.）（Marin Sorescu, 1936-1996）：罗马尼亚作家。

索默尔（I.）（Ioan Sommer / 拉丁语：Ioannes Sommerus, 1542-1574）：特兰西瓦尼亚公国的人文主义学者。

索绪尔（F.）（Ferdinand de Saussure, 1857-1913）：瑞士语言学家，现代语言学重要奠基者。

T

塔尔德（G.）（Gabriel Tarde, 1843-1904）：法国哲学家、心理学家、社会学家、法学家。

塔斯勒瓦努（O.C.）（Octavian Codru Tăslăuanu, 1876-1942）：罗马尼亚作家、政治家。

塔塔雷斯库（Gh.）（Gheorghe Tattarescu, 1820-1894）：罗马尼亚画家，新古典主义先锋。

塔西佗（P.C.）（Publius Cornelius Tacitus，约 56-117）：古罗马最伟大的史学家之一。

泰奥克蒂斯特一世（Theoctist I，?-?）：摩尔多瓦教区大主教，生卒年月不详。

泰奥提姆一世（Teotim I，?-?）：托米斯教区主教，生卒年月不详。

泰克卢（N.）（Nicolae Teclu，1839-1916）：罗马尼亚化学家。

特奥多雷斯库（Gh.D.）（Gheorghe Dem Theodorescu，1849-1900）：罗马尼亚民俗学家、文学史家。

特勒尔奇(E.)（Ernst Troeltsch,1865-1923):德国神学家、作家、宗教哲学家。

特蕾西娅（M.）（德语：Maria Theresia / 匈牙利语：Mária Terézia，1717-1780）：奥地利女大公，匈牙利和波希米亚女王，哈布斯堡王朝最杰出的女政治家。

特纳赛（C.）（Constantin Tănase，1880-1945）：罗马尼亚杂耍和活报剧表演大师。

特纳赛（M.）（Maria Tănase，1913-1963）：罗马尼亚歌唱家，被誉为罗马尼亚民歌王后。

特纳赛（V.）（Virgil Tănase，1945- ）：旅法罗马尼亚裔作家、话剧导演。

特乌图（I.）（Ionică / Ioniță Tăutu，1798-1830）：摩尔多瓦公国的启蒙主义者。

滕佩亚（R.）（Radu Tempea，1768-1824）：罗马尼亚语言学（语法学）家。

图多兰（D.）（Dorin Tudoran，1945）：罗马尼亚诗人、作家、记者。

图拉真（Marcus Ulpius Nerva Traianus，53-117）：古代罗马帝国皇帝，五贤帝中的第二位。

图玛沙克（W.）（捷克语：Vilém Tomášek，1841-1901):捷克—奥地利史学家、东方学家。

土耳其图（M.）（Mihnea al II-lea Turcitul，1564-1601）：曾两度担任蒙特尼亚公国大公。因皈依伊斯兰教而被冠以土耳其图（Turcitul，意为"土耳其化的"）的绰号。

托代拉什（M.）（Mihail Toderaș，?-?）：特兰西瓦尼亚主教，生卒年月不详。

托多西亚（M.）（Mihai Todosia，1927-1995）：罗马尼亚大学教授，曾任雅西大学校长。

托尔斯泰（L.N.）（Лев Николаевич Толстой,1828-1910):俄国作家、思想家。

托夫勒（A.）（Alvin Toffler，1928- ）：美国作家、未来学家。

托洛茨基（L.D.）（Лев Давидович Троцкий，1879-1940）：苏联马克思主义革命家。

托马斯·阿·坎贝（Thomas à Kempis，1380-1471）：德国修道士、作家、律修会修士。

托马斯·莫尔（Thomas More，1478-1537）：英国的空想社会主义者，曾任副大臣、国会下院议长、大法官。

托梅斯库（V.）（Vasile Tomescu，1929- ）：罗马尼亚乐理学家。

托尼察（N.）（Nicolae Tonitza, 1886-1940）：罗马尼亚画家。

托尼斯（F.）（Ferdinand Tonnies, 1855-1936）：德国社会学家、哲学家。

托奇列斯库（G.）（Grigore Tocilescu, 1850-1909）：罗马尼亚史学家、考古学家、铭文学家、民俗学家。

陀思妥耶夫斯基（F.M.）（Фёдор Михайлович Достоевский, 1821-1881）：俄国作家。

W

瓦茨曼（I.A.）（Ioan Andrei Wachmann, 1807-1863）：德裔罗马尼亚作曲家、指挥家。

瓦蒂莫（G.）（Gianni Vattimo, 1936- ）：意大利作家、哲学家、政治家。

瓦赫（J.）（Joachim Wach, 1898-1955）：德国宗教学家。

瓦拉胡（D.）（Drăghici Valahul, ?-?）：罗马尼亚建筑师、学者，生卒年月不详。

瓦雷里（P.）（Paul Valéry, 1781-1945）：法国作家、诗人，象征派大师。

瓦塔曼纽克（D.）（Dumitru Vatamaniuc, 1920-2018）：罗马尼亚评论家、文学史家，罗马尼亚科学院名誉院士。

瓦西拉凯（V.）（Vasile Vasilache, 1907-1944）：罗马尼亚导演、演员。

瓦西里二世（Vasile al II-lea Bulgaroctonul, 958-1025）：马其顿王朝的拜占庭皇帝。

瓦西列斯库（I.）（Ion Vasilescu, 1903-1960）：罗马尼亚作曲家、指挥家。

万洽（Z.O.）（Zeno Octavian Vancea, 1900-1990）：罗马尼亚作曲家、音乐评论家、指挥家、钢琴家。

威尔伯茨（Şt.）（Ştefan Werbőczy / 匈牙利语：Werbőczy István, 1458-1541）：匈牙利法学家、皇家首席法官、皇家总督。

威尔逊（Th.W.）（Thomas Woodrow Wilson, 1856-1924）：美国第 28 任总统。

韦伯（M.）（Max Weber, 1864-1920）：德国政治经济学家、社会学家。

韦罗尤（M.）（Mircea Veroiu, 1941-1997）：罗马尼亚电影演员、导演。

维达（G.）（Gheza Vida / 匈牙利语：Vida Géza, 1913-1980）：罗马尼亚政治家、雕塑家。

维杜（I.）（Ion Vidu, 1863-1931）：罗马尼亚作曲家、指挥家。

维柯（G.B.）（Giovanni Battista Vico, 1668-1744）：意大利哲学家、语文学家、美学家、法学家。

维纳（N.）（Norbert Wiener, 1894-1964）：美国应用数学家。

维内亚（I.）（Ion Vinea, 1896-1964）：原名约瓦纳基（E.）（Eugen Iovanaki）罗马尼亚先锋派诗人。

维什涅克（M.）（Matei Vişniec, 1956- ）：罗马尼亚诗人、剧作家。

维亚努（T.）（Tudor Vianu, 1897-1964）：罗马尼亚美学家、文学史评论家、诗人、散文家、哲学家、翻译家。

维耶鲁（A.）（Anatol Vieru, 1926-1998）：犹太裔罗马尼亚作曲家。

温盖亚努（M.）（Mihai Ungheanu, 1939-2009）：罗马尼亚记者、文学评论家、
作家、政治家，曾任参议员。

温古雷亚努（I.）（Ion Ungureanu, ?-?）：罗马尼亚社会学家，生卒年月不详。

文图拉（M.）（Maria Ventura, 1886-1954）：犹太裔罗马尼亚演员。

翁丘尔（D.）（Dimitrie Onciul, 1856-1923）：罗马尼亚史学家。

沃尔夫（Ch.）（Christian Wolff / Christian Freiherr von Wolff, 1679-1754）：德
国哲学家。

沃尔纳夫（C.）（Constantin Vîrnav, 1806-1877）：罗马尼亚医学家。

沃尔纳夫（V.）（Vasile Vârnav, ?-1827）：罗马尼亚翻译家。

沃尔尼切斯库（N.）（Nestor Vornicescu, 1927-2000）：罗马尼亚教区牧首，
科学院名誉院士。

沃尔桑（G.）（George Vâlsan, 1885-1935）：罗马尼亚人种地理学家。

沃夫（B.L.）（Benjamin Lee Whorf, 1897-1941）：美国语言学家、消防工程师。

沃克雷斯库（A.）（Alecu Văcărescu, 1767-1799）：罗马尼亚诗人。

沃克雷斯库（Ian.）（Iancu Văcărescu, 1792-1863）：罗马尼亚诗人。

沃克雷斯库（Ien.）（Ienăchiţă Văcărescu, 1740-1797）：罗马尼亚诗人、语言
学家、史学家。

沃克雷斯库（N.）（Nicolae Văcărescu, 1786-1825）：罗马尼亚诗人。

沃龙卡（I.）（Ilarie Voronca, 1903-1946）：犹太裔罗马尼亚先锋诗人。

沃龙佐夫（V.L.）（Василий Павлович Воронцов, 1847-1918）：俄国经济学家、
民粹主义理论家。

沃伊库（I.）（Ion Voicu, 1923-1997）：罗马尼亚小提琴家。

沃伊库列斯库（M.）（Mărioara Voiculescu, 1889-1976）：罗马尼亚电影女导演、
演员。

沃伊库列斯库（V.）（Vasile Voiculescu, 1884-1963）：罗马尼亚作家、医生。

乌尔穆兹（Urmuz, 1883-1923）：原名德梅特鲁 - 德梅特雷斯库（D.）（Demetru
Demetrescu-Buzău）罗马尼亚先锋派作家。

乌尔夏努（M.）（Malvina Urşianu, 1927-　 ）：罗马尼亚电影导演。

乌菲拉（Wulfila / Ulfilas, 311-381）：传教士、翻译家。

乌雷基亚（V.A.）（Vasile Alexandrescu Urechia, 1834-1901）：罗马尼亚史学家、
作家、政治家。

乌雷凯（G.）（Grigore Ureche, 约 1590-1647）：摩尔多瓦公国第一位重要的
编年史家。

乌里卡留（A.）（Axinte Uricariul, 1670-1733）：摩尔多瓦公国编年史家。

乌里克（G.）（Gavril Uric, ?-?）：摩尔多瓦公国的书法家、插图画家，生卒
年月不详。

乌利奇（L.）（Laurențiu Ulici, 1943-2000）：罗马尼亚文学评论家、政治家。

乌纳穆诺（M.）（Miguel de Unamuno, 1864-1936）：西班牙作家、诗人、哲学家。

乌斯科泰斯库（G.）（George Uscătescu, 1919-1995）：罗马尼亚哲学家、美学家、社会学家、作家。

武尔坎（I.）（Iosif Vulcan, 1841-1907）：罗马尼亚政论家、作家、文化促进者、科学院院士。

武尔坎（S.）（Samuil Vulcan, 1758-1839）：希腊天主教主教。

武尔克内斯库（M.）（Mircea Vulcănescu, 1904-1952）：罗马尼亚哲学家、社会学家、经济学家。

武亚（T.）（Traian Vuia, 1872-1950）：罗马尼亚发明家，世界航空领域的先驱。

X

西米翁（E.）（Eugen Simion, 1933- ）：罗马尼亚文学评论家、文学史家。

西莫卡泰斯（Th.）（Theophylaktos Simokattes / 希腊语：Θεοφύλακτος Σιμοκάττης，约 585-641）：拜占庭史学家。

西莫塔（Gh.）（Gheorghe Simotta, 1891-1979）：罗马尼亚建筑师。

西塞罗（M.T.）（Marcus Tullius Cicero, 前 106- 前 43）：古罗马政治家、演说家、雄辩家、法学家、哲学家。

西翁（G.）（George / Gheorghe Sion, 1822-1892）：罗马尼亚作家。

希菲尔奈茨（C.）（Constantin Schifirneț, 1945- ）：罗马尼亚社会学家、哲学史家。

希拉托（F.）（Francisc Șirato, 1877-1953）：罗马尼亚画家。

希罗多德（H.）（Hēródotos / 希腊语：Ἡρόδοτος，约前 484- 前 425）：古希腊作家。

希特金斯（K.）（Keith Hitchins, 1931- ）：美国史学家，罗马尼亚科学院名誉院士。

萧伯纳（G.）（George Bernard Shaw, 1856-1950）：爱尔兰剧作家。

萧沆（E.）（Emil Cioran, 1911-1993）：罗马尼亚哲学家、散文家。

谢尔班（A.）（Andrei Șerban, 1943- ）：罗马尼亚话剧和歌剧导演。

谢林（F.W.J.）（Friedrich Wilhelm Joseph von Schelling, 1775-1854）：德国哲学家。

谢伊卡鲁（P.）（Pamfil Șeicaru, 1894-1980）：罗马尼亚记者。

欣卡伊（Gh.）（Gheorghe Șincai, 1754-1816）：罗马尼亚史学家、语言学家、翻译家，阿尔迪亚尔学派的代表人物之一。

凶恶的约安大公（Ion Vodă cel Cumplit / Ioan al III-lea / Ioan Vodă Armeanul / Ioan Vodă cel Viteaz, 1521-1574）：摩尔多瓦公国大公，1572-1574 年间在位。

休谟（D.）（David Hume, 1711-1776）：苏格兰哲学家，三大英国经验主义者之一。

Y

雅各布（Gh.）（Gheorghe Iacob, 1953-　）：罗马尼亚史学家。

雅各布（L.）（Luminiţa Iacob, 1953-　）：罗马尼亚心理学家。

雅诺什（A.C.）（Apáczai Csere János, 1625-1659）：特兰西瓦尼亚地区的匈牙利族人文主义学者，在哲学、数学、物理学领域均有建树。

雅诺什（I.）（Ion Ianoşi, 1928-2016）：犹太裔罗马尼亚作家。

亚当·斯密（Adam Smith, 1723-1790）：苏格兰经济学家，政治经济学先驱。

亚里士多德（Aristotle / 希腊语：Ἀριστοτέλης, 前384-前322）：古希腊哲学家、科学家、教育家。

亚历山大大帝（Alexandru Macedon / 拉丁语：Alexandros III Philippou Makedonon / 希腊语：Μέγας Ἀλέξανδρος, 前356-前323）：马其顿国王，亚历山大帝国的创建者。

亚历山德雷斯库（G.）（Grigore Alexandrescu, 1810-1885）：罗马尼亚诗人、寓言作家。

亚历山德雷斯库（S.）（Sorin alexandrescu, 1937-　）：罗马尼亚评论家、史学家、文学理论家。

亚历山德雷斯库（Si.）（Sică Alexandrescu, 1896-1973）：罗马尼亚话剧和电影导演。

亚历山德里（V.）（Vasile Alecsandri, 1821-1890）：罗马尼亚诗人、剧作家、民俗学家、政治家、外交家、科学院院士。

亚历山德鲁（I.）（Ioan Alexandru, 1941-2000）：罗马尼亚诗人、散文家、政治家。

亚诺什（B.）（Bolyai János, 1802-1860）：特兰西瓦尼亚地区的匈牙利族数学家，非欧几何学的创始人之一。

亚什万乔侯卡（Yeswart Rao Holkar Bahadur, 1908-1961）：印度印多尔邦土邦主。

扬库（A.）（Avram Iancu, 1824-1872）：律师，特兰西瓦尼亚"四八"革命者。

扬库（M.）（Marcel Iancu, 1895-1984）：希腊裔罗马尼亚画家、建筑师、美学家。

耶伦卡（V.）（Virgil Ierunca, 1920-2006）：罗马尼亚文学评论家、政论家温塔鲁（V.）（Virgil Untaru）的笔名。

伊本·路世德（ʾAbū l-Walīd Muḥammad bin ʾAḥmad bin Rušd, 1126-1198）：拉丁名阿威罗伊（Averroes），阿拉伯哲学家、教法学家、医学家。被誉为"亚里士多德最权威的诠释家"。

伊本·西那（Abū ʿAlī al-Ḥusayn ibn ʿAbd Allāh ibn Sīnā, 980-1037）：拉丁名

阿维森纳（Avicenna），阿拉伯哲学家、医学家、自然科学家、文学家。

伊拉斯谟（Erasmus din Rotterdam / 拉丁语：Desiderius Erasmus Roterodamus，1466-1536）：荷兰人文主义者、天主教神父、社会评论家、教育家、神学家。

伊里梅斯库（I.）（Ion Irimescu，1903-2005）：罗马尼亚雕塑家。

伊利亚德（M.）（Mircea Eliade，1907-1986）：罗马尼亚史学家、宗教学家、作家、哲学家，芝加哥大学教授。

伊柳（V.）（Victor Iliu，1912-1968）：罗马尼亚电影导演。

伊普西兰泰（A.）（Alexandru Ipsilante / 希腊语：Αλέξανδρος Υψηλάντης，1792-1828）：摩尔多瓦公国大公。

伊斯科韦斯库（B.）（Barbu Iscovescu，1816-1854）：犹太裔罗马尼亚画家、革命家。

伊斯皮雷斯库（P.）（Petre Ispirescu，1830-1887）：罗马尼亚民俗学家、作家、出版家。

伊威列亚努（A.）（Antim Ivireanu，1650-1716）：格鲁吉亚裔作家、雕刻家、神学家，布加勒斯特主教。

伊泽尔（I.）（Iosif Iser，1881-1958）：犹太裔罗马尼亚画家。

依布勒伊莱亚努（G.）（Garabet Ibrăileanu，1871-1936）:罗马尼亚文学评论家、文学史家、作家、教育家。

勇敢的米哈伊（Mihai Viteazul / Mihai Bravu，1558-1601）:蒙特尼亚公国大公，曾在1600-1601年间短暂实现罗马尼亚人三个公国的统一。

尤涅斯库（E.）（Eugen Ionescu / 法语：Eugène Ionesco，1909-1994）：旅法罗马尼亚剧作家，荒诞剧的先行者，法国科学院院士。

雨果（V.）（Victor Hugo，1802-1885）：法国浪漫主义作家，人道主义的代表人物。

约尔达凯（Şt.）（Ştefan Iordache，1941-2008）：罗马尼亚话剧、电影、电视剧演员。

约尔德凯斯库（D.）（Dan Iordăchescu，1930-　）：罗马尼亚歌唱家。

约尔戈维奇（P.）（Paul Iorgovici，1764-1808）：罗马尼亚语言学家，阿尔迪亚尔学派重要成员。

约尔加（N.）（Nicolae Iorga，1871-1940）：罗马尼亚史学家、文学评论家、剧作家、诗人、百科全书式人物。

约翰·保罗二世（Ioannes Paulus PP. II，1920-2005）:又译作若望·保禄二世，罗马天主教第264任教皇。

约内斯库（N.）（Nae Ionescu，1890-1940）：原名约内斯库（N.C.）（Nicolae Constantin Ionescu）罗马尼亚哲学家、逻辑学家、数学家、记者。

约内斯库（P.P.）（Petre P. Ionescu，1903-1979）:罗马尼亚诗人、作家、翻译家。

约内斯库（T.）（Tache Ionescu, 1858-1922）：罗马尼亚政治家，曾任罗马尼亚总理。

约内斯库·德拉布拉德（I.）（Ion Ionescu de la Brad, 1818-1891）：罗马尼亚科学家、经济学家、农艺家、"四八"革命者，罗马尼亚科学院名誉院士。

约内斯库-里翁（R.）（Raicu Ionescu-Rion, 1872-1895）：罗马尼亚的激进社会主义者、文学评论家、政论家，马克思主义者。

约内斯库-瓦尔布代亚（Şt.）（Ştefan Ionescu-Valbudea, 1856-1918）：罗马尼亚雕塑家。

约内斯库-希谢什蒂（G.）（Gheorghe Ionescu-Şişeşti, 1885-1967）：罗马尼亚农学家。

约瑟夫（Şt.O.）（Ştefan Octavian Iosif, 1875-1913）：罗马尼亚诗人、翻译家，罗马尼亚作家协会奠基人之一。

约瑟夫二世（Iosif al II-lea, 1741-1790）：奥地利哈布斯堡—洛林皇朝的神圣罗马帝国皇帝。

约瑟夫斯（T.F.）（Titus Flavius Josephus / Joseph ben Matityahu, 37 / 38-93）：犹太历史学家。

Z

泽莱廷（Şt.）（Ştefan Zeletin, 1882-1934）：原名莫特什（Şt.）（Ştefan Motăş），罗马尼亚哲学家、经济学家、社会学家。

扎尔达（T.）（Tudor Jarda, 1922-2007）：罗马尼亚作曲家、指挥家。

扎莱亚（I.）（Ion Jalea, 1887-1983）：罗马尼亚雕塑家。

扎里福波尔（P.）（Paul Zarifopol,1874-1934）：罗马尼亚史学家、文学评论家。

扎莫尔克西（Zamolxis）：古代达契亚人崇拜的神祇。

扎姆菲雷斯库（Dan.）（Dan Zamfirescu, 1933-　　）：神学家、拜占庭研究专家、记者。

扎姆菲雷斯库（Duil.）（Duiliu Zamfirescu, 1858-1922）：罗马尼亚作家，罗马尼亚科学院院士。

扎姆菲雷斯库（G.M.）（George Mihai Zamfirescu, 1898-1939）：罗马尼亚剧作家。

朱瓦拉（N.）（Neagu Djuvara, 1916-2018）：罗马尼亚史学家、外交家、哲学家、作家。

卓别林（C.S.）（Charles Spencer Chaplin, 1889-1977）：英国喜剧演员、反战人士。

II. 地名列表

A

阿尔巴（Alba）省：罗马尼亚中西部省份。

阿尔巴 - 尤利亚（Alba Iulia）市：罗马尼亚中西部城市，为阿尔巴省省会。

阿尔迪亚尔（Ardeal）：特兰西瓦尼亚地区的旧称。

阿尔杰什（Argeş）省：罗马尼亚中部省份。

阿尔杰什宫（Curtea din Argeş）：罗马尼亚中部城市，位于阿尔杰什省境内。

阿夫里格（Avrig）市：罗马尼亚中部城市，位于锡比乌省境内。

阿拉德（Arad）省：罗马尼亚西部省份。

阿姆扎伊广场（Piaţa Amzei）

阿普塞尼山脉（Munţii Apuseni）：喀尔巴阡山脉西段位于特兰西瓦尼亚境内的一部分。

埃福列（Eforie）：罗马尼亚东南部的海滨度假区。

奥尔特尼亚（Oltenia）：罗马尼亚西南部奥尔特（Oltul）河流域地区。

奥拉迪亚（Oradea）市：罗马尼亚西北部城市，为比霍尔省省会。

奥勒内什蒂（Olăneşti）市：位于罗马尼亚中部。

B

巴尔塔—利曼（Balta Liman）：位于土耳其伊斯坦布尔附近。

巴克乌（Bacău）省：罗马尼亚东北部省份。

巴克乌（Bacău）市：罗马尼亚东北部城市，为巴克乌省省会。

巴勒莫（Palermo）：意大利西西里首府。

巴纳特（Banat）省：古代省份，今位于罗马尼亚、塞尔维亚交界处，还有一小部分位于匈牙利境内。

比霍尔（Bihor）省：罗马尼亚西北部省份，与匈牙利接壤。

比萨拉比亚（Basarabia）：大致为今摩尔多瓦共和国所在地区。

比耶特洛瓦塞莱（Pietroasele）——传说中的金母鸡和小鸡（Cloşca cu puii de aur）宝藏所在地。

波特洛吉（Potlogi）镇：罗马尼亚中南部乡镇，位于登博维察省境内。

博巴尔纳（Bobâlna）：罗马尼亚克鲁日省东部的一个村庄。

博托沙尼（Botoşani）：罗马尼亚东北部城市，位于苏恰瓦省境内。

布加勒斯特（Bucureşti）：罗马尼亚首都，位于罗马尼亚南部。

布加勒斯特凯旋门（Arcul de Triumf din Bucureşti）

布加勒斯特坎塔库济诺宫（Palatul Cantacuzino din Bucureşti）

布科维纳（Bucovina）：位于罗马尼亚北部，历史上曾是奥地利统治下的公国。

布拉日（Blaj）市：罗马尼亚中西部城市，位于阿尔巴省境内。

布拉索夫（Braşov）市：罗马尼亚中部城市，为布拉索夫省省会。

布勒伊拉（Brăila）省：罗马尼亚东部省份。

布勒伊拉（Brăila）市：罗马尼亚东部城市，为布勒伊拉省省会。

布伦科韦亚努宫（Palatul Brâncovenesc）

布泽乌（Buzău）市：罗马尼亚东部城市，为布泽乌省省会。

D

达契亚王国（Regatul Dacia）

德勒古什（Drăguşi）市：罗马尼亚中部的一个村庄。

德瓦（Deva）市：罗马尼亚西部城市，胡内多阿拉省省会。

登博维察（Dâmboviţa）省：罗马尼亚中南部省份。

蒂米什（Timiş）省：罗马尼亚西部省份。

蒂米什瓦拉（Timişoara）市：罗马尼亚西部城市，为蒂米什省省会。

蒂萨（Tisa）河：多瑙河中游左岸支流。

蒂斯马纳修道院（Mănăstirea Tismana）

杜米特洛夫卡（Dumitrovka）：位于莫斯科南部。

多布罗加（Dobrogea）：罗马尼亚东部和保加利亚北部，位于多瑙河和黑海
    之间的地区。

多尔日（Dolj）省：罗马尼亚西南部省份。

F

弗格拉什（Făgăraş）市：罗马尼亚中部城市，位于布拉索夫省境内。

弗朗恰（Vrancea）省：罗马尼亚东部省份。

弗勒门达教堂（Biserica Flămânda）

福克沙尼（Focşani）市：罗马尼亚东部城市，位于弗朗恰省境内。

G

戈里亚修道院（雅西）（Mănăstirea Golia）

戈列什蒂（Goleşti）市：位于罗马尼亚中部阿尔杰什省境内。

戈沃拉（Govora）市：罗马尼亚中西部城市，位于沃尔恰省境内。

戈伊恰·马雷（Goicea Mare）村：罗马尼亚西南部的一个村庄。

戈伊恰马雷（Goicea Mare）村：位于罗马尼亚西南部多尔日省境内。

戈尔日（Gorj）省：罗马尼亚西部省份。

古梅尔尼查（Gumelniţa）文化：公元前5000年的新石器时代文化出土地，
    范围包括蒙特尼亚、多布罗加和巴萨拉比亚南部地区，以及保加利亚东
    部地区，直至爱琴海。

H

哈采格（Haţeg）市：罗马尼亚西部城市，位于胡内多阿拉省境内。

哈尔吉塔（Harghita）省：罗马尼亚中部省份。

哈曼吉亚（Hamangia）文化：新石器时代文化，出土于罗马尼亚图尔恰省巴亚（Baia）村。

海勒斯特勒乌（Herăstrău）：位于布加勒斯特市内偏北部。

胡默尔修道院（苏恰瓦）（Mănăstirea Humor）

胡内多阿拉（Hunedoara）省：罗马尼亚西部省份。

霍多利什泰（Hodorişte）村：位于摩尔多瓦共和国东北部。

霍雷祖（Horezu）市：罗马尼亚中西部城市，位于沃尔恰省境内。

J

吉森（Giessen）市：德国中西部城市。

迦拿（Cana）：《圣经》故事中耶稣所行第一个神迹发生之处。

久尔久（Giurgiu）省：罗马尼亚南部省份。

K

卡尔洛夫奇（Carlowitz）市：塞尔维亚北部伏伊伏丁那（Voivodina）地区的一个城市。

卡帕多奇亚（Cappadocia）：位于土耳其阿纳托利亚省中部。

坎塔库济诺宫（Palatul Cantacuzino）

康斯坦察（Constanţa）市：罗马尼亚最大的海港，濒临黑海，为康斯坦察省省会。

科马纳（Comana）村：位于布加勒斯特南部。

科特罗切尼宫（Palatul Cotroceni）：位于布加勒斯特市内，现为罗马尼亚总统府。

科特纳里（Cotnari）市：罗马尼亚东北部城市，位于雅西省境内。

克拉约瓦（Craiova）市：罗马尼亚西南部城市，为多尔日省省会。

克卢格雷尼（Cărugăreni）市：罗马尼亚南部城市，位于久尔久省境内。

克鲁日 - 纳波卡（Cluj-Napoca）市：罗马尼亚西北部城市，为克鲁日省省会。

客西马尼园（Gethsemane）：耶路撒冷的一个果园。

肯普隆格（Câmpulung）市：位于罗马尼亚中部。

库库泰尼（Cucuteni）遗址：罗马尼亚铜石并用时代重要文化遗址，出土于雅西市西北的库库泰尼村。

L

拉霍瓦（Rahova）市：保加利亚北部城市。

拉霍瓦里府邸（Casa Lahovary）

勒兹博耶尼（Războieni）：位于罗马尼亚尼姆茨省境内。

雷京（Reghin）市：罗马尼亚穆列什省的第二大城市。

雷克斯酒店（Hotelul Rex）

利沃夫（Lvov）市：今乌克兰西南部城市，西邻波兰。

罗马尼亚雅典娜宫（Ateneul Român）:建于1865年，位于布加勒斯特市中心。

罗维奈（Rovine）：今克拉约瓦（Craiova）市。

罗西亚修道院（Mănăstirea Rohia）：位于马拉穆列什省境内。

M

马拉穆列什（Maramureş）省：罗马尼亚北部省份。

马拉松（Maraton）：位于希腊东南部。

马马亚（Mamaia）：罗马尼亚东南部的海滨度假区。

马努克客栈（Hanul lui Manuc）：位于布加勒斯特市中心。

蒙巴纳斯（Montparnasse）区：法国巴黎的一个街区。

米耶尔库雷亚-丘克（Miercurea-Ciuc）市：罗马尼亚中部城市，为哈尔吉塔
省省会。

摩茨村（Țara Moților）：位于罗马尼亚西部。

摩尔多瓦河畔丰杜（Fundu Moldovei）村：罗马尼亚北部的一个村庄。

莫戈什瓦亚（Mogoşoaia）镇:罗马尼亚中南部乡镇，位于伊尔福夫县省境内。

莫哈奇（Mohach）市：匈牙利南部城市，1526年土耳其人在此大败匈牙利
军队。

莫伊塞（Moisei）镇：位于马拉穆列什省境内。

默哈契（Măhaci）村：罗马尼亚中部默赫切尼（Măhăceni）村的旧称，位于
阿尔巴省境内。

穆列什（Mureş）河：蒂萨河左岸大支流。大部分在罗马尼亚境内。

N

内雷茹（Nereju）村：罗马尼亚东部的一个村庄。

尼科波莱（Nicopole）：多瑙河上的港口，今位于保加利亚西北部。

P

帕德什（Padeş）县：罗马尼亚西部县城，位于戈尔日省境内。

帕多瓦（Padova）市：意大利北部城市。

珀尔蒂尼什（Păltiniş）市：罗马尼亚中部城市，位于锡比乌省境内。

Q

切尔纳沃德（Cernavodă）市：位于罗马尼亚东南部康斯坦察省境内。

切尔诺夫策（Cernăuți）市：位于乌克兰西部。

切莱普克乌（Cerepcău）村：位于比萨拉比亚东北部。

切纳德（Cenad）市：罗马尼亚西部城市，位于蒂米什省境内。

丘古德（Ciugud）村：罗马尼亚阿尔巴-尤利亚附近的一个村庄。

S

萨杜（Sadu）：罗马尼亚锡比乌附近的一个村庄。

萨尔卡勒（Sarcalî）村：位于西伯利亚。

萨拉米岛（Salamis）：希腊西部岛屿。

塞兰布尔（Serampore）：位于孟加拉国西部。

瑟利什泰（Săliște）市：罗马尼亚中部城市，位于锡比乌附近。

尚茨（Șanț）村：罗马尼亚北部的一个村庄。

什凯伊（Șcheii）：位于布拉索夫市西南部。

舒楚宫（Palatul Șuțu）：现为布加勒斯特市立博物馆所在地。

斯巴达（Sparta）：古希腊城邦。

斯特尼莱什蒂（Stănilești）市：罗马尼亚东北部城市，位于瓦斯卢伊省境内。

苏恰瓦（Suceava）省：罗马尼亚东北部省份。

索洛卡（Soroca）省：位于比萨拉比亚东北部。

索维亚（Soveja）村：罗马尼亚东部弗朗恰省境内的一个村庄。

T

特尔戈维什泰（Târgoviște）市：罗马尼亚中南部城市，为登博维察省省会。

特尔古 - 日乌（Târgu-Jiu）市：罗马尼亚西部城市，为戈尔日省省会。

特尔纳瓦（Trnava）市：斯洛伐克西部城市。

特兰西瓦尼亚（Transilvania）：罗马尼亚人三大公国之一，曾长期处于匈牙
利（奥匈帝国）治下。

特列奥尔曼（Teleorman）省：罗马尼亚南部省份。

图特拉坎（Turtucaia）市：保加利亚东北部城市。

托米斯（Tomis）：罗马尼亚东南部城市康斯坦察的古称。

W

瓦斯卢伊（Vaslui）省：罗马尼亚东北部省份。

瓦斯卢伊（Vaslui）市：罗马尼亚东北部城市，为瓦斯卢伊（Vaslui）省省会。

韦尔内斯库府邸（Casa Vernescu）

维德拉鲁湖（Lacul Vidraru）：位于阿尔杰什省境内。

维多利亚广场宫（Palatul din Piața Victoriei）：现为罗马尼亚政府所在地

温泉关（Thermopylae）：位于希腊东部。

沃尔恰（Vâlcea）省：罗马尼亚中西部省份。

沃克雷什蒂（Văcărești）镇：位于布加勒斯特南部。

沃罗内茨修道院（苏恰瓦）（Mănăstirea Voroneț）

X

希斯特里亚（Histria）：位于罗马尼亚东南部康斯坦察省境内。

锡比乌（Sibiu）省：罗马尼亚中部省份。

锡比乌（Sibiu）市：罗马尼亚中部城市，为锡比乌省省会。

匈牙利区（Țara ungurească）：中世纪地名，位于罗马尼亚西北部比霍尔省
境内。

Y

雅典娜宫酒店（Athene Palace）

雅西（Iaşi）省：罗马尼亚东北部省份。

雅西（Iaşi）市：罗马尼亚东北部城市，为雅西省省会。

雅西三圣教堂（Biserica Trei Ierarhi din Iaşi）

雅西文化宫（Palatul Culturii din Iaşi）

雅西主教堂（Palatul Mitropoliei din Iaşi）

耶乌德教堂（马拉穆列什）（Biserica de la Ieud）

伊尔福夫（Ilfov）省：罗马尼亚中南部省份，位于布加勒斯特周边。

伊斯拉兹（Islaz）市：罗马尼亚南部城市，位于特列奥尔曼省境内。

印多尔（Indore）邦：位于印度中部。

Z

扎里格拉德（Ţarigrad）：今位于摩尔多瓦共和国北部。

众议会宫（Palatul Adunării Deputaţilor）：现为牧首宫（Palatul Patriarhiei）

兹拉特纳（Zlatna）市：罗马尼亚中西部城市，位于阿尔巴省境内。

III. 组织机构名列表

A

阿尔巴尤利亚大国民议会（Marea Adunare Naţională de la Alba Iulia）

阿尔迪亚尔大公国罗马尼亚族哲学协会（Societatea Filosoficească a Neamului
　　Românesc în Mare Principatu Ardealului）)

B

巴比松画派（Şcoala de la Barbizon）

巴尔耶稣会学院（乌克兰）（Colegiul Iezuit din Bar）

百科图书馆（Biblioteca universală）

柏林罗马尼亚 - 德国学院（Istitutul Româno-German din Berlin）

保守党（Partidul Conservator）

标准协会（Asociaţia Criterion）：又称艺术、文学与哲学协会（Asociaţia de
　　arte, litere şi filozofie）

布福迪亚电影制作中心（Centrul Cinematografic de la Buftea）

布加勒斯特大学（Universitatea din Bucureşti）

布加勒斯特高等工商学院（Academia de Înalte Studii Comerciale şi Industriale
　　din Bucureşti）

布加勒斯特高等军事学校（Şcoala Superioară de Război din Bucureşti）

布加勒斯特国家剧院（Teatrul Naţional din Bucureşti）

布加勒斯特建筑高等专科学校（Şcoala Superioară de Arhitectură din Bucureşti）：
　　现为 I. 明库建筑学院（Institutul de Arhitectură „Ion Mincu”）

布加勒斯特美术学校（Şcoala de Arte Frumoase din Bucureşti）

布加勒斯特农业学校（Şcoala de Agricultură din Bucureşti）：1869 年更名为中
　　央农林学校（Şcoala Centrală de Agricultură şi Silvicultură），复更名为布
　　加勒斯特农学院（Institutul Agronomic din Bucureşti）。

布加勒斯特商学院（Academiei Comerciale din Bucureşti）

布加勒斯特社会学学派（Şcoala Sociologică de la Bucureşti）：又名布加勒斯
　　特专题研究学派（Şcoala Monografică de la Bucureşti）

布加勒斯特圣萨瓦王公书院（Academia Domnească de la Sfântul Sava）

布加勒斯特乡村博物馆（Muzeul Satului din Bucureşti）

布加勒斯特音乐学院（Conservator de Muzică din Bucureşti）

布加勒斯特中央女校（Şcoala Centrală de Fete din Bucureşti）

布拉索夫福音高中（Liceu evanghelic la Braşov）

D

大国民议会（Marea Adunare Națională）

东南欧研究所（Institutul de Studii Sud-Est Europene）

F

费拉拉—佛罗伦萨高级教士代表会议（Sinodul de la Ferrara-Florența）

福克沙尼中央委员会（Comisia Centrală de la Focșani）

G

格罗宁根大学（Universitatea din Groningen）

各国社会研究所（Institut Social al Națiunilor）

工商会（Camera de Comerț）

公众协商大会（Adunarea Sfatului Obștesc）

国家民主党（Parditul Național-Democrat）

国家农民党（Partidul Național Țărănesc）

国家自由党（Partidul Național Liberal）

国立路桥、矿业和建筑学校（Școala Națională de Punți, Șosele, Mine și Arhitectură）：1867 年更名为国立路桥学校（Școala Națională de Punți și Șosele），后成为布加勒斯特理工学校（Școala Politehnică din București）的主体

国立美术学校（Școala Națională de Arte Frumoase）：1931 年更名为贝莱艺术学校（Academia de Belle-Arte），是布加勒斯特国立艺术大学（Universitatea Națională de Arte București）的前身。

国立医学与外科学校（Școala Națională de Medicină și Chirurgie）：后更名为布加勒斯特医药学院（Institutul de Medicină și Farmacie din București）。

H

火焰社（Cenaclul Flacăra）

J

交响乐和戏剧学院（雅西）（Conservatorul Filarmonic-Dramatic）

交响乐协会（Societatea Filarmonică）

经济环境研究所（Institutul de Studiere a Conjuncturii Economice）

就业和劳动保险中心（Casa Centrală a Meseriilor și Asigurărilor Muncitorești）

K

科学家之家（Casa Oamenilor de Știință）

克鲁日医学院（Academia de Medicină din Cluj）

L

拉多尔新闻社（agenția RADOR）

拉霍瓦利故居（Casa Lahovari）

历史和哲学讲习所（Seminarul de Istorie a Filosofiei）

利布莱希故居（Casa Librecht）：现为布加勒斯特大学生之家（Casa Universitarilor Bucureşti）所在地。

罗马的罗马尼亚学院（Academia di Romania de la Roma）

罗马罗马尼亚学院（Accademia di Romania in Roma）

罗马尼亚歌剧院（Opera Română）

罗马尼亚工人党（Partidul Muncitoresc Român）

罗马尼亚工人社会民主党（Partidul Social-Democrat al Muncitorilor din România）

罗马尼亚共产党（Partidul Comunist Român）

罗马尼亚广播电台（Radiodifuziunea Română）

罗马尼亚科学协会：①（Societatea Română de Ştiinţe）成立于 1862 年。②（Societatea Academică Română）罗马尼亚科学院的前身，1867 年由"文学协会"更名而来。

罗马尼亚科学院（Academia Română）

罗马尼亚科学院图书馆（Biblioteca Academiei Române）

罗马尼亚劳动科学管理研究所（Institutul Român pentru Organizarea Ştiinţifică a Muncii）

罗马尼亚立法大会（Adunarea Legislativă a României）

罗马尼亚民族党（Partidul Naţional Român）

罗马尼亚文献出版社（Editura Scrisul Românesc）

罗马尼亚文学博物馆（Muzeul Literaturii Române）

罗马尼亚印书馆（Cartea Românească）

罗马尼亚自然科学协会（Societatea Română de Ştiinţe Naturale）

罗马尼亚作家协会（Societatea Scriitorilor Români）

罗马尼亚作曲家协会（Societatea Compozitorilor Români）：成立于 1920 年。

M

马尔莫罗斯基 - 布兰克银行（Banca Marmorosch-Blank）：现为投资银行（Banca de Investiţii）

米赫伊莱亚纳书院（雅西）（Academia Mihăileană）（1835-1847）

米兰天主教大学（Universitatea Catolică din Milano）

民众代表大会（Adunarea norodului）

民族艺术博物馆（Muzeul de Artă Naţională）：现为罗马尼亚农民博物馆（Muzeul Ţăranului Român）

N

能源研究院（Institutului de Studii şi Cercetări Energetice）

尼亚姆茨修道院（Mănăstirea Neamţ）

农民党（Partidul Țărănesc）

农艺研究所（Institutul de Cercetări Agronomice）

P

普特那修道院（苏恰瓦）（Mănăstirea Putna）

普通公众大会（Adunarea Obștească Obișnuită）

青年社（Junimea）

Q

全国大会（Adunarea Națională）

全国社团同盟（Liga Națională Corporatistă）

R

人民党（Partidul Poporului）

S

三圣修道院（雅西）（Mănăstirea Sfinții Trei Ierarhi）

山丘修道院（登博维察）（Mănăstirea Dealul）

社会改革研究会（Asociația pentru studiu și reformă socială）：后更名为罗马
尼亚社会研究所（Institutul Social Român）。

摄政官署（Locotenența Domnească）

神圣同盟（Sfânta Alianță）

圣萨瓦民族学校（Școala Națională de la Sfântul Sava）

司法部大楼（Palatul Justiției）

T

特别公众大会（Adunarea Obștească Extraordinară）

特别国会会议（Consilii sau Divanuri ad-hoc）

特尔戈维什泰学派（Școala de la Târgoviște）

特兰西尼亚罗马尼亚文学和罗马尼亚民族文化联合会（ASTRA - Asociația
Transilvană pentru Literatura Română și Cultura Poporului Român）

特兰西瓦尼亚罗马尼亚族全国大会（Adunarea generală națională a națiunii
române din Transilvania）

特兰西瓦尼亚议会（Dieta Transilvaniei）

W

维也纳会议（Congresul de la Viena）

文学协会（Societatea literară）：① 1826 年由 I.H. 勒杜列斯库和 D. 戈列斯库
共同创建。② 罗马尼亚科学院的前身，1866 年成立。

沃莱尼—德蒙泰人民大学（Universitatea Populară de la Vălenii de Munte）

X

锡比乌文学社（Cercul de la Sibiu）

信仰传播学院（梵蒂冈）（Colegio de Propaganda Fide）

行政协商会议（Sfat adminstrativ）

兄弟会（Frăția）

Y

雅西大学（Universitatea din Iași）：现更名为库扎大学（Universitatea Alexandru
　　Ioan Cuza）。

雅西王公书院（Academia Domnească din Iași）

雅西音乐学院（Conservator de Muzică din Iași）

艺术和技术学校（雅西）（Școala de Arte și Meserii）

院校之家出版社（Editura Casa Școalelor）

Z

中央邮局（Poșta Centrală）

宗教代表大会（Congregațiile Generale）